SV

Deutsche Literatur seit 1945

Texte und Bilder
Von Volker Bohn

Suhrkamp

Erste Auflage 1993
© Suhrkamp Verlag Frankfurt am Main 1993
Alle Rechte vorbehalten
Quellennachweise bei den einzelnen Texten
Satz: Jung Satzcentrum GmbH, Lahnau
Druck: Graphischer Großbetrieb Pößneck
Printed in Germany

Inhalt

Vorwort 7
   I 1945-1949 11
  II 1950-1956 93
 III 1957-1965 173
 IV 1966-1972 245
  V 1973-1979 307
 VI 1980-1990 375
Weiterführende Literatur 442
Fotonachweis 444
Inhaltsverzeichnis 445

Vorwort

Ein »Buch zum Film« – gewiß, und doch nicht. Ein Buch zur sechsteiligen Sendefolge »Deutsche Literatur seit 1945 – Nachrichten von Büchern und Menschen« (ZDF/3sat) –, aber nicht ein Buch, das die Filmdokumentation »verwertet«: es beschränkt sich einerseits nicht auf die Transkription der Drehbücher; es will andererseits nicht mit den vorhandenen Literaturgeschichten konkurrieren. Ihnen gegenüber haben die Filme ihre eigene Funktion, und ebenso dieses Text- und Bilderbuch: es will die Informationen der Filme und die in ihnen zitierten Texte erweitern, ergänzen, veranschaulichen.
Es will, von der Seite der Bücher her, dem entgegenkommen, was die filmische Dokumentation, von der Seite des Fernsehens her, als Brückenschlag zwischen den Medien unternimmt. Es geht darum, einer breiteren Öffentlichkeit eine Vorstellung von der Entwicklung der deutschsprachigen Literatur (in der Bundesrepublik, der DDR, Österreich und der Schweiz) im vergangenen halben Jahrhundert zu vermitteln; bedeutenden und repräsentativen Autoren dieser Epoche neue – also auch junge – Leser zu gewinnen oder die alten – also auch die älteren – Leser zur erneuten Beschäftigung mit dieser Literatur anzuregen; überhaupt die Literatur, wirkungsvoll unterstützt durch die Mittel des elektronischen Mediums, ins Gespräch zu bringen, zugunsten der Bücher und Menschen, von denen beide, Film und Buch, Nachricht geben.
Allzu lange schon währt der Pessimismus der Medienforscher, und auch mancher Programmacher, die meinen, nichts sei der Fernsehberichterstattung fremder als Bücher, wenn sie nicht gerade zur Verfilmung taugen oder eine – nicht literarisch, sondern anderswie interessante – Meldung wert sind. Dem entspricht der Pessimismus der Literaturfreunde, die in der technischen Entwicklung, in der wachsenden Verbreitung und »Akzeptanz« des Fernsehens die entscheidenden feindlichen Tendenzen gegen die Lesekultur sehen.
Vielleicht ist es an der Zeit, daß die einzelnen Beteiligten, die Buch- und Filmautoren, die Verleger und Regisseure, die Redakteure und Lektoren, die Zuschauer und Leser, aufhören, sich von »Entwicklungen« bange machen zu lassen. Es geht um Kooperation, aus eigensüchtigem Interesse. Kein Autor, kein Leser kann leugnen, daß das Fernsehen – in seinen ganz unterschiedlichen Arten – unsere Wahrnehmung, unsere Kenntnisse, unser Urteil prägt. Kein Fernsehredakteur oder Filmautor aber wird leugnen, daß er seine Hintergrundinfor-

mationen vor allem Gedrucktem entnimmt. Es *gibt* die Konkurrenz, doch es lohnt sich für keinen der Konkurrenten, dieses Faktum – sei es fortschrittsoptimistisch triumphierend oder kulturpessimistisch klagend – zu stilisieren. Mit der Massenpresse ging die Buchkultur nicht zugrunde, mit der Fotografie nicht die Malerei, mit dem Film nicht das Theater. Die jeweils scheinbar »überholten« Medien veränderten sich vielmehr – und zwar ebenso in der Anpassung an die Konkurrenz wie in der Absetzung davon; und zum großen Teil blieben sie sogar, wie sie waren, und veränderten sich, wie sonst, nach eigenen Kriterien. Das ist bei den »überholenden« Medien übrigens auch nicht anders: für ihre Entwicklung spielt, erfahrungsgemäß, die Konkurrenz nach und nach eine geringere Rolle als die Erfordernisse der intern sich herausbildenden Ansprüche. Es ist sehr zu hoffen, daß auch das Fernsehen – großenteils zumindest – sich an dem mißt, was es, seinen eigensten Möglichkeiten nach, kann. Wie es unsere Wahrnehmung beeinflußt, so sind seine Archive Teil unseres Gedächtnisses. Also ist sein Auftrag, nicht nur das zu produzieren, wovon sich heute Aufhebens machen läßt, sondern auch das, was des Aufhebens für später wert ist.

Die Sendefolge »Deutsche Literatur seit 1945« demonstriert etwas davon, im gelassenen Wetteifer mit den anderen Medien literaturgeschichtlicher Erinnerung. Der Vorsatz ist anspruchsvoll und bescheiden zugleich: etwas soll begreifbar werden von der literarischen Entwicklung, signifikante Texte sind zu hören, wichtige Autoren zu sehen – aber filmisch so aufbereitet, daß es einem Massenpublikum etwas nützen und auch noch den Germanisten erfreuen kann.

Dementsprechend soll das vorliegende Buch – jenem ehrwürdigen Grundsatz folgend – nützlich sein und zugleich erfreuen. Es soll – wie die dokumentarischen Filme, von denen es ausgeht – dem einen zur Information und zur Anregung dienen, dem anderen zur Erinnerung, und allen auch zur Unterhaltung. Das Buch wendet sich also an ein breites Publikum.

Gewiß werden die Filme sogar noch dem Belesenen, der mit allen behandelten Autoren und literarischen Werken vertraut ist, immer wieder unbekannte und erhellende Bilder – und Texte – bieten; aber es ist etwas anderes, hiervon angeregt, eines dieser Bücher erneut in die Hand zu nehmen: in vielen Fällen wird es eine neue Lektüre werden. Und gewiß wird mancher Zuschauer fasziniert sein von der Sprache oder der Thematik dieses oder jenes Buches, vom literarischen Klima einer Zeit, also wird er, wenn er ein Leser, auch wenn er ein

potentieller Leser ist, vielleicht *mehr* kennenlernen wollen von einem Text, einem Autor, der ihm am Bildschirm nahegebracht worden ist. Aber: so wenig sechs Stunden Fernsehen dem Zuschauer einen auch nur konturenreichen Überblick über die deutschsprachige Literatur seit 1945 geben können, so wenig könnte ihm eine tausendseitige Literaturgeschichte einen vollständigen verschaffen. Deshalb versucht dieses Buch eine Brücke zu bilden von den Filmbildern (die ihr eigenes Recht, ihre eigene Aussagekraft haben), von der Sendefolge (die ihren eigenen Auswahl- und Gestaltungsnotwendigkeiten folgt) zu dem, was ihr Gegenstand ist: Literatur, Bücher.
Allgemeine Repräsentativität ist nicht angestrebt, Vollständigkeit schon gar nicht. Aber symptomatisch für die jeweilige Zeit – und *insofern* repräsentativ – sollen Auswahl und Zusammenstellung sein. Es war in keinem Falle möglich, das Gesamtwerk der behandelten Autoren zu würdigen: sie erscheinen in der Abfolge jeweils dort, wo sie markant einsetzen oder sich durchsetzen. In vielen Fällen führt das dazu, daß, was etwa als ihr Hauptwerk gilt, nur bibliographisch erfaßt wird. Es geht also weder um eine Literaturgeschichte in der Nußschale noch um pointierte kritische Sichtung. Die Sendefolge und das Buch nehmen – anders gäbe es sie nicht – dies alles in Kauf. In den Filmen kommen zu Hauf Schriftsteller vor, denen man – für ein sachlich vorbereitetes Minderheitenpublikum – jeweils ein, zwei, in manchem Fall gar alle sechs Stunden hätte einräumen können. Übrigens mag dies sogar für solche gelten, die, wiewohl längst Literaturgeschichte, in den Filmen – und also auch im Buch – gar nicht auftreten. Wem dies als Mangel erscheint, der tue, was er kann, an seinem Platz, mit seinen Mitteln, um ihm abzuhelfen. Dieses Buch jedenfalls hat die hier beschriebene Funktion, keine andere.
Ein Buch zum Film über Literatur. Ein Buch, parallel zum Film und parallel zur Literatur. Wer dieses Buch in die Hand nimmt, wird entdecken, was der Film kann und was er nicht kann. Aber er wird auch entdecken, was dieses Buch nicht kann: die Beschäftigung mit den Büchern ersetzen. Das im Ansehen des Text- und Bilderbuchs und in Anbetracht des Fernsehens zu erfahren wäre nützlich und erfreulich.

Volker Bohn

I 1945-1949

Seit Beginn des Exils arbeitet Bertolt Brecht an der Kriegsfibel: Foto-Text-Montagen, die die Grausamkeit des Krieges darstellen. Ruth Berlau schreibt im Vorwort der Buchausgabe: »Nicht der entrinnt der Vergangenheit, der sie vergißt. Dieses Buch will die Kunst lehren, Bilder zu lesen. Denn es ist dem Nichtgeschulten ebenso schwer, ein Bild zu lesen wie irgendwelche Hieroglyphen.«

**Bertolt Brecht
Kriegsfibel**

Das sind die Städte, wo wir unser »Heil!«
Den Weltzerstörern einst entgegenröhrten.
Und unsre Städte sind auch nur ein Teil
Von all den Städten, welche wir zerstörten.

Umschlag der »Kriegsfibel« Bertolt Brechts

Das da hätt einmal fast die Welt regiert.
Die Völker wurden seiner Herr. Jedoch
Ich wollte, daß ihr nicht schon triumphiert:
Der Schoß ist fruchtbar noch, aus dem das kroch.

Thomas Mann
Deutsche Hörer!

Wie bitter ist es, wenn der Jubel der Welt der Niederlage, der tiefsten Demütigung des eigenen Landes gilt! Wie zeigt sich darin noch einmal schrecklich der Abgrund, der sich zwischen Deutschland, dem Land unserer Väter und Meister, und der gesitteten Welt aufgetan hatte!
Die Sieges-, die Friedensglocken dröhnen, die Gläser klingen, Umarmungen und Glückwünsche ringsum. Der Deutsche aber, dem von den Allerunberufensten einst sein Deutschtum abgesprochen wurde, der sein grauenvoll gewordenes Land meiden und sich unter freundlicheren Zonen ein neues Leben bauen mußte, – er senkt das Haupt in der weltweiten Freude; das Herz krampft sich ihm zusammen bei dem Gedanken, was sie für Deutschland bedeutet, durch welche dunklen Tage, welche Jahre der Unmacht zur Selbstbesinnung und abbüßender Erniedrigung es nach allem, was es schon gelitten hat, wird gehen müssen.
Und dennoch, die Stunde ist groß – nicht nur für die Siegerwelt, auch für Deutschland, – die Stunde, wo der Drache zur Strecke gebracht ist, das wüste und krankhafte Ungeheuer, Nationalsozialismus genannt, verröchelt und Deutschland von dem Fluch wenigstens befreit ist, das Land Hitlers zu heißen. Wenn es sich selbst hätte befreien können, früher, als noch Zeit dazu war, oder selbst spät, noch im letzten Augenblick; wenn es selbst mit Glockenklang und Beethoven'scher Musik seine Befreiung, seine Rückkehr zur Menschheit hätte feiern können, anstatt daß nun das Ende des Hitlertums zugleich der völlige Zusammenbruch Deutschlands ist, – freilich, das wäre besser, wäre das Allerwünschenswerteste gewesen. Es konnte wohl nicht sein. Die Befreiung mußte von außen kommen; und vor allem, meine ich, solltet ihr Deutsche sie nun als Leistung anerkennen, sie nicht nur als das Ergebnis mechanischer Übermacht an Menschen und Material erklären und nicht sagen: »Zehn gegen einen, das gilt nicht«. Deutschland zu besiegen, das allein mit aller Gründlichkeit den Krieg vorbereitet hatte, war auch im Zweifrontenkrieg eine Riesenaufgabe. Die Wehrmacht stand vor Moskau und an der Grenze Ägyptens. Der europäische Kontinent war in deutscher Gewalt. Es gab scheinbar gar keine Möglichkeit, kein Terrain, keinen Ansatzpunkt zur Bezwingung dieser unangreifbar verschanzten Macht. Der russische Marsch von Stalingrad nach Berlin, die kriegsgeschichtlich völlig neue und

»Im Herbst 1940 trat die British Broadcasting Corporation mit dem Wunsche an mich heran, ich möchte über ihren Sender in regelmäßigen Abständen an meine Landsleute kurze Ansprachen richten, in denen ich die Kriegsereignisse kommentieren und eine Einwirkung auf das deutsche Publikum im Sinne meiner oft geäußerten Überzeugungen versuchen sollte.«

Thomas Mann

»Ich spreche nun, was ich jeweils zu sagen habe, im Recording Department der NBC von Los Angeles selbst auf eine Platte, diese wird auf dem Luftwege nach New York gesandt und ihr Inhalt durch das Telefon auf eine andere Platte in London übertragen, die dann vor dem Mikrophon abläuft. Auf diese Weise hören diejenigen, die drüben zu lauschen wagen, nicht nur meine Worte, sondern auch meine eigene Stimme.«

nicht für möglich gehaltene Landung der Angelsachsen in Frankreich am 6. Juni 1944 und ihr Zug zur Elbe waren militärisch-technische Bravourleistungen, denen deutsche Kriegskunst kaum etwas Ebenbürtiges an die Seite zu stellen hat. Deutschland ist wahrlich, wenn auch unter ungeheuren Opfern, nach allen Regeln der Kunst geschlagen worden und die militärische Unübertrefflichkeit Deutschlands als Legende erwiesen. Für das deutsche Denken, das deutsche Verhältnis zur Welt ist das wichtig. Es wird unserer Bescheidenheit zustatten kommen, den Wahn deutschen Übermenschentums zerstören helfen. Wir werden nicht mehr von den »militärischen Idioten« dort drüben sprechen.

Möge die Niederholung der Parteifahne, die aller Welt ein Ekel und Schrecken war, auch die innere Absage bedeuten an den Größenwahn, die Überheblichkeit über andere Völker, den provinziellen und weltfremden Dünkel, dessen krassester, unleidlichster Ausdruck der Nationalsozialismus war. Möge das Streichen der Hakenkreuzflagge die wirkliche, radikale und unverbrüchliche Trennung alles deutschen Denkens und Fühlens von der nazistischen Hintertreppen-Philosophie bedeuten, ihre Abschwörung auf immer. Man muß hoffen, daß das Mitglied des deutschen Kapitulations-Komitees, Graf Schwerin-Krosigk, nicht nur dem Sieger zum Munde reden wollte, als er erklärte, Recht und Gerechtigkeit müßten fortan das oberste Gesetz deutschen nationalen Lebens sein und Achtung vor Verträgen die Grundlage internationaler Beziehungen. Das war eine indirekte und allzu schonende Verleugnung der moralischen Barbarei, in der Deutschland länger als zwölf Jahre gelebt hat. Man hätte sich eine direktere, ausdrucksvollere gewünscht; aber der Fluch, den das deutsche Volk heute, wie ich glaube, gegen seine Verderber im Herzen trägt, klingt doch wenigstens darin an.

Ich sage: es ist trotz allem eine große Stunde, die Rückkehr Deutschlands zur Menschlichkeit. Sie ist hart und traurig, weil Deutschland sie nicht aus eigener Kraft herbeiführen konnte. Furchtbarer, schwer zu tilgender Schaden ist dem deutschen Namen zugefügt worden, und die Macht ist verspielt. Aber Macht ist nicht alles, sie ist nicht einmal die Hauptsache, und nie war deutsche Würde eine bloße Sache der Macht. Deutsch war es einmal und mag es wieder werden, der Macht Achtung, Bewunderung abzugewinnen durch den menschlichen Beitrag, den freien Geist.   *10. Mai 1945*

Der Untergang

> In Deutschland erlebte man den Anfang vom Ende als baren Schrecken – dies dokumentiert Hans Erich Nossack in der Erzählung *Der Untergang*.

Ich habe den Untergang Hamburgs als Zuschauer erlebt. Das Schicksal hat es mir erspart, eine Einzelrolle dabei zu spielen. Ich weiß nicht, warum, es läßt sich nicht einmal entscheiden, ob ich es als Bevorzugung nehmen soll. Ich habe viele Hunderte von denen gesprochen, die dabei gewesen sind, Männer und Frauen; was sie erzählen, wenn sie überhaupt davon sprechen, ist so unvorstellbar grauenhaft, daß es nicht zu begreifen ist, wie sie es bestehen konnten. Aber sie hatten ihre Rolle und ihr Stichwort und mußten danach handeln; und was sie zu berichten wissen, mag es als Einzelnes noch so erschütternd sein, ist immer nur der Teil, der mit ihrem Stichwort zusammenhängt. Die meisten wußten ja gar nicht, als sie aus ihrem brennenden Hause ins Freie liefen, daß die ganze Stadt brannte. Sie glaubten, es wäre nur ihre Straße oder höchstens ihr Stadtteil, und das war vielleicht ihre Rettung.

Für mich ging die Stadt als ein Ganzes unter, und meine Gefahr bestand darin, schauend und wissend durch Erleiden des Gesamtschicksals überwältigt zu werden.

Ich fühle mich beauftragt, darüber Rechenschaft abzulegen. Es soll mich niemand fragen, warum ich so vermessen von einem Auftrag rede: ich kann ihm nicht darauf antworten. Ich habe das Gefühl, daß mir der Mund für alle Zeiten verschlossen bleiben würde, wenn ich nicht dies zuvor erledigte. Auch drängt es mich, es jetzt schon zu tun; es sind zwar erst drei Monate seitdem verflossen, aber da es der Vernunft niemals möglich sein wird, das, was damals geschah, als Wirklichkeit zu begreifen und dem Gedächtnis einzuordnen, fürchte ich, daß es sich wie ein böser Traum allmählich verwischen wird. –

(...)

Es war das erste Sommerwetter in diesem Jahr, aber damit setzte auch jene Hitze ein, die das Verderben Hamburgs mit verursachte, wenn sie auch den obdachlosen Flüchtlingen dann wieder zugute kam. Die Heide fing gerade an zu blühen. An den Wegrändern standen kleine Büschel mit Glockenblumen. In der Mulde, auf die wir blickten, hatte sich zwischen das Heidekraut noch eine andere Pflanze ausgesät, deren Namen wir nicht kannten. Sie blüht in rosa Dolden und trägt nachher einen Roßschweif weißer Baumwolle. Da sie fast einen Meter hoch wird, schwebten ihre Blüten wie ein rosa Nebel über der Mulde. Alles Schwere verhüllte sich hinter lieblicher Unwirklichkeit.

Hans Erich Nossack

»Ein Erzähler im herkömmlichen Sinne ist Nossack nicht; er ersinnt keine Fabeln, er legt Zeugnis von etwas ab, berichtet etwas aus einem Leben, dessen Inhalte vom Muster der Erfindung wie vom Zwang der Wirklichkeit gleich weit entfernt sind. (...) Vor allem aus einem Leben, das ein Ende gefunden hat und auf rätselhafte Weise doch fortgeführt wird (...) Wo immer er schreibt, schreibt er als ein Geretteter, als ein Überlebender, dessen Aufgabe es ist, von dem zu künden, was untergegangen ist, wie es untergegangen ist, warum es untergegangen ist.«
Walter Boehlich, Nachwort zu Der Untergang, 1962

Wir lieben die Heide, wir gehören irgendwie dorthin, vielleicht sind wir vor Zeiten dort geboren. Andere fühlen sich dort krank und werden schwermütig. Sie können nicht ohne Zeit leben; denn die Heide ist ohne Zeit. Sie wollen es nicht wissen, daß wir einem Märchen entstammen und wieder ein Märchen werden. Wir begannen den Krieg zu vergessen. – Ich habe dies Idyll an der anderen Seite des Abgrundes so genau geschildert, weil sich vielleicht einmal von dort aus ein Weg in die verlorene Vergangenheit zurückfinden läßt.

In der Nacht vom Sonnabend auf Sonntag weckte Misi mich. Sie rief von oben: »Hörst du es gar nicht? Willst du nicht lieber aufstehen?« Ich hatte den Alarm verschlafen; in der Heide hört man die Sirenen, die irgendwo in fernen Dörfern wie Katzen durcheinanderheulen, nur, wenn die Windrichtung günstig ist. Außerdem hatten wir uns die ganzen Jahre daran gewöhnt, nicht schon bei Alarm das Bett zu verlassen, sondern erst, wenn stärkeres Abwehrfeuer einen tatsächlichen Angriff

Brennende Öltanks in den Hafenanlagen Hamburgs

vermuten ließ; eine Gewohnheit, die vielen das Leben gekostet hat.
Ich wollte auch diesmal eine unwillige Antwort geben und mich auf die andere Seite drehen, da hörte ich es. Ich sprang auf und rannte barfuß ins Freie, in dies Geräusch hinein, das wie eine drückende Last zwischen den klaren Sternbildern und der dunklen Erde schwebte, nicht da und nicht dort, sondern überall im Raume; es gab keine Flucht davor.
Im Nordwesten zeichneten sich die Hügel diesseits und jenseits der Elbe vor der schmalen Dämmerung des vergangenen Tages ab. Lautlos duckte sich die Landschaft an den Boden, um nicht gefunden zu werden. Nicht weit entfernt stand ein Scheinwerfer; man hörte Kommandorufe, die sofort jeden Zusammenhang mit der Erde verloren und im Nichts zerflatterten. Nervös tastete der Scheinwerfer den Himmel ab, manchmal traf er sich mit anderen Zeigern, die gleich ihm in weitem Ausschlag pendelten; dann bildeten sie für einen Augenblick geometrische Figuren und Zeltgerüste, um erschrocken wieder auseinanderzufahren. Es war, als söge dies Geräusch zwischen Himmel und Erde ihr Licht auf und machte sie sinnlos. Aber die Sterne leuchteten wie im Frieden durch das unsichtbare Unheil hindurch.
Man wagte nicht, Luft zu holen, um es nicht einzuatmen. Es war das Geräusch von achtzehnhundert Flugzeugen, die in unvorstellbaren Höhen von Süden her Hamburg anflogen. Wir hatten schon zweihundert oder auch mehr Angriffe erlebt, darunter sehr schwere, aber dies war etwas völlig Neues. Und doch wußte man gleich: es war das, worauf jeder gewartet hatte, das wie ein Schatten seit Monaten über all unserm Tun lag und uns müde machte, es war das Ende. Dies Geräusch sollte anderthalb Stunden anhalten, und dann in

Die Hamburger Universität nach Bombenangriffen

drei Nächten der kommenden Woche noch einmal. Gleichmäßig hielt es sich in der Luft. Gleichmäßig hörte man es auch dann, wenn sich das viel lautere Getöse der Abwehr zum Trommelfeuer steigerte. Nur manchmal, wenn einzelne Staffeln zum Tiefangriff ansetzten, schwoll es an und streifte mit seinen Flügeln den Boden.
(...)
Gleich zur Linken brannte ein riesiger Kokshaufen – er erlosch erst nach drei Wochen –, und sekundenlang wurde man von glühendem Höllenatem angehaucht, wie um gefeit zu werden, ehe man passieren durfte, und dann war man innerhalb. Der Wagen schwankte und tastete sich durch den Paß, der zwischen den Trümmern notdürftig freigelegt war, über Geröllhalden zusammengebrochener Gebäude, an Kratern vorbei und unter zerknickten Brücken hindurch, von denen Waggons wie Girlanden ins Wasser der Hafenbecken hingen, aus denen der Bug einer Schute emportauchte, erschrocken über die plumpen Körper von Oberländerkähnen, die leblos auf der Seite trieben. An den Rändern des Passes lagen längliche Bündel, und man sagte, es wären Leichen. Alle so still, und viel lauter glaubte man den Todesschrei der Autos gellen zu hören, die, gelbausgeglüht und in letzter Not sich erbarmungswürdig aufbäumend, den vergeblichen Fluchtweg bezeichneten.
Und nirgends Querstraßen, um in das seitliche Dickicht zu gelangen; alles ineinander verfilzt. Nur selten ein Blick frei durch eine schwarze Fensterwölbung. Und darüber statt der Grabschriften unverständliche Reklametafeln. Plötzlich zog

man den Kopf ein, weil eine sechsstöckige Fassade sich über die Straße neigte und durch die Erschütterung des Wagens zu fallen drohte. War man vorbei und wandte sich um, sah man ganz oben einen Balkon hängen und darüber eine aufgespannte Markise und sogar einen Balkonkasten mit roten Geranien. Doch alles ganz schweigsam, ohne Bewegung und Veränderung; des Zeitlichen entkleidet und ewig geworden.
Wir werden uns von nun an nicht mehr fragen können: Hält es stand, dein Werk, angesichts des weiten Landes und am Ufer des Meeres? Wir werden fragen müssen: Hält es stand angesichts dieses Friedhofes?
Wie waren wir hochmütig und eingebildet auf unseren Geschmack! Was taten wir uns nicht zugute auf unser geistreiches Urteil! Und welch zynischen Ekel maßten wir uns an, die Lebensgewohnheiten der Unzähligen abzulehnen! Haben wir nicht gesprochen: Dies ist ein häßlicher Stadtteil, menschenunwürdig und abbruchreif; die Straßen eng und voller Geschrei; die Höfe ohne Licht, ohne Farbe, ohne Luft; die Häuser schmutzig und stumpf? Wie konnten hier Millionen Menschen leben, ohne daß ihr Atem die Enge sprengte! Und auf den Treppen roch es nach Essen und kleinen Leuten; wir rümpften die Nase darüber. Aus den Wohnungen schlug uns der Dunst kochender Wäsche entgegen, und die Stuben waren kalt von ungebrauchten Möbeln. Und das Plüschsofa mit gehäkelten Deckchen? Und all die ungeschickten Fotografien von Hochzeiten und Jubiläen? Und der Buntdruck mit süßlichen Nymphen, der über dem Ehebett hing?
Wer würde es noch wagen, über diese Dinge zu spotten! Warum riecht es nicht mehr auf den Treppen? Warum trocknet keine Wäsche mehr auf dem Gestell vor dem Küchenfenster? Wurde nicht sonntags manchmal ein Kuchen gebacken? War nicht in jeder der unzähligen Wohnungen, deren Umrisse sich jetzt nur an den Mauerresten abzeichneten, eine Hausfrau, die tagaus, tagein die Fußböden scheuerte und die Möbel abstaubte; die den Nachbarn fürchtete und doch von ihm beneidet sein wollte?
Und warum stehen die Schornsteine noch, sinnlos und ohne Rauch? Aber ein Herd ist nicht mehr da. Wozu haben wir gekocht? Und auch keine Betten! Wozu haben wir geschlafen? Wozu haben wir uns erhalten? Wozu Vorräte gesammelt und gespart?
Alles, was Männer davon zu sagen wissen, ist Lüge. Nur in der Sprache der Frauen darf darüber geredet werden. –
Ich bin durch all diese Stadtteile gekommen, zu Fuß oder im Wagen. Nur wenige Hauptstraßen waren freigelegt, aber

Hans Erich Nossack, geboren 1901 in Hamburg, starb dort 1977. Er schrieb *Der Untergang* im November 1943, die Erzählung erschien erstmals 1948 im Erzählungsband *Interview mit dem Tode.* – Weitere wichtige Werke: *Nekyia.* Erzählung 1947; *Spätestens im November.* Roman 1955; *Spirale – Roman einer schlaflosen Nacht.* 1956 (darin: *Unmögliche Beweisaufnahme*); *Dem unbekannten Sieger.* Roman 1969.
© Suhrkamp Verlag

Die zerstörte Katharinenkirche in Hamburg

Kilometer über Kilometer kein lebendiges Haus mehr. Und versuchte man seitlich einzudringen, verlor sich sofort jedes Gefühl für Zeit und Richtung. In Gegenden, die ich zu kennen glaubte, habe ich mich völlig verirrt. Ich habe eine Straße gesucht, die ich im Schlaf hätte finden müssen. Da, wo ich sie vermutete, stand ich und wußte mir nicht zu helfen. Ich habe die Querfurchen im Geröll an den Fingern abgezählt, doch ich habe die Straße nicht wieder entdeckt. Und wenn man nach Stunden einen Menschen traf, dann war es auch nur einer, der im Traum durch die ewige Einöde wandelte. Man ging mit einem scheuen Blick aneinander vorbei und sprach noch leiser als vorher. Irgendwo schien wohl die Sonne, aber über diese Dämmerung hatte sie keine Macht.

Unterm Fallbeil der Freiheit

Furchtbar ist das mit mir. Immer habe ich das Gefühl, ich bin nur auf Urlaub zu Hause. Wenn es klingelt, bekomme ich Herzklopfen. Dauernd habe ich Angst, es könnte einer kommen, der mir die Abfahrt befiehlt oder mich verhaftet, weil das Datum gefälscht ist auf meinem Schein. Neulich mußte ich nach Nauen, Kartoffeln besorgen. Ich bin fast verrückt geworden während der Fahrt. Ich kann keinen Zug mehr sehen. Ich denke immer, ich sitze im Fronturlauber nach Lemberg. Diese Unrast macht einen kaputt. Ich zittre um jede Kleinigkeit. Ich bin unfähig, klare Entschlüsse zu fassen. Ich brauche Ewigkeiten, um mich zu etwas aufzuraffen. Die mich kennen, nennen das willensschwach. Bestimmt haben sie recht; aber hilft einem das? Neuerdings zucke ich auch wieder vor Uniformen zusammen. Eine Weile war es weg; aber jetzt ist es wiedergekommen. Ich kann nichts dagegen tun. Denn das bin ich nicht selber, das ist der Muschkote in mir. Vor dem bin ich machtlos. Ja, er meldet sich wieder; er hat ausgeschlafen, er war gar nicht tot. Ich merke es, wenn ich mich unterhalte; wie er da beipflichtet; wie er sich da an die Wand drücken läßt, der Strolch. Ständig habe ich Minderwertigkeitskomplexe durch ihn. Er macht mich unfähig, im andern einen Gleichgestellten zu sehen. Es gibt keinen Gleichgestellten, es gibt nur Überlegene, Besserwisser und Vorgesetzte für ihn: Korporale, Feldwebel, Offiziere. Vor denen preßt er die Hände an die Schenkel und schlägt die Hacken zusammen.

Ich bin kein Psychiater. Aber man will sich auch nicht aufgeben. Ich begehe infolgedessen das Dümmste, was man in so einem Fall nur tun kann; ich versuche mehr aus mir zu machen, als ich bin. Hinterher dann könnte ich mich ohrfeigen und sterbe beinah vor Scham. Das Ergebnis: Ich kapsle mich ab. Ich werde menschenscheu. Statt nun aber, wie es logisch wäre, mich selber zu hassen, hasse ich die andern: die »Kameraden« vor allem, die »Kumpel«, die ewigen Du-Sager. Ich weiß, gerade in ihnen sehe ich mich selber. Ich rede mir zwar ein, ich will nicht an die Vergangenheit erinnert werden. Aber ich spüre: Dieser hohlwangige Stoppelbart, dieser zotenselige Einbeinige, dieser schweißstinkende Weißt-du-noch-Mann, sie sind ja auch alle in mir. Ihre Unsicherheit ist meine Unsicherheit. Ihre Verkommenheit ist meine Verkommenheit. Ihre Erlebnisse sind meine Erlebnisse. Ich gehöre zu ihnen. Aber ich *will* nicht zu ihnen gehören. Ich will wieder »ich« und nicht dauernd »wir« denken müssen. Ich will raus aus der

---

Die Front im Hinterland – sie wird auch nach Kriegsende noch erfahren. Der Kriegsteilnehmer Wolfdietrich Schnurre 1946:

»Während ich, unterm Druck der täglich wachsenden Gewissenslast, völlig ohne mein Zutun, ja, eigentlich gegen meinen Willen, plötzlich ganz anders, das heißt anteilnehmend, beteiligt, menschlicher zu schreiben anfing, baute ich zugleich meine Ansicht vom Künstler als dem großen Abseitigen zu immer sterileren Thesen aus. Ich wollte meine Inselposition nicht aufgeben. Als Soldat war ich schon umgefallen, nun wollte ich wenigstens hier festbleiben.«
Wolfdietrich Schnurre, 1949

»Ein Desertionsversuch zwar zerschlug sich, weil ich plötzlich keinen Sinn mehr in ihm erblickte; aber ich begehrte auf und kam in eine Strafkompanie. Anders im Schriftstellerischen. Der Ästhetendünkel des Außenseiters hatte sich zu sehr in einem festgefressen, als daß man ihn jetzt ohne große Anstrengung wieder hätte ablegen können. Er hing mir fast das ganze Jahr fünfundvierzig über noch an, obwohl ich nun auch *bewußt* gegen ihn anschrieb.«
Wolfdietrich Schnurre, 1949

Herde. Ich habe sie satt, die Kameradschaft der Unseligen. Ebenso wie ich die Heilgebliebenen satt habe, die Sicheren, vor deren Forschheit mein letzter Rest Selbstbewußtsein zur Farce gefriert.

Soweit mußte es kommen. Und wie habe ich mich früher danach gesehnt, wirklicher Menschenliebe teilhaft zu werden. Wie wollte ich im andern den Bruder, den Nächsten erblicken. Und jetzt? Wie soll man leben mit diesem chaotischen Haß, mit dieser verkarsteten Härte im Herzen? Ich verbreite nur Bedrückung um mich. Keiner Güte, keiner Freundlichkeit bin ich mehr fähig. Was ich anfasse, wird grau. Was ich sage, klingt schrill. Ich bin ständig mit mir selber zerfallen.

Ja, wenn man ihn abwürgen könnte, den zählebigen Befehlsempfänger in einem. Aber das *ist* es ja: Er ist gefeit. Er hat hundert Gesichter. Eins demoliert man ihm; gleich grinst er mit einem Dutzend andrer. Ich erkenne sie wieder; oft genug haben sie sich im Kriege verzerrt. Und er versteht sie zu tragen, sie passen ihm alle: Er ist die Unsicherheit, er ist die Prahlsucht. Er ist die Verwahrlosung, er ist der Argwohn. Er ist die Zähigkeit, er ist die Schwäche. Er ist die Niedertracht, er ist die Feigheit. Unterwerfung, Befehlslust; Grausamkeit, Selbstmitleid; Knechtssinn und Herrenallüren – alles geht auf sein Konto.

Ich weiß das; ich spüre ja mein besseres Ich noch; ich merke, wie es sich wehrt. Aber er hetzt es zu Tode, dieser Kasernenhofschinder, er schlägt mir's zusammen. Immer häufiger werden die Tage, an denen es zu schwach ist, um wieder auf die Beine zu kommen. Dann beherrscht nur er mich. Dann ist nichts in mir als Chaos; als Chaos und Sinnlosigkeit. Meine gefallenen Freunde, die mich manchmal besuchen, verscheuche ich dann. Ich frage sie nach dem Wert ihres Todes; ich schreie sie an. Ich meine sie nicht; ich meine mich in ihnen. Mich und den mir erspart gebliebenen Tod; diesen vor allem. Aber er schweigt. Er weiß, wie feige ich bin, und daß mir der Mut fehlt, um Selbstmord zu machen.

Kürzlich glaubte ich, ich wäre dem Muschkoten in mir entkommen. Ich machte einen Spaziergang. Wald war um mich, Kiefern; mal eine Lichtung, ein Kahlschlag. Eichelhäher schrien. Eine Zeitlang ging alles gut; es war beinah wie früher. Aber dann hörte der Wald auf; Wiesen kamen, endlos fast. Und da regte er sich, da wurde er wach: Ich fing an, den Horizont abzusuchen. Ich zählte die Bodenwellen. Ich registrierte Senken und Bachbetten. Ich taxierte plötzlich die Gegend ab nach der Möglichkeit, sich vor Panzern zu schützen. Aus mit der Schönheit der Landschaft. Kein Vogelruf mehr, kein Son-

Kriegsheimkehrer in Hamburg 1945

nenglast. Ich hatte Geländedienst; die Natur war mit meinen Ängsten im Bunde. Schon im Kriege, ich weiß. Aber ich dachte, sie würde sich meiner früheren Anteilnahme erinnern. Ich glaubte, wenigstens *sie* sei bereit, Frieden zu schließen, zumindest *sie* könne mich heilen. Das ist ein Wunschtraum gewesen; mein letzter.
Seither bin ich meinen gefallenen Freunden unleidlicher denn je. Nämlich ich weiß: Wer die Liebe nicht hat, hat auch das Leben nicht. Doch ich will es nicht wahrhaben, daß ich verloren bin. Und wenn ich es in den Gesichtern meiner Toten erkenne, schreie ich es nieder. Sie sollen lügen. Ich will betrogen werden. Ich will, daß man davon spricht, ich sei gut. Ich würde es nicht glauben. Aber es hätte doch mal einer gesagt.
Ganz schlimm ist es in diesen Tagen geworden. Da kam noch das andre hinzu, das so viel Furchtbarere. Den schaftstiefligen Duckmäuser in mir, den kann ich benennen. Dies andre nicht. Es ist außer mir. Ungreifbar. Alldrohend. Allgegenwärtig. Es fängt an mit dem Schnee. Ich kann seit Woronesch keinen Schnee mehr sehen. Ich kriege Zustände, wenn ich über einen freien, schneebedeckten Platz muß. Über diesen Plätzen hängt der Himmel genauso bleiern, wie über der russischen Steppe. Er staucht einen zusammen, dieser Schneehimmel; er lastet auf einem mit Zentnergewicht. Man darf nur das Lid heben, schon ist man dem Sog dieser Endlosigkeit da oben verfallen. Ich besitze keinen Hut. Niemand kann ich sagen, wie ich darunter leide. Was gäbe ich um einen Schirm über den Augen, um eine Krempe, die mich von dieser Drohung erlöste.
Und dann dieser Nebel, dieser furchtbare Nebel jetzt immer,

»Die ungeheure, oft mühselige Anstrengung der Nachkriegsliteratur hat ja darin bestanden, Ort und Nachbarschaft wiederzufinden. Man hat das noch nicht begriffen, was es bedeutete, im Jahr 1945 auch nur eine halbe Seite deutscher Prosa zu schreiben.«
Heinrich Böll, Frankfurter Vorlesungen, 1964

Wolfdietrich Schnurre wurde 1920 in Frankfurt am Main geboren, er starb 1989. *Unterm Fallbeil der Freiheit* ist dem Band *Schreibtisch unter freiem Himmel. Polemik und Bekenntnis* entnommen.
© Walter Verlag, Olten und Freiburg 1964. – Weitere wichtige Werke: *Kassiber*. Gedichte 1956; *Als Vaters Bart noch rot war*. Roman 1958; *Der Schattenfotograf*. Aufzeichnungen 1978.

der einem selbst hier, zwischen den Häusern, jedes Gefühl der Geborgenheit nimmt. Nebel, das war das Schlimmste. Nicht wegen der Angst, plötzlich dicht vor sich einen Russen die Maschinenpistole heben zu sehen. Sicher, diese Angst hatte man auch. Aber da war noch eine andre: Die Angst vor der lähmenden Macht des Alls, dieser Macht, die einen in der Ebene im Nebel mit Polypenarmen hinaufsaugt. Die einen loslöst vom Festen und hochreißt ins Nichts. Deren Blicke die Blicke der Gefallenen sind, die sterbend hinaufgestarrt haben. Und deren Stimmen das Fauchen des Schneesturms im Drahtverhau, aber auch die unendliche Stille horizontweiter Ebenen ist.

Sicher, es gibt erleuchtete Fenster und Laternen jetzt nachts, tastende Autoscheinwerfer, helle Reklamen. Aber was nützt das. Wen die Verlorenheit erst einmal gepackt hat, den läßt sie auch zwischen Häusern nicht los. Ein einziger unvorsichtiger Blick aus dem Fenster, und sie steigt herein, lautlos, riesig, und schiebt die Wände an die Ränder der Welt. Da hilft kein Buch in den Schneenächten jetzt, kein Manuskript; diese lastende Grenzenlosigkeit hängt wie ein graubauchiger Alp über einem.

Ich weiß nun nicht mehr, wie ich es länger ertragen soll. Ich möchte so gerne leben und teilhaben an der Zuversicht andrer. Ich bin kein Pessimist von Haus aus; ich habe früher auch manchmal gelacht. Und jetzt? Es ist sinnlos, noch Fragen zu stellen. Je krampfhafter ich mich an meine umdrohte Käfigexistenz klammre, desto mehr sterbe ich ab. Die Erinnerung höhlt mich aus. Die Furcht nimmt mir den Atem. Ich kann nicht mehr.

Kahlschlag

Die Verfasser des Kahlschlags (...) fangen in Sprache, Substanz und Konzeption von vorn an.
Es sei erlaubt, das, was ich meine, durch ein Gedicht zu exemplifizieren, durch die außerordentlichen Verse Günter Eichs, die er »Inventur« überschrieben hat, und die zuerst in der Sammlung von Gedichten deutscher Kriegsgefangener *Deine Söhne, Europa* (...) erschienen sind.

Dies ist meine Mütze,
dies ist mein Mantel,
hier mein Rasierzeug
im Beutel aus Leinen.

Konservenbüchse:
Mein Teller, mein Becher,
ich hab in das Weißblech
den Namen geritzt.

Geritzt hier mit diesem
kostbaren Nagel,
den vor begehrlichen
Augen ich berge.

Im Brotbeutel sind
ein Paar wollene Socken
und einiges, was ich
niemand verrate,

so dient er als Kissen
nachts meinem Kopf.
Die Pappe hier liegt
zwischen mir und der Erde.

Die Bleistiftmine
lieb ich am meisten:
Tags schreibt sie mir Verse,
die nachts ich erdacht.

Dies ist mein Notizbuch,
dies meine Zeltbahn,
dies ist mein Handtuch,
dies ist mein Zwirn.

Wolfgang Weyrauch prägt in seiner 1949 erschienenen Anthologie *Tausend Gramm* den Begriff »Kahlschlagliteratur«.

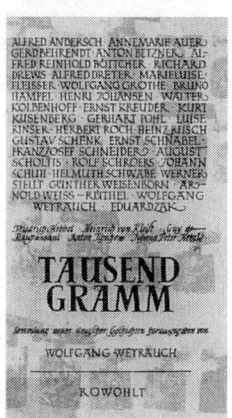

Günter Eich

Wolfgang Weyrauch

Indem Eich und die Verfasser der Kahlschlag-Prosa, wie jeder an diesem Gedicht (...) ablesen kann, von vorn anfangen, ganz von vorn, bei der Addition der Teile und Teilchen der Handlung, beim A-B-C der Sätze und Wörter, beim Stand der Anabasis, widerstreiten sie, manchmal sogar ultimativ, der Fortsetzung der kalligraphischen (Alfred Andersch) Literatur in Deutschland, der Verhängung und dem Verhängnis eines neuen Nebels bei uns, worin die Geier und die Hyänen nisten und tappen. Und warten. Warten auf unsre endgültige Zerstückelung, damit sie ihr altes, außermenschliches Reich der Gefräßigkeit des Menschen gegen den Menschen errichten können.

Unsre Literatur kann unsrer Existenz helfen. Denn unsre Literatur, ich wiederhole es, ist öffentlich. Wer nicht wiederholt, irrt sich. Alle Literaturen sind öffentlich. Ich plädiere aber dafür, daß sie es aus eigener Kraft seien. Keiner kann ihnen ihre Autochthonie wegnehmen, keiner darf sie ihnen wegnehmen. Die zukünftige deutsche Literatur wird eine verpflichtete Literatur sein, oder sie wird nicht sein. Sie wird aber nur dann eine Literatur sein, wenn sie mit den Mitteln der absoluten Literatur verpflichtet ist. Wähne doch niemand, daß das eine das andre ausschließe. Gegensätze sind, lieben sie nur den Menschen und nicht sich selbst, dazu da, in die Harmonie zu münden. Diese Äußerung ist nicht rachitisch.

Die Männer des Kahlschlags – die sich, vielleicht, diese Bezeichnung und das ihr inbegriffene Stigma verbitten, wenn sie diese Sätze lesen – schreiben die Fibel der neuen deutschen Prosa. Sie setzen sich dem Spott der Snobs und dem Verdacht der Nihilisten und Optimisten aus: ach, diese Leute schreiben so, weil sie es nicht besser verstehen. Aber die vom Kahlschlag wissen, oder sie ahnen es doch mindestens, daß dem neuen Anfang der Prosa in unserm Land allein die Methode und die Intention des Pioniers angemessen sind. Die Methode der Bestandsaufnahme. Die Intention der Wahrheit. Beides um den Preis der Poesie. Wo der Anfang der Existenz ist, ist auch der Anfang der Literatur. Wenn der Wind durchs Haus geht, muß man sich danach erkundigen, warum es so ist. Die Schönheit ist ein gutes Ding. Aber Schönheit ohne Wahrheit ist böse. Wahrheit ohne Schönheit ist besser. Sie bereitet die legitime Schönheit vor, die Schönheit hinter der Selbstdreingabe, hinter dem Schmerz.

Neues Leben auf den Bühnen

Gestern hatte ich Gelegenheit, einmal im Wagen durch die ganze Breite dieser Stadt zu fahren. Es war gespenstisch. Man ist an die Trümmer seiner Umwelt, seines Weges zur Arbeit, seines Bezirkes gewöhnt. Aber da wurde mir einmal bewußt, wie wenig von Berlin noch da ist. Ich fragte mich, ob wir uns nicht eigentlich nur etwas vormachen. Ich fuhr an einer Litfaßsäule vorbei, die beklebt war mit unzähligen Ankündigungen von Theatern, Opern, Konzerten. Ich sah nachher im Inseratenteil der Zeitung: an fast 200 Stellen wird Theater gespielt. Tatsächlich. Überall. In allen Bezirken. Täglich finden mindestens ein halbes Dutzend Konzerte statt. In allen Bezirken. Zwei Opernhäuser spielen ständig – welche Stadt der Welt hat das noch? Ob da nicht eine ungesunde Hausse in Kunst ausgebrochen ist, – ob es nicht nötiger ist, Handfestes zu tun, – ob der Drang vor die Bühnen und in die Lichtspielhäuser nicht etwas Leichtfertiges und Frivoles an sich hat? Ich habe es mich gefragt. Und ich habe geantwortet: Nein!
Wir sind tatsächlich durch ein Tal von Schweiß und Tränen gegangen und zu Übermut, weiß Gott, ist auch heute kein Anlaß.
Die Nöte stehen dicht an unserer Schulter. Die Arbeit bleibt zu tun.
Aber gesegnet die Stunden, die uns über uns hinausführen. Die Stunden, die wieder Musik in unser Leben bringen und die Töne der großen Meister. Gesegnet die Stunden, die uns nachdenken lassen, die uns Ideen zeigen, die uns die Welt öffnen und uns über unseren kleinen, staubigen Alltag hinausführen in die Welt.
Die Dichter – laßt jetzt endlich hören, was sie uns zu sagen haben.
Der Krieg hat uns geschlagen zurückgelassen, in einer geistigen Dürre, voll Hungers nach guten und füllenden Gedanken und voller Neugier in die Welt hinaus, voll Aufhorchens nach dem neuen Ton der Güte, der unerbittlichen Liebe zum Nächsten, nach dem neuen Ton einer Menschlichkeit, die nun endlich laut werden muß, nachdem die Luft verzerrt war von Haßgesängen – zwölf lange Jahre hindurch.

RIAS, 7. Februar 1946

Am stärksten wird das literarische Leben zunächst durch das Theater inspiriert. Trotz der Zerstörung an Gebäuden und Fundus, trotz des Mangels an Verkehrsmitteln und Heizmaterial kommt der Theaterbetrieb nach Kriegsende rasch in Gang. Wo nicht anders möglich, spielt man in Kinos und Vereinsheimen, in Turnhallen und Kellern. Der Berliner Theaterkritiker Friedrich Luft berichtet in einer seiner ersten, nachmals legendär gewordenen Radiokritiken.

Des Teufels General

Carl Zuckmayer erreicht einen der größten Bühnenerfolge der Nachkriegszeit mit *Des Teufels General*, einem Stück, das er aus dem amerikanischen Exil mitbrachte. Uraufgeführt 1946 von Heinz Hilpert am Schauspielhaus Zürich, ist es erst ein Jahr später in Deutschland zu sehen.

Vom ersten Augenblick an, in dem ich deutschen Boden betreten hatte – seit der ersten Wiederbegegnung mit Menschen, die deutsch sprachen, von der ersten Stunde ab, in der ich durch eine zerbombte deutsche Stadt gegangen war, wußte ich, daß ich kein Amerikaner bin, obwohl ich in Amerika ein Heim und, draußen in Vermont, eine echte Zugehörigkeit gefunden hatte. Ich empfand immer stärker, daß ich nicht zu denen gehörte, die mich hierher berufen hatten und mich als einen der Ihren betrachteten, sondern zu dem Volk, dessen Sprache und Art die meine war, in dem ich geboren wurde, aufgewachsen bin. Aber auch in Deutschland waren wir nicht mehr wirklich zu Hause. Da war ein Schatten, den man nicht überschreiten konnte, auch der nicht, dem jede ›schreckliche Vereinfachung‹, jede Kollektivanklage fremd war: der Schatten eines grauenhaften Verbrechens, das auch bei anderen Völkern denkbar und möglich gewesen wäre – aber bei dem unseren *war* es geschehen, und gerade bei diesem, wie wir es liebten und weiterliebten, hätte es nicht geschehen dürfen. Ich gehörte nicht zu den ›Siegermächten‹, aber auch nicht zu den Besiegten. Jetzt, nach der Wiederkehr, war ich erst wirklich heimatlos geworden und wußte nicht, wie ich je wieder Heimat finden sollte.

Des Teufels General wurde in Deutschland erst ein Jahr nach der Züricher Uraufführung gespielt. Bis dahin war es von den amerikanischen Kontrollbehörden verboten (obwohl ich selbst diesen Behörden zeitweise zugeordnet war), aus unklaren Gründen: Teils befürchtete man eine ›rückschrittliche‹ politische Wirkung, das Aufkommen einer ›Generals- und Offizierslegende‹, teils Widerspruch, Unruhen, Krawall. Es paßte nicht in das sogenannte ›Umerziehungsprogramm‹, das ohnehin vergeblich war, denn kein Volk kann ein anderes erziehen, am wenigsten durch eine Armee.

Dargestellt wird der Luftwaffengeneral Harras, der, aufgrund seiner Abenteurernatur, seiner Begeisterung für das lustvolle Risiko der Fliegerei, sich dem Teufel in der Gestalt Hitlers verschreibt. Dargestellt wird ebenso ein Widerständler, der Ingenieur Oderbruch, dessen Sabotageakte gegen die Kriegsführung gerichtet sind, die aber auch das Leben deutscher Soldaten gefährden.

Die Premiere fand Ende November 1947 in Frankfurt statt. Ich war inzwischen, zur Erstattung meiner Berichte, noch einmal in Amerika gewesen, hatte meinen Dienst quittiert und kam nun auf eigene Faust, diesmal mit meiner Frau, nach Überwindung der immer noch beträchtlichen Einreiseschwierigkeiten zur ersten Aufführung. Hilpert inszenierte ebenso grandios wie in Zürich, mit Martin Held in der Hauptrolle.

Gespielt wurde in dem als Behelfsbühne eingerichteten ehemaligen Frankfurter Börsensaal. Die Schauspieler waren alle

Hans Holt als Oderbruch und Gustav Knuth (rechts) als General Harras in der Uraufführung im Dezember 1946

mit einem brennenden Eifer bei der Sache, obwohl manche vor Hunger dem körperlichen Zusammenbruch nah waren. Wir mußten sie während der letzten Proben mit Schweizer Konserven, Nescafé, und mit Sandwiches, die wir aus amerikanischen Kantinen herausschmuggelten, bei Kräften halten. Der Abend der Erstaufführung stand unter dem Zeichen einer ungewöhnlichen, fast unheimlichen Spannung. Überall wurde schon seit den Schweizer Aufführungen von dem Stück geredet. Wie würde das deutsche Publikum es aufnehmen? Viele Kontrolloffiziere der Besatzungsmächte saßen an diesem Abend dabei, mißtrauisch und skeptisch. Doch sie erlebten wie wir den Ausbruch einer allgemeinen Erschütterung, wie sie nur selten von einem Theaterstück erregt werden kann. Die Menschen erkannten sich selbst im Spiegel ihrer Zeit. Viele, die dieser Premiere beiwohnten, waren im KZ gewesen, in Strafbataillonen, im Widerstand oder auch einfach im Heer. Sie konnten nicht begreifen, daß dieses Stück, von dem man sagte, daß es bis in Einzelheiten der Wirklichkeit entsprach, fern im Ausland geschrieben wurde, von einem, der nicht dabeigewesen war, der an dieser Zeit nicht selbst teilgenommen hatte. Doch war das wohl überhaupt nur aus der Distanz, einer örtlichen oder zeitlichen, möglich gewesen, nicht unter dem nie abreißenden Einsturm neuer Ereignisse. Und wer einmal deutscher Soldat gewesen war, wenn auch im Ersten Weltkrieg, wußte, wie ein deutscher Soldat spricht und empfindet – wer die Nazis gekannt hatte, wenn auch vor ihrer Machtentfaltung, wußte, wer sie waren.

Zwei Tage später, nach einer weiteren Aufführung im Börsensaal, hielt ich die erste Diskussion mit jungen Deutschen über das Stück, von Peter Suhrkamp veranlaßt. Fragen wurden gestellt, Bekenntnisse abgelegt, von einer spontanen Offenheit, die uns alle überwältigte. Das Herz dieser Jugend schien aufgerissen. Selbst die Gestalt des ›Saboteurs‹ Oderbruch, vielleicht die einzige ›abstrakte‹, nicht ganz menschgewordene Figur des Stückes, weil sie für mich mehr ein Symbol der Verzweiflung als eine handelnde Person gewesen war – selbst diese schwer begreifliche Gestalt gab Anlaß zu produktiver Erregung und Auseinandersetzung.

Von da ab kannte ich meine Aufgabe.

Zwei Jahre habe ich darangesetzt, in Studenten- und Schülerversammlungen, bei Jugendtagungen, bei jungen Intellektuellen und bei der Gewerkschaftsjugend der Ruhrkumpels, überall, wo man mich wollte, sogar bei den jungen Leuten der ehemaligen Waffen-SS im Anhaltelager Dachau, der deutschen Jugend, die ratlos aus dem Zusammenbruch hervorgegangen war, Rede und Antwort zu stehen.

»Glauben Sie mir«, rief mir bei einer überfüllten Versammlung im Münchener Rathaus ein ehemaliger junger Offizier zu, »wir sind alle keine Nazis mehr, die meisten von uns schon lange nicht mehr – aber nicht jeder hat einen General Harras gefunden, der ihm den Weg zeigte! Jetzt sind Sie gekommen, jetzt helfen Sie uns, neu anzufangen!«

Ich erhielt einige hundert Briefe, die damit begannen: »Ich bin Ihr Leutnant Hartmann...« Das war in meinem Stück der junge Offizier, der als begeisterter Anhänger der Hitlerjugend, an Ideale glaubend, in den Krieg gegangen war und durch das Erlebnis des Terrors und der Gemeinheit zur Umkehr, zum Widerstand gelangte. Mag es auch nicht bei jedem dieser jungen Menschen genauso gewesen sein, so empfand ich es doch als das Zeichen eines großen Erwachens, einer tiefgreifenden inneren Wandlung, daß sie es jetzt so begreifen wollten.

Ich selbst empfand eine ungeheure Verantwortung, der ich mich nicht entziehen konnte und wollte. Und in ihrem Vollzug gehörte ich wieder, wenn auch nicht mehr dort beheimatet, zu meinem Volk. Wochen- und monatelang reiste ich umher, von Versammlung zu Diskussion – es gibt andere, die darüber berichten können, die sich erinnern.

Dieses Leben ging über die menschliche Leistungskraft. Am Ende des Jahres 1948, nach einer Diskussions- und Versamm-

Wilfried Seyferth und Gustav Knuth

lungsreise durchs Rheinland und Ruhrgebiet, bei der ich mich nur noch mit Schnaps aufrechterhalten hatte, brach ich mit einem Herzinfarkt zusammen.

Synopse der Veränderungen

Erste Fassung

HARRAS Und warum trefft ihr uns – aus dem Dunkel, aus dem Hinterhalt? Warum trefft ihr uns – anstatt des Feindes?
ODERBRUCH Ihr seid seine Waffe. Die Waffe, mit der er siegen kann. Und wenn er siegt, Harras – wenn Deutschland in diesem Krieg siegt – dann ist Deutschland verloren. Dann ist die Welt verloren.

Neue Fassung 1966

HARRAS Und warum trefft ihr uns – aus dem Dunkel, aus dem Hinterhalt? Warum trefft ihr uns – anstatt des Feindes?
ODERBRUCH Der Feind – ist unfaßbar. Er steht überall – mitten in unsrem Volk – mitten in unseren Reihen. Wir selbst haben uns ihm ausgeliefert, damals, als der alte Marschall starb. Jetzt bleibt uns nur noch eins: wir müssen die Waffe zerbrechen, mit der er siegen kann – auch

Die Mißverständnisse, auf die Zuckmayer immer wieder stößt, veranlassen ihn, das Werk zurückzuziehen und zu verändern. Inzwischen war es durch die Verfilmung, mit Curd Jürgens in der Hauptrolle, geradezu unheimlich populär geworden. Zwanzig Jahre nach seiner Entstehung wird *Des Teufels General* mit neuem Schluß wiederaufgeführt.

HARRAS Haben Sie bedacht, was Niederlage heißt? Fremdherrschaft? Neue Gewalt? Und neue Unterjochung?
ODERBRUCH Es gibt keine Unterjochung, die nicht Befreiung wäre – für unser Volk.

HARRAS Ist denn kein andrer Weg – um Deutschland zu befreien?

ODERBRUCH Wissen Sie einen anderen Weg?

wenn es uns selber trifft. Denn wenn er siegt, Harras, – wenn Hitler diesen Krieg gewinnt, – dann ist Deutschland verloren. Dann ist die Welt verloren.
HARRAS Haben Sie bedacht, was Niederlage heißt? Fremdherrschaft? Neue Gewalt – und neue Unterjochung?
ODERBRUCH Das dauert nicht. Es wachsen Kinder heran, neue Geschlechter, die werden frei sein. Was aber uns unterjocht, jetzt, hier und heute, – was uns alle zu Knechten macht, und schlimmer: zu Gehilfen, zu Mithelfern des Verbrechens, das täglich unter unseren Augen geschieht, auch wenn wir sie schließen, das, Harras, – d a s wird dauern, über unser Leben und unser Grab hinaus, – es sei denn, wir tilgen die Schuld, mit unsrer eigenen Hand.
HARRAS Die Schuld tilgen – durch neue Schuld? *Plötzlich fast schreiend*: Durch Blutschuld? Mord? Brudermord?! *Wieder gefaßt*: Glaubt ihr, daß Kain die Welt besser machte, als er den Abel erschlug? *Wendet sich ab.*
ODERBRUCH *schwer mit sich ringend, stockend*: Hören Sie mich an, Harras. Ich habe den Mord nicht gewollt. Ich hätte es

Curd Jürgens als General Harras

HARRAS Wenn ich ihn wüßte – dann wüßten ihn Millionen.

ODERBRUCH Das war die Antwort. Es ist kein anderer Weg. Wir brauchen die Niederlage. Wir dürsten nach Untergang. Wir müssen dazu helfen – mit eigner Hand. Nur dann können wir, gereinigt, auferstehn.

nie für möglich gehalten, daß flugkranke Maschinen zum Einsatz kommen, ohne überprüft zu werden –

HARRAS Von wem? Da kennen Sie die Brüder schlecht. Denen kommt es doch nur auf die Meldung an, daß die Quote erfüllt ist. Sie mußten das wissen, Oderbruch.

ODERBRUCH Wir wollten die Kampfkraft schwächen, der sinnlosen Schlächterei ein Ziel setzen, weil es keinen anderen Weg gibt, um Deutschland zu befreien. Wir wollten die Waffe entschärfen, – nicht den Mann töten, der sie führt.

Carl Zuckmayer, 1896 in Nackenheim geboren, starb 1977 in Visp/Schweiz. Neben *Des Teufels General* wurde er vor allem populär durch das Stück *Der Hauptmann von Köpenick* (1930). Die zitierten Erinnerungen entstammen seiner Autobiographie *Als wär's ein Stück von mir*, Frankfurt am Main 1966. © der abgedruckten Zuckmayer-Texte: S. Fischer Verlag

HARRAS Untergehn – das ist Gewißheit. Auferstehn – das ist ein Traum.

ODERBRUCH Nein. Ein Gesetz. Eins wie das andre. Ein Gesetz – ein Urteil. Beides gleich hart. Beides mit Blut geschrieben.

HARRAS Mit Freundesblut.
ODERBRUCH Auch mit dem eignen.

HARRAS Was ist das Ewige Recht?
ODERBRUCH Recht ist das unerbittlich waltende Gesetz – dem Geist, Natur und Leben unterworfen sind. Wenn es erfüllt wird – heißt es Freiheit.
HARRAS *nickt, schaut ihn an*: Noch eines. Oderbruch. Was für Lieder? Was für Lieder singt man denn bei euch? Sind es die alten – lang verklungenen? Die Lieder der uner-

In der Nacht, in der ich von Eilers' Tod erfuhr, wollte ich Schluß machen, mit mir selbst. Ich lebe nur noch, weil ich nicht aufgeben darf zu kämpfen. Für Deutschland, Harras.
HARRAS Sie denken zu kurz. Eine alte Freundin hat mir gesagt: eher schneide ich meine Wolljacken in Fetzen und verbrenne sie, als daß ich ein Stück für Hitlers Winterhilfe gebe. Weißt du nicht, habe ich sie gefragt, daß das Mord bedeutet, – solang ein Soldat in Rußland erfrieren kann?
ODERBRUCH Dann müssen wir auch diese Schuld auf uns nehmen. Reinigung, – das ist unser Gesetz und unser Urteil. Es ist mit Blut geschrieben.
HARRAS Mit Freundesblut.
ODERBRUCH Auch mit dem eignen.

HARRAS Was ist das Ewige Recht?
ODERBRUCH Recht ist das unerbittlich waltende Gesetz – dem Geist, Natur und Leben unterworfen sind. Wenn es erfüllt wird – heißt es Freiheit.
HARRAS Ich danke Ihnen. Ich weiß jetzt genug. Aber ich will Ihnen – etwas hinterlassen, Oderbruch. Kleines Testament, sozusagen. Was Sie wollen, ist recht. Was Sie tun, ist

füllten Hoffnung – der verzweifelten Sehnsucht? Nach dem Tag des Ruhmes? Der letzten Schlacht? Der Sonne, die niemals aufgeht? Was für Lieder singt man bei euch?

ODERBRUCH Man singt nicht in Katakomben.

HARRAS Man siegt nicht ohne Lieder.

ODERBRUCH Wir wissen, daß wir den Sieg nicht sehen. Die aber nach uns kommen, die werden ihre eignen Lieder haben.

HARRAS Was für Lieder, Oderbruch?

ODERBRUCH Neue Lieder. Menschliche Lieder. Göttliche Lieder.

HARRAS Ich danke Ihnen. Ich weiß jetzt genug. *Er nimmt die Feder, unterzeichnet den Bericht. Reicht sie Oderbruch*: Hier. Es ist besser, wir haben das in Ordnung. Besser für Sie ...

falsch. Glaubt ihr, man kann einen schlechten Baum fällen, indem man die Krone schlägt? Ihr müßt die Wurzel treffen! Die Wurzel, Oderbruch! Und die heißt nicht Friedrich Eilers. Sie heißt: Adolf Hitler. – Mehr brauche ich nicht zu sagen.

ODERBRUCH Nein, General Harras. Mehr brauchen Sie nicht zu sagen.

HARRAS Dann ist es gut. *Er nimmt die Feder, unterzeichnet den Bericht. Reicht sie Oderbruch*: Hier. Es ist besser, wir haben das in Ordnung. Besser für Sie ...

Ein weiteres vielbeachtetes Stück über den Widerstand ist aus völlig anderer Perspektive geschrieben: 1946 uraufgeführt, *Die Illegalen*, verfaßt von Günther Weisenborn. Der Autor gehörte zur sogenannten »Roten Kapelle«, zählte also selbst zum Kreis der aktiven Widerstandskämpfer.

Den »Illegalen« soll ein Denkmal gesetzt werden, ihr Kampf als dramatisches Geschehen, als Tragödie von Entsagung und Selbstopfer begreifbar werden, als Mahnbild des vergeblichen Kampfes gegen eine »Seuche«, die – so wörtlich – »alle ansteckte und krank machte«. Auch diese Sicht ist keineswegs unmißverständlich. Sinnlosigkeit des Widerstands, Schuldlosigkeit des widerstandslos Ergebenen liegen als Fazit durchaus nahe. Weisenborn gibt in seiner späteren Umarbeitung deshalb einen Schuß marxistischer Faschismustheorie hinzu: Die Illegalen sprechen nun, statt von der Seuche, von denen, die sich ein Geschäft versprachen. Gleichwie – die Wirkung des Dramas liegt in emotional anrührenden Schlüsselszenen.

Die Illegalen

Ein Ziviler tritt ein.
ZIVILER Hier ist jemand zum Identifizieren. Aus der Wohnung Luisenstraße 10. Die Tochter... na, komm, Marie, hab keine Angst.
Marie tritt zögernd ein, etwa siebenjährig. Ziviler ab.
BOCK Nanu? Wer kommt denn da?
HABER Na, komm mal näher, Kleine. Wie sagt man denn?
MARIE Guten Tag.
HABER Nein, wie sagt man?
MARIE Heil Hitler!
HABER Wie heißt du denn?
MARIE Marie Bullerjahn.
HABER So, Marie Bullerjahn. Komm her, magst du ein Stück Kuchen? *Er gibt ihr Kuchen.* Hier, iß mal.
MARIE *kaut.*
HABER Ißt du gern Süßes?
MARIE Hm.
HABER Ich eß auch gern Süßes. *Zu Bock*: Was andere verrauchen, das verlutsch ich. Ist das nicht komisch? Ich geb meine Seligkeit für Negerküsse und Lakritze. Süß auf der Zunge gibt Sonne im Herzen.
MARIE Wo ist denn der Pappi?
HABER *erstaunt*: Nanu, ist er denn nicht zu Hause?
MARIE Nö.
HABER Seit wann denn nicht, Marie?
MARIE Seit vorgestern.
HABER Hat er denn nicht gesagt, wo er hin ist, wie?
MARIE Er ist gar nicht mehr nach Haus gekommen.
HABER Na, das ist aber komisch, wie?
MARIE *sicher*: Och, der kommt schon wieder.
HABER So?
MARIE Ja, Pappi ist stark.
HABER Wie sieht denn dein Pappi aus?
MARIE Weiß ich doch nicht.
HABER Was, du weißt nicht, wie dein Pappi aussieht?
BOCK Willst du ihm mal guten Tag sagen?
MARIE Ja.
BOCK Dann warte, er kommt gleich. *Er telefoniert.* Den Häftling 2 zu mir.
HABER So, jetzt hast du schönen Kuchen gegessen, da bist du auch artig, nicht?
MARIE Ja.

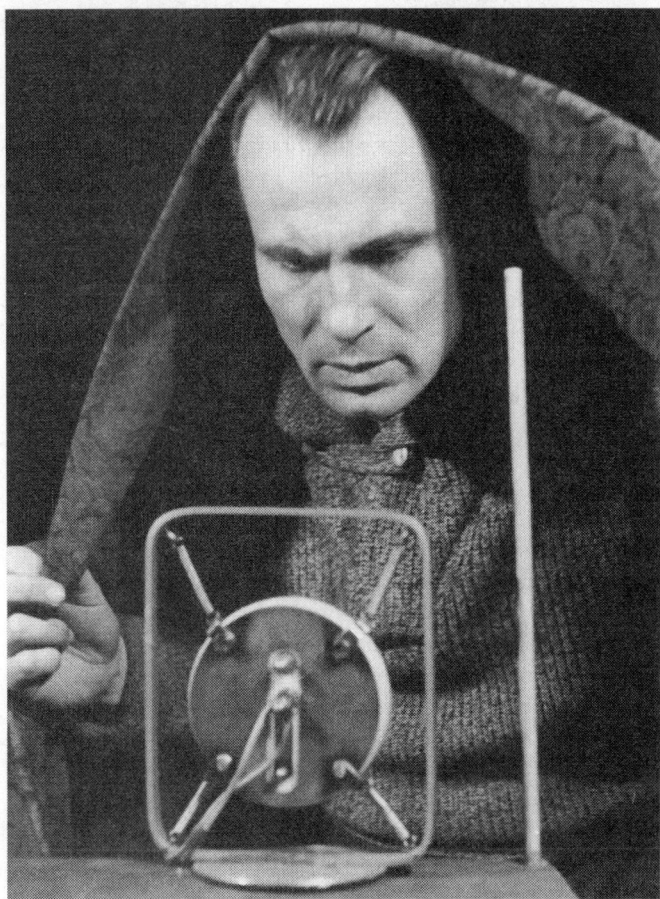

Szenenfoto der Inszenierung des Hebbel-Theaters Berlin 1946: H. W. Borchert als Illegaler vor dem Funk-Mikrophon

HABER Wenn dein Pappi jetzt reinkommt, läufst du auf ihn zu und rufst ganz laut: Guten Tag, Pappi, wie?
MARIE Ja, ganz laut. Warum soll ich denn nicht Heil Hitler sagen?
HABER Laß nur, das hört er nicht gern. *Nimmt eine rote Nelke aus einer Vase und gibt sie ihr.* Und hier das Blümchen schenkst du ihm dann, wie?
MARIE Ja. *Nimmt es.*
HABER Der Pappi soll doch ein Blümchen kriegen, nicht wahr, der liebe Pappi.
MARIE Ja, das schenk ich ihm.
BOCK Komm, stell dich hierhin, weit von der Tür weg, ja?
MARIE Ja, kommt er jetzt?
HABER *geheimnisvoll*: Ja, denk dir, er steht schon vor der Tür. Das ist wie Weihnachten, nicht, Marie? Gleich macht es klingling, und dann geht die Tür auf...

»Die Welt muß erfahren, daß es in unserem Vaterland zahllose Menschen gab, rein wie Eis, gläubig und freiheitsliebend, die für die Menschlichkeit kämpften und starben. Dieses Schauspiel möge den Anstoß geben, daß die Taten der illegalen Organisationen überall in der Öffentlichkeit berichtet und diskutiert werden. Es ist Zeit. Wie sich unser leidgezeichnetes geliebtes Deutschland innerlich zu den Taten der Illegalen verhalten wird, das wird für seine Beurteilung in der Welt entscheidend sein!«
Günther Weisenborn, 1946

BOCK *geht ans Fenster, von wo aus er Bulle besser beobachten kann.*

Ein Sekretär bringt Bulle herein und geht ab. Bulle bleibt ungewiß stehen. Aus einer entfernten Ecke rennt aufschluchzend die kleine Marie ihm entgegen.
MARIE Guten Tag, Pappi!
Bulle erstarrt, er blickt angespannt zum Fenster hinaus.
MARIE Hier ist ein Blümchen für dich. *Sie steckt ihm die Nelke in die gefesselten Hände.* Pappi! *Schweigen.* Was hast du denn, Pappi...? *Schweigen.* Warum kommst du denn nicht nach Hause...? *Schweigen.* Warum siehst du mich denn gar nicht an, Pappi...? *Schweigen.* Sag doch was!
BULLE *mühsam*: Ich kenne das Kind nicht.
HABER Was, Sie kennen Ihr eigenes Kind nicht? Aber Bullerjahn...
MARIE Was sagst du da, Pappi?
BULLE *erkennt, daß er verloren hat, mit bebender Stimme, sehr leise*: Tag, meine kleine Marie...
HABER *weich*: Na, wollen Sie uns jetzt immer noch Märchen erzählen, Bullerjahn? Wollen Sie immer noch leugnen, daß Sie Luisenstraße 10 wohnen? Wie? Wo wohnen Sie?
BULLE Ich wohne... Luisenstraße 10.
HABER Na, also. Man muß bloß die richtigen Mittel anwenden, wie? Zur Belohnung dürfen Sie sich auch eine Minute unterhalten.
BOCK Na, Kopf hoch, wer noch einen hat!
BULLE Wo hast du denn das schöne Blümchen her?
MARIE Das hat mir der Onkel da geschenkt.
BULLE Der Onkel da?
MARIE Hm.
BULLE *blickt Haber lang und verzehrend an.*
MARIE Warum bist du denn so traurig, Pappi?
BULLE Ich bin doch nicht traurig, Marie, sieh mal, ich lach doch... *Er lacht mühsam.*
MARIE Was hast du denn da an den Händen?
BULLE Ach, das... das haben wir alle.
Er hebt die Hände bittend zu Haber.
HABER Nee, Mann, den Schmuck behalten Sie man an.
MARIE Warum habt ihr denn das an, Pappi?
HABER Weil er unartig war.
MARIE Pappi ist nie unartig. Schläfst du damit auch, Pappi?
BULLE Ja.
MARIE Wann kommst du denn wieder nach Hause, Pappi?
BULLE *schweigt, starrt hinaus.*

MARIE Weißt du das nicht?
BULLE Sobald ich kann.
MARIE Nächste Woche?
BULLE Nein.
MARIE Übernächste Woche?
BULLE Nein.
MARIE *fängt an zu weinen*: Warum denn nicht? Dann hab ich doch Geburtstag. Hast du denn das vergessen?
BULLE Nein...
MARIE Dann schenkt mir ja keiner was. Und keiner steckt die Kerzen an...
BULLE Hör, Marie, wir sehn uns jetzt sehr lang nicht. Aber du bleibst ein tapferes Mädchen, nicht wahr? Und du wirst deinen Vater in Ehren halten, auch wenn die andern schlecht über ihn reden, nicht?
MARIE Ja.
HABER Schluß! Die Sprechzeit ist um!
BULLE *eilig, gehetzt, leise als Testament*: Und geh zu Frau Lierke, sie soll sich um dich kümmern mit den Brotkarten, ja?
MARIE Ja.
BULLE Und wenn du dir Kaffee kochst, dreh immer den Gashahn ganz fest zu, damit nichts passiert, ja?
MARIE Ja.
HABER Los, machen Sie Schluß, Mann! *Der Zivile tritt ein.*
BULLE *ausbrechend, groß*: Und wenn sie dich fragen, warum ich gegangen bin, Marie, dann sag ihnen: Für die Freiheit, Marie, für die Freiheit! Vergiß das nie!
HABER Machen Sie, daß Sie rauskommen!
MARIE *schreit auf*: Auf Wiedersehn, Pappi!
BULLE *schreit*: Auf Wiedersehn, Marie... auf Wiedersehn... Marie. *Er wird abgeführt.*
BOCK Na, die Identität haben wir und damit den Schuldbeweis. Den Mann haben Sie fertiggemacht. Gut, Haber!
HABER Ich hab doch gesagt: Weihnachten rollt sein Kopf. Ich diktiere gleich das Protokoll. Allmählich kommen wir voran. Na, jetzt will ich mal essen gehn. Es gibt heute Erbsensuppe in der Kantine. Essen Sie einen Teller mit?
Beide in der Tür.
BOCK Und das Kind?
HABER Ach, das Kind! Ach so!
MARIE Was hat der Pappi da gesagt?
HABER Was denn?
MARIE *leise*: Das mit der Freiheit... was meint er denn damit?
Beide starren sie an.

Günther Weisenborn, geboren 1902 in Velbert, starb 1969 in Berlin. Der Auszug aus *Die Illegalen* ist dem Band *Dramatische Balladen* entnommen, © Aufbau Verlag 1955. – Weitere wichtige Werke: *Die Neuberin*. Drama 1935; *Der lautlose Aufstand* 1953; *Auf Sand gebaut*, Roman 1956; *Der Verfolger*, Roman 1961.

Das Kriegsheimkehrerdrama Draußen vor der Tür von Wolfgang Borchert erfüllt die Erwartungen auf literarisch verarbeitete, konkrete Erfahrung, auf das Authentische. Sowohl das Thema als auch das Schicksal des Autors machen das Stück zu einem Ereignis.

Draußen vor der Tür

OBERST Was wollen Sie denn von mir?
BECKMANN Ich bringe sie Ihnen zurück.
OBERST Wen?
BECKMANN *beinah naiv*: Die Verantwortung. Ich bringe Ihnen die Verantwortung zurück. Haben Sie das ganz vergessen, Herr Oberst? Den 14. Februar? Bei Gorodok. Es waren 42 Grad Kälte. Da kamen Sie doch in unsere Stellung, Herr Oberst, und sagten: Unteroffizier Beckmann. Hier, habe ich geschrien. Dann sagten Sie, und Ihr Atem blieb an Ihrem Pelzkragen als Reif hängen – das weiß ich noch ganz genau, denn Sie hatten einen sehr schönen Pelzkragen – dann sagten Sie: Unteroffizier Beckmann, ich übergebe Ihnen die Verantwortung für die zwanzig Mann. Sie erkunden den Wald östlich Gorodok und machen nach Möglichkeit ein paar Gefangene, klar? Jawohl, Herr Oberst, habe ich da gesagt. Und dann sind wir losgezogen und haben erkundet. Und ich – ich hatte die Verantwortung. Dann haben wir die ganze Nacht erkundet, und dann wurde geschossen, und als wir wieder in der Stellung waren, da fehlten elf Mann. Und ich hatte die Verantwortung. Ja, das ist alles, Herr Oberst. Aber nun ist der Krieg aus, nun will ich pennen, nun gebe ich Ihnen die Verantwortung zurück, Herr Oberst, ich will sie nicht mehr, ich gebe sie Ihnen zurück, Herr Oberst.
OBERST Aber mein lieber Beckmann, Sie erregen sich unnötig. So war es doch nicht gemeint.
BECKMANN *ohne Erregung, aber ungeheuer ernsthaft*: Doch. Doch, Herr Oberst. So muß das gemeint sein. Verantwortung ist doch nicht nur ein Wort, eine chemische Formel, nach der helles Menschenfleisch in dunkle Erde verwandelt wird. Man kann doch Menschen nicht für ein leeres Wort sterben lassen. Irgendwo müssen wir doch hin mit unserer Verantwortung. Die Toten – antworten nicht. Gott – antwortet nicht. Aber die Lebenden, die fragen. Die fragen jede Nacht, Herr Oberst. Wenn ich dann wach liege, dann kommen sie und fragen. Frauen, Herr Oberst, traurige, trauernde Frauen. Alte Frauen mit grauem Haar und harten rissigen Händen – junge Frauen mit einsamen sehnsüchtigen Augen. Kinder, Herr Oberst, Kinder, viele kleine Kinder. Und die flüstern dann aus der Dunkelheit: Unteroffizier Beckmann, wo ist mein Vater, Unteroffizier Beckmann? Unteroffizier Beckmann, wo ist mein Sohn, wo ist mein Bru-

der, Unteroffizier Beckmann, wo ist mein Verlobter, Unteroffizier Beckmann? Unteroffizier Beckmann, wo? wo? wo? So flüstern sie, bis es hell wird. Es sind nur elf Frauen, Herr Oberst, bei mir sind es nur elf. Wieviel sind es bei Ihnen, Herr Oberst? Tausend? Zweitausend? Schlafen Sie gut, Herr Oberst? Dann macht es Ihnen wohl nichts aus, wenn ich Ihnen zu den zweitausend noch die Verantwortung für meine elf dazugebe. Können Sie schlafen, Herr Oberst? Mit zweitausend nächtlichen Gespenstern? Können Sie überhaupt leben, Herr Oberst, können Sie eine Minute leben, ohne zu schreien? Herr Oberst, Herr Oberst, schlafen Sie nachts gut? Ja? Dann macht es Ihnen ja nichts aus, dann kann ich wohl nun endlich pennen – wenn Sie so nett sind und sie wieder zurücknehmen, die Verantwortung. Dann kann ich wohl nun endlich in aller Seelenruhe pennen. Seelenruhe, das war es, ja, Seelenruhe, Herr Oberst!
Und dann: schlafen! Mein Gott!

OBERST *ihm bleibt doch die Luft weg. Aber dann lacht er seine Beklemmung fort, aber nicht gehässig, eher jovial und rauhbeinig, gutmütig, sagt sehr unsicher:* Junger Mann, junger Mann! Ich weiß nicht recht, ich weiß nicht recht. Sind Sie nun ein heimlicher Pazifist, wie? So ein bißchen destruktiv, ja? Aber – *er lacht zuerst verlegen, dann aber siegt sein gesundes Preußentum, und er lacht aus voller Kehle* mein Lieber, mein Lieber! Ich glaube beinahe, Sie sind ein kleiner Schelm, wie? Hab ich recht? Na? Sehen Sie, Sie sind ein Schelm, was? *Er lacht.* Köstlich, Mann, ganz köstlich! Sie haben wirklich den Bogen raus! Nein, dieser abgründige Humor! Wissen Sie *von seinem Gelächter unterbrochen*, wissen Sie, mit dem Zeug, mit der Nummer, können Sie so auf die Bühne! So auf die Bühne! *Der Oberst will Beckmann nicht verletzen, aber er ist so gesund und so sehr naiv und alter Soldat, daß er Beckmanns Traum nur als Witz begreift.* Diese blödsinnige Brille, diese ulkige versaute Frisur! Sie müßten das Ganze mit Musik bringen. *Lacht.* Mein Gott, dieser köstliche Traum! Die Kniebeugen, die Kniebeugen mit Xylophonmusik! Nein, mein Lieber, Sie müssen so auf die Bühne! Die Menschheit lacht sich, lacht sich ja kaputt!!! Oh, mein Gott!!! *Lacht mit Tränen in den Augen und pustet.* Ich hatte ja im ersten Moment gar nicht begriffen, daß Sie so eine komische Nummer bringen wollten. Ich dachte wahrhaftig, Sie hätten so eine leichte Verwirrung im Kopf. Hab doch nicht geahnt, was Sie für ein Komiker sind. Nein, also, mein Lieber, Sie haben uns wirklich so einen reizen-

»Der Dialog Beckmanns mit dem anonymen Obersten in *Draußen vor der Tür,* wenige Seiten dieses kleinen Buches allein, dürfte mehr wiegen als jene humane Gelassenheit, als das müde Achselzucken des Pilatus, den man zum Schutzpatron der Memoirenschreiber ernennen sollte. In diesem Dialog wird Rechenschaft gefordert, Rechenschaft nur für elf, elf Väter, Söhne, Brüder, elf von vielen Millionen – aber Beckmann bekommt keine Antwort, die Last bleibt auf ihm, und er wird in die Geschichte verwiesen, in den kühlen Raum der Gelassenheit, wo die Blumen, die die Toten nicht mehr sehen, das Brot, das sie nicht mehr essen, keine Bedeutung hat.«
Heinrich Böll, 1955

Uraufgeführt wird das Drama 1947 an den Hamburger Kammerspielen – mit Hans Quest in der Hauptrolle – unter der Prinzipalin Ida Ehre: »Es war ein Hörspiel. Man hat mich hinaufgerufen in den WDR, damals noch der NWDR hier in Hamburg, und hat mir das Hörspiel vorgespielt. Und ich war so ungeheuer erschüttert von diesem Hörspiel, daß ich gesagt hab', es muß ein Theaterstück daraus gemacht werden. Da haben sie gesagt, das wäre unmöglich, der Mann ist todkrank. Ich werde ihm Mut machen, wenn ich sage, ich möchte ein Theaterstück daraus machen.«

»Es war ein ungeheurer Erfolg, wenn man es Erfolg nennen kann, daß ein Publikum so ergriffen ist, daß es nicht applaudiert hat nach der Vorstellung, sondern es ganz schweigend im Saal geblieben ist. Dann kam der Hans Quest vor den Vorhang und hat erzählt, daß Wolfgang Borchert gestern, also einen Tag vor der Uraufführung, gestorben ist. Das Publikum stand auf und nach einer ziemlich langen Zeit fing es an wahnsinnig zu applaudieren und Bravo zu schreien. Es war ein sehr sehr erschütternder Theaterabend für uns alle.«

den Abend bereitet – das ist eine Gegenleistung wert. Wissen Sie was? Gehen Sie runter zu meinem Chauffeur, nehmen Sie sich warm Wasser, waschen Sie sich, nehmen Sie sich den Bart ab. Machen Sie sich menschlich. Und dann lassen Sie sich vom Chauffeur einen von meinen alten Anzügen geben. Ja, das ist mein Ernst! Schmeißen Sie Ihre zerrissenen Klamotten weg, ziehen Sie sich einen alten Anzug von mir an, doch, das dürfen Sie ruhig annehmen, und dann werden Sie erstmal wieder ein Mensch, mein lieber Junge! Werden Sie erstmal wieder ein Mensch!!!

BECKMANN *wacht auf und wacht auch zum ersten Mal aus seiner Apathie auf*: Ein Mensch? Werden? Ich soll erstmal wieder ein Mensch werden? *Schreit*: Ich soll ein Mensch werden? Ja, was seid Ihr denn? Menschen? Menschen? Wie? Was? Ja? Seid Ihr Menschen? Ja?!?

(...)

DER EINBEINIGE *ganz sachlich und abgeklärt*: Beckmann?
BECKMANN *leise*: Hier bin ich.
DER EINBEINIGE *ganz sachlich und abgeklärt*: Beckmann? Mord begangen, Beckmann. Und du lebst immer noch.
BECKMANN Ich habe keinen Mord begangen!
DER EINBEINIGE Doch, Beckmann. Wir werden jeden Tag ermordet und jeden Tag begehen wir einen Mord. Wir gehen jeden Tag an einem Mord vorbei. Und du hast mich ermordet, Beckmann. Hast du das schon vergessen? Ich war doch drei Jahre in Sibirien, Beckmann, und gestern abend wollte ich nach Hause. Aber mein Platz war besetzt – du warst da, Beckmann, auf meinem Platz. Da bin ich in die Elbe gegangen, Beckmann, gleich gestern abend. Wo sollte ich auch anders hin, nicht, Beckmann? Du, die Elbe war kalt und naß. Aber nun habe ich mich schon gewöhnt, nun bin ja tot. Daß du das so schnell vergessen konntest, Beckmann. Einen Mord vergißt man doch nicht so schnell. Der muß einem doch nachlaufen, Beckmann. Ja, ich habe einen Fehler gemacht, du. Ich hätte nicht nach Hause kommen dürfen. Zu Hause war kein Platz mehr für mich, Beck-

Du. Mann an der Maschine und Mann in der Werkstatt. Wenn sie dir morgen befehlen, du sollst keine Wasserrohre und keine Kochtöpfe mehr machen – sondern Stahlhelme und Maschinengewehre, dann gibt es nur eins:
Sag NEIN!
(...)
Du. Forscher im Laboratorium. Wenn sie dir morgen befehlen, du sollst einen neuen Tod erfinden gegen das alte Leben, dann gibt es nur eins:
Sag NEIN!
(...)
Du. Pfarrer auf der Kanzel. Wenn sie dir morgen befehlen, du sollst den Mord segnen und den Krieg heilig sprechen, dann gibt es nur eins:
Sag NEIN!
(...)
Du. Mutter in der Normandie und Mutter in der Ukraine, du, Mutter in Frisko und London, du, am Hoangho und am Mississippi, du, Mutter in Neapel und Hamburg und Kairo und Oslo – Mütter in allen Erdteilen, Mütter in der Welt, wenn sie morgen befehlen, ihr sollt Kinder gebären, Krankenschwestern für Kriegslazarette und neue Soldaten für neue Schlachten, Mütter in der Welt, dann gibt es nur eins:
Sagt NEIN! Mütter, sagt NEIN!
Wolfgang Borchert, *Dann gibt es nur eins!*

> »Wir brauchen keine Dichter mit guter Grammatik. Zu guter Grammatik fehlt uns Geduld. Wir brauchen die mit dem heißen heiser geschluchzten Gefühl. Die zu Baum Baum und zu Weib Weib sagen und ja sagen und nein sagen: laut und deutlich und dreifach und ohne Konjunktiv.
> Für Semikolons haben wir keine Zeit und Harmonien machen uns weich und die Stilleben überwältigen uns. (...)«
> Wolfgang Borchert, *Das ist unser Manifest*, 1947

mann, denn da warst du. Ich klage dich nicht an, Beckmann, wir morden ja alle, jeden Tag, jede Nacht. Aber wir wollen doch unsere Opfer nicht so schnell vergessen. Wir wollen doch an unseren Morden nicht vorbeigehen. Ja, Beckmann, du hast mir meinen Platz weggenommen. Auf meinem Sofa, bei meiner Frau, bei meiner meiner Frau, von der ich drei Jahre lang geträumt hatte, tausend sibirische Nächte! Zu Hause war ein Mann, der hatte mein Zeug an, Beckmann, das war ihm viel zu groß, aber er hatte es an, und ihm war wohl und warm in dem Zeug und bei meiner Frau. Und du, du warst der Mann, Beckmann. Na, ich habe mich dann verzogen. In die Elbe. War ziemlich kalt, Beckmann, aber man gewöhnt sich bald. Jetzt bin ich erst einen ganzen Tag tot – und du hast mich ermordet und hast den Mord schon vergessen. Das mußt du nicht, Beckmann, Morde darf man nicht vergessen, das tun die Schlechten. Du vergißt mich doch nicht, Beckmann, nicht wahr? Das mußt du mir versprechen, daß du deinen Mord nicht vergißt!

BECKMANN Ich vergesse dich nicht.

DER EINBEINIGE Das ist schön von dir, Beckmann. Dann kann man doch in Ruhe tot sein, wenn wenigstens einer an mich denkt, wenigstens mein Mörder – hin und wieder nur – nachts manchmal, Beckmann, wenn du nicht schlafen kannst! Dann kann ich wenigstens in aller Ruhe tot sein – – – *Geht ab.*

BECKMANN *wacht auf*: Teck – tock – teck – tock!!! Wo bin ich? Hab ich geträumt? Bin ich denn nicht tot? Bin ich denn immer noch nicht tot? Teck – tock – teck – tock durch das ganze Leben! Teck – tock – durch den ganzen Tod hindurch! Teck – tock – teck – tock! Hörst du den Totenwurm? Und ich, ich soll leben! Und jede Nacht wird einer Wache stehen an meinem Bett, und ich werde seinen Schritt nicht los: Teck – tock – teck – tock! Nein!
Das ist das Leben! Ein Mensch ist da, und der Mensch kommt nach Deutschland, und der Mensch friert. Der hungert und der humpelt! Ein Mann kommt nach Deutschland! Er kommt nach Hause, und da ist sein Bett besetzt. Eine Tür schlägt zu, und er steht draußen.
Ein Mann kommt nach Deutschland! Er findet ein Mädchen, aber das Mädchen hat einen Mann, der hat nur ein Bein und der stöhnt andauernd einen Namen. Und der Name heißt Beckmann. Eine Tür schlägt zu, und er steht draußen.
Ein Mann kommt nach Deutschland! Er sucht Menschen,

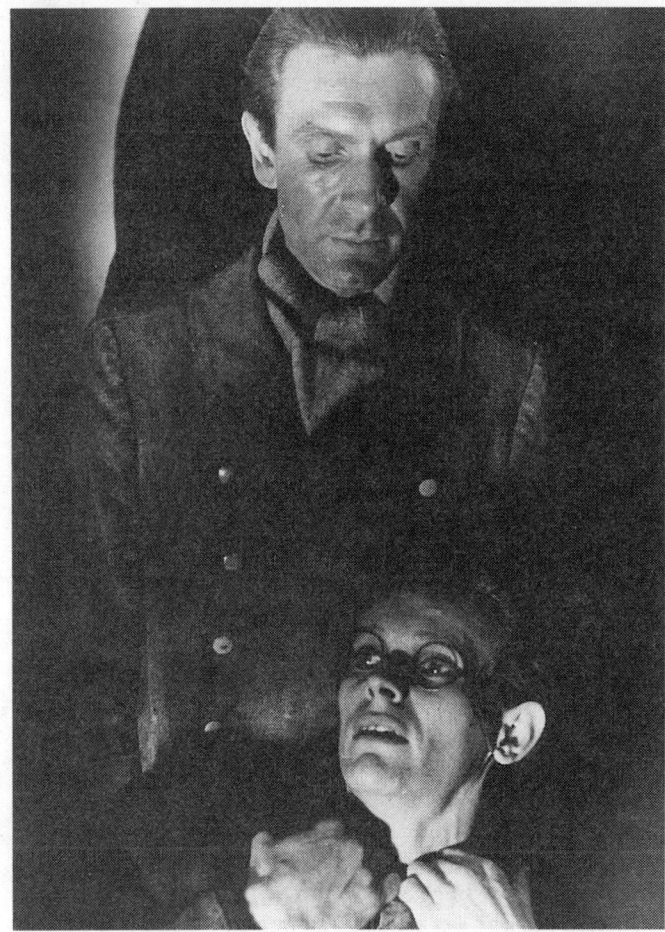

aber ein Oberst lacht sich halbtot. Eine Tür schlägt zu, und er steht wieder draußen.
Ein Mann kommt nach Deutschland! Er sucht Arbeit, aber ein Direktor ist feige, und die Tür schlägt zu, und wieder steht er draußen.
Ein Mann kommt nach Deutschland! Er sucht seine Eltern, aber eine alte Frau trauert um das Gas, und die Tür schlägt zu, und er steht draußen.
Ein Mann kommt nach Deutschland! Und dann kommt der Einbeinige – teck – tock – teck – kommt er, teck – tock, und der Einbeinige sagt: Beckmann. Sagt immerzu: Beckmann. Er atmet Beckmann, er schnarcht Beckmann, er stöhnt Beckmann, er schreit, er flucht, er betet Beckmann. Und er geht durch das Leben seines Mörders teck – tock – teck – tock! Und der Mörder bin ich. Ich? der Gemordete, ich, den

Wolfgang Borchert, geboren 1921 in Hamburg, starb 1947 in Basel. Wegen unbedachter Äußerungen wurde Borchert im Krieg zum Tode verurteilt, aber auf Bewährung an die Ostfront begnadigt. Verwundet und schwererkrankt, erholte er sich nicht mehr von den Folgen des Krieges. Sein *Gesamtwerk* erschien 1949 im Rowohlt Verlag. © der abgedruckten Borchert-Texte: Rowohlt Verlag

sie gemordet haben, ich bin der Mörder? Wer schützt uns davor, daß wir nicht Mörder werden? Wir werden jeden Tag ermordet, und jeden Tag begehn wir einen Mord! Wir gehen jeden Tag an einem Mord vorbei! Und der Mörder Beckmann hält das nicht mehr aus, gemordet zu werden und Mörder zu sein. Und er schreit der Welt ins Gesicht: Ich sterbe! Und dann liegt er irgendwo auf der Straße, der Mann, der nach Deutschland kam, und stirbt. Früher lagen Zigarettenstummel, Apfelsinenschalen und Papier auf der Straße, heute sind es Menschen, das sagt weiter nichts. Und dann kommt ein Straßenfeger, ein deutscher Straßenfeger, in Uniform und mit roten Streifen, von der Firma Abfall und Verwesung, und findet den gemordeten Mörder Beckmann. Verhungert, erfroren, liegengeblieben. Im zwanzigsten Jahrhundert. Im fünften Jahrzehnt. Auf der Straße. In Deutschland. Und die Menschen gehen an dem Tod vorbei, achtlos, resigniert, blasiert, angeekelt, und gleichgültig, gleichgültig, so gleichgültig! Und der Tote fühlt tief in seinen Traum hinein, daß sein Tod gleich war wie sein Leben: sinnlos, unbedeutend, grau. Und du – du sagst, ich soll leben! Wozu? Für wen? Für was? Hab ich kein Recht auf meinen Tod? Hab ich kein Recht auf meinen Selbstmord? Soll ich mich weiter morden lassen und weiter morden? Wohin soll ich denn? Wovon soll ich leben? Mit wem? Für was? Wohin sollen wir denn auf dieser Welt! Verraten sind wir. Furchtbar verraten.
Wo bist du, Anderer? Du bist doch sonst immer da!
Wo bist du jetzt, Jasager? Jetzt antworte mir! Jetzt brauche ich dich, Antworter! Wo bist du denn? Du bist ja plötzlich nicht mehr da! Wo bist du, Antworter, wo bist du, der mir den Tod nicht gönnte! Wo ist denn der alte Mann, der sich Gott nennt?
Warum redet er denn nicht!!
Gebt doch Antwort!
Warum schweigt ihr denn? Warum?
Gibt denn keiner Antwort?
Gibt keiner Antwort???
Gibt denn keiner, keiner Antwort???

Bertolt Brecht, Santa Monica, 1947

Mutter Courage und ihre Kinder

MUTTER COURAGE AUF DER HÖHE IHRER GESCHÄFTLICHEN LAUFBAHN.

Landstraße. Der Feldprediger, Mutter Courage und ihre Tochter Kattrin ziehen den Planwagen, an dem neue Waren hängen. Mutter Courage trägt eine Kette mit Silbertalern.

MUTTER COURAGE Ich laß mir den Krieg von euch nicht madig machen. Es heißt, er vertilgt die Schwachen, aber die sind auch hin im Frieden. Nur, der Krieg nährt seine Leut besser.
Sie singt.
Und geht er über deine Kräfte
Bist du beim Sieg halt nicht dabei.
Der Krieg ist nix als die Geschäfte
Und statt mit Käse ists mit Blei.
Und was möcht schon Seßhaftwerden nützen? Die Seßhaften sind zuerst hin. *Singt.*
So mancher wollt so manches haben
Was es für manchen gar nicht gab:
Er wollt sich schlau ein Schlupfloch graben
Und grub sich nur ein frühes Grab.
Schon manchen sah ich sich abjagen
In Eil nach einer Ruhestatt –
Liegt er dann drin, mag er sich fragen
Warums ihm so geeilet hat.
Sie ziehen weiter.
(...)

Ebenfalls vom Krieg handelt ein Stück von Bertolt Brecht, dessen deutsche Uraufführung 1949 in Ost-Berlin ein weniger spektakuläres, aber weit folgenreicheres Theaterereignis darstellt: *Mutter Courage und ihre Kinder* – mit Helene Weigel in der Titelrolle.

Brecht war 1949 aus dem amerikanischen Exil über die Schweiz nach Ost-Berlin zurückgekommen, unmittelbar nach seinem Verhör vor dem Kongreß-Ausschuß für unamerikanische Betätigung unter Senator McCarthy:
Brecht: »I was not a member of any communist party.«
Frage: »Your answer is that you have never been member of the communist party?«
Brecht: »That is correct!«
Frage: »Is it true that you have written a number of very revolutionary poems and plays and other writings?«
Brecht: »I have written a number of poems and songs and plays in the fight against Hitler and of course they can be considered therefore as revolutionary; I of course was for the overthrow of that government.«

JANUAR 1636. DIE KAISERLICHEN TRUPPEN BEDROHEN DIE EVANGELISCHE STADT HALLE. DER STEIN BEGINNT ZU REDEN. MUTTER COURAGE VERLIERT IHRE TOCHTER UND ZIEHT ALLEIN WEITER. DER KRIEG IST NOCH LANGE NICHT ZU ENDE.

Der Planwagen steht zerlumpt neben einem Bauernhaus mit riesigem Strohdach, das sich an eine Felswand anlehnt. Es ist Nacht. Aus dem Gehölz treten ein Fähnrich und drei Soldaten in schwerem Eisen.

DER FÄHNRICH Ich will keinen Lärm haben. Wer schreit, dem haut den Spieß hinauf.

ERSTER SOLDAT Aber wir müssen sie herausklopfen, wenn wir einen Führer haben wollen.

DER FÄHNRICH Das ist kein unnatürlicher Lärm, Klopfen. Da kann eine Kuh sich an die Stallwand wälzen.
Die Soldaten klopfen an die Tür des Bauernhauses. Eine Bäuerin öffnet. Sie halten ihr den Mund zu. Zwei Soldaten hinein.

MÄNNERSTIMME DRINNEN Ist was?
Die Soldaten bringen einen Bauern und seinen Sohn heraus.

DER FÄHNRICH *deutet auf den Wagen, in dem Kattrin aufgetaucht ist*: Da ist auch noch eine. *Ein Soldat zerrt sie heraus.* Seid ihr alles, was hier wohnt?

DIE BAUERSLEUTE Das ist unser Sohn, und das ist eine Stumme, ihre Mutter ist in die Stadt, einkaufen, für ihren Warenhandel, weil viele fliehen und billig verkaufen. Es sind fahrende Leut, Marketender.

DER FÄHNRICH Ich ermahn euch, daß ihr euch ruhig verhaltet, sonst, beim geringsten Lärm, gibts den Spieß über die Rübe. Und ich brauch einen, der uns den Pfad zeigt, wo auf die Stadt führt. *Deutet auf den jungen Bauern.* Du, komm her!

DER JUNGE BAUER Ich weiß keinen Pfad nicht.

ZWEITER SOLDAT *grinsend*: Er weiß keinen Pfad nicht.

DER JUNGE BAUER Ich dien nicht die Katholischen.

DER FÄHNRICH *zum zweiten Soldaten*: Gib ihm den Spieß in die Seit!

DER JUNGE BAUER *auf die Knie gezwungen und mit dem Spieß bedroht*: Ich tus nicht ums Leben.

ERSTER SOLDAT Ich weiß was, wie er klug wird. *Er tritt auf den Stall zu.* Zwei Küh und ein Ochs. Hör zu: wenn du keine Vernunft annimmst, säbel ich das Vieh nieder.

DER JUNGE BAUER Nicht das Vieh!

DIE BÄUERIN *weint*: Herr Hauptmann, verschont unser Vieh, wir möchten sonst verhungern.

Bertolt Brecht und Helene Weigel mit Mitarbeitern des 1949 gegründeten »Berliner Ensembles« zum 1. Mai 1954

Die Inszenierungen des »Berliner Ensembles« werden in theatertheoretischer wie -praktischer Hinsicht bald alles überbieten, was die Nachkriegsbühnen vor das Publikum gebracht haben. In Abgrenzung zum traditionellen Theater entwickelt Bertolt Brecht das epische Theater.

DER FÄHNRICH Es ist hin, wenn er halsstarrig bleibt.
ERSTER SOLDAT Ich fang mit dem Ochsen an.
DER JUNGE BAUER *zum Alten*: Muß ichs tun? *Die Bäuerin nickt*. Ich tus.
DIE BÄUERIN Und schönen Dank, Herr Hauptmann, daß Sie uns verschont haben, in Ewigkeit, Amen.
Der Bauer hält die Bäuerin von weiterem Danken zurück.
ERSTER SOLDAT Hab ich nicht gleich gewußt, daß der Ochs ihnen über alles geht!
Geführt von dem jungen Bauern, setzen der Fähnrich und die Soldaten ihren Weg fort.
DER BAUER Ich möcht wissen, was die vorhaben. Nix Gutes.
DIE BÄUERIN Vielleicht sinds nur Kundschafter. – Was willst?
DER BAUER *eine Leiter ans Dach stellend und hinaufkletternd*: Sehn, ob die allein sind. *Oben*. Im Gehölz bewegt sichs. Bis zum Steinbruch hinab seh ich was. Und da sind auch Gepanzerte in der Lichtung. Und eine Kanon. Das ist

mehr als ein Regiment. Gnade Gott der Stadt und allen, wo drin sind.

DIE BÄUERIN Ist Licht in der Stadt?

DER BAUER Nix. Da schlafens jetzt. *Er klettert herunter.* Wenn die eindringen, stechen sie alles nieder.

DIE BÄUERIN Der Wachtposten wirds rechtzeitig entdecken.

DER BAUER Den Wachtposten im Turm oben aufm Hang müssen sie hingemacht haben, sonst hätt der ins Horn gestoßen.

DIE BÄUERIN Wenn wir mehr wären...

DER BAUER Mit dem Krüppel allein hier oben...

DIE BÄUERIN Wir können nix machen, meinst...

DER BAUER Nix.

DIE BÄUERIN Wir können nicht hinunterlaufen, in der Nacht.

DER BAUER Der ganze Hang hinunter ist voll von ihnen. Wir könnten nicht einmal ein Zeichen geben.

DIE BÄUERIN Daß sie uns hier oben auch umbringen?

DER BAUER Ja, wir können nix machen.

DIE BÄUERIN *zu Kattrin*: Bet, armes Tier, bet! Wir können nix machen gegen das Blutvergießen. Wenn du schon nicht reden kannst, kannst doch beten. Er hört dich, wenn dich keiner hört. Ich helf dir. *Alle knien nieder, Kattrin hinter den Bauersleuten.* Vater unser, der du bist im Himmel, hör unser Gebet, laß die Stadt nicht umkommen mit alle, wo drinnen sind und schlummern und ahnen nix. Erweck sie, daß sie aufstehn und gehn auf die Mauern und sehn, wie sie auf sie kommen mit Spießen und Kanonen in der Nacht über die Wiesen, herunter vom Hang. *Zu Kattrin zurück*: Beschirm unsre Mutter und mach, daß der Wächter nicht schläft, sondern aufwacht, sonst ist es zu spät. Unserm Schwager steh auch bei, er ist drin mit seine vier Kinder, laß die nicht umkommen, sie sind unschuldig und wissen von nix. *Zu Kattrin, die stöhnt*: Eins ist unter zwei, das älteste sieben. *Kattrin steht verstört auf.* Vater unser, hör uns, denn nur du

»Mutter Courage und ihre Kinder«, Inszenierung des »Berliner Ensembles«, 1949/1950 – mit Helene Weigel in der Titelrolle

kannst helfen, wir möchten zugrund gehn, warum, wir sind schwach und haben keine Spieß und nix und können uns nix traun und sind in deiner Hand mit unserm Vieh und dem ganzen Hof, und so auch die Stadt, sie ist auch in deiner Hand, und der Feind ist vor den Mauern mit großer Macht. *Kattrin hat sich unbemerkt zum Wagen geschlichen, etwas herausgenommen, es unter ihre Schürze getan und ist die Leiter hoch aufs Dach des Hauses geklettert.*
DIE BÄUERIN Gedenk der Kinder, wo bedroht sind, der allerkleinsten besonders, der Greise, wo sich nicht rühren können, und aller Kreatur.
DER BAUER Und vergib uns unsre Schuld, wie auch wir vergeben unsern Schuldigern. Amen.
Kattrin beginnt, auf dem Dach sitzend, die Trommel zu schlagen, die sie unter ihrer Schürze hervorgezogen hat.
DIE BÄUERIN Jesus, was macht die?

»Mutter Courage und ihre Kinder«. Zeichnung von Karl von Appen, 1954.

»Als *Mutter Courage und ihre Kinder* drei Jahre nach dem Zusammenbruch Hitlerdeutschlands in dem zerstörten Berlin über die Bühne ging, gaben viele ihrem Staunen Ausdruck, wie genau die entsetzliche Vernichtung der Menschen und Städte in diesem Stück vorausgesagt worden war. In Wahrheit bedurfte es nicht besonderer Phantasie, dies zu tun, sondern besonderer Stumpfheit, dies nicht zu tun. Gerade dieses Staunen sagte dem Stückeschreiber, *wie* weit die Menschen in dieser Stadt davon entfernt waren, die Folgen ihres Tuns oder Nichttuns vorauszusehen.«
Bertolt Brecht, 1953

DER BAUER Sie hat den Verstand verloren.
DIE BÄUERIN Hol sie runter, schnell!
Der Bauer läuft auf die Leiter zu, doch Kattrin zieht sie aufs Dach.
DIE BÄUERIN Sie bringt uns ins Unglück.
DER BAUER Hör auf der Stell auf mit Schlagen, du Krüppel!
DIE BÄUERIN Die Kaiserlichen auf uns ziehn.
DER BAUER *sucht Steine am Boden*: Ich bewerf dich!
DIE BÄUERIN Hast denn kein Mitleid? Hast gar kein Herz? Hin sind wir, wenn sie auf uns kommen! Abstechen tuns uns.
Kattrin starrt in die Weite, auf die Stadt, und trommelt weiter.
DIE BÄUERIN *zum Alten*: Ich hab dir gleich gesagt, laß das Gesindel nicht auf den Hof. Was kümmerts die, wenn sie uns das letzte Vieh wegtreiben.
DER FÄHNRICH *kommt mit seinen Soldaten und dem jungen Bauern gelaufen*: Euch zerhack ich!
DIE BÄUERIN Herr Offizier, wir sind unschuldig, wir können nix dafür. Sie hat sich raufgeschlichen. Eine Fremde.
DER FÄHNRICH Wo ist die Leiter?
DER BAUER Oben.
DER FÄHNRICH *hinauf*: Ich befehl dir, schmeiß die Trommel runter!
Kattrin trommelt weiter.
DER FÄHNRICH Ihr seids alle verschworen. Das hier überlebt ihr nicht.
DER BAUER Drüben im Holz haben sie Fichten geschlagen. Wenn wir einen Stamm holn und stochern sie herunter...

ERSTER SOLDAT *zum Fähnrich*: Ich bitt um Erlaubnis, daß ich einen Vorschlag mach. *Er sagt dem Fähnrich etwas ins Ohr. Der nickt.* Hörst du, wir machen dir einen Vorschlag zum Guten. Komm herunter und geh mit uns in die Stadt, stracks voran. Zeig uns deine Mutter, und sie soll verschont werden.
Kattrin trommelt weiter.
DER FÄHNRICH *schiebt ihn roh weg*: Sie traut dir nicht, bei deiner Fresse kein Wunder. *Er ruft hinauf.* Wenn ich dir mein Wort gebe? Ich bin ein Offizier und hab ein Ehrenwort.
Kattrin trommelt stärker.
DER FÄHNRICH Der ist nix heilig.
DER JUNGE BAUER Herr Offizier, es is ihr nicht nur wegen ihrer Mutter!
ERSTER SOLDAT Lang dürfts nicht mehr fortgehn. Das müssen sie hörn in der Stadt.
DER FÄHNRICH Wir müssen einen Lärm mit irgendwas machen, wo größer ist als ihr Trommeln. Mit was können wir einen Lärm machen?
ERSTER SOLDAT Wir dürfen doch keinen Lärm machen.
DER FÄHNRICH Einen unschuldigen, Dummkopf. Einen nicht kriegerischen.
DER BAUER Ich könnt mit der Axt Holz hacken.
DER FÄHNRICH Ja hack. *Der Bauer holt die Axt und haut in den Stamm.* Hack mehr! Mehr! Du hackst um dein Leben! *Kattrin hat zugehört, dabei leiser geschlagen. Unruhig herumspähend, trommelt sie jetzt weiter.*
DER FÄHNRICH *zum Bauern*: Zu schwach. *Zum ersten Soldaten*: Hack du auch.
DER BAUER Ich hab nur eine Axt. *Hört auf mit dem Hacken.*
DER FÄHNRICH Wir müssen den Hof anzünden. Ausräuchern müssen wir sie.
DER BAUER Das nützt nix, Herr Hauptmann. Wenn sie in der Stadt hier Feuer sehn, wissen sie alles.
Kattrin hat während des Trommelns wieder zugehört. Jetzt lacht sie.
DER FÄHNRICH Sie lacht uns aus, schau. Ich halts nicht aus. Ich schieß sie herunter, und wenn alles hin ist. Holt die Kugelbüchs!
Zwei Soldaten laufen weg. Kattrin trommelt weiter.
DIE BÄUERIN Ich habs, Herr Hauptmann. Da drüben steht ihr Wagen. Wenn wir den zusammenhaun, hört sie auf. Sie haben nix als den Wagen.
DER FÄHNRICH *zum jungen Bauern*: Hau ihn zusammen.

»Das Stück *Mutter Courage und ihre Kinder* schrieb ich im dänischen Exil, vor einundeinhalb Jahrzehnten. Über das grüne und freundliche Fünen fiel schon ein großer Schatten. Vom Sund her gab es Geschützdonner zu hören. Im Radio kündeten Geräusche, die menschlichen Stimmen entfernt ähnelten, daß die Vorbereitungen zu einem großen Raubzug in Deutschland vor dem Abschluß standen. Zwischen den Koffern schrieb ich noch ein Stück.
Im Exil schreibt man in besonderer Weise. Man ruft sozusagen in den Wind. Aber man ruft doch in eine bestimmte Richtung. Zu niemanden gehörend, spricht man noch nicht zu allen. Von denen, die nicht herhören, spricht man zu ganz bestimmten. Und im Grunde, uneingestanden, spricht man weiter zu denen zu Hause, die gar nicht mehr hören können. Das Handwerk des Exilierten ist das Hoffen.«
Bertolt Brecht, 1953

Proben zur »Courage«, 1951: Helene Weigel im Gespräch mit Bertolt Brecht

Hinauf. Wir haun deinen Wagen zusammen, wenn du nicht mit Schlagen aufhörst.
Der junge Bauer führt einige schwache Schläge gegen den Planwagen.
DIE BÄUERIN Hör auf, du Vieh!
Kattrin stößt, verzweifelt nach ihrem Wagen starrend, jämmerliche Laute aus. Sie trommelt aber weiter.
DER FÄHNRICH Wo bleiben die Dreckkerle mit der Kugelbüchs?
ERSTER SOLDAT Sie können in der Stadt drin noch nix gehört haben, sonst möchten wir ihr Geschütz hörn.
DER FÄHNRICH *hinauf*: Sie hörn dich gar nicht. Und jetzt schießen wir dich ab. Ein letztes Mal. Wirf die Trommel herunter!
DER JUNGE BAUER *wirft plötzlich die Planke weg*: Schlag weiter! Sonst sind alle hin! Schlag weiter, schlag weiter...
Der Soldat wirft ihn nieder und schlägt auf ihn mit dem Spieß ein. Kattrin beginnt zu weinen, sie trommelt aber weiter.
DIE BÄUERIN Schlagts ihn nicht in'n Rücken! Gottes willen, ihr schlagt ihn tot!
Die Soldaten mit der Büchse kommen gelaufen.
ZWEITER SOLDAT Der Obrist hat Schaum vorm Mund, Fähnrich. Wir kommen vors Kriegsgericht.
DER FÄHNRICH Stell auf! Stell auf! *Hinauf, während das Gewehr auf die Gabel gestellt wird*. Zum allerletzten Mal: Hör auf mit Schlagen! *Kattrin trommelt weinend so laut sie kann*. Gebt Feuer!

Die Soldaten feuern. Kattrin, getroffen, schlägt noch einige Schläge und sinkt dann langsam zusammen.
DER FÄHNRICH Schluß ist mitm Lärm!
Aber die letzten Schläge Kattrins werden von den Kanonen der Stadt abgelöst. Man hört von weitem verwirrtes Sturmglockenläuten und Kanonendonner.
ERSTER SOLDAT Sie hats geschafft.

Nacht gegen Morgen. Man hört Trommeln und Pfeifen marschierender Truppen, die sich entfernen. Vor dem Planwagen hockt Mutter Courage bei ihrer Tochter. Die Bauersleute stehen daneben.

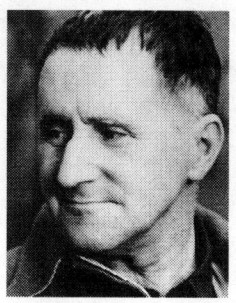

Bertolt Brecht, 1898 in Augsburg geboren, starb 1956 in Ost-Berlin. 1922 erhielt er den Kleist-Preis. Neben seinen Theaterstücken wurde Brecht durch seine Gedichte berühmt. Sein Werk erscheint im Suhrkamp Verlag.

DIE BAUERSLEUTE Sie müssen fort, Frau. Nur mehr ein Regiment ist dahinter. Allein könnens nicht weg.
MUTTER COURAGE Vielleicht schlaft sie mir ein. *Sie singt.*
  Eia popeia
  Was raschelt im Stroh?
  Nachbars Bälg greinen
  Und meine sind froh.
  Nachbars gehn in Lumpen
  Und du gehst in Seid
  Ausn Rock von einem Engel
  Umgearbeit'.
  Nachbars han kein Brocken
  Und du kriegst eine Tort
  Ist sie dir zu trocken
  Dann sag nur ein Wort.
  Eia popeia
  Was raschelt im Stroh?
  Der eine liegt in Polen
  Der andre ist werweißwo.
Jetzt schlaft sie. Sie hätten ihr nix von die Kinder von Ihrem Schwager sagen sollen.
DIE BAUERSLEUTE Wenns nicht in die Stadt gegangen wärn, Ihren Schnitt machen, wärs vielleicht nicht passiert.
MUTTER COURAGE Ich bin froh, daß sie schlaft.
DIE BAUERSLEUTE Sie schlaft nicht, Sie müssens einsehn, sie ist hinüber. Und Sie selber müssen los endlich. Da sind die Wölf, und was schlimmer ist, die Marodöre.
MUTTER COURAGE *steht auf:* Ja. *Sie holt eine Blache aus dem Wagen, um die Tote zuzudecken.*
DIE BAUERSLEUTE Habens denn niemand sonst? Wos hingehn könnten?
MUTTER COURAGE Doch, einen. Den Eilif.
DIE BAUERSLEUTE Den müssens finden. Für die da sorgen wir,

daß sie ordentlich begraben wird. Sie können ganz beruhigt sein.

MUTTER COURAGE *bevor sie sich vor den Wagen spannt*: Da haben Sie Geld für die Auslagen.

Sie zählt dem Bauern Geld in die Hand. Die Bauersleute geben ihr die Hand, und der Bauer und sein Sohn tragen Kattrin weg.

DIE BÄUERIN *im Abgehen*: Eilen Sie sich!

MUTTER COURAGE Hoffentlich zieh ich den Wagen allein. Es wird gehn, es ist nicht viel drinnen.

Ein weiteres Regiment zieht mit Pfeifen und Trommeln hinten vorbei.

MUTTER COURAGE Holla, nehmts mich mit!

Sie zieht an. Man hört Singen von hinten.

GESANG

Mit seinem Glück, seiner Gefahre
Der Krieg, er zieht sich etwas hin.
Der Krieg, er dauert hundert Jahre
Der g'meine Mann hat kein'n Gewinn.
Ein Dreck sein Fraß, sein Rock ein Plunder!
Sein halben Sold stiehlts Regiment.
Jedoch vielleicht geschehn noch Wunder:
Der Feldzug ist noch nicht zu End!
    Das Frühjahr kommt! Wach auf, du Christ!
    Der Schnee schmilzt weg! Die Toten ruhn!
    Und was noch nicht gestorben ist
    Das macht sich auf die Socken nun.

Lieber Suhrkamp,
Ihr Brief ist der erste, der mich aus D[eutschland] erreicht, und Sie waren einer der letzten, die ich in D[eutschland] sah – ging ich doch von Ihrer Wohnung an die Bahn am Tag nach dem Reichstagsbrand; ich habe Ihnen Ihre Hilfe bei meiner Flucht nicht vergessen.
Fünf Jahre hielten wir uns in Dänemark auf, 1 Jahr in Schweden, 1 Jahr in Finnland, wartend auf Visa, und wir sind jetzt an vier Jahre in den USA, in Kalifornien. Natürlich schrieb ich eine Menge, und ich hoffe, wir können einiges davon zusammen durchnehmen.
(Nebenbei: Sagen Sie, wo immer Sie das können, daß ich dringend bitte, keine größere Arbeit von mir, alt oder neu, aufzuführen, ohne daß ich dazu Stellung nehmen kann. Alles braucht Änderungen.)
(...)
Ihr
          brecht
Okt. 45

Die Situation des Buches

Peter Suhrkamp

Ohne eine lebendige Dichtung in der Gegenwart stirbt auch die Literatur der Vergangenheit ab, und das wird der tiefere Grund sein, weshalb die Beschäftigung mit den Klassikern in jüngster Vergangenheit wohl einem Bedürfnis entsprach, aber letztlich unbefriedigend blieb. Auf lange Sicht ist es für die Gefühlswelt sowie für das Bewußtsein, für das geistige Leben in einem Volke überhaupt von Wichtigkeit, daß es eine lebendige neue Dichtung hat. Dichtung klärt und erweitert das Gefühlsleben und das Bewußtsein, indem sie den Ausdruck findet für dunkel Vertrautes sowie für neue Erlebnisse und Erfahrungen, sie bestimmt unsere Art, die sich ständig wandelnde Welt zu erleben. Das Dichten darf nicht aufhören. Ohne ein lebendiges Dichten verkümmert in den Menschen die Fähigkeit, die Welt in ihrer Tiefe zu erfassen, ja sogar die Fähigkeit, Vorgänge des eigenen Innern zu empfinden. Man kann sagen, daß die Kunst die Welt erschließt, die Welt für den menschlichen Geist aufnehmbar macht. Das erscheint falsch; denn sind es nicht Forschung und Wissenschaft, die die Welt dem menschlichen Geist erschließen? Gewiß. Aber Allgemeinbesitz, wenn auch oft höchst oberflächlich, werden die revolutionierenden Entdeckungen erst auf dem Wege über die Dichtung. Dazu ist keineswegs notwendig, daß die Dichtungen von allen gekannt sind und verstanden werden. Diese Bedeutung der Dichtung besteht auch für die, denen Dichtung nichts sagt, und auch für die, die nicht einmal die Namen der Dichter kennen. Die meisten Gebildeten jeder Zeit pflegen ohne Verständnis für die neue Dichtung zu sein. Sie lesen am liebsten die Dichter, die eigentlich nichts Neues schaffen, sondern geben, was in der vorangegangenen Generation neu war und inzwischen geläufig geworden ist. Und Bücher, die schnell eine große Leserschar finden, sind selten oder nie erstklassige Werke. Es ist auch nur wichtig, daß in jeder Generation wenigstens der kleine Kreis da ist, die kleine Vorhut von besonders Begabten und Empfänglichen, die Elite von außergewöhnlicher Sensibilität und der Gabe, im Augenblick durch Sinne, Seele, Geist und Einbildungskraft das Neue aufzunehmen, und mit der Fähigkeit, daran zu glauben. Und hier möchte ich nun sagen, daß es unsere, der Buchhändler und Verleger Aufgabe jetzt ist, bei uns wieder neue Dichtung möglich zu machen, indem wir die Elite der Begabten pflegen, ohne welche neue Dichtung nicht möglich ist.

Peter Suhrkamp erhält von den Briten die Lizenz für die Fortführung seiner Arbeit, jetzt unter dem Verlagsnamen »Suhrkamp vormals S. Fischer«. Ein paar Jahre später, nach der Rückkehr des Verlegers Bermann-Fischer aus dem Exil, wird sich das Unternehmen in getrennte Firmen auflösen, die Autoren konnten zum Teil wählen, welchem Verlag sie künftig angehören wollen.

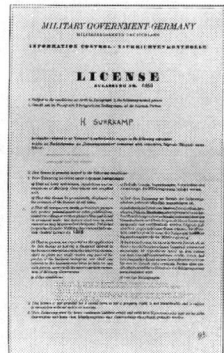

Bertolt Brecht und Peter Suhrkamp mit dem Regisseur Harry Buckwitz

»Viele haben Suhrkamp geliebt, auch wenn sie mit ihm haderten. Man konnte nervös werden vor so viel Undurchschaubarkeit, aber nicht einen Augenblick daran zweifeln, daß dieser Mann, wo immer er wahrnehmbar wurde, nicht nur Charakter hatte, sondern Größe. Eigentümlich waren sein Mut und seine Treue. Als der Boykott gegen Brecht im Gange war, wenn nicht ausgerufen so doch gebilligt von manchen Leuten, die heute diesen selben Brecht als ihren Klassiker zitieren, zeigte Suhrkamp die Schriftproben für eine neue Brecht-Ausgabe, unbekümmert um die Tagesbörse der Meinungen. Suhrkamp hatte den stillen und langen Mut, er hielt gar nichts von Radau-Mut. Er hatte den Mut zum Zögern, wo alle Welt entschieden war, und zur Entscheidung, wo viele zögern.«
Max Frisch, 1959

Gewiß, das kann nicht die Aufgabe aller Verleger und Buchhändler sein, nicht einmal einer Mehrheit. Aber es ist nötig, daß eine Gruppe von Verlagen und eine Gruppe von Buchhändlern sich darauf wieder spezialisieren. Es widerspricht auch nicht demokratischen Grundsätzen, wenn nicht alle durchweg eine volksgemäße Literatur pflegen, sondern eine Vielfalt von Varianten wieder erscheint und damit auch das Anspruchsvolle, die differenzierte Geistigkeit gewertet und gefördert wird. Die moderne Menschenwelt ist so kompliziert entwickelt, daß besondere Organe dazu gehören, um hinter diese Welt zu kommen. Morgen werden sich schon bei vielen die Ansätze solcher Organe zeigen – wenn nur heute bei einzelnen die wirkliche Einbildungskraft statt der bürgerlichen Romantik gespeist wird.

Wenn ich als Aufgabe für meinen literarisch bestimmten Verlag die Ermöglichung neuer Dichtung erkannt habe, bin ich damit zu der entscheidenden Antwort auf die Frage gelangt, wer in erster Linie als Empfänger für ein Buch in Betracht zu ziehen ist: die dafür Begabten. Es ist sehr wichtig, daß ihre Begabung und ihr Glaube durch echte Kunstwerke zuerst wieder bestätigt und bekräftigt wird. Ihnen müssen zuerst die Möglichkeiten für ihre Begabung und für ihren Glauben geboten werden. Sie werden mit ihrem Glauben andere mitreißen, und so wird es wieder zur Bildung der echten literarischen Gemeinden kommen. (1947)

Heinrich Maria Ledig-Rowohlt

»Ich hatte natürlich mehr Interesse an Literatur wie an solchen Bilderzeitungen und sagte mir, dann kann man doch in so ein Heft auch sieben, acht, zehn kleinere Erzählungen bringen. Und da besuchte mich mein Vater, (...) und wir haben uns unterhalten eines Abends. Und bei der Unterhaltung kamen wir auf den Gedanken und sagten, wenn wir eigentlich zehn Erzählungen bringen könnten in so einem Story-Heft, dann könnte man theoretisch auch einen ganzen Roman in einer solchen Rotationszeitung veröffentlichen. Das haben wir dann gemacht. Und das waren die ersten ›rororo-Zeitungsromane‹.«

Ernst Rowohlt, dessen Verlag ebenfalls drangsaliert und schließlich verboten worden war, beginnt wieder mit der Arbeit. Auch er verlegt Autoren, die aktuell und auf Dauer ein großes Publikum finden. Unerhört dann Rowohlts Idee, Bücher in Zeitungsformat erscheinen zu lassen. So kann man trotz Mangels an gutem Papier und Bindematerial hohe Auflagen erzielen, in einer Zeit, in der nur wenigen Büchern eine Auflage von mehr als 5000 Exemplaren zugestanden wird.
Wie kommt die Idee der »Rotations-Romane« zustande? Heinrich Maria Ledig-Rowohlt beginnt zunächst mit einer Bilderzeitschrift für Jugendliche, »Pinguin«.

Gesprächsrunde im Radio Frankfurt 1949

Suhrkamp: Die Schicht der Leser, der wirklichen Leser, derer, die ein Verhältnis zur Literatur, zur Kunst, zum Buch haben, die ist immer und in jedem Land sehr gering gewesen. Und auf diese Schicht muß es uns in erster Linie einmal ankommen. Ich glaube, daß das breitere Publikum nur von dieser Schicht aus gewonnen werden kann.
Goertz: Das erscheint mir ein sehr richtiger Gedanke, und ich glaube, Sie haben große Erfahrungen mit einem Wege, auf dem Sie in Postkarten die richtigen Bücherleser vorher, noch vor der Währungsreform, vorher vom Erscheinen eines wichtigen Buches informierten, wenn ich richtig unterrichtet bin, und Sie baten, die Bestellung über den für sie zuständigen Buchhändler zu leiten. Das war offenbar ein Weg, den wirk-

Ernst Rowohlt, einen rororo-Zeitungsroman lesend

Diese Romane (deren Kürzel »rororo« dann ab 1950 zum Signet der ersten Taschenbücher wird) machen ein Massenpublikum mit wichtigen deutschen, vor allem aber fremdsprachigen Autoren bekannt: Ernest Hemingway, Thomas Wolfe, Sinclair Lewis, André Gide, Antoine de Saint-Exupéry, Ignazio Silone. Hunderttausend Exemplare werden pro Titel aufgelegt.
Wegen des Papiermangels ergibt sich ein kurioser Konflikt. Der Verlag muß die Leser ausdrücklich darum bitten, »nicht grundsätzlich jeden Rotations-Roman zu kaufen« – die Romane sollten »nur in die Hände eines Käufers gelangen, der wirklich daran interessiert ist«.

lichen Leser zu erreichen. Einen anderen Weg ist ja der Rowohlt Verlag gegangen, indem er wichtige Bücher in großen Rotationsauflagen herausbrachte, und so zu einem großen Leserpublikum kommen wollte, und es würde sicher die Hörer interessieren, welche Erfahrungen Herr Rowohlt mit diesen Rotationsdrucken, die allgemein bekannt sind, gemacht hat.

Rowohlt: Ja, wir haben bis jetzt 21 Rotationsromane herausgebracht und haben etwa zwei Millionen verkauft. Wir rechnen damit, daß es etwa vier Millionen Leser bedeutet. Und ich bilde mir ein, daß das Niveau unserer Rotationsromane ein verhältnismäßig hohes ist. Ich selbst bin ja ein Propagandist des billigen Buches und mir liegt sehr am Herzen, bei dieser Gelegenheit zu sagen, daß das deutsche Publikum, und überhaupt der Deutsche, der verarmt ist, nicht zu hohe Ansprüche an die Ausstattung eines Buches stellen darf. Wir können heute zu verhältnismäßig billigen Preisen keine Bücher in Ganzleinen herstellen und auf holzfreiem Papier, sondern wir müssen uns da bescheiden.

(...)

Suhrkamp: Ich meine, Herr Dr. Goertz, daß Sie da einen falschen Ausdruck gebraucht haben, wenn Sie von schlecht ausgestatteten Büchern sprechen. Wir alle sind bemüht, ein solide ausgestattetes Buch zu bringen, das nach unserer Ansicht den heutigen Möglichkeiten und der allgemeinen Wirtschaftssituation entspricht. Wir erleben nur leider auf sehr vielen Gebieten, daß das Publikum wieder verführt wird, zu einem Standard zu kommen, den wir zu anderen Zeiten uns leisten konnten, den wir uns aber heute praktisch nicht leisten können. Daran liegt es auch, meine ich, wenn heute literarisch

Gesprächsrunde im Radio Frankfurt 1949: Der Redakteur Hartmann Goertz mit den Verlegern Peter Suhrkamp, Ernst Rowohlt und Kurt Desch

nicht sehr wertvolle Bücher, die großartig ausgestattet sind, eher gekauft werden als literarisch wertvolle. Ich meine, da liegt ein falscher Weg vor. Wir versuchen nur zu sehr, auf allen Gebieten wieder anzuschließen an das, was früher war, ohne daß sich jeder die wirkliche Situation überlegt. Die wirkliche Situation ist ja nicht so, wie sie sich in den Geschäftsstraßen der Großstädte und überhaupt in den Läden der Großstädte heute zeigt. Das ist eine Fassadenschau.

In allen vier Besatzungszonen werden noch im Jahre des Kriegsendes Zeitschriften gegründet, die großen Einfluß auf die politische und kulturelle Debatte in der Zeit der Neuorientierung gewinnen sollten: »Die Wandlung« mit amerikanischer Lizenz, »Die Sammlung« mit britischer, »Die Gegenwart« mit französischer und der »Aufbau« mit sowjetischer Lizenz.

Die Wandlung

Eine Monatsschrift

Unter Mitwirkung von Karl Jaspers
Werner Krauss und Alfred Weber
herausgegeben von Dolf Sternberger

Erster Jahrgang   1945/46   Erstes Heft

Geleitwort der Herausgeber und des Verlegers 3
Tagebuch: Dolf Sternberger, Reise in Deutschland 1945 7
Marie Luise Kaschnitz, Vom Ich 17
Rudolf Bultmann, Adam wo bist Du? 22
Franz Kafka, Kleider 33
T. S. Eliot, East Coker (englisch und deutsch) 34
Rechenschaftsbericht des Übersetzers 44
Alfred Weber, Unsere Erfahrung und unsere Aufgabe 50
Holthusen, Tabula rasa 65
Karl Jaspers, Erneuerung der Universität 66
Aus dem Wörterbuch des Unmenschen 75

Dokumente und Berichte:
Das Communiqué von Potsdam 79
Redaktionelle Anmerkungen 95

VERLEGT VON LAMBERT SCHNEIDER IN HEIDELBERG
BEI CARL WINTER · UNIVERSITÄTSVERLAG

Zeitschriften

Es ist wie am Ende des dreißigjährigen Kriegs, als Gryphius schrieb:
Doch schweig ich noch von dem, was ärger als der Tod,
Was grimmer denn die Pest und Glut und Hungersnot:
Daß auch der Seelen Schatz uns gar ist abgezwungen.
Haben wir wirklich alles verloren? Nein, wir Überlebenden sind noch da. Wohl haben wir keinen Besitz, auf dem wir ausruhen können, auch keinen Erinnerungsbesitz; wohl sind wir preisgegeben im Äußersten; doch daß wir am Leben sind, soll einen Sinn haben. Vor dem Nichts raffen wir uns auf.

Die Sammlung

HERAUSGEGEBEN VON

Otto Friedrich Bollnow · Wilhelm Flitner
Herman Nohl · Erich Weniger

1. JAHRGANG
1945/46

GÖTTINGEN · VANDENHOECK & RUPRECHT

Unsere Zeitschrift will dem Wiederaufbau unseres Volkes dienen, seiner Kultur und insbesondere seiner neuen Erziehung. Der Rückblick auf die Vergangenheit wird sich nicht vermeiden lassen, aber unser Wille ist entschlossen nach vorwärts gerichtet in den grauen Morgen unserer Zukunft. Unser Kompaß ist die einfache Sittlichkeit, ein standhafter Glaube an die Ewigkeit der geistigen Welt, Liebe zum Nächsten und die lebendige Hoffnung, daß auch uns einmal wieder die Sonne der Ehre und des Glücks scheinen werde. Wurde bisher sehr laut gesprochen, so wollen wir still und sachlich reden, und wurden Phantasie und Gedanken unseres Volkes zu lange einseitig nach außen gewiesen, so wollen wir sie wieder nach innen lenken und zur Sammlung führen, aus der allein neue Kräfte kommen können.

Nicht viele der Neugründungen werden das Jahr 1949 überstehen. Zu den heute noch existierenden Zeitschriften zählen die linkskatholischen »Frankfurter Hefte« und die deutsche Zeitschrift für europäisches Denken »Merkur«.
In den ersten Nachkriegsjahren erscheinen mindestens 200 kulturpolitische Periodika – an Anzahl und übrigens auch an Auflagenhöhe später nie mehr erreicht. Deutschland ist für wenige Jahre ein Zeitschriftenparadies.

Die Herausgeber der mit diesen Zeilen hier vorgestellten Zeitschrift haben ihr den Titel »Die Gegenwart« gegeben. Sie gedenken in ihr das wahrhaftige Bild eines Zeitabschnittes erscheinen zu lassen, der immer zu den schmerzlichsten unseres Landes gezählt werden wird. Als solcher mag er deutsche Gegenwart auf eine noch nicht absehbare Spanne bestimmen. Es geht um eine Bestandsaufnahme. Sie wird schwer zu gewinnen und nicht angenehm zu ertragen sein. Weil ein Zusammenbruch in seinem ganzen Umfang abgeschritten wird, und weil untersucht werden muß, inwieweit die Fundamente gelitten haben. Aber wie sollte neues Bauen am gegebenen Ort – die Substanz eines Volkes bleibt in ihrem Kern unverrückbar – mit Nutzen begonnen werden, wenn man nicht vorher den Baugrund auf seine Festigkeit überprüft hat?

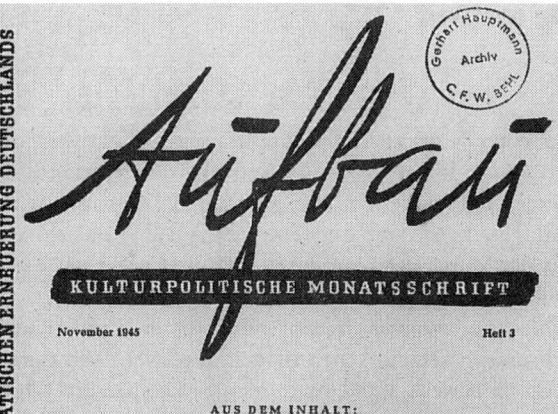

Wenn wir es unternehmen, uns mit einer kulturpolitischen Monatsschrift, die den Titel »Aufbau« trägt, an dem Aufbau Deutschlands zu beteiligen, so geschieht das in der Überzeugung, daß die Erweckung und Sammlung aller aufbauenden Kräfte auf weltanschaulich-kulturellem Gebiet die große nationale Aufgabe unseres Volkes wesentlich fördern wird. Wir sind überzeugt, daß ohne eine geistige Neugeburt ein dauerhaftes Aufbauwerk nicht gelingen kann. Wir können nicht aufbauen ohne eine grundsätzliche Bereinigung alles dessen, was weltanschaulich-moralisch die Vernichtung begünstigt und angebahnt hat. Um feste Maße und Werte zu gewinnen, um das Wort von der hinterhältigen Vieldeutigkeit zu befreien und den Begriffen einen verbindlichen Sinn zu geben, dazu bedarf es gründlicher Untersuchung, klärender Aussprache, geistiger Auseinandersetzung und Selbstverständigung.

Ost und West

Die programmatischen Vorsätze sind 1945 und 1946 einander noch zum Verwechseln ähnlich. Die für Ost und West zunächst gleichermaßen verbindliche antifaschistische Haltung taugte aber nicht lange zur Überbrückung der Gegensätze.
»Ost und West« ist dann auch ein bereits – 1947 – trotzig formulierter Zeitschriftentitel. Nachdem der »Aufbau« sich allmählich deutlicher kommunistisch profiliert und deshalb im Westen bedrängt wird, versucht Alfred Kantorowicz mit seiner Zeitschrift noch einmal zwischen den erstarrten Blöcken zu vermitteln, letzte Gemeinsamkeiten zu retten – zu spät.

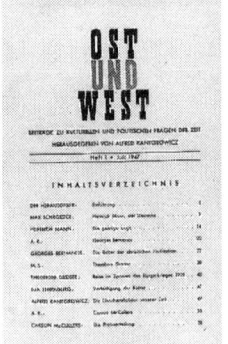

Berlin, den 7. November 1949
Siebenter November. Zweiunddreißigster Jahrestag der Revolution, die für uns zum Leitstern wurde. Feiertag für die Minister, die Präsidenten, die Günstlinge. Die haben jetzt Grund zum Feiern. Sie sind angekommen – früher hätte man gesagt: auf der Spitze der Bajonette (allerdings nicht der eigenen Bataillone); heute besteigt man ein Flugzeug, wenn andere die Schlacht gewonnen haben, und läßt sich auf einen Regierungssessel setzen. Dann ist man am Ziel. Wir anderen sind noch unterwegs, und einige von uns scheinen die Wegrichtung verloren zu haben. Wir halten immer noch nach den Kennzeichen der humanistischen Grundsätze Ausschau, die unsere Wegweiser waren. Aber es ist wie im Krieg, als man Kilometersteine versetzte und richtungweisende Tafeln umdrehte, um den anrückenden Feind irrezuführen. Wenn wir den Wegweisern folgen, die die Obrigkeit für uns aufgerichtet hat, so entfernen wir uns immer mehr von der Richtung, nach der wir strebten, und verlieren uns in unwegsamem Gestrüpp. Nur die, die in Flugzeugen der Sieger hoch über das Fußvolk hinwegflogen oder sich von den Tanks der Sieger den Weg durch Dickicht bahnen ließen, rufen fröhlich: Wir sind schon da. Wo denn nur? Da wollten wir doch gar nicht hin, als wir uns auf den Weg machten.
Nun also feiern sie, die Arrivierten. Ihre erste selbständige Tat auf kulturellem Gebiet war, ihrem Beschluß, »Ost und West« zu verbieten, Vollzugsgewalt zu geben. Diesmal können die Kulturoffiziere der Besatzungsmacht sie nicht mehr daran hindern. Die meisten von denen, die nicht nur »Ost und West«, sondern auch Reservate des geistigen Lebens vor den Gummiknüppeln der deutschen Parteiwebel schützten, sind letztlich abberufen worden oder stillschweigend verschwunden. Auf dem deutschen Kasernenhof herrscht nun wieder der autochthone Unteroffizier. Er ist verläßlich. Er wird dem übergeordneten Satrapen stramm Rapport erstatten, zu allem bereit. Er wird die Rasselbande, die ihm ausgeliefert ist, in Furcht und Zucht halten und mit dem Fleiß und der Tüchtigkeit der Rekruten das Ablieferungssoll erfüllen. Aber man muß ihn machen lassen. In Einzelheiten soll man ihm nicht dreinreden. Und wenn er seine Intellektuellen nicht mehr mit Auf und Nieder über den Kasernenhof jagen darf, dann macht ihm das ganze Kommandieren keinen Spaß. Das ist einzusehen.

Kurzum: »Ost und West« hat lautlos zu verschwinden. Der Kultursekretär des Zentralkomitees, Heymann, hat es mir verbindlich, das heißt in Befehlsform, mitgeteilt. Wie hätte es auch anders sein können. Eine Bürokratie, die gerade in ihren Ämtern bestätigt worden ist und für die nun die grüne Verkehrsampel aufleuchtet, wird sich in jedem Falle gegen einen renitenten Alleingänger durchsetzen – Gründe hin, Unrecht her.

Fast zur gleichen Stunde, zu der ich das unterfertigte Todesurteil gegen die Zeitschrift, die der Verständigung dienen wollte, erhielt, kam von der anderen Seite ein Tiefschlag – wie auf Verabredung; es ist unheimlich, mit welcher Genauigkeit das abgestimmt ist. Das Gleichnis von den beiden Klingen der Schere, die scheinbar wütend aufeinander losfahren, ohne sich gegenseitig wehe zu tun, nur was dazwischen ist, wird geschnitten – hier wird's Ereignis. Es konnte nicht ausbleiben, es hat eine geheimnisvolle Zwangsläufigkeit für sich, daß zum Zeitpunkt, da die zuständige Kommandostelle der einen Seite sich zur Gewaltanwendung gegen unabhängige Meinungsäußerung entschließt, auch der Propagandageneralstab der anderen Seite Giftgas gegen den gleichen Mann abläßt. Es war vor einigen Tagen, am 4. November abends, als ich in der Westerlandstraße, den Vollstreckungsbefehl des Kultursekretariats vor mir, über die Modalitäten der Liquidierung von »Ost und West« grübelte, da rief der Professor Havemann an, um mir zu sagen, daß man gerade in der »Stimme Amerikas« über den Rias von mir spreche. Ich drehte die Sendung an und hörte mich als einen Schwindler, Fälscher und Betrüger verschrien, der in »Ost und West« im Dienste des Kreml und der SED antiamerikanische Lügen verbreite.

Nach zwei Jahren schon muß »Ost und West« eingestellt werden. Kantorowicz, geboren 1899, floh 1933 nach Frankreich, war Teilnehmer am spanischen Bürgerkrieg, dann im US-Exil. Er wird, wie seine Zeitschrift, ein exemplarisches Schicksal erleiden: 1957 muß er Zuflucht in der Bundesrepublik suchen, wo er wiederum als Altkommunist auf schwere Vorbehalte stößt. Er starb 1979.

Eine Stimme im Westen, ebenfalls zwischen den Fronten, ebenfalls von Anfang an gefährdet: »Unabhängige Blätter der jungen Generation« unter dem Titel »Der Ruf«. Herausgegeben von Alfred Andersch und Hans Werner Richter. Die Fortsetzung einer Lagerzeitschrift deutscher Soldaten in amerikanischer Kriegsgefangenschaft. In einem Interview erinnert sich Hans Werner Richter:

»Der Ruf« und die »Gruppe 47«

»Da dachte ich, man müßte den ›Ruf‹ in Deutschland neu herausgeben mit einer anderen Konzeption. Nicht mit einer ausgesprochen antiamerikanischen, aber mit einer kritischen. Denn sie verlangten ja von uns, daß wir Demokraten seien und das waren wir ja. . . . Das Blatt stieg sehr schnell auf Hunderttausend, und dann waren wir plötzlich bekannt, Andersch und ich. Es ging über Nacht, weil wir kritisch, auch die Militärregierung kritisch betrachteten. Unsere politischen Hoffnungen waren einmal natürlich Demokratie, parlamentarische Demokratie und dann aber Sozialismus. Wir glaubten nicht, und der Glaube war damals allgemein vorhanden, daß

Alfred Andersch (rechts) beim Umbruch der Nr. 7 des »Ruf«

es im alten, mit dem alten Kapitalismus-System weitergehen könnte. Wir waren also Sozialisten, wollten Sozialismus in der Wirtschaft und dann hatten wir etwas, was uns ganz besonders bewegt hat, das war die Vereinigung Europas. Wir fühlten uns mehr oder weniger als Europäer.«

Hans Werner Richter
Wie entstand und was war die Gruppe 47?

Ich sitze in der Redaktion. Vor mir liegen die Umbruchbogen dieser Nummer 17. Ich weiß noch nicht, daß sie die letzte, nicht mehr veröffentlichte sein wird. Alle Artikel sind mit roter Tinte bearbeitet. Ganze Passagen sind gestrichen. Andere Absätze sind mit Fragezeichen versehen, Sätze eliminiert,

Den Militärbehörden mißfällt das. Wenn man sich aber vergegenwärtigt, daß die Zeitschrift »Der Ruf« die Kriegsteilnehmer, die Enttäuschten, die um ihre Jugend Betrogenen ansprechen will; wenn man sich vor Augen hält, daß beispielsweise der »Ruf«-Mitarbeiter Walter Maria Guggenheimer in Gaullistischer Uniform bei der Schlacht von Monte Cassino dem deutschen Soldaten Hans Werner Richter gegenübergelegen hatte – dann ist verständlich, daß in diesem Kreis die These von einer Kollektivschuld der Deutschen keinerlei Anklang findet. Die Amerikaner werden die Zeitschrift schon 1947 verbieten.

deren Streichung klar eine Tendenzverschiebung bedeutet. Was übrig bleibt, ist ein anderer »Ruf«, ein sanfter, bescheidener, opportunistischer Ruf, ganz im Sinne der Militärregierung. Ich weiß nicht, wer diese Zensur vorgenommen hat. Ich erfahre es auch nicht. Es können die Vertreter der Militärregierung sein. Aber es ist auch möglich, daß diese Umbruchbögen dem alliierten Kontrollrat in Berlin vorgelegen haben, der noch immer die Kontrolle über ganz Deutschland ausübt. Ich kann mir eine Demarche der Sowjets vorstellen. Aber es sind Annahmen, vielleicht, Phantasien. Was bleibt, ist dies: ich kann diese Nummer nicht so herausgehen lassen, und ich will und werde sie nicht mit meinem Namen decken. Noch weiß ich nicht, wie Alfred Andersch reagieren wird. Ich bin überzeugt: er kann und wird nicht anders handeln.
Schon der nächste Tag bringt Klarheit. Wir stehen vor den verschlossenen Türen unserer eigenen Redaktion.
(...)
Etwas mußte geschehen, um jene jungen Talente und Begabungen zusammenzuhalten, die sich um den »Ruf« zusammengefunden hatten, ein Kreis von Leuten, die sich in ihrer Mentalität, in ihren Auffassungen und Absichten von denen unterschieden, die das Gestern oder Vorgestern vertraten. Aber wie konnte man sie zusammenhalten?
Die Möglichkeiten waren gering. In dem zertrümmerten Deutschland jenes Jahres 1947 gab es kaum Kommunikationsmöglichkeiten. Die Armut war erdrückend. Und unsere Bewegungsfreiheit bestand nur theoretisch, nicht technisch.
Für eine neue Zeitung oder Zeitschrift brauchten wir wiederum die Genehmigung der amerikanischen Militärregierung, eine Lizenz, die wir für eine politische Zeitschrift nicht bekommen würden, wohl aber vielleicht, so nahm ich an, für eine literarische. Auch eine literarische Zeitschrift konnte Politik treiben, mit der Literatur oder hinter der Literatur (...)
Wieder begann ich Beiträge zu sammeln. Es schrieben fast alle mit: Günter Eich, Alfred Andersch, Wolfdietrich Schnurre, Walter Kolbenhoff, Wolfgang Bächler – Gedichte, Kurzgeschichten, literarische Aufsätze. Hatten wir schon im »Ruf« die Kalligraphie, die Schönschreibkunst, als Sklavensprache des Dritten Reiches bezeichnet – eine Sprache, die nach unserer Ansicht überwunden werden mußte, um durch eine einfache, klare, entrümpelte Sprache ersetzt zu werden –, so trat jetzt in diesen Beiträgen ein neuer Realismus hervor. Es war die andere Seite unserer politischen Absichten, denn auch Sprache und dementsprechend Literatur waren für mich im größeren Zusammenhang der erhofften gesellschaftlichen

Hans Werner Richter (zweiter von rechts) als Kriegsgefangener in Camp Ellis/Illinois, 1944

Die »Gruppe 47«: eines der ersten Treffen

Entwicklung Politik. Diese Beiträge waren in der Art ihrer Darstellung, in der größeren Freiheit gegenüber ihrem Gegenstand, der Beginn dessen, was später als die Kahlschlagperiode der deutschen Nachkriegsliteratur bezeichnet wurde. Nach langem Hin und Her auf der Suche nach einem richtigen und wirkungsvollen Titel nannten wir die Zeitschrift »Der Skorpion«. (...)

Für jene in diesem »Ruf-Kreis«, die ihre frühe Jugend noch in den zwanziger Jahren erlebt hatten, und dies gilt besonders für Alfred Andersch und für mich, hatte die Literatur einen anderen Stellenwert als die Politik, kam zuerst die Literatur und dann die Politik, stand am Anfang das Wort und nicht die Tat. Wir glaubten noch – anders als heute – an die Wirkung des geschriebenen Worts, an die Literatur als das große, durch nichts zu ersetzende Aufklärungsinstrument. So war die angebliche Flucht in die Literatur kein Eskapismus, sondern nur eine Verlagerung der Gewichte, eine Verschiebung der Akzente. Was uns auf der einen Seite durch das Verbot des »Ruf« genommen wurde, das publizistisch politische Organ, glaubten wir auf der anderen Seite durch die Hinwendung zur Literatur ersetzen zu können.

So arbeitete ich im Sommer 1947 an der Probenummer der literarischen Zeitschrift »Der Skorpion« und lud im August die Mitarbeiter des »Ruf« zu einer Zusammenkunft in Bannwaldsee bei Füssen ein. Es galt für mich, diesen Kreis zusammenzuhalten.

(...)

Ich hatte auf meinen handgeschriebenen Postkarten gebeten, noch nicht veröffentlichte Manuskripte mitzubringen. Fast alle sind dieser Aufforderung gefolgt. Da sie alle literarische Anfänger, Neulinge in der Kunst des Schreibens sind, gibt es auch keine Meisterwerke zu entdecken. Es sind Versuche, Anfänge, dilettantisch oft, aber hin und wieder auch Talent, ja Begabung verratend. Anfang ist alles in dieser Zeit und in diesen Tagen. Worauf es ankommt, ist die Mitteilung, ist dem Anderen, Nächsten zu zeigen, was man denkt und was man kann, Ersatz für eine literarische Kommunikation, die noch nicht besteht.

So hocken wir im Kreis herum auf dem Fußboden in Ilse Schneider-Lengyels Wohnstube, manche mehr liegend als sitzend, hören zu, angestrengt, konzentriert, und nur selten geben wir unserer Zustimmung oder unserem Mißfallen durch Kopfnicken, Lachen oder irgendwelche Gesten Ausdruck. Es gibt keine Zwischenrufe, keine Zwischenbemerkungen. Neben mir auf dem Stuhl nimmt der jeweils Vorlesende Platz. Es ist selbstverständlich, hat sich so ergeben. Nach der ersten Lesung – es ist Wolfdietrich Schnurre – sage ich: »Ja, bitte zur Kritik. Was habt Ihr dazu zu sagen?«

Eine Lizenz für die Zeitschrift »Der Skorpion« wird nicht erteilt. Die Teilnehmer wissen noch nicht, daß sie die »Gruppe 47« sein werden. Den Text, den Wolfdietrich Schnurre bei dieser Zusammenkunft las, trägt den Titel *Das Begräbnis*.

Das Begräbnis

Steh ich in der Küche auf m Stuhl. Klopft's.
Steig ich runter, leg den Hammer weg und den Nagel; mach auf:
Nacht; Regen.
Nanu, denk ich, hat doch geklopft.
»Ptsch«, macht die Dachrinne.
»Ja –?« sag ich.
Ruft's hinter mir: »Hallo!«
Geh ich zurück wieder. Liegt n Brief auf m Tisch. Nehm ihn. Klappt die Tür unten. Leg ich den Brief hin, geh runter, mach auf:
Nichts.
Ulkig, denk ich.
Geh rauf wieder.
Liegt der Brief da; weiß mit schwarzem Rand.
Muß einer gestorben sein, denk ich.

Seh mich um.
»Riecht nach Weihrauch«, sagt meine Nase.
»Hast recht«, sag ich; »war doch vorher nich. Komisch.«
Reiß den Brief auf, setz mich, putz mir die Brille.
So.
Richtig, ne Traueranzeige. Ich buchstabiere:
VON KEINEM GELIEBT, VON KEINEM GEHASST, STARB HEUTE NACH LANGEM, MIT HIMMLISCHER GEDULD ERTRAGENEM LEIDEN: GOTT.
Klein, darunter:
Die Beisetzung findet heute nacht in aller Stille auf dem St.-Zebedäus-Friedhof statt.
Siehste, denk ich, hat's ihn auch geschnappt, den Alten; nu ja.
Steck die Brille ins Futteral und steh auf.
»Frau!« ruf ich, »n Mantel!«
»Wieso n?« brummelt sie oben.
»Frag nich so blöd«, sag ich; »muß zur Beerdigung.«
»Kenn ich«, greint sie; »Skat kloppen willste.«
»Quatsch«, sag ich; »Gott is gestorben.«
»Na und –?« sagt sie; »vielleicht noch n Kranz kaufen, hm?«
»Nee«, sag ich; »aber Franzens Zylinder könntste rausrücken. Wer weiß, wer alles da is.«
»Ach nee«, sagt sie; »auch noch n dicken Willem markieren? Nee, is nich. Außerdem duster; sieht sowieso keiner, daß de n Zylinder aufhast.«
Schön, denk ich; denn nich, liebe Tante.
Zieh mein Paletot an, klapp n Kragen hoch und geh runter zur Tür.
's pladdert.
Den Schirm, denk ich. Aber den Schirm hat Emma.
»Nacht«, sag ich und mach zu hinter mir.
Alles wie immer draußen. Glitschiger Asphalt, bißchen Laternenlicht; paar Autos, paar Fußgänger; auch die Straßenbahn fährt.
Frag ich einen: »Schon gehört – Gott is gestorben.«
Sagt der: »Nanu; heut erst?«
(...)
Vorm Friedhof steht was. n Wagen mit ner Kiste drauf; paar Leute, n Pferd.
»n Abend«, sag ich.
»Biste der Pfarrer?«
»Nee«, sag ich »*der*.«
»Los, pack mit an.«
Der Pfarrer greift zu, schweigend. Sie heben sich die Kiste auf die Schulter und schwanken durchs Tor.

»Das Überraschende war, als ich fertig war, nickten einige, und das schien mir doch ein fabelhaftes Ergebnis zu sein. Das war angekommen. Und es gab die andere Möglichkeit: Ich hab' am zweiten Tag nochwas gelesen, mutig gemacht, eine ungeheuer lange Geschichte, und wunderte mich beim Lesen, ich guckte dauernd runter, niemand rührte sich, und ich guckte auf, und da saß die ganze Mannschaft mit nach unten gekipptem Daumen da, schweigend, und da nahm ich das Manuskript, das waren so ungefähr, na fünfzig Seiten, zerriß es und erntete einen dezenten Beifallssturm.«

»Beeilt euch!« schreit der Kutscher. Er hat sich unter ner Decke verkrochen und lehnt an dem Pferd; raucht.

s Tor quietscht, wie ich's zumach. Langsam schlendre ich hinter den Männern her.

Zwei tragen Spaten. Die kenn ich; sind die Totengräber. Der dritte hat n blauen Kittel an, hinter seinem rechten Ohr klebt ne aufgeweichte Zigarette; n Straßenfeger oder so was. Die andern beiden stecken in speckigen Feldblusen und haben Schildmützen auf; Heimkehrer aus m Lager wahrscheinlich. Der sechste ist der Pfarrer.

Jetzt sind sie aus m Schritt gekommen, die Kiste auf ihren Schultern liegt schief. Hat der Pfarrer dran schuld; kriegt s Kreuz nicht raus, stöhnt. Schreit plötzlich: »Absetzen!« Duckt sich.

»Rumms.«

Der Deckel fliegt ab. Haben sie die Bescherung.

Der Pfarrer hinkt; hat die Kiste auf n Fuß gekriegt.

Der Tote ist rausgefallen. Liegt da, bleich. Die Azetylenlampen vom Lager leuchten ihn an. n graues Hemd trägt er, ist hager, und an seinem Mund und im Bart ist etwas Blut festgetrocknet. Er lächelt.

»Idiot«, sagt der Kittelmann.

Sie drehn die Kiste um und heben den Toten wieder rein.

Sagt der eine Heimkehrer: »Er ist dreckig, paß auf.«

»Schon gut«, sagt der andre.

Wie der Deckel drauf ist, bücken sie sich.

»Haaaaaau – ruck!« schrein die Totengräber.

»Maaaaarsch!«

Der Pfarrer hinkt.

An nem zermanschten Erdhaufen wartet ne Frau. Kenn ich; ist die Inspektorin. Sie hat n durchlöcherten Schirm aufgespannt, durch den man die erleuchteten Schornsteine sieht. Ihr Rock ist aus Sackleinen; STÄDTISCHE STICKSTOFFWERKE steht drauf.

»Hierher!« schreit sie.

Neben dem Erdhaufen ist n Loch. Neben dem Loch liegt n Strick. Daneben n Blechkranz mit ner Nummer drauf.

Die Träger schwenken ein.

»Seeeeeetzt – ab!« kommandieren die Totengräber.

Die Kiste rumpelt zur Erde. H. Gott ist drangeschrieben mit Kreide. Drunter n Datum; schon verwischt aber.

(...)

Die Kiste senkt sich.

»Woran is er n gestorben?« frag ich.

Die Inspektorin gähnt. »Soll *ich* n das wissen.«

Vom Quarantänelager kommt Harmonikamusik rüber.
»Bei drei loslassen«, sagt der andre Totengräber; zählt: »Eins –, zwei –«
»Moment«, sagt der Pfarrer und zieht sein Bein aus der Grube; »so.«
»Drei!«
Klang, als wär n Sack ins Wasser geplumpst.
»Sauerei«, sagt der Kittelmann und wischt sich s Gesicht ab.
Die Heimkehrer ziehn die Mützen vom Kopf. Der Pfarrer faltet die Hände.
»Na ja.« Der eine Totengräber spuckt aus und wickelt den Strick auf.
»Bißchen tiefer hättet ihr ruhig gehn können«, sagt die Inspektorin.
Der Pfarrer hat fertig gebetet. Er hebt nen Lehmbatzen auf und wirft ihn ins Loch.
»Bumms«, macht es. Auch ich bück mich.
»Bumms.«
Der Kittelmann schubst seine Portion mit m Fuß rein.
»Bumms.«
n Augenblick ist es still; man hört nur das Rattern und Stampfen der Maschinen aus der Stickstoff-Fabrik. Dann setzt die Musik wieder ein, lauter jetzt. Die Heimkehrer haben die Mützen wieder aufgesetzt, sie wiegen sich in den Hüften und summen mit.
»Fertig –?« fragt der Kittelmann.
»Fertig«, sagt die Inspektorin. »Haut das Kreuz weit genug rein.«
Der Pfarrer putzt sich die Hände ab. »Liebe Anwesende«, sagt er.
»He!« schreit draußen der Kutscher.
»Ja doch!« brüllt der Kittelmann. Tippt an die Mütze: »n Abend allerseits.«
»n Abend«, sagen die Heimkehrer und gehn auch.
Die Inspektorin folgt ihnen. Sieht aus wie ne Steckrübe mit ihrem geschürzten Rock.
Die Totengräber fangen an zu schippen.
»Rumms«, macht es; »rumms, rumms.«
»–fluchter Dreck«, sagt der eine und tritt mit m Absatz den Lehm vom Spaten.
»Geben se n heut im Odeon?« fragt der andre.
Der Pfarrer starrt die Rückwand von Waldemars Ballsälen an.
»Noch nich nachgesehn«, sagt der erste Totengräber; »gleich mal vorbeigehn.«
»Hü!« schreit der Kutscher draußen.

Wolfdietrich Schnurre

»n Abend«, sag ich.
Der Pfarrer rührt sich nicht.
»n Abend«, sagen die Totengräber.
s Friedhofstor quietscht, wie ich's zumach. Am Zaun ist n Zettel aufgespießt. Reiß ihn ab; Stück Zeitungspapier. Inseratenteil, weich vom Regen. Links sucht die Patria-Bar n eleganten Kellner mit eigener Wäsche; rechts tauscht einer n Bettlaken gegen ne Bratpfanne ein. Dazwischen, schwarzer Rand, Traueranzeige:
Von keinem geliebt, von keinem gehasst, starb heute nach langem, mit himmlischer Geduld ertragenem Leiden: Gott.
Dreh mich um.
Der eine Totengräber ist ins Loch reingesprungen und trampelt die Erde fest. Der andre schneuzt sich und schlenkert n Rotz von den Fingern.
In der Stickstoff-Fabrik rattern die Maschinen. Ihre Schornsteine sind von unten erleuchtet. Oben verlieren sie sich im Nebel. Hinterm Stacheldraht auf m Kohlenplatz stehn die Heimkehrer und warten. s regnet. Taghell haben's die Azetylenlampen gemacht; wo sie nicht hinreichen, ist Nacht.
Jetzt ist auch die Harmonika wieder da. Einer singt zu ihr: »La paloma ohé!«
s Friedhofstor quietscht. Ist der Pfarrer.
Er hinkt.

Das Exil und die Heimat

Johannes R. Becher

Ernst Bloch

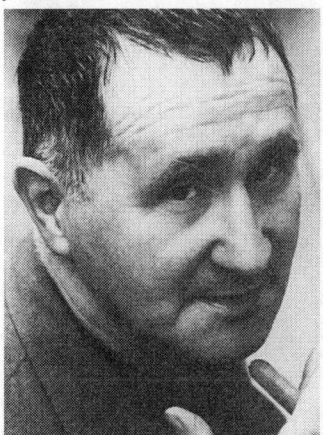
Bertolt Brecht

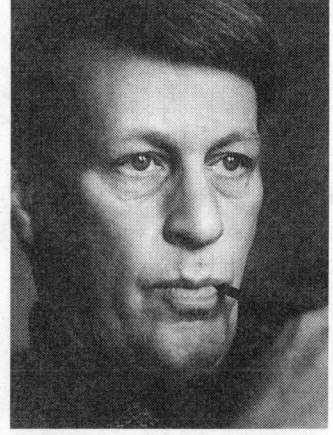
Stephan Hermlin

Stefan Heym

Hans Mayer

Die Mehrzahl der zurückkehrenden bedeutenden Schriftsteller geht in die sowjetisch besetzte Zone. Alfred Kantorowicz schildert die Beweggründe:
»Sie erhofften, ja sie erwarteten mit innerer Gewißheit, daß sich nach dem Ende des Krieges in einem von Bücherverbrennern und Bilderstürmern endgültig befreiten Deutschland ein geistiger und moralischer Wiederaufbau vollziehen werde, an dem sie teilhaben wollten. (...) Sie wollten dabeisein. Sie wollten mit Hand anlegen, auf den Trümmern des Dunklen, Vergangenen, ein neues Deutschland zu erbauen, das geistig und sozial wohnlich für alle sein sollte.«

Die Präsenz dieser starken Gruppe, ihre Arbeit und ihr Vorbild, trugen dazu bei, daß sich in der Ostzone nach 1945 eine Literatur und vor allem ein Literatur- und Kulturbewußtsein von großer Homogenität entwickelte. Diese Autoren hatten alle vergleichbare Erfahrungen gemacht, hegten vergleichbare Hoffnungen. Hinzu kommt, daß die Literaturpolitik unmittelbar nach Kriegsende in der Ostzone ganz auf das humanistische Erbe setzte, auf die Klassik vor allem, dann auf die Tradition des Vormärz und des Jungen Deutschlands zwischen 1813 und 1848, und daß zunächst alle Gegenwartsautoren, die sich diesen Leitbildern zuordnen ließen, in gleicher Weise akzeptiert wurden.

Theodor Plivier

Ludwig Renn

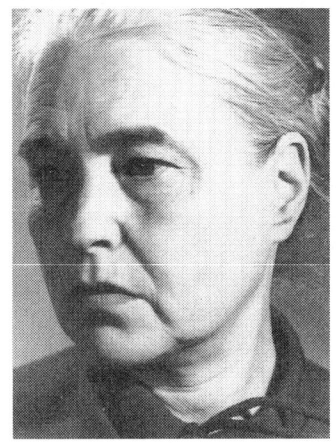

Anna Seghers

Erich Weinert

Friedrich Wolf

Arnold Zweig

Alfred Döblin

An Theodor Heuss
[Diktat] Mainz, den 28. April 1953
Philippschanze 14

Hochverehrter Herr Bundespräsident, lieber Herr Heuss,
Vor etwa sieben Jahren meldete ich mich bei Ihnen, der damals in Stuttgart saß, von Baden-Baden aus und kündigte Ihnen meine Rückkehr nach Deutschland an. Es war ein übereilter Brief. Es wurde keine Rückkehr, sondern ein etwas verlängerter Besuch. Ich kann nach den sieben Jahren, jetzt, wo ich mein Domizil in Deutschland wieder aufgebe, mir resumieren: es war ein lehrreicher Besuch, aber ich bin in diesem Lande, in dem ich und meine Eltern geboren sind, überflüssig, und stelle fest, mit jeder erdenklichen Sicherheit: »Der Geist, der mir im Busen wohnt, er kann nach außen nichts bewegen.« Stellen Sie sich vor, lieber Herr Heuss, daß schon vor dreiundeinhalb Jahren mein Verleger Keppler in Baden-Baden mir meine Werke quasi zurückgab und daß jetzt bei der Jahreswende der Herder-Verlag mir mitteilt: »Ihre Sachen bleiben bei uns liegen, wir können Ihrem Werke keine Heimat bieten.« Ich habe es schon lange gemerkt. Ich kenne den politischen Wind, der da weht. Aber keine Polemik, ich habe meinen Entschluß gefaßt, und meine Frau ist glücklich darüber, daß ich mich nach langem Widerstreben doch dazu durchgerungen habe. Ich hatte die französische Nationalität, wie Sie wissen, die Deutschen sprachen sie mir 1933 ab, 1936 sprang Frankreich ein, ich habe viel François Poncet zu danken, dem ich in Berlin oft in der französisch-deutschen Gesellschaft von Otto Grautoff begegnet bin.
Die letzten Werke konnten in Deutschland überhaupt nicht erscheinen, sie können in Paris in meiner Wohnung im Schreibtisch würdiger ruhen als in Mainz.
Haben Sie Dank, lieber Herr Heuss, für alle Liebenswürdigkeit und Güte und auch direkte Hilfe, die Sie mir zuteil werden ließen. Ihre Schrift *Das Mahnmal von Bergen-Belsen* liegt auf meinem Tisch, hätten wir nur tausend solcher Redner. Sie sahen, ich bin krank, aber ich bin nicht matt. Wie herzlich denke ich auch immer an Ihre Frau, die gute, selige. Ich freue mich, daß ich zwar nicht Deutschland wiedergefunden habe, aber Sie beide traf.

Ihr
[gez.] Döblin

Im Westen hat es eine solche Basis, in der die Emigration einbezogen gewesen wäre, nicht gegeben. Nehmen wir das Beispiel Döblins, Autor des berühmten Romans *Berlin Alexanderplatz*. Er ist von den Franzosen beauftragt, die literarische Entwicklung im Nachkriegsdeutschland anzuregen; er engagiert sich unter anderem mit einer eigenen Zeitschrift. Warum verhallt seine Stimme? Günther Weisenborn besucht eine Lesung des von ihm verehrten Alfred Döblin, und der Mann des Widerstandes ist entsetzt, statt des großen Romanciers einen Mann in französischer Uniform vor sich zu sehen: »War dies seine Heimkehr, oder war es der flüchtige Besuch eines alliierten Offiziers?«
Es war nicht Döblins Heimkehr; wenige Jahre später verläßt er, tief enttäuscht, erneut seine Heimat.

Alfred Polgar, der große Kritiker der Weimarer Jahre, kommt aus den USA, wo er nicht publizieren konnte, zurück nach Europa; aber er bleibt bis zu seinem Tode in einem Zürcher Emigranten-Hotel wohnen. – Der Textauszug aus *Der Emigrant und die Heimat* ist dem Band *Anderseits. Erzählungen und Erwägungen* (© Rowohlt Verlag Reinbek) entnommen, erstmals erschienen 1948 im Querido Verlag, Amsterdam.

Alfred Polgar
Der Emigrant und die Heimat

Abel, wenn er vor den Mordabsichten seines Bruders Kain geflohen wäre, wäre »Emigrant« geschimpft worden und hätte als solcher bittere Unannehmlichkeiten zu erdulden gehabt. Er wäre sein Leben lang in der Welt herumgelaufen mit dem Abel-Zeichen auf der Stirn.

Je länger man in der Fremde lebt, desto fremder wird sie. (Im Anfang scheint es ganz leicht, mit ihr vertraut zu werden.)
Je näher man ihr kommt (oder zu kommen glaubt), desto weiter rückt sie weg.
Je genauer man sie kennen lernt (oder kennen zu lernen glaubt), desto stärker wird die Empfindung, daß man sie niemals richtig kennen wird. Aber vielleicht gilt das nur für die reifere Jugend über sechzig.

Im fremdsprachigen Land wird die eigene, die Muttersprache – sonst war sie Haus und Heim, Sicherheit verbürgend, Wärme und, in ihren Grenzen, das himmlische Gefühl der Grenzenlosigkeit – zum Gefängnis, aus dem auszubrechen auch bei größter Wendigkeit und Geschicklichkeit nur schwer gelingen will.
Was Gerüst war einer herrlich weit gespannten Welt, schrumpft ein zu engenden Gitterstäben.

Es ist der gleiche Himmel, und es sind die gleichen Sterne und ihr Gefunkel das gleiche wie daheim.
Aber ihr Spiegelbild in der Psyche ist ein anderes da und dort.

Die Menschen sind gut oder böse, klug oder dumm, angenehm oder zuwider, ganz wie daheim.
Aber ihre seelische Transpiration ist eine andere.

Und wenn einer in der Fremde stirbt, selbst in einem richtigen Bett an einer richtigen Krankheit, hat er doch, soweit er den Vorgang überhaupt noch kritisch beobachten kann und will, die Empfindung, eines unnatürlichen Todes zu sterben.

Emigranten-Schicksal: Die Fremde ist nicht Heimat geworden. Aber die Heimat Fremde.

Thomas Mann und die Deutschen

Walter von Molo an Thomas Mann

Lieber Herr Thomas Mann!
In den langen Jahren der Bestürzung der Menschenseelen habe ich viele Ihrer Äußerungen gehört – soweit sie gedruckt zu mir gelangen konnten – auch gelesen. Und immer freute, erschütterte mich Ihr treues Festhalten an unserem gemeinsamen Vaterlande. Nun lernte ich als letzte Ihrer veröffentlichen Kundgebungen die kennen, die am 18. Mai in München veröffentlicht wurde; auch hier wieder fand ich dankbar und mit nicht geringer Erschütterung das gleiche –. Man sagte mir, daß Sie im Rundfunk am Tage Ihres 70. Geburtstages gesprochen hätten und mitteilten, Sie freuten sich auf das Wiedersehen mit Deutschland.
Mit aller, aber wahrhaft aller Zurückhaltung, die uns nach den furchtbaren zwölf Jahren auferlegt ist, möchte ich dennoch heute bereits und in aller Öffentlichkeit ein paar Worte zu Ihnen sprechen: Bitte, kommen Sie bald, sehen Sie in die vom Gram durchfurchten Gesichter, sehen Sie das unsagbare Leid in den Augen der vielen, die nicht die Glorifizierung unserer Schattenseiten mitgemacht haben, die nicht die Heimat verlassen konnten, weil es sich hier um viele Millionen Menschen handelte, für die kein anderer Platz auf der Erde gewesen wäre als daheim, in dem allmählich gewordenen großen Konzentrationslager, in dem es bald nur mehr Bewachende und Bewachte verschiedener Grade gab.
Bitte, kommen Sie bald und geben Sie den zertretenen Herzen durch Menschlichkeit den aufrichtigen Glauben zurück, daß es Gerechtigkeit gibt, man nicht pauschal die Menschheit zertrennen darf, wie es so grauenvoll hier geschah.
(...)
Kommen Sie bald wie ein guter Arzt, der nicht nur die Wirkungen sieht, sondern die Ursache der Krankheit sucht und diese vornehmlich zu beheben bemüht ist, der allerdings auch weiß, daß chirurgische Eingriffe nötig sind, vor allem bei den zahlreichen, die einmal Wert darauf gelegt haben, geistig genannt zu werden. Sie wissen, daß es sich um keine unheilbare Krankheit unseres Volkes handelt, wir wollen alle zusamt den Siechen, dem vor allem Vertrauen fehlt, gesund machen, ihn aber nicht in seiner Schwächung durch Demütigungen und Enttäuschungen neu krank und dann vielleicht unheilbar werden lassen.

Auch Thomas Mann, der zu diesem Zeitpunkt in der Welt bekannteste und am meisten anerkannte deutschsprachige Schriftsteller, kehrt nicht nach Deutschland zurück, sondern läßt sich in der Schweiz nieder. Das prekäre Verhältnis zwischen dem Exil und der Heimat offenbart sich im Fall Thomas Manns besonders kraß. Schon 1945 hatten ihn Vertreter der »inneren Emigration« um Rückkehr gebeten, allerdings nicht ohne zugleich daran zu erinnern, man selbst habe schließlich zu Hause ausgeharrt und also erfahren können und verarbeiten müssen, was dem Emigranten unter der Sonne Kaliforniens erspart blieb. Thomas Mann reagiert verbittert.

Walter von Molo

Kommen Sie bald zu Rat und Tat. Ich glaube, stete Wachsamkeit, auch über sich selbst, sichert allein die Freiheit des allverbindenden Geistes. An dieser Wachsamkeit haben es wohl alle Menschen auf der ganzen Erde fehlen lassen, weil die Weltkrisen seit 1914 zu sehr verwirrten und müde machten. Suchen wir wieder gemeinsam – wie vor 1933 – die Wahrheit, indem wir uns alle auf den Weg zu ihr begeben und helfen, helfen, helfen! In diesem Sinne Ihr   Walter von Molo

Frank Thiess
Innere Emigration

Walter von Molos offener Brief an Thomas Mann enthält eine wiederholte Aufforderung an diesen, nach Deutschland zu kommen und selber das Gesicht des Volkes zu betrachten, an das er während der 12 ¼ Jahre des nationalsozialistischen Infernos von Amerika aus seine Botschaften gesandt hat. Ich möchte dieser Aufforderung nachdrücklich zustimmen und sie auf *die* Persönlichkeiten unter den Emigranten ausdehnen, die sich heute noch als Deutsche fühlen. Denn die Mächte, welche sie zum Verlassen ihrer Heimat gezwungen hatten, sind gestürzt, und für die kommenden Jahrzehnte steht den geistig freien Deutschen eine Arbeit bevor, wie es sie seit dem 30jährigen Kriege nicht gegeben hat.
(...)
Auch ich bin oft gefragt worden, warum ich nicht emigriert sei, und konnte immer nur dasselbe antworten: falls es mir gelänge, diese schauerliche Epoche (über deren Dauer wir uns freilich alle getäuscht hatten) lebendig zu überstehen, würde ich dadurch derart viel für meine geistige und menschliche Entwicklung gewonnen haben, daß ich reicher an Wissen und Erleben daraus hervorginge, als wenn ich aus den Logen und Parterreplätzen des Auslands der deutschen Tragödie zuschaute. Es ist nun einmal zweierlei, ob ich den Brand meines Hauses selbst erlebe oder ihn in der Wochenschau sehe, ob ich selber hungere oder vom Hunger in den Zeitungen lese, ob ich den Bombenhagel auf deutsche Städte lebend überstehe oder mir davon berichten lasse, ob ich den beispiellosen Absturz eines verirrten Volkes unmittelbar an hundert Einzelfällen feststellen oder nur als historische Tatsache registrieren kann.
(...)
Ich will damit niemanden tadeln, der hinausging, denn für die meisten Emigranten hing Leben oder Tod von diesem Entschluß ab, also war es richtig, daß sie fortgingen. Ebenso-

wenig kann ich aber wünschen, daß die ungeheure Belastung und Schwere unseres Lebens, das in einer Anzahl von Fällen wirtschaftlichen Ruin und körperlichen Zusammenbruch zur Folge hatte, verkannt werde. Ich glaube, es war schwerer, sich hier seine Persönlichkeit zu bewahren, als von drüben Botschaften an das deutsche Volk zu senden, welche die Tauben im Volke ohnedies nicht vernahmen, während wir Wissenden uns ihnen stets um einige Längen voraus fühlten.

Thomas Mann
Offener Brief für Deutschland

Lieber Herr von Molo!
(...)
Nun muß es mich ja freuen, daß Deutschland mich wieder haben will – nicht nur meine Bücher, sondern mich selbst als Mensch und Person. Aber etwas Beunruhigendes, Bedrückendes haben diese Appelle doch auch für mich, und etwas Unlogisches, sogar Ungerechtes. Nicht Wohlüberlegtes spricht mich daraus an. Sie wissen nur zu gut, lieber Herr von Molo, wie teuer Rat und Tat heute in Deutschland sind bei der fast heillosen Lage, in die unser unglückliches Volk sich gebracht hat. Und ob ein schon alter Mann, an dessen Herzmuskeln die abenteuerliche Zeit doch auch ihre Anforderungen gestellt hat, direkt, persönlich, im Fleische noch viel dazu beitragen kann, die Menschen dort aus ihrer tiefen Gebeugtheit, die Sie so ergreifend schildern, aufzurichten, scheint mir recht zweifelhaft. Dies nur nebenbei. Nicht recht überlegt aber scheinen mir bei jenen Aufforderungen auch die technischen, bürgerlichen, seelischen Schwierigkeiten, die meiner »Rückwanderung« entgegenstehen. Sind diese zwölf Jahre und ihre Ergebnisse denn von der Tafel zu wischen, und kann man tun, als seien sie nicht gewesen? Schwer genug, atembeklemmend genug war Anno 33 der Schock des Verlustes der gewohnten Lebensbasis von Haus und Land, Büchern, Andenken und Vermögen, begleitet von kläglichen Aktionen daheim, von Ausbootungen, Absagen. Nie vergesse ich die analphabetische und mörderische Radio- und Pressehetze gegen meinen Wagner-Aufsatz, die man in München veranstaltete und die mich erst recht begreifen ließ, daß mir die Rückkehr abgeschnitten sei, das Ringen nach Worten, die Versuche zu schreiben, zu antworten, mich zu erklären, die »Briefe in die Nacht«, wie René Schickele, einer der vielen dahingegangenen Freunde, diese erstickten Monologe nannte. Schwer genug war, was

dann folgte: das Wanderleben von Land zu Land, die Paßsorgen, die täglich aus dem verlorenen, verwildernden, wildfremd gewordenen Lande herüberdrangen. Das haben Sie alle, die Sie dem »charismatischen Führer« (entsetzlich, entsetzlich, die betrunkene Bildung) Treue schworen und unter Goebbels Kultur betrieben, nicht durchgemacht. Ich vergesse nicht, daß Sie später viel Schlimmeres durchgemacht haben, dem ich entging. Aber das haben Sie nicht gekannt: das Herzasthma des Exils, die Entwurzelung, die nervösen Schrecken der Heimatlosigkeit. Zuweilen empörte ich mich gegen die Vorteile, die Ihr genosset. Ich sah darin eine Verleugnung der Solidarität. Wenn damals die deutsche Intelligenz, alles, was Namen und Weltnamen hatte, Ärzte, Musiker, Lehrer, Schriftsteller, Künstler, sich wie ein Mann gegen die Schande erhoben, den Generalstreik erklärt, das Land verlassen hätte – das hätte Eindruck gemacht, draußen und drinnen, manches hätte anders kommen können, als es kam. Der einzelne, wenn er zufällig kein Jude war, fand sich immer der Frage ausgesetzt: »Warum eigentlich? Die anderen tun doch mit! Es kann doch so gefährlich nicht sein.«

(...)

Daß alles so kam, wie es gekommen ist, ist nicht meine Veranstaltung. Wie ganz und gar nicht ist es das! Es ist ein Ergebnis des Charakters und Schicksals des deutschen Volkes – eines Volkes, merkwürdig genug, tragisch-interessant genug, daß man manches von ihm annimmt, sich manches von ihm gefallen läßt. Aber dann soll man die Resultate auch anerkennen und nicht das Ganze in ein banales »Kehre zurück, alles ist vergeben!« ausgehen lassen wollen.

Fern sei mir Selbstgerechtigkeit. Wir draußen hatten gut tugendhaft sein und Hitler die Meinung sagen. Ich hebe keinen Stein auf – gegen niemand. Ich bin nur scheu und »fremdle«, wie man von kleinen Kindern sagt. Ja, Deutschland ist mir in all diesen Jahren doch recht fremd geworden. Es ist, das müssen Sie zugeben, ein beängstigendes Land. Ich gestehe, daß ich mich vor den deutschen Trümmern fürchte, daß die Verständigung zwischen einem, der den Hexensabbat von außen erlebte, und euch, die ihr mitgetanzt und Herrn Urian aufgewartet habt, immerhin schwierig wäre. Wie sollte ich unempfänglich sein gegen die Briefergüsse voll lange verschwiegener Anhänglichkeit, die jetzt aus Deutschland zu mir kommen! Es sind wahre Abenteuer des Herzens für mich, rührende. Aber nicht nur wird meine Freude daran etwas eingeengt durch den Gedanken, daß keiner davon je wäre geschrieben worden, wenn Hitler gesiegt hätte, sondern auch durch eine gewisse

Ahnungslosigkeit, Gefühlslosigkeit, die daraus spricht, sogar schon durch die naive Unmittelbarkeit des Wiederanknüpfens, so als seien diese zwölf Jahre gar nicht gewesen. Auch Bücher sind es wohl einmal, die kommen. Soll ich bekennen, daß ich sie nicht gern gesehen und bald wieder weggestellt habe!? Es mag Aberglaube sein, aber in meinen Augen sind Bücher, die von 1933 bis 1945 in Deutschland überhaupt gedruckt werden konnten, weniger als wertlos und nicht gut, in die Hand zu nehmen. Ein Geruch von Blut und Schande haftet ihnen an. Sie sollten alle eingestampft werden.
Es war nicht erlaubt, es war unmöglich, Kultur zu machen in Deutschland, während rings um einen herum das geschah, wovon wir wissen. Es hieß die Verkommenheit beschönigen, das Verbrechen schmücken; zu den Qualen, die wir litten, gehörte der Anblick, wie deutscher Geist, deutsche Kunst sich beständig zum Schild und Vorspann des absolut Scheusaligen hergaben, daß eine ehrbarere Beschäftigung denkbar war, als für Hitler-Bayreuth Wagner-Dekorationen zu entwerfen – aber es scheint dafür an jedem Gefühl zu fehlen. Mit Goebbelscher Permission nach Ungarn oder sonst einem deutsch-europäischen Land zu fahren und mit gescheiten Vorträgen Kulturpropaganda zu machen fürs »Dritte Reich« – ich sage nicht, daß es schimpflich war, ich sage nur, daß ich es nicht verstehe und daß ich Scheu trage vor manchem Wiedersehen.
Ein Kapellmeister, der, von Hitler entsandt, in Zürich, Paris oder Budapest Beethoven dirigierte, machte sich einer obszönen Lüge schuldig unter dem Vorwand, er sei ein Musiker und mache Musik, das sei alles. Lüge aber vor allem war schon diese Musik auch zu Hause. Wie durfte denn Beethovens »Fidelio«, diese geborene Festoper für den Tag der deutschen Selbstbefreiung, im Deutschland der zwölf Jahre nicht verboten sein? Es war ein Skandal, daß er nicht verboten war, sondern daß es hochkultivierte Aufführungen davon gab, daß sich Sänger fanden, ihn zu singen, Musiker, ihn zu spielen, ein Publikum, ihm zu lauschen. Denn welchen Stumpfsinn brauchte es, in Himmlers Deutschland den »Fidelio« zu hören, ohne das Gesicht mit den Händen zu bedecken und aus dem Saal zu stürzen!
(...)
Und doch, lieber Herr von Molo, ist dies alles nur *eine* Seite der Sache, die andere will auch ihr Recht – ihr Recht auf das Wort. Die tiefe Neugier und Erregung, mit der ich jede Kunde aus Deutschland, mittelbar oder unmittelbar empfange, die Entschiedenheit, mit der ich sie jeder Nachricht aus der großen Welt vorziehe, wie sie sich jetzt, sehr kühl gegen

Deutschlands nebensächliches Schicksal, neu gestaltet, lassen mich täglich aufs neue gewahr werden, welche unzerreißbaren Bande mich denn doch mit dem Lande verknüpfen, das mich »ausbürgerte«. Ein amerikanischer Weltbürger – ganz gut. Aber wie verleugnen, daß meine Wurzeln dort liegen, daß ich trotz aller fruchtbaren Bewunderung des Fremden in deutscher Tradition lebe und wese, möge die Zeit auch meinem Werk nicht gestattet haben, etwas anderes zu sein, als ein schon morbider, schon halb parodistischer Nachhall großen Deutschtums.

Nie werde ich aufhören, mich als deutscher Schriftsteller zu fühlen, und bin auch in den Jahren, als meine Bücher nur auf englisch ihr Leben fristeten, der deutschen Sprache treu geblieben – nicht nur, weil ich zu alt war, um mich noch sprachlich umzustellen, sondern auch in dem Bewußtsein, daß mein Werk in der deutschen Sprachgeschichte seinen bescheidenen Platz hat.

(...)

Frank Thiess

Frank Thiess
Abschied von Thomas Mann

(...) Es geht ihm gut, ja vortrefflich, er hat alles, wessen er bedarf, und man wird es ihm gewiß nicht übelnehmen, wenn er seine weichgepolsterte Existenz in Florida nun im Alter nicht mehr gegen ein übles Leben zwischen Trümmern und Elend vertauschen möchte. Freilich, ein Opfer wird er dafür bringen müssen, und ich fürchte für ihn, er hat es schon gebracht: das Opfer seiner Zugehörigkeit zum deutschen Schrifttum. Ein Dichter kann nicht jahrzehntelang ungestraft die Luft eines fremden Kontinents atmen, und so wird auch Thomas Mann sich klarmachen müssen, daß die Entscheidung darüber, ob er noch zu Deutschland und Europa gehöre, nicht drüben, sondern hier gefällt werden wird.

(...)

Danken wir deutschen Schriftsteller, deren Werke von den Nazis beschimpft und verboten wurden, daß heute Engländer und Amerikaner über unser Volk zu Gericht sitzen und nicht dieser. Daß der erste Band seines Joseph-Romans noch 1934 im S.-Fischer-Verlag in Berlin erscheinen konnte, vergaß der Herr in seinem Zorne.

Und so gilt es denn wieder einmal Abschied zu nehmen von einem, den wir einst verehrt und bewundert haben, so wie wir vor Jahren von dem größeren Hamsun Abschied nahmen, den

Thomas Mann wurde 1875 in Lübeck geboren und starb 1955 in Kilchberg bei Zürich. 1899 wurde er Redakteur des »Simplicissimus«, bald danach freier Schriftsteller. Von 1914 bis 1933 lebte er in München, emigrierte dann in die USA. 1944 nahm er die amerikanische Staatsbürgerschaft an. 1952 verlegte er seinen Wohnsitz nach Kilchberg.
Bereits mit seinem ersten großen Roman *Buddenbrooks*, erschienen 1901, erlangte Thomas Mann Weltruhm. 1920 erhielt er den Nobelpreis für Literatur. – Weitere wichtige Werke: *Der Tod in Venedig*. Novelle 1913; *Bekenntnisse des Hochstaplers Felix Krull*. Roman 1921 (erweitert 1936, Neufassung 1954); *Der Zauberberg*. Roman 1924; *Joseph und seine Brüder*. Roman 1933-1942; *Doktor Faustus*. Roman 1947. © der abgedruckten Thomas Mann-Texte: S. Fischer Verlag

wir sogar geliebt hatten. Thomas Manns Bücher, – nun, sie werden wohl eines Tages in unseren Buchhandlungen zu kaufen sein, so wie zwölf Jahre lang die Johst und Blunck und Kolbenheyer und Anacker zu kaufen waren. Ob man sie lesen wird? Oh, gewiß, warum nicht? Doch was uns zu neuen Ufern tragen, was uns aus unserer Not und unserer Reue, unserer Angst und unserer Gewißheit hinausführen wird in ein neues Hoffen und eine neue Gewißheit unzerstörbaren inneren Wertes, das kann keine Botschaft eines in deutscher Sprache schreibenden »amerikanischen Weltbürgers«, das kann nur Frucht aus der blutigen Saat deutschen und europäischen Leidens sein.

Thomas Mann betritt 1949, aus Anlaß des Goethe-Jubiläums, zum ersten Mal wieder deutschen Boden.

Thomas Mann
Ansprache zum Goethe-Jahr 1949

Wie mir zumute ist beim Wiedersehen mit dem Altvertraut-Vergangenen, das mir nach sechzehn von Geschehen überfüllten Jahren wieder Gegenwart und Wirklichkeit wird, – ich versuche gar nicht, es Ihnen anzudeuten. Die Erschütterung wird mir zuteil, die vor mir andere Emigranten beim Wiederbetreten des heimatlichen Bodens erfuhren und die ihnen im Bilde von den Gesichtern abzulesen war. Ich sehe Arturo Toscanini, bevor er in der Scala zum erstenmal wieder den Taktstock hebt, dastehen, den Blick nach innen gerichtet, in bleicher Benommenheit. Ich sehe Fritz von Unruh, den Dramatiker und Pathetiker, als Redner bei der Paulskirchen-Gedenkfeier, im Kampf mit einer anwandelnden Ohnmacht sich an das Pult klammern. Ich glaube, er mußte hinausgestützt werden und sich niederlegen, bevor er fortfahren konnte. Nun, ich gedenke auf den Beinen zu bleiben bei meiner kleinen Allokution, – meine vielberufene Nüchternheit wird mir dazu verhelfen, oder sagen wir: die Gefaßtheit und Gesetztheit des Erzählers, ein episches Phlegma oder auch ein Sinn für Humor, der sich durch langen Aufenthalt in angelsächsischer Lebenssphäre eher noch verstärkt hat. Aber glauben Sie nicht, daß ich darum der erregenden Phantastik und Abenteuerlichkeit der Stunde und der Tragik, die ihr beigemischt ist, weniger zugänglich bin als jene Schicksalsgenossen!
(...)
Der Krieg, den dieses Regime in sich getragen von Anbeginn, der ihm für jeden, der sehen konnte, von je an der Stirn geschrieben stand, war da und, wie gewiß mancher von Ihnen hier, habe ich nie an seinem Ausgang gezweifelt. Mehrere meiner Kinder, seltsames Spiel des Schicksals! nahmen in amerikanischer Uniform an ihm teil; ich selbst nahm an ihm teil mit den vielen Aufrufen über den britischen Sender, deren gefahrvolles Abhören, das weiß ich, in Deutschland nicht selten war. Wer sie aber gehört hat oder wer sie gar im Zusammenhang gelesen hat, wie sie seit längerem schon gedruckt vorliegen, der weiß, daß ich nicht, wie böse Unwissenheit mir vorwirft, aus sicherer Ferne mein Vaterland, Deutschland, damit beschimpft, verraten und verleugnet habe, sondern daß jeder Schimpf, jedes heiße Wort des Zornes und des Abscheus darin nur den machthabenden Verführern Deutschlands und ihren Untaten galt; daß sie eingegeben waren von dem Entsetzen vor dem Abgrund, den sie aufrissen zwischen Deutschland und der übrigen Welt, von dem sicheren Vorwis-

sen, wohin es mit Deutschland kommen müsse, wenn diese Menschenart Herr bliebe über das Land; eingegeben freilich auch von dem Wunsch, den Deutschen, die ähnlich empfanden wie ich, einer bangenden, von Hitlers Falschsiegen erschreckten Welt und im Grunde mir selbst Mut zuzusprechen, uns allen die Versicherung zu geben, daß diese Siege nichts zu bedeuten hätten, daß dieses vor Gott und den Menschen unmögliche Regime nicht bestehen könne, daß ihm »trotz Gewalt und Müh'« ein schändlicher Untergang unfehlbar vorgezeichnet sei, – und, glauben Sie mir! – ich habe ergreifende Beweise dafür –: dieser Zuspruch hat vielen, vielen verstörten und leidenden Seelen über die ganze Welt hin Trost und Kraft und Glauben gebracht, auch in Deutschland, das weiß ich, und wenn allein in Deutschland daneben der Vorwurf der Preisgabe meines Vaterlandes laut wurde und noch heute laut wird, so erklärt sich das aus dem Konflikt, der so gut der meine wie der gleichfühlender Menschen in Deutschland war: dem Konflikt, daß ja, wie die Dinge lagen, der Untergang des Nazi-Regimes gleichbedeutend war mit der nationalen Katastrophe, dem Sturz, der Erniedrigung und Zerreißung Deutschlands. Man will wahrhaben, ich sei ohne Empfindung gewesen für diesen Konflikt; ich hätte auch keine Ahnung gehabt von der Gewalt des Terrors, von der Hilflosigkeit eines Volkes vor dem lähmenden, lückenlosen und nicht einmal Märtyrertum zulassenden Unterdrückungssystem des totalitären Staates; unwissend und erfahrungslos, in bequemster Lebenslage, hätte ich der Tragödie meines Volkes von weitem zugesehen und ins Blaue hinein darüber geschwätzt. »Er kann sagen«, schrieb jemand, frei nach Goethe, »er kann sagen, er sei nicht dabei gewesen.«
Nicht doch, ich bin dabei gewesen. Wie einer das Schmerzensbuch von *Doktor Faustus* gelesen haben und dann noch sagen kann, ich sei nicht dabei gewesen, Ferne und persönliche Sicherheit hätten mich gehindert, stärker und tiefer dabei zu sein als so mancher, der physisch dabei war, das verstehe, wer mag und kann. Emigrantenliteratur. Aber das Werk eines Emigranten, der mit allem, was ihm an Erlebnisfähigkeit gegeben war, die deutsche Not geteilt hat.
(...)
Will es denn das Schicksal, daß unsere Existenz symbolisch wird, so haben wir uns diesem Schicksal zu stellen. Nun also, ich stelle mich, der Freundschaft, dem Haß. Den Freunden, um sie nicht im Stich zu lassen, den Feinden, um den Anschein zu meiden, als verberge ich mich vor ihnen. Willkommen oder nicht, ich hätte es als einen Flecken in meinem Leben emp-

---

Deutschland ist geteilt: die deutsche Literatur ist geteilt. Und derjenige, der sie als ganze draußen repräsentiert wie kein anderer und der zugleich drinnen die Spaltung zu überbrücken sucht – er sieht sich bis an sein Lebensende in der absurden Situation, beteuern zu müssen, daß er ein deutscher Autor ist.

Respektvoller Beifall in der Frankfurter Paulskirche, Jubel keineswegs. Man weiß, daß Thomas Mann seine Rede auch in Weimar halten wird. Im Westen, wo das Wort Neutralismus inzwischen zum politischen Kampfbegriff geworden ist, konstatiert der Literaturkritiker Friedrich Sieburg: »Die absolute Glücklosigkeit des Verhältnisses zu Deutschland erreicht damit eine neue Stufe, und was er hüben und drüben auch sagen mag, niemand wird ganz zufrieden sein, am wenigsten er selbst...«

funden, wenn ich dem Genius Goethe's nur auswärts gehuldigt und auch dabei Deutschland gemieden hätte.

Klar muß ich mir sein darüber, und bei jedem Schritt, den ich hier tue, springt es mir in die Augen, daß die Umstände der Genesung Deutschlands, seinem Weg nach Europa weit eher entgegen sind, als daß sie sie begünstigten. Trümmer umgeben mich, welche die nationale Katastrophe sinnfällig zurückgelassen, und ich finde das Land zerrissen und aufgeteilt in Zonen der Siegermächte, und ich verstehe nur zu wohl den patriotischen Gram, die bittere Ungeduld, aus der, laut oder leise, das Wort ›Fremdherrschaft‹ bricht. Lassen wir es wahr sein, daß die Herrschaft des Ungeistes, die zwölf Jahre lang über Deutschland lag und aus der dies alles hervorging, schlimmere Fremdherrschaft war. Was nun ist, schmerzt und reizt und lastet doch schwer genug, und die Sehnsucht, es möchte enden, wäre keinem Volke auf Erden fremd. Eines Tages muß und wird es enden. Mir aber, wie ich hier stehe, gilt es schon heute nicht. Ich kenne keine Zonen. Mein Besuch gilt Deutschland selbst, Deutschland als Ganzem, und keinem Besatzungsgebiet. (...)

II 1950-1956

Vom Nachkrieg geschlagen

Horst Bienek

Ich war fünfzehn, als der Krieg zu Ende ging und damit auch die Nazidiktatur. Ich war sechzehn, als die ersten Bücher jener Autoren neu erschienen, die zwölf Jahre lang verboten und verbrannt gewesen waren. Ich war siebzehn, als in der Ostzone, wo ich lebte, nur noch die Bücher kommunistischer und russischer Schriftsteller gedruckt wurden, in den Westzonen nur die Werke westlicher Autoren – doch damals konnte man sie alle in Leipzig wie in Stuttgart kaufen, mit Geldscheinen, auf denen ein Hakenkreuz gedruckt war. Ich war achtzehn und die Ostzone wurde eine Republik, und es gab neues Geld mit Hammer und Zirkel auf dem Rücken, dafür konnte man jetzt keine im Westen gedruckten Bücher mehr kaufen. Ich war neunzehn und es gab in meinem Land eine neue Zensur, Faulkner wurde nicht gedruckt (zum Beispiel), Sartre nicht aufgeführt (zum Beispiel) und Kafka verboten (zum Beispiel). Ich war zwanzig, als ich versuchte, meine ersten literarischen Arbeiten in der neuen Diktatur zum Druck durchzuschmuggeln. Ich war einundzwanzig, als mich das Regime verhaftete und in ein Arbeitslager nach Workuta deportierte, wo ich vier Jahre lang keine deutsche Zeitung, kein deutsches Buch lesen konnte. Fünfundzwanzig war ich schließlich, als ich frei kam und in die Westzone ging, die inzwischen auch eine Republik geworden war, was mir zunächst nicht viel bedeutete – aber daß ich nun alle Bücher lesen (wenn auch nicht kaufen) konnte, das war neu in meinem Leben. Und machte es reich. Gab mir Mut zum Schreiben. Ich war spät dazu gekommen. Später als allgemein die Autoren meiner Generation. Wie auch schon jene Generation vor mir, die man die vom Krieg Geschlagenen nannte. Ich gehörte zu jener der vom Nachkrieg Geschlagenen.

Wolfgang Koeppen
Das Treibhaus

Keetenheuves Beschäftigungen, seine Mitarbeit am Wiederaufbau, sein Eifer, der Nation neue Grundlagen des politischen Lebens und die Freiheit der Demokratie zu schaffen, hatten es mit sich gebracht, daß er in den Bundestag gewählt wurde. Er war bevorzugt aufgestellt worden und hatte sein

---

Die Situation in den frühen fünfziger Jahren: vom Nachkrieg geschlagen, gezeichnet von der Ost-West-Konfrontation, dem Kalten Krieg. Auf beiden Seiten rüstet man, zunächst politisch-ideologisch, dann auch militärisch; den Blick unverdrossen nach vorn gerichtet, hier auf das stetige Wachstum des Wohlstands, dort auf den unausweichlichen Sieg des Sozialismus; Legitimation vor allem auch in der Abgrenzung vom anderen findend: hier Anti-Kommunismus, dort Anti-Kapitalismus.

Horst Bienek, geboren 1930 in Gleiwitz/Schlesien, wurde 1951 verhaftet und bis Ende 1955 in Sibirien interniert. Er starb 1990. Der abgedruckte Text entstammt dem Nachwort seiner literarischen Porträts: *Der Blinde in der Bibliothek*, © Carl Hanser Verlag 1986

Das Bundeshaus in Bonn in den fünfziger Jahren

Mandat bekommen, ohne sich als Wahlredner anstrengen zu müssen. Das Kriegsende hatte ihn mit Hoffnungen erfüllt, die noch eine Weile anhielten, und er glaubte, sich nun einer Sache hingeben zu müssen, nachdem er so lange abseits gestanden hatte. Er wollte Jugendträume verwirklichen, er glaubte damals an eine Wandlung, doch bald sah er, wie töricht dieser Glaube war, die Menschen waren natürlich dieselben geblieben, sie dachten gar nicht daran, andere zu werden, weil die Regierungsform wechselte, weil statt braunen, schwarzen und feldgrauen jetzt olivfarbene Uniformen durch die Straßen gingen und den Mädchen Kinder machten, und alles scheiterte wieder mal an Kleinigkeiten, an dem zähen Schlick des Untergrundes, der den Strom des frischen Wassers hemmte und alles im alten stecken ließ, in einer überlieferten Lebensform, von der jeder wußte, daß sie eine Lüge war. Keetenheuve stürzte sich zunächst mit Eifer in die Arbeit der Ausschüsse, es trieb ihn, die verlorenen Jahre einzuholen, und *wie in Blüte wäre er gewesen wenn er mit den Nazis marschiert wäre denn das war der Aufbruch der verfluchte Irrbruch seiner Generation und jetzt war all sein Eifer der Verdammnis preisgegeben der Lächerlichkeit eines grau werdenden Jünglings er war geschlagen als er anfing.*
Und was er in der Politik verlor, was ihm abgekämpft wurde

und was er aufgeben mußte, das verlor er auch in der Liebe, denn Politik und Liebe, sie waren beide zu spät zu ihm gekommen, Elke liebte ihn, aber er reiste mit dem Freifahrschein der Parlamentarier Phantomen nach, dem Phantom der Freiheit, vor der man sich fürchtete und die man den Philosophen zu unfruchtbarer Erörterung überließ, und dem Phantom der Menschenrechte, nach denen nur gefragt wurde, wenn man Unrecht erlitt, die Probleme waren unendlich schwierig, und man konnte wohl verzagen. Keetenheuve sah sich bald wieder in die Opposition gedrängt, aber die ewige Opposition machte ihm keinen Spaß mehr, denn er fragte sich: kann ich es ändern, kann ich es besser machen, weiß ich den Weg?
Er wußte ihn nicht. An jeder Entscheidung hingen tausendfache Für und Wider, Lianen gleich, Lianen des Urwalds, ein Dschungel war die praktische Politik, Raubtiere begegneten einem, man konnte mutig sein, man konnte die Taube gegen den Löwen verteidigen, aber hinterrücks biß einen die Schlange. Übrigens waren die Löwen dieses Waldes zahnlos und die Tauben nicht so unschuldig, wie sie girrten, nur das Gift der Schlangen war noch stark und gut, und sie wußten auch im richtigen Moment zu töten. Hier kämpfte er sich durch, hier irrte er. Und im Dickicht vergaß er, daß eine Sonne ihm leuchtete, daß ihm ein Wunder widerfahren war, eine liebte ihn, Elke mit ihrer schönen jungen Haut, sie liebte ihn. Kurz waren die Umarmungen zwischen den Zügen, und er eilte wieder auf Wanderschaft, ein törichter Ritter gegen die Macht, die so versippt war mit den alten Urmächten, daß sie über den Ritter lachen konnte, der gegen sie anging, und manchmal stellte sie ihm, fast aus Freundlichkeit, um seinem Eifer ein Ziel zu bieten, eine Windmühle in den Weg, gut genug für den altmodischen Don Quichotte, und Elke fiel zu Hause der Hölle in den Schoß, der Hölle des Alleinseins, der Hölle der Langeweile, der Hölle der Interesselosigkeit, der Hölle täglicher Filmbesuche, wo der Teufel einem in molliger Dunkelheit das Leben gegen ein Pseudoleben tauscht, die Seele von Schatten vertrieben wird, der Hölle der Leere, der Hölle einer qualvoll empfundenen Ewigkeit, der Hölle des bloßen vegetativen Daseins, das gerade noch die Pflanzen ertragen können, ohne den Himmel zu verlieren. »Die Sonne? Eine Täuschung«, sagte sich Elke, »das Licht ist schwarz!« *Und schön war schließlich nur die Jugend die Jugend sie kommt nicht wieder und die war abgebrochen im Mai gesenst und Keetenheuve ein guter Kerl er gehörte zu den Mähern sie hatte keinen Schullehrer gehabt jetzt hatte sie einen Schullehrer in Bonn und er gab ihr keine Aufgaben sie würde auch keine Aufgaben erfüllen wie kam sie dazu das Statt-*

»*Spannung, Konflikt, man lebte im Spannungsfeld, östliche Welt, westliche Welt, man lebte an der Nahtstelle, vielleicht an der Bruchstelle, die Zeit war kostbar, sie war eine Atempause auf dem Schlachtfeld, und man hatte noch nicht richtig Atem geholt, wieder wurde gerüstet, die Rüstung verteuerte das Leben, die Rüstung schränkte die Freude ein, hier und dort horteten sie Pulver, den Erdball in die Luft zu sprengen, Atomversuche in Neu-Mexiko, Atomfabriken im Ural, sie bohrten Sprengkammern in das notdürftig geflickte Gemäuer der Brücken, sie redeten von Aufbau und bereiteten den Abbruch vor, sie ließen weiter zerbrechen, was schon angebrochen war: Deutschland war in zwei Teile gebrochen.*« Wolfgang Koeppen, *Tauben im Gras*, 1951

Das Gebäude der Volkskammer der DDR in Berlin, geschmückt durch mit Trauerflor besetzte Fahnen anläßlich des Todes von Wilhelm Pieck 1960

halterkind Gefangene harkten den Park, und da kam die Wanowski zu ihr, die Wanowski mit ihren breiten gepolsterten Schultern, eine pervertierte Frauenschaftsführerin, die Wanowski mit ihrer groben tiefen befehlenden Stimme *sie erinnerte an zu Hause sie war das Elternhaus seltsam verwandelt zwar aber sie war das Elternhaus sie war die Stimme des Vaters sie war die Stimme der Mutter sie war wie die Bierabende der alten Kämpfer in die der Gauleiter geschniegelt heraufgekommen hinuntertauchte wie in ein verjüngendes Schlammbad die Wanowski sagte »komm Kind« und Elke kam*, sie kam in die Arme der Tribade, da war Wärme, da war Vergessen, da war Schutz vor der Weite, Schutz vor der Sonne, Schutz vor der Ewigkeit, da wurden einfache Worte gesprochen, keine Abstrakta geredet, da war nicht die entsetzliche, die bedrückende, fließende, springende, sprudelnde, nie zu fassende Intellektualität Keetenheuves *der sie geraubt hatte als sie schwach war ein Schulmeister er ein Drache sie die Prinzessin nun rächte sie sich rächte sich an Keetenheuve rächte sich an dem Drachen rächte sich an dem Vater der nicht gesiegt hatte und feige gestorben war und sie den Drachen überließ rächte sich an diesem verfluchten Dasein rächte sich mit den schwulen Weibern sie waren die Höllenhunde ihrer Rache*, sie rächte sich nicht nur mit der Wanowski, denn die Wanowski befriedigte nicht nur, sie kuppelte auch und warb Jüngerinnen zum unheiligen Vestalinnendienst, sie verachtete die Männer *Waschlappen alle Waschlappen Schlappschwänze zum Glück* so konnte sie die gepolsterten Schultern zeigen, den prallen Arsch in der Männerhose, die Zigarre als letztes Glied noch im Mund, sie hätte den zu Unrecht gut ausgestatteten unfähigen Priapen gern die

Frau überhaupt geraubt, ein Oger des Geschlechtsneides, eine bös und dick gewordene Penthesilea der Budiken, die ihren Achill versäumt hatte. Was die Wanowski Elke bot, war eine unwiderstehliche Bestechung, war Zweisamkeit und Bier. Elke fühlte sich nicht mehr verlassen, wenn Keetenheuve in Bonn weilte. Sie trank. Sie trank mit den verbitterten Tribaden, die darauf warteten, daß Elke betrunken wurde. Sie trank Flasche nach Flasche. Sie bestellte das Bier durch das Telephon, und es kam in sogenannten Gebinden, viereckigen eisernen Flaschenkörben, ins Haus. Wenn Keetenheuve von der Reise zurückkam, huschten die kessen Väter mit höhnischem Grinsen wie gesättigte Ratten durch die Tür. Er schlug nach ihnen; sie huschten in ihre Verstecke. Im Zimmer stank es nach Weiberschweiß, nach fruchtloser Erregung, sinnloser Ermattung und nach Bier Bier Bier. Elke war blöd vom Bier, ein Kretin, der lallte. Der Speichel tropfte aus dem hübschen, dem rotgeschminkten, dem liebenswerten Mund. Sie lallte: »Was willst du hier?« Sie lallte: »Ich hasse dich!« Sie lallte: »Ich lieb ja nur dich.« Sie lallte: »Komm ins Bett.« *Die Sonne war schwarz.* Konnte er kämpfen? Er konnte nicht kämpfen. Die Weiber saßen in den Rattenlöchern. Sie beobachteten ihn. Und im Bund saßen andere – Männer – in den Verstecken, und auch sie beobachteten ihn. Er beugte sich über Elkes Mund, der Biergeist, Sankt Spiritus, der Flaschenteufel stieg ihm mit ihres Atems Hauch entgegen, es ekelte ihn, und doch fühlte er sich angezogen, und schließlich war er es, der sich dieser Schwäche hingeben mußte. Am Morgen versöhnten sie sich. Meist war es ein Sonntagmorgen. Die Glocken riefen zur Kirche. Keetenheuve war es recht, daß die Glocken riefen, ihn riefen sie nicht, und vielleicht bedauerte er es sogar, daß sie ihn nicht ansprachen, aber Elke fühlte sich von jeder Aufforderung wie von einem Fordern bewegt, der Anspruch von etwas Absolutem trat mit dem Klang der Glocken gegen sie auf, und sie wehrte sich dagegen. Sie rief: »Ich hasse das Bimmeln. Es ist gemein, so zu bimmeln.« Er mußte sie beruhigen. Sie weinte. Sie fiel in Düsternis. Sie fing an, Gott zu beschimpfen. Elkes Gott war ein böser Gott, ein Ungeheuer mit der Wollust des Quälens. »Es ist kein Gott da«, sagte Keetenheuve, und er nahm ihr den letzten Trost, den Glauben an einen blutigen Götzen. Sie sangen im Bett Kinderlieder, sprachen Abzählverse. Er liebte sie. Er ließ sie fallen. Ihm war ein Mensch überantwortet, und er ließ ihn fallen. Er reiste den Gespinsten nach, rang in den Ausschüssen um nebelhafte Menschenrechte, die nicht erkämpft wurden, es war ganz überflüssig, daß er in den Ausschüssen agierte, er würde für niemand etwas er-

Wolfgang Koeppen wurde 1906 in Greifswald geboren. Mit seinen Romanen *Tauben im Gras*, *Das Treibhaus* und *Der Tod in Rom* erlangte er schon in den fünfziger Jahren Berühmtheit. 1962 erhielt er den Georg-Büchner-Preis. 1976 erschien der Prosaband *Jugend*. © der abgedruckten Koeppen-Texte: Suhrkamp Verlag

reichen, aber er reiste hin und ließ Elke, das einzige Wesen, das ihm anvertraut, das seine Aufgabe war, in Verzweiflung fallen. Die kessen Väter töteten sie. Das Bier tötete sie. Einige Drogen kamen hinzu. Aber eigentlich hatte sie die Verlassenheit erstickt, eine Ahnung von Ewigkeit und Nichtewigkeit, das All, so endlich und so unendlich, das All in seinem schwarzen Licht, mit seinem schwarzen unbegreiflichen Himmel jenseits aller Sterne. *Keetenheuve Schulmeister, Keetenheuve Mädchenräuber, Keetenheuve Drache aus der Sage, Keetenheuve Possehl Witwer, Keetenheuve Moralist und Lüstling, Keetenheuve Abgeordneter, Keetenheuve Ritter der Menschenrechte, Keetenheuve Mörder*
In einer Zeitung das Antlitz des Weisen ein alter Mann ein gütiges Gesicht unter schlohweißem Haar eine Gestalt in eines Gärtners vielgetragener Kluft Einstein der ein Irrlicht jagte und ein Irrlicht fand und die klare schöne Formel der letzten Gleichung Vergattung der Erkenntnisse Harmonie der

Sphären die einheitliche Feldtheorie der Naturgesetze der Gravitation und der Elektrizität zurückgeführt auf den gemeinsamen Ursprung der Gleichung IV
Wagalaweia. Sanft, heißt es, sei der Schlaf des Gerechten. Doch kann er schlafen? Im Schlaf kamen die Träume, die keine Träume waren, Angst und Gespenster. Im Zuge ostwestlich gebettet, die geschlossenen Augen gen Westen gerichtet, was hätte Keetenheuve sehen können? Die Saar, das schöne Frankreich, die Benelux-Staaten, das ganze Kleineuropa, die Montanunion. Und Waffenlager? Waffenlager. Man umschlich die Grenzen. Man tauschte Noten aus. Man schloß Verträge. Man spielte wieder. Das alte Spiel? Das alte Spiel. Die Bundesrepublik spielte mit. Man korrespondierte mit den Amerikanern in Washington und rieb sich an den Amerikanern in Mannheim. Der Kanzler saß an manchem runden Tisch. Gleichberechtigt? Gleichberechtigt. Was lag hinter ihm? Verteidigungslinien, Flüsse. Verteidigung am Rhein. Verteidigung an der Elbe. Verteidigung an der Oder. Angriff über die Weichsel. Und noch? Ein Krieg. Gräber. Vor ihm? Ein neuer Krieg? Neue Gräber? Rückzug auf die Pyrenäen? Die Karten wurden neu gemischt.

Die Literatur reflektiert die deutsche Teilung zunächst nicht. Im Osten wird die westliche Literatur dem Zollgesetz unterworfen, wie alles, was unter dem Verdacht des Individualismus und des Kosmopolitismus steht. Im Westen ist die Literatur der DDR auf dem Buchmarkt nicht präsent. Gewiß, sie ist unter ästhetischen Gesichtspunkten nicht sonderlich attraktiv, die Arbeiter- und Bauernepik, die Industriedramatik und die Parteilyrik. Aber auch im Westen stellt sich durchaus die Frage nach der politischen Opportunität. Ein Fall beschäftigt die Öffentlichkeit in der Bundesrepublik und in Österreich auf Dauer: Bertolt Brecht. Soll man, darf man ihn im Westen aufführen?

Der Streit um Brecht

Bertolt Brecht
Die Mutter lernt lesen

DER LEHRER *vor einer Schultafel*: Ihr wollt also lesen lernen. Ich begreife zwar nicht, wozu ihr das in eurer Lage brauchen könntet, ihr seid auch schon etwas alt dafür. Aber ich will es Frau Wlassowa zuliebe versuchen. Habt ihr alle was zum Schreiben? Also ich schreibe jetzt drei einfache Wörter an: »Ast, Nest, Fisch«. Ich wiederhole: »Ast, Nest, Fisch«. *Schreibt.*

DIE MUTTER *sitzt mit drei anderen am Tisch*: Muß es eigentlich gerade »Ast, Nest, Fisch« sein? Wir sind alte Leute und müssen doch rasch die Wörter lernen, die wir brauchen!

DER LEHRER *lächelt*: Sehen Sie: woran Sie das Lesen lernen, ist völlig gleichgültig.

DIE MUTTER Wieso? Wie zum Beispiel schreibt man »Arbeiter«? Das interessiert unseren Pawel Sostakowitsch.

SOSTAKOWITSCH »Ast« kommt doch nie vor.

DIE MUTTER Er ist Metallarbeiter.

DER LEHRER Aber die Buchstaben kommen darin vor.

ARBEITER Aber in dem Wort »Klassenkampf« kommen doch auch die Buchstaben vor!

DER LEHRER Ja, aber ihr müßt mit dem Einfachsten anfangen, nicht gleich mit dem Schwierigsten! »Ast« ist einfach.

SOSTAKOWITSCH »Klassenkampf« ist viel einfacher.

DER LEHRER Es gibt doch gar keinen Klassenkampf. Das wollen wir erst mal feststellen.

SOSTAKOWITSCH *steht auf*: Dann kann ich von Ihnen nichts lernen, wenn es bei Ihnen keinen Klassenkampf gibt!

DIE MUTTER Du sollst hier lesen und schreiben lernen, und das kannst du auch hier. Lesen, das ist Klassenkampf!

DER LEHRER Ich halte das alles einfach für Unsinn. Was soll das jetzt wieder heißen: Lesen ist Klassenkampf! Wozu dieses Gerede überhaupt? *Schreibt.* Also das heißt: »Arbeiter«. Nachschreiben!

DIE MUTTER Lesen ist Klassenkampf, das bedeutet: wenn wir lesen und schreiben können, dann können wir unsere Broschüren selber verfassen und unsere Bücher lesen. Dann können wir den Klassenkampf führen.

DER LEHRER Seht ihr, ich selber bin Lehrer, und ich lehre Lesen und Schreiben seit zwölf Jahren, aber ich will euch mal was sagen: Im Innersten weiß ich: es ist alles Unsinn.

Bertolt Brecht im »Berliner Ensemble« 1954, Proben beobachtend

Bücher sind Unsinn. Davon wird der Mensch nur immer schlechter. Ein einfacher Bauer ist schon einfach dadurch ein besserer Mensch, weil er nicht durch die Zivilisation verdorben ist.

DIE MUTTER Und wie schreibt man also »Klassenkampf«? Pawel Sostakowitsch, Sie müssen die Hand fest auflegen, sonst zittert sie und dann wird die Schrift undeutlich.

DER LEHRER *schreibt*: Klassenkampf. *Zu Sostakowitsch*: Sie müssen in einer geraden Linie schreiben und nicht über den Rand. Wer über den Rand schreibt, der übertritt auch die Gesetze. Da haben nun Generationen und Generationen Wissen auf Wissen gehäuft und Bücher auf Bücher geschrieben. Und die Technik ist weiter als sie je war. Und was hat es genützt? Die Verwirrung ist auch größer als sie je war. Man sollte den ganzen Krempel ins Meer werfen, wo es am tiefsten ist, alle Bücher und Maschinen ins Schwarze

Meer. Widerstehet dem Wissen! Seid ihr fertig? Manchmal habe ich Stunden, wo ich ganz in Melancholie versinke. Was, frage ich, sollen solche wirklich großen Gedanken, die nicht nur das Jetzt, sondern das Immer und Ewig, das allgemein Menschliche schlechthin umfassen, mit Klassenkampf zu tun haben?

SOSTAKOWITSCH Solche Gedanken nützen gar nichts. Während ihr in Melancholie versinkt, beutet ihr uns aus.

DIE MUTTER Sei still, Pawel Sostakowitsch! Bitte, wie schreibt man eigentlich »Ausbeutung«?

DER LEHRER Ausbeutung. Das steht ja auch nur in Büchern. Als ob ich schon einmal jemand ausgebeutet hätte?

SOSTAKOWITSCH Das sagen Sie nur, weil Sie von der Beute nichts bekommen.

DIE MUTTER *zu Sostakowitsch*: Das »A« bei der Ausbeutung ist genau wie das »A« bei »Arbeiter«.

DER LEHRER Wissen hilft ja nicht. Wissen hilft ja nicht. Güte hilft.

DIE MUTTER Gib es nur her, dein Wissen, wenn du es nicht brauchst.

LOB DES LERNENS
von den Lernenden gesungen:

Lerne das Einfachste, für die
Deren Zeit gekommen ist
Ist es nie zu spät!
Lerne das Abc, es genügt nicht, aber
Lerne es! Laß es dich nicht verdrießen
Fang an! Du mußt alles wissen!
Du mußt die Führung übernehmen!

Lerne, Mann im Asyl!
Lerne, Mann im Gefängnis!
Lerne, Frau in der Küche!
Lerne, Sechzigjährige!
Du mußt die Führung übernehmen!
Suche die Schule auf, Obdachloser!
Verschaffe dir Wissen, Frierender!
Hungriger, greif nach dem Buch: es ist eine Waffe.
Du mußt die Führung übernehmen.

Scheue dich nicht, zu fragen, Genosse!
Laß dir nichts einreden
Sieh selber nach!

»Die Mutter«, Inszenierung des »Berliner Ensembles« 1951

Was du nicht selber weißt
Weißt du nicht.
Prüfe die Rechnung.
Du mußt sie bezahlen
Lege den Finger auf jeden Posten
Frage: wie kommt er hierher?
Du mußt die Führung übernehmen.

DIE MUTTER *steht auf:* Für heute ist es genug. Wir können uns nicht mehr soviel auf einmal merken. Sonst schläft Pawel Sostakowitsch wieder die ganze Nacht nicht. Wir danken Ihnen, Nikolai Iwanowitsch. Wir können Ihnen nur sagen, Sie helfen uns sehr, indem Sie uns Lesen und Schreiben lehren.
DER LEHRER Ich glaube es nicht. Übrigens will ich nicht sagen, daß eure Meinungen keinen Sinn haben. Ich werde in der nächsten Stunde darauf zurückkommen.
aus: *Die Mutter* (Fassung von 1933)

Der gute Mensch von Sezuan (München, 1955). Bertolt Brecht erfreut sich derzeit im Gebiet der Bundesrepublik wieder besonderen Interesses: mindestens ein halbes Dutzend führender Bühnen, von München über Frankfurt bis Köln, spielen den *Guten Menschen von Sezuan,* den *Kaukasischen Kreidekreis,* den *Galileo.* Anlaß und Motive dieser plötzlichen Konjunktur sind nicht ohne weiteres ersichtlich; sie setzte jedenfalls beträchtlich vor dem Genfer Koexistenz-Fasching ein und ist wohl am ehesten aus der unfreiwilligen Pause zu erklären, zu der selbst die forschesten Brechtpartisanen unter den west-

Wer Brecht auf die Bühne bringen will, beruft sich folglich auf jene Stücke, die gewissermaßen gegen Brechts politische und ästhetische Überzeugungen geraten sind – offene Fragen, opulentes Theater: *Mutter Courage und ihre Kinder, Galileo Galilei.* Brecht selbst mag das als List der Vernunft akzeptiert haben. Zwei Theaterkritiken Friedrich Torbergs belegen extreme Möglichkeiten, auf Bertolt Brechts Stücke zu reagieren.

deutschen Theaterleitern sich gehalten sahen, als Brecht nach dem Aufstand vom 17. Juni 1953 sein infames Ergebenheitstelegramm an die regierenden Arbeitermörder von Pankow gerichtet hatte. Aber das ist nun eben schon zwei volle Jahre her, und dem tapferen Frankfurter Intendanten Buckwitz, der damit die schickliche Zeitspanne als erster für abgegolten ansah, folgten die anderen Bahnbrecher auf hurtigem Fortschrittsfuß. Sie dürfen samt und sonders sagen, daß neben reinen künstlerischen ebenso reine geschäftliche Erwägungen für sie maßgebend waren. Denn Bertolt Brecht ist nicht nur für sich selbst, sondern auch für die Intendanten, die ihn spielen, ein Geschäftsautor. Seine Lehrstücke, was immer sie einst gelehrt haben, lehren heute nur noch die Vereinbarkeit östlicher Gesinnung mit westlicher Valuta. Er erzieht nicht, aber er zieht.

Friedrich Torberg, 1955

Friedrich Torberg wurde 1908 in Wien geboren. Er emigrierte 1938 und lebte seit 1951 wieder in Wien. 1954 bis 1965 war er Herausgeber der kulturpolitischen Zeitschrift »Forum«. Er starb 1979 in seiner Heimatstadt.

Mutter Courage (1963). Am Freitag, dem 22. Februar 1963, wurde ein Autor, der sich in Wien jahrelanger Ungespieltheit erfreut hat, ins Repertoire des Volkstheaters aufgenommen. Er heißt Bertolt Brecht und soll, einer weitverbreiteten Ansicht zufolge, Kommunist gewesen sein. Endesgefertigter Berichterstatter – ganz und gar auf seine Aufgabe konzentriert, über die freitägige Premiere Bericht zu erstatten – hält diese weitverbreitete Ansicht für irrig. Zumindest schien ihm *Mutter Courage und ihre Kinder*, Eine Chronik aus dem Dreißigjährigen Krieg in 10 Bildern, Musik von Paul Dessau‹ keinerlei Anzeichen von Kommunismus aufzuweisen. Solche gibt es noch eher in der Musik, indem dieselbe einfallslos und wenig zündend ist. Das Stück hingegen darf man ohne weiteres als humanistisch bezeichnen und darf der Botschaft, die es vermittelt, beinahe voll und ganz beipflichten.

Friedrich Torberg, 1963

Berlin-Weißensee, 1. Juli 1953
Berliner Allee 190

Lieber Suhrkamp,
Sie fragen nach meiner Stellungnahme zu den Vorkommnissen des 16. und 17. Juni. Handelte es sich um einen Volksaufstand, um den Versuch, »die Freiheit zu erlangen«, wie der überwältigende Teil der westdeutschen Presse behauptet? Bin ich einem Volksaufstand gleichgültig oder gar feindlich gegenübergestanden, habe ich mich gegen die Freiheit gestellt, als ich am 17. Juni in einem Brief an die Sozialistische Einheitspartei

Deutschlands, von dem der Schlußsatz veröffentlicht wurde, bereit erklärte, bei der unbedingt nötigen großen Aussprache zwischen Arbeiterschaft und Regierung in meiner Weise (in künstlerischer Form) mitzuwirken? – Ich habe drei Jahrzehnte lang in meinen Schriften die Sache der Arbeiter zu vertreten versucht. Aber ich habe in der Nacht des 16. und am Vormittag des 17. Juni die erschütternden Demonstrationen der Arbeiter übergehen sehen in etwas sehr anderes als den Versuch, für sich die Freiheit zu erlangen. Sie waren zu Recht erbittert. Die unglücklichen und unklugen Maßnahmen der Regierung, die bezwecken sollten, überstürzt auf dem Gebiet der DDR eine Schwerindustrie aufzubauen, brachten zu gleicher Zeit Bauern, Handwerker, Gewerbetreibende, Arbeiter und Intellektuelle gegen sie auf. Eine Mißernte im vorigen Jahr, verursacht durch eine große Trockenheit und die Landflucht von Hunderttausenden von Bauern dieses Jahr, bedrohten die Ernährung aller Schichten der Bevölkerung zugleich. Maßnahmen wie der Entzug der Lebensmittelkarten für Kleingewerbetreibende stellten ihre nackte Existenz in Frage. Andere Maßnahmen, wie die Anrechnung des Krankenurlaubs auf den Erholungsurlaub, Streichungen der Vergünstigungen für Arbeiterfahrkarten und die generelle Erhöhung der Normen bei gleichbleibenden oder sich sogar erhöhenden Lebenskosten trieben die Arbeiterschaft, deren Gewerkschaften nur schwächlich arbeiteten und ihrer Position nach nur schwächlich arbeiten konnten, schließlich auf die Straße und ließen sie die unzweifelhaft großen Vorteile vergessen, welche die Vertreibung der Junker, die Vergesellschaftung der Hitlerschen Kriegsindustrie, die Planung der Produktion und die Zerschmetterung des bürgerlichen Bildungsmonopols ihnen verschafft hatten. Die Straße freilich mischte die Züge der Arbeiter und Arbeiterinnen schon in den frühen Morgenstunden des 17. Juni auf groteske Art mit allerlei deklassierten Jugendlichen, die durch das Brandenburger Tor, über den Potsdamer Platz, auf der Warschauer Brücke kolonnenweise eingeschleust wurden, aber auch mit den scharfen, brutalen Gestalten der Nazizeit, den hiesigen, die man seit Jahren nicht mehr in Haufen hatte auftreten sehen *und die doch immer dagewesen waren*. Die Parolen verwandelten sich rapide. Aus »Weg mit der Regierung!« wurde »Hängt sie!«, und der Bürgersteig übernahm die Regie. Gegen Mittag, als auch in der DDR, in Leipzig, Halle, Dresden, sich Demonstrationen in Unruhen verwandelt hatten, begann *das Feuer* seine alte Rolle wieder aufzunehmen. Von den Linden aus konnte man die Rauchwolke des Columbushauses, an der Sektorengrenze des Pots-

Brechts Haltung zu den Ereignissen des 17. Juni 1953 war nicht ganz im Sinne der Partei. Sein immerhin zwiespältiger Brief an Walter Ulbricht, in dem von einer »großen Aussprache mit den Massen« die Rede ist, wird im »Neuen Deutschland« verkürzt wiedergegeben, reduziert auf Gruß- und Ergebenheitsformel. Von Brechts Gedicht »Die Lösung« (s. S. 111) erfährt man erst nach seinem Tod.

damer Platzes liegend, sehen, wie an einem vergangenen Unglückstag einmal die Rauchwolke des Reichstagsgebäudes. Heute wie damals hatten nicht Arbeiter das Feuer gelegt: es ist nicht die Waffe derer, die bauen. Dann wurden – hier wie in anderen Städten – Buchhandlungen gestürmt und Bücher herausgeworfen und verbrannt, und die Marx- und Engels-Bände, die in Flammen aufgingen, waren sowenig arbeiterfeindlich wie die roten Fahnen, die öffentlich zerrissen wurden. (Auf den Fotos, die in der westdeutschen Presse veröffentlicht wurden, können Sie ohne Vergrößerungsglas sehen, wer da die Fahnen zerriß.) In der Provinz wurde »befreit«. Aber als die Gefängnisse gestürmt wurden, kamen merkwürdige Gefangene aus diesen »Bastillen«, in Halle die ehemalige Kommandeuse des Ravensbrücker Konzentrationslagers, Erna Dorn. Sie hielt anfeuernde Reden auf dem Marktplatz. An manchen Orten gab es Überfälle auf Juden, nicht viele, da es nicht mehr viele Juden gibt. Und den ganzen Tag kamen über den RIAS, der sein Programm kassiert hatte, anfeuernde Reden, das Wort Freiheit von eleganten Stimmen gesprochen. Überall waren die »Kräfte« am Werk, die Tag und Nacht an das Wohlergehen der Arbeiter und der »kleinen Leute« denken und jenen hohen Lebensstandard versprechen, der am Ende dann immer zu einem hohen Todesstandard führt. Da schien es große Leute zu geben, die bereit waren, die Arbeiter von der Straße direkt in die Freiheit der Munitionsfabriken zu führen. Mehrere Stunden lang, bis zum Eingreifen der Besatzungsmacht, stand Berlin am Rand eines dritten Weltkriegs.
Lieber Suhrkamp, machen wir uns nichts vor: Nicht nur im Westen, auch hier im Osten Deutschlands sind »die Kräfte« wieder am Werk. Ich habe an diesem tragischen 17. Juni beobachtet, wie der Bürgersteig auf die Straße das »Deutschlandlied« warf und die Arbeiter es mit der »Internationale« niederstimmten. Aber sie kamen, verwirrt und hilflos, nicht durch damit.
Die Sozialistische Einheitspartei Deutschlands hat Fehler begangen, die für eine sozialistische Partei sehr schwerwiegend sind und Arbeiter, darunter auch alte Sozialisten, gegen sie aufbrachten. Ich gehöre ihr nicht an. Aber ich respektiere viele ihrer historischen Errungenschaften, und ich fühlte mich ihr verbunden, als sie – nicht ihrer Fehler, sondern ihrer Vorzüge wegen – von faschistischem und kriegstreiberischem Gesindel angegriffen wurde. Im Kampf gegen Krieg und Faschismus stand und stehe ich an ihrer Seite.

Wie ich mich schäme!

Maurer – Maler – Zimmerleute.
Sonnengebräunte Gesichter unter weißleinenen Mützen, muskulöse Arme, Nacken – gut durchwachsen, nicht schlecht habt ihr euch in eurer Republik ernährt, man konnte es sehen.
Vierschrötig kamt ihr daher. Ihr setztet euch in Marsch, um dem Ministerium zu sagen, daß etwas nicht stimmt. Es stimmte etwas nicht, nämlich im Lohnbeutel: dagegen setzt man sich zur Wehr, das ist richtig. Dazu hattet ihr euer gutes, durch Gesetze festgelegtes Recht auf freie Meinungsäußerung.
Ein wenig wachsamer hättet ihr zwar sein können. Was hat schließlich ein amerikanisches Auto bei einer Demonstration Berliner Bauarbeiter zu suchen?
Aber sonst? Gut saht ihr aus, besser als die, welche sich unter euch mischten. Die freilich sahen nicht gut aus, reichlich bunt zwar, aber nicht gut!
Sie waren auch viel schlechter genährt als ihr. Halbstarke waren es, mit spitzigen Ellenbögchen, ein häßlicher Anblick – ihr mit denen!
Bis zum Alex waren es die Normen – richtig. Dann aber sagten die anderen einige Dinge, die hätten euch stutzig machen sollen.
Dumme, gefährliche Dinge!
Die Volkspolizei aber ließ euch ziehen. Sicher hätte die Volkspolizei eingreifen können. Schließlich hat sie Waffen! Sie schoß nicht! Warum wohl nicht? Die Volkspolizei, das sind Maurer, Maler, Zimmerleute; Kollege auf Kollege schießen, schlecht wäre das gewesen. Versetzt euch einmal in die Lage eurer Genossen Volkspolizisten: von Halbstarken angeifert, zwischen solch einer Meute. Eine kleine Bewegung mit dem Zeigefinger hätte genügt, um dem ganzen Schwindel ein jähes Ende zu bereiten. Diese kleine Bewegung mit dem Zeigefinger unterblieb. Unterblieb, nicht weil die Volkspolizei Angst hatte, sondern weil sie sehr, sehr mutig war. Für diesen Mut wird man der Deutschen Volkspolizei künftig nicht nur in Deutschland, sondern überall, wo Menschen wohnen, die den Frieden lieben, sehr dankbar sein.
Denn ihr marschiertet, damit die Volkspolizei gerade diese kleine Bewegung mit dem Zeigefinger machen sollte. Ihr wußtet nicht, daß ihr dafür marschiertet, ihr hättet es aber wissen müssen. Hättet ihr nur gleich zu Beginn jenem stinkfeinen amerikanischen Omnibus mehr Beachtung geschenkt.
Bauarbeiter sind doch helle!
Ihr zogt in schlechter Gesellschaft durch die Stadt. Ihr zogt

Ein Aufruf von Kuba (Kurt Barthel) – von 1951 bis 1953 Generalsekretär des Deutschen Schriftstellerverbandes – an die Arbeiter, die sich an den Demonstrationen vom 17. Juni 1953 beteiligt hatten.

Kuba, 1914 in Garnsdorf bei Chemnitz geboren, starb 1967 in Frankfurt am Main. Er war Volkskammer-Abgeordneter und wurde 1954 Mitglied des Zentralkomitees der SED. Das Drama *Klaus Störtebeker* (1959) ist sein bekanntestes Werk.

mit dem Gesindel, das, von den großen Weltbrandstiftern gedungen, schon die Benzinflaschen in der Tasche trug, mittels denen sie morgen eure Baugerüste anzünden würden.
Das wolltet ihr nicht.
Aber als es geschah, ließt ihr es zu.
Den zweiten Weltkrieg wolltet ihr auch nicht, und als er geschehen war, sagtet ihr, wir waren doch machtlos, wir konnten doch nichts dagegen tun!
Gegen die Bubis konntet ihr auch nichts tun? Bedenkt: Baugerüste, Häuser, Autos gingen in Flammen auf.
Große Kriege haben oft scheinbar kleine Ursachen. Freilich, ihr sagt, ihr hättet das nicht gewußt. Nach dem zweiten Weltkrieg sagten auch viele, sie hätten es nicht gewußt.
Aber diesmal hättet ihr es wissen können.
Zwischen euch standen tapfere Freunde der Freien Deutschen Jugend, Männer und Frauen eurer Partei, der Partei der Arbeiterklasse, die euch alles sagten. Wieso wollt ihr es nicht gewußt haben? Vielleicht habt ihr nur nicht hingehört? Vielleicht habt ihr zugelassen, daß eure einzigen und wahren Freunde an diesem Tag niedergeschrien wurden?
Es gibt keine Ausrede!
Und es gab keine Ursache dafür, daß ihr an jenem, für euch – euch am allermeisten – schändlichen Mittwoch nicht Häuser bautet.
Der Tischler Walter Ulbricht hatte alle berechtigten Ursachen zum Zorn am Abend vorher beseitigt. Ministerpräsident Grotewohl hatte vor der gesamten Nation offen Rechnung gelegt.
Nur einen Tag lang, nur so lang, wie ein Bierrausch währt, folgtet ihr einem anderen. Einem Zimmermann, einem von euch, wir ihr glaubtet.
Das war schon ein Zimmermann. Der Hut zünftig! Sammetweste und Jackett. Knöpfe – da war alles dran. Die Hose weit ausladend, wie es sich gehört.
Hättet ihr nur unter den Hut geguckt, nur unter den Hut – an der Frisur hättet ihr erkannt, was das für ein Zimmermann war.
Ein Sargmacher führte euch – ein Totengräber.
Als wenn man mit der flachen Hand ein wenig Staub vom Jackett putzt, fegte die Sowjetarmee die Stadt rein.
Zum Kämpfen hat man nur Lust, wenn man Ursache dazu hat, und solche Ursache hattet ihr nicht. Eure schlechten Freunde, das Gesindel von drüben strich auf seinen silbernen Fahrrädern durch die Stadt wie Schwälbchen vor dem Regen.
Dann wurden sie weggefangen.
Ihr aber dürft wie gute Kinder um neun Uhr abends schlafen

gehen. Für euch und für den Frieden der Welt wachen die Sowjetarmee und die Kameraden der Deutschen Volkspolizei. Schämt ihr euch so, wie ich mich schäme?
Da werdet ihr sehr viel und sehr gut mauern und künftig sehr klug handeln müssen, ehe euch diese Schmach vergessen wird. Zerstörte Häuser reparieren, das ist leicht. Zerstörtes Vertrauen wieder aufrichten ist sehr, sehr schwer.

Bertolt Brecht
Die Lösung

Nach dem Aufstand des 17. Juni
Ließ der Sekretär des Schriftstellerverbands
In der Stalinallee Flugblätter verteilen
Auf denen zu lesen war, daß das Volk
Das Vertrauen der Regierung verscherzt habe
Und es nur durch verdoppelte Arbeit
Zurückerobern könne. Wäre es da
Nicht doch einfacher, die Regierung
Löste das Volk auf und
Wählte ein anderes?

Buckow, Märkische Schweiz: Brechts Landhaus »Eiserne Villa«

Zeugnisse der Verstörung Brechts durch den Arbeiteraufstand und dessen Unterdrückung sind die *Buckower Elegien*, im Sommer 1953 in seinem Landhaus geschrieben, unter ihnen einige seiner schönsten Gedichte.

Lyrische Antipoden

Bertolt Brecht
Böser Morgen

Die Silberpappel, eine ortsbekannte Schönheit
Heut eine alte Vettel. Der See
Eine Lache Abwaschwasser, nicht rühren!
Die Fuchsien unter dem Löwenmaul billig und eitel.
Warum?
Heut nacht im Traum sah ich Finger, auf mich deutend
Wie auf einen Aussätzigen. Sie waren zerarbeitet und
Sie waren gebrochen.
Unwissende! schrie ich
Schuldbewußt.

Der Rauch

Das kleine Haus unter Bäumen am See
Vom Dach steigt Rauch
Fehlte er
Wie trostlos dann wären
Haus, Bäume und See.

Arbeitszimmer Brechts im »Gärtnerhaus« in Buckow

Der Radwechsel

Ich sitze am Straßenhang.
Der Fahrer wechselt das Rad.
Ich bin nicht gern, wo ich herkomme.
Ich bin nicht gern, wo ich hinfahre.
Warum sehe ich den Radwechsel
Mit Ungeduld?

Gottfried Benn
Wer allein ist –

Wer allein ist, ist auch im Geheimnis,
immer steht er in der Bilder Flut,
ihrer Zeugung, ihrer Keimnis,
selbst die Schatten tragen ihre Glut.

Trächtig ist er jeder Schichtung
denkerisch erfüllt und aufgespart,
mächtig ist er der Vernichtung
allem Menschlichen, das nährt und paart.

Ohne Rührung sieht er, wie die Erde
eine andere ward, als ihm begann,
nicht mehr Stirb und nicht mehr Werde:
formstill sieht ihn die Vollendung an.

Gottfried Benn, Brechts lyrischer Antipode schon in den zwanziger Jahren, ist – wie Brecht – ein politischer Streitfall. Benn gewinnt mit seinen Gedichten, vor allem aber mit seinen ästhetischen Prinzipien in den fünfziger Jahren überragenden Einfluß. Er darf unmittelbar nach dem Krieg nicht publizieren, denn er hatte sich kurzfristig zu den Nationalsozialisten bekannt. Aber als ab 1948 in rascher Folge wieder seine Bücher erscheinen, wird er, nach dem Realismus und Verismus der Nachkriegsgeneration, *für die sich neu orientierende Leserschaft – die Jugend vor allem – zum Inbegriff der Moderne. 1951 erhält Benn als erster den Georg-Büchner-Preis der Deutschen Akademie für Sprache und Dichtung.*

Gedichte

Im Namen dessen, der die Stunden spendet,
im Schicksal des Geschlechts, dem du gehört,
hast du fraglosen Aug's den Blick gewendet
in eine Stunde, die den Blick zerstört,
die Dinge dringen kalt in die Gesichte
und reißen sich der alten Bindung fort,
es gibt nur ein Begegnen: im Gedichte
die Dinge mystisch bannen durch das Wort.

Am Steingeröll der großen Weltruine,
dem Ölberg, wo die tiefste Seele litt,
vorbei am Posilip der Anjouine,
dem Stauferblut und ihrem Racheschritt:
ein neues Kreuz, ein neues Hochgerichte,
doch eine Stätte ohne Blut und Strang,
sie schwört in Strophen, urteilt im Gedichte,
die Spindeln drehen still: die Parze sang.

Im Namen dessen, der die Stunden spendet,
erahnbar nur, wenn er vorüberzieht
an einem Schatten, der das Jahr vollendet,
doch unausdeutbar bleibt das Stundenlied –
ein Jahr am Steingeröll der Weltgeschichte,
Geröll der Himmel und Geröll der Macht,
und nun die Stunde, deine: im Gedichte
das Selbstgespräch des Leides und der Nacht.

Menschen getroffen

Ich habe Menschen getroffen, die,
wenn man sie nach ihrem Namen fragte,
schüchtern – als ob sie gar nicht beanspruchen könnten,
auch noch eine Benennung zu haben –
»Fräulein Christian« antworteten und dann:
»wie der Vorname«, sie wollten einem die Erfassung
                                        erleichtern,
kein schwieriger Name wie »Popiol« oder »Babendererde« –
»wie der Vorname« – bitte, belasten Sie Ihr Erinnerungs-
                                        vermögen nicht!

Ich habe Menschen getroffen, die
mit Eltern und vier Geschwistern in einer Stube
aufwuchsen, nachts, die Finger in den Ohren,
am Küchenherde lernten,
hochkamen, äußerlich schön und ladylike wie Gräfinnen –
und innerlich sanft und fleißig wie Nausikaa,
die reine Stirn der Engel trugen.

Ich habe mich oft gefragt und keine Antwort gefunden,
woher das Sanfte und das Gute kommt,
weiß es auch heute nicht und muß nun gehn.

Gottfried Benn
Aus dem Vortrag: Probleme der Lyrik (1951)

Artistik ist der Versuch der Kunst, innerhalb des allgemeinen Verfalls der Inhalte sich selber als Inhalt zu erleben und aus diesem Erlebnis einen neuen Stil zu bilden, es ist der Versuch, gegen den allgemeinen Nihilismus der Werte eine neue Transzendenz zu setzen: die Transzendenz der schöpferischen Lust. So gesehen, umschließt dieser Begriff die ganze Problematik des Expressionismus, des Abstrakten, des Anti-Humanistischen, des Atheistischen, des Anti-Geschichtlichen, des Zyklizismus, des »hohlen Menschen« – mit einem Wort die ganze Problematik der Ausdruckswelt.
(...)
Darf ich an diese Stelle die Bemerkung anknüpfen, daß in der Lyrik das Mittelmäßige schlechthin unerlaubt und unerträglich ist, ihr Feld ist schmal, ihre Mittel sehr subtil, ihre Substanz das Ens realissimum der Substanzen, demnach müssen auch die Maßstäbe extrem sein. Mittelmäßige Romane sind nicht so unerträglich, sie können unterhalten, belehren, spannend sein, aber Lyrik muß entweder exorbitant sein oder gar nicht. Das gehört zu ihrem Wesen.
Und zu ihrem Wesen gehört auch noch etwas anderes, eine tragische Erfahrung der Dichter an sich selbst: keiner auch der großen Lyriker unserer Zeit hat mehr als sechs bis acht vollendete Gedichte hinterlassen, die übrigen mögen interessant sein unter dem Gesichtspunkt des Biographischen und Entwicklungsmäßigen des Autors, aber in sich ruhend, aus sich leuchtend, voll langer Faszination sind nur wenige – also um diese sechs Gedichte die dreißig bis fünfzig Jahre Askese, Leiden und Kampf.
(...)

Gottfried Benn, 1886 in Mansfeld/Westpriegnitz geboren, starb – wie Brecht – 1956 in Berlin. Der Mediziner Benn veröffentlichte ab 1912 u.a. seine expressionistischen Gedichtsammlungen *Morgue*, *Söhne* und *Fleisch*. Nach dem Zweiten Weltkrieg erschienen die bekannten *Statischen Gedichte* und der Essay *Probleme der Lyrik*. Schon Ende der fünfziger Jahre lagen die *Gesammelten Werke* in vier Bänden vor. Die abgedruckten Gedichte entstammen den Bänden *Statische Gedichte* und *Aprèslude*. © der Benn-Texte: Arche Verlag, Zürich und Verlag Klett-Cotta, Stuttgart

Gottfried Benn am Schreibtisch, 1956

(Der Künstler) steht allein, der Stummheit und der Lächerlichkeit preisgegeben. Er verantwortet sich selbst. Er beginnt seine Dinge, und er macht sie fertig. Er folgt einer inneren Stimme, die niemand hört. Er weiß nicht, woher diese Stimme kommt, nicht, was sie schließlich sagen will. Er arbeitet allein, der Lyriker arbeitet besonders allein, da in jedem Jahrzehnt immer nur wenige große Lyriker leben, über die Nationen verteilt, in verschiedenen Sprachen dichtend, meistens einander unbekannt – jene »Phares«, Leuchttürme, wie sie die Franzosen nennen, jene Gestalten, die das große schöpferische Meer für lange Zeit erhellen, selber aber im Dunkeln bleiben.
Da steht also ein solches Ich, sagt sich: ich heute bin so. Diese Stimmung liegt in mir vor. Diese meine Sprache, sagen wir, meine deutsche Sprache, steht mir zur Verfügung. Diese Sprache mit ihrer jahrhundertealten Tradition, ihren von lyrischen Vorgängern geprägten sinn- und stimmungsgeschwängerten, seltsam geladenen Worten. Aber auch die Slang-Ausdrücke, Argots, Rotwelsch, von zwei Weltkriegen in das Sprachbewußtsein hineingehämmert, ergänzt durch Fremdworte, Zitate, Sportjargon, antike Reminiszenzen, sind in meinem

Besitz. Ich von heute, der mehr aus Zeitungen lernt als aus Philosophien, der dem Journalismus nähersteht als der Bibel, dem ein Schlager von Klasse mehr Jahrhundert enthält als eine Motette, der an einen gewissen physikalischen Ablauf der Dinge eher glaubt als an Nain oder Lourdes, der erlebt hat, wie man sich bettet, so liegt man, und keiner deckt einen zu – dies Ich arbeitet an einer Art Wunder, einer kleinen Strophe, der Umspannung zweier Pole, dem Ich und seinem Sprachbestand, arbeitet an einer Ellipse, deren Kurven erst auseinanderstreben, aber dann sich gelassen ineinander senken.
Aber das alles ist noch zu äußerlich, wir müssen noch weiter fragen. Was steckt dahinter, welche Wirklichkeiten und Überwirklichkeiten verbergen sich in diesem lyrischen Ich? Dabei kommen wir auf Probleme. Dieses lyrische Ich steht mit dem Rücken gegen die Wand aus Verteidigung und Aggression. Es verteidigt sich gegen die Mitte, die rückt an. Sie sind krank, sagt diese Mitte, das ist kein gesundes Innenleben. Sie sind ein Dégénéré – wo stammen Sie eigentlich her?
Die großen Dichter der letzten hundert Jahre stammen aus bürgerlichen Schichten, antwortet das lyrische Ich, keiner war süchtig, kriminell oder endete durch Selbstmord, die französischen Poètes maudits nehme ich aus. Aber Ihr Gesund und Krank kommen mir vor wie Begriffe aus der Zoologie, von Veterinären geprägt. Bewußtseinszustände kommen in ihnen doch gar nicht zur Sprache.

Die ersten Preisträger der »Gruppe 47«: Günter Eich (rechts) – 1950; Heinrich Böll – 1951; Ilse Aichinger – 1952

Der gewaltige Einfluß von Brecht und Benn in den fünfziger Jahren erinnert uns daran, daß man nicht allgemein von einer »Stunde Null« nach dem Krieg sprechen darf.
Der erste Preisträger der »Gruppe 47«, Günter Eich, hatte ebenfalls schon in den zwanziger Jahren publiziert. Ihm war es gelungen, während des ›Dritten Reichs‹ für den Rundfunk zu arbeiten, weder anstößig noch angepaßt.

Träume

Günter Eich
Der Mann in der blauen Jacke

Der Mann in der blauen Jacke,
der heimgeht, die Hacke geschultert, –
ich sehe ihn hinter dem Gartenzaun.

So gingen sie abends in Kanaan,
so gehen sie heim aus den Reisfeldern von Burma,
den Kartoffeläckern von Mecklenburg,
heim aus Weinbergen Burgunds und kalifornischen Gärten.

Wenn die Lampe hinter beschlagenen Scheiben aufscheint,
neide ich ihnen ihr Glück, das ich nicht teilen muß,
den patriarchalischen Abend
mit Herdrauch, Kinderwäsche, Bescheidenheit.

Der Mann in der blauen Jacke geht heimwärts;
seine Hacke, die er geschultert hat,
gleicht in der sinkenden Dämmerung einem Gewehr.

Ende eines Sommers

Wer möchte leben ohne den Trost der Bäume!

Wie gut, daß sie am Sterben teilhaben.
Die Pfirsiche sind geerntet und die Pflaumen färben sich,
während unter dem Brückenbogen die Zeit rauscht.

Dem Vogelzug vertraute ich meine Verzweiflung an.
Er mißt seinen Teil von Ewigkeit gelassen ab.
Seine Strecken
werden sichtbar im Blattwerk als dunkler Zwang,
die Bewegung der Flügel färbt die Früchte.

Es heißt Geduld haben.
Bald wird die Vogelschrift entsiegelt,
unter der Zunge ist der Pfennig zu schmecken.

Träume

Ich beneide sie alle, die vergessen können,
die sich beruhigt schlafen legen und keine Träume haben.
Ich beneide mich selbst um die Augenblicke blinder
                                    Zufriedenheit
erreichtes Urlaubsziel, Nordseebad, Notre Dame,
roter Burgunder im Glas und der Tag des Gehaltsempfangs.
Im Grunde aber meine ich, daß auch das gute Gewissen
                                    nicht ausreicht,
und ich zweifle an der Güte des Schlafes, in dem wir uns alle
                                    wiegen.
Es gibt kein reines Glück mehr (– gab es das jemals? –),
und ich möchte den einen oder andern Schläfer aufwecken
                                    können
und ihm sagen, es ist gut so.

»Träume«. Vier Spiele.
Bibliothek Suhrkamp
1953

Fuhrest auch du einmal aus den Armen der Liebe auf,
weil ein Schrei dein Ohr traf, jener Schrei,
den unaufhörlich die Erde ausschreit und den du
für Geräusch des Regens sonst halten magst oder das
                                    Rauschen des Winds.
Sieh, was es gibt: Gefängnis und Folterung,
Blindheit und Lähmung, Tod in vieler Gestalt,
den körperlosen Schmerz und die Angst, die das Leben
                                    meint.

*Die Seufzer aus vielen Mündern sammelt die Erde,
und in den Augen der Menschen, die du liebst, wohnt die
Bestürzung.
Alles, was geschieht, geht dich an.*

Hörspiele sind es, neben seinen Gedichten, die ihn nach dem Krieg rasch bekannt machen. Überhaupt ist die Bedeutung des Hörspiels kaum zu überschätzen. Fast alle bekannten Autoren arbeiten in diesem Genre, für das damals modernste Massenmedium Radio. Günter Eich ist besonders produktiv. Sein berühmtestes Hörspiel trägt den Titel *Träume*. An ihm scheiden sich sofort die Geister – die Anrufe empörter Hörer beweisen es:

ANRUFER »Es ist doch ganz unmöglich, daß ein einigermaßen intelligenter Mensch es wagen kann, den Hörern sowas vorzusetzen. Es grenzt ja an Wahnsinn sowas. In den heutigen, schweren Zeiten, wo jeder zu kämpfen hat, bringen Sie einem..., daß es einem hochkommt. Geradezu ekelhaft ist das ja.«

Der erste Traum

In der Nacht vom 1. zum 2. August 1948 hatte der Schlossermeister Wilhelm Schulz aus Rügenwalde in Hinterpommern, jetzt Gütersloh in Westfalen, einen nicht sonderlich angenehmen Traum, den man insofern nicht ernst nehmen muß, als der inzwischen verstorbene Schulz nachweislich magenleidend war. Schlechte Träume kommen aus dem Magen, der entweder zu voll oder zu leer ist.

Ein langsam fahrender Zug. Die Stimmen im Waggon.
URALTER Es war vier Uhr nachts, als sie uns aus den Betten holten. Die Standuhr schlug vier.
ENKEL Du erzählst immer dasselbe. Das ist langweilig, Großvater.
URALTER Aber wer war es, der uns holte?
ENKEL Vier Männer mit undurchdringlichen Gesichtern, nicht wahr? So wärmst du uns deine Vergangenheit jeden Tag auf. Sei still und schlaf!
URALTER Aber wer waren die Männer? Gehörten sie zur Polizei? Sie trugen eine Uniform, die ich nicht kannte. Es war eigentlich keine Uniform, aber sie hatten alle vier die gleichen Anzüge.
URALTE Ich glaube bestimmt, daß es die Feuerwehr war.
URALTER Das sagst du immer. Aber warum sollte einen die Feuerwehr nachts aus dem Bett holen und in einen Güterwagen sperren?
URALTE Es ist nicht merkwürdiger, als wenn es die Polizei gewesen wäre.
URALTER Mit der Zeit gewöhnt man sich daran. Das Leben, das wir bis zu jenem Tag geführt hatten, war eigentlich viel merkwürdiger.
FRAU Weiß Gott, es muß ziemlich merkwürdig gewesen sein.
URALTER Am Ende ist das Dasein im Güterwagen das gewöhnliche?
URALTE Still, das darfst du nicht sagen.
FRAU Ja, seid still da! Dieses dumme Geschwätz! *Leiser*: Komm näher, Gustav, wärme mich.
ENKEL Ja.
URALTER Es ist kalt. Rück auch näher, Alte!
URALTE Ich tauge nicht mehr viel zum Wärmen.

1953 erhält Günter Eich den Hörspielpreis der Kriegsblinden. Bundespräsident Theodor Heuss gratuliert ihm. In der Mitte der damalige Vorsitzende der Kriegsblinden, Peter Plein

URALTER Wie lange ist es her, daß wir unser Haus verlassen mußten? Wie lange ist es her, daß wir in diesem Wagen fahren?
URALTE Keine Uhr, kein Kalender, – aber die Kinder sind inzwischen groß geworden, und die Enkel sind groß geworden, und wenn es etwas heller ist –
URALTER Du meinst, wenn Tag draußen ist.
URALTE – wenn es etwas heller ist und ich dein Gesicht sehen kann, lese ich aus den Falten, daß du ein alter Mann bist und ich eine alte Frau.
URALTER Es sind sicher an die vierzig Jahre her.
URALTE Ja, so lange ungefähr. Leg deinen Kopf auf meinen Arm. Du liegst so hart.
URALTER Ja, danke.
URALTE Kannst du dich erinnern: Es gab etwas, was wir Himmel nannten und Bäume.
URALTER Hinter unserm Haus stieg der Weg etwas an bis zum

ANRUFER »Sagen Sie mal, was für'n Mist verzapfen Sie heute Abend schon wieder im Rundfunk? Das ist zum Kotzen! Hängen Sie sich Ihre ganzen Hörspiele an den Nagel. Wissen Sie, schweinmäßig ist das!«

Waldrand. Auf den Wiesen blühte im April der Löwenzahn.
URALTE Löwenzahn, – was du für merkwürdige Wörter brauchst!
URALTER Löwenzahn, erinnere dich doch, eine gelbe Blume, die Wiesen waren gelb davon, in den Stengelwänden war ein milchiger weißer Saft. Und wenn er abgeblüht war, saßen wollige weiße Kugeln auf den Stengeln, und der gefiederte Same flog davon, wenn man hineinblies.
URALTE Ich hatte das ganz vergessen, aber jetzt erinnere ich mich.
URALTER Und erinnerst du dich an die Ziege, die wir im Stall hatten?
URALTE Die weiß ich noch. Ich molk sie jeden Morgen.
URALTER Im Schlafzimmer stand der Kleiderschrank, und ich hatte einen dunkelblauen guten Anzug darin. Warum denke ich daran? Als ob der dunkelblaue Anzug das Wichtigste, das Beste gewesen wäre!
URALTE Was war das Beste?
URALTER Alles war gut, die Akazie vorm Haus und die Himbeeren am Zaun.
URALTE Das Beste war, daß wir glücklich waren.
URALTER Aber wir wußten es nicht.
URALTE Wie hieß die Blume, von der du vorhin sprachst, die gelbe?
URALTER Löwenzahn.
URALTE Löwenzahn, ja, ich erinnere mich.
Ein Kind beginnt zu weinen.
URALTE Was hat die Kleine?
FRAU Was hast du, Frieda?
KIND Sie sprechen immer von gelben Blumen.
ENKEL Sie sprechen immer von Sachen, die es nicht gibt.
KIND Ich möchte eine gelbe Blume haben.
ENKEL Das kommt von deinem Gerede, Großvater. Das Kind will eine gelbe Blume haben. Niemand von uns weiß, was das ist.
FRAU Es gibt keine gelben Blumen, mein Kind.
KIND Aber sie erzählen es immer.
FRAU Das sind Märchen, mein Kind.
KIND Märchen?
FRAU Märchen sind nicht wahr.
URALTER Das solltest du dem Kind nicht sagen. Es ist doch wahr.
ENKEL Dann zeig sie her, die gelbe Blume!
URALTER Ich kann sie nicht zeigen, das weißt du.

ENKEL Es ist also Lüge.
URALTER Muß es deswegen Lüge sein?
ENKEL Nicht nur die Kinder, uns alle machst du verrückt mit deinen Erzählungen. Wir wollen diese Märchen nicht kennen, wollen nicht wissen, was du dir Tag und Nacht zusammenträumst.
URALTER Es ist nicht geträumt. Es ist das Leben, das ich früher geführt habe. Stimmt das nicht, Alte?
URALTE Ja, es stimmt.
ENKEL Gleichgültig, ob es stimmt oder nicht, meinst du, wir werden glücklicher davon, wenn du uns erzählst, daß es einmal schöner war und daß es irgendwo schöner ist als bei uns? Daß es etwas geben soll, was du gelbe Blume nennst, und irgendwelche Wesen, die du Tiere nennst, und daß du auf etwas geschlafen hast, was du Bett nennst, und daß du etwas getrunken hast, was du Wein nennst? Alles Wörter, Wörter, – was sollen wir damit?
URALTER Man muß es wissen, man kann nicht aufwachsen ohne eine Ahnung von der wirklichen Welt.
ENKEL Es gibt keine andere Welt außer dieser hier.
URALTER Außer diesem Käfig, in dem wir leben? Außer diesem ewig rollenden Eisenbahnwagen?
ENKEL Einen schwachen Wechsel von Hell und Dunkel, sonst nichts.
URALTE Und dieser schwache Lichtschein, woher kommt er?
ENKEL Durch die Klappe, durch die man uns das Brot hereinschiebt.
URALTER Das schimmelige Brot.
ENKEL Brot ist immer schimmelig.
URALTER Weil du kein anderes kennst.
URALTE Nun hör zu, mein Enkel: Wer aber schiebt das Brot herein?
ENKEL Ich weiß es nicht.
URALTE Also gibt es doch etwas außer diesem Raum, wo wir sind.
ENKEL Gewiß: aber es wird nicht besser sein als hier.
URALTER Es ist besser.
ENKEL Wir wissen nichts davon und wollen keine Phantasien darüber hören. Das hier ist unsere Welt, in der leben wir. Sie besteht aus vier Wänden und Dunkelheit und rollt irgendwohin. Ich bin sicher, daß draußen nichts anderes ist als die gleichen dunklen Räume, die sich durch die Finsternis bewegen.
FRAU Er hat recht.
STIMMEN Ja, er hat recht.

Man mag sich nicht erinnern lassen – weder an die Vergangenheit noch an die Zukunft. Und die gegenwärtigen Themen heißen immerhin Koreakrieg und Atomversuche. Ein halbes Jahrzehnt nach dem Weltkrieg will man nicht begreifen, was in Günter Eichs Hörspiel eine Mutter ihrem Sohn sagt: »Es ist immer Krieg.«

Günter Eich, während einer Lesung

FRAU Wir glauben nicht an die Welt, von der ihr immer redet. Ihr habt sie nur geträumt.
URALTER Haben wir nur geträumt, Alte?
URALTE Ich weiß nicht.
FRAU Schaut euch um: keine Spur von eurer Welt.
URALTER Wenn sie nun recht hätten? Mein Gott, es ist lange her. Vielleicht habe ich wirklich alles geträumt, den blauen Anzug, die Ziege, den Löwenzahn –
URALTE – und ich weiß das alles nur von dir –
URALTER Aber wie kamen wir in diesen Wagen? War es nicht vier Uhr nachts, als sie uns aus den Betten holten? Ja, die Standuhr schlug vier.
ENKEL Jetzt fängst du die Geschichte von vorn an, Großvater.
Das Kind beginnt wieder zu weinen.
FRAU Was ist, mein Kind?
KIND Da, schaut doch, da, am Boden!
ENKEL Ein glühender, glänzender Stab. Aber – man kann ihn nicht anfassen. Er besteht aus nichts.
URALTER Ein Lichtstrahl. Irgendwo hat sich ein Loch in der Wand gebildet, und ein Sonnenstrahl fällt herein.
FRAU Ein Sonnenstrahl, was ist das?
URALTER Glaubt ihr mir jetzt, daß draußen etwas anderes ist als hier?
URALTE Wenn ein Loch in der Wand ist, müßte man hinausschauen können.

ENKEL Gut, ich schaue hinaus.
URALTE Was siehst du?
ENKEL Ich sehe Dinge, die ich nicht verstehe.
FRAU Beschreib sie.
ENKEL Ich weiß nicht, welche Wörter dazu gehören.
FRAU Warum schaust du nicht weiter hinaus?
ENKEL Nein, ich habe Angst.
FRAU Ist es nicht gut, was du siehst?
ENKEL Es ist fürchterlich.
URALTER Weil es neu ist.
ENKEL Wir wollen das Loch verschließen.
URALTER Wie? Wollt ihr die Welt nicht sehen, wie sie wirklich ist?
ENKEL Nein, ich habe Angst.
URALTER Laßt mich hinaussehen.
ENKEL Sieh hinaus, ob es die Welt ist, von der du immer sprichst.
Pause
URALTE Was siehst du?
URALTER Das ist die Welt draußen. Sie fährt vorbei.
URALTE Siehst du den Himmel, siehst du Bäume?
URALTER Ich sehe den Löwenzahn, die Wiesen sind gelb davon. Da sind Berge und Wälder, – mein Gott!
ENKEL Kannst du das ertragen zu sehen?
URALTER Aber – *zögernd* – aber etwas ist anders.
FRAU Warum siehst du nicht mehr hinaus?
URALTER Die Menschen sind anders.
URALTE Was ist mit den Menschen?
URALTER Vielleicht täusche ich mich. Sieh du hinaus!
URALTE Ja.
Pause
URALTER Was siehst du?
URALTE *erschrocken*: Es sind keine Menschen mehr, wie wir sie kannten.
URALTER Siehst du es auch?
URALTE Nein, ich will nicht mehr hinaussehen.
  Flüsternd: Es sind Riesen, sie sind so groß wie die Bäume. Ich habe Angst.
URALTER Wir wollen das Loch verschließen.
ENKEL Ja, wir wollen es verschließen. So.
FRAU Gott sei Dank, daß es wieder ist wie vorher.
URALTER Es ist nicht wie vorher.
URALTE Der Gedanke an die gelben Blumen macht mich frösteln.
URALTER An was können wir jetzt noch denken?

Günter Eich, geboren 1907 in Lebus/Oder, starb 1972 in Salzburg. Seine *Gesammelten Werke* erschienen 1973, eine revidierte Ausgabe 1991. Die abgedruckten Eich-Texte entstammen dem Gedichtband *Botschaften des Regens* (1955) und *Träume* (1953) – © Suhrkamp Verlag.

URALTE Die Erinnerungen machen mir Angst.
ENKEL Seid still! Merkt ihr nichts?
Pause
FRAU Was?
Das Kind fängt wieder an zu weinen.
URALTE Was hast du, Frieda?
ENKEL Merkt ihr es nicht? Etwas hat sich verändert.
URALTER Ja, die Welt draußen.
ENKEL Nein, hier bei uns.
Pause, während der man deutlich das Rollen der Räder hört.
FRAU Warum hast du geweint, mein Kind?
KIND Ich weiß nicht.
ENKEL Etwas hat sich verändert. Das Kind hat es gemerkt.
URALTE Ich weiß, was es ist. Spürt ihr es nicht?
FRAU *flüsternd*: Wir fahren schneller.
URALTE Ja, wir fahren schneller.
Pause
Das Rollen der Räder beschleunigt sich etwas.
URALTER Was kann das bedeuten?
FRAU Ich weiß nicht was, aber bestimmt nichts Gutes.
URALTER Ihr müßt herausfinden, ob die Geschwindigkeit nun so bleibt.
ENKEL Oder?
URALTER Oder ob sie noch größer wird.
URALTE Horcht!
Pause
Das Rollen der Räder beschleunigt sich weiter.
URALTER *flüsternd*: Es wird immer schneller.
FRAU Ja, es wird immer schneller.
Das Rollen der Räder beschleunigt sich und wird lauter.
URALTER Ich glaube, es geschieht ein Unglück. Hilft uns denn niemand?
ENKEL Wer?

Das Zuggeräusch schwillt zu höchster Lautstärke an, entfernt sich dann in großer Geschwindigkeit und verklingt immer ferner.

Die Kriegsblinden werden wohl verstanden haben, was Eich im Sinne hatte, in jenen Jahren, mit seinen den *Träumen* beigegebenen Sätzen:

Wacht auf, denn eure Träume sind schlecht!
Bleibt wach, weil das Entsetzliche näher kommt.

Auch zu dir kommt es, der weit entfernt wohnt von den
                           Stätten, wo Blut vergossen wird,
auch zu dir und deinem Nachmittagsschlaf,
worin du ungern gestört wirst.

Wenn es heute nicht kommt, kommt es morgen,
aber sei gewiß.

»Oh, angenehmer Schlaf
auf den Kissen mit roten Blumen,
einem Weihnachtsgeschenk von Anita, woran sie drei
                                      Wochen gestickt hat,
oh, angenehmer Schlaf,
wenn der Braten fett war und das Gemüse zart.
Man denkt im Einschlummern an die Wochenschau von
                                               gestern abend:
Osterlämmer, erwachende Natur, Eröffnung der Spielbank
                                           in Baden-Baden,
Cambridge siegte gegen Oxford mit zweieinhalb Längen, –
                       das genügt, das Gehirn zu beschäftigen.
Oh, dieses weiche Kissen, Daunen aus erster Wahl!
Auf ihm vergißt man das Ärgerliche der Welt, jene Nachricht
                                           zum Beispiel:
Die wegen Abtreibung Angeklagte sagte zu ihrer
                                           Verteidigung:
Die Frau, Mutter von sieben Kindern, kam zu mir mit einem
                                           Säugling,
für den sie keine Windeln hatte und der
in Zeitungspapier gewickelt war.
Nun, das sind Angelegenheiten des Gerichtes, nicht unsre.
Man kann dagegen nichts tun, wenn einer etwas härter liegt
                                           als der andere,
Und was kommen mag, unsere Enkel mögen es ausfechten.«

»Ah, du schläfst schon? Wache gut auf, mein Freund!
Schon läuft der Strom in den Umzäunungen, und die Posten
                                           sind aufgestellt.«

Nein, schlaft nicht, während die Ordner der Welt geschäftig
                                           sind!
Seid mißtrauisch gegen ihre Macht, die sie vorgeben für euch
                                           erwerben zu müssen!
Wacht darüber, daß eure Herzen nicht leer sind, wenn mit
                                         der Leere eurer Herzen gerechnet wird!
Tut das Unnütze, singt die Lieder, die man aus eurem Mund
                                         nicht erwartet!
Seid unbequem, seid Sand, nicht das Öl im Getriebe der
                                           Welt!

Als Ingeborg Bachmann, sechs Jahre danach, den Hörspielpreis der Kriegsblinden erhält, ist das Getriebe der Welt schon ganz anders in Schwung gekommen: Bundesminister Theodor Blank hat inzwischen die Bundeswehr aufbauen lassen. Ingeborg Bachmanns Dankrede ist ein poetisches Manifest.

...daß uns die Augen aufgehen

Ingeborg Bachmann
Die Wahrheit ist dem Menschen zumutbar

Der Schriftsteller – und das ist in seiner Natur – wünscht, sich Gehör zu verschaffen. Und doch erscheint es ihm eines Tages wunderbar, wenn er fühlt, daß er zu wirken vermag – um so mehr, wenn er wenig Tröstliches sagen kann vor Menschen, die des Trostes bedürftig sind, wie nur Menschen es sein können, verletzt, verwundet und voll von dem großen geheimen Schmerz, mit dem der Mensch vor allen anderen Geschöpfen ausgezeichnet ist. Es ist eine schreckliche und unbegreifliche Auszeichnung. Wenn das so ist, daß wir sie tragen und mit ihr leben müssen, wie soll dann der Trost aussehen und was soll er uns überhaupt? Dann ist es doch – meine ich – unangemessen, ihn durch Worte herstellen zu wollen. Er wäre ja, wie immer er aussähe, zu klein, zu billig, zu vorläufig.

So kann es auch nicht die Aufgabe des Schriftstellers sein, den Schmerz zu leugnen, seine Spuren zu verwischen, über ihn hinwegzutäuschen. Er muß ihn, im Gegenteil, wahrhaben und noch einmal, damit wir sehen können, wahrmachen. Denn wir wollen alle sehend werden. Und jener geheime Schmerz macht uns erst für die Erfahrung empfindlich und insbesondere für die der Wahrheit. Wir sagen sehr einfach und richtig, wenn wir in diesen Zustand kommen, den hellen, wehen, in dem der Schmerz fruchtbar wird: Mir sind die Augen aufgegangen. Wir sagen das nicht, weil wir eine Sache oder einen Vorfall äußerlich wahrgenommen haben, sondern weil wir begreifen, was wir doch nicht sehen können. Und das sollte die Kunst zuwege bringen: daß uns, in diesem Sinne, die Augen aufgehen.

Der Schriftsteller – und das ist auch in seiner Natur – ist mit seinem ganzen Wesen auf ein Du gerichtet, auf den Menschen, dem er seine Erfahrung vom Menschen zukommen lassen möchte (oder seine Erfahrung der Dinge, der Welt und seiner Zeit, ja von all dem auch!), aber insbesondere vom Menschen, der er selber oder die anderen sein können und wo er selber und die anderen am meisten Mensch sind. Alle Fühler ausgestreckt, tastet er nach der Gestalt der Welt, nach den Zügen des Menschen in dieser Zeit. Wie wird gefühlt und was gedacht und wie gehandelt? Welche sind die Leidenschaften, die Verkümmerungen, die Hoffnungen...?

Wenn in meinem Hörspiel *Der gute Gott von Manhattan* alle Fragen auf die nach der Liebe zwischen Mann und Frau und

Ingeborg Bachmann erhält 1959 für ihr Hörspiel *Der gute Gott von Manhattan* den Hörspielpreis der Kriegsblinden. Der Vorsitzende des Bundes der Kriegsblinden, Hans Ludwig, überreicht eine Plastik des kriegsblinden Bildhauers Walter Richter, in der Mitte: Bundesminister Theodor Blank.

was sie ist, wie sie verläuft und wie wenig oder wie viel sie sein kann, hinauslaufen, so könnte man sagen: Aber das ist ein Grenzfall. Aber das geht zu weit...
Nun steckt aber in jedem Fall, auch im alltäglichsten von Liebe, der Grenzfall, den wir, bei näherem Zusehen, erblicken können und vielleicht uns bemühen sollten, zu erblicken. Denn bei allem, was wir tun, denken und fühlen, möchten wir manchmal bis zum Äußersten gehen. Der Wunsch wird in uns wach, die Grenzen zu überschreiten, die uns gesetzt sind. Nicht um mich zu widerrufen, sondern um es deutlicher zu ergänzen, möchte ich sagen: Es ist auch mir gewiß, daß wir in der Ordnung bleiben müssen, daß es den Austritt aus der Gesellschaft nicht gibt und wir uns aneinander prüfen müssen. Innerhalb der Grenzen aber haben wir den Blick gerichtet auf das Vollkommene, das Unmögliche, Unerreichbare, sei es der Liebe, der Freiheit oder jeder reinen Größe. Im Widerspiel des Unmöglichen mit dem Möglichen erweitern wir unsere Möglichkeiten. Daß wir es erzeugen, dieses Spannungsverhältnis, an dem wir wachsen, darauf, meine ich, kommt es an; daß wir uns orientieren an einem Ziel, das freilich, wenn wir uns nähern, sich noch einmal entfernt.
Wie der Schriftsteller die anderen zur Wahrheit zu ermutigen versucht durch Darstellung, so ermutigen ihn die anderen, wenn sie ihm, durch Lob und Tadel, zu verstehen geben, daß sie die Wahrheit von ihm fordern und in den Stand kommen wollen, wo ihnen die Augen aufgehen. Die Wahrheit nämlich ist dem Menschen zumutbar.
Wer, wenn nicht diejenigen unter Ihnen, die ein schweres Los getroffen hat, könnte besser bezeugen, daß unsere Kraft wei-

Die erste Seite der »Zeitschrift für Verständnis und Verständigung«: »Der Kriegsblinde«, 15. April 1959

ter reicht als unser Unglück, daß man, um vieles beraubt, sich zu erheben weiß, daß man enttäuscht, und das heißt, ohne Täuschung, zu leben vermag. Ich glaube, daß dem Menschen eine Art des Stolzes erlaubt ist – der Stolz dessen, der in der Dunkelhaft der Welt nicht aufgibt und nicht aufhört, nach dem Rechten zu sehen.

Eine festliche Pause zwischen zwei Arbeiten, wie die heutige, ist zugleich eine Bedenkzeit; sofern sie meine Bedenkzeit ist, erbitte ich sie für die vielen Fragen, die Sie zu Recht noch stellen könnten und auf die erst immer neue Arbeiten und Bemühungen versuchen können, Antworten zu sein. So komme ich zum Dank für die Ehrung, die Sie mir heute widerfahren lassen. Weil man, wenn man seinen Dank sagt, es nicht nur im allgemeinen tun mag, will ich ihn richten an jene, die oft meine Arbeit und die so vieler Autoren erst ermöglicht oder erleichtert haben durch ihre Großzügigkeit,

an die deutschen Rundfunkanstalten; darüber hinaus an die Hörer, die ich gefunden habe, die unbekannten, deren Namen ich nicht kenne; vor allem aber an die Kriegsblinden, die mehr noch als alle anderen Gehör schenken dem Wort und die, als eine würdige Instanz, diesen Preis vergeben.
Ich danke Ihnen.

Der gute Gott von Manhattan
Im Gerichtssaal

RICHTER Wovon ist die Rede?
GUTER GOTT Von einem anderen Zustand. Von einem Grenzübertritt. Von etwas, das Sie und ich nicht erwogen haben.
RICHTER *zurückhaltend*: Wir haben hier schon mit allen möglichen Fällen zu tun gehabt.
GUTER GOTT Sie haben nur mit mir zu tun. Damit aber nichts.
RICHTER Anmaßungen. – Wollen Sie auch behaupten, daß die Geschichte von Ellen Hay und diesem Bamfield und all den anderen, die Sie –
GUTER GOTT Die ich? Ich?
RICHTER Die getötet wurden, ähnlich verlief?
GUTER GOTT Das kann ich nicht behaupten. Jede Geschichte fand in einer anderen Sprache statt. Bis in die Wortlosigkeit verlief jede anders. Auch die Zeit war eine andere, in die jede getaucht war. Aber wer sich nicht damit beschäftigt hat, mag wohl Ähnlichkeit drin sehen. So wie es eine Ähnlichkeit zwischen Zweibeinern gibt. Aber alle hatten die Neigung, die natürlichen Klammern zu lösen, um dann keinen Halt mehr in der Welt zu finden. Sagt man nicht, es seien nicht immer die Mörder, sondern manchmal die Ermordeten schuldig?
RICHTER Versuchen Sie nicht, die Dinge auf den Kopf zu stellen! Und die Worte zu verdrehen.
GUTER GOTT Ich versuche nichts dergleichen. Ich möchte Sie nur davon unterrichten, daß die beiden an nichts mehr glaubten und ich in gutem Glauben handelte.
RICHTER Sie!
GUTER GOTT Wollen Sie mein Glaubensbekenntnis? – Ich glaube an eine Ordnung für alle und für alle Tage, in der gelebt wird jeden Tag.
Ich glaube an eine große Konvention und an ihre große Macht, in der alle Gefühle und Gedanken Platz haben, und ich glaube an den Tod ihrer Widersacher. Ich glaube, daß

Im Wintersemester 1959/60 hält Ingeborg Bachmann an der Johann Wolfgang Goethe-Universität Frankfurt am Main als Gastdozentin für Poetik fünf Vorlesungen.

»Mit einer neuen Sprache wird der Wirklichkeit immer dort begegnet, wo

ein moralischer, erkenntnishafter Ruck geschieht, und nicht, wo man versucht, die Sprache an sich neu zu machen, als könnte die Sprache selber die Erkenntnis eintreiben und die Erfahrung kundtun, die man nie gehabt hat. Wo nur mit ihr hantiert wird, damit sie sich neuartig anfühlt, rächt sie sich bald und entlarvt die Absicht. Eine neue Sprache muß eine neue Gangart haben, und diese Gangart hat sie nur, wenn ein neuer Geist sie bewohnt. Wir meinen, wir kennen sie doch alle, die Sprache, wir gehen doch mit ihr um; nur der Schriftsteller nicht, er kann nicht mit ihr umgehen. Sie erschreckt ihn, ist ihm nicht selbstverständlich, sie ist ja auch vor der Literatur da, bewegt und in einem Prozeß, zum Gebrauch bestimmt, von dem er keinen Gebrauch machen kann.«
Ingeborg Bachmann, Frankfurter Poetik-Vorlesung 1959/60

die Liebe auf der Nachtseite der Welt ist, verderblicher als jedes Verbrechen, als alle Ketzereien. Ich glaube, daß, wo sie aufkommt, ein Wirbel entsteht wie vor dem ersten Schöpfungstag. Ich glaube, daß die Liebe unschuldig ist und zum Untergang führt; daß es nur weitergeht mit Schuld und mit dem Kommen vor alle Instanzen.

Ich glaube, daß die Liebenden gerechterweise in die Luft fliegen und immer geflogen sind. Da mögen sie vielleicht unter die Sternbilder versetzt worden sein. Haben Sie nicht gesagt: er hat sie nicht begraben –? Haben Sie es nicht gesagt?

RICHTER Ja.

GUTER GOTT Und ich wiederhole es nur. Nicht begraben. Verstehen Sie. Versetzt. Unter Bilder.

RICHTER *gewöhnlich*: Sie sind ein krankhafter Phantast. Jeder Mensch könnte Ihnen aus eigener Erfahrung eine Reihe von glücklichen Paaren nennen. Die Jugendfreundin, die später an einen Arzt geriet. Die Nachbarn auf dem Land, die schon fünf Kinder haben. Die zwei Studenten, die einen Ernst fürs Leben und füreinander verraten.

GUTER GOTT Ich gestehe Ihnen unzählige zu. Aber wer wird sich mit Menschen beschäftigen, die nach einem anfänglichen Seitensprung in die Freiheit ohnehin Instinkt bewiesen haben. Die das bißchen anfängliche Glut zähmten, in die Hand nahmen und ein Heilmittelunternehmen gegen die Einsamkeit draus machten, eine Kameradschaft und wirtschaftliche Interessengemeinschaft. Ein annehmbarer Status innerhalb der Gesellschaft ist geschaffen. Alles im Gleichgewicht und in der Ordnung.

RICHTER Etwas anderes ist nicht möglich und gibt es nicht.

GUTER GOTT Weil ich es ausgerottet und kaltgemacht habe. Ich habe es getan, damit es Ruhe und Sicherheit gibt, auch damit Sie hier ruhig sitzen und sich die Fingerspitzen betrachten können und der Gang aller Dinge der bleibt, den wir bevorzugen.

RICHTER Es gibt nicht zwei Richter – wie es nicht zwei Ordnungen gibt.

GUTER GOTT Dann müßten Sie mit mir im Bund sein, und ich weiß es nur noch nicht. Dann war es vielleicht nicht beabsichtigt, mich außer Gefecht zu setzen, sondern etwas zur Sprache zu bringen, worüber besser nicht geredet werden sollte. Und zwei Ordner wären einer.

STIMMEN
 EIN GESTIRN MACHT KEINEN HIMMEL
 EINLENKEN RATSAMER VERSCHLAGEN SEIN
 PROBEWEISE GEWALT AUF VORRAT
 RAKETEN SPRITZIGER BOMBEN FÜLLIGER
 SCHWERES WASSER RUCHBARER
 LÖST AUF LÖST EUCH AUF LÖST DIE WELT
 BEIM GONGSCHLAG NULL UHR NULL
 UNTER SCHLÄGEN STEIGEN UND SINKEN
 DENK DARAN DU KANNST ES NICHT
 MACH ES KURZ UND SÜSS
 GRINS UND ERTRAG ES – HALT!

Im Zimmer des 57. Stockwerks

JAN Nimmst du es an? Wirst du es ertragen? Obwohl es »Abschied« heißt und kein Wort mehr für uns ist.
JENNIFER Mich erschreckt nur, daß du noch immer da bist und ich dich ansehn muß, während die letzten Sekunden kommen. Ich werde bald nichts mehr sein. Wär's zu Ende. Ich ohne Schmerz. Wäre ich ohne mich. Darf ich alles sagen?
JAN Alles. Sag alles!
JENNIFER Rühr mich nicht mehr an. Komm mir nicht zu nah. Ich würd Zunder sein.
JAN Wie weit soll ich weggehn?
JENNIFER Bis zur Tür. Aber leg die Hand noch nicht auf den Griff.
JAN *entfernt*: Ich...
JENNIFER Sprich nicht mehr zu mir. Und umarm mich kein letztes Mal.
JAN Und ich!
JENNIFER Drück jetzt die Schnalle nieder und geh, ohne dich umzudrehen. Nicht mit dem Rücken zu mir. Obwohl ich die Augen schließen und dein Gesicht nicht mehr sehen werde.
JAN Aber ich kann nicht...
JENNIFER Tu mir nicht mehr weh. Mit keinem Aufschub.
JAN *während er durch das Zimmer zu ihr zurückgeht*: Ich kann nie mehr gehen.
JENNIFER Nicht. Rühr mich nicht an!
JAN Nie mehr. Sieh mich doch an. Nie mehr.
JENNIFER *langsam, während sie sich auf die Knie wirft*: Oh, das ist wahr. Nie mehr.

»Denn dies bleibt doch: sich anstrengen müssen mit der schlechten Sprache, die wir vorfinden, auf diese eine Sprache hin, die noch nie regiert hat, die aber unsere Ahnung regiert und die wir nachahmen. Es gibt die schlechte Nachahmung, im üblichen Sinn, die meine ich nicht, und es gibt die Nachahmung, von der Jacob Burckhardt gesprochen hat, und von der heute, zufrieden oder tadelnd, die konservative Kritik profitiert, Nachahmung, Nachklang als Schicksal, und die meine ich auch nicht. Aber eine Nachahmung eben dieser von uns erahnten Sprache, die wir nicht ganz in unseren Besitz bringen können. Wir besitzen sie als Fragment in der Dichtung, konkretisiert in einer Zeile oder einer Szene, und begreifen uns aufatmend darin als zur Sprache gekommen. Es gilt weiterzuschreiben.«
Ingeborg Bachmann, Frankfurter Poetik-Vorlesung 1959/60

JAN *entsetzt*: Was tust du? Tu das nicht!
JENNIFER Auf den Knien vor dir liegen und deine Füße küssen? Ich werde es immer tun. Und drei Schritte hinter dir gehen, wo du gehst. Erst trinken, wenn du getrunken hast. Essen, wenn du gegessen hast. Wachen, wenn du schläfst.
JAN *leise*: Steh auf, meine Liebe. – Ich will das Fenster öffnen und den Himmel hereinlassen. Du wirst warten und nicht mehr weinen, wenn ich jetzt geh – nur um die Schiffskarte zurückzugeben, um für immer das Schiff fahren zu lassen. Das feuerrote Taxi werde ich nehmen, das am schnellsten fährt. Es ist ja soweit.
Ich weiß nichts weiter, nur daß ich hier leben und sterben will mit dir und zu dir reden in einer neuen Sprache; daß ich keinen Beruf mehr haben und keinem Geschäft nachgehen kann, nie mehr nützlich sein und brechen werde mit allem, und daß ich geschieden sein will von allen andern. Und sollte mir der Geschmack an der Welt nie mehr zurück-

kommen, so wird es sein, weil ich dir und deiner Stimme hörig bin. Und in der neuen Sprache, denn es ist ein alter Brauch, werde ich dir meine Liebe erklären und dich »meine Seele« nennen. Das ist ein Wort, das ich noch nie gehört und jetzt gefunden habe, und es ist ohne Beleidigung für dich.

JENNIFER Oh, sag es niemand.

JAN Mein Geist, ich bin wahnsinnig vor Liebe zu dir, und weiter ist nichts. Das ist der Anfang und das Ende, das Alpha und Omega...

JENNIFER Ein alter Brauch: wenn du mir deine Liebe erklärst, werde ich dir meine gestehen. Meine Seele –

JAN Unsterblich oder nicht: es gibt kein Ja mehr auf dieses.

Im Gerichtssaal

GUTER GOTT Ja, auffliegen müssen sie, spurlos, denn nichts und niemand darf ihnen zu nah kommen. Sie sind wie die seltenen Elemente, die da und dort gefunden werden, jene Wahnsinnsstoffe, mit Strahl- und Brandkraft, die alles zersetzen und die Welt in Frage stellen. Noch die Erinnerung, die von ihnen bleibt, verseucht die Orte, die sie berührt haben. Dieses Gericht wird ohne Beispiel sein. Wenn ich verurteilt werde, wird es zur Beunruhigung aller geschehen. Denn die hier lieben, müssen umkommen, weil sie sonst nie gewesen sind. Sie müssen zu Tode gehetzt werden – oder sie leben nicht. Man wird mir entgegenhalten: dieses Gefühl verläuft sich, gibt sich. Aber da ist gar kein Gefühl, nur Untergang! Und es gibt sich eben nicht.

Und es kommt doch darauf an, auszuweichen, sich anzupassen! Antworten Sie – bei allem, was Ihnen Recht ist. Antworten Sie!

RICHTER Ja.

GUTER GOTT Auf dieses Ja folgt nichts mehr. Darauf ginge ich noch einmal hin und täte es noch einmal.

Ingeborg Bachmann war rasch zu Ruhm gekommen. Schon ihr erster Lyrikband von 1953, *Die gestundete Zeit*, enthält einige Gedichte, die sehr genau das Zeitbewußtsein derer treffen, die dem Frieden jener Jahre nicht trauen. Ihre Gedichte überzeugen nicht nur durch die neue lyrische Stimme; es ist auch ein überraschend frischer politischer Ton, den die junge Österreicherin anschlägt.

Ingeborg Bachmann
Die gestundete Zeit

Es kommen härtere Tage.
Die auf Widerruf gestundete Zeit
wird sichtbar am Horizont.
Bald mußt du den Schuh schnüren
und die Hunde zurückjagen in die Marschhöfe.
Denn die Eingeweide der Fische
sind kalt geworden im Wind.
Ärmlich brennt das Licht der Lupinen.
Dein Blick spurt im Nebel:
die auf Widerruf gestundete Zeit
wird sichtbar am Horizont.

Drüben versinkt dir die Geliebte im Sand,
er steigt um ihr wehendes Haar,
er fällt ihr ins Wort,
er befiehlt ihr zu schweigen,
er findet sie sterblich
und willig dem Abschied
nach jeder Umarmung.
Sieh dich nicht um.
Schnür deinen Schuh.
Jag die Hunde zurück.
Wirf die Fische ins Meer.
Lösch die Lupinen!

Es kommen härtere Tage.

Früher Mittag

Still grünt die Linde im eröffneten Sommer,
weit aus den Städten gerückt, flirrt
der mattglänzende Tagmond. Schon ist Mittag,
schon regt sich im Brunnen der Strahl,
schon hebt sich unter den Scherben
des Märchenvogels geschundener Flügel,
und die vom Steinwurf entstellte Hand
sinkt ins erwachende Korn.

Wo Deutschlands Himmel die Erde schwärzt,
sucht sein enthaupteter Engel ein Grab für den Haß
und reicht dir die Schüssel des Herzens.

Eine Handvoll Schmerz verliert sich über den Hügel.

Sieben Jahre später
fällt es dir wieder ein,
am Brunnen vor dem Tore,
blick nicht zu tief hinein,
die Augen gehen dir über.

Sieben Jahre später,
in einem Totenhaus,
trinken die Henker von gestern
den goldenen Becher aus.
Die Augen täten dir sinken.

Schon ist Mittag, in der Asche
krümmt sich das Eisen, auf den Dorn
ist die Fahne gehißt, und auf den Felsen
uralten Traums bleibt fortan
der Adler geschmiedet.

Nur die Hoffnung kauert erblindet im Licht.

Lös ihr die Fessel, führ sie
die Halde herab, leg ihr
die Hand auf das Aug, daß sie
kein Schatten versengt!

Wo Deutschlands Erde den Himmel schwärzt,
sucht die Wolke nach Worten und füllt den Krater mit
                                    Schweigen,
eh sie der Sommer im schütteren Regen vernimmt.

Das Unsägliche geht, leise gesagt, übers Land:
schon ist Mittag.

Ingeborg Bachmann, geboren 1926 in Klagenfurt, starb 1973 in Rom – weitere wichtige Werke: *Anrufung des großen Bären.* Gedichte 1956; *Das dreißigste Jahr.* Erzählungen 1961; *Malina.* Roman 1971.
© der abgedruckten Bachmann-Texte: R. Piper Verlag

Alle Tage

Der Krieg wird nicht mehr erklärt,
sondern fortgesetzt. Das Unerhörte
ist alltäglich geworden. Der Held
bleibt den Kämpfen fern. Der Schwache
ist in die Feuerzonen gerückt.
Die Uniform des Tages ist die Geduld,
die Auszeichnung der armselige Stern
der Hoffnung über dem Herzen.

Er wird verliehen,
wenn nichts mehr geschieht,
wenn das Trommelfeuer verstummt,
wenn der Feind unsichtbar geworden ist
und der Schatten ewiger Rüstung
den Himmel bedeckt.

Er wird verliehen
für die Flucht von den Fahnen,
für die Tapferkeit vor dem Freund,
für den Verrat unwürdiger Geheimnisse
und die Nichtachtung
jeglichen Befehls.

»Alle Tage«, ein Gedicht, das mancher als Manifest gegen die politische und moralische Dumpfheit jener Restaurationsjahre auffaßte, ein Gedicht, auf das sich, ein Jahrzehnt später, Heinrich Böll bezieht. Dieser ist inzwischen zum Exponenten der literarischen Opposition in der Bundesrepublik geworden – ein streitbarer rheinländischer Katholik, und gerade deshalb in mehr als einer Hinsicht direkter Opponent Adenauers.

Heinrich Böll
Aus: Frankfurter Vorlesungen (1964)

Ich weiß nicht, ob es so etwas wie befohlene Demokratie geben kann – man sollte über diese Formel nachdenken, nachdenken auch über das Wort Befehl: Es ist ein Wort, das vor Gericht gehört, ein Wort, das ausgelöscht werden sollte. Selbst eine ganze Armee nihilistischer Schriftsteller könnte nicht andeutungsweise so viel anrichten, wie dieses Wort angerichtet hat. Ich meine: Alle Sensationen, die Literatur hervorruft, sind auf peinliche Weise übertrieben. Was sensationell ist, geschieht vor den Gerichten, die über das Wort Befehl zu befinden haben. Ein Autor, ein Urheber, ein Poet also – er würde nicht nur gern wohnen (wohnen ist ein Verb, ein Tätigkeitswort), sondern auch die Sprache, in der er schreibt, bewohnbar machen, es ist ja nicht gut, daß der Mensch allein sei, und er kann sich nicht selbst Heimat und Nachbarschaft, Freundschaft und Vertrauen aus den Rippen bilden, die ihm geblieben sind. Er kann auch nicht wie Abraham sein eigenes Volk

zeugen; er muß auf es zu, es muß ihm zuwachsen. Er braucht nicht nur Freunde, Leser, Publikum, er braucht Verbündete, öffentliche Verbündete, die sich nicht nur ärgern oder nicht nur triumphieren, die *erkennen*. Eitelkeit, Eifersucht, Gekränktheit, Triumph, Ärger sollten Privatsache sein. *Erkannt* werden sollte, was wichtiger ist: die Suche nach einer bewohnbaren Sprache in einem bewohnbaren Land.
(...)
Wirklichkeit ist dieses Nicht-wohnen-Können der Deutschen, wie es einem nicht nur aus der Nachkriegsliteratur entgegenkommt, denn statistisch wohnen ja zwar alle irgendwo, irgendwie (sogar die Vagabunden sind registriert), aber wie es scheint, immer auf dem Sprung irgendwohin. Nirgendwo wird Nachbarschaft als etwas Dauerhaftes, Vertrauenerweckendes geschildert. (Nachbarschaft, Einander-Helfen, Zusammenhalt, Verbündetsein, Verbundenheit – das scheinen nur die Mörder zu kennen. Die anderen helfen einander nicht, halten nicht zusammen, sind nicht verbündet.)
(...)
Es ist also kein Zufall, daß es keine freundlich geschilderte Stadt geben kann, daß kein Ort in lieblicher Selbstverständlichkeit als bewohnbar geschildert wird. Es ist zuviel Nachbarschaft verletzt, zuviel Vertrauen weggespült worden – auf Befehl, nicht einmal immer aus Haß oder aus Fanatismus, sondern auf Befehl: verletzte Nachbarschaft, verletztes Vertrauen, verletzter Glaube. Jeder Mord, jede verabreichte Prügel, jeder Fußtritt – alles auf Befehl – ist eine ganze Provinz zerstörter Nachbarschaft, verletzten Vertrauens. Ich wüßte einen schönen Wandspruch für unsere Schulen, Verse aus einem Gedicht von Ingeborg Bachmann:

Heinrich Böll, geboren 1917 in Köln, starb dort 1985. Böll war 1971 bis 1974 Präsident des Internationalen PEN-Clubs, 1972 erhielt er den Nobelpreis für Literatur. – Weitere wichtige Werke: *Billard um halb zehn*. Roman 1959; *Ansichten eines Clowns*. Roman 1963; *Gruppenbild mit Dame*. Roman 1971; *Die verlorene Ehre der Katharina Blum*. Erzählung 1974. Die *Gesammelten Werke* erschienen 1979. © der abgedruckten Böll-Texte: Verlag Kiepenheuer & Witsch

Die Uniform des Tages ist die Geduld,
die Auszeichnung der armselige Stern
der Hoffnung über dem Herzen.
...
Er wird verliehen
für die Flucht von den Fahnen,
für die Tapferkeit vor dem Freund,
für den Verrat unwürdiger Geheimnisse
und die Nichtachtung
jeglichen Befehls.

Man sollte sie in den Lesebüchern unserer Kinder verewigen, die Unzähligen, die sich des ehrenwerten Delikts der Befehlsverweigerung schuldig gemacht haben, die gestorben sind,

Heinrich Böll

Heinrich Bölls frühe Romane – *Haus ohne Hüter, Und sagte kein einziges Wort, Wo warst du, Adam?* – erreichen eine große Leserschaft im Inland wie im Ausland. Er ist der Volksschriftsteller der deutschen Nachkriegsliteratur.

Heinrich Böll schreibt von denjenigen und für diejenigen, die genug haben von großen Zeiten und von hehren Gestalten; sein Thema sind kleine Leute, kleine Zeit – auch dann noch, als Wohlstand und Erfolg immer ausschließlicher zu gesellschaftlichen Leitideen werden. Sein Blick auf diese Wirklichkeit ist ein christlicher, ein im wörtlichen Sinn befremdlicher Blick: Wir sollen haben, als hätten wir nicht.

weil sie nicht morden und nicht zerstören wollten. Es wird, wenn das Wort Befehl vor Gericht steht, zu wenig von denen geredet, die Befehle *nicht* ausgeführt haben: Erschießungsbefehle, Sprengungsbefehle. Menschen wurden vor dem Tode gerettet, Städte und Brücken bewahrt: Das Inhumane darf sich auf Befehlsnotstand berufen, das Humane scheint suspekt zu sein, weil es vom Befehlsnotstand keinen Gebrauch machte. Man sollte sich mehr über die Lesebücher erregen, anstatt ein paar eingeschlagene Fensterscheiben zur Sensation werden zu lassen.

Heinrich Böll
Bekenntnis zur Trümmerliteratur

(...)

Nehmen wir an, das Auge des Schriftstellers sieht in einen Keller hinein: dort steht ein Mann an einem Tisch, der Teig knetet, ein Mann mit mehlbestaubtem Gesicht: der Bäcker. Er sieht ihn dort stehen, wie Homer ihn gesehen hat, wie er Balzacs und Dickens' Augen nicht entgangen ist – den Mann, der unser Brot backt, so alt wie die Welt, und seine Zukunft reicht bis ans Ende der Welt. Aber dieser Mann dort unten im Keller raucht Zigaretten, er geht ins Kino, sein Sohn ist in Rußland gefallen, dreitausend Kilometer weit liegt er begraben am Rande eines Dorfes; aber das Grab ist eingeebnet, kein Kreuz steht darauf, Traktoren ersetzen den Pflug, der diese Erde sonst gepflügt hat. Das alles gehört zu dem bleichen und sehr stillen Mann dort unten im Keller, der unser Brot backt –

dieser Schmerz gehört zu ihm, wie auch manche Freude dazu gehört.

Und hinter den verstaubten Scheiben einer kleinen Fabrik sieht das Auge des Schriftstellers eine kleine Arbeiterin, die an einer Maschine steht und Knöpfe ausstanzt, Knöpfe, ohne die unsere Kleider keine Kleider mehr wären, sondern lose an uns herunterhängende Stoffetzen, die uns weder schmücken noch wärmen würden: diese kleine Arbeiterin schminkt sich die Lippen, wenn sie Feierabend hat, auch sie geht ins Kino, raucht Zigaretten; sie geht mit einem jungen Mann spazieren, der Autos repariert oder die Straßenbahn fährt. Und es gehört zu diesem jungen Mädchen, daß ihre Mutter irgendwo unter einem Trümmerhaufen begraben liegt: unter einem Berg schmutziger Steinbrocken, die mit Mörtel gemengt sind, unten tief irgendwo liegt die Mutter des Mädchens, und ihr Grab ist ebensowenig mit einem Kreuz geschmückt wie das Grab des Bäckersohnes. Nur hin und wieder – einmal im Jahr – geht das junge Mädchen hin und legt Blumen auf diesen schmutzigen Trümmerhaufen, unter dem seine Mutter begraben liegt.

Diese beiden, der Bäcker und das Mädchen, gehören unserer Zeit an, sie hängen in der Zeit, Jahreszahlen sind um sie geschlungen wie ein Netz; sie aus dem Netz zu lösen hieße, ihnen ihr Leben zu nehmen, aber der Schriftsteller braucht Leben und wer anders könnte diesen beiden ihr Leben erhalten als die Trümmerliteratur?

(...)

Wer Augen hat zu sehen, der sehe! Und in unserer schönen Muttersprache hat Sehen eine Bedeutung, die nicht mit optischen Kategorien allein zu erschöpfen ist: wer Augen hat, zu sehen, für den werden die Dinge durchsichtig – und es müßte ihm möglich werden, sie zu durchschauen, und man kann versuchen, sie mittels der Sprache zu durchschauen, in sie hineinzusehen. Das Auge des Schriftstellers sollte menschlich und unbestechlich sein: man braucht nicht gerade Blindekuh zu spielen, es gibt rosarote, blaue, schwarze Brillen – sie färben die Wirklichkeit jeweils so, wie man sie gerade braucht. Rosarot wird gut bezahlt, es ist meistens sehr beliebt – und der Möglichkeiten zur Bestechung gibt es viele –, aber auch Schwarz ist hin und wieder beliebt, und wenn es gerade beliebt ist, wird auch Schwarz gut bezahlt. Aber wir wollen es so sehen, wie es ist, mit einem menschlichen Auge, das normalerweise nicht ganz trocken und nicht ganz naß ist, sondern feucht – und wir wollen daran erinnern, daß das lateinische Wort für Feuchtigkeit Humor ist –, ohne zu vergessen, daß un-

Heinrich Böll:
Zur Verteidigung der Waschküchen

Ein Kritiker klopfte mir nach Erscheinen eines meiner Bücher lobend auf die Schulter, indem er feststellte, daß ich nun das Armeleutemilieu verlassen habe, meine Bücher von Waschkücheneruch frei und der sozialen Anklage bar seien. Dieses Lob wurde mir gespendet zu einer Zeit, da eben bekannt zu werden begann, daß zwei Drittel der Menschheit hungern, daß in Brasilien Kinder sterben, die niemals erfahren haben, wie Milch schmeckt; geschah in einer Welt, die nach Ausbeutung stinkt; in der Armut weder Station zum Klassenkampf noch mystische Heimat mehr ist, nur noch eine Art Aussatz, vor dem man sich zu hüten hat, und den zum Gegenstand seiner Arbeiten zu wählen, einem Autor angekreidet werden kann, ohne daß man sich die Mühe machen muß, festzustellen, ob eine Kongruenz von Form und Inhalt hergestellt sei.

Heinrich Böll mit einer Leserin, 1962

sere Augen auch trocken werden können oder naß; daß es Dinge gibt, bei denen kein Anlaß für Humor besteht. Unsere Augen sehen täglich viel: sie sehen den Bäcker, der unser Brot backt, sehen das Mädchen in der Fabrik – und unsere Augen erinnern sich der Friedhöfe; und unsere Augen sehen Trümmer: die Städte sind zerstört, die Städte sind Friedhöfe, und um sie herum sehen unsere Augen Gebäude entstehen, die uns an Kulissen erinnern, Gebäude, in denen keine Menschen wohnen, sondern Menschen verwaltet werden, verwaltet als Versicherte, als Staatsbürger, Bürger einer Stadt, als solche, die Geld einzahlen oder Geld entleihen – es gibt unzählige Gründe, um derentwillen ein Mensch verwaltet werden kann. Es ist unsere Aufgabe, daran zu erinnern, daß der Mensch nicht nur existiert, um verwaltet zu werden – und daß die Zerstörungen in unserer Welt nicht nur äußerer Art sind und nicht so geringfügiger Natur, daß man sich anmaßen kann, sie in wenigen Jahren zu heilen.

Der Name Homer ist der gesamten abendländischen Bildungswelt unverdächtig: Homer ist der Stammvater europäischer Epik, aber Homer erzählt vom Trojanischen Krieg, von der Zerstörung Trojas und von der Heimkehr des Odysseus – Kriegs-, Trümmer- und Heimkehrerliteratur –, wir haben keinen Grund, uns dieser Bezeichnung zu schämen.

(1952)

Siegfried Lenz
Sein Personal

Als ich Heinrich Bölls Personal kennenlernte, erschrak ich manchmal. Woher kennt er deinen Lehrer, deine Wirtin, deinen Kumpel: so fragte ich mich, wo begegnete er dem Beschädigten, mit dem du selbst eine Weile gezogen bist. Ich weiß, für die Gallionsfiguren unserer Literatur gehört solch ein Erschrecken schon zum Kulinarischen, aber ich gebe trotzdem zu, daß ich auch noch über anderes unvermutet erschrak: über die Verletzlichkeit von Bölls Personal nämlich, über seine lakonische Reizbarkeit und Befangenheit, über die mitunter listige, jedenfalls erklärte Untauglichkeit zur Anpassung. Die geht so weit, daß man Gesten unterdrückt aus Furcht, man könnte sie sich im Kino angeeignet haben. Ich erkannte meine eigene Befangenheit und Verletzlichkeit wieder, ich entdeckte einen Grund für meine eigene Weigerung, mich ohne Erinnerungen einzurichten.

Paul Celan
Ansprache anläßlich der Entgegennahme des
Literaturpreises der Freien Hansestadt Bremen

Denken und Danken sind in unserer Sprache Worte ein und desselben Ursprungs. Wer ihrem Sinn folgt, begibt sich in den Bedeutungsbereich von: »gedenken«, »eingedenk sein«, »Andenken«, »Andacht«. Erlauben Sie mir, Ihnen von hier aus zu danken.
Die Landschaft, aus der ich – auf welchen Umwegen! aber gibt es das denn: Umwege? –, die Landschaft, aus der ich zu Ihnen komme, dürfte den meisten von Ihnen unbekannt sein. Es ist die Landschaft, in der ein nicht unbeträchtlicher Teil jener chassidischen Geschichten zu Hause war, die Martin Buber uns allen auf deutsch wiedererzählt hat. Es war, wenn ich diese topographische Skizze noch um einiges ergänzen darf, das mir, von sehr weit her, jetzt vor Augen tritt, – es war eine Gegend, in der Menschen und Bücher lebten. Dort, in dieser nun der Geschichtslosigkeit anheimgefallenen ehemaligen Provinz der Habsburgermonarchie, kam zum erstenmal der Name Rudolf Alexander Schröders auf mich zu: beim Lesen von Rudolf Borchardts *Ode mit dem Granatapfel*. Und dort gewann Bremen auch so Umriß für mich: in der Gestalt der Veröffentlichungen der Bremer Presse.
Aber Bremen, nähergebracht durch Bücher und die Namen

Heinrich Böll warnte davor, sich mit dem Abschied von der Trümmerliteratur, mit der Modernisierung der Themen und Formen zugleich abzuwenden von den Versehrungen des Krieges und des Terrors. Der Philosoph und Soziologe Theodor W. Adorno hatte gefragt, ob es überhaupt noch möglich sei, nach Auschwitz Gedichte zu schreiben. Die Überlegungen Paul Celans zur lyrischen Sprache lassen sich wie eine Antwort lesen.

Paul Celan (rechts) mit Ingeborg Bachmann und Milo Dor (links) und Reinhard Federmann in Niendorf bei der Tagung der »Gruppe 47« im Mai 1952

derer, die Bücher schrieben und Bücher herausgaben, behielt den Klang des Unerreichbaren.

Das Erreichbare, fern genug, das zu Erreichende hieß Wien. Sie wissen, wie es dann durch Jahre auch um diese Erreichbarkeit bestellt war.

Erreichbar, nah und unverloren blieb inmitten der Verluste dies eine: die Sprache.

Sie, die Sprache, blieb unverloren, ja, trotz allem. Aber sie mußte nun hindurchgehen durch ihre eigenen Antwortlosigkeiten, hindurchgehen durch furchtbares Verstummen, hindurchgehen durch die tausend Finsternisse todbringender Rede. Sie ging hindurch und gab keine Worte her für das, was geschah; aber sie ging durch dieses Geschehen. Ging hindurch und durfte wieder zutage treten, »angereichert« von all dem.

In dieser Sprache habe ich, in jenen Jahren und in den Jahren nachher, Gedichte zu schreiben versucht: um zu sprechen, um mich zu orientieren, um zu erkunden, wo ich mich befand und wohin es mit mir wollte, um mir Wirklichkeit zu entwerfen.

Es war, wie Sie sehen, Ereignis, Bewegung, Unterwegssein, es war der Versuch, Richtung zu gewinnen. Und wenn ich es nach seinem Sinn befrage, so glaube ich, mir sagen zu müssen, daß in dieser Frage auch die Frage nach dem Uhrzeigersinn mitspricht.

Denn das Gedicht ist nicht zeitlos. Gewiß, es erhebt einen Unendlichkeitsanspruch, es sucht, durch die Zeit hindurchzugreifen – durch sie hindurch, nicht über sie hinweg.

Das Gedicht kann, da es ja eine Erscheinungsform der Sprache und damit seinem Wesen nach dialogisch ist, eine Flaschenpost sein, aufgegeben in dem – gewiß nicht immer hoffnungsstarken – Glauben, sie könnte irgendwo und irgendwann an Land

gespült werden, an Herzland vielleicht. Gedichte sind auch in dieser Weise unterwegs: sie halten auf etwas zu.
Worauf? Auf etwas Offenstehendes, Besetzbares, auf ein ansprechbares Du vielleicht, auf eine ansprechbare Wirklichkeit. Um solche Wirklichkeiten geht es, so denke ich, dem Gedicht. Und ich glaube auch, daß Gedankengänge wie diese nicht nur meine eigenen Bemühungen begleiten, sondern auch diejenigen anderer Lyriker der jüngeren Generation. Es sind die Bemühungen dessen, der, überflogen von Sternen, die Menschenwerk sind, der, zeltlos auch in diesem bisher ungeahnten Sinne und damit auf das unheimlichste im Freien, mit seinem Dasein zur Sprache geht, wirklichkeitswund und Wirklichkeit suchend. (1958)

Paul Celan
Todesfuge

Schwarze Milch der Frühe wir trinken sie abends
wir trinken sie mittags und morgens wir trinken sie nachts
wir trinken und trinken
wir schaufeln ein Grab in den Lüften da liegt man nicht eng
Ein Mann wohnt im Haus der spielt mit den Schlangen der
                                                      schreibt
der schreibt wenn es dunkelt nach Deutschland dein
                                      goldenes Haar Margarete
er schreibt es und tritt vor das Haus und es blitzen die Sterne
                                    er pfeift seine Rüden herbei
er pfeift seine Juden hervor läßt schaufeln ein Grab in der
                                                  Erde
er befiehlt uns spielt auf nun zum Tanz

Schwarze Milch der Frühe wir trinken dich nachts
wir trinken dich morgens und mittags wir trinken dich
                                                          abends
wir trinken und trinken
Ein Mann wohnt im Haus der spielt mit den Schlangen der
                                                          schreibt
der schreibt wenn es dunkelt nach Deutschland dein golde-
                                               nes Haar Margarete
Dein aschenes Haar Sulamith wir schaufeln ein Grab in den
                                          Lüften da liegt man nicht eng

Er ruft stecht tiefer ins Erdreich ihr einen ihr andern singet
                                                      und spielt

Der in Rumänien geborene Paul Celan schreibt Gedichte, in seiner deutschen »Muttersprache«, in der Sprache, die ihm seine Mutter ans Herz gelegt hatte, in der Sprache derer, die seine Mutter ermordet hatten.

Paul Celan, 1920 in der Bukowina geboren, wählte 1970 den Freitod in Paris. Das Gedicht »Todesfuge« ist seinem Gedichtband *Mohn und Gedächtnis* entnommen (© Deutsche Verlags-Anstalt 1952). Seine *Gesammelten Werke* in fünf Bänden erschienen 1983 im Suhrkamp Verlag.

er greift nach dem Eisen im Gurt er schwingts seine Augen sind blau
stecht tiefer die Spaten ihr einen ihr andern spielt weiter zum Tanz auf

Schwarze Milch der Frühe wir trinken dich nachts
wir trinken dich mittags und morgens wir trinken dich abends
wir trinken und trinken
ein Mann wohnt im Haus dein goldenes Haar Margarete
dein aschenes Haar Sulamith er spielt mit den Schlangen
Er ruft spielt süßer den Tod der Tod ist ein Meister aus Deutschland
er ruft streicht dunkler die Geigen dann steigt ihr als Rauch in die Luft
dann habt ihr ein Grab in den Wolken da liegt man nicht eng

Schwarze Milch der Frühe wir trinken dich nachts
wir trinken dich mittags der Tod ist ein Meister aus Deutschland
wir trinken dich abends und morgens wir trinken und trinken
der Tod ist ein Meister aus Deutschland sein Auge ist blau
er trifft dich mit bleierner Kugel er trifft dich genau
ein Mann wohnt im Haus dein goldenes Haar Margarete
er hetzt seine Rüden auf uns er schenkt uns ein Grab in der Luft
er spielt mit den Schlangen und träumet der Tod ist ein Meister aus Deutschland

dein goldenes Haar Margarete
dein aschenes Haar Sulamith

Friedrich Dürrenmatt und Max Frisch im Restaurant Kronenhalle in Zürich

Friedrich Dürrenmatt und Max Frisch

»Es gab mal eine gewisse Trübung (im Sinne der Konkurrenz), und das, was Sie sagen, diese Castor-und-Pollux-Situation, die war ja etwas ärgerlich. Man konnte ja nie den andern genannt sehen, ohne selbst genannt zu sein. Nun haben wir miteinander furchtbar wenig zu tun, außer die gleiche Staatsbürgerschaft, ... in der gleichen Zeit lebend – er als der jüngere – und die persönliche Freundschaft. Nachher hat sich dann dieses Verhältnis, das etwas gespannt war, wieder gut ergeben, und jetzt ist es so, daß wir Anteil nehmen an der Arbeit des andern. Wir empfanden es immer als lästig, dieses ›Dürrenmatt und Frisch‹, und vor allem haben wir abgelehnt, daß das nun die einzigen deutschen Dramatiker wären, nicht. Ich hab' mich ja immer gesträubt, mit dem Argument: ›Wir wissen nicht, ist nicht heute abend ein deutsches Stück fertig geworden!‹ «

Max Frisch in einem Interview

Friedrich Dürrenmatt
Aus dem Vortrag: Theaterprobleme

Der Held eines Theaterstückes treibt nicht nur eine Handlung vorwärts oder erleidet ein bestimmtes Schicksal, sondern stellt auch eine Welt dar. Wir müssen uns daher die Frage stellen, wie unsere bedenkliche Welt dargestellt werden muß, mit wel-

Ingeborg Bachmann, Paul Celan, Gottfried Benn und Bertolt Brecht – in der Lyrik bilden sich markante Orientierungspunkte aus, folgenreiche Muster. Der Anspruch auf historische und ästhetische Verbindlichkeit wird hier früh erhoben und gewahrt. Viel länger braucht das deutschsprachige Drama, um vergleichbar grundsätzliche und herausragende Positionen zu entwickeln. Im Westen wird dies schließlich – und zwar für die fünfziger Jahre im ganzen und darüber hinaus – vor allem von zwei Autoren geleistet: von Max Frisch und Friedrich Dürrenmatt.
Man muß sie deshalb zusammen nennen, auch wenn ihnen dies selbst nicht immer recht gefallen wollte.

Von deutschen Stücken spricht Max Frisch. Gewiß sind Dürrenmatt und Frisch ihrer Herkunft und Staatsbürgerschaft nach Schweizer, sie sind das insbesondere durch ihr höchst kritisches Verhältnis zu Gesellschaft und Staat der Schweiz. Ihre Werke aber sind deutsche Literatur. Ihre Dramen gehören nicht nur für Jahrzehnte zum Repertoire der deutschen Bühne, sie werden auch deutsche Schullektüre.

chen Helden, wie die Spiegel, diese Welt aufzufangen, beschaffen und wie sie geschliffen sein müssen.

Läßt sich die heutige Welt etwa, um konkret zu fragen, mit der Dramatik Schillers gestalten, wie einige Schriftsteller behaupten, da ja Schiller das Publikum immer noch packe? Gewiß, in der Kunst ist alles möglich, wenn sie stimmt, die Frage ist nur, ob eine Kunst, die einmal stimmte, auch heute noch möglich ist. Die Kunst ist nie wiederholbar, wäre sie es, wäre es töricht, nun nicht einfach mit den Regeln Schillers zu schreiben.

Schiller schrieb so, wie er schrieb, weil die Welt, in der er lebte, sich noch in der Welt, die er schrieb, die er sich als Historiker erschuf, spiegeln konnte. Gerade noch. War doch Napoleon vielleicht der letzte Held im alten Sinne. Die heutige Welt, wie sie uns erscheint, läßt sich dagegen schwerlich in der Form des geschichtlichen Dramas Schillers bewältigen, allein aus dem Grunde, weil wir keine tragischen Helden, sondern nur Tragödien vorfinden, die von Weltmetzgern inszeniert und von Hackmaschinen ausgeführt werden. Aus Hitler und Stalin lassen sich keine Wallensteine mehr machen. Ihre Macht ist so riesenhaft, daß sie selber nur noch zufällige, äußere Ausdrucksformen dieser Macht sind, beliebig zu ersetzen, und das Unglück, das man besonders mit dem ersten und ziemlich mit dem zweiten verbindet, ist zu weitverzweigt, zu verworren, zu grausam, zu mechanisch geworden und oft einfach auch allzu sinnlos. Die Macht Wallensteins ist eine noch sichtbare Macht, die heutige Macht ist nur zum kleinsten Teil sichtbar, wie bei einem Eisberg ist der größte Teil im Gesichtslosen, Abstrakten versunken. Das Drama Schillers setzt eine sichtbare Welt voraus, die echte Staatsaktion, wie ja auch die griechische Tragödie. Sichtbar in der Kunst ist das Überschaubare. Der heutige Staat ist jedoch unüberschaubar, anonym, bürokratisch geworden, und dies nicht etwa nur in Moskau oder Washington, sondern auch schon in Bern, und die heutigen Staatsaktionen sind nachträgliche Satyrspiele, die den im Verschwiegenen vollzogenen Tragödien folgen. Die echten Repräsentanten fehlen, und die tragischen Helden sind ohne Namen. Mit einem kleinen Schieber, mit einem Kanzlisten, mit einem Polizisten läßt sich die heutige Welt besser wiedergeben als mit einem Bundesrat, als mit einem Bundeskanzler. Die Kunst dringt nur noch bis zu den Opfern vor, dringt sie überhaupt zu Menschen, die Mächtigen erreicht sie nicht mehr. Kreons Sekretäre erledigen den Fall Antigone. Der Staat hat seine Gestalt verloren, und wie die Physik die Welt nur noch in mathematischen Formeln wiederzugeben vermag, so ist er nur noch statistisch darzustellen. Sichtbar, Gestalt wird die heutige Macht nur etwa

da, wo sie explodiert, in der Atombombe, in diesem wundervollen Pilz, der da aufsteigt und sich ausbreitet, makellos wie die Sonne, bei dem Massenmord und Schönheit eins werden. Die Atombombe kann man nicht mehr darstellen, seit man sie herstellen kann. Vor ihr versagt jede Kunst als eine Schöpfung des Menschen, weil sie selbst eine Schöpfung des Menschen ist. Zwei Spiegel, die sich ineinander spiegeln, bleiben leer.
Doch die Aufgabe der Kunst, soweit sie überhaupt eine Aufgabe haben kann, und somit die Aufgabe der heutigen Dramatik ist, Gestalt, Konkretes zu schaffen. Dies vermag vor allem die Komödie. Die Tragödie, als die gestrengste Kunstgattung, setzt eine gestaltete Welt voraus. Die Komödie – sofern sie nicht Gesellschaftskomödie ist wie bei Molière – eine ungestaltete, im Werden, im Umsturz begriffene, eine Welt, die am Zusammenpacken ist wie die unsrige. Die Tragödie überwindet die Distanz. Die in grauer Vorzeit liegenden Mythen macht sie den Athenern zur Gegenwart. Die Komödie schafft Distanz, den Versuch der Athener, in Sizilien Fuß zu fassen, verwandelt sie in das Unternehmen der Vögel, ihr Reich zu errichten, vor dem Götter und Menschen kapitulieren müssen. Wie die Komödie vorgeht, sehen wir schon in der primitivsten Form des Witzes, in der Zote, in diesem gewiß bedenklichen Gegenstand, den ich nur darum zur Sprache bringe, weil er am deutlichsten illustriert, was ich Distanz schaffen nenne. Die Zote hat zum Gegenstand das rein Geschlechtliche, das darum, weil es das rein Geschlechtliche ist, auch gestaltlos, distanzlos ist und, will es Gestalt werden, eben Zote wird. Die Zote ist darum eine Urkomödie, ein Transponieren des Geschlechtlichen auf die Ebene des Komischen, die einzige Möglichkeit, die es heute gibt, anständig darüber zu reden, seit die Van de Veldes hochgekommen sind. In der Zote wird deutlich, daß das Komische darin besteht, das Gestaltlose zu gestalten, das Chaotische zu formen.
Das Mittel nun, mit dem die Komödie Distanz schafft, ist der Einfall. Die Tragödie ist ohne Einfall. Darum gibt es auch wenige Tragödien, deren Stoff erfunden ist. Ich will damit nicht sagen, die Tragödienschreiber der Antike hätten keine Einfälle gehabt, wie dies heute etwa vorkommt, doch ihre unerhörte Kunst bestand darin, keine nötig zu haben. Das ist ein Unterschied. Aristophanes dagegen lebt vom Einfall. Seine Stoffe sind nicht Mythen, sondern erfundene Handlungen, die sich nicht in der Vergangenheit, sondern in der Gegenwart abspielen. Sie fallen in die Welt wie Geschosse, die, indem sie einen Trichter aufwerfen, die Gegenwart ins Komische, aber dadurch auch ins Sichtbare verwandeln. Das heißt nun nicht,

Beide Autoren favorisieren die »schwarze Komödie«. Dieses Genre erlaubt Kritik ohne Belehrung, Weltdeutung ohne Metaphysik; und es bietet, was das Publikum der fortschreitenden fünfziger Jahre gerne honoriert: ein abgründiges Vergnügen.

Friedrich Dürrenmatt, 1962

daß ein heutiges Drama nur komisch sein könne. Die Tragödie und die Komödie sind Formbegriffe, dramaturgische Verhaltensweisen, fingierte Figuren der Ästhetik, die Gleiches zu umschreiben vermögen. Nur die Bedingungen sind anders, unter denen sie entstehen, und diese Bedingungen liegen nur zum kleineren Teil in der Kunst.

Die Tragödie setzt Schuld, Not, Maß, Übersicht, Verantwortung voraus. In der Wurstelei unseres Jahrhunderts, in diesem Kehraus der weißen Rasse, gibt es keine Schuldigen und auch keine Verantwortlichen mehr. Alle können nichts dafür und haben es nicht gewollt. Es geht wirklich ohne jeden. Alles wird mitgerissen und bleibt in irgendeinem Rechen hängen. Wir sind zu kollektiv schuldig, zu kollektiv gebettet in die Sünden unserer Väter und Vorväter. Wir sind nur noch Kindeskinder. Das ist unser Pech, nicht unsere Schuld: Schuld gibt es nur noch als persönliche Leistung, als religiöse Tat. Uns kommt nur noch die Komödie bei. Unsere Welt hat ebenso zur Groteske geführt wie zur Atombombe, wie ja die apokalyptischen Bilder des Hieronymus Bosch auch grotesk sind. Doch das Groteske ist nur ein sinnlicher Ausdruck, ein sinnliches Paradox, die Gestalt nämlich einer Ungestalt, das Gesicht einer gesichtslosen Welt, und genau so wie unser Denken ohne den Begriff des Paradoxen nicht mehr auszukommen scheint, so auch die Kunst, unsere Welt, die nur noch ist, weil die Atombombe existiert: aus Furcht vor ihr.

Doch ist das Tragische immer noch möglich, auch wenn die reine Tragödie nicht mehr möglich ist. Wir können das Tragische aus der Komödie heraus erzielen, hervorbringen als einen schrecklichen Moment, als einen sich öffnenden Abgrund, so sind ja schon viele Tragödien Shakespeares Komödien, aus denen heraus das Tragische aufsteigt.

Nun liegt der Schluß nahe, die Komödie sei der Ausdruck der Verzweiflung, doch ist dieser Schluß nicht zwingend. Gewiß, wer das Sinnlose, das Hoffnungslose dieser Welt sieht, kann verzweifeln, doch ist diese Verzweiflung nicht eine Folge dieser Welt, sondern eine Antwort, die er auf diese Welt gibt, und eine andere Antwort wäre sein Nichtverzweifeln, sein Entschluß etwa, die Welt zu bestehen, in der wir oft leben wie Gulliver unter den Riesen. Auch der nimmt Distanz, auch der tritt einen Schritt zurück, der seinen Gegner einschätzen will, der sich bereit macht, mit ihm zu kämpfen oder ihm zu entgehen. Es ist immer noch möglich, den mutigen Menschen zu zeigen.

(1954)

Der Besuch der alten Dame

Glockenton.
DER ERSTE Der »Rasende Roland«.
DER ZWEITE Venedig-Stockholm elfuhrsiebenundzwanzig.
DER PFARRER Elfuhrsiebenundzwanzig! Wir haben noch fast zwei Stunden, uns sonntäglich herzurichten.
DER BÜRGERMEISTER Die Inschrift »Willkommen Claire Zachanassian« heben Kühn in die Höhe und Hauser. Die andern schwenken am besten die Hüte. Doch bitte: Nicht schreien wie voriges Jahr bei der Regierungskommission, der Eindruck war gleich null, und wir haben bis jetzt noch keine Subvention. Nicht übermütige Freude ist am Platz, sondern innerliche, fast Schluchzen, Mitgefühl mit dem wiedergefundenen Kind der Heimat. Seid ungezwungen, herzlich, doch muß die Organisation klappen, die Feuerglocke gleich nach dem gemischten Chor einsetzen. Vor allem ist zu beachten...
Das Donnern des nahenden Zuges macht seine Rede unverständlich. Kreischende Bremsen. Auf allen Gesichtern drückt sich fassungsloses Erstaunen aus. Die fünf auf der Bank springen auf.
DER MALER Der D-Zug!
DER ERSTE Hält!
DER ZWEITE In Güllen!
DER DRITTE Im verarmtesten
DER VIERTE Lausigsten
DER ERSTE Erbärmlichsten Nest der Strecke Venedig-Stockholm!
DER BAHNHOFVORSTAND Die Naturgesetze sind aufgehoben. Der »Rasende Roland« hat aufzutauchen in der Kurve von Leuthenau, vorbeizuflitzen und, ein dunkler Punkt, in der Niederung von Pückenried zu verschwinden.
Von rechts kommt Claire Zachanassian, zweiundsechzig, rothaarig, Perlenhalsband, riesige goldene Armringe, aufgedonnert, unmöglich, aber gerade darum wieder eine Dame von Welt, mit einer seltsamen Grazie, trotz allem Grotesken. Hinter ihr das Gefolge, der Butler Boby, etwa achtzig, mit schwarzer Brille, ihr Gatte VII [groß, schlank, schwarzer Schnurrbart] mit kompletter Fisch-Ausrüstung. Ein aufgeregter Zugführer begleitet die Gruppe, rote Mütze, rote Tasche.
CLAIRE ZACHANASSIAN Ist hier Güllen?
DER ZUGFÜHRER Sie haben die Notbremse gezogen, Madame.

Die Voraussetzungen der Tragödie – Schuld, Maß, Verantwortung – sind einem unübersichtlichen Durcheinander von Interessen gewichen, und einer solchen Welt, meint Dürrenmatt, kommt nur noch die Komödie bei. Der Befund wird offensichtlich akzeptiert. Seinen ersten Welterfolg erringt Dürrenmatt 1956 mit dem *Besuch der alten Dame*.

Die Milliardärin Claire Zachanassian besucht ihr Heimatstädtchen Güllen. Der Besuch weckt bei den Bürgern der armen Gemeinde Hoffnung auf finanzielle Zuwendung – mit dem Empfang am Bahnhof beginnt alles ganz harmlos. Die alte Dame aber sorgt rasch für Zuspitzung, denn sie ist gekommen, um ein Unrecht anzuklagen, das man ihr in ihrer Jugend angetan hat.

Szene der Uraufführung von »Der Besuch der alten Dame« am Schauspielhaus Zürich, 29. Januar 1956 mit Therese Giehse und Gustav Knuth

CLAIRE ZACHANASSIAN Ich ziehe immer die Notbremsen.

DER ZUGFÜHRER Ich protestiere. Energisch. Die Notbremse zieht man nie in diesem Lande, auch wenn man in Not ist. Die Pünktlichkeit des Fahrplans ist oberstes Prinzip. Darf ich um eine Erklärung bitten?

CLAIRE ZACHANASSIAN Wir sind doch in Güllen, Moby. Ich erkenne das traurige Nest. Dort drüben der Wald von Konradsweiler mit dem Bach, wo du fischen kannst, Forellen und Hechte, und rechts das Dach der Peterschen Scheune.

ILL *wie erwachend*: Klara.

DER LEHRER Die Zachanassian.

ALLE Die Zachanassian.

DER LEHRER Dabei ist der gemischte Chor nicht bereit, die Jugendgruppe!

DER BÜRGERMEISTER Die Kunstturner, die Feuerwehr!

DER PFARRER Der Sigrist!

DER BÜRGERMEISTER Mein Rock fehlt, um Gotteswillen, der Zylinder, die Enkelkinder!

DER ERSTE Die Kläri Wäscher! Die Kläri Wäscher!
Er springt auf und rast ins Städtchen.

DER BÜRGERMEISTER *ruft ihm nach*: Die Gattin nicht vergessen!

DER ZUGFÜHRER Ich warte auf eine Erklärung. Dienstlich. Im Namen der Eisenbahndirektion.

CLAIRE ZACHANASSIAN Sie sind ein Schafskopf. Ich will eben das Städtchen mal besuchen. Soll ich etwa aus Ihrem Schnellzug springen?

DER ZUGFÜHRER Sie haben den »Rasenden Roland« angehalten, nur weil Sie Güllen zu besuchen wünschen?
Er ringt mühsam nach Fassung.
CLAIRE ZACHANASSIAN Natürlich.
DER ZUGFÜHRER Madame. Wenn Sie Güllen zu besuchen trachten, bitte, steht Ihnen in Kalberstadt der Zwölfuhrvierzig-Personenzug zur Verfügung. Wie aller Welt. Ankunft in Güllen einuhrdreizehn.
CLAIRE ZACHANASSIAN Der Personenzug, der in Loken, Brunnhübel, Beisenbach und Leuthenau hält? Sie wollen mir wohl zumuten, eine halbe Stunde durch diese Gegend zu dampfen?
DER ZUGFÜHRER Madame, das wird Sie teuer zu stehen kommen.
CLAIRE ZACHANASSIAN Gib ihm tausend, Boby.
ALLE *murmelnd*: Tausend.
Der Butler gibt dem Zugführer tausend.
DER ZUGFÜHRER *verblüfft*: Madame.
CLAIRE ZACHANASSIAN Und dreitausend für die Stiftung zu Gunsten der Eisenbahnerwitwen.
ALLE *murmelnd*: Dreitausend.
Der Zugführer erhält vom Butler dreitausend.
DER ZUGFÜHRER *verwirrt*: Es gibt keine solche Stiftung, Madame.
CLAIRE ZACHANASSIAN Dann gründen Sie eine.
Der Gemeindepräsident flüstert dem Zugführer etwas ins Ohr.
DER ZUGFÜHRER *bestürzt*: Gnädige sind Frau Claire Zachanassian? Oh, pardon. Das ist natürlich etwas anderes. Wir hätten selbstverständlich in Güllen gehalten, wenn wir nur die leiseste Ahnung – da haben Sie Ihr Geld zurück, gnädige Frau – viertausend – mein Gott.
ALLE *murmelnd*: Viertausend.
CLAIRE ZACHANASSIAN Behalten Sie die Kleinigkeit.
ALLE *murmelnd*: Behalten.
DER ZUGFÜHRER Wünschen gnädige Frau, daß der »Rasende Roland« wartet, bis Sie Güllen besichtigt haben? Die Eisenbahndirektion würde dies mit Freuden billigen. Das Münsterportal soll sehenswert sein. Gotisch. Mit dem Jüngsten Gericht.
(...)

CLAIRE ZACHANASSIAN Bürgermeister, Güllener. Eure selbstlose Freude über meinen Besuch rührt mich. Ich war zwar ein etwas anderes Kind, als ich nun in der Rede des Bür-

Therese Giehse als Claire Zachanassian

germeisters vorkomme, in der Schule wurde ich geprügelt, und die Kartoffeln für die Witwe Boll habe ich gestohlen, gemeinsam mit Ill, nicht um die alte Kupplerin vor dem Hungertode zu bewahren, sondern um mit Ill einmal in einem Bett zu liegen, wo es bequemer war als im Konradsweilerwald oder in der Peterschen Scheune. Um jedoch meinen Beitrag an eure Freude zu leisten, will ich gleich erklären, daß ich bereit bin, Güllen eine Milliarde zu schenken. Fünfhundert Millionen der Stadt und fünfhundert Millionen verteilt auf jede Familie.
Totenstille.
DER BÜRGERMEISTER *stotternd*: Eine Milliarde.
Alle immer noch in Erstarrung.
CLAIRE ZACHANASSIAN Unter einer Bedingung.
Alle brechen in einen unbeschreiblichen Jubel aus. Tanzen herum, stehen auf die Stühle, der Turner turnt usw. Ill trommelt sich begeistert auf die Brust.

ILL Die Klara! Goldig! Wunderbar! Zum Kugeln! Voll und ganz mein Zauberhexchen!
Er küßt sie.
DER BÜRGERMEISTER Unter einer Bedingung, haben gnädige Frau gesagt. Darf ich diese Bedingung wissen?
CLAIRE ZACHANASSIAN Ich will die Bedingung nennen. Ich gebe euch eine Milliarde und kaufe mir dafür die Gerechtigkeit.
Totenstille.
DER BÜRGERMEISTER Wie ist dies zu verstehen, gnädige Frau?
CLAIRE ZACHANASSIAN Wie ich es sagte.
DER BÜRGERMEISTER Die Gerechtigkeit kann man doch nicht kaufen!
CLAIRE ZACHANASSIAN Man kann alles kaufen.
DER BÜRGERMEISTER Ich verstehe immer noch nicht.
CLAIRE ZACHANASSIAN Tritt vor, Boby.
Der Butler tritt von rechts in die Mitte zwischen die drei Tische, zieht die dunkle Brille ab.
DER BUTLER Ich weiß nicht, ob mich noch jemand von euch erkennt.
DER LEHRER Der Oberrichter Hofer.
DER BUTLER Richtig. Der Oberrichter Hofer. Ich war vor fünfundvierzig Jahren Oberrichter in Güllen und kam dann ins Kaffiger Appellationsgericht, bis mir vor nun fünfundzwanzig Jahren Frau Zachanassian das Angebot machte, als Butler in ihre Dienste zu treten. Ich habe angenommen. Eine für einen Akademiker vielleicht etwas seltsame Karriere, doch die angebotene Besoldung war derart phantastisch...
CLAIRE ZACHANASSIAN Komm zum Fall, Boby.
DER BUTLER Wie ihr vernommen habt, bietet Frau Claire Zachanassian eine Milliarde und will dafür Gerechtigkeit. Mit anderen Worten: Frau Claire Zachanassian bietet eine Milliarde, wenn ihr das Unrecht wieder gut macht, das Frau Zachanassian in Güllen angetan wurde. Herr Ill, darf ich bitten.
Ill steht auf, gleichzeitig erschrocken und verwundert.
ILL Was wollen Sie von mir?
DER BUTLER Treten Sie vor, Herr Ill.
ILL Bitte.
Er tritt vor den Tisch rechts. Lacht verlegen. Zuckt die Achseln.
DER BUTLER Es war im Jahre 1910. Ich war Oberrichter in Güllen und hatte eine Vaterschaftsklage zu behandeln. Claire Zachanassian, damals Klara Wäscher, klagte Sie, Herr Ill, an, der Vater ihres Kindes zu sein.

Elisabeth Flickenschildt als Claire Zachanassian, 1976

Friedrich Dürrenmatt, geboren 1921 in Konolfingen bei Bern, starb 1990 in Neuenburg. Neben dem *Besuch der alten Dame* wurde er vor allen mit den Stücken *Romulus der Große* (1958) und *Die Physiker* (1962) bekannt. Auch seine Romane *Der Richter und sein Henker* (1952), *Der Verdacht* (1953) und *Das Versprechen* (1958) erreichten ein Millionenpublikum.
© der abgedruckten Dürrenmatt-Texte: Diogenes Verlag

Ill schweigt.
DER BUTLER Sie bestritten damals die Vaterschaft, Herr Ill. Sie hatten zwei Zeugen mitgebracht.
ILL Alte Geschichten. Ich war jung und unbesonnen.
CLAIRE ZACHANASSIAN Führt Koby und Loby vor, Toby und Roby.
Die beiden kaugummikauenden Monstren führen die beiden blinden Eunuchen in die Mitte der Bühne, die sich fröhlich an der Hand halten.
DIE BEIDEN Wir sind zur Stelle, wir sind zur Stelle!
DER BUTLER Erkennen Sie die beiden, Herr Ill.
Ill schweigt.
DIE BEIDEN Wir sind Koby und Loby, wir sind Koby und Loby.
ILL Ich kenne sie nicht.
DIE BEIDEN Wir haben uns verändert, wir haben uns verändert.
DER BUTLER Nennt eure Namen.
DER ERSTE Jakob Hühnlein, Jakob Hühnlein.
DER ZWEITE Ludwig Sparr, Ludwig Sparr.
DER BUTLER Nun, Herr Ill.
ILL Ich weiß nichts von ihnen.
DER BUTLER Jakob Hühnlein und Ludwig Sparr, kennt ihr Herrn Ill?
DIE BEIDEN Wir sind blind, wir sind blind.
DER BUTLER Kennt ihr ihn an seiner Stimme?
DIE BEIDEN An seiner Stimme, an seiner Stimme.
DER BUTLER 1910 war ich der Richter und ihr die Zeugen. Was habt ihr geschworen, Ludwig Sparr und Jakob Hühnlein, vor dem Gericht zu Güllen?
DIE BEIDEN Wir hätten mit Klara geschlafen, wir hätten mit Klara geschlafen.
DER BUTLER So habt ihr vor mir geschworen. Vor dem Gericht, vor Gott. War dies die Wahrheit?
DIE BEIDEN Wir haben falsch geschworen. Wir haben falsch geschworen.
DER BUTLER Warum, Ludwig Sparr und Jakob Hühnlein?
DIE BEIDEN Ill hat uns bestochen, Ill hat uns bestochen.
DER BUTLER Womit?
DIE BEIDEN Mit einem Liter Schnaps, mit einem Liter Schnaps.
CLAIRE ZACHANASSIAN Erzählt nun, was ich mit euch getan habe, Koby und Loby.
DER BUTLER Erzählt es.
DIE BEIDEN Die Dame ließ uns suchen, die Dame ließ uns suchen.

DER BUTLER So ist es. Claire Zachanassian ließ euch suchen. In der ganzen Welt. Jakob Hühnlein war nach Kanada ausgewandert und Ludwig Sparr nach Australien. Aber sie fand euch. Was hat sie dann mit euch getan?
DIE BEIDEN Sie gab uns Toby und Roby. Sie gab uns Toby und Roby.
DER BUTLER Und was haben Toby und Roby mit euch gemacht?
DIE BEIDEN Kastriert und geblendet, kastriert und geblendet.
DER BUTLER Dies ist die Geschichte: Ein Richter, ein Angeklagter, zwei falsche Zeugen, ein Fehlurteil im Jahre 1910. Ist es nicht so, Klägerin?
Claire Zachanassian steht auf.
CLAIRE ZACHANASSIAN Es ist so.
ILL *stampft auf den Boden*: Verjährt, alles verjährt! Eine alte, verrückte Geschichte.
DER BUTLER Was geschah mit dem Kind, Klägerin?
CLAIRE ZACHANASSIAN *leise*: Es lebte ein Jahr.
DER BUTLER Was geschah mit Ihnen?
CLAIRE ZACHANASSIAN Ich wurde eine Dirne.
DER BUTLER Weshalb?
CLAIRE ZACHANASSIAN Das Urteil des Gerichts machte mich dazu.
DER BUTLER Und nun wollen Sie Gerechtigkeit, Claire Zachanassian?
CLAIRE ZACHANASSIAN Ich kann sie mir leisten. Eine Milliarde für Güllen, wenn jemand Alfred Ill tötet.
Totenstille. Frau Ill stürzt auf Ill zu, umklammert ihn.
FRAU ILL Fredi!
ILL Zauberhexchen! Das kannst du doch nicht fordern! Das Leben ging doch längst weiter!
CLAIRE ZACHANASSIAN Das Leben ging weiter, aber ich habe nichts vergessen, Ill. Weder den Konradsweilerwald noch die Petersche Scheune, weder die Schlafkammer der Witwe Boll noch deinen Verrat. Nun sind wir alt geworden, beide, du verkommen und ich von den Messern der Chirurgen zerfleischt, und jetzt will ich, daß wir abrechnen, beide: Du hast dein Leben gewählt und mich in das meine gezwungen. Du wolltest, daß die Zeit aufgehoben würde, eben, im Wald unserer Jugend, voll von Vergänglichkeit. Nun habe ich sie aufgehoben, und nun will ich Gerechtigkeit, Gerechtigkeit für eine Milliarde.
Der Bürgermeister steht auf, bleich, würdig.
DER BÜRGERMEISTER Frau Zachanassian: Noch sind wir in Europa, noch sind wir keine Heiden. Ich lehne im Namen

»Besuch der alten Dame«, Arche Verlag, 1956

»Der Wohlstand steht auf« – und der Besuch der alten Dame endet mit dem von ihr verlangten Mord. Eine Geschichte ist, Dürrenmatt zufolge, erst dann richtig, wenn sie ihre schlimmstmögliche Wendung genommen hat.

der Stadt Güllen das Angebot ab. Im Namen der Menschlichkeit. Lieber bleiben wir arm denn blutbefleckt.
Riesiger Beifall.
CLAIRE ZACHANASSIAN Ich warte.

Max Frisch, der sich zur gleichen Zeit wie Dürrenmatt auf dem Theater durchsetzt, hatte ein Architektenbüro betrieben, bevor er 1954 – nach dem Erscheinen seines Romans *Stiller* – freier Schriftsteller wird.

Mit den Romanen *Stiller* und *Homo faber* führt Max Frisch ein Thema ein, das bis heute weite Teile der deutschen Literatur beschäftigen wird: die Frage nach der Identität. Aber nicht um definitive Selbstfindung geht es ihm, nicht um Biographie im herkömmlichen Sinne, sondern um das, was wir uns immer wieder als unsere jeweilige Biographie zurechtlegen, um die Lebensgeschichten also, die wir von Mal zu Mal anprobieren.

»Ich bin nicht ihr Stiller. Was wollen sie von mir! Ich bin ein unglücklicher, nichtiger, unwesentlicher Mensch, der kein Leben hinter sich hat, überhaupt keines. Wozu mein Geflunker? Nur damit sie mir meine Leere lassen, meine Nichtigkeit, meine Wirklichkeit, denn

Max Frisch
Aus: Der Autor und das Theater

Je näher wir der Gegenwart kommen, je mehr wir die vorhandene Welt kennen, desto deutlicher wird uns, wie unabbildbar sie ist, die komplexe Realität; ein Stück, selbst ein großes, ist immer nur ein Stück: eine Engführung, eben dadurch eine Erlösung für Stunden. Wie immer das Theater sich gibt, ist es Kunst: Spiel als Antwort auf die Unabbildbarkeit der Welt. Was abbildbar wird, ist Poesie. Auch Brecht zeigt nicht die vorhandene Welt. Zwar tut sein Theater, als zeige es, und Brecht hat immer neue Mittel gefunden, um zu zeigen, daß es zeigt. Aber außer der Gebärde des Zeigens: was wird gezeigt? Sehr viel, aber nicht die vorhandene Welt, sondern Modelle der brecht-marxistischen These, die Wünschbarkeit einer anderen und nichtvorhandenen Welt: Poesie. Es ist kein Zufall, daß seine Stücke, ausgenommen die fragmentarischen Szenen von *Furcht und Elend im Dritten Reich*, nicht im heutigen Deutschland spielen, sondern in China, im Kaukasus, in Chicago, im Dreißigjährigen Krieg, im Italien des Galilei; keines in Ost-Deutschland. Warum nicht? Shakespeare tat dasselbe; seine Stücke spielen im antiken Rom oder im fernen Dänemark oder in Illyrien, und wenn in England, dann in der Historie. Wegen der Zensur? Das mag hinzukommen, aber es ist nicht der einzige und nicht der eigentliche Grund für die Ansiedlung jenseits der jeweils vorhandenen Welt. Wer selber schreibt, erfährt den Grund sehr bald; man muß verändern, um darstellen zu können, und was sich darstellen läßt, ist immer schon Utopie: »Sie werden sich nicht verwundern«, schreibt Brecht in jener Antwort, »von mir zu hören, daß die Frage der Beschreibbarkeit der Welt eine gesellschaftliche Frage ist«, und wir wissen ja, was Brecht damit sagen möchte; nur läßt sich das auch umgekehrt lesen, nämlich so: daß das politische Credo, das Veränderung der Welt fordert, sekundär ist, Auslegung des darstellerischen Problems. Selbst wenn ein Stückeschreiber sich politisch nicht engagiert, nicht meint, daß das Theater zur Veränderung der Gesellschaft beitrage, selbst dann also, wenn wir die Frage der Beschreibbarkeit der Welt nicht zur gesellschaftlichen Frage ummünzen, gilt, daß wir auf die Unabbildbarkeit der vorhandenen Welt nur mit Utopie antworten können, daß jede Szene, indem sie spielbar ist, über die vorhandene Welt hinausgeht und im glücklichen Fall abbildet, was man eine Vision nennt. Das größte Stück deutscher Sprache seit Brecht basiert nicht auf einer politischen Ideologie, seine Vision gibt sich nicht als Programm, es zeigt die Gesellschaft nicht als veränderbar; trotzdem ist es ein großes Stück. Ich spreche vom *Besuch der alten Dame*. Es gibt nicht nur Sezuan, sondern auch Güllen; beide nur auf der Bühne, beide meinen unsere Welt, aber sie bilden sie nicht ab, sie deuten sie, wobei die Frage, ob dadurch die Welt zu verändern ist, sich bei Dürrenmatt nicht stellt... (1964)

es gibt keine Flucht, und was sie mir anbieten, ist Flucht, nicht Freiheit, Flucht in eine Rolle. Warum lassen sie nicht ab?«
Max Frisch, *Stiller*

Vollends im Licht der Öffentlichkeit steht Max Frisch nach dem Erscheinen von *Biedermann und die Brandstifter* (1958), seinem nachmals meistgespielten Theaterstück.

Biedermann und die Brandstifter

Gottlieb Biedermann sitzt in seiner Stube und liest die Zeitung, eine Zigarre rauchend, und Anna, das Dienstmädchen mit weißem Schürzchen, bringt eine Flasche Wein.
ANNA Herr Biedermann? – *Keine Antwort.*
Herr Biedermann –
Er legt die Zeitung zusammen.
BIEDERMANN Aufhängen sollte man sie. Hab ich's nicht immer gesagt? Schon wieder eine Brandstiftung. Und wieder dieselbe Geschichte, sage und schreibe: wieder so ein Hausierer, der sich im Dachboden einnistet, ein harmloser Hausierer...
Er nimmt die Flasche.
Aufhängen sollte man sie!
Er nimmt den Korkenzieher.
ANNA Herr Biedermann –
BIEDERMANN Was denn?
ANNA Er ist noch immer da.
BIEDERMANN Wer?
ANNA Der Hausierer, der Sie sprechen möchte.
BIEDERMANN Ich bin nicht zu Haus!
ANNA Das hab ich ihm gesagt, Herr Biedermann, schon vor einer Stunde. Er sagt, er kenne Sie. Herr Biedermann, ich kann diesen Menschen nicht vor die Tür werfen. Ich kann's nicht!
BIEDERMANN Wieso nicht?
ANNA Nämlich er ist sehr kräftig...
Biedermann zieht den Korken.
BIEDERMANN Er soll morgen ins Geschäft kommen.
ANNA Ich hab's ihm gesagt, Herr Biedermann, schon dreimal, aber das interessiert ihn nicht.

Szene der Uraufführung »Biedermann und die Brandstifter« am Schauspielhaus Zürich am 29. März 1958 mit Gustav Knuth als Biedermann und Ernst Schröder als Schmitz

Biedermann und die Brandstifter – eine politische Parabel, die ihre kritische Kraft nicht aus der Entlarvung der Lüge und der Manipulation bezieht, sondern aus der Inszenierung der biedermännischen Wehrlosigkeit gegenüber Verbrechern, die sich überhaupt nicht tarnen, die vielmehr – woran erinnert das? – von Anfang an sagen, was sie wirklich wollen.

BIEDERMANN Wieso nicht?
ANNA Er will kein Haarwasser.
BIEDERMANN Sondern?
ANNA Menschlichkeit...
Biedermann riecht am Korken.
BIEDERMANN Sagen Sie ihm, ich werde ihn eigenhändig vor die Tür werfen, wenn er nicht sofort verschwindet.
Er füllt sorgsam sein Burgunderglas.
Menschlichkeit!...
Er kostet den Wein.
Er soll im Flur draußen warten. Ich komme sofort. Wenn er irgend etwas verkauft, ein Traktat oder Rasierklingen, ich bin kein Unmensch, aber – ich bin kein Unmensch, Anna, das wissen Sie ganz genau! – aber es kommt mir keiner ins Haus. Das habe ich Ihnen schon hundertmal gesagt! Und wenn wir drei freie Betten haben, es kommt nicht in Frage, sag ich, nicht in Frage. Man weiß, wohin das führen kann – heutzutage...
Anna will gehen und sieht, daß der Fremde eben eingetreten ist: ein Athlet, sein Kostüm erinnert halb an Strafanstalt und halb an Zirkus, Tätowierung am Arm, Lederbinde um die Handgelenke. Anna schleicht hinaus. Der Fremde wartet, bis Biedermann seinen Wein gekostet hat und sich umdreht.
SCHMITZ Guten Abend.
Biedermann verliert die Zigarre vor Verblüffung.
Ihre Zigarre, Herr Biedermann –
Er hebt die Zigarre auf und gibt sie Biedermann.
BIEDERMANN Sagen Sie mal –

SCHMITZ Guten Abend!
BIEDERMANN Was soll das heißen? Ich habe dem Mädchen ausdrücklich gesagt, Sie sollen im Flur draußen warten. Wieso – ich muß schon sagen... ohne zu klopfen...
SCHMITZ Mein Name ist Schmitz.
BIEDERMANN Ohne zu klopfen.
SCHMITZ Schmitz, Josef.
Schweigen
Guten Abend!
BIEDERMANN Und was wünschen Sie?
SCHMITZ Herr Biedermann brauchen keine Angst zu haben: Ich bin kein Hausierer!
BIEDERMANN Sondern?
SCHMITZ Ringer von Beruf.
BIEDERMANN Ringer?
SCHMITZ Schwergewicht.
BIEDERMANN Ich sehe.
SCHMITZ Das heißt: gewesen.
BIEDERMANN Und jetzt?
SCHMITZ Arbeitslos.
Pause
Herr Biedermann brauchen keine Angst haben, ich suche keine Arbeit. Im Gegenteil. Die Ringerei ist mir verleidet... Bin nur gekommen, weil's draußen so regnet.
Pause
Hier ist's wärmer.
Pause
Hoffentlich stör ich nicht. –
Pause
BIEDERMANN Rauchen Sie?
Er bietet Zigarren an.
SCHMITZ Das ist schrecklich, Herr Biedermann, wenn einer so gewachsen ist wie ich. Alle Leute haben Angst vor mir... Danke!
Biedermann gibt ihm Feuer.
Danke.
Sie stehen und rauchen.
BIEDERMANN Kurz und gut, was wünschen Sie?
SCHMITZ Mein Name ist Schmitz.
BIEDERMANN Das sagten Sie schon, ja, sehr erfreut –
SCHMITZ Ich bin obdachlos.
Er hält die Zigarre unter die Nase und kostet den Duft.
Ich bin obdachlos.
BIEDERMANN Wollen Sie – ein Stück Brot?
SCHMITZ Wenn Sie nichts andres haben...

Ernst Schröder, Gustav Knuth und Boy Gobert als Eisenring

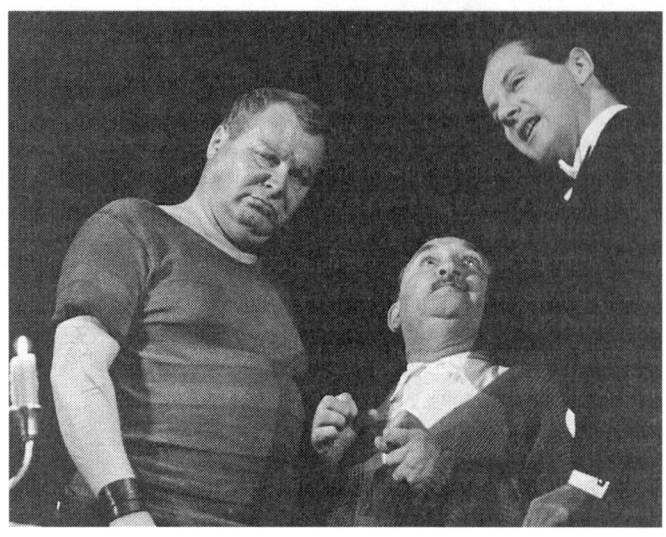

»Man kann alles erzählen, nur nicht sein wirkliches Leben; – diese Unmöglichkeit ist es, was uns verurteilt zu bleiben, wie unsere Gefährten uns sehen und spiegeln, sie, die vorgeben, mich zu kennen, sie, die sich als meine Freunde bezeichnen und nimmer gestatten, daß ich mich wandle, und jedes Wunder (was ich nicht erzählen kann, das Unaussprechliche, was ich nicht beweisen kann) zuschanden machen – nur um sagen zu können: ›Ich kenne dich.‹«
Stiller

BIEDERMANN Oder ein Glas Wein?
SCHMITZ Brot und Wein... Aber nur wenn ich nicht störe, Herr Biedermann, nur wenn ich nicht störe!
Biedermann geht zur Tür.
BIEDERMANN Anna!
Biedermann kommt zurück.
SCHMITZ Das Mädchen hat mir gesagt, Herr Biedermann will mich persönlich hinauswerfen, aber ich habe gedacht, Herr Biedermann, daß das nicht Ihr Ernst ist...
Anna ist eingetreten.
BIEDERMANN Anna, bringen Sie ein zweites Glas.
ANNA Sehr wohl.
BIEDERMANN Und etwas Brot – ja.
SCHMITZ Und wenn's dem Fräulein nichts ausmacht: etwas Butter. Etwas Käse oder kaltes Fleisch oder so. Nur keine Umstände. Ein paar Gurken, eine Tomate oder so, etwas Senf – was Sie grad haben, Fräulein.
ANNA Sehr wohl.
SCHMITZ Nur keine Umstände!
Anna geht hinaus.
BIEDERMANN Sie kennen mich, haben Sie dem Mädchen gesagt.
SCHMITZ Freilich, Herr Biedermann, freilich.
BIEDERMANN Woher?
SCHMITZ Nur von Ihrer besten Seite, Herr Biedermann, nur von Ihrer besten Seite. Gestern Abend am Stammtisch, ich weiß, Herr Biedermann haben mich gar nicht bemerkt in der Ecke, die ganze Wirtschaft hat sich gefreut, Herr Bie-

dermann, jedes Mal, wenn Sie mit der Faust auf den Tisch geschlagen haben.
BIEDERMANN Was habe ich denn gesagt?
SCHMITZ Das Einzigrichtige.
Er raucht seine Zigarre, dann:
Aufhängen sollte man sie. Alle. Je rascher, um so besser. Aufhängen. Diese Brandstifter nämlich...
Biedermann bietet einen Sessel an.
BIEDERMANN Bitte. –
Schmitz setzt sich.
SCHMITZ Männer wie Sie, Herr Biedermann, das ist's, was wir brauchen!

BIEDERMANN Jaja, gewiß, aber –
SCHMITZ Kein Aber, Herr Biedermann, kein Aber! Sie sind noch vom alten Schrot und Korn, Sie haben noch eine positive Einstellung. Das kommt davon.
BIEDERMANN Gewiß –
SCHMITZ Sie haben noch Zivilcourage.
BIEDERMANN Sicher –
SCHMITZ Das kommt eben davon.
BIEDERMANN Wovon?
SCHMITZ Sie haben noch ein Gewissen, das spürte die ganze Wirtschaft, ein regelrechtes Gewissen.
BIEDERMANN Jaja, natürlich –
SCHMITZ Herr Biedermann, das ist gar nicht natürlich. Heutzutage. Im Zirkus, wo ich gerungen hab, zum Beispiel – und drum, sehn Sie, ist er dann auch niedergebrannt, der ganze Zirkus! – unser Direktor zum Beispiel, der hat gesagt: Sie können mir, Sepp! – ich heiße doch Josef... Sie können mir! hat er gesagt: Wozu soll ich ein Gewissen haben? Wörtlich. Was ich brauch, um mit meinen Bestien fertigzuwerden, das ist 'ne Peitsche. Wörtlich! So einer war das. Gewissen! hat er gelacht: Wenn einer ein Gewissen hat, so ist es meistens ein schlechtes...
Er raucht genußvoll.
Gott hab ihn selig.
BIEDERMANN Das heißt, er ist tot?
SCHMITZ Verbrannt mit seinem ganzen Plunder...
Eine Standuhr schlägt neun.
BIEDERMANN Versteh nicht, was das Mädchen so lang macht!
SCHMITZ Ich hab Zeit. –
Es gibt sich, daß sie einander plötzlich in die Augen blicken.
Sie haben auch kein freies Bett im Haus, Herr Biedermann, das Mädchen sagte es schon –
BIEDERMANN Warum lachen Sie?

Mit Regisseur Harry Buckwitz und Verleger Siegfried Unseld bei den Proben der »Biedermann«-Aufführung der Städtischen Bühnen Frankfurt am Main 1959

SCHMITZ Leider kein freies Bett! das sagen nämlich alle, kaum daß ein Obdachloser – und dabei will ich gar kein Bett.
BIEDERMANN Nein?
SCHMITZ Ich bin's gewohnt, Herr Biedermann, auf dem Boden zu schlafen. Mein Vater war Köhler. Ich bin's gewohnt...
Er raucht vor sich hin.
Kein Aber, Herr Biedermann, kein Aber! sag ich: Sie sind keiner von denen, der in der Wirtschaft ein großes Maul verreißt, weil er Schiß hat. Ihnen glaub ich's. Leider kein freies Bett! – das sagen alle – aber Ihnen, Herr Biedermann, glaub ich aufs Wort... Wo führt das noch hin, wenn keiner mehr dem andern glaubt? Ich sag immer: Wo führt das noch hin, Kinder! jeder hält den andern für einen Brandstifter, nichts als Mißtrauen in der Welt. Oder hab ich nicht recht? Das spürte die ganze Wirtschaft, Herr Biedermann: Sie glauben noch an das Gute in den Menschen und in sich selbst. Oder hab ich nicht recht? Sie sind der erste Mensch in dieser Stadt, der unsereinen nicht einfach wie einen Brandstifter behandelt –
BIEDERMANN Hier ist ein Aschenbecher.
SCHMITZ Oder hab ich nicht recht?
Er schlägt sorgsam die Asche seiner Zigarre ab.
Die meisten Leute heutzutage glauben nicht an Gott, sondern an die Feuerwehr.
(...)

BIEDERMANN Also: – Prost!
Sie heben die Gläser, und man hört Sirenen in der Ferne.
Was war das?
EISENRING Sirenen.
BIEDERMANN Spaß beiseite! –
BABETTE Brandstifter, Brandstifter!
BIEDERMANN Schrei nicht.
Babette reißt das Fenster auf, und die Sirenen kommen näher, heulen, daß es durch Mark und Bein geht, und sausen vorbei.
BIEDERMANN Wenigstens nicht bei uns.
BABETTE Wo kann das nur sein?
EISENRING Wo der Föhn herkommt.
BIEDERMANN Wenigstens nicht bei uns...
EISENRING Das machen wir meistens so. Wir holen die Feuerwehr in ein billiges Außenviertel, und später, wenn's wirklich losgeht, ist ihnen der Rückweg versperrt.
BIEDERMANN Nein, meine Herren, Spaß beiseite –
SCHMITZ So machen wir's aber, Spaß beiseite.
BIEDERMANN Schluß mit diesem Unsinn! ich bitte Sie. Alles mit Maß, Sie sehen, meine Frau ist kreidebleich.
BABETTE Und du?!
BIEDERMANN Und überhaupt: Sirenen sind Sirenen, darüber kann ich nicht lachen, meine Herren, irgendwo hört's auf, irgendwo brennt's, sonst würde unsere Feuerwehr nicht ausfahren.
Eisenring blickt auf seine Uhr.
EISENRING Wir müssen gehen.
BIEDERMANN Jetzt?
EISENRING Leider.
SCHMITZ »Sonst wird dich der Jäger holen...«
Man hört nochmals die Sirenen.
BIEDERMANN Mach einen Kaffee, Babette!
Babette geht hinaus.
Und Sie, Anna, was stehen Sie da und glotzen?
Anna geht hinaus.
Unter uns, meine Herren: Genug ist genug: Meine Frau ist herzkrank. Scherzen wir nicht länger über Brandstifterei.
SCHMITZ Wir scherzen ja nicht, Herr Biedermann.
EISENRING Wir sind Brandstifter.
BIEDERMANN Meine Herren, jetzt ganz im Ernst –
SCHMITZ Ganz im Ernst.
EISENRING Ganz im Ernst.
SCHMITZ Warum glauben Sie uns nicht?
EISENRING Ihr Haus, Herr Biedermann, liegt sehr günstig,

Max Frisch, 1911 in Zürich geboren, starb dort 1991. – Weitere wichtige Werke: *Tagebuch 1946–1949* 1950; *Graf Öderland*. Drama 1951; *Homo faber* 1957; *Andorra*. Drama 1961; *Mein Name sei Gantenbein*. Roman 1964; *Tagebuch 1966–1971* 1972; *Montauk*. Erzählung 1975; *Der Mensch erscheint im Holozän*. Erzählung 1979; *Blaubart*. Erzählung 1982. 1976 erschienen die *Gesammelten Werke* in sechs Bänden, 1986 ein Ergänzungsband: © der abgedruckten Frisch-Texte: Suhrkamp Verlag

das müssen Sie einsehen: fünf solche Brandherde rings um die Gasometer, die leider bewacht sind, und dazu ein richtiger Föhn –

BIEDERMANN Das ist nicht wahr.

SCHMITZ Herr Biedermann! Wenn Sie uns schon für Brandstifter halten, warum nicht offen darüber reden?
Biedermann blickt wie ein geschlagener Hund.

BIEDERMANN Ich halte Sie ja nicht für Brandstifter, meine Herren, das ist nicht wahr, Sie tun mir Unrecht, ich halte Sie nicht für – Brandstifter...

EISENRING Hand aufs Herz!

BIEDERMANN Nein! Nein, nein! Nein!

SCHMITZ Aber wofür halten Sie uns denn?

BIEDERMANN Für meine – Freunde...
Sie klopfen ihm auf die Schulter und lassen ihn stehen.
Wohin gehen Sie jetzt?

EISENRING 's ist Zeit.

BIEDERMANN Ich schwöre es Ihnen, meine Herren, bei Gott!

EISENRING Bei Gott?

BIEDERMANN Ja!
Er hält die Schwurfinger langsam hoch.

SCHMITZ Er glaubt nicht an Gott, der Willi, so wenig wie Sie, Herr Biedermann – da können Sie lange schwören.
Sie gehen weiter zur Türe.

BIEDERMANN Was soll ich tun, daß Sie mir glauben?
Er vertritt ihnen den Ausgang.

EISENRING Geben Sie uns Streichhölzchen.

BIEDERMANN Was – soll ich?

EISENRING Wir haben keine mehr.

BIEDERMANN Ich soll –

EISENRING Ja. Wenn Sie uns nicht für Brandstifter halten.

BIEDERMANN Streichhölzchen?

SCHMITZ Als Zeichen des Vertrauens, meint er.
Biedermann greift in seine Tasche.

EISENRING Er zögert. Siehst du? Er zögert.

BIEDERMANN Still! – aber nicht vor meiner Frau...
Babette kommt zurück.

BABETTE Der Kaffee kommt sogleich.
Pause
Sie müssen gehen?

BIEDERMANN Ja, meine Freunde – so schade es ist, aber – Hauptsache, daß Sie gespürt haben – Ich will nicht viel Worte machen, meine Freunde, aber warum sagen wir einander eigentlich nicht du?

BABETTE Hm.

BIEDERMANN Ich bin dafür, daß wir Bruderschaft trinken!
Er nimmt eine Flasche und den Korkenzieher.
EISENRING Sagen Sie doch Ihrem lieben Mann, er soll deswegen keine Flasche mehr aufmachen, es lohnt sich nicht mehr.
Biedermann entkorkt.
BIEDERMANN Es ist mir nichts zu viel, meine Freunde, nichts zu viel, und wenn Sie irgendeinen Wunsch haben – irgendeinen Wunsch...
Er füllt hastig die Gläser und gibt die Gläser.
Meine Freunde, stoßen wir an!
Sie stoßen an.
Gottlieb. –
Er küßt Schmitz auf die Wange.
SCHMITZ Sepp. –
BIEDERMANN Gottlieb.
Er küßt Eisenring auf die Wange.
EISENRING Willi. –
Sie stehen und trinken.
Trotzdem, Gottlieb, müssen wir jetzt gehen.
SCHMITZ Leider.
EISENRING Madame –
Man hört Sirenen.
BABETTE Es war ein reizender Abend.
Man hört Sturmglocken.
EISENRING Nur noch eins, Gottlieb: –
BIEDERMANN Was denn?
EISENRING Du weißt es.
BIEDERMANN Wenn Ihr irgendeinen Wunsch habt –
EISENRING Die Streichhölzchen.
Anna ist eingetreten mit dem Kaffee.
BABETTE Anna, was ist los?
ANNA Der Kaffee.
BABETTE Sie sind ja ganz verstört?
ANNA Dahinten – der Himmel, Frau Biedermann, von der Küche aus – der Himmel brennt...
Es ist schon sehr rot, als Schmitz und Eisenring sich verneigen und gehen. Biedermann steht bleich und starr.
BIEDERMANN Zum Glück ist's nicht bei uns... Zum Glück ist's nicht bei uns... Zum Glück –

»Ein Lehrstück ohne Lehre« hat Max Frisch sein Drama im Untertitel genannt. Man sah es und sieht es als Modell psychologischer Mechanismen, die dem totalitären Verhalten zugrunde liegen und ihm Vorschub leisten. Die politische Deutung bleibt offen: mag jeder selbst sich prüfen, woran es ihn erinnert.
Parabeln dieser Art funktionieren nicht mehr nach den Modellen Brechts. Statt handlungsmotivierendem, eingreifendem Theater – die Tragikomödie der Ohnmacht. Die lehrhaften Züge sind zerbrochen durch groteske, absurde Momente.

Das Drama des Absurden hat als seine wichtigsten Vertreter – auch auf deutschen Bühnen – den Iren Samuel Beckett und den Rumänen Eugène Ionesco. Von ihnen gehen für das Theater, mehr aber noch für das ästhetische Urteil im allgemeinen, entscheidende Anstöße aus. Der Hauptverfechter des absurden Dramas in Deutschland ist Wolfgang Hildesheimer.

Absurdes Theater

Wolfgang Hildesheimer
Über das absurde Theater

Ich kann nicht durch eine Demonstration auf der Bühne eine Katharsis auslösen wollen, indem ich mich der Mittel des Absurden bediene. Denn der Wille zur Katharsis bedeutet: Glaube an die Sendung des Theaters. Absurdes Theater aber bedeutet: Eingeständnis der Ohnmacht des Theaters, den Menschen läutern zu können und sich dieser Ohnmacht als Vorwand des Theaterspiels zu bedienen. Ohnmacht und Zweifel, die Fremdheit der Welt, sind Sinn und Tendenz jedes absurden Stückes, das somit ein Beitrag zur Klarstellung der Situation des Menschen wird. Es verschmäht die Darstellung der Realität, da auf dem Theater ohnehin nur ein winziger Teil der Realität dargestellt werden kann, der niemals stellvertretend für ihre Gesamtheit steht, und naturgemäß in keinem Verhältnis zur Stellung des Menschen in der Welt. Es will daher nicht mit verteilten Rollen eine Geschichte erzählen oder eine These belegen. Es will nicht anhand eines historischen oder fiktiven Einzelfalles etwas Typisches demonstrieren. Es liegt ihm nichts an der Verfechtung eines Prinzips, das durch Helden vertreten oder – schlimmer noch – symbolisiert wird. Der absurde Dramatiker vertritt die Ansicht, daß kein Kampf der Welt jemals auf dem Theater ausgefochten worden ist. Daß das Theater noch keinen Menschen geläutert und keinen Zustand verbessert hat, und sein Werk zieht – je nach Veranlagung seines Autors – bittere oder komische Konsequenz aus dieser Tatsache. Erfahrung hat ihn gelehrt, daß etwa der Politiker A sich im Theater selbst unter dem Holzhammer nicht erkennen und meinen wird, es handle sich um den Politiker B, den er für korrupter hält als sich selbst, und daß beide Politiker vor allem dort herzlich lachen werden, wo ein Autor bitter wird oder gar – wie man es nennt – mit Herzblut schreibt.

Der absurde Dramatiker mag – so denke ich – im Leben bereit sein, sich für eine gute Sache einzusetzen, auch wenn sie, wie gute Sachen es nun einmal an sich haben, verloren ist. Im Theater aber sind weder die gute Sache noch sein Einsatz am Platz. Im Theater will er sein absurdes Beweis-Spiel spielen, wobei er sich darauf verlassen muß, daß seine Moral, da sie ja nun einmal Bestandteil seines persönlichen Mikrokosmos ist, auch in diesem Spiel transparent wird: auch im

Absurden, ja, für den Autor des Absurden ausschließlich im Absurden.

Während der Niederschrift meines Vortrages stellte ich fest, daß diese Notizen in zunehmender Weise manifestativen Charakter annahmen. Daß ihnen sogar ein gewisses Pathos innewohnt, das ja ihrem Objekt, dem absurden Theater, fremd ist. Das liegt aber wohl an der anomalen Position, in der man sich befindet, wenn man etwas, mit dem man sich selbst identifiziert, von außen zu analysieren sucht. Der Dramatiker des Absurden, der kein Referat zu halten hat, analysiert ja nicht, sondern schreibt Stücke und wartet höchstens – wie Ionesco – darauf, daß man sie ihm erkläre. Aber er wartet – wenn ich ihn richtig einschätze – nicht allzu sehnlich. Er weiß, daß es für das einzelne Stück keine Erklärung gibt, und daß es auch für sein Theater dann keiner Erklärung mehr bedarf, wenn das Publikum die Existenz – oder vielmehr das Walten – des Absurden anerkannt, das heißt: erkannt hat. Das Absurde ist sein einziger Orientierungspunkt. Er hat sich dafür entschieden. Und das vielleicht noch nicht einmal bewußt. Es mag sich in ihm entschieden haben. Denn das ihm inhärente Gefühl für das Absurde ist tiefer verwurzelt als sein bewußtes Entscheidungsvermögen. Jedenfalls hat er seine Entscheidung aus sich selbst getroffen. Und keinerlei Propaganda – und sei sie auch noch so subtil – hat ihn darauf aufmerksam gemacht. Denn für das Absurde gibt es keine Propaganda als die Existenz des Menschen. Wohl gab es eine Vorstufe zur Erlernung seiner Ausdrucksmöglichkeiten: den Surrealismus, der der Erkenntnis des Absurden vorgearbeitet hat. Aber darüber zu sprechen würde zu weit führen.

Nur wer im Absurden lebt, das heißt die Absurdität des Lebens, seiner Situationen und seiner Requisiten erlebt, kann sie in eine künstlerische Form bringen, womit ich selbstverständlich nicht sagen will, daß allein die absurde Sicht zu einer solchen Tätigkeit befähige. Das Experimentieren mit dem Absurden ist so unmöglich, wie wenn ein atheistischer Dramatiker ein religiöses Stück schreiben würde. Ebenso unmöglich bleibt dem Dramatiker des Absurden die Umstellung auf eine andere Form, es sei denn, es vollziehe sich in ihm eine radikale innere Abkehr.

Den absurden Dramatiker interessieren die ›brennenden Fragen‹ des Theaters nicht. Es ist ihm gleichgültig, ob das Theater als Institution noch eine Zukunft habe oder nicht; er weiß, daß das Theater genauso zukunftsreich oder zukunftsarm ist wie der Mensch. Er gibt sich gern mit der Bühne zufrieden, wie er sie vorfindet: dem Guckkasten. Er baut keine falschen

1960 hält Wolfgang Hildesheimer diese berühmt gewordene Rede in Erlangen auf einer Tagung über das absurde Theater.

Wolfgang Hildesheimer, geboren 1916 in Hamburg, starb 1991 in Poschiavo/Schweiz. Der Auszug aus der Rede »Über das absurde Theater« ist dem Band *Das Ende der Fiktionen* entnommen: © Suhrkamp Verlag 1984. 1966 erhielt er den Georg-Büchner-Preis. – Weitere wichtige Werke: *Lieblose Legenden*. Erzählungen 1952; *Tynset*. Roman 1965; *Masante*. Roman 1973; *Mozart* 1977, *Marbot* 1981. 1992 erschienen im Suhrkamp Verlag seine *Gesammelten Werke* in sieben Bänden.

Proszenien, läßt keine Schauspieler aus dem Zuschauerraum auftreten, ihm genügt die Bühne, Holz, Leim und Staub. Experimente sind – entgegen der allgemeinen Ansicht – seine Sache nicht.

Die Verspätung

PROFESSOR *unbeirrt*: Was tun wir? – Oder, anders formuliert: was sollen wir tun? Eine schöne, reiche Frage, eine ergiebige Frage, auf die es viele köstliche Antworten gibt, einen ganzen Wald voll Antworten. Aber – *sachlich* – je länger man die Frage vor sich herschiebt, desto lichter wird es im Wald der Antworten. Und schließlich kommt der Punkt, da man sich vergeblich nach einer Antwort umsieht, denn es sind keine mehr da, keine außer der einen, die sich vor einem auftürmt. Sie hier, Sie sind an dem Punkt angelangt. Für Sie gibt es nur eine Antwort: Sie müssen fort. *Die anderen sehen einander sprachlos an.* Bleiben Sie hier, so gibt es außer den gewaltsameren Möglichkeiten – als da sind Mord oder Totschlag – nur zwei Arten einer Zukunft. Entweder Sie verhungern oder Sie erfrieren. Beides sind keine wünschenswerten Zukünfte, – *diabolisch-sachlich* – obgleich – das muß ich der Ordnung halber erwähnen – die Erfrorenen steif und fest behaupten, ihr Tod sei dem der Verhungerten vorzuziehen. Woher sie diese Kenntnis beziehen, weiß ich nicht, denn sie sind ja nicht verhungert, sondern erfroren. Dennoch, wenn Sie mich fragen, ich persönlich neige zu dieser ihrer Auffassung. Beim Erfrierenden verhärtet sich der Körper zu einem kristallenen Palast, in dessen Flüchten das Blut zu rubinernen Ketten gerinnt. Der Verhungernde dagegen verdorrt und verfault, indem ...

LEHRERIN Wie lange sollen wir uns das anhören?! Frau Körber, machen Sie von Ihrem Recht Gebrauch!

WIRTIN *zum Bürgermeister*: Herr Geiser, helfen Sie mir!

BÜRGERMEISTER *hat sich drohend dem Professor genähert*: Genug! Ich fordere Sie auf, dieses Haus zu verlassen.

PROFESSOR *ist ein wenig zurückgewichen, aber immer noch unbeirrt*: Muß ich Ihren unmutigen Ausrufen entnehmen, daß Sie dieses Thema beunruhigt? Wenn ich mich nicht täusche, so haben Sie selbst es angeschnitten. Und daher bleibt mein Rat: verlassen Sie dieses Haus, bevor es einstürzt! Sehen Sie! *Deutet auf die Wand*: Risse hat es schon.

WIRTIN *sieht zur Wand*: Mein Gott!

WIRTIN *sieht zur Wand*: Ein großer Riß!

Wolfgang Hildesheimer

BÜRGERMEISTER *ebenso*: Nun, so groß ist er noch nicht.
WIRTIN *besieht den Riß*: Aber es ist ein Riß! Und woher sollen wir wissen, daß nicht – *deutet auf den Professor* – e r ihn verursacht hat.
PROFESSOR *lächelt*: Oh nein, zu viel der Ehre! Könnte ich Gebäude zertrümmern, wäre ich ein Simson, so hätte ich es leichter gehabt und stünde nicht hier, in diesem schwindenden Gasthof. *Nachdenklich*: Wo stünde ich dann? – Aber das ist ein weites, weites Gebiet. – Immerhin, – *deutet auf den Riß* – dies ist ein Warnzeichen, verständlich für jedermann, der sein Säckchen Last auf dem Gewissen trägt. Gehen Sie fort. An einem anderen Ort können Sie nochmals beginnen, die Karten neu mischen. Vielleicht denken Sie, viel sei nicht mehr zu ändern, das beeinträchtigt die Entschlußkraft. Aber es läßt sich doch dieses oder jenes noch zurechtbiegen, für Leute wie Sie. Hier dagegen ist alles zu

»Die Verspätung«.
Suhrkamp Verlag, 1961

Ende, glauben Sie mir. Gewiß, ich kann kaum von Ihnen verlangen, daß Sie auch mein Interesse berücksichtigen. Denn ich wäre gern allein. Mir wäre mit einem leeren Haus gedient, das kann ich nicht leugnen.

WIRTIN *empört*: Haben Sie das gehört?!

BÜRGERMEISTER *drohend zum Professor*: Noch ein Wort, und ich werfe Sie hinaus! *Er geht auf ihn zu.*

PROFESSOR *unbeirrt, springt mit einer Behendigkeit, die man nicht an ihm erwartet hätte, auf die Bank.* Gewiß, da ist auch die Frage der Verkehrsmittel, eine bange, leidige Frage, die sich nicht verdrängen läßt. Die Eisenbahn hat, wie ich Ihren freundlichen Ausführungen entnehmen zu dürfen glaube, den Verkehr in dieser Gegend eingestellt. Die Gründe sind, wie Sie mir erklärten, nicht ausschließlich wettertechnischer Natur. Es gesellt sich dazu die Tatsache der Entvölkerung, beinahe eine etwas absonderliche Tatsache, wenn man sie sich recht betrachtet. *Bürgermeister versucht, den Professor zu packen, aber der Professor entzieht sich ihm.* Ein Telefon gibt es hier, wenn ich Sie recht verstanden habe, nicht. Oder irre ich mich. Zögern Sie nicht, mich zu korrigieren!

III 1957-1965

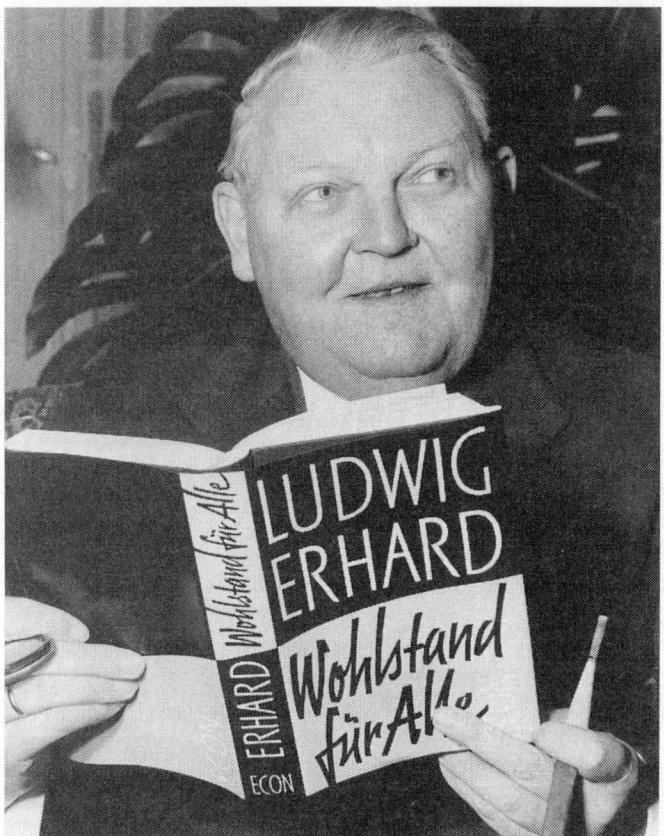

Wirtschaftsminister Ludwig Erhard mit seinem Buch »Wohlstand für Alle«, 1957

Ein trauriges Land, aber ohne Trauer

Die Politiker sollten sich nicht grämen, schon gar nicht nicht beklagen, sie sollten sich fragen, warum es denn keinen einzigen Nachkriegsroman gibt, in dem sich die Bundesrepublik als blühendes, fröhliches Land dargestellt findet. Die berühmte Frage: Wo bleibt das Positive? – gar keine so dumme Frage – ist nicht nur falsch gestellt, sondern an die Falschen gerichtet: Warum schreibt keiner den fröhlichen Roman über dieses blühende Land? Es wird niemand daran gehindert. Offenbar gibt es Hindernisse, die weit tiefer liegen, als oberflächliche politische Gekränktheit vermuten könnte. Ein trauriges Land, aber ohne Trauer.

Heinrich Böll, Frankfurter Vorlesungen

Traurige Worte, zornige Worte über deutsche Zustände zu Beginn der sechziger Jahre. Zu dieser Zeit befindet sich die westdeutsche Literatur auf dem Höhepunkt ihres Selbstbewußtseins. Das Jahr 1959 macht Epoche. In der Bundesrepublik erscheinen von Heinrich Böll *Billard um halb zehn*, von Günter Grass *Die Blechtrommel*, von Uwe Johnson *Mutmassungen über Jakob* und im Jahr darauf von Martin Walser *Halbzeit*. Das sind Erzähler, deren Namen in der Folge auch international für die deutsche Gegenwartsliteratur stehen.

Zugleich wird hierzulande ein neuartiger Autoren-Typus bemerkbar, der intellektuellen, politischen und ästhetischen Anspruch verbindet. Kurzum: das, was man in angelsächsischen Ländern »literarische Intelligenz« nennt. Hans Magnus Enzensberger verkörpert diesen Typus wie kein anderer.

Dem Band *Landessprache* (1960), dem die beiden Gedichte entnommen sind, ist folgender Text nachgestellt:

gebrauchsanweisung

1. diese gedichte sind gebrauchsgegenstände, nicht geschenkartikel im engeren sinne.
2. unerschrockene leser werden gebeten, die längeren unter ihnen laut, und zwar so laut wie möglich, aber nicht brüllend, zu lesen.
3. das längste gedicht in diesem buch hat 274 zeilen. es wird an lukrez erinnert, der sich und seinen lesern 7415 zeilen abverlangt hat.
4. zur erregung, vervielfältigung und ausbreitung von ärger sind diese texte nicht bestimmt. der leser wird höflich ermahnt, zu erwägen, ob er ihnen beipflichten oder widersprechen möchte.
h. m. e.

Hans Magnus Enzensberger
an alle fernsprechteilnehmer

etwas, das keine farbe hat, etwas,
das nach nichts riecht, etwas zähes,
trieft aus den verstärkerämtern,
setzt sich fest in die nähte der zeit
und der schuhe, etwas gedunsenes,
kommt aus den kokereien, bläht
wie eine fahle brise die dividenden
und die blutigen segel der hospitäler,
mischt sich klebrig in das getuschel
um professuren und primgelder, rinnt,
etwas zähes, davon der salm stirbt,
in die flüsse, und sickert, farblos,
und tötet den butt auf den bänken.

die minderzahl hat die mehrheit,
die toten sind überstimmt.

in den staatsdruckereien
rüstet das tückische blei auf,
die ministerien mauscheln, nach phlox
und erloschenen resolutionen riecht
der august. das plenum ist leer.
an den himmel darüber schreibt
die radarspinne ihr zähes netz.

die tanker auf ihren helligen
wissen es schon, eh der lotse kommt,
und der embryo weiß es dunkel
in seinem warmen, zuckenden sarg:

es ist etwas in der luft, klebrig
und zäh, etwas, das keine farbe hat
(nur die jungen aktien spüren es nicht):
gegen uns geht es, gegen den seestern
und das getreide. und wir essen davon
und verleiben uns ein etwas zähes,
und schlafen im blühenden boom,
im fünfjahresplan, arglos
schlafend im brennenden hemd,
wie geiseln umzingelt von einem zähen,
farblosen, einem gedunsenen schlund.

Gedicht für die Gedichte nicht lesen

Wer ruft mit abgerissenem Mund
aus der Nebelkammer? Wer schwimmt,
einen Gummiring um den Hals,
durch diese kochende Lache
aus Bockbier und Blut?
                    Er ist es,
für den ich dies in den Staub ritze,
er, der es nicht entziffert.

Wer ist ganz begraben von Zeitungen
und von Mist? Wer hat Uran im Urin?
Wer ist in den zähen Geifer
der Gremien eingenäht? Wer
ist beschissen von Blei?
                    Siehe,
er ists, im Genick die Antenne,
der sprachlose Fresser mit dem räudigen Hirn.

Was sind das für unbegreifliche Ohren,
von wüstem Zuckerguß triefend,
die sich in Kurszettel wickeln
und in den Registraturen stapeln
zu tauben mürrischen Bündeln?
                    Geneigte,
Ohren verstörter Verräter, zu denen
rede ich kalt wie die Nacht und beharrlich.

Und das Geheul, das meine Worte
verschlingt? Es sind die amtlichen
schmierigen Adler, die orgeln
durch den entgeisterten Himmel,
um uns zu behüten.
                    Von Lebern,
meiner und deiner, zehren sie,
Leser, der du nicht liest.

Hans Magnus Enzensberger
Poesie und Politik

(...)
I. Auf dem Recht ihrer Erstgeburt muß Poesie aller Herrschaft
gegenüber unbestechlicher denn je beharren. Seit hundert Jahren

Als Übersetzer und Herausgeber hat Enzensberger großen Anteil daran, daß die literarische Moderne in Westdeutschland zur Kenntnis genommen wird.

»Die moderne Poesie, wie sie in diesem Buch erscheint, ist selbst ein Beispiel jener Wirkung, die es sich als ein Museum wünscht: sie hat, was immer ein fauler Traditionalismus gegen sie vorbringen mag, mehr von den Werken der Vergangenheit gewußt als ihre Feinde. Die Weltliteratur war ihr Museum; sie hat es gekannt und genutzt. *Il faut être absolument moderne* – das hieß Verwerfung des status quo, Destruktion alles Ererbten, radikale Negation der Literaturgeschichte, wie sie, verstümmelt, in Akademien betrieben wird.«
Aus dem Vorwort von Hans Magnus Enzensberger

Hans Magnus Enzensberger als Redner beim »Kongreß der Demokratie« in Frankfurt am Main 1966

Hans Magnus Enzensberger wurde 1929 in Kaufbeuren geboren. 1963 erhielt er den Georg-Büchner-Preis. – Weitere wichtige Werke: *Verteidigung der Wölfe.* Gedichte 1957; *Einzelheiten.* Essays 1964; *Deutschland, Deutschland unter anderm.* Essays 1967; *Ach Europa! Wahrnehmungen aus sieben Ländern* 1987; *Mittelmaß und Wahn.* Essays 1988; *Zukunftsmusik.* Gedichte 1991. *Gesammelte Gedichte* (1950–1985) erschienen 1986. © der abgedruckten Enzensberger-Texte: Suhrkamp Verlag, Frankfurt am Main.

kommt, was ihn vom politischen unterscheidet, im poetischen Prozeß immer deutlicher zutag. Je größer der Druck, dem das Gedicht sich ausgesetzt sieht, desto schärfer drückt es diese Differenz aus. Sein politischer Auftrag ist, sich jedem politischen Auftrag zu verweigern und für alle zu sprechen noch dort, wo es von keinem spricht, von einem Baum, von einem Stein, von dem was nicht ist. Dieser Auftrag ist der schwierigste. Keiner ist leichter zu vergessen. Niemand ist da, um Rechenschaft zu fordern; im Gegenteil wird belohnt, wer ihn ans Interesse der Herrschenden verrät. In der Poesie aber gilt kein mildernder Umstand. Das Gedicht, das sich, gleichviel ob aus Irrtum oder Niedertracht, verkauft, ist zum Tod verurteilt. Pardon wird nicht gegeben.

II. Herrschaft, ihres mythischen Mantels entkleidet, ist mit Poesie nicht länger zu versöhnen. Fortan ist, was früher Inspiration hieß, auf den Namen der Kritik getauft: Kritik wird zur produktiven Unruhe des poetischen Prozesses. Das Gedicht ist, in den Augen der Herrschaft, die außer ihr selber keine ἀρχή anerkennen kann, anarchisch; unerträglich, weil sie darüber nicht verfügen kann; durch sein bloßes Dasein subversiv. Es überführt, solange es nur anwesend ist, Regierungserklärung und Reklameschrei, Manifest und Transparent der Lüge. Sein kritisches Werk ist kein anderes als das des Kindes im Märchen. Daß der Kaiser keine Kleider trägt, zu dieser Einsicht ist kein »Engagement« vonnöten. Genug, daß ein einziger Vers das sprachlose Gejohl des Beifalls bricht.

III. Poesie tradiert Zukunft. Im Angesicht des gegenwärtig Installierten erinnert sie an das Selbstverständliche, das unverwirklicht ist. Francis Ponge hat bemerkt: seine Gedichte seien geschrieben als wie am Tage nach der geglückten Revolution. Das gilt für alle Poesie. Sie ist Antizipation, und sei's im Modus des Zweifels, der Absage, der Verneinung. Nicht daß sie über die Zukunft spräche: sondern so, als wäre Zukunft möglich, als ließe sich frei sprechen unter Unfreien, als wäre nicht Entfremdung und Sprachlosigkeit (da doch Sprachlosigkeit sich selbst nicht aussprechen, Entfremdung sich nicht mitteilen kann). Solches Vorgreifen schlüge ihr zur Lüge aus, wäre es nicht zugleich Kritik; solche Kritik, wäre sie nicht Antizipation im gleichen Atemzug, zur Ohnmacht. So bedroht, so schmal ist der Weg der Poesie, und so gering, nicht größer als das unsere, doch deutlicher, ihr Glück.

Peter Rühmkorf
**Variation auf »Abendlied«
von Matthias Claudius**

Peter Rühmkorf schreibt Gedichte, die Spannungen schaffen zwischen der literarischen Überlieferung und einem höchst gegenwärtigen lyrischen Ich.

Der Mond ist aufgegangen.
Ich, zwischen Hoff- und Hangen,
rühr an den Himmel nicht.
Was Jagen oder Yoga?
Ich zieh die Tintentoga
des Abends vor mein Angesicht.

Die Sterne rücken dichter,
nachtschaffenes Gelichter,
wie's in die Wette äfft –
So will ich sing- und gleißen
und Narr vor allen heißen,
eh mir der Herr die Zunge refft.

Laßt mir den Mond dort stehen.
Was lüstet es Antäen
und regt das Flügelklein?
Ich habe gute Weile,
der Platz auf meinem Seile
wird immer uneinnehmbar sein.

Da wär ich und da stünd ich,
barnäsig, flammenmündig
auf Säkels Widerrist.
Bis daß ich niederstürze
in Gäas grüne Schürze
wie mir der Arsch gewachsen ist.

Herr, laß mich dein Reich scheuen!
Wer salzt mir dort den Maien?

»Vorüber die alten Möglichkeiten, über Kunst in Verbindung zu treten, sich durch Kunst zu vermitteln, sich durch Kunst zu beziehen, Beschwörung der Natur, Frage an das Schicksal, Klage um die Toten, Werbung um die Geliebte, Aufruf der Nation, Hymne an die Nacht, Lied an den Mond, vorüber, vorbei. Und er spricht es aus, dies Vorbei, während er noch beschwört. Während er noch heraufruft, widerruft er schon. Während er noch zitiert, überträgt, überführt, erteilt er die Abfuhr. Während er noch dem Gesange lauscht seiner Herkunft, hört er darin bereits das Nimmermehrlied, den Gegengesang, Parodie. Halt! ruft das Restauratorium, halt! die Konservatoren, die Zeit anhalten, da legen wir Hand drauf, gesicherter Besitz! Wo kämen wir denn hin, wenn wir uns das in Frage stellen wollten? Wo wir hinkämen? fragt unser Mann, das wollen wir eben sehen, und er nimmt einen alten Text zum Beispiel, nimmt ihn als Vorsatzpapier, hält ihn zwischen sein Ich und die Welt und vergleicht.«
Peter Rühmkorf

Wer sämt die Freuden an?
Wer rückt mein Luderbette
an vorgewärmte Stätte,
da ich in Frieden scheitern kann?

Oh Himmel, unberufen,
wenn Mond auf goldenem Hufe
über die Erde springt –
Was Hunde hochgetrieben?
So legt euch denn, ihr Lieben
und schürt, was euch ein Feuer dünkt.

Wollt endlich, sonder Sträuben,
still linkskant liegen bleiben,
wo euch kein Schmerz mehr trifft.
Müde des oft Gesehnen,
gönnt euch ein reines Gähnen
und nehmt getrost vom Abendgift.

Anti-Ikarus

Aufgefahren ist mein Bruder, der Briskmann, im silbernen
                                      Schlitten,
niedergefallen zur Erde am zweiten Tag;
schon annulliert und nicht auferstanden am dritten –
Senke den Kopf, wer will, die Lidermarkise, wer mag

    Ich, im übrigen, kaufe das Ei des Kolumbus
    bei meinem Milchmann.

Ich vom Boden, jawohl, von der Erde ich, von den
                                      Steinen,
keine Kondore mehr im hirnenen Horst –!
Wer ist gekommen, Aufschwung und Fall zu beweinen
des geflügelten Affen, der Furcht in den Äther morst?

    Mythos kapuuut. Die Motten im Wielandshemd.
    Laika, die Liebliche, fault einen beachtlichen
    Tod. Aber beiß die Plomben zusammen; es kommen
    bald bessere Tage.

Grillen ins All gejagt, gefesselte Ikariden,
dein orthopädischer Traum im schlappenden Flügelschuh –
Nachschub an Wind, der sanfte Transport aus dem Süden,
schaufelt die Sterne zu.

Auf dem Prometheus-Gasbrenner koche ich meine
Zamek-Suppe. Ich habe die Flamme nicht erfunden.
Ich werde die Glut nicht erläutern. Überhaupt
sind meine Gedanken auf die nächsten drei Tage
zugeschnitten: wie ich mein Brot mache für ein
Leben, das ich sowieso nicht versteh. Und sieh
nur, wie das Gulasch strampelt im Dural-Patent-
topf... Wer wächst da über sich hinaus?
Nun noch den Pfeffer und Lorbeer, frisch von
der Stirn gepflückt –:
Ich werde kein absolutes Ding drehn!

Gemeines Liebeslied

Abend gießt Rotspon ein,
mir ins Gesicht –
Ewig ist der Wackerstein,
ich bin es nicht.

Wer hält mein Leben kurz?
Fei oder Dschinn?
Leicht wie ein Vogelfurz
fliegt es dahin.

Hagel pickt, Hegel packt
nicht mein Geweid, aber bei
Liebe und Schnickschnack
vergeht mir die Zeit.

Liebste, ich sing: an dich
denk ich bei Tag und Nacht,
weil mich das Ding an sich
trübsinnig macht.

Treib ich meine Dohlen heim,
– you can't be true dear –
wie ein verrückter Reim
leg ich mich zu dir.

Tu meinen Wanst, diridum,
vor deinen Birnenbug–
Was du begreifen kannst,
macht mich nicht klug.

Peter Rühmkorf wurde 1929 in Dortmund geboren. 1993 wird ihm der Georg-Büchner-Preis zuerkannt. Die abgedruckten Rühmkorf-Texte sind dem Band *Kunststücke. Fünfzig Gedichte nebst einer Anleitung zum Widerspruch* entnommen, © Rowohlt Verlag 1962 – Weitere wichtige Werke: *Irdisches Vergnügen in g.* Gedichte 1959; *Über das Volksvermögen* 1967; *Haltbar bis Ende 1999* 1979; *agar agar-zaurzaurim.* Frankfurter Vorlesungen 1981; *Einmalig wie wir alle* 1989.

Der Roman *Die Blechtrommel* ist unmittelbar nach Erscheinen eine internationale Sensation. Bis heute hat das Buch eine Auflage von über drei Millionen Exemplaren in über zwei Dutzend Sprachen erreicht. Auch die spätere Verfilmung durch Volker Schlöndorff wird ein Welterfolg.

Auf dem Höhepunkt des Selbstbewußtseins

Günter Grass
Die Blechtrommel

Ich beginne weit vor mir; denn niemand sollte sein Leben beschreiben, der nicht die Geduld aufbringt, vor dem Datieren der eigenen Existenz wenigstens der Hälfte seiner Großeltern zu gedenken. Ihnen allen, die Sie außerhalb meiner Heil- und Pflegeanstalt ein verworrenes Leben führen müssen, Euch Freunden und allwöchentlichen Besuchern, die Ihr von meinem Papiervorrat nichts ahnt, stelle ich Oskars Großmutter mütterlicherseits vor.

Meine Großmutter Anna Bronski saß an einem späten Oktobernachmittag in ihren Röcken am Rande eines Kartoffelackers. Am Vormittag hätte man sehen können, wie es die Großmutter verstand, das schlaffe Kraut zu ordentlichen Haufen zu rechen, mittags aß sie ein mit Sirup versüßtes Schmalzbrot, hackte dann letztmals den Acker nach, saß endlich in ihren Röcken zwischen zwei fast vollen Körben. Vor senkrecht gestellten, mit den Spitzen zusammenstrebenden Stiefelsohlen schwelte ein manchmal asthmatisch auflebendes, den Rauch flach und umständlich über die kaum geneigte Erdkruste hinschickendes Kartoffelkrautfeuer. Man schrieb das Jahr neunundneunzig, sie saß im Herzen der Kaschubei, nahe bei Bissau, noch näher der Ziegelei, vor Ramkau saß sie, hinter Viereck, in Richtung der Straße nach Brenntau, zwischen Dirschau und Karthaus, den schwarzen Wald Goldkrug im Rücken saß sie und schob mit einem an der Spitze verkohlten Haselstock Kartoffeln unter die heiße Asche.

Wenn ich soeben den Rock meiner Großmutter besonders erwähnte, hoffentlich deutlich genug sagte: Sie saß in ihren Röcken – ja, das Kapitel »Der weite Rock« überschreibe, weiß ich, was ich diesem Kleidungsstück schuldig bin. Meine Großmutter trug nicht nur einen Rock, vier Röcke trug sie übereinander. Nicht etwa, daß sie einen Ober- und drei Unterröcke getragen hätte; vier sogenannte Oberröcke trug sie, ein Rock trug den nächsten, sie aber trug alle vier nach einem System, das die Reihenfolge der Röcke von Tag zu Tag veränderte. Was gestern oben saß, saß heute gleich darunter; der zweite war der dritte Rock. Was gestern noch dritter Rock war, war ihr heute der Haut nahe. Jener ihr gestern nächste Rock ließ heute deutlich sein Muster sehen, nämlich gar keines: die Röcke meiner Großmutter Anna Bronski bevorzugten

»Die Blechtrommel«, Luchterhand Verlag 1959

Tina Engel als Anna Bronski im Film »Die Blechtrommel« von Volker Schlöndorff

alle denselben kartoffelfarbenen Wert. Die Farbe muß ihr gestanden haben.
Außer dieser Farbgebung zeichnete die Röcke meiner Großmutter ein flächenmäßig extravaganter Aufwand an Stoff aus. Weit rundeten sie sich, bauschten sich, wenn der Wind ankam, erschlafften, wenn er genug hatte, knatterten, wenn er vorbeiging, und alle vier flogen meiner Großmutter voraus, wenn sie den Wind im Rücken hatte. Wenn sie sich setzte, versammelte sie ihre Röcke um sich.
Neben den vier ständig geblähten, hängenden, Falten werfenden oder steif und leer neben ihrem Bett stehenden Röcken besaß meine Großmutter einen fünften Rock. Dieses Stück unterschied sich in nichts von den vier anderen kartoffelfarbenen Stücken. Auch war der fünfte Rock nicht immer derselbe fünfte Rock. Gleich seinen Brüdern – denn Röcke sind männlicher Natur – war er dem Wechsel unterworfen, gehörte er vier getragenen Röcken an und mußte gleich ihnen, wenn seine Zeit gekommen war, an jedem fünften Freitag in die Waschbütte, sonnabends an die Wäscheleine vors Küchenfenster und nach dem Trocknen aufs Bügelbrett.
Wenn meine Großmutter nach solch einem Hausputzbackwaschundbügelsonnabend, nach dem Melken und Füttern der Kuh ganz und gar in den Badezuber stieg, der Seifenlauge etwas mitteilte, das Wasser im Zuber dann wieder fallen ließ, um sich in großgeblümtem Tuch auf die Bettkante zu setzen, lagen vor ihr auf den Dielen die vier getragenen Röcke und der frischgewaschene Rock ausgebreitet. Sie stützte mit dem rechten Zeigefinger das untere Lid ihres rechten Auges, ließ sich von niemandem, auch von ihrem Bruder Vinzent nicht, beraten und kam deshalb schnell zum Entschluß. Barfuß stand sie

»*Die Blechtrommel* kennt keine Tabus. Gewalttätig wirkt dieser Roman, weil er alles berührt, als wäre es antastbar. Eine seiner beklemmendsten Szenen schildert ein von Aalen wimmelndes Pferdeaas, das auf der Hafenmole von Neufahrwasser aus dem Meer gefischt wird. Immer wieder tritt die Erzählung in jene verbotene Sphäre ein, wo sich Ekel und Sexualität, Tod und Blasphemie begegnen. Was Grass in dieser Hinsicht einerseits von aller Pornographie trennt, andrerseits von dem sogenannten ›schonungslosen Realismus‹ der amerikanischen Schule unterscheidet, was seine brüsken Eingriffe legitimiert, ja zu künstlerischen Ruhmestaten macht, das ist die vollkommene Unbefangenheit, mit der er sie vornimmt. Grass jagt nicht, wie Henry Miller, hinter dem Tabu her: er bemerkt es einfach nicht. Zu Unrecht wird man ihn der Provokation verdächtigen. Er ist dem Skandal weder aus dem Weg gegangen, noch hat er ihn gesucht; aber gerade dies wird ihn hervorrufen, daß Grass kein schlechtes Gewissen hat, daß für ihn das Schockierende zugleich das Selbstverständliche ist.« Hans Magnus Enzensberger, 1959

und stieß mit den Zehen jenen Rock zur Seite, welcher vom Glanz der Kartoffelfarbe den meisten Schmelz eingebüßt hatte. Dem reinlichen Stück fiel dann der frei gewordene Platz zu.
Jesu zu Ehren, von dem sie feste Vorstellungen hatte, wurde am folgenden Sonntagmorgen die aufgefrischte Rockreihenfolge beim Kirchgang nach Ramkau eingeweiht. Wo trug meine Großmutter den gewaschenen Rock? Sie war nicht nur eine saubere, war auch eine etwas eitle Frau, trug das beste Stück sichtbar und bei schönem Wetter in der Sonne.
Nun war es aber ein Montagnachmittag, an dem meine Großmutter hinter dem Kartoffelfeuer saß. Der Sonntagsrock kam ihr montags eins näher, während ihr jenes Stück, das es sonntags hautwarm gehabt hatte, montags recht montäglich trüb oberhalb von den Hüften floß. Sie pfiff, ohne ein Lied zu meinen, und scharrte mit dem Haselstock die erste gare Kartoffel aus der Asche. Weit genug schob sie die Bulve neben den schwelenden Krautberg, damit der Wind sie streife und abkühle. Ein spitzer Ast spießte dann die angekohlte und krustig geplatzte Knolle, hielt diese vor ihren Mund, der nicht mehr pfiff, sondern zwischen windtrocknen, gesprungenen Lippen Asche und Erde von der Pelle blies.
Beim Blasen schloß meine Großmutter die Augen. Als sie meinte, genug geblasen zu haben, öffnete sie die Augen nacheinander, biß mit Durchblick gewährenden, sonst fehlerlosen Schneidezähnen zu, gab das Gebiß sogleich wieder frei, hielt die halbe, noch zu heiße Kartoffel mehlig und dampfend in offener Mundhöhle und starrte mit gerundetem Blick über geblähten, Rauch und Oktoberluft ansaugenden Naslöchern den Acker entlang bis zum nahen Horizont mit den einteilenden Telegrafenstangen und dem knappen oberen Drittel des Ziegeleischornsteines.
Es bewegte sich etwas zwischen den Telegrafenstangen. Meine Großmutter schloß den Mund, nahm die Lippen nach innen, verkniff die Augen und mümmelte die Kartoffel. Es bewegte sich etwas zwischen den Telegrafenstangen. Es sprang da etwas. Drei Männer sprangen zwischen den Stangen, drei auf den Schornstein zu, dann vorne herum und einer kehrt, nahm neuen Anlauf, schien kurz und breit zu sein, kam auch drüber, über die Ziegelei, die beiden anderen, mehr dünn und lang, knapp aber doch, über die Ziegelei, schon wieder zwischen den Stangen, der aber, klein und breit, schlug Haken und hatte es klein und breit eiliger als dünn und lang, die anderen Springer, die wieder zum Schornstein hin mußten, weil der schon drüber rollte, als die, zwei Daumensprünge entfernt, noch Anlauf nahmen und plötzlich weg waren, die Lust verloren hat-

184

David Bennent als Oskar Matzerath – 94 cm groß

ten, so sah es aus, und auch der Kleine fiel mitten im Sprung vom Schornstein hinter den Horizont.
Da blieben sie nun und machten Pause oder wechselten das Kostüm oder strichen Ziegel und bekamen bezahlt dafür.
Als meine Großmutter die Pause nützen und eine zweite Kartoffel spießen wollte, stach sie daneben. Kletterte doch jener, der klein und breit zu sein schien, im selben Kostüm über den Horizont, als wäre das ein Lattenzaun, als hätt' er die beiden Hinterherspringer hinter dem Zaun, zwischen den Ziegeln oder auf der Chaussee nach Brenntau gelassen, und hatte es trotzdem eilig, wollte schneller sein als die Telegrafenstangen, machte lange, langsame Sprünge über den Acker, ließ Dreck von den Sohlen springen, sprang sich vom Dreck weg, aber so breit er auch sprang, so zäh kroch er doch über den Lehm. Und manchmal schien er unten zu kleben, dann wieder so lange in der Luft still zu stehn, daß er die Zeit fand, sich mitten im Sprung klein aber breit die Stirn zu wischen, bevor sich sein Sprungbein wieder in jenes frischgepflügte Feld stemmen konnte, das neben den fünf Morgen Kartoffeln zum Hohlweg hinfurchte.
Und er schaffte es bis zum Hohlweg, war kaum klein und breit im Hohlweg verschwunden, da kletterten auch schon lang und dünn die beiden anderen, die inzwischen die Ziegelei besucht haben mochten, über den Horizont, stiefelten sich so lang und dünn, dabei nicht einmal mager über den Lehm, daß meine Großmutter wiederum nicht die Kartoffel spießen konnte; denn so etwas sah man nicht alle Tage, daß da drei Ausgewachsene, wenn auch verschieden gewachsene, um Telegrafenstangen hüpften, der Ziegelei fast den Schornstein abbrachen und dann in Abständen, erst klein und breit dann dünn und lang, aber alle drei gleich mühsam, zäh und immer

»Grass macht seine artistischen Funde und Erfindungen nicht um ihrer selbst willen, sondern um der ungeheuerlichen Fülle seiner Einfälle Herr zu werden, um, was er zu erzählen hat, gut, deutlich, so deutlich zu sagen, daß es das Gedächtnis besetzt. Wie man von gewissen Stoffen behauptet, sie seien blutbildend, in eben demselben Sinn kann man von dem Roman *Die Blechtrommel* sagen, er sei weltbildend. Er verändert die Sehweise des Lesers. Wer die Welt in diesem Buch, eingefangen wie eine Bestie, betrachtet hat, erkennt ihr anarchisches Gesicht vor seiner Haustür wieder. In der Tat hat zwar das Buch Gesetze (und hält diese Gesetze ein), nicht aber die Welt, von der es erzählt. Sie ist wild und blind.«
Hans Magnus Enzensberger, 1959

»In dem Roman *Die Blechtrommel* ist Oskar Matzerath die Hauptfigur. Eine vielschichtige Person, die sich aus verschiedenen Quellen herleitet. Oskar, der Dreijährige, der bewußt sein Wachstum im Alter von drei Jahren einstellt, nicht mehr größer wird, sich in der Rolle des Dreijährigen versteckt, verbirgt, sich der Erwachsenenwelt nicht anpassen will, eine kindliche Protesthaltung annimmt und so in gewissem Sinn eigentlich die Verweigerungsposition, die Protesthaltung unseres Jahrhunderts mit verkörpert.«
Günter Grass in einem Interview

mehr Lehm unter den Sohlen mitschleppend, frischgeputzt durch den vor zwei Tagen vom Vinzent gepflügten Acker sprangen und im Hohlweg verschwanden.

Nun waren alle drei weg und meine Großmutter konnte es wagen, eine fast erkaltete Kartoffel zu spießen. Flüchtig blies sie Erde und Asche von der Pelle, paßte sie sich gleich ganz in die Mundhöhle, dachte, wenn sie dachte: die werden wohl aus der Ziegelei sein, und kaute noch kreisförmig, als einer aus dem Hohlweg sprang, sich über schwarzem Schnauz wild umsah, die zwei Sprünge zum Feuer hin machte, vor, hinter, neben dem Feuer gleichzeitig stand, hier fluchte, dort Angst hatte, nicht wußte wohin, zurück nicht konnte, denn rückwärts kamen sie dünn durch den Hohlweg lang, daß er sich schlug, aufs Knie schlug und Augen im Kopf hatte, die beide raus wollten, auch sprang ihm Schweiß von der Stirn. Und keuchend, mit zitterndem Schnauz, erlaubte er sich näher zu kriechen, heranzukriechen bis vor die Sohlen; ganz nah heran kroch er an die Großmutter, sah meine Großmutter an wie ein kleines und breites Tier, daß sie aufseufzen mußte, nicht mehr die Kartoffel kauen konnte, die Schuhsohlen kippen ließ, nicht mehr an die Ziegelei, nicht an Ziegel, Ziegelbrenner und Ziegelstreicher dachte, sondern den Rock hob, nein, alle vier Röcke hob sie hoch, gleichzeitig hoch genug, daß der, der nicht aus der Ziegelei war, klein aber breit ganz darunter konnte und weg war mit dem Schnauz und sah nicht mehr aus wie ein Tier und war weder aus Ramkau noch aus Viereck, war mit der Angst unterm Rock und schlug sich nicht mehr aufs Knie, war weder breit noch klein und nahm trotzdem seinen Platz ein, vergaß das Keuchen, Zittern und Hand aufs Knie: still war es wie am ersten Tag oder am letzten, ein bißchen Wind klöhnte im Krautfeuer, die Telegrafenstangen zählten sich lautlos, der Schornstein der Ziegelei behielt Haltung und sie, meine Großmutter, sie strich den obersten Rock überm zweiten Rock glatt und vernünftig, spürte ihn kaum unterm vierten Rock und hatte mit ihrem dritten Rock noch gar nicht begriffen, was ihrer Haut neu und erstaunlich sein wollte. Und weil das erstaunlich war, doch oben vernünftig lag und zweitens wie drittens noch nicht begriffen hatte, scharrte sie sich zwei drei Kartoffeln aus der Asche, griff vier rohe aus dem Korb unter ihrem rechten Ellenbogen, schob die rohen Bulven nacheinander in die heiße Asche, bedeckte sie mit noch mehr Asche und stocherte, daß der Qualm auflebte – was hätte sie anderes tun sollen?

Kaum hatten sich die Röcke meiner Großmutter beruhigt, kaum hatte sich der dickflüssige Qualm des Kartoffelkrautfeuers, der durch heftiges Knieschlagen, durch Platzwechsel und Stochern seine Richtung verloren hatte, wieder windgerecht gelb den Acker bekriechend nach Südwest gewandt, da spuckte es die beiden Langen und Dünnen, die dem kleinen aber breiten, nun unter den Röcken wohnenden Kerl hinterher waren, aus dem Hohlweg, und es zeigte sich, daß sie lang, dünn und von Berufs wegen die Uniformen der Feldgendarmerie trugen.

Fast schossen sie an meiner Großmutter vorbei. Sprang nicht der eine sogar übers Feuer? Hatten jedoch auf einmal Hacken und in den Hacken ihr Hirn, bremsten, drehten, stiefelten, standen in Uniformen gestiefelt im Qualm und zogen hüstelnd die Uniformen, Qualm mitziehend, aus dem Qualm und hüstelten immer noch, als sie meine Großmutter ansprachen, wissen wollten, ob sie den Koljaiczek gesehen, denn sie müsse ihn gesehen haben, da sie doch hier am Hohlweg sitze, und er, der Koljaiczek, sei durch den Hohlweg entkommen.

Meine Großmutter hatte keinen Koljaiczek gesehen, weil sie keinen Koljaiczek kannte. Ob der von der Ziegelei sei, wollte sie wissen, denn sie kenne nur die von der Ziegelei. Die Uniformen aber beschrieben ihr den Koljaiczek als einen, der nichts mit Ziegeln zu tun habe, der vielmehr ein Kleiner, Breiter sei. Meine Großmutter erinnerte sich, hatte solch einen laufen sehen, zeigte, ein Ziel ansprechend, mit dampfender Kartoffel auf spitzem Ast in Richtung Bissau, das der Kartoffel nach zwischen der sechsten und siebenten Telegrafenstange, wenn man vom Ziegelschornstein nach rechts zählte, liegen mußte. Ob aber jener Läufer ein Koljaiczek gewesen, wußte meine Großmutter nicht, entschuldigte ihre Unwissenheit mit dem Feuer vor ihren Stiefelsohlen; das gäbe ihr genug zu tun, das brenne nur mäßig, deshalb könne sie sich auch nicht um andere Leute kümmern, die hier vorbeiliefen oder im Qualm stünden, überhaupt kümmere sie sich nie um Leute, die sie nicht kenne, sie wisse nur, welche es in Bissau, Ramkau, Viereck und in der Ziegelei gäbe – die reichten ihr gerade.

Als meine Großmutter das gesagt hatte, seufzte sie ein bißchen, doch laut genug, daß die Uniformen wissen wollten, was es zu seufzen gäbe. Sie nickte dem Feuer zu, was besagen sollte, sie hätte wegen des mäßigen Feuerchens geseufzt und wegen der vielen Leute im Qualm auch etwas, biß dann mit ihren weit auseinanderstehenden Schneidezähnen der Kartoffel die Hälfte ab, verfiel ganz dem Kauen und ließ die Augäpfel nach oben links rutschen.

Die in den Uniformen der Feldgendarmerie konnten dem abwesenden Blick meiner Großmutter keinen Zuspruch entneh-

»Danzig: eine Stadt mit deutscher Bevölkerung, polnischer Bevölkerung, einem kaschubischen Hinterland. Die Kaschuben sind ein altslawischer Stamm, der bis heute dort ansässig ist und in die Familiengeschichte des Oskar spielen diese Verhältnisse hinein. Seine Mutter ist kaschubischer Herkunft, der Vater – der eine der Väter – ist deutscher Herkunft, der andere Pole. Und so spiegelt sich bis ins Detail hinein, innerhalb kleinbürgerlicher Verhältnisse, der Machtwechsel in den dreißiger Jahren, das Aufkommen des Faschismus, des Nationalsozialismus.«
Günter Grass in einem Interview

Günter Grass mit »Oskar Matzerath« während der Dreharbeiten

»Nun auf einmal politisiert, bricht diese Einheit auseinander, ergreift die Politik von diesem Milieu Besitz, und entsprechend sind die Reaktionen des dreijährigen Oskar, der sich diesen Machtkämpfen entziehen will und der mit seiner Trommel seinen Protest einlegt, sich eine Distanz ertrommelt zur Erwachsenenwelt. Und gleichzeitig mit einer Art Wunderwaffe begabt ist: er ist in der Lage, durch Schreien Glas zersplittern zu lassen, Glas zu zersingen, das hilft ihm, in seiner Position zu verharren.«
Günter Grass in einem Interview

men, wußten nicht, ob sie hinter den Telegrafenstangen Bissau suchen sollten, und stießen deshalb einstweilen mit ihren Seitengewehren in die benachbarten, noch nicht brennenden Krauthaufen. Plötzlicher Eingebung folgend, warfen sie gleichzeitig die beiden fast vollen Kartoffelkörbe unter den Ellenbogen meiner Großmutter um und konnten lange nicht begreifen, warum nur Kartoffeln aus dem Geflecht vor ihre Stiefel rollten und kein Koljaiczek. Mißtrauisch umschlichen sie die Kartoffelmiete, als hätte sich der Koljaiczek in solch kurzer Zeit einmieten können, stachen auch gezielt zu und vermißten den Schrei eines Gestochenen. Ihr Verdacht traf jedes noch so heruntergekommene Gebüsch, jedes Mauseloch, eine Kolonie Maulwurfshügel und immer wieder meine Großmutter, die dasaß wie gewachsen, Seufzer ausstieß, die Pupillen unter die Lider zog, doch das Weiße sehen ließ, die die kaschubischen Vornamen aller Heiligen aufzählte – was eines nur mäßig brennenden Feuerchens und zweier umgestürzter Kartoffelkörbe wegen leidvoll betont und laut wurde.

Die Uniformen blieben eine gute halbe Stunde. Manchmal standen sie fern, dann wieder dem Feuer nahe, peilten den Schornstein der Ziegelei an, wollten auch Bissau besetzen, schoben den Angriff auf und hielten blaurote Hände übers Feuer, bis sie von meiner Großmutter, ohne daß sie das Seufzen unterbrochen hätte, jeder eine geplatzte Kartoffel am Stöckchen bekamen. Doch mitten im Kauen besannen sich die Uniformen ihrer Uniformen, sprangen einen Steinwurf weit in den Acker, den Ginster am Hohlweg entlang und scheuchten einen Hasen auf, der aber nicht Koljaiczek hieß. Am Feuer fanden sie wieder die mehligen, heißduftenden Bulven und entschlossen sich friedfertig, auch etwas abgekämpft, die

rohen Bulven in jene Körbe wieder zu sammeln, welche umzustürzen zuvor ihre Pflicht gewesen war.
Erst als der Abend dem Oktoberhimmel einen feinen schrägen Regen und tintige Dämmerung ausquetschte, griffen sie noch rasch und lustlos einen entfernten, dunkelnden Feldstein an, ließen es dann aber, nachdem der erledigt, genug sein. Noch etwas Beinevertreten und Hände segnend übers verregnete, breit und lang qualmende Feuerchen halten, noch einmal Husten im grünen Qualm, ein tränendes Auge im gelben Qualm, dann hüstelndes, tränendes Davonstiefeln in Richtung Bissau. Wenn der Koljaiczek nicht hier war, mußte Koljaiczek in Bissau sein. Feldgendarmen kennen immer nur zwei Möglichkeiten.
Der Rauch des langen sterbenden Feuers hüllte meine Großmutter gleich einem fünften und so geräumigen Rock ein, daß sie sich in ihren vier Röcken, mit Seufzern und heiligen Vornamen, ähnlich dem Koljaiczek, unterm Rock befand. Erst als die Uniformen nur noch wippende, langsam im Abend zwischen Telegrafenstangen versaufende Punkte waren, erhob sich meine Großmutter so mühsam, als hätte sie Wurzeln geschlagen und unterbräche nun, Fäden und Erdreich mitziehend, das gerade begonnene Wachstum.
Dem Koljaiczek wurde es kalt, als er auf einmal so ohne Haube klein und breit unter dem Regen lag. Schnell knöpfte er sich jene Hose zu, welche unter den Röcken offen zu tragen, ihm Angst und ein grenzenloses Bedürfnis nach Unterschlupf geboten hatten. Er fingerte eilig, eine allzu rasche Abkühlung seines Kolbens befürchtend, mit den Knöpfen, denn das Wetter war voller herbstlicher Erkältungsgefahren.
Es war meine Großmutter, die noch vier heiße Kartoffeln unter der Asche fand. Drei gab sie dem Koljaiczek, eine gab sie sich selbst und fragte noch, bevor sie zubiß, ob er von der Ziegelei sei, obgleich sie wissen mußte, daß der Koljaiczek sonstwoher, aber nicht von den Ziegeln kam. Sie gab dann auch nichts auf seine Antwort, lud ihm den leichteren Korb auf, beugte sich unter dem schwereren, hatte noch eine Hand frei für Krautrechen und Hacke, wehte mit Korb, Kartoffeln, Rechen und Hacke in ihren vier Röcken in Richtung Bissau-Abbau davon.
Das war nicht Bissau selbst. Das lag mehr Richtung Ramkau. Da ließen sie die Ziegelei links liegen, machten auf den schwarzen Wald zu, in dem Goldkrug lag und dahinter Brenntau. Aber vor dem Wald in der Kuhle lag Bissau-Abbau. Dorthin folgte meiner Großmutter klein und breit Joseph Koljaiczek, der nicht mehr von den Röcken lassen konnte.

Günter Grass wurde 1927 in Danzig geboren. Er ergänzte *Die Blechtrommel* mit der Novelle *Katz und Maus* und dem Roman *Hundejahre* zu einer *Danziger Trilogie*. In den sechziger und siebziger Jahren engagierte sich Günter Grass als Wahlhelfer für die SPD. – Weitere wichtige Werke: *Die Plebejer proben den Aufstand*. Drama 1966; *Örtlich betäubt*. Roman 1969; *Aus dem Tagebuch einer Schnecke*. 1972; *Der Butt*. Roman 1977; *Das Treffen in Telgte*. Novelle 1979; *Die Rättin*. Roman 1986; *Unkenrufe*. Roman 1992. © der abgedruckten Grass-Texte: Steidl Verlag, Göttingen.

Uwe Johnson gehört in den Osten, wo er nicht geduldet wird. Er wird im Westen berühmt mit seinem literarischen Versuch, die Mentalität der Menschen in der DDR zu begreifen, ihr Bewußtsein und ihre Sprache.

»Das Jahr 1958 wird benutzt, neben der Erledigung von Honoraraufträgen, für die Arbeit an einem Buch. Es soll erzählen von der Bedingung und Veränderung dreier Personen durch ihre Aufgaben im Bereich der Arbeit und durch ihre Berührungen mit der Maschine Gesellschaft. Einer (hier scheute jemand vor dem Ausliefern von Namen) ist im Herbst 1956 achtundzwanzig Jahre alt, in der beruflichen Ausbildung und Tätigkeit auf der Stufe eines Dispatchers bei der ›Deutschen Reichsbahn‹. Darin schon überfordert, wird er nachhaltig gestört durch das Verhalten seiner Mutter, die unverhofft und unerklärt aus

Uwe Johnson
Mutmassungen über Jakob

Aber Jakob ist immer quer über die Gleise gegangen.

– Aber er ist doch immer quer über die Rangiergleise und die Ausfahrt gegangen, warum, aussen auf der anderen Seite um den ganzen Bahnhof bis zum Strassenübergang hätt er eine halbe Stunde länger gebraucht bis zur Strassenbahn. Und er war sieben Jahre bei der Eisenbahn.

– Nun sieh dir mal das Wetter an, so ein November, kannst keine zehn Schritt weit sehen vor Nebel, besonders am Morgen, und das war doch Morgen, und alles so glatt. Da kann einer leicht ausrutschen. So ein Krümel Rangierlok ist dann beinah gar nicht zu hören, sehen kannst sie noch weniger.

– Jakob war sieben Jahre bei der Eisenbahn will ich dir sagen, und wenn irgend wo sich was gerührt hat was auf Schienen fahren konnte, dann hat er das wohl genau gehört

unterhalb des hohen grossglasäugigen Stellwerkturms kam eine Gestalt quer über das trübe dunstige Gleisfeld gegangen, stieg sicher und achtlos über die Schienen eine Schiene nach der anderen, stand still unter einem grün leuchtenden Signalmast, wurde verdeckt von der Donnerwand eines ausfahrenden Schnellzuges, bewegte sich wieder. An der langsamen stetigen Aufrechtheit des Ganges war vielleicht Jakob zu erkennen, er hatte die Hände in den Manteltaschen und schien geraden Nackens die Fahrten auf den Gleisen zu beachten. Je mehr er unter seinen Turm kam verdunsteten seine Umrisse zwischen den finster massigen Ungeheuern von Güterzugwagen und kurzatmigen Lokomotiven, die träge ruckweise kriechend den dünnen schrillen Pfiffen der Rangierer gehorchten im Nebel des frühen Morgens auf den nass verschmierten Gleisen

– wenn einer dann er. Hat er mir doch selbst erklärt, so mit Physik und Formel, lernt einer ja tüchtig was zu in sieben Jahren, und er sagt zu mir: Bloss stehenbleiben, wenn du was kommen siehst, kann noch so weit wegsein. »Wenn der Zug im Kommen ist – ist er da« hat er gesagt. Wird er auch bei Nebel gewußt haben.

– Eine Stunde vorher haben sie aber einen Rangierer zerquetscht am Ablaufberg, der wird das auch gewusst haben.

– Deswegen waren sie ja so aufgeregt. Wenn sie auch gleich wieder Worte gefunden haben von tragischem Unglücksfall

und Verdienste beim Aufbau des Sozialismus und ehrendes Andenken bewahren: der sich das aus den Fingern gesogen hat weiss es gewiss besser, wär schon einer. Frag doch mal auf diesem ganzen verdammten Bahnhof ob einer jetzt noch im November Ausreiseerlaubnis nach Westdeutschland gekriegt hat, und Jakob ist am selben Morgen erst mit einem Interzonenzug zurückgekommen. Denk dir mal bei wem er war.
– Cresspahl, wenn du den kennst. Der hat eine Tochter.

Mein Vater war achtundsechzig Jahre alt in diesem Herbst und lebte allein in dem Wind, der grau und rauh vom Meer ins Land einfiel hinweg über ihn und sein Haus.

Heinrich Cresspahl war ein mächtiger breiter Mann von schweren langsamen Bewegungen, sein Kopf war ein verwitterter alter Turm unter kurzen grauen scheitellosen Haaren. Seine Frau war tot seit achtzehn Jahren, er entbehrte seine Tochter. In seiner Werkstatt stand wenig Arbeit an den Wänden, er hatte das Schild seines Handwerks schon lange von der Haustür genommen. Gelegentlich für das Landesmuseum besserte er kostbare Möbel aus und für Leute die sich seinen Namen weitersagten. Er ging viel über Land in Manchesterzeug und langen Stiefeln, da suchte er nach alten Truhen und Bauernschränken. Manchmal hielten Pferdefuhrwerke vor seinem Haus mit Stücken, die ihm hineingetragen wurden; später kamen Autos aus den grossen Städten und fuhren das sattbraune kunstreich gefügte Holz mit den stumpf glänzenden Zierbeschlägen davon in die Fremde. So erhielt er sein Leben. Steuererklärung in Ordnung, Bankkonto bescheiden passend zu den Ausgaben in einer abgelegenen kleinen Stadt, kein Verdacht auf ungesetzliche Einkünfte.

Achtundsechzig Jahre alt, Kunsttischler, wohnhaft Jerichow Ziegeleistrasse. Ich konnte und konnte mir nicht denken was das Referat Militärische Spionageabwehr mit dem gewinnen wollte. Diese Berichte von der Dienststelle Jerichow, quengelig, meistens private Anzeigen: hat dies gesagt, hat das zu verstehen gegeben. Hat öffentlich im Krug von Jerichow (glaube nicht dass da im Krug »öffentlich« bedeutet, die kennen sich doch alle, na ja: öffentlich im Krug) das Lied gesungen von dem Hund, der in die Küche kam, der schiss dort auf ein Ei, da nahm der Koch den Löffel, und schlug den Hund zu Brei, da kamen die Hunde zusammen, und lobten sehr den Koch, und schrieben auf den Grabstein, geschissen hat er doch, dann kam der Hund wieder in die Küche und das hab ich jetzt

»dem Land davonläuft. Zu danken hat er dies einem Interessenten von der geheimen Polizei, der Auskünfte wünscht über eine Person, an der sie einmal Mutterstelle vertreten hatte. Diese Halbwaise, Tochter ihres Hauswirts, inzwischen dreiundzwanzig Jahre alt, ist als Angestellte einer Behörde des Nordatlantischen Vertrages womöglich im Besitz von Kenntnissen, nach denen die Rote Armee sich sehnt.«
Uwe Johnson, *Begleitumstände*

»Am 10. Juli 1959 wurde in Eschwege, Hessen/ Bundesrepublik, auf das Titelblatt eines Buches der Name seines Verfassers gesetzt. Am gleichen Tage fuhr der mit einer Schreibmaschine und einer Aktentasche auf der pritzwalker Strecke nach Süden, durch Westberlin hindurch zum Ostbahnhof nach Leipzig; wie oft. Als er diesmal ausstieg im britischen Sektor von Berlin, verstand er es als einen Umzug. Er gedachte den Flüchtlingslagern mit ihren diversen Geldern fernzubleiben; er war kein Flüchtling (ausser im Verständnis von Behörden, die er aufgegeben hatte).«
Uwe Johnson, *Begleitumstände*

Uwe Johnson (links) mit Martin Walser, Mitte der sechziger Jahre

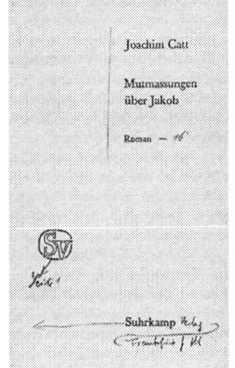

Das Titelblatt von »Mutmassungen über Jakob« mit dem von Uwe Johnson gewählten Pseudonym Joachim Catt, dessen Wahl mit dem Umzug nach West-Berlin hinfällig war

»Ich habe das Buch so geschrieben, als würden die Leute es so langsam lesen, wie ich es geschrieben habe.«
Uwe Johnson

vergessen und jaja ich verstehe schon. Das schreiben die nun auf. Geben wir ernstlich zu bedenken. Die scheinen zu meinen, die Agenten hätten Vereinslieder, nächstens wollen sie vielleicht amtliche Abzeichen einführen. Hundefänger. Darüber ärgern die sich, darüber ärgern sich noch ganz andere Leute, die lassen Cresspahl lieber den gemütlichen Lebensabend. Bis ich sah er hatte eine Tochter, geboren 1933, Oberschule in Jerichow, Studium der Anglistik in Leipzig, Dolmetscherschule Frankfurt am Main, am Main, und seit Anfang des Jahres (aber das hatten nicht die in Jerichow gemerkt, denn Cresspahl wird es ihnen nicht erzählt haben:) the N.A.T.O. Headquarters. Ich blätterte noch die anderen Vorschläge durch, konnte mit keinem so recht warmwerden, alle so schnurgerade Röntgenarbeit, kurzgesagt stur, und gegen Mittag fuhr ich zurück zur M.S.A. und liess mich melden bei Lagin und legte ihm die Mappe hin, wenn schon, dann will ich was davon haben. »Ah –: galubuschka« sagte er. Er hatte alles im Kopf, tolles Gedächtnis, bat mich um Vortrag. Ich hielt ihm Vortrag. Er hielt mir Vortrag. Verabredung. Eto ujasno. Verabredung. Zusammenfassung. Ich sagte noch: »Jesli ana ostawajetsa galubka na kryschje...«, er verstand es nicht gleich, die haben dafür eine andere Fassung, dann lachte er. »Lutsche warabeja«, sagte er. Er war sehr nett, gar nicht förmlich, immerhin war es ein Einzelgängerauftrag. Die Taube auf dem Dach. Den Abend verbrachte ich noch zu Hause, war aber ziemlich in Gedanken, manchmal auch unruhig. Schliesslich war die vorige Aktion gute Arbeit, dafür haben sie mich ja befördert, und Freistellung zur besonderen Verwendung ist letzten Endes noch eine Beförderung, musste

es nun aber gleich die sein, wie konnte Cresspahl dann noch solche Lieder singen, ich kann auch wieder runterbefördert werden, dabei bleibt es nicht. Und der Ärger wegen des Kindes. Ich seh ja ein dass meine Tochter schlafen muss um zwanzig Uhr, sie ist zwei Jahre alt, ich seh das ein, aber ich hab sie doch auch nur ein bisschen angehoben zum Abschied, also gut. Um Mitternacht ging ich runter auf die Strasse. Hänschen las in seiner ewigen technischen Fernschule und gähnte dass ich es sehen sollte, beim Anlassen sagte er: »Der Urlaub hätte länger dauern dürfen«, und ich sagte »In Jerichow ist ein Badestrand«, das war aber so um den siebenten Oktober, da fühlte ich mich wieder wohl, das wollen wir doch mal sehen. Das war Anfang Oktober und Herbst und wir fuhren die ganze Nacht weg aus Berlin nach unten und der Himmel wurde immer grösser immer weisser, da stand der Kirchturm von Jerichow ziemlich bescheiden hinter dem Berg. Die Hundefänger von Jerichow haben die beiden Einfamilienhäuser in der Bahnhofstrasse, trübe-finster, beinahe baufällig, die Garage dicht daneben, lediglich ein Schild haben sie noch nicht angebracht. Ich wies mich aus als Herr Rohlfs, liess ein Zimmer ausräumen für mich und Hänschen, sie fragten mich nach den Akten von Cresspahl in der ersten halben Stunde. Die ärgern sich sehr, die haben keinen Sinn für Musik und Gesang, aber den Namen hatte ich nie gehört, und ob sie wohl dachten die Akten wären inzwischen beim Minister? Mag ich leiden. »Es ist ein schweres Arbeiten hier«, sagten sie, und ich fragte »Wie ist es denn hier mit den Badegelegenheiten?«, sie fanden das Wetter zu kalt. Aus dem Jungen, der denkt manchmal zweigleisig, kann was werden.
Sie mögen gedacht haben ich bin ein Staatssekretär in den Ferien. Die Stadt ist nicht so stehengeblieben wie sie aussieht, ein Fremder fällt nicht auf, sie haben mir tatsächlich nicht gross nachgesehen und nachgesagt; die meisten sollen mich für den Buchhalter von ›Erfassung und Aufkauf‹ gehalten haben: weil sie den so selten zu Gesicht bekommen: sagt Hänschen. Na wir gingen ein bisschen spazieren, ich habe doch rausgekriegt wo man zum Strand kommt, Hänschen stand frierend neben meinen Sachen und wollte durchaus nicht ins Wasser und hielt es für ein bisschen ungehörig dass ich badete. Und abends sassen wir da und schlugen den Dreck von unseren Schuhen. Mit der Zeit besuchte ich ein paar Leute in Jerichow und redete mit ihnen über Jerichow, eine hübsche eine angenehme Stadt: sagte ich, wie schade dass man hier nicht bleiben kann, das fanden sie alle auch. Besonders der Vorsteher des Postamtes, ein halsstarr rechtlich Denkender, Beamter,

»Es ist hier das Erscheinen des ersten deutschen Romans nach dem Krieg anzuzeigen, das heisst des ersten Romans, der weder der west- noch der ostdeutschen, sondern einer Literatur angehört, für die unsre Verwaltungssprache die groteske Benennung ›gesamtdeutsch‹ bereithält.«
Hans Magnus Enzensberger, 1959

»Mutmassungen über Jakob«, Suhrkamp Verlag 1959

»Wozu also taugt der Roman? Er ist ein Angebot. Sie bekommen eine Version, einen Zustand der Wirklichkeit. Es ist nicht eine Gesellschaft in der Miniatur, und es ist kein massstäbliches Modell. Es ist auch nicht ein Spiegel der Welt und weiterhin nicht ihre Widerspiegelung; es ist eine Welt, gegen die Welt zu halten. Sie sind eingeladen, diese Version der Wirklichkeit zu vergleichen mit jener, die Sie unterhalten und pflegen.«
Uwe Johnson

Uwe Johnson, geboren 1934 in Kammin/Pommern, starb 1984 in Sheerness-on-Sea/England. 1971 wurde er mit dem Georg-Büchner-Preis ausgezeichnet. – Weitere wichtige Werke: *Das dritte Buch über Achim*. Roman 1961; *Zwei Ansichten*. Roman 1965; *Jahrestage. Aus dem Leben von Gesine Cresspahl*. Roman 1970–1983; *Ingrid Babendererde*, Roman 1985.

Wertzeichen werden verkauft ohne Ansehen der Person, Briefe werden gestempelt und ohne Verzug befördert, als ob ich nicht den Zusteller hätte die Postkarten lesen sehen, und das Postgeheimnis ist ein Menschenrecht. Was aber ist die Unterschrift eines Staatssekretärs? siehst du. Gegen die Obrigkeit muss man loyal sein, der ist auch gegen die Faschisten loyal gewesen, selbstverständlich Herr Mesewinkel. Dass ich nur meine Namen nicht verwechsle einmal. Am selben Tag, ich wollte gerade zu Hause anrufen, meiner Tochter geht es doch hoffentlich gut, sah ich ihn zum ersten Mal, Cresspahl, lang und breit vor der Schaltertheke, das Manchesterzeug krümpelt um seine Beine, die Jacke weit ausgebeult und fleckig, die Brille. Die Brille hatte sich im Futteral verklemmt, eigensinnig Kopf schräg polkte er daran, sagte »Un denn gäms mi noch twintich to twintich«. Sie schien neu hier und der hiesigen Sprache nicht mächtig, er versuchte ihr zu erklären, »wek föe Breif« sagte er, zwanzig Marken zu zwanzig Pfennig. Ich konnte ihn mir genau ansehen, ich war der nächste in der Reihe. Stakte er wuchtig raus mit seinem grossen Rücken, blieb an der Tür stehen und bettete die Brille muss schon sagen mit Andacht in das verbogene Blech von Futteral, »Moin« sagte er und stampfte um die Kirche zur Ziegelei, stand mit einem an der Ecke, redete. Meinetwegen: sage ich. Ich rechne keinem was nach, ich bin nicht so alt. Aber die Sache des Sozialismus wird siegen und übrigbleiben, und einfach so in den Tag hinein und raus aus der Republik und hin zum Mittelländischen Meer, das geht nicht. Dazu ist sie zu jung, wenigstens soll sie mit sich reden lassen, reden muss man mit jedem.

Der Bitterfelder Weg

Kurt Hager
Parteilichkeit und Volksverbundenheit
unserer Literatur und Kunst

Das Jahr 1959, in dem Uwe Johnson in den Westen geht, ist für die DDR-Literatur das Jahr der ersten Bitterfelder Konferenz. Deren Beschlüsse bestimmen in den folgenden Jahren die Linie der DDR-Literaturpolitik. Eine Rede von Kurt Hager, zwei Monate nach dem V. Parteitag der SED 1963, dokumentiert die Konsequenzen.

(...)
Wir können heute feststellen, daß sich seit dem V. Parteitag und der Bitterfelder Konferenz eine wirkliche Hinwendung der Literatur und Kunst zum sozialistischen Leben, zur sozialistischen Produktion vollzogen hat. Die Aufforderung der Partei an die Schriftsteller und Künstler, ihre Arbeits- und Lebensweise zu verändern und sich fest mit dem Leben des Volkes, mit dem Kampf um den Sozialismus zu verbinden, wurde von vielen befolgt.
(...)
Einige Schriftsteller und Künstler verhalten sich ablehnend und kühl zu diesen Beschlüssen. Andere geben zwar in Worten ihre Zustimmung, ziehen aber keine Konsequenzen für ihre Arbeit.
Gewiß, es handelt sich nicht um die Mehrheit, sondern um einige Wenige. Aber diese Wenigen traten in den letzten Monaten im Schriftstellerverband, in der Akademie der Künste und einigen anderen Organisationen und Institutionen ziemlich lautstark auf.
Sie suchten gegenüber Partei und Regierung ihre eigene Politik durchzusetzen.
Dabei ging es keineswegs nur um die Anerkennung des Bitterfelder Weges, um die Frage, ob der Schriftsteller und Künstler seine Lebensweise ändern und ob er sich der Gegenwartsthematik zuwenden soll. Es ging auch nicht in erster Linie um ästhetische Probleme. Es ging um Grundfragen der Politik und Kulturpolitik von Partei und Regierung.
Deshalb war es notwendig, auf dem Parteitag offen die Auseinandersetzung mit den Werken und Anschauungen einiger Schriftsteller und Künstler zu führen. Der Parteitag befaßte sich mit der falschen Konzeption der Zeitschrift *Sinn und Form*, mit der Verzerrung unsrer sozialistischen Wirklichkeit und schematischen Menschengestaltung in dem Stück von Peter Hacks *Die Sorgen und die Macht*, mit dem Verhalten des Genossen Hermlin auf dem Lyrikabend der Akademie der Künste und mit anderen der Politik der Partei widersprechenden Auffassungen und Tendenzen in Literatur und Kunst. Er verurteilte einmütig diese Auffassungen und Tendenzen und

»Ohne die Erstürmung der Höhen der Kultur kann die Arbeiterklasse ihre großen Aufgaben, den Sozialismus zum Sieg zu führen, nur schwer erfüllen... Wir müssen weg von der alten Situation und auch den alten Auffassungen vieler Arbeiter, die sagen: ›Die Planung und die Wirtschaftsleitung usw. – das machen die schon da oben; und die Kulturpolitik – das leiten schon die da oben.‹ Absolut nicht. Wir sind nicht in der Lage, eine einzige Grundaufgabe zu lösen, wenn wir sie nicht Schulter an Schulter mit euch, mit den Arbeitern in den Betrieben, mit der Intelligenz, mit den Schriftstellern lösen... Die Aktivisten, die Mitglieder der Brigaden der sozialistischen Arbeit haben ein schnelleres Tempo als ein Teil unserer Schriftsteller und Künstler.«
Walter Ulbricht, Aus der Rede bei der Bitterfelder Konferenz, 24. April 1959

Am Morgen des 13. August 1961 sind von bewaffneten Volkspolizisten bewachte Bauarbeiter dabei, die Mauer entlang der Sektorengrenze aufzubauen

billigte ebenso einmütig die im Programm des Sozialismus und im Referat des Genossen Ulbricht dargelegte Politik und Kulturpolitik.
Die einstimmig angenommenen Beschlüsse des VI. Parteitages sind die Grundlage unserer Arbeit.
(...)
Die Parteigruppe der Mitglieder der Deutschen Akademie der Künste führte nach dem Parteitag vier Beratungen durch und nahm zu der Kritik des VI. Parteitages Stellung. Sie stimmte uneingeschränkt den Beschlüssen des VI. Parteitages und damit seiner an der Tätigkeit der Akademie, am Auftreten einzelner ihrer Mitglieder und an ihrer Zeitschrift *Sinn und Form* geübten Kritik zu. Sie beschloß einstimmig – mit der Stimme des Genossen Hermlin –, dem Präsidium den Vorschlag zu machen, Stephan Hermlin als Sekretär der Sektion Dichtkunst und Sprachpflege abzuberufen. Das ist inzwischen geschehen. Die Parteiorganisation des Deutschen Theaters hat in vielen Diskussionen zur Kritik der Partei und der Öffentlichkeit an Stück und Aufführung *Die Sorgen und die Macht* von Peter Hacks und zu der kulturpolitischen Konzeption des Deutschen Theaters Stellung genommen. Sie hat die Kritik der Partei anerkannt und betrachtet sie als Verpflichtung, konsequent für die Durchführung der Beschlüsse des Parteitages zu kämpfen. Sie beschloß kurz vor dem Parteitag mit Mehrheit, der Theaterleitung vorzuschlagen, das Stück von Hacks vom Spielplan abzusetzen.
(...)
Indem der Parteitag die Rolle der DDR, die sozialistische Perspektive für ganz Deutschland und unsere nationale Politik prinzipiell begründete, wies er zugleich die auch von einigen

Schriftstellern und Künstlern in den letzten Jahren verfochtene falsche Konzeption über die nationale Entwicklung zurück.

Die von Peter Huchel redigierte Zeitschrift *Sinn und Form* war ein Sprachrohr dieser falschen Konzeption. Die Zeitschrift orientierte sich nicht eindeutig auf den Sieg der Arbeiterklasse im Bunde mit allen anderen demokratischen Kräften, auf den Sieg des Sozialismus in ganz Deutschland, sondern auf irgendeine nebelhafte, durch die Aufrechterhaltung von kulturellen und sonstigen Verbindungen zustande kommende Wiedervereinigung, die eine Art Verschmelzung zwischen Kapitalismus und Sozialismus sein sollte.

In dem Bestreben, eine gesamtdeutsche Zeitschrift zu sein, eine Zeitschrift, die auch in Westdeutschland gefällt, eine »Brücke zwischen Ost und West«, wich die Zeitschrift, der man ein hohes literarisches Niveau zugestehen muß, jahrelang sorgfältig einer entschiedenen Parteinahme für die sozialistische Entwicklung in der DDR aus – wenn man von offiziellen Veröffentlichungen der Akademie der Künste absieht.

Sie ging den Problemen der sozialistischen Kunst in der DDR und ihrer ästhetischen Anschauungen aus dem Wege. Der Bitterfelder Weg, die Verbindung der Kunst mit dem Leben, existierte für sie nicht. Die Zeitschrift war bestrebt, sich in einem imaginären ästhetischen Raum zu bewegen und nicht von der realen DDR aus den Kampf gegen die imperialistische Ideologie, den Kulturverfall und die Dekadenz in Westdeutschland zu führen. Sie trug daher auch unter den demokratisch gesinnten Intellektuellen Westdeutschlands nicht zum Verständnis der Rolle der DDR und unserer Kulturpolitik bei.

Bewußt oder unbewußt befand sich die Zeitschrift in Übereinstimmung mit den Bestrebungen bestimmter Kreise der westdeutschen Großbourgeoisie, die geschickter vorgehen wollen als Adenauer, um die Herrschaft des Imperialismus über ganz Deutschland wieder zu erlangen. Es sind die Kreise, als deren Sprachrohr die Hamburger Zeitung *Die Zeit* des ehemaligen CDU-Abgeordneten Bucerius gelten kann. Sie zeigten für *Sinn und Form* ein auffallendes Interesse.

Sie bezeichneten die Zeitschrift als »eine stille Enklave des Liberalismus in einer lauten Welt des Dogmatismus«, als »eine Insel des Intellekts und der Kunst, stets bedroht von mächtigen Wogen des Ungeists und der Kunstfeindschaft«. Sie hoben hervor, daß die Zeitschrift eine »Mittlerrolle im literarischen und geistigen Leben spielen wollte« und tatsächlich gespielt habe. (...)

Weil die Dialektik unseres Kampfes nicht begriffen und ein verzerrtes Bild von unserer Wirklichkeit, der Arbeiterklasse und unserer Partei gegeben wird, kritisieren wir das Stück von Peter Hacks *Die Sorgen und die Macht* und die Aufführung dieses Stückes durch das Deutsche Theater. Um dieses Stück hat sich in den letzten Monaten eine große Diskussion entwickelt, die viel zur Klärung der Grundfragen beigetragen hat. Peter Hacks übersiedelte vor einigen Jahren aus Westdeutschland in die DDR. Bei verschiedenen Anlässen bekannte er sich mit Gedichten und Liedern sowie Stellungnahmen offen zu unserer Republik, z. B. mit seinem *Lied der Kampfgruppen* nach dem 13. August 1961. Im Jahre 1958 ging Hacks, angeregt durch einen offenen Brief dreier Stahlwerker, in die Brikettfabrik »Hermann Fahlke« im Bitterfelder Revier, um dort Stoff für sein neues Stück zu sammeln. Dabei stieß Hacks auf das Problem der Ehrlichkeit gegenüber dem Staat und der Gesellschaft und entdeckte für sich die interessante Frage der Planerfüllung auch in qualitativer Hinsicht.

Das Aufgreifen eines solchen Stoffes bedeutete für Hacks einen wichtigen Schritt in seiner künstlerischen Entwicklung. Nach der Probeaufführung im Frühsommer 1959, in der bereits die eingeladenen Arbeiter sich ablehnend äußerten, überarbeitete Hacks sein Stück, wobei er stärker die Rolle der Arbeiter- und Bauern-Macht hervorhob. Er war bestrebt zu zeigen, daß die Stärkung der Arbeiter- und Bauern-Macht die Voraussetzung für das persönliche Glück des einzelnen ist und man sich selbst betrügt, wenn man die Gesellschaft betrügt. In einzelnen Szenen gelang es ihm, das Bekenntnis zu unserem Staat dem Zuschauer emotionell spürbar zu machen.

Wenn das Stück dennoch nicht befriedigte und auf heftige Ablehnung stieß, so liegt dies daran, daß Hacks in seiner Gestaltung der Arbeiter die Betonung auf die menschlichen Unzulänglichkeiten legt und daß er die Rolle der Partei als der führenden und lenkenden Kraft unserer Gesellschaft völlig verzerrt. Dort, wo Hacks positive Entwicklungen andeutet, sind sie so vom Negativen überlagert, daß sie dem Zuschauer kaum bewußt werden. Das gilt vor allem für die Darstellung der Rolle der Partei.

(...)

Es ist erstaunlich, daß das Stück von Hacks trotz dieser grundlegenden Mängel von einigen Literatur- und Kunstschaffenden als *das* moderne sozialistische Stück, als ein bedeutender Beitrag zu unserer sozialistischen Gegenwartsdramatik gefeiert wurde. Auch Anna Seghers geht in ihrem Artikel »Der empfindlichste aller Stoffe« nicht auf die fehlerhafte Grundkonzeption des Stückes ein und leistet meines Erachtens damit dem Autor nicht die Hilfe, die nötig wäre. Die Diskussion

Der Philosoph Ernst Bloch – der in der Welt bekannteste Intellektuelle der DDR – kehrt 1961 von einer Gastvortragsreise im Westen nicht zurück. Er schreibt an den Präsidenten der Ost-Berliner Akademie der Wissenschaften:

»Nach den Ereignissen vom 13. August, die erwarten lassen, daß für selbständig Denkende kein Lebens- und Wirkungsraum mehr bleibt, bin ich nicht mehr gewillt, meine Arbeit und mich selber unwürdigen Verhältnissen und der Bedrohung, die sie allein aufrechterhalten, auszusetzen. Mit meinen sechsundsiebzig Jahren habe ich mich entschieden, nicht nach Leipzig zurückzukehren.«

über dieses Stück war ohne Zweifel nützlich, da die sozialistische Gegenwartsdramatik, um mit Hacks zu reden, sich nicht entwickeln könnte, wenn sie sich diesen »Helden«, d. h. dieses Stück, zum Vorbild nehmen würde.
Wir kritisieren das Stück von Hacks, weil es die wahre Dialektik unseres Kampfes, die tatsächliche Kompliziertheit der vorwärtsschreitenden Entwicklung außer acht läßt und vereinfachte, schematische Vorstellungen erweckt.
Darin besteht die prinzipielle Meinungsverschiedenheit.
Wir kritisieren das Stück von Hacks auch im Interesse des Autors selbst, von dem wir in Zukunft bessere Stücke erwarten. Hacks ist beim sozialistischen Gegenwartsthema angekommen. Das ist zweifellos als positiv einzuschätzen. Aber er ist noch nicht mit unserem Kampf wirklich verwachsen, sondern nimmt eine distanzierte und belehrende Stellung ein, die nicht frei von Snobismus ist. Wir wollen hoffen, daß er die Kritik ernst nimmt und beherzigt.
In der Diskussion am Deutschen Theater wurde gesagt, Hacks habe eine andere Art Parteilichkeit als wir, der Schriftsteller müsse von der Wirklichkeit ausgehen, so wie sie ist, man müsse die künstlerische Wahrheit und Lebenswahrheit gestalten, so rauh sie auch sein mag. Es gibt für uns auch in der Literatur und Kunst nur eine Parteilichkeit, das ist die konsequente Parteinahme für den Sieg des Sozialismus.
(...)
Das lyrische Schaffen ist durch das erfolgreiche Hervortreten neuer Talente mit beachtlichen realistischen Werken und durch ein wachsendes Interesse der Öffentlichkeit an Fragen

Ernst Bloch

Ankunft der Regierungsdelegation der DDR aus Moskau auf dem Flughafen Schönefeld: (von links) Werner Lamberz, Albert Norden, Herrmann Matern, Kurt Hager, Walter Ulbricht

»Die zweite Bitterfelder Konferenz hat für die Entwicklung der sozialistischen Nationalkultur gewissermaßen den theoretischen Vorlauf gegeben... Es ist kein Zufall, daß wir nicht von Bitterfelder Beschlüssen, sondern vom Bitterfelder Weg sprechen. Der Bitterfelder Weg ist der Weg des sozialistischen Realismus... Die Bitterfelder Konferenzen sind Rufzeichen im stürmischen Entwicklungsprozeß unserer sozialistischen Kultur in der gesamten Periode des umfassenden Aufbaus des Sozialismus.« Walter Ulbricht 1964 auf dem 9. Plenum des ZK der SED

Kurt Hager, *Parteilichkeit und Volksverbundenheit unserer Literatur und Kunst.* Rede auf der Beratung des Politbüros des Zentralkomitees und Präsidiums des Ministerrats mit Schriftstellern und Künstlern am 25. März 1963. (Aus: »Neues Deutschland«, 30. März 1963, Nr. 89)

der Poesie gekennzeichnet. Die Lyrikabende, die in letzter Zeit in verschiedenen Städten stattfanden, zeigen die Vielfalt der jungen Talente, über die wir uns freuen.
(...)
Aber bei einem Teil unserer Dichter gibt es Stimmungen des Pessimismus und der Skepsis, die mit den revolutionären Traditionen unserer sozialistisch-realistischen Dichtkunst unvereinbar sind. Wir finden die Herabsetzung des Menschen und die Leugnung der Fähigkeit des Menschen, die Welt zu verändern.
Günter Kunert schrieb eine Reihe von Gedichten, die kaum noch versteckte Angriffe gegen unsere Republik enthalten. Seine nihilistische Auffassung vom Menschen, die der unsrigen völlig entgegensteht, durchzieht viele seiner neueren Gedichte. Die Skala seiner Gedichte reicht von der Dämonisierung der Technik, dem Gefühl der völligen Vereinsamung des Menschen, einem auf die Atomkriegspsychose gegründeten Nihilismus bis zum Zweifel am Sinn des Lebens überhaupt.
(...)
Wir müssen uns entschieden dagegen wenden, wenn von einzelnen Künstlern und Schriftstellern unter dem Deckmantel, »sozialistische Kunst« zu schaffen, Mittel und Methoden angewandt werden, die geeignet sind, der bürgerlichen Ideologie Tür und Tor zu öffnen. Ein sozialistischer Künstler und Schriftsteller, der auf der Grundlage der sozialistischen Weltanschauung an seine Arbeit herangeht, kann sich nicht neutral gegenüber Versuchen verhalten, eine sozialistische The-

matik mit modernistischen Mitteln zu gestalten. Er muß den Versuchen, modernistische Mittel in die Gestaltung sozialistischer Themen einzuschmuggeln, in unserer Zeit und unter den Bedingungen des umfassenden sozialistischen Aufbaus schärfstens entgegentreten.

Peter Hacks
Die Sorgen und die Macht

Parteibüro des Werks

Sekretär der Glasfabrik, Twardowski
SEKRETÄR Ich bin Parteisekretär der Glasfabrik. Mein Amt ist die Erziehung der Menschen und der Plan. Aber der Hebel ist die Heizgasanlage; wenn die versagt, ist für mich nichts drin, mit dem Plan nichts und nichts mit der Erziehung. Das Versagen hat eine Ursache, Briketts. Gestern ist es aufgekommen, durch einen namens Fidorra. Was ich nicht weiß, in den Tanzsälen schreien sies herum. *Zu Twardowski:* Ich bin hier, damit wir die Frage erörtern.
TWARDOWSKI Erörtern wir sie, Genosse.
SEKRETÄR Ich frage dich, wie konnte eure Parteileitung das zulassen?
TWARDOWSKI Ich frage dich, warum sagst du mir das erst heute?
SEKRETÄR Ist das Antwort auf Kritik?
TWARDOWSKI Was ist die Antwort? Schau aus dem Fenster. Der Boden ist schwarz bis zum Horizont, das ist das Werk Roter Hammer. Grube, Abraum, Tiefbau, Werkbahn, Verwaltung. Du kommst zu Fuß nicht von einer Abteilung zur anderen, aber du leitest sie alle mit einem Kopf. Wenn du gut denkst, verdient das Werk Tausende. Wenn du eine Stunde lang schlecht verdaust, das kann Millionen kosten. Wir haben auch, irgendwo am Rand der Welt, eine kleine Brikettfabrik. Die Fabrik ist unsere beste Abteilung, sagten wir. Der Stolz des Werks.
SEKRETÄR Du hast nicht genau hingesehen.
TWARDOWSKI Habe ich tausend Augen?
SEKRETÄR Wolltest du genau hinsehen?
TWARDOWSKI Wer hält denn das aus, alles sehen, alle Übel? Es sind ja zu viel. Zum Glück sind die meisten verborgen. Und die anderen verbirgst du selbst, durch Wegsehen. Eins oder zwei, die nimmst du wahr. Die greifst du an und wirst mit ihnen fertig und redest dir ein, du hast das Übel aus der Welt

Peter Hacks, der vom Marxismus überzeugt ist, der sogar ein paar Jahre zuvor erst vom Westen in die DDR übergesiedelt war und der diesem Staat bis zu dessen Ende auch die Treue halten wird, wird kujoniert. Sein Drama *Die Sorgen und die Macht* muß er aufgrund des Einspruchs der Partei zweimal neu fassen. Aber auch die Version, die schließlich das Deutsche Theater in Ostberlin aufführt, darf nicht lange gezeigt werden; mehr noch: der Intendant Wolfgang Langhoff muß gehen, trotz kniefälliger Selbstkritik, und Peter Hacks verliert seine Dramaturgenstelle an diesem Theater.

> »Was für das Leben eine Hauptsache ist, kann für die Kunst gar keine Sache sein. Welcher Gegenstand wäre seit siebzig Jahren erkennenswerter als die Struktur einer kapitalistischen Krise? Und doch ist dieselbe für die Kunst müßig und wenig ergiebig, und ich wünschte, Brecht hätte in der *Johanna der Schlachthöfe*, dem Stück, in dem er die glänzendsten seiner artistischen Mittel versammelt, ein weniger langweiliges Thema abgehandelt.
> (Ich maule über Brecht, weil die Irrtümer der Großen produktiver sind als die Irrtümer der Kleinen. Ich könnte dasselbe über meine *Sorgen und die Macht* sagen).«
> Peter Hacks

Welt geschafft. Die Widersprüche in der Brikettfabrik haben ja nicht geschrien bis gestern. Was nicht schreit, ist kein Widerspruch. Also, Genosse, hätte ich tausend Augen, ich schlösse sie alle bis auf eins, mit dem würde ich vorsichtig blinzeln. Also, ich wollte die Brikettfabrik nicht sehen.

SEKRETÄR Ich habe gegen die Kollegen an den Generatoren gekämpft. Sie sagen, ohne andere Briketts ist nichts zu machen. Ich sage, ohne andere Moral ist nichts zu machen. Die Genossen Arbeiter schuften sich zu Tode, und Moral heizt nicht.

TWARDOWSKI Das war schlimmer als Nichthinsehn.

SEKRETÄR Aber schwere Mühe.

TWARDOWSKI Die du dir aber besser nicht gemacht hättest.

SEKRETÄR *denkt nach, sagt:* Vielleicht taugen wir einfach nicht mehr genug. Die Zeit braucht neue Kader. Junge Leute mit Hochschule und Produktionserfahrung. Eine große Zeit. *Steht auf.* Ich verlasse mich darauf, daß ihr sofort etwas unternehmt.

TWARDOWSKI Draußen wartet der Sekretär Kunze.

SEKRETÄR Ein guter Kommunist? *Twardowski zuckt die Achseln:* Gibt es das überhaupt, gute Kommunisten?

TWARDOWSKI Mehr als man glaubt. Aber natürlich weniger, als man sagt.

SEKRETÄR Du kannst die Sache nicht selbst in die Hand nehmen?

TWARDOWSKI Nein. Das ist Sache der Organisation in der Fabrik. *Steht auf.* Du warst hier, du wirst nicht wiederzukommen brauchen.

SEKRETÄR Genosse, wir haben um einen anderen Lieferbetrieb nachgesucht, operativ in Leipzig. Wir haben es dringend gemacht wie bei der Feuerwehr. Das heißt, daß es drei Wochen dauert, bis wir brauchbare Kohle bekommen. Oder ein halbes Jahr. Wie wir Glück haben. Wenn du uns helfen willst, hilf uns schnell. *Ab*

Auftreten Kunze, zwei Mitglieder der Parteileitung.

TWARDOWSKI Du hast gesagt, bei euch ist gute Parteiarbeit.

KUNZE Ja.

TWARDOWSKI *nimmt ein Brikett, zerbricht es mit den Fingerspitzen, wirft es auf die Erde, wo es ganz zerfällt, sagt:* Da hast du deine gute Parteiarbeit.

KUNZE Das ist ein Brikett.

TWARDOWSKI Verstehe. Ein häßliches Brikett von einer schönen Partei.

KUNZE Wir machen hundertsechzig Prozent und keine Handarbeit. Im Revier sind gute Brikettfabriken. Wir sind die

> »Die Frage, ob die Welt mit realistischen Mitteln darstellbar sei, hat gar keinen Sinn. Mittel, die die Welt darstellen, sind doch realistisch.
> Eine Frage, die ich verstehen kann, heißt: sollte die Haltung des Autors mit realistischen Mitteln widergespiegelt werden? Die Antwort hängt natürlich von der Haltung ab. Richtige, also

beste. *Pause.* Die Partei führt. *Pause.* Es gibt keine Einwände gegen die Partei.
MITGLIED DER LEITUNG Weil ihr hundertsechzig Prozent macht.
KUNZE Deswegen.
TWARDOWSKI Es geht nicht ohne den materiellen Anreiz. Der Kumpel sieht zuerst aufs Geld, weil der Kumpel zuerst ein Mensch ist, Kapitalismus oder Sozialismus. Er kann nicht an gegen seine Natur.
MITGLIED DER LEITUNG Wo der Mensch gegen seine Natur nicht ankann, das zeigt, daß politisch schlecht gearbeitet wird.
KUNZE Das Bewußtsein kommt vom Gehirn. Das Gehirn wird gefüllt über den Magen. Wir haben ein Bewußtsein, und wir füllen es, was stimmt nicht? Daß wir zufrieden sind?
MITGLIED DER LEITUNG Zufriedene Betrüger.
KUNZE Betrüger? Und wart ihr nicht zufrieden und habt uns gelobt, und Prämien? Und daß sie mit unserer Fabrik die Zeitungen bis zum Hals vollstopfen, macht ihr das nicht? Nämlich, wenn heute der Tag sein soll, an dem Helden Betrüger genannt werden, was seid ihr dann heute? Noch Helden?
MITGLIED DER LEITUNG Das ist nicht das gleiche Thema.
TWARDOWSKI Wir sind unzufrieden heute, Paul. Sei du es. Wir verlangen Härte, von den Briketts und von dir.
HOFFMANN Wer hat keine Zeit? *Kommt herein.*
TWARDOWSKI Ich habe keine Zeit.
HOFFMANN Ich habe meine Zeit auch nicht vom Pflaster aufgelesen. *Setzt sich, sieht Kunze:* Empfehle mich. *Will ab.*
TWARDOWSKI Worum handelt es sich, Kollegin?
HOFFMANN Ich kann nicht riechen, daß der Kollege Kunze hier sitzt. Es handelt sich um den Kollegen Kunze.
TWARDOWSKI Bitte.
HOFFMANN Der Kollege Kunze, warum haben Sie denn jetzt auf einmal Zeit? Sie wollen wohl was über ihn erfahren? Also, der Kollege Kunze hat wörtlich gesagt: du hast mit der Partei Meinungsverschiedenheiten in der Frage der Jugendweihe, Hoffmann, du brauchst auf keine Prämie mehr zu rechnen.
TWARDOWSKI Was?
HOFFMANN Die Meinungsverschiedenheiten sind, ich bin christlich.
KUNZE Ja, und mit christlichen Haaren auf den Zähnen. Jedes einzelne getauft und eingesegnet.
TWARDOWSKI Sie arbeiten in der Fabrik?

wirklichkeitsadäquate Haltungen brauchen realistische Mittel. Realistische Kunst ist, auf deutsch, interpretierte Darstellung der Wirklichkeit. Die Differenz zwischen der Wirklichkeit und ihrer künstlerischen Reproduktion ist die Stelle, wo Form statthat, und die Form ist die Wohnung der Seele des Künstlers. Die Form ist am Kunstwerk das hauptsächliche Politikum, also das Interessante.
Der Künstler, der es wagt, viel und wichtige Wirklichkeit formal zu bewältigen, glaubt an die Humanisierbarkeit der Gesellschaft.
Was die Absurden so fad macht, ist nicht so sehr die Kleinheit ihrer Stoffe als (wie innig das auch zusammenhängt) die Zaghaftigkeit ihrer Haltung. Traurige und verwirrte Leute stören gute Parties und schreiben schlechte Stücke.
Es gibt in diesem Jahrhundert bisher zwei typische Richtungen des Dramas, das Brechts und das der Absurden. Die Absurden verzichten auf Erkenntnis der Welt, Brecht opfert ihr alles. Vom Standpunkt der Wissenschaft haben die Absurden unrecht und hat Brecht recht; vom Standpunkt des Dramas haben sie alle miteinander unrecht.«
Peter Hacks

Peter Hacks, geboren 1928 in Breslau, seit 1955 in der DDR lebend, schrieb neben Bearbeitungen klassischer Stücke 1975 *Das Jahrmarktsfest zu Plundersweilern*; *Ein Gespräch im Hause Stein* 1975. © der abgedruckten Hacks-Texte beim Autor

HOFFMANN Im Bunker.
TWARDOWSKI Also allein, wie? Und im Finstern.
HOFFMANN Ich arbeite nicht allein. Und es ist nicht finster.
TWARDOWSKI Wieso nicht?
HOFFMANN Bei mir ist Jesus, Herr Sekretär.
KUNZE Der leuchtet.
TWARDOWSKI Die Mithilfe dieses Jesus, Kollegin, ist kein Einwand gegen eine Prämienverteilung. Ihn können wir nicht auszeichnen, also bleibt der Anspruch bei Ihnen.
HOFFMANN Gott wird Sie reich segnen, Herr Sekretär. *Ab*
KUNZE Du siehst, in mir ist Härte.
TWARDOWSKI Hast du versucht, die Kollegin zu überzeugen?
KUNZE Bring der Sau das Tanzen bei.
TWARDOWSKI *verächtlich* Ein Beispiel aus dem Tierleben.
KUNZE Tierleben, du kannst auch sagen, Basis. Mit was für Leuten kriegst du zu tun, Oswald, mit intelligenten. Öffnest den Mund, argumentierst, einverstanden, sagen sie. Aber da unten, da kannst du reden wie ein hohler Topf. Da gibts nur: Knüppel nehmen und zwischen die Ohren pochen. Was?
MITGLIED DER LEITUNG Paul, zum Donnern haben wir hier Wolken. In Sekretärsbesprechungen haben wir dir Prinzipienlosigkeit vorgeworfen. Du hast erwidert, daß bei euch ein Drittel Genossen sind, bei euch ist alles in Ordnung. Nichts ist in Ordnung. Wo es stinkt, ist Ruhe, und wo Ruhe sein soll, Krach. Deine Launen lädtst du dir ab im Namen der Partei. Was bist du? Was ist die Partei?
TWARDOWSKI Wir haben über die Fabrikherrn gesiegt, aber jetzt sind da die Fabriken, neue, mächtige Feinde. Es ist nötig, daß wir Mittel finden, sie zu unterwerfen. Wir legen uns an mit Rohstoffen. Wir üben Zwang aus gegen Kohle, Stahl, Holz. Das ist auch revolutionär, Paul Kunze. Ich bitte dich, die vorschriftsmäßige Güte der Briketts wiederherzustellen. Das ist ein Auftrag. Kapiert?
KUNZE Ich bin ja nicht dämlich.
TWARDOWSKI Gut.
KUNZE Hättest du mich zum Meister gemacht anstelle von diesem... *Ab*
MITGLIED DER LEITUNG Nichts bessert sich.
TWARDOWSKI Doch, Genosse. O doch.
  Ein Mann, der durch den Wald zum Fluß herabsteigt,
  Zweifelt, wie weit er kam, und spürts aus nichts.
  Nämlich ob ihn ein Tag vom Ziel trennt oder
  Eine Sekunde, stets in gleichem Dämmer
  Hält ihn derselbe laubichte Kamin
  Von Büschen und Gesträppen. Während dauernd

Sein Ort sich ändert, scheint sich nichts zu ändern,
Und vorwärtsschreitend scheint er stillzustehn
Bis zu dem Nu, wo er ansetzt und schleunig
Vom Dunkel ins Licht tritt und ans breite Wasser.

Peter Huchel
Der Garten des Theophrast

Meinem Sohn

Wenn mittags das weiße Feuer
Der Verse über den Urnen tanzt,
Gedenke, mein Sohn. Gedenke derer,
Die einst Gespräche wie Bäume gepflanzt.
Tot ist der Garten, mein Atem wird schwerer,
Bewahre die Stunde, hier ging Theophrast,
Mit Eichenlohe zu düngen den Boden,
Die wunde Rinde zu binden mit Bast.
Ein Ölbaum spaltet das mürbe Gemäuer
Und ist noch Stimme im heißen Staub.
Sie gaben Befehl, die Wurzel zu roden.
Es sinkt dein Licht, schutzloses Laub.

Das letzte von Peter Huchel herausgegebene Heft der Zeitschrift »Sinn und Form« enthält sein beschwörendes Gedicht *Der Garten des Theophrast*. Es bezieht sich auf die Verstümmelung der Zeitschrift, aber auch auf die ganze Situation der DDR zu Beginn der sechziger Jahre.

An taube Ohren der Geschlechter

Es war ein Land mit hundert Brunnen.
Nehmt für zwei Wochen Wasser mit.
Der Weg ist leer, der Baum verbrannt.
Die Öde saugt den Atem aus.
Die Stimme wird zu Sand
Und wirbelt hoch und stützt den Himmel
Mit einer Säule, die zerstäubt.

Nach Meilen noch ein toter Fluß.
Die Tage schweifen durch das Röhricht
Und reißen Wolle aus den schwarzen Kerzen.
Und eine Haut aus Grünspan schließt
Das Wasserloch,
Als faule Kupfer dort im Schlamm.

Denk an die Lampe
Im golddurchwirkten Zelt des jungen Afrikanus:
Er ließ ihr Öl nicht länger brennen,

Peter Huchels Schicksal ist bitter: er hat fortan nicht nur Publikations- und Reiseverbot, er darf nicht einmal mehr zu Besuch empfangen, wen er will.

Denn Feuer wütete genug,
Die siebzehn Nächte zu erhellen.

*

Polybios berichtet von den Tränen,
Die Scipio verbarg im Rauch der Stadt.
Dann schnitt der Pflug
Durch Asche, Bein und Schutt.
Und der es aufschrieb, gab die Klage
An taube Ohren der Geschlechter.

Traum im Tellereisen

Gefangen bist du, Traum.
Dein Knöchel brennt,
Zerschlagen im Tellereisen.

Wind blättert
Ein Stück Rinde auf.
Eröffnet ist
Das Testament gestürzter Tannen,
Geschrieben
In regengrauer Geduld
Unauslöschlich
Ihr letztes Vermächtnis –
Das Schweigen.

Der Hagel meißelt
Die Grabschrift auf die schwarze Glätte
Der Wasserlache.

Günter Kunert
Unterschiede

Betrübt höre ich einen Namen aufrufen:
Nicht den meinigen.

Aufatmend
Höre ich einen Namen aufrufen:
Nicht den meinigen.

Peter Huchel, geboren 1903 in Berlin-Lichterfelde, konnte 1971 aus der DDR in die Bundesrepublik übersiedeln. Er starb 1981 in Staufen bei Freiburg. – Wichtige Gedichtbände: *Chauseen, Chauseen* 1963 (diesem Band sind die abgedruckten Texte entnommen. © S. Fischer Verlag); *Gezählte Tage* 1972; *Die neunte Stunde* 1979. 1984 erschienen seine *Gesammelten Werke* im Suhrkamp Verlag.

Film – verkehrt eingespannt

Als ich erwachte
Erwachte ich im atemlosen Schwarz
Der Kiste. Ich hörte: Die Erde tat sich
Auf zu meinen Häupten. Erdschollen
Flogen flatternd zur Schaufel zurück.
Die teure Schachtel mit mir dem teuren
Verblichenen stieg schnell empor.
Der Deckel klappte hoch und ich
Erhob mich und fühlte gleich: Drei
Geschosse fuhren aus meiner Brust
In die Gewehre der Soldaten die
Abmarschierten schnappend
Aus der Luft ein Lied
Im ruhig festen Tritt
Rückwärts.

Als unnötigen Luxus

Herzustellen verbot was die Leute
Lampen nennen
König Tharsos von Xantos der
Von Geburt
Blinde.

Den Fischen das Fliegen

Beigebracht. Unzufrieden dann
Sie getreten wegen des
Fehlenden Gesanges.

Günter Kunert wurde 1929 in Berlin geboren. 1977 wurde er im Gefolge des Biermann-Protests aus der SED ausgeschlossen, seit 1979 lebt er bei Itzehoe. Die abgedruckten Gedichte sind dem Auswahlband *Die Schreie der Fledermäuse* entnommen, © Carl Hanser Verlag. – Weitere wichtige Werke: *Tagträume*. Prosa 1964; *Der ungebetene Gast*. Gedichte 1965; *Im Namen der Hüte*. Roman 1967; *Ein englisches Tagebuch* 1978; *Abtötungsverfahren* 1980.

Johannes Bobrowskis Gedichte waren seit Mitte der fünfziger Jahre in »Sinn und Form« zu lesen. Aber er blieb immer isoliert – aufgrund seiner christlichen Prägung, aufgrund seiner Formstrenge, die keiner der offiziellen Parolen jemals nachgab, und nicht zuletzt aufgrund einer eigentümlichen thematischen Fixierung: »Sarmatien«, der spätantike Name für Osteuropa.

Sarmatische Zeit

Johannes Bobrowski
Die sarmatische Ebene

Seele,
voll Dunkel, spät –
der Tag mit geöffneten
Pulsen, Bläue –
die Ebene singt.

Wer,
ihr wogendes Lied,
spricht es nach, an die Küste
gebannt, ihr Lied:
Meer, nach den Stürmen,
ihr Lied – –

Aber
sie hören dich ja,
lauschen hinaus, die Städte,
weiß und von altem Getön
leise, an Ufern. Deine
Lüfte, ein schwerer Geruch,
wie Sand
auf sie zu.

Und
die Dörfer sind dein.
Dir am Grunde grünend,
mit Wegen,
schmal, zerstoßenes Glas
aus Tränen, an die Brandstatt
gelegt deiner Sommer:
die Aschenspur,

da das Vieh geht
weich, vor dem Dunkel,
atmend. Und ein Kind
folgt ihm
pfeifend, es ruft
von den Zäunen
die Greisin ihm nach.

– – –

Ebene,
riesiger Schlaf,
riesig von Träumen, dein Himmel
weit, ein Glockentor,
in der Wölbung die Lerchen,
hoch –

Ströme an deinen Hüften
hin, die feuchten
Schatten der Wälder, unzählig
das helle Gefild,

da die Völker geschritten
auf Straßen der Vögel
im frühen
Jahr ihre endlose Zeit,

die du bewahrst
aus Dunkel. Ich seh dich:
die schwere Schönheit
des ungesichtigen Tonhaupts
– Ischtar oder anderen Namens –,
gefunden im Schlamm.

Der Ilmensee 1941

Wildnis. Gegen den Wind.
Erstarrt. In den Sand
eingesunken der Fluß.
Verkohltes Gezweig:
das Dorf vor der Lichtung. Damals
sahn wir den See –

– Tage den See. Aus Licht.
In der Wegspur, im Gras
draußen der Turm,
weiß, fort wie der Tote von seinem
Stein. Das geborstene Dach
im Krähengeschrei.
– Nächte den See. Der Wald.
In die Moore hinab
fällt er. Den alten Wolf,
fett von der Brandstatt,
schreckte ein Schattengesicht.

»Zu schreiben habe ich begonnen am Ilmensee 1941, über russische Landschaft, aber als Fremder, als Deutscher. Daraus ist ein Thema geworden, ungefähr: die Deutschen und der europäische Osten. Weil ich um die Memel herum aufgewachsen bin, wo Polen, Litauer, Russen, Deutsche miteinander lebten, unter ihnen allen die Judenheit. Eine lange Geschichte aus Unglück und Verschuldung, seit den Tagen des deutschen Ordens, die meinem Volk zu Buch steht. Wohl nicht zu tilgen und zu sühnen, aber eine Hoffnung wert und einen redlichen Versuch in deutschen Gedichten. Zu Hilfe habe ich einen Zuchtmeister: Klopstock.«
Johannes Bobrowski

Johannes Bobrowski, geboren 1917 in Tilsit, starb 1965 in Berlin. Die abgedruckten Gedichte sind den Bänden *Sarmatische Zeit* (1961) und *Wetterzeichen* (1966) entnommen. 1966 erschien *Litauische Claviere*. © Deutsche Verlags-Anstalt, Stuttgart und Union Verlag, Berlin. In der Deutschen Verlags-Anstalt erschienen auch die *Gesammelten Werke* in vier Bänden.

– Jahre den See. Die erzene
Flut. Der Gewässer steigende
Finsternis. Aus den Himmeln
einmal
schlägt sie den Vogelsturm.

Sahst du das Segel? Feuer
stand in der Weite. Der Wolf
trat auf die Lichtung.
Hört nach des Winters Schellen.
Heult nach der ungeheuren
Wolke aus Schnee.

An Klopstock

Wenn ich das Wirkliche nicht
wollte, dieses: ich sag
Strom und Wald,
ich hab in die Sinne aber
gebunden die Finsternis,
Stimme des eilenden Vogels, den Pfeilstoß
Licht um den Abhang

und die tönenden Wasser –
wie wollt ich
sagen deinen Namen,
wenn mich ein kleiner Ruhm
fände – ich hab
aufgehoben, dran ich vorüberging,
Schattenfabel von den Verschuldungen
und der Sühnung:
so als den Taten
trau ich – du führtest sie – trau ich
der Vergeßlichen Sprache,
sag ich hinab in die Winter
ungeflügelt, aus Röhricht
ihr Wort.

Sprache

Der Baum
größer als die Nacht
mit dem Atem der Talseen
mit dem Geflüster über
der Stille

Die Steine
unter dem Fuß
die leuchtenden Adern
lange im Staub
für ewig

Sprache
abgehetzt
mit dem müden Mund
auf dem endlosen Weg
zum Hause des Nachbarn

Wolf Biermanns erstes Buch *Die Drahtharfe* und seine erste Schallplatte (Mitschnitte eines Konzerts in West-Berlin) erscheinen 1965 im Westen. Gleichzeitig erläßt das ZK der SED ein Auftritts- und Ausreiseverbot gegen Biermann.

Warte nicht auf beßre Zeiten

Wolf Biermann
Ermutigung

Peter Huchel gewidmet

Du, laß dich nicht verhärten
In dieser harten Zeit
Die all zu hart sind, brechen
Die all zu spitz sind, stechen
und brechen ab sogleich

Du, laß dich nicht verbittern
In dieser bittren Zeit
Die Herrschenden erzittern
– sitzt du erst hinter Gittern –
Doch nicht vor deinem Leid

Du, laß dich nicht erschrecken
In dieser Schreckenszeit
Das wolln sie doch bezwecken
Daß wir die Waffen strecken
Schon vor dem großen Streit

Warte nicht auf beßre Zeiten
Warte nicht mit deinem Mut
Gleich dem Tor, der Tag für Tag
An des Flusses Ufer wartet
Bis die Wasser abgeflossen
Die doch ewig fließen
die doch ewig fließen

Du, laß dich nicht verbrauchen
Gebrauche deine Zeit
Du kannst nicht untertauchen
Du brauchst uns, und wir brauchen
Grad deine Heiterkeit

Wir wolln es nicht verschweigen
In dieser Schweigezeit
Das Grün bricht aus den Zweigen
Wir wolln das allen zeigen
Dann wissen sie Bescheid

Was verboten ist, das macht uns grade scharf

Keiner tut gern tun, was er tun darf
– was verboten ist, das macht uns grade scharf!

Männer, wenn ihr eifersüchtig
Eure schönen Frauen liebt
Die euch doch zwei Hörner setzen
Statt das eine aufzurichten
Rat ich: Laß die Eifersucht
Lös des Eh'rings harte Fessel
Laß die Schöne frei, und dann
Wenn Vertrag sie nicht mehr zwingt
Will sie nur noch dich als Mann
   weil:
     Keiner tut gern tun, was er tun darf
     – was verboten ist, das macht uns grade scharf!

Witze riß das Volk schon immer
Ohne Demut und Respekt
Witze sind wie selbstgebrannter
Starker süßer Apfelschnaps
Aber in des Zwanges sauren Apfel
Mag das Volk nicht beißen
O Gericht, vergälle nicht
Uns mit schweren Strafen unsre
Große Lust am Witzereißen
   weil:
     Keiner tut gern tun, was er tun darf
     – was verboten ist, das macht uns grade scharf!

Die ihr oben sitzt mit meiner
Billigung ich rat euch jetzt
Wenn zum Wohl des Sozialismus
Ihr nur schuftet, strebt und hetzt
Plant und sitzt und redet viel
Stellt man unter strengste Strafe:
Jedes Loblied auf den Staat
Jede kühne Aufbautat
Wetten, daß das Vorteil hat?
   weil:
     Keiner tut gern tun, was er tun darf
     – was verboten ist, das macht uns grade scharf!

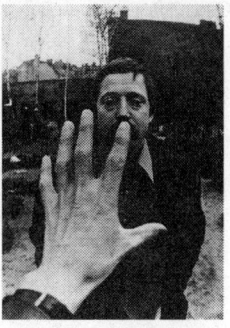

»Die deutschen Exkremente sind / Daß es uns nicht geniert / In Westdeutschland mit deutschem Fleiß / poliert und parfümiert // (...) Die DDR, mein Vaterland / Ist sauber immerhin / Die Wiederkehr der Nazizeit / Ist absolut nicht drinn // So gründlich haben wir geschrubbt / Mit Stalins rotem Besen / Daß rot verschrammt der Hinter ist / Der vorher braun gewesen.«
Das wirkt hüben wie drüben provozierend. Wolf Biermann bleibt künftig bei dieser extrem ausgewogenen Haltung – sie soll ihn vor Vereinnahmung schützen. Für ihn gilt, was sein Vorbild Heinrich Heine einst so formulierte: »Ich will mich jetzt maskieren / in einen Lumpenkerl, damit Halunken, / Die prächtig in Charaktermasken prunken, / nicht wähnen, ich sei einer von den ihren.«

Der Zeit voraus sein wollend, aber doch ganz dem Geist ihrer Zeit entsprechend, ist eine Literatur, die sich aller herkömmlichen Bildlichkeit verweigert: sprachliches Design, das objektive Strukturen dem subjektiven Ausdruck entgegenstellt – Laborexperiment statt Imagination.

Konkrete Poesie

Helmut Heißenbüttel

```
        Möven           und Tauben    auch
                Schwäne
kommen                                       an Seen
            vor     und Schwalben         im Sommer
                    Tauben                im Sommer
                                            an Seen
kommen      Schwäne und
        Möven vor           Tauben
                    und
                Schwäne und        auch
        Möven
kommen                                      im Sommer
            vor
```

Möven Möven Möven
kommen vor kommen vor kommen vor
Schwäne Schwäne Schwäne
und Tauben und Schwalben und Tauben und und
auch an Seen im Sommer im Sommer an Seen auch im Sommer

Möven und Tauben auch Schwäne und Schwalben kommen
an Seen im Sommer vor

das neue Zeitalter

wenn wer wen trifft und was der dann sagt wenn wer wem begegnet und dann sagt er was wenn wer wen wie nennt

wenn ein kalter Krieger einen kalten Krieger trifft und kalter Krieger sagt wenn ein Fellowtraveller einem Fellowtraveller begegnet und sagt Fellowtraveller wenn ein alter Nazi einen alten Nazi einen alten Nazi nennt
wenn ein Intellektueller einen Intellektuellen einen alten Nazi nennt wenn ein Avantgardist einen Avantgardisten trifft und kalter Krieger sagt wenn ein Nonkonformist einem Nonkonformisten begegnet und sagt Fellowtraveller
wenn ein Fellowtraveller einem Fellowtraveller begegnet und sagt Halbstarker wenn ein alter Nazi einen alten Nazi einen Experimentellen nennt wenn ein kalter Krieger einen kalten Krieger trifft und schwules Schwein sagt

Serielle Wortfolgen, Wiederholungen, Verformelungen – Sprache als endlos in sich kreisender Mechanismus. Diese Avantgarde will vor allem technisch vorne sein, sie orientiert sich an Informationsübertragung und Datenverarbeitung, Prozeduren und Systemen, von denen dazumal noch eine geradezu futuristische Faszination ausgeht.

wenn ein Intellektueller einen alten Nazi trifft und schwules
Schwein sagt wenn ein Avantgardist einen kalten Krieger
einen Experimentellen nennt wenn ein Nonkonformist einem
Fellowtraveller begegnet und sagt Halbstarker
wenn ein Halbstarker einem Halbstarken begegnet und sagt
alter Nazi wenn ein Experimenteller einen Experimentellen
trifft und Fellowtraveller sagt wenn ein schwules Schwein ein
schwules Schwein einen Intellektuellen nennt

wenn der den so nennt wenn er den trifft und dann das sagt
wenn der dem begegnet und sagt dann das

treten alle in die kommunistische Partei und werden glücklich

Helmut Heißenbüttel
wurde 1921 in Rüstrin-
gen bei Wilhelmshaven
geboren. 1963 hielt er als
Gastdozent die Poetik-
Vorlesungen in Frankfurt
am Main. Die abge-
druckten Texte sind dem
Textbuch (1970) ent-
nommen, © Luchterhand
Verlag. Weitere wichtige
Werke: *D'Alemberts
Ende* 1970; *Eichendorffs
Untergang und andere
Märchen* 1978.

Aus: **Frankfurter Vorlesungen**

Mein Vorschlag... besteht, aufs Ganze gesehen, darin, eine
neue literarische Typologie zu bilden. Damit ist nicht eine Re-
stauration der Gattungen gemeint (denn die wäre, wie am Beispiel Gottscheds zu erkennen war, nur möglich, wenn sich
eine neu vorgegebene Übereinkunft zwischen Sprache und
Welt, eine neue Identität zwischen Welterkenntnis und Welt-
beschreibung stiften ließe). Damit ist vielmehr der Versuch gemeint, das Abgesonderte der Details und der Detaileinsichten
auf einzelne Zentren hin zu sammeln und dort zu sinnvollen
und vergleichbaren Komplexen auszubauen, die fähig sind,
die Fülle der einander widerstrebenden Einzelerscheinungen
auf sich zu ziehen und zu ordnen.
Eine solche Typologie hat ihr erstes Kriterium nicht in seiner
allgültigen Zeitlosigkeit, sondern in einer historischen Be-
dingtheit, die sich aus den Voraussetzungen des Vorangegangenen herschreibt. Sie muß sich dann mit dem befassen, wor-
aus Literatur besteht, mit der Sprache. Sie muß es heute um so
mehr, als die vorgebildeten Sonderformen der poetischen
Grammatik ihre Geltung verloren haben und die Redeweise
der Literatur sich der sprachlichen Mittel selbst bedient.
Überformungen der normalen Sprache, wie Strophen, Verse,
Metren usw., sind funktionslos geworden in dem Augenblick,
in dem die Literatur sich anschickt, sich die Phänomenologie
der menschlichen Rede selbst zunutze zu machen. Sie muß
das, weil sie in der Entlarvung des subjektiven Selbstbewußtseins bis auf dessen gleichsam materielle Grundlage, dessen
sprachlichen Vorstellungsraum, gestoßen ist. Der Aufklä-
rungsprozeß, dem die Literatur ihre Progression verdankt,

dringt in das Gefüge der Sprachbildung selbst ein. Die literarischen Methoden, die neu ausgebildet werden, sinken unter die grammatischen Vorformungen, unter die Konventionalität der üblichen Wortbildungen hinab, versuchen, ganz neue und unbekannte Sprachwelten zu erfinden. Zugleich bleiben sie vor dem, was als zufällige Momentaufnahme eines zeitlich einmaligen Sprachzustands fixierbar ist, stehen. Sie nehmen das mumifizierte Augenblicksfoto des Sprachlichen und versuchen seiner Materialität eine neue Stellvertretung einzuschreiben; nicht indem sie es symbolisch auf wer weiß was hin durchscheinen lassen, sondern indem sie das unglaublich Staunenswerte dieses einmal und nie wieder Fixierten zum obersten Bezugsfeld erheben. Die Sprache selbst bildet eine Art literarischer Typologie aus. Sie bedient sich einmal antisyntaktischer und antigrammatischer Methoden, artikulatorischer, phonologischer, typographischer und ähnlicher Versuche. Sie versucht sozusagen neue Sprechfelder herzustellen, die von sich aus, durch die Konsequenz ihrer Erfindung, literarisches Gewicht haben. Sie reproduziert auf der anderen Seite die mumifizierbaren, fotografierbaren Sprachnuancen in deren zufälligen Zusammenhängen, um so unmittelbarer und gleichsam dokumentarisch das sprachliche Vermittlungsbild der Realität aufzufangen. Sprachaufschlüsselnde und sprachreproduzierende Methoden bilden eine neue Fähigkeit des Literarischen aus. Diese Fähigkeit, die auf keines der gewohnten Muster festgelegt werden kann, ist auf ein Ziel gerichtet, das vorerst nur hypothetisch zu erkennen ist. Sie bewirkt so etwas wie eine sprachliche Verdoppelung der Welt.

Auch Ernst Jandl hat mit visueller Poesie experimentiert, sich aber immer stärker dem Sprechgedicht zugewendet. Ein überzeugendes Beispiel für die erhellende lautliche Analyse oder, anders gesagt, für die akustische Erinnerung, ist sein Gedicht *Wien: Heldenplatz*. Jandl hatte 1938 als Zwölfjähriger an der Kundgebung auf dem Wiener Heldenplatz teilgenommen, auf der Hitler den sogenannten Anschluß Österreichs verkündete.

Ernst Jandl
wien: heldenplatz

der glanze heldenplatz zirka
versaggerte in maschenhaftem männchenmeere
drunter auch frauen die ans maskelknie
zu heften heftig sich versuchten, hoffensdick.
und brüllzten wesentlich.

verwogener stirnscheitelunterschwang
nach nöten nördlich, kechelte
mit zu-nummernder aufs bluten feilzer stimme
hinsensend sämmertliche eigenwäscher.

ottos mops

ottos mops trotzt
otto: fort mops fort
ottos mops hopst fort
otto: soso

otto holt koks
otto holt obst

otto horcht
otto: mops mops
otto hofft

ottos mops klopft
otto: komm mops komm
ottos mops kommt
ottos mops kotzt
otto: ogottogott

pirsch!
döppelte der gottelbock von Sa-Atz zu Sa-Atz
mit hünig sprenkem stimmstummel.
balzerig würmelte es im männechensee
und den weibern ward so pfingstig ums heil
zumahn: wenn ein knie-ender sie hirschelte.

zweierlei handzeichen

ich bekreuzige mich
vor jeder kirche
ich bezwetschkige mich
vor jedem obstgarten

wie ich ersteres tue
weiß jeder katholik
wie ich letzteres tue
ich allein

lichtung

manche meinen
lechts und rinks
kann man nicht
velwechsern.
werch ein illtum!

Ernst Jandl wurde 1925 in Wien geboren. Wichtige Werke: *Laut und Luise*. Gedichte 1965; *Die Männer*. Prosa 1973; *Der gelbe Hund*. Gedichte 1980; *Das Öffnen und das Schließen des Mundes*. Frankfurter Vorlesungen 1985. 1985 erschienen die *Gesammelten Werke* in drei Bänden im Luchterhand Literaturverlag.

Das Öffnen und das Schließen des Mundes (Foto-Sequenz aus einer Lesung Ernst Jandls in Wien 1982)

die tassen

bette stellen sie die tassen auf den tesch
                                                  perdon
      stellen sie die tassen auf den tesch
                                                  perdon
            die tassen auf den tesch
                                                  perdon
                        auf den tesch
                                                perdon

nöhmen
nöhmen
nöhmen sö söch
nöhmen sö söch eune
nöhmen sö söch eune tass
                  eune tass
                        donke
                        donke

eun stöck zöcker
zweu stöck zöcker
dreu stöck zöcker
                  donke
                  zörka zweu stöck
                  zöcker

follen
follen
hüuntergefollen ˙
                  auf dön töppüch
                                  neun
                                nur dör hönker üst wög
                pördon
bötte bötte

wo bleibb da
hummoooa
wo bleibb da
hummmooooa
wo bleibb darrr
hummmmmooooooooooa
darrr kööönich vonn
hummmmmmmmoooooooooooooooooa
rrrrr

Gerhard Rühm

zwian zwadl
lagg
lagg ose ose
osn adl
osn adl
agg
zwian zwadl
an idl idl
zwagg
esn zwagg
esn zwagg odl

gschbiz di laggn
lag di osn
ossn schwangd di schweu
raglhunddn
baddn badn
logde lodn
oale senggde
bibm bibbm
beu

> Ein anderer Österreicher, Gerhard Rühm, zur sogenannten »Wiener Gruppe« gehörend, versucht, den Dialekt so zu radikalisieren und zugleich zu entleeren, daß eine Mentalität in reiner Form sinnlich erfaßbar wird:

> Gerhard Rühm wurde 1930 in Wien geboren. *zwian zwadl* gehört zu den *Wiener Lautgedichten* (1955–1958) und ist dem Band *Gesammelte Gedichte und visuelle Texte* entnommen, © Rowohlt Verlag, Reinbek 1970.

Oswald Wiener

Man sollte ein Museum aus diesem Land machen. Ich bin dafür, daß die Bewohner dieses Landes von einer ernsthaften Arbeit befreit werden, vom Staat ernährt, als Fremdenverkehrsattraktion. Die einzige Verpflichtung der Österreicher sollte darin bestehen, daß sie ihre Türen nicht versperren dürfen. Ich stelle mir das sehr gut vor, wenn Engländer oder Japaner oder Menschen aus Westafrika oder Südamerika, die hier sehen wollen, wie man früher mal gelebt hat in Europa, daß sie hierherkommen und hineingehen in die Häuser und schauen, ah, so hat man früher gelebt, so ist der Alltag...

> Wohl gerade ihren Landsleuten hatten die Autoren der »Wiener Gruppe« nicht viel zu sagen. Oswald Wiener begibt sich auf die Flucht. Nachdem er in Hamburg einen Roman publiziert und in Berlin eine Kneipe aufgemacht hat, rechnet er in einem Interview mit seiner Heimat Österreich ab:

Die Verbesserung von Mitteleuropa

bulletin. dem geneigten leser zum besseren verständnis. die weltrevolution werden die andern machen, ich hingegen werde mirs richten.

»Wieners philosophische Aussagen bedienen sich, so könnte man sagen, nicht des wortwörtlich zu nehmenden Satzes, sondern der Widerrede. Diese Widerrede überspitzt oder parodiert oder verballhornt ihren philosophischen Inhalt. Nur so, in dieser verkehrten Form, vermag sie ihn zu formulieren. Der philosophische Ansatz wird sichtbar erst in der Rückführung in eine literarische Tendenz.«
Helmut Heißenbüttel

brüder ernährt mich doch belehrt mich nicht.
euch zum segen bin ich euer parasit, meine tätigkeit würde euch die milch verrotzen. klarerweise kannst du mich auch abtun lassen, du gemeiner hund.

beschränkung,
je weniger du redest desto weniger sagst du, die kürze des ausdrucks ist armut an gedanken. du musst mehr reden, gerade dort geschwätz wo es asketisch wird, nicht der rede wert ist der humor im salon, der wortkarge schafft irrtum, konzentration ist demagogie.

am wort ist schmatz, der rechte verteidiger.
: aber der mensch verständigt sagte er, sich nun einmal mit hilfe der sprache nur diese möglichkeit hat er, er muss mit worten reden, so wird gemeinschaft.
leo war auch da und riss schmatz sofort einen orden vom vorhang.
in der tat, sagte ich, der staat ist verständlich. die sprache der gesellschaft ist die tat, der knüppel bedeutet was das gesetz meint, wer wollte sich verschliessen?
gespräche mit mir sind exerzitien, du wirst mich jetzt verstehen oder garnicht
steck dir meine worte auf den hut ich kenn sie nicht mehr bau sie dir ein in dein mickriges bewusstsein da hast du in der pause was zum denken.
nach sorgfältigem zielen da traf ich leo mit meinem furz genau am ohr:
ständig verwechselt er die stürme des geistes mit winden des leibs, der materialist.

alles ist schöpfung, auch der nihilismus ist schöpfung.
alles ist schablone, auch das bekämpfen derselben, hört man zuweilen sagen.
das alles sind worte, mein schatz, auch das was dich zum selbstmord treibt. der analphabetismus entsteht mit dem alphabet; ich frage dich, spiesser, wer hat dir erlaubt mit den worten so umzugehen?
der geist wendet sich auf sich selber an, durch die vielen spiegel geht er huch zum teufel, was du jetzt erlebst wirst du später bedenken, jede situation hat ihren eigenen sprachraum und dessen grenzen, die bestimme ich.

weg mit den symbolen!
ihr teufel ist denn jede tatsache das gleichnis einer anderen in eurem schädel? weg mit der klarheit!

genau das, was du redest, mag ich nicht.
morgens brüllt ein vogel ich möchte aber schlafen.
dieser vogel ist mein persönlicher feind. an einer wand verwittert ein vor wochen erschlagener käfer mit dem will ich dich vergiften.
alles verstehen heisst nichts verzeihen.
(für anacharsis clootz) –

revolution.
ein verein von vielen ist stärker als der einzelne – deswegen werden sie ihn unterdrücken.
gesellschaftliche entwicklung ist wuchern, die agitation sei daher fäulnis.
revolution ist machtergreifung von prinzipien, ihre grundsätze werden eure gesetze sein.
wenn ich auch nur zehn leute korrumpiere, wird mein milieu zu meiner materiellen basis.
individualismus pah! genauso wie gesellschaft, begriffe als krücken einer blödsinnigen sortiererei: es handelt sich um mich und um die leute, die ich so treffe.
ich komme eben vom himmel und sehe was ihr da treibt. ich bin anonym.
wie montezumas untertanen habt ihr in fülle was mir frommt. ihr bietet mir nahrung, davon nehme ich vorsichtig.*)
vielleicht geht ihr an mir zugrund, ich werde berichten eure zeit sei umgewesen.
ein altes kulturvolk, seltsame riten die ich mir zunutze machte, leicht zu erlernen.

Oswald Wiener wurde 1935 in Wien geboren. Er hat seine gesamte literarische Produktion bis 1959 vernichtet. Der Roman *Die Verbesserung von Mitteleuropa* erschien 1969, © Rowohlt Verlag Reinbek.

kalt – warm.
um wie viele raffinessen des genusses bringt uns diese sture sprache? wieviele sinne gehn an ihrem standard zugrunde? stumpfsinn ist der umschlag der vereinigung.

hypothesen.
man macht sich ein modell, man schaut ob es wirklich so ist, wie gut ist es?
was kümmerts mich ob es stimmt. man muss die schönen bilder häufen, ich brauche dringend überfluss, überfluss genügt kaum für das notwendigste.
ja – ist es denn wahr was du hier schreibst? narr lauf such deine wahrheit im tempel, trenn, glotz, starr an das spektrum.

---

*) jedoch: »montezuma's rache-« heißen in Mexiko die den touristen unweigerlich ergreifenden anfälle von diarrhoe, wie dem auch sei:

beschränkung, mittel.
wie, du nimmst dir vor die situation zu kontrollieren?, mit diesen nur hundert klötzen baust du dir alles vom leib – ich aber nehme was grade da ist, der stand der dinge entwickelt sich von selbst.
beginnt ein schiff zu bauen und es wird ein kleid daraus, hundert klötze sind dein freier wille, da musst du ja das kartenspiel für ein sinnbild des lebens halten.

avertissement, betreffend die grundsuppe der existenz.
ich bin kein nihilist wer das behauptet ist ein trottel.
ich sage nur dass alles ein dreck ist;

man dichtet den dingen existenz an: ich habe es doch mit den dingen zu tun und nicht mit ihrer existenz, die arische sprache mit ihren schafsmässigen betrachtungen, ich brülle es euch ins ohr diese geschichte mit der existenz ist stark übertrieben.
lasst diesen kastraten ihre verbalakrobatik.

was tun.
zu jeder zeit ist es ein letztes das bekämpft, errungen, durchgesetzt werden soll, das letzte nimmt stets die gestalt eines bedürfnisses an, seine propheten heissen sich avantgarde: prügelt sie breiweich!

Der Solipsist in der Heide

Arno Schmidt
Das steinerne Herz

Unerträglich lange dengelte das Senderzeichen; Hände mit abgefressenen Nägeln lagen haufenweise vor uns. Herum. Der Ostsprecher lästerte subtil; also großes Silben-Wettstechen und Haar-Wettspalten :
EVG in Frankreich abgelehnt : die Lage sollte danach ›äußerst ernst‹ sein. (»Ja für ihn vielleicht – für Uns iss' ne Erlösung !«: Karl.) Den Bundestag mal ner ›Bonner Durchmusterung‹ unterziehen.
Die Skala erlosch; wie die Stimme: »O leck : S-troms-perre ! : Gib n Flackert !« »Wie gut, daß wir den Kocher haben gehen lassen« sagte sie gleichmütig; während sie die Kerze auf die Streichholzschachtel klebte : »Der große Topf iss fast heiß.«
Sparen ? : »Schparen isch Wahnschinn« sagte sie durch die Zähne (beim Putzen; dann, aufgerichtet) : »Das heißt doch bloß : Kraft verzetteln für eine Zukunft, die man nie haben wird : zschu offt erlebt.« (wieder nach unten; und wir nickten einander im Dreieck zu : Flüchtlingsweisheit).
Den Zucker vergessen? : »Was wiss'u noch ?!« (sie hatte ganz leise erinnert, und er brauste auf : diese Frauen sind nie zufrieden !) : »Bitte : wiss'u dickere S-trümpfe ? Größere Schuhe ? Längere Röcke ? : Du ?!«, mußte aber sofort lachen, ob des guten Witzes, und drängte mich hinaus : »Pumpsu woh ma den Ssementtroch voll, Wallda ?«. – Im Dunkeln draußen fühlte ich erst nur den rauhen Steinrand; er gab mir das Hebelrohr in die Hand, und zeigte, wie ich den bewegen müßte : knock, knock : wie'n Metronom. Lehrhaft zeigte der eine Zaunpfahl auf den Magistermond (Ungefähr. Und den : Hebel uner : müdlich; um : legen).
Den Liegestuhl stellte ich mir auf den Rasen (nicht in den Vorraum : sie wollten ja schließlich auch mal sehr allein sein !) Hier : so ! Eine Decke, doppelt zusammengelegt, drunter (oben nochmal umschlagen : als üppig dickes Kopfkissen). Eine zum Zudecken : »Ach, das wird nich kalt heut Nacht, Freu'n Hübner !«. Den Schemel zum Füße hochlegen; sie brachte mir noch ein altgeblümtes flaches Kissen; ich zog schon demonstrativ-heiter die

Einer, von dem man sagt, er habe vielleicht eher Fans als Leser, weil auch er auf befremdliche Weise anziehend wirkt, weil auch er die Wörter aufmacht, um zu sehen, was darin ist, weil auch er bei aller Realistik seines Erzählens eine Art Geheimsprache spricht: Arno Schmidt.

Zurückgezogen in seinem Heidehäuschen seit 1959, immer hart am Existenzminimum lebend, ein militanter Eremit, ein linker Nonkonformist – immer für einen reaktionären Ausfall gut –, ein rechthaberischer Autodidakt, ein Pedant, ein Misanthrop: unzählige Etikettierungen dieser Art sind im Umlauf.

Arno Schmidt in Bargfeld

Zwischen Zettelkästen und Handbüchern verbringt er an die hundert Stunden pro Woche lesend und schreibend. Ihm erscheint die wirkliche Welt wie die Karikatur der großen Romane, und für diese wiederum gibt es kaum Leser. Denn an Lesern, die, wie er es verlangt, »sich mit Ausdauer und Empfinden in ein Kunstwerk vertiefen können«, zählt Arno Schmidt in der Bundesrepublik keine vierhundert.

Schuhe aus : – : – (sonst natürlich nichts. Wie Marschall Suworow; der, wenn er einmal bequem schlafen wollte, die Sporen abschnallte); und legte mich vor ihren Augen lang : »Gut' Nacht.« : »Tjawoll« (Karl. Sie verschwanden).

Ein Astsystem schrieb hebräisch vor die Mondwolke. Es pantoffelte unfern, und wisperte; hinter Rotholz.

›*Das sanfte Gesetz*‹ ? ! : Man hätte Stifter mal vor ne Nova setzen sollen ! Oder ihn bloß in Sonnennähe bringen !

Man hat in dieser feinen Schöpfung nur die Wahl zwischen Explosion und Fäulnis ! (Also sehen wir's uns mal an) :

›*Nunc handum in ruckum fühlebant, nunc sua neglis / Tittia cratzebant, nunc lendos, nunc knigiosque*‹. Auch ›*Beinos bauchumque bekiekant*‹ : Floia. (Dann verschwand sie wortlos unter ihm. Nur einmal die flachen Bänder der Beine. Und ich legte mich wieder über die Kräuter). (Er begattete sie auf irgendeine altfränkische gottvergessene Methode; mit der er natürlich bald ne halbe Stunde brauchte. – Dann hinundherhuschen, und Wasserlaute. Auch kam er heraus, mit höchst unnötig gerefftem Hemd, Papier zwischen den Zähnen, und schniefte schlafsüchtig : kein Wunder, wenn er dann in Ahlden kaum aus n Augen kucken konnte !).

Licht aus : Wir haben Alles mit Schmerzen versehen : das Licht »verbrennt«; der Schall »erstirbt«; der Mond »geht unter«; der Wind »heult«; der Blitz »zuckt«; der Bach »windet sich« ebenso wie die Straße. / Mein Herz pumpte die Nacht aus : Blödsinnige Einrichtung, daß da ständig sonne lackrote Schmiere in uns rum feistet ! N steinernes müßte man haben, wie beim Hauff. (Die Wand drüben hüstelte).

Also Night Thoughts (konnte doch nicht schlafen : zuviel Bildmaterial heute). Weibliches darf vorbeistreifen, als Abendröte; als Staubfläche überm Buchschnitt; lang und abgewaschen. Lang & weiß ausatmen.

Das steinerne Herz : nur durch die dünne Nabelschnur der Staatshandbücherreihe hing die Welt noch an mir ! Die Nacht schleifte immerfort leise. Leervorbei. (»Hintze !« flüstern : er erwiderte durch Schwanzgestik, daß er mich wohl höre, aber im Augenblick Wichtigeres vorhabe). ETA Hoffmanns literarische Lieblingstechnik, mit der Katastrofe anzufangen, ist zweifellos durch seinen Beruf als Jurist begründet gewesen : da liegt auch immer erst ›Die Tat‹ als Knalleffekt vor, und wird danach, von hinten her, aufgeklärt. (Schon hatte sich der Mond in seiner eigenen Lichtschlinge gefangen).

Tja, die Große Kartei : Eine Bevölkerung a wächst nach n Jahren auf z = a mal q hoch n an; worin log q nach meinen Ermittlungen für das Königreich Hannover 0,0035 bis 0,0040 betrug (Auf 1 000 Einwohner kommen durchschnittlich 10 Todesfälle und 20 Geburten jährlich : das muß man wissen ! Wenn man etwa von Jemandem nur das Geburtsjahr 1793 kennt, und der Ort hatte damals 600 Einwohner : braucht man voraussichtlich nur ein Dutzend Namen, bzw. Seiten, in Kirchenbüchern durchzusehen : durchaus erträglicher Arbeitsaufwand !). Wenn also im ersten Jahrgang 10 000 Namen stehen, im letzten, 1865, rund 15 000 . . .

Ja, Fünfzigtausend Karteikarten müßten hinreichen. Din A 9 zu winzig; wenn man Frauenfinger hätte. Und A 7 wäre zwar das Ideal; kostete aber gleich das doppelte. Bleibt also nur 8, Hochformat. Aber's müßte guter steifer Karton sein, tintenfest, wie gesagt. Dann das Schränkchen für die Karten : zum auf'n Tisch stellen : unter 300, 350 Mark war das gar nicht zu machen ! Die 3 000 interessantesten Leute kriegen je ein Sonderblatt in Leitzordnern. Von 10 Mann trag ich die Biografie zusammen. H-h-h : Dreihundertfünfzig Mark ! (Die aufzudruckende Lineatur, hinten und vorn, wußte ich auswendig !).

Steif vom unbeweglich Liegen : moi murmelte undeutliche Silben aus Herz und Därmen. Mondmoos wucherte an allen Wolken : 3 Uhr 20. – : ? – : Aha !

»Ein guter Schriftsteller darf weder haben Freund, noch Vaterland, noch Religion. Das klingt dem Leser aufs äußerste schockierend, und es besagt doch letzten Endes weiter nichts, als daß über einen Freund irgendwann doch einmal im Leben in die Versuchung kommen könnte, die Wahrheit zu beugen, beziehungsweise, daß es über dem Vaterland immer noch einen Begriff gibt, zumindest die Menschheit. Oder, daß es mir, wenn ich mich auf eine Religion einschwöre, unmöglich ist, andere andersglaubende Völker und Zeiten zu verstehen. Mit anderen Worten, diese scheinbar schockierende Formulierung ist doch nur der Ausdruck dafür, daß der Schriftsteller objektiv sein muß.«
Arno Schmidt in einem Interview

Titelblatt der Zeitschrift »Texte und Zeichen«

»... in diesem Buch, das nicht während, sondern nach der Lektüre aufquillt (fast in der Art eines Zwiebacks aus der eisernen Ration), und das in der Erinnerung wie ein Wälzer wirkt, und doch mehr Sprache und Stoff bietet als ein solcher, – in diesem Buch habe ich nur eins nicht gefunden: das steinerne Herz, das mir der Titel versprach: ein Herz aus Wachs fand ich, ein Kinderherz oder besser, da Kinderherzen gar nicht so weich sind, ein Erwachsenenherz, das sich nach Kindheit sehnt; ein Herz, das übers Altern enttäuscht ist, ständig, – sowohl verzweifelt wie genau –, den Fleischwolf der Vergänglichkeit bei seinem Werk beobachtet, nur zwei Lebensbereiche sind von der Zerkleinerung durch den Fleischwolf ausgeschlossen: nichts bleibt diesem Herzen als die Liebe und die kalkblauen hannoverschen Staatshandbücher aus dem Jahr 1843!«
Heinrich Böll, *Das weiche Herz des Arno Schmidt*, 1957

Die drei folgenden Randtexte sind dem »Werkstattbericht« Arno Schmidts *Berechnungen I* entnommen, erschienen im ersten Heft (1955) der Zeitschrift »Texte und Zeichen«.

Line, in einen weißen Mann gehüllt, am linken Ohr die behaarte Stimme : man machte drinnen schon wieder einen siamesischen Zwilling : ihre Bäuche waren durch einen zolldicken (scheinbar recht dehnbaren) Strang verbunden. Ich zog das schmerzende Kreuz durch, und stöhnte korsetten in der Nase : mfff !

Pellte ihn ermattet ab (an sich sehr richtig, den Leviathan durch Präservative prellen : aber ich denke, das hat er gar nicht nötig ? !). Dann standen sie offiziell auf : also zurück ins Körbchen ! (Graute auch schon : wie wird Alles am Tage aussehen ?)

»*Tschüs Wallder !*« : er tippte mich auf die Schulter; und : »S-tell Dir n S-tuhl man jetzt in' Vorraum : wird doch zu kalt gegen Morgen.« Stolperte ich also hoch, im greisen Ein, und zerrte das Skelett durch die Tür : zu wieder, und ins Deckengezitter. – bbbbb ! –

Die Wand zersprang flügeltürig : herein strich ein schwarzer Schall; stellte ans Fußende und verlächelte sich nach gelb (= akustisches Erwachen; optisch sahs so aus : Line im Nachthemd, aber vorn drüber ein veritables ledernes Schurzfell gebunden; dazu ein finsteres Kopftuch : »Bleim Sie ock noch an Augenblick liegen« empfahl sie verlegen und drückte sich an der Wand hinaus.)

Wasser klinkerte : ein Auge riskier' ich : sie stand in grauestem Morgenduft vor einem Aluminiumwännchen, und wusch sich flink : die kleine Brust, vorn einen braunen Kreis daran (über die andere pendelte die rote Borte des Handtuchs).

Sie kam auf totblassen Füßen herein; stand vorsichtig nach unten, Hintze schlich ihr eine graugelbe 8 um die nackten Knöchel : »So, jetz könn' Sie gehn« (immer im Flüsterton, als stakten wir noch durch Halbschlafe).

Draußen (auch mit männlich entblößtem Oberkörper; aus demselben Waschbecken. In dem auch Kartoffeln geschält wurden, wie ich später entdeckte : der König hat freilich n Badezimmer ! Und ein hoher hellgrauer Himmel, mit Schneckenschatten um eine Lichtpfütze). Erst jetzt sah man, daß ein Schachbrett von weiß-roten Steinplatten hier lag.

Musik muß sein : das Radio schleifte auf Geigenkufen dahin; ein Klavier plätscherte; und man wurde richtig dösig von der faltigen Melodie (die eben langsam in Baßtiefen vergluckerte : Erdtrichter, Schallöcher, Tümpel und Moor. Dazwischen immer Lokales, mit tollen unbekannten Abkürzungen und Formeln der DDR : kochem schmusen.

Zuerst versuchte ich's noch jedesmal : ? – – Nee; man verstand nur 70 Prozent !).

Line, unbefangen : »Sie haben aber n feines Hemd !« (Hatte es befühlt, während es über der Stuhllehne hing : »Unsere Stoffe hier sind obermies ! – : Lederschuhe ? ? : das giebts doch *hier* nich !). Hintze erschien, selbstbewußt und tüchtig, trotz verschlossener Tür, und sie erklärte mir stolz, daß in alle Katzenlöcher eingesägt wären : »Nichts hält sie auf !« (Das in der Haustür konnte man aber mit einem Klotz zu setzen, wenn sie drin bleiben sollten : sie zeigte mir's : er paßte genau rein : »Hat Karl gemacht.«).

Ich tat ihr das Löffelchen Nescafé in die Tasse (vor der sie mit artig leuchtenden Augen wartete); sie strahlte das klare kochende Wasser drüber : so. Als ich mich nach Milch umsah, brachte sie reumütig die Untertasse mit dem letzten Häufchen Zucker und die halbleere Libbybüchse : »Hier kriegen nur Kinder welche : wenn Karl nich manchmal was mitbrächte, hätt' ich für die Katzen gar keine !« (Also nachher n paar mitbringen. Und Zucker). Wir schlürften das Zeug. Zu Friedaschnitten : sie hielt eine mit beiden Händen an den Mund, still und gegenwartsdankbar.

»*Da brauchen Sie sich gar nich anzumelden*« erklärte sie, »kriegen allerdings auch keine Lebensmittelkarten. – : Ochnee, die Beamten sind höflich ! Sonst müßten Sie sich auch noch ins ›Hausbuch‹, beim Eisendecher drüben, eintragen : Sone Art Blockwalter.« (Lag der Verwaltung).

Lebensmittelkarte : Fleisch, Fett, Zucker, Milch, sind noch rationiert. Drei Klassen giebt es, A, B, C; wer über 500 Mark verdient, kriegt die ›Intelligenzkarte‹. (Also die rührend naive Voraussetzung, daß der Intelligente gut verdient : und umgekehrt. Was ja bekanntlich Beides *nicht* der Fall ist !). »Sie, als Westbesucher, hätten ohne weiteres A gekriegt« (Also die Höchste; um Fülle vorzutäuschen). »Natürlich reicht kein Mensch mit den Karten ! Aber in der Zone draußen iss es wieder *noch* um einen Grad schlimmer als in Ostberlin : hier soll doch noch ein ›Schaufenster‹ sein. Meine Kusine in Burg kriegt gute 40 Prozent weniger von Allem ! – : Man muß halt sehen, daß man HO kaufen kann.«

»*Haben Sie sich damals auch* n Lebensmittelpaket aus Westberlin geholt ?« : »Natürlich«, sagte sie ruhig : »Warum denn nich ?!«

». . . man erinnere sich eines beliebigen kleineren Erlebniskomplexes, sei es ›Volksschule‹, ›alte Sommerreise‹ – immer erscheinen zunächst, zeitrafferisch, einzelne sehr helle Bilder (meine Kurzbezeichnung: ›Fotos‹), um die herum sich dann im weiteren Verlauf der ›Erinnerung‹ ergänzend erläuternde Kleinbruchstücke (›Texte‹) stellen: ein solches Gemisch von ›Foto-Text-Einheiten‹ ist schließlich das Endergebnis jedes bewußten Erinnerungsversuches. Selbstredend hat der Autor, um überhaupt verständlich zu werden, dem Leser die Identifikation, das Nacherleben, zu erleichtern, aus diesem persönlich-gemütlichen Halbchaos eine klare gegliederte Kette zu bilden.«

»Ich warne besonders vor der Überheblichkeit, die hier vielleicht das dem Bürger naheliegende schnelle Wort von einem ›Zerfall‹ sprechen möchte; ich stelle vielmehr meiner Ansicht nach durch meine präzisen, ›erbarmungslosen‹, Techniken unseren mangelhaften Sinnesapparat wieder an die richtige ihm gebührende biologische Stelle. Gewiß geht dabei der liebenswürdige Wahn von einem singulären überlegenen ›Abbilde Gottes‹ wie-

derum einmal mehr in die Brüche; die holde Täuschung eines pausenlosen, ›tüchtigen‹, Lebens, (wie sie etwa Goethe in seinen Gesprächen mit Eckermann so unangenehm geschäftig zur Schau trägt) wird der Wirklichkeit überhaupt nicht gerecht. Eben dafür, daß unser Gedächtnis, ein mitleidiges Sieb, so Vieles durchfallen läßt, ist meine Prosa der sparsam-reinliche Ausdruck.«
Arno Schmidt

»Dieser Erinnerungsprozeß, eine der anhaftenden Eigentümlichkeiten unserer Gehirnstruktur – also durchaus etwas Organisches, und gar nichts Künstliches! – wurde bewußt zum Ausgangspunkt einer ersten praktischen Versuchsreihe gemacht, die einerseits das Kristallgitter der betreffenden ›Erinnerung‹ sichtbar lassen, zugleich aber auch ungeschwächt die Bildintensität ›von damals‹ vermitteln sollte: im Leser würde theoretisch solchermaßen zwangsweise die Illusion eigener Erinnerung suggestiv erzeugt werden!
(Natürlich muß man ihm hierzu auch schärfste Wortkonzentrate injizieren; cela va sans dire!)«

» ›Der Staat‹ ? ? : Der Staat iss doch mein Feind !« erklärte sie unbefangen-erstaunt : »Der macht doch mit uns, was er will : und meist das Falsche ! Denken sich die Idioten denn, wir merkten das nich ? Hat er mein Eigentum und mich geschützt ? Bezahlt, ernährt und bekleidet er mich ausreichend ? ?« (sie spreizte die Ellenbogen als Beweis; und schüttelte, völlig durchdrungen, den schmalen Kopf) : »Nee : erst komm' die Menschen !« (Und dann ne ganze Weile gar nicht : Sehr richtig. Also genau wie bei uns im Westen : sehr richtig !)
(*Dann doch noch rasiert* : sind sicher feine Hunde in der Staatsbibliothek, und da muß ich seriös auftreten : ›Der erste Eindruck...‹. »Nee 'ch bin n ganzen Tag da; Sie könn' komm', wenn Sie wolln. – : ? : Bis Friedrichstraße müssen Sie !«).
Unten rötliche Schuhe, oben graue Morgenflocken : die rich-

tige Kluft zum Ausgehen (vom hebräischen ›keleph‹ = Rinde, Schale. 2 schrecklich alte Wachteln, mit langem Fuchspelz und Oma-Gebärden betrachteten mich brennend diskret aus dem Garten überm Weg).

Durch die Kolonie : überall, ausgespannt an Wänden, die gräßlichverzerrten Gestalten gekreuzigter Bäume : wie wundervoll gebaut sind Kiefernjungfrauen, wenn sie ganz frei stehen ! (nicht die künstlich hochgetriebenen Zittergrasfiguren unserer Schnellwuchsforstungen : es lebe die Lüneburger Heide ! – Das heißt : jetzt auch nicht mehr, wo die Engländer sie derartig ruinierten ! Na, bald kommen unsere ›Truppenübungsplätze‹ noch dazu ! – Pflanzenbatik und Kolonen.)

Zwischen den Fabrikschloten hing das graue Netz des Himmels : also ein Villenvorort. (Wo war ich eigentlich ? Ich nahm mir vor, nachher die Karte Groß-Berlins zu studieren : müßten nicht Köpenick und Wendische Spree in der Nähe sein ? Ich suchte sie am Himmel; aber keine manschettierte Hand erschien, und wies mit studienrätlichem Zeigefinger : dort !)

Also Wiedervergeltung (als ob ›Vergeltung‹ nicht genügte !) : die alte Kirche ? ? – Wissenschaftlich-angeekelt den Turm betrachten : schon mit bloßem Auge sah man, daß der Diagonalenschnittpunkt seines Grundrißrechtecks und die Projektion der Helmstange von oben, garantiert nicht zusammenfielen : kein Verlaß auf kirchliche Einrichtungen ! (Wie jeder Landmesser freiwillig bestätigen wird : kein Geodät mit gesunden Sinnen wählt, solange noch was anderes da ist, Kirchtürme als Dreieckspunkte ! Abgesehen von Umbauten und Reparaturen (die ein späteres, immer wieder nötig werdendes Wiederauffinden erschweren) und den pendelartigen akuten Böenschwankungen : versuchen *Sie* mal, mit einem empfindlichen Instrument von einem Kirchturm aus einen anderen in 30 Kilometern Entfernung anzuvisieren : Sie denken, Sie sitzen in ner Schaukel ! Also abgesehen davon, erleiden die meisten Dachstühle beträchtliche säkulare Verformungen; durch Austrocknung und regelmäßig-einseitige Sonnenbestrahlung; Regenschlag und beharrlichen Druck aus der Hauptwindrichtung : schon deswegen also wäre Atheismus begründet ! – Und ich pilgerte ehrbar weiter : der Wissende hat viel zu leiden !).

Ein Holzgas-LKW ? ! : tatsächlich ! : wir haben uns lange nicht gesehen ! Ich blieb stehen, und besah gerührt den Fahrer, der da ergeben in dem qualmenden Kessel but-

Alfred Andersch, der Redakteur und Herausgeber der Zeitschrift »Texte und Zeichen«, fördert Arno Schmidt. Er druckt dessen Texte und sendet sie in seiner Hörspielreihe »radio-essay« des Hessischen Rundfunks. Andersch hat überhaupt als Redakteur außerordentliche Bedeutung für die literarische Entwicklung jener Jahre. Er unterstützt Wolfgang Koeppen. Er entdeckt Hans Magnus Enzensberger und Helmut Heißenbüttel. Er macht die deutschen Leser mit Samuel Beckett und Eugène Ionesco bekannt.

Arno Schmidt, geboren 1914 in Hamburg, starb 1979 in Celle. Der »historische Roman aus dem Jahr 1954« *Das steinerne Herz* erschien erstmals 1956. © der abgedruckten Schmidt-Texte: Arno-Schmidt-Stiftung Bargfeld. – Weitere wichtige Werke: *Leviathan. Erzählungen* 1949; *Die Gelehrtenrepublik. Roman* 1957. *Kaff auch Mare Crisium* 1960; *Belphegor. Nachrichten von Büchern und Menschen. Essays* 1961; *Zettels Traum. Roman* 1970; *Abend mit Goldrand. Roman* 1975.

terte. (Immerhin waren die Autos wesentlich rücksichtsvoller gegen Fußgänger, als im wilden Westen, und bremsten höflich, wenn man vor ihnen die Fahrbahn überschritt. Ich hatte die Bemerkung schon gestern Abend gegen Karl gemacht; aber er hatte sie, voller Vorurteile, nur mit der allgemeinen Ärmlichkeit des Ostens abgetan : die hätten nicht mal genug Menschen zum Totfahren !).

Auch weniger russische Soldaten eigentlich, als bei uns Amis oder Franzosen; hm hm.

Die dünne Fahrkarte bitte : noch war die Stadtbahn $\frac{gelb}{rot}$ genau wie früher, als das Stück Butter noch 80 Pfennig kostete. Und keinerlei Kontrollen : wir rutschten unangefochten durch all die Märklin-Bahnhöfe.

Mädchen in der Stadtbahn : mit zartgrauen schicken Ringen um die Augen (und einem so spitzen roten Mündchen, als pfiffe sie ständig : wie muß das erst aussehen, wenn sie wirklich pfeift ? ! Über einem weißen hohen Rippelrollkragen : der Halsstiel wendete langsam, aderndurchströmt, die Gesichtsblume nach allen linken Seiten, wo Ostberlin geschickt vorüberfloß; ein siebenseltsames Geschöpf.)

Oder hier : Das Kleid aus tausendfältig zermartertem Crêpe de Chine; darüber lehnte eine Zeitung als Gesicht. (Ein Hain von hochgetriebenen Schornsteinen, auch Schnellwuchs, mit platten, schiefen Rauchkronen. Und Alles voller mois : bleiche Puppenrümpfe in gefleckten Kunsthäuten; sie gelenkten um einander; Glieder scharnierten auf Treppen; das Crêpekleid stieg auch Friedrichstraße aus).

Papierener Himmel; das Wasserzeichen der Sonne.

Ein Schild an der Ecke : Hier hatte ein Schwein von Offizier 2 Volkssturmmänner aufhängen lassen, weil sie sich weigerten, den Irrsinn länger mitzumachen : Lest we forget ! (Aber das war gut so ! : Im ›Freien Westen‹ erwähnt man das nicht mehr; würde wohl zu sehr den augenblicklich wieder benötigten ›Wehrwillen‹ beeinträchtigen ! – Nee nee : *sehr* gut : 1 Platz rauf !).

Die altbekannte Schinkel-Front der Staatsbibliothek : hieß natürlich jetzt anders. (Rechts die ›Akademie der Wissenschaften‹ : mit Euch habe ich auch noch 1 Hühnchen zu rupfen !).

Der Einzelne und die Masse

Elias Canetti
Der Ausbruch

Die *offene* Masse ist die eigentliche Masse, die sich ihrem natürlichen Drang zu wachsen frei überläßt. Eine offene Masse hat kein klares Gefühl oder Bild davon, *wie* groß sie werden könnte. Sie hält sich an kein Gebäude, das ihr bekannt ist und das sie zu erfüllen hätte. Ihr Maß ist nicht festgelegt; sie will ins Unendliche wachsen, und was sie dazu braucht, sind mehr und mehr Menschen. In diesem nackten Zustand fällt die Masse am meisten auf. Doch behält sie etwas Außergewöhnliches und wird, da sie immer zerfällt, nicht ganz voll genommen. Sie wäre vielleicht auch weiterhin nicht mit dem Ernste betrachtet worden, der ihr gebührt, hätte nicht die ungeheuerliche Zunahme der Bevölkerungszahl überall und das rapide Wachstum der Städte, die unser modernes Zeitalter kennzeichnen, zu ihrer Bildung immer häufiger Gelegenheit gegeben.

Die *geschlossenen* Massen der Vergangenheit, von denen noch die Rede sein wird, waren alle zu vertrauten Institutionen geworden. Der eigentümliche Zustand, in den ihre Teilnehmer oft gerieten, schien etwas Natürliches; immer war man zu einem bestimmten Zweck beisammen, sei es religiöser, festlicher oder kriegerischer Art, und der Zweck schien den Zustand zu heiligen. Wer einer Predigt beiwohnte, war gewiß im guten Glauben, daß es ihm auf die Predigt ankam, und er wäre erstaunt und vielleicht auch empört gewesen, hätte ihm jemand auseinandergesetzt, daß die große Zahl der anwesenden Hörer ihm mehr Befriedigung gewähre als die Predigt selbst. Alle Zeremonien und Regeln, die zu solchen Institutionen gehören, haben es im Grunde auf ein *Abfangen* der Masse abgesehen: lieber eine sichere Kirche voll von Gläubigen als die unsichere ganze Welt. In der Gleichmäßigkeit des Kirchenbesuches, der vertrauten und genauen Wiederholung bestimmter Riten sichert man der Masse etwas wie ein gezähmtes Erlebnis ihrer selbst. Der Ablauf dieser Verrichtungen zu festgesetzten Zeiten wird zu einem Ersatz für Bedürfnisse härterer und heftigerer Art.

Vielleicht hätten solche Einrichtungen genügt, wenn die Zahl der Menschen sich ungefähr gleichgeblieben wäre. Aber es liefen immer mehr Leute in den Städten herum, die Vermehrung der Bevölkerungszahl in den letzten paar hundert Jahren ging

»1925, vor vierunddreißig Jahren, hatte ich den ersten Gedanken zu einem Buch über die Masse. Aber der wirkliche Keim dazu war noch früher: eine Arbeiterdemonstration in Frankfurt anläßlich des Todes von Rathenau, ich war siebzehn Jahre alt. Wie immer ich es ansehe, mein ganzes erwachsenes Leben war von diesem Buche erfüllt, aber seit ich in England lebe, also seit über zwanzig Jahren, habe ich, wenn auch mit tragischen Unterbrechungen, kaum an etwas anderem gearbeitet. War es diesen Aufwand wert? Sind mir viele andere Werke so entgangen? Wie soll ich es sagen? Ich *mußte* tun, was ich getan habe. Ich stand unter einem Zwang, den ich nie begreifen werde. Ich habe davon gesprochen, bevor viel mehr als die Absicht zu dem Buche da war. Ich habe es mit dem größten Anspruch angemeldet, um mich besser daran zu ketten. Während jeder, der mich kannte, mich dazu antrieb, es zu vollenden, habe ich es nicht um eine Stunde früher abgeschlossen, als mir richtig schien. Die besten Freunde, die ich hatte, verloren in den Jahren ihren Glauben an mich, es dauerte zu lange, ich konnte es ihnen nicht verargen.
Jetzt sage ich mir, daß es mir gelungen ist, dieses Jahrhundert an der Gurgel zu packen.«
Elias Canetti

»Die Bestandteile der Welt, die man liebt, und das Ganze, falsch Zusammengesetzte, das man verabscheut.«
Elias Canetti

mit zunehmender Geschwindigkeit vonstatten. Damit waren auch alle Reizungen zur Bildung neuer und größerer Massen gegeben und nichts, auch die erfahrenste und raffinierteste Leitung nicht, wäre imstande gewesen, sie unter solchen Voraussetzungen zu verhindern.

Alle Auflehnungen gegen überkommenes Zeremoniell, von denen die Religionsgeschichte meldet, sind gegen die Beschränkung der Masse gerichtet, die endlich ihr Wachstum wieder fühlen will. Man denkt an die Bergpredigt im Neuen Testament: sie spielt sich im Freien ab, Tausende können zuhören, und sie ist, daran kann kein Zweifel bestehen, gegen das begrenzende Zeremonien-Treiben des offiziellen Tempels gerichtet. Man denkt an die Tendenz des paulinischen Christentums, aus den Volks- und Stammesgrenzen des Judentums auszubrechen und zu einem universalen Glauben für alle Menschen zu werden. Man denkt an die Verachtung des Buddhismus für das Kastenwesen des damaligen Indien.

Auch die *innere* Geschichte der einzelnen Weltreligionen ist an Ereignissen ähnlichen Sinnes reich. Immer ist Tempel, Kaste und Kirche zu eng. Die Kreuzzüge führen zu Bildungen von Massen von einer Größe, wie sie kein Kirchengebäude der damaligen Welt zu halten vermocht hätte. Ganze Städte werden später zu Zuschauern für die Verrichtungen der Geißler, und sie wandern dann erst noch von Stadt zu Stadt. Wesley baut, noch im 18. Jahrhundert, seine Bewegung auf Predigten im Freien auf. Er ist sich der Bedeutung seiner enormen Zuhörermassen sehr wohl bewußt, manchmal rechnet er sich in seinem Tagebuch aus, wie viele ihn wohl diesmal gehört haben mögen. Der Ausbruch aus den geschlossenen Verrichtungslokalen bedeutet jedesmal, daß die Masse sich ihre alte Lust am plötzlichen, rapiden und unbegrenzten Wachstum zurückholen will.

Als *Ausbruch* bezeichne ich also den plötzlichen Übergang einer *geschlossenen* in eine *offene* Masse. Dieser Vorgang ist häufig, doch darf man ihn nicht zu räumlich verstehen. Oft sieht es so aus, als ob eine Masse überfließe, aus einem Raum, in dem sie wohlbehütet war, auf den Platz und auf die Straßen einer Stadt, wo sie, alles an sich ziehend und allem ausgesetzt, sich frei ergeht. Wichtiger als dieser äußere ist aber der innere Vorgang, der ihm entspricht: die Unzufriedenheit mit der Begrenztheit in der Zahl der Teilnehmer, der plötzliche Wille *anzuziehen*, die leidenschaftliche Entschlossenheit, *alle* zu erreichen.

Seit der Französischen Revolution haben diese Ausbrüche eine Form bekommen, die wir als modern empfinden. Vielleicht weil sich die Masse vom Gehalt der traditionellen Religionen

Elias Canetti wurde 1905 in Bulgarien geboren, lebte nach dem Tod des Vaters in Wien, Zürich und Frankfurt am Main. 1938 emigrierte er über Paris nach London. 1981 wurde er mit dem Nobelpreis für Literatur ausgezeichnet. 1977 bis 1985 erschien in drei Bänden seine Autobiographie *Die gerettete Zunge, Die Fackel im Ohr, Das Augenspiel*. © der abgedruckten Canetti-Texte: Carl Hanser Verlag.

so weitgehend freigemacht hat, ist es uns seither leichter, sie nackt, man möchte sagen biologisch zu sehen, ohne die transzendenten Sinngebungen und Ziele, die sie sich früher einimpfen ließ. Die Geschichte der letzten 150 Jahre hat sich zu einer raschen Vermehrung solcher Ausbrüche zugespitzt; selbst die Kriege sind in sie einbezogen, sie sind zu Massenkriegen geworden. Die Masse begnügt sich nicht mehr mit frommen Bedingungen und Verheißungen, sie will das größte Gefühl ihrer animalischen Stärke und Leidenschaft selbst erleben und benutzt zu diesem Zwecke immer wieder, was sich ihr an sozialen Anlässen und Forderungen bietet.

Es ist wichtig, als erstes einmal festzustellen, daß die Masse sich nie gesättigt fühlt. Solange es einen Menschen gibt, der nicht von ihr ergriffen ist, zeigt sie Appetit. Ob sie diesen auch behalten würde, wenn sie wirklich *alle* Menschen in sich aufgenommen hätte, kann niemand sicher sagen, doch ist es sehr zu vermuten. Ihre Versuche, *bestehen* zu bleiben, haben etwas Ohnmächtiges. Der einzig aussichtsreiche Weg dazu ist die Bildung von Doppelmassen, wobei dann eine Masse sich an einer anderen mißt. Je näher sich diese sind, an Kraft und Intensität, um so länger bleiben die beiden, die sich messen, am Leben.

Der Unsichtbare

In der Dämmerung ging ich auf den großen Platz in der Mitte der Stadt, und was ich da suchte, waren nicht seine Buntheit und Lebendigkeit, die waren mir wohl vertraut, ich suchte ein kleines, braunes Bündel am Boden, das nicht einmal aus einer

Elias Canettis später Weg in den Ruhm beginnt 1963 mit der Neuausgabe seines Romans *Die Blendung*, erstmals erschienen 1935 in Wien. Es folgen *Dramen, Aufzeichnungen* und *Die Stimmen von Marrakesch*, dem die hier abgedruckte Erzählung entnommen ist.

Stimme, das aus einem einzigen Laut bestand. Es war ein tiefes, langgezogenes, surrendes »ä–ä–ä–ä–ä–ä–ä–ä–«. Es nahm nicht ab, es nahm nicht zu, aber es hörte nie auf, und hinter all den tausendfältigen Rufen und Schreien des Platzes war es immer vernehmbar. Es war der unveränderlichste Laut der Djema el Fna, der sich im Verlauf eines ganzen Abends und von Abend zu Abend immer gleich blieb.

Schon aus der Ferne horchte ich darauf. Eine Unruhe trieb mich hin, für die ich keine rechte Erklärung weiß. Ich wäre auf alle Fälle auf den Platz gegangen, so Vieles dort zog mich an; und ich zweifelte nie daran, daß ich ihn wieder vorfinden würde, mit allem, was zu ihm gehörte. Nur um diese Stimme, die zu einem einzigen Laut reduziert worden war, verspürte ich etwas wie Bangen. Sie war an der Grenze des Lebendigen; das Leben, das sie erzeugte, bestand aus nichts anderem als diesem Laut. Ich horchte begierig und ängstlich und dann erreichte ich immer einen Punkt auf meinem Weg, genau an derselben Stelle, wo ich es plötzlich hörte, wie das Surren eines Insekts: »ä–ä–ä–ä–ä–ä–ä–ä–«.

Ich spürte, wie eine unbegreifliche Ruhe sich durch meinen Körper verbreitete, und während mein Schritt bis jetzt etwas zögernd und unsicher gewesen war, ging ich nun plötzlich mit Bestimmtheit auf den Laut los. Ich wußte, wo er entstand. Ich kannte das kleine, braune Bündel am Boden, von dem ich nie mehr gesehen hatte als ein dunkles und rauhes Stück Stoff. Ich hatte nie den Mund gesehen, dem das »ä–ä–ä–ä–« entstammte; nie das Auge; nie die Wange; keinen Teil des Gesichts. Ich hätte nicht sagen können, ob dieses Gesicht das eines Blinden war oder ob es sah. Der braune, schmutzige Stoff war wie eine Kapuze ganz über den Kopf heruntergezogen und hielt alles verdeckt. Das Geschöpf – es mußte eines sein – kauerte am Boden und hielt den Rücken unterm Stoff gebeugt. Es war wenig vom Geschöpf da, es wirkte leicht und schwach, das war alles, was man vermuten konnte. Ich wußte nicht, wie groß es war, denn ich sah es nie stehen. Was davon am Boden war, hielt sich so nieder, daß man ahnungslos darübergestolpert wäre, hätte der Laut je aufgehört. Ich sah es nie kommen, ich sah es nie gehen; ich weiß nicht, ob es hingebracht und abgelegt wurde oder ob es auf eigenen Beinen ging.

Die Stelle, die es sich ausgesucht hatte, war gar nicht geschützt. Es war der offenste Teil des Platzes und ein unaufhörliches Kommen und Gehen auf allen Seiten des braunen Häufleins. An belebten Abenden verschwand es unter den Beinen der Menschen, und obwohl ich genau wußte, wo es war, und die Stimme immer hörte, hatte ich Mühe, es zu finden. Aber dann verliefen sich die Leute, und es blieb in seiner Stellung, als rings um ihn der Platz schon weit und breit leer war. Dann lag es in der Dunkelheit wie ein weggelegtes altes und sehr schmutziges Kleidungsstück, das jemand loswerden wollte und verstohlen unter den vielen Leuten fallen ließ, damit man nicht auf ihn aufmerksam würde. Jetzt aber hatten sich die Leute verlaufen und das Bündel allein lag da. Ich wartete nie, bis es sich erhob oder abgeholt wurde. Ich schlich mich in die Dunkelheit davon, mit einem würgenden Gefühl von Ohnmacht und Stolz.

Die Ohnmacht galt mir selbst: Ich fühlte, daß ich nie etwas unternehmen würde, um hinter das Geheimnis des Bündels zu kommen. Ich hatte Scheu vor seiner Gestalt; und da ich ihm keine andere geben konnte, ließ ich es dort am Boden liegen. Wenn ich in die Nähe kam, gab ich mir Mühe, nicht daranzustoßen, als könnte ich es verletzen und gefährden. Es war jeden Abend da, und jeden Abend stand mein Herz still, wenn ich den Laut zuerst ausnahm, und es stand dann wieder still, wenn ich es gewahrte. Sein Weg hin und zurück war mir noch heiliger als mein eigener. Ich spürte ihm nie nach und ich weiß nicht, wo es für den Rest der Nacht und des kommenden Tages verschwand. Es war etwas Besonderes, und vielleicht hielt es sich dafür. Ich fühlte mich manchmal versucht, mit einem Finger ganz sacht an die braune Kapuze zu rühren – das mußte es bemerken, und vielleicht besaß es einen zweiten Laut, mit dem es darauf erwidert hätte. Aber diese Versuchung ging immer in meiner Ohnmacht rasch unter.

Ich sagte, daß mich beim Davonschleichen noch ein anderes Gefühl würgte: Stolz. Ich war stolz auf das Bündel, weil es lebte. Was es sich dachte, während es hier tief unter den anderen Menschen atmete, werde ich nie wissen. Der Sinn seines Rufes blieb mir so dunkel wie sein ganzes Dasein: Aber es lebte und war täglich zu seiner Zeit wieder da. Ich sah nie, daß es Münzen aufhob, die man ihm hinwarf; man warf ihm wenig hin, nie lagen mehr als zwei oder drei Münzen da. Vielleicht besaß es keine Arme, um nach den Münzen zu greifen. Vielleicht besaß es keine Zunge, um das »l« in »Allah« zu formen, und der Name Gottes verkürzte sich ihm zu »ä–ä–ä–ä–ä–«. Aber es lebte, und mit einem Fleiß und einer Beharrlichkeit ohnegleichen sagte es seinen einzigen Laut, sagte ihn Stunden und Stunden, bis es auf dem ganzen weiten Platz der einzige Laut geworden war, der Laut, der alle anderen Laute überlebte.

»Selbst nach dem ersten Krieg war es für manche Dichter noch möglich, sich mit Atemholen und Kristallschliff zu begnügen. Aber heute, nach dem zweiten, nach Gaskammern und Atombomben fordert das Menschsein in seiner äußersten Gefährdung und Erniedrigung mehr. Man muß sich der Roheit zuwenden, wie sie immer war, und sich Hände und Geist an ihr vergröbern. Man muß den Menschen fassen, wie er ist, hart und unerlöst. Man darf ihm aber nicht erlauben, sich an der Hoffnung zu vergreifen. Nur aus der schwärzesten Kenntnis darf diese Hoffnung fließen, sonst wird sie zum höhnischen Aberglauben und beschleunigt den Untergang, der näher und näher droht.«
Elias Canetti

»Der 20. Februar 1963, an dem Rolf Hochhuths Schauspiel *Der Stellvertreter* an der Berliner Volksbühne uraufgeführt worden ist, kann als ein historisches Datum bezeichnet werden. Er stellte einen unbekannten Autor in das Licht der Öffentlichkeit, die bald zur Weltöffentlichkeit wurde. Er rückte das Theater aus einer Randposition ins Zentrum der Aktualität. Er veränderte die Richtung, in der sich die zeitgenössische Dramatik bis dahin bewegt hatte, durch einen Kurswechsel von nahezu hundertachtzig Grad.«
Siegfried Melchinger

Das Theater als moralische Anstalt

Rolf Hochhuth
Der Stellvertreter

Berlin, August 1942, an einem Spätnachmittag. Das Empfangszimmer in der Apostolischen Nuntiatur, Rauchstraße. Wenige Empire-Möbel. Die Strenge des Raumes wird nur unterbrochen durch eine große, fast bunt und freundlich wirkende Kopie der Kreuzabnahme von Rubens.
Zwei Doppeltüren: im Hintergrund links zum Arbeitszimmer des Nuntius; rechts zu Vorzimmern und Treppenhaus.

Der APOSTOLISCHE NUNTIUS, EXZELLENZ CESARE ORSENIGO, *steht 1942 im 69. Lebensjahr. Pressefotos überliefern das Porträt eines sehr rüstigen Mannes mittlerer Statur. Das schmale, knochige Gesicht weist keine leere Fläche auf, sondern wird vollkommen beherrscht von Mund und Nase, die wie das Kinn außerordentlich groß sind. Der offene Blick zeigt reservierte Verständnisbereitschaft. Nicht vom Geist: vom Willen und von bemühter Selbstdisziplin scheint das Gesicht geprägt. Ernst Freiherr von Weizsäcker, Staatssekretär im Auswärtigen Amt bis Frühjahr 1943, dann Hitlers Botschafter beim Heiligen Stuhl, nennt den Nuntius einen real denkenden Milanesen, der es gern vermied,* »*ausweglose Differenzen der Kurie mit dem Dritten Reich ins Grundsätzliche zu steigern*«. *Auch bescheinigt er, daß Orsenigo es fertigbrachte, seine Beschwerden – man sprach etwa über polnische Geistliche in Hitlers Konzentrationslagern – der deutschen Reichsregierung* »*bei ruhigem Gemüt, in freundschaftlicher Art und Weise*« *vorzutragen.*
Wie dem auch sei: das sympathische Gesicht des Nuntius verweigert jede Antwort auf die Frage, wie dieser Geistliche, der während der ganzen Hitler-Zeit in Berlin lebte und spätestens am 8. November 1938 Augenzeuge des Terrors gegen die jüdischen Mitbürger wurde, die Aufrechterhaltung des Konkordats zwischen der Kurie und der Reichsregierung auch dann noch mit seinem Gewissen vereinbarte, als man die katholischen Juden deportierte. Offenbar verliert jedermann, der längere Zeit unter Autokraten – sei es Hitler, sei es Pius XII. – Verantwortung trägt, das Gesicht, da er seine persönlichen Empfindungen kaum zum Ausdruck bringen darf und im amtlichen Verkehr auf den Stand des

Befehlsempfängers reduziert ist; die Benutzung des unverbindlich-souveränen Diplomaten-Rotwelsch mag das erleichtern.
Es kommt also bei der Wiederbelebung historischer Figuren nicht mehr auf Porträtähnlichkeit an. Und da selbst solchen Gesprächspartnern des Nuntius wie Adolf Hitler und Hermann Göring auf den vorliegenden Fotos, auch bei schonungslosester Betrachtungsweise und post festum, nicht im entferntesten anzusehen ist, welcher Taten sie fähig waren, so scheint die völlige Unbrauchbarkeit des Fotos zum Zweck der Charakterdeutung nahezu erwiesen. Also ist hier nur wesentlich, daß der betagte Schauspieler, der den Nuntius gibt, in der üblichen Tracht eines Titular-Erzbischofs auftritt, das heißt: mit Pektorale, schwarzer Soutane, violettem Käppchen, Halskragen und Umhängemantel.

RICCARDO FONTANAS *Einsatz für die Verfolgten und sein Opfergang für die Kirche sind freie Übertragungen der Taten und Ziele des Berliner Dompropstes Bernhard Lichtenberg, der öffentlich für die Juden betete, zu Gefängnis verurteilt wurde und den Schergen Hitlers die Bitte vortrug, im Osten das Schicksal der Juden teilen zu dürfen. Die Erfüllung dieses Anliegens wurde Lichtenberg, den übrigens die Frage beschäftigte, wie der Papst zu diesem Vorhaben stehe, zugesagt. Doch wurde Lichtenberg dann nicht nach Osten in ein Getto gebracht, sondern nach Dachau abgeschoben. Er starb unterwegs, 1943, vermutlich eines natürlichen Todes. Der Respekt der Henker vor dem öffentlichen Ansehen dieses Geistlichen ließ es ihnen geraten erscheinen, seine Leiche freizugeben und einigen tausend Berlinern zu erlauben, dem Begräbnis beizuwohnen.*

KURT GERSTEIN, *der SS-Obersturmführer, dessen Name die israelische Gemeinde in Paris auf den Gedenkstein für die Opfer des Faschismus setzte, hat vielleicht, wie der englische Historiker Gerald Reitlinger sagt, die erstaunlichste Mission des Zweiten Weltkrieges gehabt: eine Gestalt, so unheimlich, so zwiespältig und abgründig, daß man sie eher bedichten als beschreiben kann. Sein eigner Lebensbericht, den er 1945 den Alliierten übergab, bevor seine Spur sich in einem Pariser Gefängnis verlor, kann hier ebensowenig zusammengefaßt werden wie die eindeutig positiven Aussagen namhafter Geistlicher beider Konfessionen und des schwedischen Gesandtschaftssekretärs, Baron von Otter. Gerstein scheint – das sieht man schon auf einem Foto aus dem Jahre 1931 – ein Gezeichneter gewesen zu sein, ein so »moderner« Christ, daß zu seinem vollen Verständnis die Lektüre Kierkegaards notwendig*

»Ich will nicht bestimmen, ob Rolf Hochhuth ein großer Dichter ist – die Zukunft wird es erweisen. Aber ein Dichter ist er; und für das, was er mit seinem *Stellvertreter* leistete, empfinde ich Bewunderung. Wirklich, ein Wunder ist es, wie in der flauen Luft der Bundesrepublik, wo einer routinierten, selbstgerechten, schon wieder sehr sicheren Offizialität ein ebenso selbstgerechter, meist unschöpferischer Radikalismus gegenübersteht, dies Werk von Ernst und Herz und Kunst geschaffen werden konnte.«
Golo Mann, 1963

Szene der Uraufführung von »Der Stellvertreter« am 20. Februar 1963 in der Freien Volksbühne Berlin, Regie: Erwin Piscator. Günther Tabor (links) als Riccardo, Richard Häussler als Doktor

»*Der Stellvertreter* straft alle die Lügen, die meinen, ein historisches Drama als ein Drama der Entscheidungen sei nicht mehr möglich, da dem Menschen Entscheidungen an sich nicht mehr möglich seien in der Anonymität, in der Gesichtslosigkeit der gesellschaftlich-politischen Vorkehrungen und Zwänge, in der absurden Konstruktion des menschlichen Daseins, in welchem alles im vorhinein entschieden sei. Eine solche Theorie der Auslöschung geschichtlichen Handelns kommt allen denen entgegen, die sich heute vor der Wahrheit der Geschichte, vor der Wahrheit ihrer eigenen geschichtlichen Handlungen drücken möchten.« Erwin Piscator, 1963

ist. 1942, als er in der Nuntiatur erschien und hinausgeworfen wurde, war er 37 Jahre alt. Er trägt die feldgraue Uniform eines Offiziers der Waffen-SS.

DER PATER, *der den Tee serviert, erscheint in Mönchskutte.*

Der Nuntius hält einen Berliner Stadtplan in der Hand und sagt zu Riccardo. –

NUNTIUS Sehen Sie, und hier – die Hedwigskirche.
Vor zehn Jahren hatten wir in Berlin
nur vierundvierzig Kirchen – mit Ausnahme,
versteht sich, der Klosterkapellen.
Die Juden hatten die gleiche Anzahl Synagogen.
Und während sich die Zahl der Kirchen
immerhin erhöht hat,
gibt es nun keine einzige Synagoge mehr.

RICCARDO *beiläufig:* Könnten Exzellenz da nicht vermitteln?

NUNTIUS *hebt abwehrend eine Hand, er ist nicht aus der Ruhe zu bringen:* Als Nuntius bin ich *dazu* nicht befugt.
Interveniere ich exempli causa
gegen Unrecht im geteilten Polen, und
ich beschränke meine Klagen schon auf Schikanen
gegen Priester –, so werde ich von Herrn von Weizsäcker
höflich hinauskomplimentiert: nicht zuständig.
Wir sollen erst die neuen Grenzen anerkennen.
Für Juden könnte ich nur sprechen,
wenn sie getauft sind.
Doch hütet sich Herr Hitler, auch die

getauften abzuschieben. – Ach, der Pater selbst
bringt uns den Tee, schön, danke.
Kommt noch ein wenig Kuchen?
Ein Pater ist eingetreten, richtet den Teetisch und antwortet in bayerischem Dialekt.
PATER A Momenterl, Exz'llenz. Und wann er
wieder gar zu stark ist, bitt' schön, da hamma a Wasser.
NUNTIUS *faltet den Plan zusammen, mit lächelnder Pedanterie:* Danke, danke – So, den Stadtplan
schenk' ich Ihnen; jeder meiner Mitarbeiter,
der Berlin noch nicht kennt,
erhält schon vor dem ersten Imbiß
den Plan der Reichshauptstadt . . .
Damit Sie sich nicht verlaufen.
RICCARDO *verbeugt sich, steckt den Plan ein, der Pater geht ab:*
Herzlichen Dank, Exzellenz, das ist sehr freundlich.
NUNTIUS *am Teetisch, persönlicher:*
Hatten Sie keine Angst, jetzt nach Berlin zu kommen?
In Rom waren Sie vor Bomben sicher,
hier haben wir jede Nacht Alarm.
RICCARDO In meinem Alter, Exzellenz, lebt man als Priester
zu gefahrlos. Mein Vetter ist in Afrika gefallen.
Ich freue mich, aus Rom herauszukommen.
NUNTIUS *erheitert:* Was sind Sie jung: siebenundzwanzig
Jahre –
und schon Minutant! Sie bringen es weit, junger Freund.
Es gilt als außerordentlich, daß Seine Heiligkeit
mit 26 Jahren schon Minutant gewesen ist.
RICCARDO Exzellenz müssen bedenken, ich habe den passenden Vater.
NUNTIUS *herzlich:* Nicht so bescheiden: wären Sie nichts
als der Protegé Ihres verehrten Vaters,
so hätte Sie der Kardinal niemals
ins Staatssekretariat berufen.
Vertraulich: Ist unser Chef noch immer
so schlecht auf mich zu sprechen?
RICCARDO *verlegen:* Aber Exzellenz, niemand spricht
schlecht . . .
NUNTIUS *legt ihm die Hand auf den Arm, erhebt sich dann
mit der Teetasse:* Nun, das wissen Sie doch auch, daß ich
in Rom längst persona non grata bin . . .
RICCARDO *zögernd, ausweichend:* Man stellt es sich im Vatikan möglicherweise leichter vor, als es ist,
den Heiligen Stuhl hier in Berlin . .

»Hochhuth gibt kein Erlebnis; er gibt einen Stoff, der sich hinter verschlossenen Türen abgespielt hat, und dessen er nur durch langjährige, ausdauernde historische Recherchen habhaft werden konnte. Selbst in der so »stoffreichen« Geschichte der Nazi-Zeit ist dieser Stoff ungewöhnlich. Er konfrontiert die Gesellschaft – als Theater-Publikum – mit einem der radikalsten Konflikte aus der Geschichte nicht nur des Hitler-Regimes, sondern des Abendlandes überhaupt.«
Erwin Piscator, 1963

»Man schickte mir das Stück zu, nicht im Manuskript, wie üblich, sondern im Umbruch, umbrochen aber nicht vom Rowohlt Verlag, sondern von einem Verlag, der sich nach der Drucklegung des Textes eingestehen mußte, er habe nicht den Mut zur Veröffentlichung ... Rowohlt aber, dem das Stück daraufhin angeboten wurde, hatte den Mut, hatte die Kühnheit – wie eh und je; er war entschlossen, das Stück herauszubringen.«
Erwin Piscator, 1963

NUNTIUS *sich heftig rechtfertigend, er geht durch den Raum:*
  Der Papst muß wissen, was er will:
  Frieden mit Hitler à tout prix – oder
  Lizenz für mich, prohibitiv gegen Verbrechen
  entschieden aufzutreten, so wie mein Bruder,
  der Nunitus in der Slowakei,
  vor vierzehn Tagen gegen die Ermordung
  Preßburger Juden im Distrikt Lublin
  mit aller Schärfe protestiert hat ...
  Was lieber Freund, erwartet Rom?
  Ich hätte längst demissioniert,
  doch fürchte ich, mein Amt
  fällt dann an einen Nonvaleur.
RICCARDO Exzellenz halten aber nicht dafür,
  das Konkordat mit Hitler aufzukündigen?
NUNTIUS O nein, im Gegenteil! Der selige elfte Pius
  war wohl dazu bereit. Doch hat
  Herr Hitler seit dem Tode des alten Papstes
  ja manche Maßnahmen sistiert,
  die seine oft sehr dummen Domestiken
  gegen uns ergreifen wollten. Er selbst
  steht äußerlich neutral zur Kirche,
  korrekt wie Marschall Göring.
  In Polen allerdings sucht er uns zu erpressen.
  Herr Goebbels, sein Propaganda-Mann,
  ist recht trätabel, fast entgegenkommend.
  Man wundert sich, daß sie den Bischof Galen
  nicht anzutasten wagen, obwohl er doch
  in aller Offenheit von seiner Kanzel
  den Mord an Geisteskranken angeklagt hat.
  Hitler hat Galens Forderung erfüllt!
RICCARDO *temperamentvoll:*
  Das konnte doch die Kirche auch verlangen,
  Exzellenz! – gerade jetzt, wo Bischöfe
  in halb Europa für Hitlers Kreuzzug
  gegen Moskau werben. Ich las im Zug,
  was an der Ostfront ein Feldbischof ...
NUNTIUS *lebhaft, verärgert:* Sehen Sie, Graf, genau *das* ist es,
  was mir nicht gefällt: wir sollten *nicht*
  für Hitler werben, solang' im Rücken seiner Front
  so hemmungslos gemordet wird ... London spricht
  von siebenhunderttausend Juden, allein in Polen!
  Gewiß, das kennen wir aus der Geschichte:
  Kreuzzüge fangen damit an,
  daß Juden totgeschlagen werden.

Günther Tabor und Richard Häussler

Doch diese Zahlen – fürchterlich.
Und zweifellos kaum übertrieben.
Sie wissen, wie man in Polen selbst die Priester mordet.
Wir sollten uns sehr reserviert verhalten.
Ich bitte Sie: *mußte* denn der Episkopat
von Böhmen-Mähren jetzt – kürzlich erst –
Herrn Hitler bitten, für diesen Heydrich,
den Polizeichef von Berlin und Prag . . .
RICCARDO Der wurde doch erschossen, ein Attentat?
NUNTIUS Ja, auf offener Straße – ein ganzes Dorf
hat es gebüßt, mit Frauen und Kindern . . .
muß da der böhmische Episkopat
Herrn Hitler auch noch höflich bitten,
für den Verewigten die Glocken läuten
und ein Requiem lesen zu dürfen?
Sehr indigniert:
Ein Requiem für Heydrich ist stillos,
ist eine Übertreibung . . .
(. . .)
FONTANA Darf ich mir erlauben, auch im Namen
jener Israeliten, die in meinem Hause
Zuflucht suchten, Euer Heiligkeit ein Wort
des tiefgefühlten Dankes auszusprechen . . .
PAPST *voller Güte, spontan, herzlich:*
Aber lieber Fontana – das versteht sich doch,
daß Wir alles tun, was Gott in Unsere
Kraft gegeben hat, um, wie immer,
den Unglücklichen beizustehen.
FONTANA Es ist eine wahre *Erlösung,* daß Heiligkeit
jetzt so energisch mit öffentlicher Stellungnahme
drohen – Darf ich in Demut fragen, ob
der deutsche Stadtkommandant schon reagiert hat?
*Der Papst sieht mißtrauisch-verständnislos den Kardinal
und dann Fontana an.*
KARDINAL Der Stadtkommandant? – Worauf denn reagiert?
PAPST *mißtrauisch:* Reagiert? – Worauf denn, Graf?
FONTANA *etwas unsicher, er ahnt schon, was folgt:*
Ja, ich hörte doch von meinem Sohn,
Bischof Hudal habe heute früh
dem deutschen Kommandanten angedroht,
daß Heiligkeit *Protest*
erheben werde, zum erstenmal seit Kriegsbeginn.
PAPST *mit Schärfe:* Der Bischof hat gedroht? – In Unserem
Namen!
Eminenz, haben Sie Hudal ermächtigt,

Kleine Anfrage der Abgeordneten Majonica, Lemmer und Genossen betr. Papst Pius XII. Wir fragen die Bundesregierung: Muß es die Freunde unseres Volkes nicht befremden, wenn gerade von deutscher Seite in Papst Pius XII. eine Persönlichkeit angegriffen wird, die nicht nur den Juden während der Verfolgung durch das Naziregime tatkräftig geholfen, sondern auch während der gesamten Zeit ihres Wirkens dem deutschen Volk besonders nahegestanden hat? Bonn, den 2. Mai 1963

Der Bundesminister des Auswärtigen
Bonn, den 3. Mai 1963
Betr.: Papst Pius XII.
Die Kleine Anfrage beantworte ich wie folgt: Das deutsche Volk hat durch seine berufenen Vertreter vor der Weltöffentlichkeit zu wiederholten Malen unmißverständlich dargetan, daß

es sich des Ausmaßes der Verfolgung und Massenvernichtung von Juden im Dritten Reich, für die Deutsche verantwortlich waren, voll bewußt ist. Es hat durch innerdeutsche Gesetze und durch den Abschluß völkerrechtlicher Verträge einen Teil dessen wiedergutzumachen gesucht, was überhaupt auf diese Weise wiedergutgemacht werden kann.
Die Bundesregierung bedauert zutiefst, daß in diesem Zusammenhang Angriffe gegen Papst Pius XII. gerichtet worden sind. Der verstorbene Papst hat bei verschiedenen Gelegenheiten seine Stimme gegen die Rassenverfolgung im Dritten Reich erhoben und so viele Juden wie möglich dem Zugriff ihrer Verfolger entzogen.
Die Bundesregierung ist sich nach wie vor mit Dankbarkeit der Tatsache bewußt, daß nach dem Zusammenbruch des nationalsozialistischen Regimes Papst Pius XII. einer der ersten war, der sich tatkräftig für eine Aussöhnung zwischen Deutschland und den anderen Völkern eingesetzt hat. Dies macht eine Herabsetzung seines Andenkens gerade von deutscher Seite besonders unverständlich und bedauerlich.
Schröder

im Namen des Heiligen Stuhles oder gar
in Unserem Namen ...
KARDINAL Gott ist mein Zeuge. Heiligkeit! Ich hörte
von dem Protest erst eben, hier, vom Grafen ...
Ich will nicht, kann nicht glauben, nicht wahr ...
FONTANA *erregt:* Ich kenne den Wortlaut nicht! Der Bischof
hat vielleicht nicht *im Namen*
Seiner Heiligkeit Protest erhoben, sondern
erst angekündigt, daß eine Stellungnahme
des Heiligen Vaters zu erwarten sei.
Mein Sohn sagt ...
PAPST *sehr ungehalten:* Ihr Sohn, Graf Fontana – wo
ist Ihr Sohn? Gehört er nicht nach Lissabon?
KARDINAL *erschrocken, beflissen:* Der Minutant erwartet
mich unten,
im Staatssekretariat, Heiligkeit.
PAPST *äußerst verärgert:* Herauf mit ihm! Er soll Uns Auskunft geben,
wieso er sich erlaubt, als Mitglied Unseres Außenamtes
seine Hände
ständig in diese Geschäfte zu stecken.
Die Juden und die Deutschen
sind Angelegenheit der beiden Patres,
die Wir eigens dazu berufen haben.
Der Kardinal ist sofort zur Tür gegangen und hat einem Schweizer den Befehl zugeflüstert. Sein Gehorsam geht, angesichts des päpstlichen Zorns, soweit, jetzt auch gegenüber Fontana senior ein steinernes Gesicht aufzusetzen.
FONTANA Vergebung, Heiligkeit, für meinen Sohn.
Sein Eifer ist Verzweiflung. Er war
Augenzeuge in Berlin, als dort die Nazis
Judenkinder auf Lastwagen geworfen haben ...
PAPST *ungehalten, winkt ab, spricht jetzt temperamentvoll und natürlich:* Augenzeuge! – Graf, ein Diplomat
muß manches sehen und – schweigen.
Ihr Sohn hat keine Disziplin.
Was muß der Nuntius in Berlin mit ansehen
oder der in Preßburg: er hörte schon im Juli
vorigen Jahres, daß man die Juden aus der Slowakei
vergast hat im Distrikt Lublin.
Läuft er deshalb aus Preßburg weg?
Nein, er tut weiter seine Pflicht, und siehe da:
er hat erreicht, daß keine Juden mehr,
auch nicht die ungetauften,

Günther Tabor, Dieter Borsche als Papst, Hans Nielsen als Kardinal

    nach Polen abgeschoben werden.
    Wer helfen will, darf Hitler
    nicht provozieren.
    Heimlich wie unsere beiden Patres,
    verschwiegen, klug wie Schlangen:
    So muß man der SS begegnen.
    Wir haben Hunderte von Juden in Rom versteckt.
    Tausende von Pässen ausgestellt!
    Herr Hitler ist nicht mehr gefährlich.
    Man sagt in Portugal und Schweden, daß er mit Stalin
    über Frieden spricht – Gerüchte, die Uns ganz lieb sind,
    weil Wir wissen, daß nichts daran ist, die jedoch,
    hoffen Wir, das Weiße Haus und London
    ein wenig kompromißbereiter stimmen:
    man soll *verhandeln*, soll nicht
    vabanque mit ganz Europa spielen
    und Herrn Stalin zum Erben Hitlers machen.
    Freundlicher, lächelnd: Ihr Sohn! – Da ist er, dieser Hitzkopf. *Riccardo ist befangen eingetreten, in der Annahme, der Papst habe doch protestiert, und deshalb im Gefühl, ihn gestern abend sehr verkannt zu haben. Er küßt den Ring, der Papst lächelt.*
RICCARDO Heiliger Vater ...
    Dann verneigt er sich vor dem Kardinal, der ihn kalt an den Papst verweist.
PAPST Wir haben Freude an ihm, Riccardo,
    und betrachten seinen Eifer mit Liebe. Wer für
    Verfolgte eintritt, spricht immer auch in Unserem Auftrag.

Rolf Hochhuth wurde 1931 in Eschwege geboren. Das Stück *Der Stellvertreter* löste eine heftige, weltweite Diskussion aus. © des abgedruckten Hochhuth-Textes: Rowohlt Verlag Reinbek 1963. – Weitere Werke: *Soldaten*. Drama 1967; *Die Hebamme*. Auswahl 1971; *Eine Liebe in Deutschland*. Erzählung 1978; *Juristen*. Drama 1979; *Alan Turing*. Erzählung 1987; *Wessis in Weimar*. Tragikomödie 1992.

Allein – Wir hören eben mit Bestürzung,
daß er oder Bischof Hudal in Unserem Namen
gegen die Verhaftung der Juden protestiert hat, wie?
Eminenz – bitte den Pater General.
Kardinal, an der Tür, gibt einen Befehl an den Schweizer.
RICCARDO *begreift nicht, sehr höflich:* Ich? – Nein, Heiligkeit, ich hörte
von meinem Gewährsmann in der SS,
daß Heiligkeit durch Bischof Hudal
Protest angedroht hätten.
PAPST *erzürnt:* Was maßen Sie sich an,
mit der SS zu konspirieren?
KARDINAL *böse:* Der Heilige Vater, ja, nicht wahr, hört eben
das erste Wort von seiner angeblichen
Stellungnahme – ja.
PAPST Lassen Sie ihn, Eminenz!
RICCARDO *wie vernichtet, zu seinem Vater gewendet, aber nicht leise:* Also doch: man hat – hat gar nichts getan!
Er glaubt es noch nicht. Heiligkeit haben doch mit Protest gedroht?
Ich verstehe nicht . . .
Er hat verstanden, sagt leidenschaftlich, fast mit einem Schrei:
Heiligkeit, die Juden werden deportiert, ermordet.
KARDINAL Schweigen Sie . . .
PAPST *lächelnd:* Aber nein doch. – Gott segne dich,
Riccardo, sprich, dein Herz ist gut.
Nur darfst du nicht mit der SS verhandeln.
Der Pater wird uns sagen, was geschehen ist.
Halte du dich zurück!
In deinem Alter kann allein Bescheidenheit uns ehren.
RICCARDO Es geht mir nicht um meine Ehre, Heiligkeit.
Mir geht es um die Ehre des Heiligen Stuhles,
die mir teuer ist . . .

IV 1966-1972

Die »Gruppe 47«

Hans Werner Richter
Der Weg in die Öffentlichkeit

Es ist oft die Frage gestellt worden, ob der Erfolg der Autoren den Ruhm der »Gruppe 47« geschaffen hat, oder umgekehrt, der Erfolg der »Gruppe 47« den Ruhm der Autoren. Ich halte das für eine müßige Überlegung. Man kann, wenn es schon sein muß, nur von einer ständigen Wechselwirkung sprechen. Da viele Autoren, besonders die Preisträger, ihren Erfolg in der »Gruppe 47« nachträglich von der Öffentlichkeit bestätigt bekamen, mußte dies auch auf die »Gruppe 47« zurückwirken. Andererseits, wer Erfolg in der »Gruppe 47« hatte, betrat damit zugleich die Sprosse der Erfolgsleiter. Der Weg der »Gruppe 47« in die Öffentlichkeit war nicht mehr zu umgehen. Er hatte sich lange vorher abgezeichnet. Ich selbst stand dieser Entwicklung mit zwiespältigen Gefühlen gegenüber. Ich strebte eine gewisse Öffentlichkeit an, um jene Demokratisierung, die ursprünglich unser Hauptziel war, wirkungsvoller zu machen; gleichzeitig wollte ich die Abgeschlossenheit, die Intimität, die privaten Freund-Feindschaften, den Werkstattcharakter erhalten.

Martin Walser
Brief an einen ganz jungen Autor

(...)
Vieles läßt sich nicht voraussagen (etwa: ob Hans Werner Richter Dich im Auftrag des Unmuts der Gruppe unterbrechen wird oder ob er sich lediglich beauftragt fühlen wird, Dich während Deiner Lesung zwei-, dreimal erstaunt von der Seite zu mustern), eines aber ist fast sicher: Nach Deiner Lesung werden *Höllerer, Jens, Kaiser* und *Reich-Ranicki* sich mit Dir beschäftigen. Solltest Du diese großen Vier je zitieren, tu's bitte immer alphabetisch und sage das dazu. Wenn er und wir Glück haben, wird, ein Alphabet für sich eröffnend und ausfüllend, *Hans Mayer* aus Leipzig auftreten.
Nehmen wir an (um des Alphabetes willen), Höllerer hebt zuerst die energische kleine Hand. Er verbindet das gern mit einer ersten Drehung des Oberkörpers, so als wollte er die Unabhängigkeit einzelner Körperpartien voneinander erproben.

»War die ›Gruppe 47‹ einmal eine Art Werkstatt gewesen, so war sie jetzt ein überdimensionales Lektorat. Der Autor las nun nicht mehr anderen Autoren seine Arbeit vor, um ihre Meinung und unter Umständen ihren Rat zu hören, er las sie nunmehr auch vor einer geschlossenen Gruppe von Berufskritikern, die schnell, eloquent, oft geistreich witzig und immer mit immenser Sachkenntnis das Vorgelesene unter die Lupe nahmen, es hin und her wendeten, von dieser und von jener Seite beäugten, und es behandelten wie einen mehr oder weniger kostbaren Edelstein, der durch etwas besseren Schliff noch gewinnen konnte, oder auch wie einen Gegenstand, der ihrer Aufmerksamkeit nicht würdig sei.«
Hans Werner Richter und die Gruppe 47, 1979

Hans Werner Richter leitet die Diskussion, 1966

Die »Kritikerbank« auf der Tagung in Princeton, 1966. Von rechts: Marcel Reich-Ranicki, Walter Höllerer, Walter Jens und Hans Mayer

Walter Höllerer

Wenn er und eine seiner waagerechten Schultern zu Dir hinschauen, ist er in Ausgangsstellung. Er wird Dein Vorgelesenes flink tranchieren, in Schnitte, wie fürs Mikroskop, zerlegen, wird einzelne Sätze vom Gros abtrennen, wird sagen, das seien für Dich typische Sätze, Du hörst zum erstenmal, daß es für Dich typische Sätze gibt, dankst es Höllerer mit einer Gänsehaut, während er schon dabei ist, diese typischen Sätze weiter zu zerkleinern, bis die Teilchen seinen mikroskopischen Blick befriedigen.

Nachdem er Dich so in Deiner wahren Zusammensetzung nur noch für sich selber anschaubar gemacht hat, ist er bereit, Dich zu benennen. Weil Du ein ganz junger Autor bist, er aber ein ganz großer Kulturenzüchter, spricht er vorsichtig über Dich. Du hast das Gefühl, er spricht über Dich wie über eine neue Krankheit. Dabei spricht er über Dich wie über eine neue Bakterienart, die er, wenn Du nur wolltest, aus Deinen Anlagen züchten könnte. Du mußt darauf gefaßt sein, daß er murrt. Sein Murren wird Dich verletzen, obwohl es gar nicht gegen Dich gerichtet ist. Es ist ein dauernder Hinweis auf die Sprache, in der er sich eigentlich ausdrücken möchte. Keiner von uns kennt sie. Wir kennen nur das Murren (das nichts Mürrisches an sich hat), welches ihn und uns daran erinnert, daß es jene Sprache gibt. Zu eben jener in Höllerer umgehenden Sprache gehört auch sein plötzliches Lachen. Bitte, erschrick nicht. Es klingt, als springe Rübezahl über die Steinhalde und reiße bös aufgelegtes Geröll mit sich. Ertönt dieses Lachen, wird der

Raum sehr groß, und in diesem mit dem Lachen immer riesiger werdenden Raum sitzt jeder ganz allein.

Nicht umsonst tut Höllerer vorerst noch so, als spräche er zu sich selbst, als sei er fast sicher, daß ihn niemand so gut versteht wie er sich selbst. Zum Schluß wird er noch kurz praktisch und spickt die für Dich typischen Sätze mit ein paar Fähnchen und versieht die Fähnchen mit einigen subtilen Gutachterformeln.

Walter Jens

Dann aber wirft er Dein Vorgelesenes samt seinen Fähnchen wieder in die Luft, aber keine Angst: Jens fängt es auf und nimmt Dein Vorgelesenes und Höllerers Fähnchen in seine Scheren. Du darfst ruhig an sowas wie Languste denken. Jens hält sich mit seinen Scheren Dein Vorgelesenes und die Zugaben Höllerers vom Leib. Du kannst Dich nicht darauf verlassen, daß er das pure Gegenteil von dem behauptet, was Höllerer gesagt hat. Zweifellos wird er dieses oder jenes Fähnchen Höllerers an eine andere Stelle stecken, vor allem aber wird er Dein Vorgelesenes immer wieder in die Luft werfen und wird das Vorgelesene in der Luft verfolgen lassen von einem Geschwader heftig dröhnender Substantive, die im Verbandsflug geschult sind. Ein Luftkampf beginnt. Wird sich Dein Vorgelesenes gegen diese hoch und massiv anfliegenden Substantive behaupten können? Erstaunt wirst Du zusehen, wie er sich bei diesem Spiel ins Zeug legt, mit welcher Leidenschaft er seine Substantive in den Kampf führt, um Deinen Rang zu ermitteln – denn ihm geht es um Deinen zukünftigen Platz in der Walhalla der zeitgenössischen Literatur. Und wie auch immer er entscheiden wird, er hat als Platzanweiser nicht seinesgleichen, wo er Dich hinsetzt, da sitzt Du (vorerst). Erstaunt also und ergriffen wirst Du zusehen, das weiß ich jetzt schon, wenn er in stürmischer Genauigkeit mit Dir umgeht; an Kinsky oder Demosthenes wirst Du denken, wirst Dich versinnen, bis zur synchronisierenden Fehlleistung: Sturm über Attica, und wirst ganz vergessen, daß es dabei um Dich geht, um Dein Vorgelesenes. Und Du wirst nicht der einzige sein, der das vergessen hat. Das mag Dich, falls Jens Dich gar zu schlimm placiert, zwischen Stockholm und Athen – denn er mißt immer gern am Nobel-Griechen –, ein wenig trösten.

Nehmen wir an, Jens habe seine Substantiv-Geschwader wieder eingezogen, die Stille, die nach Jens eintritt, sei eingetreten, was nun? Eigentlich wäre Joachim Kaiser dran. Das Alphabet weiß es, der Saal weiß es, er selbst weiß es.

Hans Werner Richter sagt es. Kaiser, ein Kenner von Jens-Finalen, hat den Kopf rechtzeitig in Schrägstellung gebracht: Jeder, der jetzt hinschaut, sieht, daß er Dein Vorgelesenes treu-

»Ich glaube, wir haben uns relativ selten geirrt. Ich wüßte nur vier oder fünf Fälle, wo wir uns wirklich geirrt haben. Es ist ja so: Einer bringt eine These vor, dann wird diese These automatisch korrigiert. Der zweite sagt etwas Negatives, der dritte etwas Verbindliches, und so schält sich am Ende dann doch ein gemeinsamer Standpunkt sehr leicht heraus.«
Walter Jens in einem Interview

»Aber die Frage, ob das alles leicht ist, kann ich auch nur damit beantworten: Sehr schwer, sehr leichtsinnig ist es von uns allen, sofort mündlich zu kritisieren. Und doch tun wir es in der Überzeugung, daß es keine andere Möglichkeit gibt, derartige Tagungen zu machen.«
Marcel Reich-Ranicki in einem Interview

herzig anschaut. Er findet es hübsch, das sagt er auch, weil er weiß, daß alle wissen, was er sagt, wenn er ein Wort sagt, das er eigentlich nicht sagt. Den treuherzigen Blick auf Dein Vorgelesenes hält er noch eine ganze Zeit lang aufrecht, auch wenn er sich sichtbar dazu durchringt, sein »hübsch« zu erläutern. Wenn er noch das kritische Werkzeug seiner Vorredner in Erinnerung bringt, dann mit jenem Schauder, mit dem Erstkommunikantinnen von Vergewaltigung sprechen. Du wirst gleich hören und sehen, Kaiser hat es nicht mit dem Werkzeug. Elegisch schleppend spricht er aus Deinem Text einen Satz nach, das genügt unter Umständen. Ich bin überzeugt, Du wirst nachher zu Kaiser hingehen und Dich für diesen Satz entschuldigen. Kaiser kann leiden. Auch unter sich selbst. Legst Du Wert auf seine Anerkennung, dann lies nichts vor, was er, seiner Meinung nach, auch selbst hätte geschrieben haben können. Und wenn ihm zu Deinem Text Sätze einfallen, die so geistreich sind, daß sie sich vom Anlaß lösen, darfst Du nicht überrascht sein. Er ist es auch nicht.

Er ist es so wenig, daß er das zu früh einsetzende beifällige Kichern des Saales mit glaubhaften Händen abwehrt, während sein Satz sich noch auf den Punkt zubewegt, auf den hin er gedacht ist. Er wehrt diesen allzu frühen Beifall nicht nur ab, weil er fürchtet, der Punkt, auf den es ankommt, könne schon im Beifall untergehen, nein, er wehrt sich glaubhaft, wehrt sich wieder einmal gegen sein Schicksal. Eine Art Midas-Schicksal. Er will über Dich sprechen, über Dein Vorgelesenes, und er tut es auch, aber kaum beginnt er einen Satz, will der schon wieder aus dem Dienst entlaufen, will selber das werden und wird auch was, wird ein Kaiser-Satz. Und das hat Kaiser natürlich als erster kommen sehen. Versteh ihn also nicht falsch. Eigentlich möchte er Dir Sätze sagen im Weisungston Bertolt Brechts; wenn er dazu Hugo-Wolf-Melodien benützt, dann stellt er dadurch einfach gewisse Anforderungen an Deine Musikalität und Gebrochenheit.

Sozusagen widerwillig hat er sich seiner Aufgabe entledigt, Dein Vorgelesenes landet, mit Höllerers Fähnchen gespickt, von Jens groß etikettiert und gewogen, von Kaiser ein- und ausgeamtet und intim entlarvt bei Reich-Ranicki, der sofort aufsteht, wenn er sich mit Dir abzugeben beginnt. Weil er schneller sprechen kann als seine Vorredner, kann er, bei nur geringer Überschreitung der erträglichen Rededauer, alle Verfahren seiner Vorgänger an Dir exekutieren und noch ein eigenes dazu. Sein eigenes Verfahren ist ein rechtschaffenes, es hat auch mit seiner eigenen Rechtschaffenheit zu tun. Höllerers Sprach-Bakteriologie, Jensens Maßnahme und Platz-

Marcel Reich-Ranicki

anweisung und Kaisers Versuch, Dein Bild in seinem Spiegelkabinett zu versehren, haben Reich-Ranicki außer Wiederholungen und Korrekturen, nur noch übriggelassen, die weltliche Nützlichkeit und Anständigkeit Deines Vorgelesenen zu beurteilen. Und schon der bloße Gedanke, daß ohne sein Da- und Dabeisein dieser weiß Gott nicht nebensächliche Aspekt ganz unerwähnt geblieben wäre, versetzt Reich-Ranicki in große Eile.
Wenn Du, ihm zuhörend, glaubst, er hätte das, was er Dir sagt, schon gewußt, bevor er Deiner Lesung zuhörte, so beweist Du dadurch nur, daß Dir solche Fertigkeit fremd ist. Bedenke bitte immer, der Kritiker ist in jedem Augenblick einer. Der Autor hat Pausen. Und selbst wenn Reich-Ranicki etwas sagt, was er schon vor Deiner Lesung wußte, so ist es doch Deine Schuld, daß ihm das jetzt wieder einfällt. Laß Dich nie dazu hinreißen, einem Kritiker einen Vorwurf zu machen. Wisse (vielmehr): Der Autor ist verantwortlich für das, was dem Kritiker zu ihm einfällt. Ja, ich weiß, das ist eine schreckliche Verantwortung. Aber noch steht ja Reich-Ranicki vor Dir, und das ist gut so, denn wie auch immer seine Vorgänger mit Dir verfahren sein mögen, er wird Dich nicht ganz verlorengehen lassen.
Natürlich will auch er zeigen, daß streunende Adjektive und Vergleiche, die nur noch von verheirateten Entomologen gewürdigt werden können, seine kritischen Sinne beleidigt haben, natürlich reitet auch er gern laut und prächtig über den Markt wie König Drosselbart (der Ahnherr aller Kritiker) und zerteppert Dir Deine Keramik, aber ohne den Oberton einer spröden, fast preußischen Güte kann er einfach nicht schimpfen. Eine nordöstliche Mutter ist er; in den Westen gekommen, um mit glänzenden Augen seinen Tadel so lange vorzutragen, bis sich eine Familie von solchen, die nur von ihm getadelt werden wollen, um ihn versammelt. Sollte die Gruppe 47 je eine Abordnung zu irgendwelchen Literatur-Olympiaden schicken, so wird der Mannschaftstrainer, der für zeitiges Schlafengehen, Beseitigung von internen Intrigen und Ausräumung von Wettbewerbsneurosen sorgt, zweifellos Reich-Ranicki sein. Unnachsichtig ist er nur gegen die geistigen Gegenden, aus denen er selber stammt. Möglich, daß er so Heimweh bekämpft.
Nun hoffe ich, um Deinetwillen, um unseretwillen, Hans Mayer sei uns erlaubt worden. Bedenke ich, wann Du geboren bist, rechne ich ein, wo Du jetzt wohnst, dann fürchte ich fast, Du hast noch keinen lebenden Marxisten gesehen. Und jetzt spräche einer zu Dir über Dich. Reich-Ranicki hat eigentlich doch recht langsam gesprochen, findest Du. Und

»Man stellt sich oft gerade bei der ›Gruppe 47‹ nicht nur vor, daß die Autoren einander zerfleischen, sondern daß auch eine Gruppe der Kritiker dort ist, die möglichst homogen gegen die Autoren vorgeht. Genau das Gegenteil ist richtig. Sehr häufig sitzt der Autor dort und die Kritiker zerfleischen sich untereinander im Kampf für oder gegen den Autor.«
Hans Mayer in einem Interview

Hans Mayer

*Tagung der »Gruppe 47«
in der Pulvermühle 1967:
Während der Lesung*

Joachim Kaiser

noch eine Revision: Wenn Reich-Ranicki bei Deiner Lesung etwas eingefallen sein sollte, was er vorher schon wußte, so hast Du bei Mayer den Eindruck, Du hättest ihm einen Gefallen getan, weil Du ihm alles bestätigt hast, was er schon wußte. Hat es Dich beunruhigt, als Du fühltest, Höllerer spräche über Dich wie über eine neue Krankheit, so beunruhigt es Dich jetzt, daß Hans Mayer Dich wie eine allzu gut bekannte alte Krankheit bespricht.

Trotzdem, Du hast, während Mayer spricht, vielleicht auch zum erstenmal das Gefühl, daß Du einen Sinn hast in dieser Welt; Du hast nicht umsonst gelebt, denn Hans Mayer bestätigt Dir, daß es schon eines Lebens Sinn sein kann, Symptome vor Hans Mayer zu tragen, Anlaß zu einer Mayer-Diagnose zu sein, die Dich – das spürst Du gleich – überleben wird. Du siehst ihn so reden, schräg nach oben Sätze versendend, als denke Mayer ballistisch und wolle noch nebenbei Leipzig erreichen; Du hörst, daß doch alle Krankheiten zur Gesundheit wollen, und Du betrachtest diese Gesundheit namens Mayer; Du bist angerührt, denkst an Fahrkarten und alles mögliche; bist bewegt von dieser wohl schönsten Fremdsprache des Vaterlandes; und wer hätte gedacht, daß auch in Mayers Haus, wenn nicht viele, so doch sicher mehrere Zimmer sind! Wenn Mayer aufgehört hat zu sprechen, kommst Du Dir vor wie nach dem Kino. Du blinzelst. Mußt Dich zurückfinden. Routiniertere Mayer-Hörer im Saal gehen Dir voran, bahnen auch Dir einen Weg.

Nehmen wir an, Du säßest wieder auf Deinem Stuhl. Hans Werner Richter ist von Dir zurückgekommen. Sein Gesicht zeigt noch jene zwiespältige Versonnenheit des Musikkritikers, der zwar ein Buch gegen Wagner geschrieben hat, der aber gerade

aus einer Tristan-Aufführung kommt. Da sitzt Du also, vor Dir Höllerer, der exakt gemurrt hat, Jens, der nobel-attisch gebrodelt hat, Kaiser, der so gekonnt geseufzt hat, Reich-Ranicki, der spröd-gütig geschimpft hat, und, als hätte er nur eben das Fenster aufgemacht und wieder geschlossen, sitzt da aufrecht zwischen Stühlen der ballistische Redner Hans Mayer.
Im Saal erhebt sich ein durch vier oder fünf teilbares Echo, individuell phrasiert. Ist den fünfen ein Satz, der geahndet werden muß, entgangen, so wird das jetzt selbstverständlich nachgetragen. Hast Du Dir einen Freund erworben durch Deinen Text, so wird der jetzt aufstehen und Dich schüchtern oder grimmig verteidigen. Dadurch gibt er den Kritikern die Möglichkeit, alles noch einmal zu sagen.
Das tun sie zwar gereizt, aber bereitwillig. Das Gute kann ja gar nicht oft genug wiederholt werden.
Da ich Deine eher schüchterne Art kenne, fürchte ich, Du könntest Dich abschrecken lassen. Bitte laß Dich durch nichts abschrecken. Wenn Du Deinen Text zum Vorlesen auswählst, denke daran, hier handelt es sich um Literatur fürs Zuhören. Heimliche Libretti eignen sich gut. Die Texte müssen zwar die Musik, nach der sie schreien, schon enthalten, müssen aber dem Zuhörer suggerieren, er habe Rhythmus und Melodie beim Zuhören sozusagen dazugemacht. Natürlich sind auch feinere Arten schon gut über die Runden gekommen, aber wenn Du furchtsam bist und sichergehen willst, dann denke daran, daß man Proust vielleicht weniger lange zuhören kann als den wild und rhythmisch flutenden Bildern des *Olympischen Frühlings* von Spitteler. Literatur fürs Zuhören! Das muß nicht gleich schlechte Literatur sein.
In der Hoffnung, bald Dein Zuhörer zu sein, grüßt Dich Dein *Martin Walser*. (1962)

Hans Werner Richter wurde 1908 auf Usedom geboren; er starb 1992 in München. Wichtige Werke: *Die Geschlagenen*. Roman 1949; *Linus Fleck*. Roman 1959; *Rose weiß, Rose rot*. Roman 1971. *Im Etablissement der Schmetterlinge* 1986.

Helmut Heißenbüttel
Gruppenkritik

von 25 Autoren lasen 16 zum erstenmal 10 wurden positiv 9 negativ und 6 verschieden beurteilt in der Kritik fielen von 200 Wortmeldungen je 20 auf Walter Jens und Joachim Kaiser 17 auf Walter Höllerer 16 auf Erich Fried 12 auf Günter Grass 11 auf Hans Mayer 9 auf Marcel Reich-Ranicki je 7 auf Heinz von Cramer Fritz J. Raddatz und Peter Weiss 6 auf Erich Kuby und je 5 auf Hans Magnus Enzensberger Alexander Kluge Jacov Lind und Hermann Piwitt 13 Kritiker sprachen je 4 mal und weniger

Tagung der »Gruppe 47« in Princeton 1966. Von links: Peter Weiss, Walter Höllerer, Inge Jens, Marcel Reich-Ranicki

Hermann Piwitt glaubt eine wirklich positive Geschichte gehört zu haben Günter Grass ist mit dieser Geschichte nicht so einverstanden Peter Rühmkorf unterscheidet einen blassen Erzähler Marcel Reich-Ranicki ist nur nicht im geringsten dafür daß die Grenze zwischen fiction und nonfiction verwischt wird Fritz J. Raddatz muß sich fragen was dem Thema nun Neues abgezwungen wird Walter Jens fragt sich in welcher Weise ein bestimmtes Milieu angemessen dargestellt werden kann also Heinz von Cramer findet das eine ganz besonders saubere Arbeit

Joachim Kaiser sieht sich als Zeugen eines Manövers bei dem am Schluß das Gelände beinah leer ist Walter Höllerer sieht eine Metapher aus einem Familienbild heraustreten dann Pantomime werden und schließlich Kabinettstück Dieter Wellershof erscheint das als Analogie zum Fertighausbau Roland H. Wiegenstein riecht eher eine schweißtreibende Modernität Reinhard Baumgart sieht eine furchtbare Art von Demokratie im Stil Günter Grass sieht reines Papier Hans Mayer geht die moralité daneben Walter Jens glaubt daß es gelungen ist

Walter Höllerer fragt nach der Bezugsfigur und entdeckt die Relativität der Relationen als Prinzip es geht ihm um Daseinsformen und Bewußtseinsmöglichkeiten Walter Jens hat von Walter Höllerers Rede nichts verstanden Hans Magnus Enzensberger gesteht daß er beim Zuhören etwas geschwankt hat Marcel Reich-Ranicki kann nicht recht verstehn was Hans Magnus Enzensberger gesagt und befürchtet durchaus den Schritt vom Asketischen zum Sterilen er hat wenig dagegen nichts dafür zu sagen Hans Mayer hat Walter Höllerer eigentlich durchaus verstanden und beim Hören die merkwürdig-

sten Evolutionen durchgemacht Joachim Kaiser wendet sich
gegen das Wort steckenbleiben von Walter Höllerer
Walter Mannzen weiß nicht ob Günter Grass weiß ob Brecht
wissen konnte was Grass weiß und Unseld wissen kann was
Brecht wußte und Grass weiß ob Brecht wissen konnte ob Unseld weiß was Grass nicht weiß aber er sagts auch nicht
Walter Höllerer findet sehr viel an subtiler Substanz Walter
Jens findet weder Theologie noch Libretto Alexander Kluge
findet eine sehr interessante Abkehr von der Rhetorik Günter
Grass findet das nun einmal eine pausbäckige Angelegenheit
Hans Mayer findet den Text sehr schön
Günter Grass kommt es auf den langen Atem an Marcel
Reich-Ranicki will nur nicht gleich aufhören zu kritisieren
wenn es sich nicht um avantgardistische Kunststücke handelt
Hans Mayer findet es schwer etwas zu sagen er ist sehr bewegt
und findets wunderschön Joachim Kaiser hat keinen Kunstfehler entdeckt.

Hans Werner Richter wundert sich über sich selbst

(1964/65)

Eine Tagung der »Gruppe 47« in Princeton 1966

Peter Handke: Ich bemerke, daß in der gegenwärtigen deutschen Prosa eine Art Beschreibungsimpotenz vorherrscht. Man sucht sein Heil in einer bloßen Beschreibung, was von Natur aus schon das billigste ist, womit man überhaupt nur Literatur machen kann. Wenn man nichts mehr weiß, dann kann man immer noch Einzelheiten beschreiben. Es ist eine ganz, ganz unschöpferische Periode in der deutschen Literatur doch hier angebrochen, und dieses komische Schlagwort vom »Neuen Realismus« wird von vielerlei Leuten ausgenützt, um doch da irgendwie ins Gespräch zu kommen, obwohl sie keinerlei Fähigkeiten und keinerlei schöpferische Potenz zu irgendeiner Literatur haben. (Gemurmel) Es wird überhaupt keinerlei Reflexion gemacht. Es wird eine Philosophie vorgegeben, eine Weltanschauung vorgegeben, in der man so tut, als gäbe es nur die Beschreibung von Einzelheiten und Vorgängen. Und das ist auch eine Art cinéma vérité der Literatur, nach meiner Ansicht. Es ist zwar zu sehen, daß gewisse Fehler der alten Literatur nicht mehr gemacht werden, zum Beispiel wird mit Metaphern sehr vorsichtig umgegangen, aber es ist zu beobachten, daß also vor allem die Errungenschaften dieser neuen Literatur in einer Negation bestehen. Daß also die

Von dem Treffen der »Gruppe 47« in Amerika bleibt vor allem ein Ereignis in Erinnerung. Es ist der provozierende Auftritt des jungen Peter Handke, der den anwesenden etablierten Autoren und Kritikern ihre Vorliebe für »läppische Beschreibungsliteratur« vorhält. Der Auftritt Handkes wird vom bloßen Hörensagen zum Medienereignis, denn eine Kamera ist nicht dabei. Es spricht sich herum: Zum ersten Mal hat es ein geladener Teilnehmer gewagt, die Gruppe und ihre Repräsentanten anzugreifen. Nebenstehend eine Abschrift der Tonbandaufzeichnung jener Szene.

Peter Handke und Klaus Stiller auf der Tagung in Princeton 1966

Peter Handkes erster Roman, 1966

Fehler oder die Klischees der alten Literatur zwar abgeworfen wurden, daß aber das Heil keineswegs in einer neuen Position gefunden wurde, sondern in einer ganz primitiven und öden Beschränkung auf diese sogenannte »Neue Sachlichkeit«. Und es werden auch in der Form dieser Prosa... die Form dieser neuen deutschen Prosa ist keineswegs... ist fürchterlich konventionell, vor allem im Satzbau, in der Sprachgestik überhaupt. Auch wenn die einzelnen Worte also, wie gesagt, metaphernlos sind, ist die Gestik dieser Sprache völlig öd und den Geschichten der früheren Zeiten fürchterlich ähnlich. Das möcht' ich doch behaupten. (Unruhe, Gemurmel) Es ist hier eine Prosa zu sehen... Das Übel dieser Prosa besteht darin, daß man sie ebensogut aus einem Lexikon abschreiben könnte. Man könnte den Sprachduden, diesen Bilderduden verwenden und auf die einzelnen Teile hinweisen. Und dieses System wird hier angewendet und (es) wird vorgegeben, Literatur zu machen. Was eine völlig läppische und idiotische Literatur ist. (Allgemeines Gelächter, vereinzelter Applaus) Und die Kritik... und die Kritik... und die Kritik ist damit einverstanden, weil eben ihr überkommenes Instrumentarium noch für diese Literatur ausreicht, gerade noch ausreicht, gerade noch hinreicht. (Erneutes Gelächter) Weil die Kritik ebenso läppisch ist wie diese läppische Literatur. (Vereinzeltes Gelächter, Unruhe) Wenn nun eine neue Sprachgestik auftaucht (Zwischenruf: Psst!), so kann die Kritik nicht anders, vermag die Kritik nichts anderes, als eben zu sagen... entweder zu sagen, das ist langweilig, sich in Beschimpfungen zu ergehen, oder eben auf gewisse einzelne Sprachschwächen einzugehen, die sicher noch vorhanden sein werden. Das ist die

einzige Methode, weil die Kritik... das Instrumentarium, das überkommene, eben hier nicht mehr hinreichen kann, während sie bei dieser läppischen Beschreibungsliteratur eben noch hinreicht, weil's eben hier adäquat ist. Das Instrumentarium der Kritik ist genau dieser Literatur adäquat, die hier im Vorgang ist. Zwischenruf (wohl Hans Werner Richter): Herr Handke, es ist hier nicht üblich, eine literarhistorische Rede... Handke: Ja, ja. Darf ich noch etwas sagen?
Richter: Bitte.
Handke: Also es ist überhaupt so eine Literatur... daß die sogenannte deutsche Gegenwart vorkommt. Es muß irgendwo... hinter der Rose muß irgendwie auch Auschwitz auftauchen, wenn auch nur in einem sogenannten Nebensatz oder ganz beiläufig, oder ganz lässig muß es da sein. (Gemurmel) Wobei man gar nicht bedenkt... (bricht ab). (Gelächter)
Richter: Ja, ich hab nicht so viel Zeit, Herr Handke, wir wissen jetzt genau, was Sie meinen. (Gemurmel)
Zuruf: Lassen Sie ihn doch ausreden!
Richter: Na ja, gut, weiter. Zwischenruf: Aber keine Demonstration!
Handke: Na ja, ich möchte nur sagen...
Richter: Fassen Sie sich kurz. Bitte. Bitte, Herr Handke, Sie sind dran.
Handke: Ich fasse mich so kurz wie möglich. Aber das ist, glaube ich, notwendig.
Richter: Aber kein Seminar. Kein Seminar.
Handke: Man sagt zwar, man wisse, was man nicht mehr schreiben dürfe, nicht, und man beschränkt sich nun auf diese gegenständliche Prosa. Und man schreibt also Sachen, die beschreiben nur Gegenstände. Man weiß zwar, was man schreiben darf als Wiederholer, aber man weiß nicht, was man schreiben soll, nicht? Das ist, glaube ich, das Grundproblem dieser... dieser ganz dummen und läppischen Prosa.

Peter Handke, 1966

Peter Weiss
Rede, gehalten an der Princeton University USA am 25. April 1966, unter dem Titel:
I Come out of My Hiding Place

(...)
Während ich aufwuchs, gab es zwei Möglichkeiten: die eine, ein Sieger, ein Mörder zu sein, ging an mir vorbei; der anderen, selbst besiegt und ermordet zu werden, entkam ich. Der dritte Weg, der Weg in Richtung zur Klarsicht, zur Analyse,

Peter Weiss nimmt in Princeton eine andere scharfe Abgrenzung vor. Er hält im Rahmen eines die Tagung begleitenden Symposions in englischer Sprache eine eindringliche Rede mit dem klaren Bekenntnis zur gesellschaftlichen Funktion der Literatur.

existierte noch nicht, war von niemanden angeboten, man mußte ihn für sich selber finden. Da ich mitten in dieser mörderischen Gesellschaft aufwuchs, wurde ich ferngehalten von jenen, die mir etwas über die anderen Möglichkeiten hätten sagen können. So verbrachte ich viele Jahre, in denen ich mir selbst erklärte, was das war, in dieser Gesellschaft zu ertrinken, in ihr bis zum Äußersten verloren zu gehen, keinen Ausweg zu suchen, und diese endgültige Situation sogar zu akzeptieren.

Immer noch war ich davon überzeugt, es sei möglich, die Welt zu durchdringen, und in diesem Engagement für das Unmögliche war die Dichtung beheimatet, hier, in diesem Niemandsland, hatte ich die Genugtuung, Werte zu errichten, die trotz aller äußeren Absurdität existierten. Ich hätte so weitermachen können, tief verpflichtet meiner Kunst, dem Schreiben, Malen, dem Filme Machen über diesen verhängnisvollen Zustand mit dem Ausdruck der Verzweiflung und Verzerrung und sogar dem Protest und Schreien, daß alles anders sein sollte, und sogar mit dem Ausblick auf eine irgendwo liegende Hoffnung. Und all dies tat ich doch nur für die Gesellschaft, die mich zu dem gemacht hatte, was ich war, und die alles tat, um mich in diesem schlafwandlerischen Zustand zu belassen. Während ich mir diese unbetretbare Freistatt der Kunst einrichtete, diese Hymnen auf meine innere Freiheit sang, ging der Kampf, dem ich von Anfang an zugesehen hatte, draußen weiter: die Massaker wurden fortgesetzt, Zehntausende wurden in die griechischen Gefängnisse geworfen, achtzigtausend wurden von den Kolonialisten in Madagaskar ermordet, Hunderttausende, während die Franzosen in Vietnam kämpften, unzählbar waren die Toten im Kongo und in Angola, Millionen mußten als Sklaven weiter in Südafrika arbeiten, Millionen wurden unterdrückt in Lateinamerika, der große Raub ging immer weiter, ich konnte ihn sehen, und so lange ich zusah und nicht dagegen protestierte, billigte ich ihn und war dafür verantwortlich. So war ein Engagement für die Kunst, wenn auch im Bewußtsein des Verderbens ringsum, zur gleichen Zeit ein Engagement für die Zerstörung; und so lange ich fühlte, daß ich mit meiner Kunst fortfahren könnte, ohne mich um den Rest zu kümmern, war ich ein Teil des Verderbens.

Als ich die bisher mir fremde Welt von Reden, Deklarationen, Verhandlungen, Forderungen, Übereinkünften und Aggressionen studierte, wurde alles, was ich bisher geschrieben hatte, dünn, alle wohlformulierten Sätze hatten nicht mehr bewiesen als Augenblicke persönlicher Wahrheit und hatten

Peter Weiss

nur das Ziel, mich in meiner eigenen Existenz zu bewahren. Sehr spät untersuchte ich die politischen und ökonomischen Fakten, die diese halluzinierende Maschinerie laufen ließen. Aber wenn man als ein Glied innerhalb dieser Maschinerie aufwächst, braucht es Zeit, bis man erkennt, wozu man gebraucht wird.
Statt des Protestes hatte ich meine Melancholie und mein Unglück und statt des Wissens hatte ich meine Metaphysik. Bald verschwand der gute alte Symbolismus und ach, mit ihm verschwand die Schönheit psychotischer Visionen. Je mehr ich die Zeichen der Niedertracht und der Gewalt um mich herum erkannte, desto besser ging es mir. Selbst wenn ich noch nicht wußte, wie ich meine politischen Einsichten in meinen Arbeiten umsetzen konnte, so war ich doch sicher, etwas Neues gewonnen zu haben.
Nun gab es die Anschauung, daß der Autor sich aus politischer Anteilnahme heraushalten sollte, daß er derjenige sein sollte, der die Objektivität lebendig erhält, da er sowohl das Positive als auch das Negative an den Kräften, die in den allumfassenden Kampf verwickelt sind, sehen sollte. Aber war das Leben nicht zu kurz für diese Objektivität? War das nicht nur eine andere Lüge, um nicht verbrannt zu werden?
Es gab eine entscheidende Frage: wer braucht meine Arbeit, und kann mein Schreiben helfen, die Umgebung bewohnbarer zu machen?
Der Versuch, in meiner Arbeit eine Solidarität mit den Unterdrückten und Ausgebeuteten herzustellen, reichte nicht aus. Ich mußte für sie eintreten, ihr Sprecher sein, mußte ihren unartikulierten Reaktionen und Hoffnungen Ausdruck geben. Ich könnte weiter in einer Gesellschaft leben, könnte sie kritisieren und wäre akzeptiert, bis ich meinen Standpunkt klarlegte, daß ich mich für eine andere Alternative entschieden hatte.
Dann aber würde sich die Situation ändern. Jene, die meinen härtesten Experimenten applaudiert hatten, jene, denen der Exhibitionismus meiner Verzweiflung gefallen hatte, würden sagen, daß ich jetzt schwächer würde, daß meine Kunst nachließe. Aber ich kann jetzt nicht länger an einen unabhängigen Umkreis der Kunst glauben, selbst wenn das heißt, daß ich wieder ganz von vorne anfangen müßte und dabei Fehler machen würde.
Ich glaube nicht, daß dies eine außergewöhnliche Situation für einen Schriftsteller ist. Es gibt viele, die in ihrem Werk sowohl ihren persönlichen Individualismus ausdrücken und gleichzeitig die Notwendigkeit einer radikalen politischen Verände-

Peter Weiss bekennt sich zum Sozialismus. Sein Programm wird ein Jahr später von anderer Seite eingeklagt.

Das Gasthaus Pulvermühle 1967

Hans Werner Richter hat, eingedenk des Rummels, den man in Amerika erlebte, bewußt in eine heimische, ländliche Idylle eingeladen: Ein Gasthaus mit Namen »Pulvermühle«.
Man meint unter sich zu sein. Die Tagung beginnt wie gewohnt. Man freut sich, einander wieder einmal zu treffen, man plaudert, man diskutiert.

Die Tagung wird begleitet durch anhaltende Diskussionen über die bis dahin vor allem von linken Studenten aufgeworfene Frage nach dem politischen Einfluß der »Bild«-Zeitung und der Übermacht ihres Verlegers Axel Springer.
Vor der Pulvermühle weht die Fahne des Vietcong. Mitglieder des Sozialistischen Deutschen Studentenbundes (SDS) sind aus Erlangen angereist.

Man wird wieder den begehrten Literaturpreis verleihen. Gute Aussichten hat Jürgen Becker: Er liest eine Prosa-Montage aus *Ränder*.

rung betonen. Die Konflikte, die aus diesem Engagement heraus entstehen, werden Teil unserer Arbeit sein, wir werden mit ihnen leben müssen, oft werden sie die Motive geben, die wir mit unserem Werk zu lösen versuchen.

Jürgen Becker
Ränder

(...)
Früher war das alles ganz anders. Die Städte alle waren viel größer und die Dörfer waren noch Dörfer. Früher gab es noch Gerechtigkeit, und wer nicht hören wollte, mußte eben fühlen. Da waren unsere Lehrer noch die Lehrer unserer Eltern. Sonntags zogen wir noch Sonntagsanzüge an. Die Kirche stand noch im Dorf. Die Wacht stand noch am Rhein. Früher wußten wir, daß Gott mit uns ist. Früher kam auch noch Hans Muff. Wen wir fingen, der kam an den Marterpfahl. Die Sommer waren richtige Sommer. Die Ferien sahen immer endlos aus. Die Milch war noch gesund. Früher wußten wir, woran wir uns zu halten hatten. Da wurde noch gewandert. Wer im Wirtshaus saß, der saß auch bald im Klingelpütz. Früher ging man noch zu Fuß. Da schützte man seine Anlagen. Da gabs sowas nicht. Da gab es noch Feinde, bei denen man das Weiße im Auge erblicken konnte. Wohin man auch ging, man traf immer auf Gleichgesinnte. Wer es nicht besser wußte, der hielt auch den Mund, und wem es absolut nicht passen wollte, der konnte ja bleiben, wo der Pfeffer wächst. Früher gab es noch Mohren, Indianer und Chinesen. Früher ging das alles viel einfacher. Da wäre doch sowas nie passiert. Da gab es das

doch alles nicht. Früher hörte man noch zu, wenn man von früher erzählte.

Da sitzen sie herum, überall, auf den Treppen, auf den Mauern, auf den Autodächern, am Strand und im Wald, und wenn man ihnen eins drübergibt, rühren sie sich immer noch nicht.

Schnell, alles vergessen, sofort.

Ein Blick in eine Stadt, gleich weiter zur nächsten, dort auch nicht, also die dritte, wieder ist nichts, weiter, vielleicht doch noch, nur weiter.

Alle Hindernisse aus dem Weg, wir können anfangen, anfangen, den ganzen Tag sagen wir anfangen.

Nun stehen wir in einem Raum, in einer Halle kann man schon sagen, die Nordwand ein riesiges Fenster, richtig, der Blick auf Himmel und Bäume. Wir kennen uns wohl aus hier. Der rohe, goldene Tisch, Baumstümpfe, der Wandschirm, weitere Tische, ein Tier springt aus dem Wandschrank. Unter dem Fenster eine Wasserlache, wir durchqueren den Raum und befinden uns am Ufer eines Sees. Der See ist jedenfalls neu. Wir gehen weiter und stellen fest, daß Wald gewachsen ist. Wir rechnen mit Fischen und Vögeln, aber nichts zeigt sich. Was hat sich sonst noch verändert? Wir sind wohl lange fortgewesen. Nichts hat sich verändert, alles wie immer, nur dort sitzt jemand am Tisch und denkt an eine Rückkehr nach vielen Jahren.

Zurück liegen einige verlassene Wohnungen, nie wieder betretene Bahnsteige in einem gelben Bahnhof, Stapel von unbeantworteten Briefen, ganze Scherbenberge, diese vergeblichen Versöhnungsversuche, diese vergeblichen Flugversuche, ein paar gute Städte, ja, herrliche Kneipen, Moorweiden, Dünen, von oben gesehene Küsten, ein ganzer Haufen Hoffnung, Kratzer an den Kotflügeln, Gerüche, Geräusche, die an all das erinnern.

Einige Fragen:
Bist Du glücklicher jetzt?
Fliegt dort im Flugzeug der Vater?
Wieso ist das alles so gekommen?
Was stellen wir im September an, wenn das Geld alle ist?
Was ist los mit John und den anderen?

»Becker sammelt die abgegriffenen Formeln der sprachlichen Kommunikation, die kleinen Wechselmünzen, womit die Heutigen ihr Dasein und ihr Zusammenleben einrichten. Wie kaum ein anderer Autor der Gegenwart macht er bewußt, wie sehr unsere Sprache durchsetzt ist mit Klischees, die zu bequemem Gebrauch bereitliegen – mit Formeln der sprachlichen Situationsanpassung, welche die stereotypen Verhaltensweisen sichtbar machen, in denen wir uns bewegen.«
Walter Hinck

Jürgen Becker bei der Lesung in der Pulvermühle

Jürgen Becker erringt den Preis. Es ist der letzte, den die »Gruppe 47« vergibt.

Warum gehen eure Ehen alle kaputt?
Barthelme, warum kennt keiner Barthelme?
Wen wollen Sie denn lieber haben: die Faschisten oder die Chinesen?
Was machen ein Biochemiker, ein Stadtplaner, ein Forstmeister bei IBM?
Ist unsere Route wirklich richtig?
Warum, wenn wir so zweifeln, machen wir immer noch weiter?
Wer wird als erster aufhören?
Sind wir wenigstens klüger geworden?
Möchtest Du, sagen wir, zehn Jahre jünger sein?
Wer rennt denn heute alles auf dem Kiesweg wieder hin und her?
Wer sagt einem schon, was mal ein bißchen weiterhilft?

Die Zeit der »Gruppe 47« geht zu Ende. Man will sich im darauf folgenden Jahr, 1968, in Prag treffen, wieder im Ausland, aber diesmal mit besserem Grund. Schließlich ist der Prager Frühling, der Reformkommunismus Dubčeks, ganz wesentlich durch die Schriftsteller der Tschechoslowakei in Gang gebracht worden. Mit ihnen wird sich die »Gruppe 47« dann doch nicht treffen können, nachdem die sozialistischen Brudervölker mit Panzern in Prag eingerückt sind.

Dieser Ort, nein, ist nicht unser Ort; wir sind hier nicht zu Hause, und Gäste sind wir auch wieder nicht. Wir sind da, und wir werden nicht immer bleiben. Schöne Tage oft; der Winter härter als gedacht. Einmal hatten wir die Absicht, den Ort zu beschreiben, aber die Orientierung läßt nach, das Auge wird trüb, zuviel Durcheinander auch, Kulissen, keine Erinnerung hier, wir verinseln immer mehr, keine Liebe, keine Rede mehr davon. Mitunter möchte man schreiend davonlaufen. Warum wir hier sind, darüber denken wir schon gar nicht mehr nach; man lebt schon halbwegs bequem. Was macht die alte Heimat? Wer hier was hört, hält sich gleich die Ohren zu. Einmal draußen, heißt es, bleibt man besser gleich draußen. Verrückt wird hier keiner, weil das Gedächtnis verdammt gut hier schlafen kann. Ja wir verschlafen den halben Tag. Nachts, da werden wir lustig. Geschimpft wird nur noch halb soviel, obschon es immer Anlaß gibt. Die Gäste, die da öfters kommen, bellen nicht und beißen nicht; wir haben nichts zu erzählen. Wir sind manchmal sehr verwirrt; was wir zu sehen glauben, verschwindet gleich wieder; im Kopf ein Rauschen; verwischte Welt. Sprichwörterzeit. Leben mit Landkarten. Dort ist Kalifornien. Wo ist unser Ort? Hier nicht, hier auch wieder nicht, aber dort, dort möchten wir hin, dort auch hin. Nun ist wieder Zeit vergangen, und wir haben wieder viel vergessen. Morgens ist es oft am schlimmsten; es dauert schon ein Weilchen, bis wir wieder wissen, wo wir jetzt sind, was wir anfangen, wohin weiter. Unbestimmt, was wir sagen; war früher nicht anders: am Ende unbestimmter Tage fing es ja gleich wieder an. Aber die Reisen machten uns ganz glücklich, und wir werden noch einige beschreiben.

Der Dramatiker Peter Weiss

Die Verfolgung und Ermordung Jean Paul Marats dargestellt durch die Schauspielgruppe des Hospizes zu Charenton unter Anleitung des Herrn de Sade

SADE Um zu bestimmen was falsch ist und was recht ist
 müssen wir uns kennen
 Ich
 kenne mich nicht
 Wenn ich glaube etwas gefunden zu haben
 so bezweifle ichs schon
 und muß es wieder zerstören
 Was wir tun ist nur ein Traumbild
 von dem was wir tun wollen
 und nie sind andere Wahrheiten zu finden
 als die veränderlichen Wahrheiten der eigenen
 Erfahrungen
 Ich weiß nicht
 bin ich der Henker oder der Gemarterte
 Ich ersinne die ungeheuerlichsten Torturen
 und wenn ich sie mir beschreibe
 so erleide ich sie selbst
 Ich bin fähig zu allem und alles füllt mich mit Schrecken
 und so sehe ich auch wie andere sich plötzlich
 bis zur Unkenntlichkeit entstellen
 und getrieben werden zu unberechenbaren Handlungen
 So sah ich kürzlich meinen Schneider
 einen zarten musischen Mann der gern mit mir
                    philosophierte
  ich sah ihn mit Schaum vor dem Mund
  rasend und schreiend mit einem Knüppel
  auf einen Schweizer einschlagen und diesen
  einen hünenhaften bewaffneten Mann
  völlig zertrümmern
  ich sah ihn dann
  über dem offenen Brustkasten des Gefällten
  sah ihn das Herz das noch pulsierte
  herausreißen und verschlingen
PATIENT *schnell vorspringend*:
  Ein irrsinniges Tier
  ein irrsinniges Tier ist der Mensch
  In meinem jahrtausendelangen Leben
  war ich an Millionen von Morden beteiligt

Die Idee eines demokratischen Sozialismus fasziniert um so stärker die Linke in der Bundesrepublik. Noch gibt es keine orthodoxe DKP, noch keine maoistische Organisation. Die politische Bewegung ist radikal, aber offen – und die Schriftsteller bewegen sich mit.

Peter Weiss ist ein exemplarischer Fall. Der Emigrant, zuvor in Schweden als Maler und Experimentalfilmer tätig, wird in Deutschland ab 1960 bekannt als ambitionierter Prosakünstler. Schon der Titel des Buchs, mit dem er erstmals Aufmerksamkeit weckt, signalisiert literarische Selbstbezogenheit: *Der Schatten des Körpers des Kutschers*.

Peter Weiss um 1960

»Der Schatten des Körpers des Kutschers«,
Suhrkamp Verlag 1960

Dick gedüngt
dick gedüngt ist überall die Erde
vom Brei der menschlichen Eingeweide
Wir wenige Lebende
wir wenige Lebende
gehen auf einem schwappenden Morast von Leichen
Überall unter unsern Füßen
bei jedem Schritt
unter uns verweste Gebeine Asche verfilztes Haar
ausgeschlagene Zähne gespaltene Schädel
Ein irrsinniges Tier
ein irrsinniges Tier bin ich
*Sade ist auf ihn zugetreten und leitet ihn beschwichtigend
zum Hintergrund zurück, er schreit weiter.*
Kein Käfig hilft
keine Fesseln helfen
ich wühle mich doch hinaus

unter allen Mauern durch
durch die Jauche die Knochensplitter
ihr werdets noch sehn
es ist noch nicht zu Ende
ich hab meine Pläne
Marat sucht nach seinem Einsatz.
AUSRUFER *soufliert ihm*:
O dieses Jucken
MARAT O dieses Jucken dieses Jucken
zögert
AUSRUFER *soufliert*:
Das Fieber
MARAT Das Fieber saust mir im Kopf
in meiner Haut ist ein Brennen und Sieden
Simonne
Simonne tauch das Tuch in Essigwasser
Kühl meine Stirn
Simonne tritt eilfertig heran und führt ihre Handhabungen aus.
SADE Ich weiß
jetzt würdest du allen Ruhm und alle Volksgunst hingeben
für ein paar Tage Gesundsein
Du liegst in deiner Wanne
wie im rosigen Wasser der Gebärmutter
Zusammengekrümmt schwimmst du
allein mit deinen Vorstellungen von der Welt
die den Ereignissen draußen nicht mehr entsprechen
Du wolltest dich einmengen in die Wirklichkeit
und sie hat dich in die Enge gedrängt
Ich
habe es aufgegeben mich mit ihr zu befassen
mein Leben ist die Imagination
Die Revolution
interessiert mich nicht mehr
MARAT Falsch Sade falsch
mit der Ruhelosigkeit der Gedanken
läßt sich keine Mauer durchbrechen
Mit der Schreibfeder kannst du keine Ordnungen
                                                            umwerfen
Wie wir uns auch abmühen das Neue zu fassen
es entsteht doch erst
zwischen ungeschickten Handlungen
So verseucht sind wir von den Gedankengängen
die Generation von Generation übernahm
daß auch die besten von uns

»Die Dialektik der wechselseitigen Monologe von Sade und Marat gleitet freilich über beider Köpfe hinweg. Weder der Akteur, der die Geschichte mit Willen und Bewußtsein lenken will, noch der Voyeur, der ihn an seine Opfer erinnert, behält recht. Keine Lösung vermittelt zwischen den beiden Momenten in ihrer Isolierung. Das letzte Wort haben vielmehr die, auf deren Rücken die Kontroverse ausgetragen wird. Am Schluß agieren die, die doch nur als Statisten der Geschichte zugelassen sind: der Pöbel, der treulos gegenüber den Herrschenden nur sich selbst treu bleibt, ausgebeutet die Ausbeutenden überlebt und als dritter Partner stumm teil hat an einem Gespräch, das nicht seines ist. Der Pöbel vertritt eine undialektische, eine plane Wahrheit, eben die anarchistische Weisheit des Volkes.«
Jürgen Habermas, 1964

Szene der Uraufführung im Berliner Schillertheater am 29. April 1964

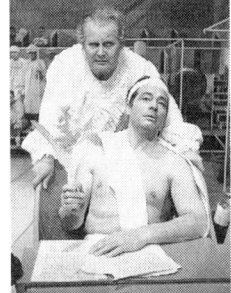

Dieselbe Aufführung: Peter Mosbacher als Marat, Ernst Schröder als de Sade

sich immer noch nicht zu helfen wissen
Wir sind die Erfinder der Revolution
doch wir können noch nicht damit umgehn
Im Konvent sitzen immer noch Einzelne
jeder von seinem Ehrgeiz beseelt
und jeder will etwas von früher übernehmen
der eine ein schönes Bild
der andre seine Mätresse
der eine seine Mühlen
der andre seine Werften
der eine seine Armee
der andre seinen König
Und da stehen wir wieder
und hängen an die verbürgten Menschenrechte
das heilige Recht der Bereicherung
Und wir hören was daraus werden soll
In Freiheit und Gleichheit soll jeder kämpfen
brüderlich und mit ebenbürtigen Waffen
jeder sein eigener Krösus
Mann soll gegen Mann stehn und Gruppe gegen Gruppe
in einer fröhlichen wechselseitigen Ausbeutung
Patienten richten sich nach und nach auf, einige treten vor.
Die vier Sänger stellen sich zum Auftritt bereit.
Und sie sehen ein Blühen vor sich
ein Blühen des Handels ein Blühen der Industrie
einen einzigartigen Aufschwung
und während wir weiter als je
von unserm Ziel entfernt sind
ist in den Augen der andern
weist über den Zuschauerraum
die Revolution schon gewonnen.

**Die Ermittlung
Oratorium
in elf Gesängen**

Gesang von der Rampe

RICHTER Herr Zeuge
   Sie waren Vorstand des Bahnhofs
   in dem die Transporte einliefen
   Wie weit war der Bahnhof vom Lager entfernt
ZEUGE 1 2 Kilometer vom alten Kasernenlager
   und etwa 5 Kilometer vom Hauptlager
RICHTER Hatten Sie in den Lagern zu tun
ZEUGE 1 Nein
   Ich hatte nur dafür zu sorgen
   daß die Betriebsstrecken in Ordnung waren
   und daß die Züge fahrplanmäßig
   ein- und ausliefen
RICHTER In welchem Zustand waren die Strecken
ZEUGE 1 Es war eine ausgesprochen gut
   ausgestattete Rollbahn
RICHTER Wurden die Fahrplananordnungen
   von Ihnen ausgearbeitet
ZEUGE 1 Nein
   Ich hatte nur fahrplantechnische Maßnahmen
   im Zusammenhang mit dem Pendelverkehr
   zwischen Bahnhof und Lager durchzuführen
RICHTER Dem Gericht liegen Fahrplananordnungen vor
   die von Ihnen unterzeichnet sind
ZEUGE 1 Ich habe das vielleicht einmal
   vertretungsweise unterschreiben müssen
RICHTER War Ihnen der Zweck der Transporte
                              bekannt
ZEUGE 1 Ich war nicht in die Materie eingeweiht
RICHTER Sie wußten
   daß die Züge mit Menschen beladen waren
ZEUGE 1 Wir erfuhren nur
   daß es sich um Umsiedlertransporte handelte
   die unter dem Schutz des Reichs standen
RICHTER Über die vom Lager regelmäßig
   zurückkehrenden Leerzüge
   haben Sie sich keine Gedanken gemacht
ZEUGE 1 Die beförderten Menschen
   waren dort angesiedelt worden
ANKLÄGER Herr Zeuge

Nach dem Welterfolg des *Marat* schmerzhaft heftig dann der Umbruch, nur einundeinhalb Jahre später: *Die Ermittlung. Oratorium in elf Gesängen.* Eine szenische Dokumentation über den Frankfurter Auschwitzprozeß der Jahre 1963 bis 1965.

»Das dokumentarische Theater ist ein Theater der Berichterstattung. Protokolle, Akten, Briefe, statistische Tabellen, Börsenmeldungen, Abschlußberichte von Bankunternehmen und Industriegesellschaften, Regierungserklärungen, Ansprachen, Interviews, Äußerungen bekannter Persönlichkeiten, Zeitungs- und Rundfunkreportagen, Fotos, Journalfilme und andere Zeugnisse der Gegenwart bilden die Grundlage der Aufführung.«
Peter Weiss

Am Regiepult während der Generalprobe zu dem Stück »Die Ermittlung« (Premiere am 19. Oktober 1965 in der Freien Volksbühne Berlin): Luigi Nono, Peter Weiss, Hans Ulrich und Erwin Piscator

»Das dokumentarische Theater enthält sich jeder Erfindung, es übernimmt authentisches Material und gibt dies, im Inhalt unverändert, in der Form bearbeitet, von der Bühne aus wieder. Im Unterschied zum ungeordneten Charakter des Nachrichtenmaterials, das täglich von allen Seiten auf uns eindringt, wird auf der Bühne eine Auswahl gezeigt, die sich auf ein bestimmtes, zumeist soziales oder politisches Thema konzentriert. Diese kritische Auswahl, und das Prinzip, nach dem die Ausschnitte der Realität montiert werden, ergeben die Qualität der dokumentarischen Dramatik.«
Peter Weiss

    Sie haben heute eine leitende Stellung
    in der Direktion der Bundesbahn
    Demnach ist anzunehmen
    daß Sie vertraut sind mit Fragen
    der Ausstattung und Belastung von Zügen
    Wie waren die bei Ihnen ankommenden Züge
    ausgestattet und belastet
ZEUGE 1 Es handelte sich um Güterzüge
    Laut Frachtbrief wurden per Waggon
    etwa 60 Personen befördert
ANKLÄGER Waren es Güterwagen
    oder Viehwagen
ZEUGE 1 Es waren auch Wagen
    wie sie zum Viehtransport benutzt wurden
ANKLÄGER Gab es in den Waggons
    sanitäre Einrichtungen
ZEUGE 1 Das ist mir nicht bekannt
ANKLÄGER Wie oft kamen diese Züge an
ZEUGE 1 Das kann ich nicht sagen
ANKLÄGER Kamen sie häufig an
ZEUGE 1 Ja sicher
    Es war ein stark frequentierter Zielbahnhof
ANKLÄGER Ist Ihnen nicht aufgefallen
    daß die Transporte
    aus fast allen Ländern Europas kamen
ZEUGE 1 Wir hatten soviel zu tun
    daß wir uns um solche Dinge
    nicht kümmern konnten

ANKLÄGER Fragten Sie sich nicht
was mit den umgesiedelten Menschen
geschehen sollte
ZEUGE 1 Sie sollten zum Arbeitseinsatz
geschickt werden
ANKLÄGER Es waren aber doch nicht nur Arbeitsfähige
sondern ganze Familien
mit alten Leuten und Kindern
ZEUGE 1 Ich hatte keine Zeit
mir den Inhalt der Züge anzusehn
ANKLÄGER Wo wohnten Sie
ZEUGE 1 In der Ortschaft
ANKLÄGER Wer wohnte sonst dort
ZEUGE 1 Die Ortschaft war von der einheimischen
Bevölkerung geräumt worden
Es wohnten dort Beamte des Lagers
und Personal der umliegenden Industrien
ANKLÄGER Was waren das für Industrien
ZEUGE 1 Es waren Niederlassungen
der IG Farben
der Krupp- und Siemenswerke
ANKLÄGER Sahen Sie Häftlinge
die dort zu arbeiten hatten
ZEUGE 1 Ich sah sie beim An- und Abmarschieren
ANKLÄGER Wie war der Zustand der Gruppen
ZEUGE 1 Sie gingen im Gleichschritt und sangen
ANKLÄGER Erfuhren Sie nichts
über die Verhältnisse im Lager
ZEUGE 1 Es wurde ja soviel dummes Zeug geredet
man wußte doch nie woran man war
ANKLÄGER Hörten Sie nichts
über die Vernichtung von Menschen
ZEUGE 1 Wie sollte man sowas schon glauben
RICHTER Herr Zeuge
Sie waren für die Güterabfertigung
verantwortlich
ZEUGE 2 Ich hatte nichts anderes zu tun
als die Züge dem Rangierpersonal zu übergeben
RICHTER Was waren die Aufgaben des Rangierpersonals
ZEUGE 2 Sie spannten eine Rangierlok vor
und beförderten den Zug ins Lager
RICHTER Wieviele Menschen befanden sich
Ihrer Schätzung nach
in einem Waggon
ZEUGE 2 Darüber kann ich keine Auskunft geben

»Es wird häufig behauptet – und der Autor hat das Seine getan, um die Legende zu stützen –, die wahren Verfasser der *Ermittlung* hießen Boger und Kaduk, Stark und Klehr, und Peter Weiss habe sich darauf beschränkt, die Sätze ein wenig zu glätten und den Zeugniswirrwarr in eine einprägsame Szenensequenz zu verwandeln. In Wirklichkeit aber besteht die *Ermittlung* aus einer mit hohem Kunstverstand exakt ausgeklügelten Bilderabfolge, die das Häftlingsschicksal, im Stil eines konsequent durchgeführten Dante-Zitats, von der Rampe bis in die Todeskammer verfolgt.«
Walter Jens

»Dieses In-Gegensätzen-Denken – angefressen von der Zweifel-Krankheit, Schwierigkeit, mich für eine Sache zu entscheiden, Hin u. Her, Schwanken in der Arbeit, früher Malen – Schreiben, Theater – Film, schwedische – deutsche Sprache, Reisen hierhin, dorthin, dieses ständige Auspeilen, es ist, als sei mein Wesen zusammengesetzt aus den beiden im Streit liegenden Polen, zwischen diesen wird alles ausgemacht, immer wird Gegensätzliches von mir verlangt, das ist meine Triebkraft, die all meine Arbeit erzeugt.«
Peter Weiss, *Notizbücher*

»Die Ermittlung«. Aufführung des Volkstheaters Rostock 1966

    Es war uns streng verboten
    die Züge zu kontrollieren
RICHTER Wer hinderte Sie daran
ZEUGE 2 Die Bewachungsmannschaften
RICHTER Gab es Frachtbriefe für alle Transporte
ZEUGE 2 In den meisten Fällen waren keine
    Begleitbriefe dabei
    Da stand nur die Zahl mit Kreide
    auf dem Waggon
RICHTER Was standen da für Zahlen
ZEUGE 2 60 Stück oder 80 Stück
    je nachdem
RICHTER Wann kamen die Züge an
ZEUGE 2 Meistens nachts
ANKLÄGER Welchen Eindruck erhielten Sie
    von diesen Frachten
ZEUGE 2 Ich verstehe die Frage nicht
ANKLÄGER Herr Zeuge
    Sie sind Oberinspektor der Bundesbahn
    und kennen sich in Reiseverhältnissen aus
    Wurden Sie durch Einblicke in Waggonluken
    oder durch Geräusche aus den Waggons
    auf die Zustände aufmerksam
ZEUGE 2 Ich sah einmal eine Frau
    die ein kleines Kind an die Luftklappe hielt
    und fortgesetzt nach Wasser schrie
    Ich holte einen Krug Wasser
    und wollte ihn ihr reichen
    Als ich den Krug hochhob kam einer der Wachleute

und sagte
wenn ich nicht sofort weggehe
würde ich erschossen
RICHTER Herr Zeuge
Wieviele Züge kamen Ihrer Berechnung nach
auf dem Bahnhof an
ZEUGE 2 Im Durchschnitt ein Zug pro Tag
Bei Hochdruck verkehrten auch 2 bis 3 Züge
RICHTER Wie groß waren die Züge
ZEUGE 2 Sie hatten bis zu 60 Waggons
RICHTER Herr Zeuge
waren Sie im Lager
ZEUGE 2 Ich fuhr einmal auf der Rangierlok mit
weil es etwas wegen der Frachtbriefe
zu besprechen gab
Gleich hinter dem Einfahrtstor stieg ich ab
und ging in das Lagerbüro
Da kam ich beinah nicht mehr raus
weil ich keinen Ausweis hatte
RICHTER Was sahen Sie vom Lager
ZEUGE 2 Nichts
Ich war froh daß ich wieder wegkam
RICHTER Sahen Sie die Schornsteine am Ende der Rampe
und den Rauch und den Feuerschein
ZEUGE 2 Ja
ich sah Rauch
RICHTER Was dachten Sie sich dabei
ZEUGE 2 Ich dachte mir
das sind die Bäckereien
Ich hatte gehört
da würde Tag und Nacht Brot gebacken
Es war ja ein großes Lager

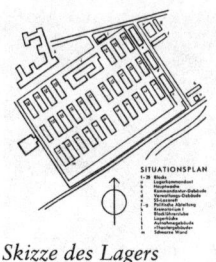

Skizze des Lagers

Meine Ortschaft

Bei meinen Überlegungen, welche menschliche Siedlung oder welche Gegend einer Landschaft am besten dazu geeignet sei, in diesem Atlas umrissen zu werden, tauchten anfangs viele Möglichkeiten auf. Doch von meinem Geburtsort aus, der den Namen Nowawes trägt und der den Informationen nach gleich neben Potsdam an der Bahnstrecke nach Berlin liegen soll, über die Städte Bremen und Berlin, in denen ich meine Kindheit verbrachte, bis zu den Städten London, Prag, Zürich, Stockholm, Paris, in die ich später verschlagen wurde,

Peter Weiss, geboren 1916 in Nowawes bei Berlin, starb 1982 in Stockholm. 1934 emigrierte er über England, Prag und die Schweiz nach Schweden und nahm 1945 die schwedische Staatsbürgerschaft an. – Weitere wichtige Werke: *Abschied von den Eltern*. 1961; *Fluchtpunkt*. Roman 1962; *Viet Nam-Diskurs* 1968; *Trotzki im Exil*. Drama 1970; *Hölderlin*. Drama 1971. Zwischen 1975 und 1981 erschien der dreibändige Roman *Die Ästhetik des Widerstands; Notizbücher* 1981, 1982. © der abgedruckten Weiss-Texte: Suhrkamp Verlag Frankfurt am Main. Peter Weiss erhielt 1982 posthum den Georg-Büchner-Preis.

nehmen alle Aufenthaltsorte etwas Provisorisches an, und dabei habe ich die kürzeren Zwischenstationen gar nicht erwähnt, alle diese Flecken, heißen sie nun Warnsdorf in Böhmen, oder Montagnola im Tessin, oder Alingsås in Westschweden.

Es waren Durchgangsstellen, sie boten Eindrücke, deren wesentliches Element das Unhaltbare, schnell Verschwindende war, und wenn ich untersuche, was jetzt daraus hervorgehoben und für wert befunden werden könnte, einen festen Punkt in der Topographie meines Lebens zu bilden, so gerate ich nur immer wieder an das Zurückweichende, alle diese Städte werden zu blinden Flecken, und nur eine Ortschaft, in der ich nur einen Tag lang war, bleibt bestehen.

Die Städte, in denen ich lebte, in deren Häusern ich wohnte, auf deren Straße ich ging, mit deren Bewohnern ich sprach, haben keine bestimmten Konturen, sie fließen ineinander, sie sind Teile einer einzigen ständig veränderlichen irdischen Außenwelt, weisen hier einen Hafen auf, dort einen Park, hier ein Kunstwerk, dort einen Jahrmarkt, hier ein Zimmer, dort einen Torgang, sie sind vorhanden im Grundmuster meines Umherwanderns, im Bruchteil einer Sekunde sind sie zu erreichen und wieder zu verlassen, und ihre Eigenschaften müssen jedesmal neu erfunden werden.

Nur diese eine Ortschaft, von der ich seit langem wußte, doch die ich erst spät sah, liegt gänzlich für sich. Es ist eine Ortschaft, für die ich bestimmt war und der ich entkam. Ich habe selbst nichts in dieser Ortschaft erfahren. Ich habe keine andere Beziehung zu ihr, als daß mein Name auf den Listen derer stand, die dorthin für immer übersiedelt werden sollten. Zwanzig Jahre danach habe ich diese Ortschaft gesehen. Sie ist unveränderlich. Ihre Bauwerke lassen sich mit keinen anderen Bauwerken verwechseln.

Auch sie trägt einen polnischen Namen, wie meine Geburtsstadt, die man mir vielleicht einmal aus dem Fenster eines fahrenden Zuges gezeigt hatte. Sie liegt in der Gegend, in der mein Vater kurz vor meiner Geburt in einer sagenhaften kaiserlich-königlichen Armee kämpfte. Von den übriggebliebenen Kasernen dieser Armee wird die Ortschaft beherrscht.

Zum besseren Verständnis der dort Werksamen und Ansässigen wurde ihr Name verdeutscht.

Der Kleinbürger als Held:
Martin Walsers kritisch-realistische Romane

Martin Walser
Das Einhorn

Die Fahrer saßen, tranken. Redeten schon mal über ihre Herrschaften, wer hat es gut, wer hat es noch besser, welcher Wagen ist der beste, möchte vielleicht einer von euch in dem kanariengelben Dreihunderter herumkutschieren? mit dieser harmlosen Frage hatte Bert einen Erfolg, das ärgerte Hans Sohn, der sowieso den ganzen Abend lang tut, als sei er was Besonderes, trotzdem bleiben die anderen freundlich, sprechen von langen Fahrten, wer hat die längste Fahrt hinter sich, wieviel Stunden brauchst Du von Bremen nach Arosa? Peter will Amsterdam-Salzburg in sechseinhalb Stunden gemacht haben, das stimmt, sagt Herr von Salow, nu' hören Sie mal, der Importeur aus Bremen, mit dem Ferrari, hat Bremen-Basel noch nie unter, meine Herren, wenn wir das auf nachher, sicher ist also, daß Bert vorschlug, man möge Hans Sohn fragen, ob der schon mal Amsterdam-Salzburg in einem Stück gemacht habe, alle waren für diese Frage, Hans Sohn war jetzt der Mittelpunkt, hat er also Amsterdam-Salzburg mal in einem Stück gemacht? Hans Sohn hat geantwortet: so oft Sie wollen, oder: schon öfter als Sie, das ist nicht mehr mit Sicherheit festzustellen, weil es gleich laut wurde, in welcher Zeit macht Hans Sohn Amsterdam-Salzburg? los, die Karten auf den Tisch! fahre er denn nach der Uhr, sagte Hans Sohn, oder er sagte: ich bin doch nicht blöde und fahr nach der Uhr, sicher ist, daß er behauptete, er fahre nie über hundert, und das haben alle als eine Provokation empfunden, bloß Heini rief: das glaub ich aufs Wort, drum sitzt er doch immer so senkrecht am Steuer wie unserem Herrgott sein Fahrer, Bert schrie: bei uns wär' der längst in der Botenabteilung, und Friedrich sagte in sanfter Art, sein Chef würde Sohn dem Roten Kreuz schenken, aber ohne Spendenbescheinigung, rief lustig Heinrich Müller, naja, sagte dann wohl Sohn, und das scheint für alle der entscheidende Satz gewesen zu sein, denn alle hatten den ihrer Herrschaft halbwegs wörtlich wiederholt, na-ja, hatte der unverschämt ruhig gesagt, er würde auch nicht jeden Chef fahren! was soll das heißen daß Du etwa Herrn Blomich nicht Du könntest Dir die Finger ablecken nach einem Chef wie der meine würde so einen Schleicher wie Dich überhaupt nicht ... Während dieses Wortwechsels muß es zu ersten Tätlichkeiten gekommen sein, waren doch die Fahrer

Den Anspruch auf literarische Gesellschaftskritik erfüllt Martin Walser auf seine Weise. Mit seinem Roman *Ehen in Philippsburg* (1957) hatte er sich in den fünfziger Jahren sein schriftstellerisches Programm gegeben: kritisch-realistische Darstellung der bundesrepublikanischen Wirklichkeit, genauer gesagt, deren Spiegelung im kleinbürgerlichen Bewußtsein. Genauigkeit und Erfahrungswissen sind Walsers erklärte Voraussetzungen. Niemals wird er versuchen, eine Welt zu beschreiben, die er nicht kennt.

Umschlag der Originalausgabe 1968

Martin Walser, Mitte der sechziger Jahre

verständlicherweise ganz außer sich, weil dieser Hans Sohn, den sie, die einander von da und dort kannten, zum ersten Mal sahen, daß dieser Finne, der mit jedem per Sie war, dieser Finne, jawohl, einer nannte ihn gleich einen Finnen, daß der sich mausig machte und praktisch eines jeden Herrschaft beleidigte, also da konnten sie sich nicht mehr halten, da brachte auch der bedächtige Friedrich keine vermittelnde Hand mehr dazwischen, da schlugen sie zu, da wollte der vieräugige Gärtner den Finnen noch retten, da traf wohl einmal ein Schlag einen Kollegen, weil ja der Finne viel zu wenig Masse bot für soviel Entrüstung, also kam es zu Mißverständnissen, also vermutete der oder jener, daß da Kollegen übergelaufen seien, also wehrte sich bald ein jeder so gut es ging und schlug sich bloß noch für die Ehre seiner Herrschaft.

In keinem seiner Romane – auch in keinem seiner Theaterstücke – gibt es eine ungebrochene Figur: nur mehr oder weniger bedauernswerte Helden, mehr oder weniger lachhafte Wichtigtuer. Das ist ebensowohl psychologisch wie literarisch begründet. Wer sich für gelungen hält, sagt Martin Walser, wer meint, angekommen zu sein, der liest nicht und der schreibt auch nicht.

Ach, es sind doch gute Kerle, rief Frau Frantzke. Alle sollten gleich auf das Wohl aller Fahrer trinken. Das wollten alle gern tun, aber Blomich sagte schnell: Auf den mit dem Messer trink ich nicht. Ach so, ja, aber wer war das nun? Alle schauten NDB an. Der sagte: Jetzt solls also ich gewesen sein, ja? mein Hans hat aber kein Messer. Professor, das wüßten wir, wenn Hans so ein Messer führte, oder wüßten wir das nicht? Mack sagte: Das wüßten wir, überhaupt, Hans ist mild und schwer erregbar. Herr von Salow schlug vor: Wir trinken auf alle Fahrer, aber auf den Messerstecher trinken wir nicht, und wir wollen die Sache unter uns abmachen, jeder hat ein Auge auf seinen Fahrer, spricht noch einmal in Ruhe mit seinem Fahrer, wer was herausbringt, meldet's. Dr. Keckeisen, der, denke ich,

in dieser Sache federführend bleiben sollte, den ich, wenn alle einverstanden sind, bitten möchte, sich für den braven Fahrer unseres Gastgebers etwas Hübsches auszudenken, für anfallende Kosten, schlage ich vor, bilden wir, auch unter Dr. Keckeisens Federführung, einen Pool, wenn Sie damit einverstanden sind, schließen wir diesen ebenso rührenden wie bedauerlichen Zwischenfall für heute ab und trinken auf eine baldige Genesung des Verletzten, wie war doch sein Name? Heinrich Müller! also zum Wohl von Heinrich Müller. Zum Wohl! Zum Wohl unserer braven Fahrer! Zum Wohl!
Zum Wohl
ruft Dr. Alwin, aber gleich fällt ihm auf, daß Herr Schlupp nicht mittrinkt. Der entschuldigt sich. Er hat keinen Fahrer. Noch nicht, rufen mehrere. Wie wär's, wenn Herr Schlupp wieder einmal ein bißchen Zorn zum Besten gäbe, ruft Frau Frantzke. Ja, statt immer nur schriftlich, ruft der Importeur. Wo wir doch grade in so ner Schwitzenden Villa sind, ruft Dr. Alwin, was meint eigentlich Schlupp mit den Schwitzenden Villen, dieses Gedicht hat Dr. Alwin, ehrlich gesagt, nicht ganz begriffen. Also das fand Frau Frantzke nun gerade sehr hübsch. Sie weiß genau, was er gemeint hat, nicht wahr, Herr Schlupp, wir beiden kennen so'n paar Schwitzende Villen, und sie findet, auch der anwesenden Gesellschaft könnte so'ne richtig Schluppsche Predigt nichts schaden. Aber Basil behauptet, momentan im Urlaub zu sein. Aber die Herrschaften behaupten, ein Dichter sei auch im Urlaub ein Dichter. Aber Basil will heute nicht. Aber Dr. Alwin will dann wenigstens wissen, warum Basil überhaupt in so eine Villa kommt. Basil sagt, er ißt gern gut. Aha, ruft der Importeur. Wie Brecht, sagt Frau Frantzke. Ist Eßkultur vielleicht keine Kultur, ruft Herr Mayrock. O doch, sagt Basil und läßt sich herbei, den Herrschaften zu erklären, warum die reichen Leute soviel kultivierter essen müßten als die Armen. Wer an der Maschine steht oder vor Ort oder auf der Baustelle, der kann abends wirklich alles essen, dessen Nähraufwand muß nur assortiert werden nach Kalorienzahl, das kostet nicht viel, so einem schmeckt's schnell, aber der arme Reiche, der hat vom Mittag noch das Völlegefühl, der ist nicht viel los geworden am Nachmittag, und doch soll er abends schon wieder essen. Oft muß er sogar dem Geschäftsfreund zuliebe. Zeigt er dem keinen Appetit, glaubt der doch gleich, die Firma ist fallit. Also bedarf es phantastischer Speisen, köstlicher Reize und eines zwingenden Aufwands beim Servieren, kurzum, es bedarf der Eßkultur, sonst müßte der Reiche jeder Mahlzeit mit Schrecken entgegensehen, und das nenn ich, sagt Basil, ohne

»...wie kann man überhaupt leben, und dann auch noch mit anderen.«
Martin Walser, 1964

Martin Walser

»Die Sprache ist für den Schriftsteller das verläßlichste Geschichtsbuch. Und das unvermeidliche. Die Verwalter der öffentlichen Sprache haben ihren Jargon inzwischen vom Nazismus zurückerobert, haben ihn gereinigt, mit neuen Inhalten versehen. Weltanschauung heißt wieder etwas ganz anderes als vor 1945. Zum Beispiel: christlich-abendländische Weltanschauung. Diese öffentliche Sprache wirkt geschichtslos. Sie funktioniert. Jetzt funktioniert sie ziviler, menschlicher. Dem Schriftsteller ist die Sprache aber ein Gedächtnis. Was geschehen ist, ist für ihn in der Sprache aufbewahrt. Es meldet sich von selbst.«
Martin Walser, 1964

Spott Gerechtigkeit, das will Basil nicht verstanden wissen als einen kritischen Einfall, das beschreibt er als historisch-biologische Tatsache. Eßkultur als aktive Anpassung der Reichen an ihre unverschuldete Appetitlosigkeit. Die Reichen wollen nicht besser essen, sie müssen. Und selbst unter ihrem Feinsten leiden sie noch, denn geht's auf's Clo, die Damen mögen's verzeihn, ist der Arme schon wieder besser dran. Wer kann den listenreichen Kampf, den die besseren Kreise um ihre Verdauung führen, ohne Anteilnahme betrachten? wer kennt nicht den Zorn gegen die heillosen Ärzte, die einem bloß Mühsal verschreiben, anstatt einem zu helfen! auf den Spazierweg schicken sie einen, alles muß man selber tun, Gymnastik, sinnlos den Rumpf beugen, und wer nicht durchhält, wem etwa die Energie ausgeht bei der minutiösen Überwachung der schrecklichen Verdauung, der liegt herum in gastrokardialen Wehen, dem drückt's das Zwerchfell unters Herz, daß er den Schnaufer nicht mehr kriegt, grad, daß er noch rufen kann: der Infarkt ist da, und dann kommt der Doktor und sagt: Roemheld, Herr Direktor, Ihnen fehlt die Bewegung, also der Wind, ja, das ist ein ergreifender Jammer! Ob einer Hungers stirbt oder an der Fettembolie ist doch wirklich egal, trotzdem gilt die Sympathie der Welt einseitig den Opfern des Elends, da fragt man sich doch, ist das noch gerecht...
Und so weiter sprach Basil. Die Herrschaften hatten sich, sobald sie sahen, daß Basil vom Eifer ergriffen war, zurückgelehnt. Basil wurde eine immer schönere Erscheinung. Er machte Schritte, kreuzte die langen Beine, schleifte einen Fuß auf dem Boden seitwärts, verlagerte spät das Gewicht, schloß die Füße, stand ganz aufrecht, war bei seiner Sache. Wir alle- alle dankten ihm mit Klatschen und Bravo ganz herzlich für seine schön scharfen Einfälle.
Frau Frantzke sagte: Einen besseren Nachtisch gibt es nicht.
Zum Wohl
sagte Professor Mack und stieß sein Glas gegen Basil Schlupps Glas und wollt ihn ein wenig mit sich ziehen. Basil zögerte, Mack lachte. Aber leiser als sonst. Sehen Sie, Kristlein, er mißtraut mir, sagte er. Darunter leidet Mack, jawohl, Prost! immer dieses Mißtrauen! Wer seinen großen Chef fürchtet, der mißtraut dem armen Mack. Mensch, Basil, NDB ist ein Monstrum, eine anstrengende Größe. Aber Mack kann uns einen Tip geben. Zeigt NDB, daß es bei euch im Sexuellen hapert, dann seid ihr ihm sofort sympathisch! ich bin ihm sympathisch, mir hängt zwischen den Beinen eine Katastrophe, geht euch nichts an, verstanden, sag ich bloß, um euch Mut zu machen, dem großen NDB hängt da nämlich auch ne Kata-

strophe, ja, glotzt nur, das bindet, versteht ihr, darum verehr ich ihn und sein tyrannisches Schamgefühl, hat ne Phimose an seim Huppelchen, so n' richtigen Maulkorb vor der Mündung, ihm tut weh, was anderen Spaß macht, und er geniert sich, versteht ihr, geht nicht zum Arzt, um sich das ein bißchen schneiden zu lassen, daß er's leichter hätte, das kann er nicht mit seinem absoluten Schamgefühl, heut hätt er auch Angst, es wird publik, er will nicht verstanden werden als einer, bei dem's vom Maulkorb kommt, daß er singt. Oder er hat Angst, daß er ohne den Maulkorb tatsächlich nicht mehr so schön singen kann, auf jeden Fall ist das Geheimsache, verstanden! Warum, meint ihr, kommt er sonst auf die Idee, seinem Papst sowas einsetzen zu lassen! von sowas träumt er in seiner Katastrophe, und was für eine Katastrophe! bedenkt, daß er jede haben könnte, glaubt mir das, bitte, EINE JEDE, und er hat nichts als Mühsal und Schmerz, ist das eine Katastrophe oder nicht? es ist wirklich ein Glück, daß er ein Genie ist und sich helfen kann, trotzdem haßt er euch, weil er denkt, ihr habt's leichter, darum sag ich doch, Kinder, zeigt ihm, ihr habt's auf eure Art auch nicht leicht, dann könnt ihr ihn um'n Finger wickeln, aber solang ihr so lustig ausschaut und herumflaniert als Herrliche, da haßt er euch natürlich, begreift das doch, zum Wohl!

Zum Wohl

sagte Oberon und stieß sein Glas gegen mein Glas. Fritz Kleist Oberon trug in dieser Sommernacht genagelte Halbschuhe. Jeder Schritt klang. Paul schaute mich wieder an, als wage er es nicht, mich anzuschauen. Und wagte es doch. Aus seinen Wimpern hätte man mehrere Mädchen ausrüsten können. Dann mit einem Schritt zu mir, legt schnell seinen Kopf auf meine Schulter, und ist schon wieder weg. Büsgen knautschte seine Brille und sagte scharf: So-so, unser Engel geht fremd. Paul nahm mich an der Hand und führte mich an dem mörderisch lächelnden Büsgen vorbei, über Treppen hinab, dem Ufer zu, stoppte an der Hafenmauer, setzte sich, schaute herauf, also setzte ich mich auch. Paul lehnte sich ein wenig an mich. Das war wieder so eine Frage. Einerseits kribbelte und wanderte mir alles durcheinander. Andererseits saß ich ganz und gar starr. Sein Kopf berührte schon meine Schulter. Was aber erwartete er von mir? Hoffentlich keine Wörter. Ich hätte ja zur Not ein paar europäische Dialekte anschlagen können. Wenn er taubstumm war, würde ich dadurch auf seinen Mangel aufmerksam machen. Nein, Wörter wurden nicht erwartet. Das wußte ich plötzlich. So sicher habe ich selten etwas gewußt. Blut schoß mir in die Lippen, ich hatte das Gefühl, als

»Ein Buch ist für mich eine Art Schaufel, mit der ich mich umgrabe. Obwohl ich das nicht zu meinem Vergnügen tue, sondern einfach aus einem Bedürfnis, für das ich keine Gründe mehr anzugeben weiß, keine Gründe auf jeden Fall, die von anderer Art wären als die, die uns veranlassen zu atmen oder zu essen, trotzdem macht mir das Leben, dieses Herumgraben in mir selbst, oft mehr Vergnügen als das Atmen, ja es macht mir zuweilen sogar das Atmen wieder vergnüglicher.«
Martin Walser, 1958

Martin Walser wurde 1927 in Wasserburg am Bodensee geboren. 1981 erhielt er den Georg-Büchner-Preis und es erschienen seine Frankfurter Vorlesungen *Selbstbewußtsein und Ironie*. *Das Einhorn* ist der zweite Teil der *Anselm-Kristlein-Trilogie*, die mit *Halbzeit* (1960) begann und mit *Der Sturz* (1973) endete. – Weitere wichtige Werke: *Eiche und Angora*. Theaterstück 1962; *Die Zimmerschlacht*. Theaterstück 1967; *Ein fliehendes Pferd*. Novelle 1978; *Seelenarbeit*. Roman 1979; *Brandung*. Roman 1985; *Die Verteidigung der Kindheit*. Roman 1991; *Ohne einander*. Roman 1993. © der abgedruckten Walser-Texte: Suhrkamp Verlag Frankfurt am Main.

wüchsen mir die Lippen, als würden meine Lippen wärmer, einen so riesigen Mund hatte ich wohl noch nie gehabt, gleich würde die Nase auf den Lippen liegen, Paul, könntest Du mir, bitte, den Bodensee über diese immer noch schwellende Lippenlandschaft gießen! Paul verstand aber schon gar alles. Er kniete gleich neben mir, drehte meinen Kopf, der sperrte sich, ließ sich dann aber, sobald ich die Sperrung spürte, doch drehen, Paul behielt mein Kinn in seiner Rechten und spielte mit Zeige- und Mittelfinger seiner Linken einen Triller auf meiner Unterlippe. Bei jedem Anschlag wurde die Unterlippe von der Oberlippe weggerissen, der anschlagende Finger sprang hoch, die Lippe schnellte mit einem voluminösen Blubb an die Oberlippe zurück. Weil meine Lippen so groß aufgegangen waren, wurden diese trillerschnellen Blubb-Blubbs unheimlich laut. Wer von Paul nichts wußte und diese Geräusche hörte, mußte glauben, im Seegrund seien Luftlager aufgebrochen und platzten jetzt großblasig und doch sanft aus dem Wasserspiegel. Als ich Rosa, Männer und Frauen von der Terrasse herunter auf uns zulaufen sah, dachte ich, sie wollten sich nach diesem Naturereignis erkundigen, aber sie kamen nur, um zu baden. Paul hörte auf, kniete aber noch, als Rosa schon bei uns stand und Aha sagte. Dann beugte sie sich herab, sah Paul aus großer Nähe an und sagte: O. An ihrer Hand sprang er auf. Sie ließ seine Hand nicht mehr los. Sie drehte sich und zog Paul einfach mit. Er schaute noch um, mich an. War er in Not? Der Steg schwankte. Einige zerrten schon an ihren Krawatten. Rosa war die erste, die die Badehausplattform mit Kopfsprung verließ. Paul folgte im Schneidersitz, die Nase hielt er sich schon vor dem Absprung zu. Die anderen tasteten sich vorsichtig über die Treppe hinab. Frau Alwin jauchzte. Hans Beumann stieß Kehllaute aus. Jemand gellte als Indianer. Das Wasser spritzte bis zu uns herauf. Ach, Herr Kristlein, freut mich, auch wasserscheu. Professor Laberlein. Dabei bin ich gar nicht wasserscheu, ich war nur ein wenig verwirrt, weil ich nicht wußte, wie ich, mitten in der Nacht, mit Paul und Rosa gleichzeitig baden sollte. Laberlein wollte offenbar auch etwas tun, was er sonst nicht tat, so stimmte er das Lied von dem Walfisch von Askalon an, hängte seinen kurzen Arm bei mir ein, dirigierte mich hinauf zur Terrasse, sang immer weiter – am meisten bewundere ich immer den, der viele Strophen kann –, droben eroberte er zwei Gläser und sagte mit dem Rest seines Atems: Zum Wohl.

Kontrapunkte: Ein Schweizer und zwei Österreicher

Peter Bichsel
Der Milchmann

Realismus, Dokumentarismus – diese Schlagworte charakterisieren die Tendenz der literarischen Entwicklung. Es gibt aber Kontrapunkte zu dieser Hauptlinie. Lebendig – trotz allem – bleibt die Literatur, die erst gar nicht den Anspruch auf konkretes politisches Eingreifen erhebt, ja, die sich überhaupt nicht bestimmen läßt von der Relevanz des Stoffs.
Peter Bichsel setzt allen großen Themen und starken Worten seine leise Art entgegen, von unscheinbaren Dingen zu erzählen.

Der Milchmann schrieb auf einen Zettel: »Heute keine Butter mehr, leider.« Frau Blum las den Zettel und rechnete zusammen, schüttelte den Kopf und rechnete noch einmal, dann schrieb sie: »Zwei Liter, 100 Gramm Butter, Sie hatten gestern keine Butter und berechneten sie mir gleichwohl.«
Am andern Tag schrieb der Milchmann: »Entschuldigung.« Der Milchmann kommt morgens um vier, Frau Blum kennt ihn nicht, man sollte ihn kennen, denkt sie oft, man sollte einmal um vier aufstehen, um ihn kennenzulernen.
Frau Blum fürchtet, der Milchmann könnte ihr böse sein, der Milchmann könnte schlecht denken von ihr, ihr Topf ist verbeult.
Der Milchmann kennt den verbeulten Topf, es ist der von Frau Blum, sie nimmt meistens 2 Liter und 100 Gramm Butter. Der Milchmann kennt Frau Blum. Würde man ihn nach ihr fragen, würde er sagen: »Frau Blum nimmt 2 Liter und 100 Gramm, sie hat einen verbeulten Topf und eine gut lesbare Schrift.« Der Milchmann macht sich keine Gedanken, Frau Blum macht keine Schulden. Und wenn es vorkommt – es kann ja vorkommen –, daß 10 Rappen zu wenig daliegen, dann schreibt er auf einen Zettel: »10 Rappen zu wenig.« Am anderen Tag hat er die 10 Rappen anstandslos und auf dem Zettel steht: »Entschuldigung.« ›Nicht der Rede wert‹ oder ›keine Ursache‹, denkt dann der Milchmann und würde er es auf den Zettel schreiben, dann wäre das schon ein Briefwechsel. Er schreibt es nicht.
Den Milchmann interessiert es nicht, in welchem Stock Frau Blum wohnt, der Topf steht unten an der Treppe. Er macht sich keine Gedanken, wenn er nicht dort steht. In der ersten Mannschaft spielte einmal ein Blum, den kannte der Milchmann, und der hatte abstehende Ohren. Vielleicht hat Frau Blum abstehende Ohren.
Milchmänner haben unappetitlich saubere Hände, rosig, plump und verwaschen. Frau Blum denkt daran, wenn sie seine Zettel sieht. Hoffentlich hat er die 10 Rappen gefunden. Frau Blum möchte nicht, daß der Milchmann schlecht von ihr denkt, auch möchte sie nicht, daß er mit der Nachbarin ins Gespräch käme. Aber niemand kennt den Milchmann, in unserm Quartier niemand. Bei uns kommt er morgens um vier.

Umschlag der Neuausgabe 1965

Peter Bichsel mit Max Frisch

»Es gibt Worte, die er nicht in den Mund nimmt, obschon sie als anständig gelten; er findet sie zu groß. Das macht den Umgang mit gewissen Leuten nicht leicht, aber er kann nicht anders. Dabei ist er höflich, aber unbestechlich – das meine ich unter anderem, wenn ich sage: Peter Bichsel ist ein Poet.«
Max Frisch

Der Milchmann ist einer von denen, die ihre Pflicht tun. Wer morgens um vier die Milch bringt, tut seine Pflicht, täglich, sonntags und werktags. Wahrscheinlich sind Milchmänner nicht gut bezahlt und wahrscheinlich fehlt ihnen oft Geld bei der Abrechnung. Die Milchmänner haben keine Schuld daran, daß die Milch teurer wird.
Und eigentlich möchte Frau Blum den Milchmann gern kennenlernen.
Der Milchmann kennt Frau Blum, sie nimmt 2 Liter und 100 Gramm und hat einen verbeulten Topf.

Das Kartenspiel

»Vor kurzem habe ich festgestellt, daß ich ungern reise und daß es zudem hier genug zu sehen gibt und daß ich gern immer wieder dieselben Dinge sehe. Es gefällt mir hier nicht besser als anderswo, aber ich kenne mich hier aus. Die Leute sagen, man sehe mir den Lehrer nicht an. Das freut mich. Ich möchte nicht, daß man mir was ansieht. Ich möchte nicht aussehen wie ein Schriftsteller.«
Peter Bichsel in einem Interview

Herr Kurt sagt nichts. Er sitzt da und schaut dem Spiel zu. Die vier legen ihre Karten auf den Tisch, die Asse und die Könige, die Achter und die Zehner, die roten zu den roten und die schwarzen zu den schwarzen.
Herr Kurt läßt sich sein Bier temperieren. Sein Glas steht in einem verchromten Gefäß mit heißem Wasser. Von Zeit zu Zeit hebt er es vorsichtig, läßt das Wasser abtropfen. Oft stellt er es zurück, ohne zu trinken; denn er schaut dem Spiel zu.
Herr Kurt hat seinen Platz, niemand weiß seit wann und weshalb. Aber um fünf Uhr ist er da, setzt sich oben an den Tisch, grüßt, wenn er gegrüßt wird, bestellt sein Bier und man bringt ihm das heiße Wasser dazu.
Um fünf Uhr sind auch die andern da, die vier, und spielen Karten, nicht immer dieselben vier, am Montag meist jüngere, am Dienstag Geschäftsleute, am Freitag vier ehemalige Schulkollegen, Jahrgang 1912, und an den übrigen Wochentagen ir-

gendwelche vier. Oben am Tisch sitzt immer Herr Kurt. Er trinkt ein Bier und sitzt bis sieben Uhr da. Ist das Spiel spannend, bleibt er eine Viertelstunde länger; später geht er nie.
Im Restaurant sitzen auch andere, aber kein anderer kommt jeden Tag. Selbst der Wirt ist nicht jeden Abend da und die Kellnerin hat am Mittwoch ihren freien Tag.
Herr Kurt macht niemanden neugierig. Trotzdem hat man ihn in den Jahren kennengelernt. In der Agenda des Wirts steht unter dem 14. Juli »Herr Kurt«. An diesem Tag, es ist sein Geburtstag, bekommt Herr Kurt sein Gratisbier. Der Wirt kann sich nicht erinnern, woher er Herrn Kurts Geburtstag kennt. Man würde Herrn Kurt nicht danach fragen. Nach dem Spiel werfen die vier ihre Karten auf den Tisch, nehmen die Kreide und zählen zusammen, die Verlierer bezahlen die Zeche. Dann ereifern sie sich über Spielregeln und Taktik, machen sich gegenseitig Vorwürfe und rechnen sich aus, was geschehen wäre, wenn man den König später und den Zehner früher ausgespielt hätte. Herr Kurt nickt ab und zu oder schüttelt den Kopf. Er sagt nichts.
Wenn Herr Kurt die Regeln des Kartenspiels nicht kennen würde, sähe er sein Leben lang nur rote und schwarze Karten. Aber er kennt die Karten und er kennt das Spiel. Es ist wahrscheinlich, daß er es kennt.
Bei Herrn Kurts Beerdigung wird man alles über ihn erfahren, die Todesursache, sein Alter, seinen Geburtsort, seinen Beruf. Man wird vielleicht überrascht sein. Und später wird, weil es unvermeidlich ist, ein Spieler sagen, daß er Herrn Kurt vermisse. Aber das ist nicht wahr, das Spiel hat ganz bestimmte Regeln.

»Geschichten erzählen, um nicht reden zu müssen: auch das kann ein Grund dafür sein, daß es Literatur gibt. Ich glaube, genau das vergessen wir oft allzu schnell, wenn wir unsere Forderungen an die Literatur stellen. Literatur ist nicht das Leben, nicht die Beschreibung des Lebens. Man kann leben ohne Literatur. Literatur ist etwas Zusätzliches. In der Literatur übernimmt die Sprache eine andere Funktion als beim Sprechen. Literatur kann durch Sprachlosigkeit entstehen, durch Verweigerung des Sprechens.«
Peter Bichsel, *Frankfurter Vorlesungen*, 1982

Das Messer

Der Mann wurde verhaftet, dann verurteilt. Dann stand er vor einem Beamten des Gefängnisses und leerte die Taschen. Der Beamte schrieb: »Ein rotes Taschenmesser mit zwei Klingen, einem Zapfenzieher und einem Schraubenzieher.«
Der Mann sagte: »Ein schlechter Sommer.« Er war gewohnt, mit den Leuten zu sprechen.
»In den Strafbüchern gibt es keine Tarife für Sommer«, hätte der Beamte sagen können. Er sagte nichts. Er wußte, daß die Neuen sprechen wollen. Das Reglement verbietet nicht, Antwort zu geben, aber alle Neuen wollen sprechen.
Vor dem Gefängnis spielt eine Blasmusik jene Melodie, die einem bekannt vorkommt. Die Melodie kam, warf einige

»Die Welt würde besser aussehen, wenn wir unserem Freund und unserer Freundin, wenn wir unserer Frau und unserem Mann und unseren Kindern ihre Geschichten gestatten würden und unserem kranken Nachbarn auch.«
Peter Bichsel

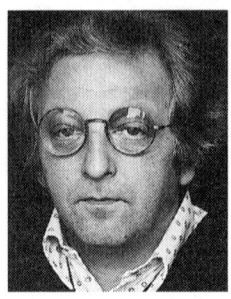

Peter Bichsel wurde 1935 in Luzern geboren. Er erhielt 1965 den Preis der Gruppe 47. 1983 war er Gastdozent für Poetik in Frankfurt am Main: *Der Leser. Das Erzählen.* – Weitere wichtige Werke: *Die Jahreszeiten.* Roman 1967; *Des Schweizers Schweiz.* Essays 1969. *Kindergeschichten* 1969; *Geschichten zur falschen Zeit* 1979; *Der Busant. Geschichten* 1985; *Zur Stadt Paris.* 1993. © der abgedruckten Bichsel-Texte Suhrkamp Verlag

Töne direkt ins Fenster, wurde leiser und verschwand. Da lächelte der Mann.

Für den Beamten war das etwas ganz anderes. Er arbeitete von 7 Uhr bis 12 Uhr und von 2 Uhr bis 6 Uhr, eine lange Arbeitszeit.

›Auch ein Sommer kann alles entschuldigen‹, dachte vielleicht jetzt der Mann. Er lächelte wieder.

Der Beamte sprach leise vor sich hin: »Ein rotes Taschenmesser mit zwei Klingen, einem Zapfenzieher und einem Schraubenzieher.« Er schaute zu dem Mann auf.

»Richtig«, sagte der Mann, vielleicht hätte er nichts sagen sollen. Er hätte nichts sagen sollen. Er hätte nichts tun sollen, er hätte sich nicht erwischen lassen sollen.

Viele andere haben nichts getan.

Dann hat Marschmusik auch etwas Peinliches. Das einzige, was man tun könnte, wäre stehenbleiben; denn geht man ohne zu denken, geht man im Takt. Wenn man denkt, geht man gegen den Takt. Die andern werden es so oder so bemerken. Die andern möchten auch stehenbleiben, man kann nicht unbemerkt stehenbleiben. Man kann nicht.

Der Beamte arbeitet von 7 bis 12 und von 2 bis 6. Neun Stunden sind eine lange Zeit.

Der Beamte war freundlich und hatte eine Familie, draußen vor dem Gefängnis, und einen Sohn, der in der Musik des Dorfes Trompete spielte, und überhaupt war es für ihn überhaupt etwas ganz anderes. Es ist nicht angenehm, jemandem ein Messer abzunehmen, das Messer auf einer Liste zu registrieren und es in der Schachtel Nummer 834 zu deponieren. Das wußte der Beamte und das wußte der Mann.

Und der Mann sagte: »Ein schlechter Sommer«, er wollte dem Beamten nicht böse sein.

Peter Handke formuliert als sein Motto: »Ich bin ein Bewohner des Elfenbeinturms«. Ein Provokateur also, der politisch und literarisch auf nichts von dem festzulegen ist, was in diesen Jahren gilt. Dem realistischen Erzählen mißtraut er ebenso wie der Agit-Prop-Dichtung. Dem etablierten Theater gilt seine Kritik, aber auch die

Peter Handke
Publikumsbeschimpfung

(...)

Dieses Stück ist eine Vorrede. Es ist nicht die Vorrede zu einem andern Stück, sondern die Vorrede zu dem, was Sie getan haben, was Sie tun und was Sie tun werden. Sie sind das Thema. Dieses Stück ist die Vorrede zum Thema. Es ist die Vorrede zu Ihren Sitten und Gebräuchen. Es ist die Vorrede zu Ihren Handlungen. Es ist die Vorrede zu Ihrer Tatenlosigkeit. Es ist die Vorrede zu Ihrem Liegen, zu Ihrem Sitzen, zu Ihrem Stehen, zu Ihrem Gehen. Es ist die Vorrede zu den Spielen und

zum Ernst Ihres Lebens. Es ist auch die Vorrede zu Ihren künftigen Theaterbesuchen. Es ist auch die Vorrede zu allen anderen Vorreden. Dieses Stück ist Welttheater.
Sie werden sich bald bewegen. Sie werden Vorkehrungen treffen. Sie werden Vorkehrungen treffen, Beifall zu klatschen. Sie werden Vorkehrungen treffen, nicht Beifall zu klatschen. Wenn Sie Vorkehrungen zum ersten treffen, werden sie eine Hand auf die andere schlagen, das heißt, Sie werden die eine Innenfläche auf die andere Innenfläche schlagen und diese Schläge in rascher Abfolge wiederholen. Sie werden dabei Ihren klatschenden oder nicht klatschenden Händen zuschauen können. Sie werden die Laute Ihres Klatschens hören und die Laute des Klatschens neben sich und Sie werden neben und vor sich die im Klatschen auf und ab hüpfenden Hände sehen oder Sie werden das erwartete Klatschen nicht hören und die auf und ab hüpfenden Hände nicht sehen. Sie werden dafür vielleicht andere Laute hören und selber andere Laute erzeugen. Sie werden Anstalten treffen aufzustehen. Sie werden die Sitzflächen hinter sich aufklappen hören. Sie werden unsere Verbeugungen sehen. Sie werden den Vorhang zugehen sehen. Sie werden die Geräusche des Vorhangs bei diesem Vorgang benennen können. Sie werden Ihre Programme einstecken. Sie werden Blicke austauschen. Sie werden Worte wechseln. Sie werden sich in Bewegung setzen. Sie werden Bemerkungen machen und Bemerkungen hören. Sie werden Bemerkungen verschweigen. Sie werden vielsagend lächeln. Sie werden nichtssagend lächeln. Sie werden geordnet in die Vorräume drängen. Sie werden die Hinterlegungsscheine für Ihre Garderobe vorweisen. Sie werden herumstehen. Sie werden sich in Spiegeln sehen. Sie werden einander in Mäntel helfen. Sie werden einander Türen aufhalten. Sie werden sich verabschieden. Sie werden begleiten. Sie werden begleitet werden. Sie werden ins Freie treten. Sie werden in den Alltag zurückkehren. Sie werden in verschiedene Richtungen gehen. Wenn Sie zusammenbleiben, werden Sie eine Theatergesellschaft bilden. Sie werden Gaststätten aufsuchen. Sie werden an den morgigen Tag denken. Sie werden allmählich in die Wirklichkeit zurückfinden. Sie werden die Wirklichkeit wieder rauh nennen können. Sie werden ernüchtert werden. Sie werden wieder ein Eigenleben führen. Sie werden keine Einheit mehr sein. Sie werden von e i n e m Ort zu verschiedenen Orten gehen.

Zuvor aber werden Sie noch beschimpft werden.

Straßenkunst ist nicht seine Sache. Wie er die »Gruppe 47« innerhalb der Gruppe angreift, so das Theater innerhalb des Theaters.

»Seitdem ich erkannt habe, daß ich selber mich durch die Literatur habe ändern können, daß mich die Literatur zu einem andern gemacht hat, erwarte ich immer wieder von der Literatur eine neue Möglichkeit, mich zu ändern, weil ich mich nicht für schon endgültig halte. Ich erwarte von der Literatur ein Zerbrechen aller endgültig scheinenden Weltbilder.«
Peter Handke, 1967

Peter Handke beim 2. Internationalen Frankfurter Forum für Literatur, mit Erich Fried (links) und H. C. Artmann, 1967

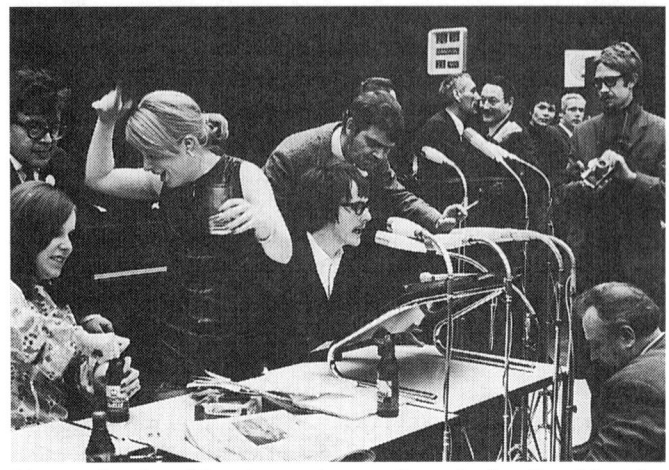

Sie werden beschimpft werden, weil auch das Beschimpfen eine Art ist, mit Ihnen zu reden. Indem wir beschimpfen, können wir unmittelbar werden. Wir können einen Funken überspringen lassen. Wir können den Spielraum zerstören. Wir können eine Wand niederreißen. Wir können Sie beachten.

Dadurch, daß wir Sie beschimpfen, werden Sie uns nicht mehr zuhören, Sie werden uns a n hören. Der Abstand zwischen uns wird nicht mehr unendlich sein. Dadurch, daß Sie beschimpft werden, wird Ihre Bewegungslosigkeit und Erstarrung endlich am Platz erscheinen. Wir werden aber nicht Sie beschimpfen, wir werden nun Schimpfwörter gebrauchen, die Sie gebrauchen. Wir werden uns in den Schimpfwörtern widersprechen. Wir werden niemanden meinen. Wir werden nur ein Klangbild bilden. Sie brauchen sich nicht betroffen zu fühlen. Weil Sie im voraus gewarnt sind, können Sie bei der Beschimpfung auch abgeklärt sein. Weil schon das Duwort eine Beschimpfung darstellt, werden wir von du zu du sprechen können. Ihr seid das Thema unserer Beschimpfung. Ihr werdet uns anhören, ihr Glotzaugen.

Ihr habt das Unmögliche möglich werden lassen. Ihr seid die Helden dieses Stücks gewesen. Eure Gesten sind sparsam gewesen. Ihr habt eure Figuren plastisch gemacht. Ihr habt unvergeßliche Szenen geliefert. Ihr habt die Figuren nicht gespielt, ihr seid sie g e w e s e n . Ihr wart ein Ereignis. Ihr wart die Entdeckung des Abends. Ihr habt eure Rolle g e l e b t . Ihr hattet den Löwenanteil am Erfolg. Ihr habt das Stück gerettet. Ihr wart sehenswert. Euch muß man gesehen haben, ihr Rotzlecker.

Umschlag der Originalausgabe 1966

Ihr seid immer dagewesen. Bei dem Stück hat euch euer redliches Bemühen nichts geholfen. Ihr wart nur Stichwortbringer. Bei euch ist das Größte durch Weglassen entstanden. Durch Schweigen habt ihr alles gesagt, ihr Gernegroße.

Ihr wart Vollblutschauspieler. Ihr begannet verheißungsvoll. Ihr wart lebensecht. Ihr wart wirklichkeitsnah. Ihr zoget alles in euren Bann. Ihr spieltet alles an die Wand. Ihr zeugtet von hoher Spielkultur, ihr Gauner, ihr Schrumpfgermanen, ihr Ohrfeigengesichter.

Kein falscher Ton kam von euren Lippen. Ihr beherrschtet jederzeit die Szene. Euer Spiel war von seltenem Adel. Eure Antlitze waren von seltenem Liebreiz. Ihr wart eine Bombenbesetzung. Ihr wart die Idealbesetzung. Ihr wart unnachahmlich. Eure Gesichter waren unvergeßlich. Eure Komik war zwerchfellerschütternd. Eure Tragik war von antiker Größe. Ihr habt aus dem vollen geschöpft, ihr Miesmacher, ihr Nichtsnutze, ihr willenlosen Werkzeuge, ihr Auswürfe der Gesellschaft.

Ihr wart wie aus einem Guß. Ihr hattet heute einen guten Tag. Ihr wart wunderbar aufeinander eingespielt. Ihr wart dem Leben abgelauscht, ihr Tröpfe, ihr Flegel, ihr Atheisten, ihr Liederjahne, ihr Strauchritter, ihr Saujuden.

Ihr habt uns ganz neue Perspektiven gezeigt. Ihr seid mit diesem Stück gut beraten gewesen. Ihr seid über euch hinausgewachsen. Ihr habt euch freigespielt. Ihr wart verinnerlicht, ihr Massenmenschen, ihr Totengräber der abendländischen Kultur, ihr Asozialen, ihr übertünchten Gräber, ihr Teufelsbrut, ihr Natterngezücht, ihr Genickschußspezialisten.

Ihr wart unbezahlbar. Ihr wart ein Orkan. Ihr habt uns den Schauder über den Rücken gejagt. Ihr habt alles weggefegt, ihr KZ-Banditen, ihr Strolche, ihr Stiernacken, ihr Kriegstreiber, ihr Untermenschen, ihr roten Horden, ihr Bestien in Menschengestalt, ihr Nazischweine.

Ihr wart die richtigen. Ihr wart atemberaubend. Ihr habt unsere Erwartungen nicht enttäuscht. Ihr wart die geborenen Schauspieler. Euch steckte die Freude am Spielen im Blut, ihr Schlächter, ihr Tollhäusler, ihr Mitläufer, ihr ewig Gestrigen, ihr Herdentiere, ihr Laffen, ihr Miststücke, ihr Volksfremden, ihr Gesinnungslumpen.

»Eine Möglichkeit besteht für mich jeweils nur einmal. Die Nachahmung dieser Möglichkeit ist dann schon unmöglich. Ein Modell der Darstellung, ein zweites Mal angewendet, ergibt keine Neuigkeit mehr, höchstens eine Variation. Ein Darstellungsmodell, beim ersten Mal auf die Wirklichkeit angewendet, kann realistisch sein, beim zweiten Mal schon ist es eine Manier, ist irreal, auch wenn es sich wieder als realistisch bezeichnen mag.«
Peter Handke, 1967

»Die *Publikumsbeschimpfung* ist kein Stück gegen das Theater. Es ist ein Stück gegen das Theater, wie es ist. Es ist nicht einmal ein Stück gegen das Theater, wie es ist, sondern ein Stück für sich. Die *Publikumsbeschimpfung* ist ein Stück gegen das Theater, wie es ist, und ein Stück für das Theater, wie es ist und war. Es ist ein Stück gegen das Theater, wie es ist, nur insofern, als es keine Geschichte zum Vorwand braucht, Theater zu machen. Es braucht nicht die Vermittlung einer Geschichte, damit Theater entsteht, es ist unmittelbares Theater. Der Zuschauer braucht nicht erst in eine Geschichte hineinzukommen, es brauchen ihm weder Vorgeschichten noch Nachgeschichten erzählt zu werden: auf der Bühne gibt es nur das Jetzt, das auch das Jetzt des Zuschauers ist. Bequemt

sich der Zuschauer zum Zuhören, so wird ihm dieses Jetzt begreiflich werden. Deswegen geht es zuletzt nicht um die körperliche Reaktion des Zuschauers, sondern um die Reflexion.«
Peter Handke

Peter Handke wurde 1942 in Griffen/Kärnten geboren. 1973 erhielt er den Georg-Büchner-Preis. – Weitere wichtige Werke: *Kaspar* 1968; *Die Innenwelt der Außenwelt der Innenwelt* 1969; *Die Angst des Tormanns beim Elfmeter*. Erzählung 1970; *Wunschloses Unglück*. Erzählung 1972; *Die Stunde der wahren Empfindung*. Erzählung 1975; *Die linkshändige Frau*. Erzählung 1976; *Langsame Heimkehr* 1979 – 1981; *Die Wiederholung*. Roman 1986; *Versuch über den geglückten Tag* 1991; *Die Stunde da wir nichts voneinander wußten*. Schauspiel 1992 © der abgedruckten Handke-Texte: Suhrkamp Verlag Frankfurt am Main.

Ihr habt eine gute Atemtechnik, ihr Maulhelden, ihr Hurrapatrioten, ihr jüdischen Großkapitalisten, ihr Fratzen, ihr Kasperl, ihr Proleten, ihr Milchgesichter, ihr Heckenschützen, ihr Versager, ihr Katzbuckler, ihr Leisetreter, ihr Nullen, ihr Dutzendwaren, ihr Tausendfüßler, ihr Überzähligen, ihr lebensunwerten Leben, ihr Geschmeiß, ihr Schießbudenfiguren, ihr indiskutablen Elemente.

Ihr seid profilierte Darsteller, ihr Maulaffenfeilhalter, ihr vaterlandslosen Gesellen, ihr Revoluzzer, ihr Rückständler, ihr Beschmutzer des eigenen Nests, ihr inneren Emigranten, ihr Defätisten, ihr Revisionisten, ihr Revanchisten, ihr Militaristen, ihr Pazifisten, ihr Faschisten, ihr Intellektualisten, ihr Nihilisten, ihr Individualisten, ihr Kollektivisten, ihr politisch Unmündigen, ihr Quertreiber, ihr Effekthascher, ihr Antidemokraten, ihr Selbstbezichtiger, ihr Applausbettler, ihr vorsintflutlichen Ungeheuer, ihr Claqueure, ihr Cliquenbildner, ihr Pöbel, ihr Schweinefraß, ihr Knicker, ihr Hungerleider, ihr Griesgrämer, ihr Schleimscheißer, ihr geistiges Proletariat, ihr Protze, ihr Niemande, ihr Dingsda.

O ihr Krebskranken, o ihr Tbc-Spucker, o ihr multiplen Sklerotiker, o ihr Syphilitiker, o ihr Herzkranken, o ihr Lebergeschwellten, o ihr Wassersüchtigen, o ihr Schlagflußanfälligen, o ihr Todesursachenträger, o ihr Selbstmordkandidaten, o ihr potentiellen Friedenstoten, o ihr potentiellen Kriegstoten, o ihr potentiellen Unfallstoten, o ihr potentiellen Toten.

Ihr Kabinettstücke. Ihr Charakterdarsteller. Ihr Menschendarsteller. Ihr Welttheatraliker. Ihr Stillen im Land. Ihr Gottespülcher. Ihr Ewigkeitsfans. Ihr Gottesleugner. Ihr Volksausgaben. Ihr Abziehbilder. Ihr Meilensteine in der Geschichte des Theaters. Ihr schleichende Pest. Ihr unsterblichen Seelen. Ihr, die ihr nicht von dieser Welt seid. Ihr Weltoffenen. Ihr positiven Helden. Ihr Schwangerschaftsunterbrecher. Ihr negativen Helden. Ihr Helden des Alltags. Ihr Leuchten der Wissenschaft. Ihr vertrottelten Adeligen. Ihr verrottetes Bürgertum. Ihr gebildeten Klassen. Ihr Menschen unserer Zeit. Ihr Rufer in der Wüste. Ihr Heiligen der letzten Tage. Ihr Kinder dieser Welt. Ihr Jammergestalten. Ihr historischen Augenblicke. Ihr weltlichen und geistlichen Würdenträger. Ihr Habenichtse. Ihr Oberhäupter. Ihr Unternehmer. Ihr Eminenzen. Ihr Exzellenzen. Du Heiligkeit. Ihr Durchlauchten. Ihr Erlauchten. Ihr gekrönten Häupter. Ihr Krämerseelen. Ihr Ja-und-Nein-Sager. Ihr Neinsager. Ihr Baumeister der Zukunft. Ihr Garanten für eine bessere Welt. Ihr Unterweltler. Ihr Nimmersatt. Ihr Siebengescheiten. Ihr Neunmalklugen. Ihr Lebensbejaher. Ihr Damen und Herren ihr, ihr Persönlichkeiten des öffentlichen und kulturellen Lebens ihr, ihr Anwesenden ihr, ihr Brüder und Schwestern ihr, ihr Genossen ihr, ihr werten Zuhörer ihr, ihr Mitmenschen ihr.

Sie waren hier willkommen. Wir danken Ihnen. Gute Nacht.

Sofort fällt der Vorhang. Er bleibt jedoch nicht geschlossen, sondern geht ungeachtet des Verhaltens des Publikums sofort wieder auf. Die Sprecher stehen und blicken, ohne jemanden anzuschauen, ins Publikum. Durch Lautsprecher wird dem Publikum tosender Beifall geklatscht und wild gepfiffen; dazu könnten vielleicht Publikumsreaktionen auf ein Beatbandkonzert durch die Lautsprecher abgespielt werden. Das ohrenbetäubende Heulen und Johlen dauert an, bis das Publikum geht. Dann erst fällt endgültig der Vorhang.

Thomas Bernhard
Das Kalkwerk

Anstatt sich mit der Studie und also mit der Niederschrift der Studie zu beschäftigen, denke er meistens an alle nur möglichen, größtenteils ja schon das Absurde streifenden Ablenkungsarten, wie zum Beispiel aus dem Kalkwerk hinausgehen und mit dem Höller Holz hacken, mit dem Höller in den Wald gehen, Blochziehen, an im Zuhaus zu verrichtende Tischlerei, Besenbinderei, tatsächlich komme es mindestens jeden zweiten Tag, so Konrad zu Wieser, dazu, daß er sich warm anziehe, Arbeitskleidung anlege, wie sich Höller erinnere, und aus dem Kalkwerk hinausgehe, mit Gamaschen um die Knöchel, einer Wollhaube auf dem Kopf, in der langen Lederhose natürlich, in der Absicht, zu den Holzziehern zu gehen, verlasse er sogar das Kalkwerksareal, kehre aber dann doch gleich hinter dem Gestrüpp wieder um, weil ihm, was er vorhabe, unsinnig vorkomme, zurück zur Studie, denke er dann, zur Studie zurück, an den Schreibtisch, zurück zur Vernunft. Kaum sei er aber auf dem Wege zur Vernunft und also auf dem Weg zur Studie, zum Schreibtisch, zu dem Stoß Papier, den er sich für das Niederschreiben der Studie auf dem Schreibtisch bereitgelegt habe, zweifle er, ob es richtig sei, nicht zu den Holzfällern zu gehn und also etwas Unvernünftiges zu tun, sondern sich zum Hundertsten und Tausendsten Male am Schreibtisch zu versu-

Thomas Bernhard, Österreicher wie Peter Handke, entwickelt sich im Verlauf der sechziger Jahre ebenso konsequent zum Opponenten. Wahnsinnige, Krüppel, Abseitige aller Art bevölkern seine Prosa. Sie gewinnt damit eine gerade für diese Zeit schwer erklärliche Anziehungskraft. Bernhard fasziniert durch die Verquickung extrem hoffnungsloser Befunde mit einer Form der Darstellung, die sich selbst durch Wiederholung und Übertreibung immer wieder ins Zwielicht rückt.

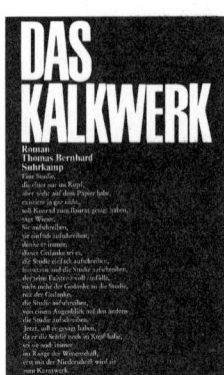

Umschlag der Originalausgabe 1970

»Warum Finsternis? Warum die immer gleiche totale Finsternis in meinen Büchern? Das ist kurz erklärt:
In meinen Büchern ist alles *künstlich*, das heißt, alle Figuren, Ereignisse, Vorkommnisse spielen sich auf einer Bühne ab, und der *Bühne*raum ist total finster. Auftretende Figuren auf einem *Bühnen*raum, in einem *Bühnen*viereck, sind durch ihre Konturen deutlicher zu erkennen, als wenn sie *in der natürlichen* Beleuchtung erscheinen wie in der üblichen uns bekannten Prosa. In der Finsternis wird alles deutlich.«
Thomas Bernhard, 1971

chen und dieser Zweifel verstärke sich mit seinem Wiedereintreten ins Kalkwerk und werde größer und größer mit seiner Annäherung an die Studie, sei er in seinem Zimmer, habe er überhaupt keine Voraussetzung mehr zum Niederschreiben der Studie; jetzt ziehe er sich aber doch endgültig für den Tag aus und lege sich aufs Bett und sinniere, das heißt, versuche nicht zu verzweifeln, was ihm aber nicht gelinge, und er stehe wieder auf, gehe in seinem Zimmer hin und her und warte darauf, daß ihm seine Frau läutet. Läutet sie, gehe ich in ihr Zimmer und sie fragt, ob ich mit der Studie weitergekommen sei, wie immer verneine ich, indem ich auf ihre Frage ganz einfach keine Antwort gebe, soll Konrad zu Wieser gesagt haben, der Satz, *keine Antwort sei auch eine Antwort,* bewahrheite sich in dieser Beziehung zwischen ihnen täglich auf das unerhörteste. Überhaupt, soll er zu Wieser gesagt haben, seien ihm und seiner Frau die sogenannten Sprichwörter im Kalkwerk in der erschütterndsten Weise klar und zur tagtäglichen Wahrheit und Wirklichkeit und Härte geworden. Zu seiner Frau soll er immer wieder in letzter Zeit gesagt haben: in den Wald gehen, zu den Holzarbeitern, mit dem Höller in den Wald gehen oder: mit ihnen Blochziehen. Früher sei er täglich zu den Holzarbeitern in den Wald gegangen, jetzt schon jahrelang nicht mehr. Er habe, ohne daß ihm das bis in die jüngste Zeit zu Bewußtsein gekommen wäre, die sogenannten Kontrollgänge in den Wald eingestellt. Ich gehe nicht mehr ins Sägewerk, ich gehe nicht mehr ins Gasthaus, ich suche den Wieser nicht mehr auf, den Fro nicht mehr, den Baurat suche ich nicht mehr auf, den Forstrat, soll er zu seiner Frau immer wieder gesagt haben und: allein in der bloßen Aufzählung derer, die er nicht mehr aufsuche, soll Konrad zu Wieser gesagt haben, sei so viel Vorwurf gegen seine Frau gewesen, daß sich alle übrigen Vorwürfe daneben erübrigten. Die Studie und du, ihr bringt mich um, soll er in letzter Zeit immer wieder zu Konrad gesagt haben. Oft denke er und das sei ja auch kein Ausweg aus der mehr und mehr furchtbaren Situation, ob er nicht seine Korrespondenz erledigen solle, jahrelang habe er keinen Brief, keine Karte mehr geschrieben, ein riesiger Haufen unbeantworteter Briefe und Karten aus aller Herren Länder liege auf dem Kommodenkasten in seinem Zimmer, auch die Kommodenladen seien vollgestopft mit unbeantworteten Briefen, so viele Leute hätten ihm von Zeit zu Zeit geschrieben, und zwar mit einer Hartnäckigkeit, die ihm unbegreiflich sei, denn, beantwortet man eine Post nicht, bedeute das doch, daß man mit dem Absender nichts mehr zu tun haben wolle, er beantwortete Hunderte und Tausende Karten und Briefe nicht mehr, die Absender gaben aber durchaus keine Ruhe, soll Konrad zu Wieser gesagt haben, sie schrieben immer wieder und immer wieder und erst, nachdem sie jahrelang keine Antwort von ihm, Konrad, erhalten haben, hätten diese unzähligen Absender, zum Großteil Leute, die mir in tiefster Seele zuwider sind, soll Konrad gesagt haben, Ruhe gegeben, ehrlich gesagt, soll er gesagt haben, bekomme ich jetzt schon jahrelang keine Post mehr, meine Frau bekommt noch Post, die unbedeutendste Post, die man sich vorstellen kann, peinliche Briefe von ehemaligen Bediensteten, beispielsweise, die zum Teil aus Anhänglichkeit, zum Teil aus Erberwartung, zum Teil aber auch nur aus dem Grunde, weil sich das jahrhundertelang gehört habe, schreiben, sich ihr in Erinnerung bringen, mag sein, sagte Konrad angeblich zu Wieser, daß der eine oder der andere ihr aus Mitleid schreibt, denn wissen Sie, soll Konrad gesagt haben, zum Unterschied von mir, der ich jede Art von Mitleid verachte, ja, hasse, anerkennt meine Frau das Mitleid sozusagen als Medikament selbst in der niedrigsten Form, in der Kartengrußform, während er ihr jahrelang ausgeredet habe, alle diese Briefe und Karten zu beantworten, weil das im Hinblick auf die mit der Studie zusammenhängende Anstrengung auch ihrerseits doch viel zu viel Mühe mache, habe sie sich über diesen seinen Einfluß hinweggesetzt und doch alle ihre Briefe und Karten, sämtliche Post, beantwortet und das heiße, durch ihn beantworten lassen, denn wie Sie wissen, lieber Wieser, ist meine Frau ja nicht imstande, einen Brief zu schreiben, sie sieht nichts und nimmt sie Bleistift oder Feder in die Hand, kann sie Bleistift und Feder nicht ruhig halten, augenblicklich ist sie die Nervöseste, ihr ganzer Körper lehne sich ja gegen ein Schreiben ihrerseits auf, also er müsse ihre Post in ihrem Namen beantworten, sie unterschreibe nur, er müsse die Antwortbriefe und -karten aufgeben, jedenfalls dafür sorgen, daß der Höller damit in den Ort hineingeht, außerdem koste die Post eine Menge Geld und gerade für Unsinnigkeiten, wie Briefe und Karten an völlig zwecklose Leute, die, seiner Schätzung nach, immer noch in die Hunderte gingen, hätten sie beide kein Geld mehr, aber wie gesagt, soll Konrad zu Wieser gesagt haben, ab und zu denke ich, ob ich selbst nicht plötzlich alle diese unbeantworteten Briefe und Karten an mich in und auf der Kommode beantworten solle, mich da und dort melden, wo man wahrscheinlich seit Jahren glaubt, ich sei längst tot, denn meldet sich ein Mensch wie ich längere Zeit nicht und auch nicht auf zwei oder gar drei Posten, nimmt man doch an, der Mensch sei gestorben, andererseits hörten sie, bin ich tot, davon, mir

»Meine Übertreibungskunst habe ich so weit geschult, daß ich mich ohne weiteres den größten Übertreibungskünstler, der mir bekannt ist, nennen kann. Ich kenne keinen andern. Kein Mensch hat seine Übertreibungskunst jemals so auf die Spitze getrieben, habe ich zu Gambetti gesagt und darauf, daß ich, wenn man mich kurzerhand einmal fragen wollte, was ich denn eigentlich und insgeheim sei, doch darauf nur antworten könne, der größte Übertreibungskünstler, der mir bekannt ist.«
Thomas Bernhard, *Auslöschung*

Thomas Bernhard, 1970

»Warum bin ich eigentlich zum Schreiben gekommen, warum schreibe ich Bücher? *Aus Opposition gegen mich selbst plötzlich*, und gegen diesen Zustand – weil mir Widerstände, wie ich schon einmal gesagt habe, *alles* bedeuten... Ich wollte eben diesen ungeheuren Widerstand, und dadurch schreibe ich Prosa...«
Thomas Bernhard, 1971

fällt ab und zu ein, ob es nicht doch ratsam sei, in was für einer Beziehung wisse er nicht, sich hinzusetzen und alle diese Karten und Briefe zu beantworten, Kontakt wieder aufzunehmen mit allen diesen möglichen Leuten, von welchen er tatsächlich durch das völlige Unterbinden der Korrespondenz überhaupt nichts mehr wisse, also in Erfahrung zu bringen wenigstens, was mit diesen Leuten geschehen ist, die Neugierde befalle ihn wie ein Fieber und tatsächlich setze er sich an den Schreibtisch und denke, er werde die Korrespondenz mit den von ihm vor den Kopf gestoßenen, weil ohne Angabe von Gründen von ihm abgewiesenen, Korrespondenzpartnern wieder eröffnen, aber während er sich Briefpapier herrichte und sich die Feder mit Tinte fülle, denke er plötzlich, daß es doch dumm sei, zu korrespondieren, wo er doch genausogut die Studie niederschreiben könne, in der gleichen Zeit, in welcher er sich den Kopf über ja längst nicht mehr erwartete Antworten an halbvergessene Briefpartner zerbreche, könne er ja mit der Niederschrift der Studie anfangen, daß es besser sei, sich über das Aufschreiben der Studie den Kopf zu zerbrechen, als über zu schreibende nutzlose Briefe, Karten, und er gebe den Gedanken, die durch drei oder vier Jahre absoluten Schweigens seinerseits unterbrochene Korrespondenz wieder aufleben zu lassen, auf und entferne das Briefpapier von seinem Schreibtisch und rücke den für die Niederschrift der Studie bestimmten Papierstoß wieder genau vor sich auf die Schreibtischplatte. Aber kaum habe er den für die Niederschrift bestimmten Papierstoß vor sich und also wieder ideale Verhältnisse für die Studie, sei er unfähig, mit der Niederschrift anzufangen, längere Zeit sitze er da und schaue den Papierstoß an, so lange, bis ihm klar sei, daß er auch dieses Mal wieder nicht mit der Niederschrift anfangen kann, und dann rücke er wieder das Briefpapier vor sich hin und so gehe das mehrere Stunden, einmal liege das Briefpapier, einmal der für die Niederschrift der Studie bestimmte Papierstoß vor ihm, dieses Papierstoßhinpapierstoßher, Briefpapierhinbriefpapierher mache es ihm aber mit der Zeit gänzlich unmöglich, tatsächlich mit der Niederschrift der Studie anzufangen, wie auch die Korrespondenz zu eröffnen, und er eröffne weder die Korrespondenz, noch fange er mit der Niederschrift der Studie an und er gehe schließlich, wie in letzter Zeit beinahe immer, in seinem Zimmer auf und ab, hin und her, kreuz und quer und denke einmal an die Studie und einmal an die abgebrochene Korrespondenz, an die niederzuschreibende Studie und an die eventuell zu eröffnende Korrespondenz und er denke, eine ungeheure Anzahl von Briefen hätte ich zu schreiben und diese ungeheure Schwierigkeit, mit der Studie anzufangen, abwechselnd und denke, ich schreibe keine Briefe, ich schreibe die Studie nicht auf, weder die Briefe schreibe ich noch die Studie und er denke: in allen diesen Briefen müßte ich mich bedanken, immer die gleichen Dankeswörter schreiben, ein Brief wie der andere, und im Grunde seien in allen diesen Briefen nur Forderungen, Geldforderungen und andere Forderungen, Gemeinheiten, Niederträchtigkeiten, einerseits haben die Leute immer Geld haben wollen, andererseits Zuneigung, Befürwortungen, denke er und er könne also diese Briefe gar nicht beantworten, denn er habe weder Geld, noch Zuneigung, noch überhaupt das Geringste für diese Leute übrig. Alle diese Briefschreiber und Kartenschreiber erhofften sich irgend einen Vorteil von mir. Aber im Grunde sind alle diese Briefe hinterhältig und ohne Ausnahme haben diese Briefe und Karten nur die verdeckte oder versteckte oder gar die offen zutage getretene Infamie diktiert. Den ganzen Briefhaufen auf den Dachboden!, denke er, hinauf auf den Dachboden!, denke er und gleich fange er damit an, die Hunderte und Tausende Briefe und Karten auf einen Haufen zu werfen, man erstickt ja beinahe in dem Geruch solcher Hunderter und Tausender Briefe, soll er gesagt haben, gleichzeitig denke er, daß er eine ihn von der Studie ablenkende Beschäftigung habe,

»Man soll sich vorstellen, man ist *im Theater*, man macht mit der ersten Seite *einen Vorhang* auf, der Titel erscheint, totale Finsternis – langsam kommen aus dem Hintergrund, aus der Finsternis heraus, Wörter, die langsam zu *Vorgängen äußerer und innerer Natur*, gerade wegen ihrer Künstlichkeit besonders deutlich zu einer solchen werden.«
Thomas Bernhard, 1971

Thomas Bernhard, geboren 1931 in Heerlen/Holland, starb 1989 in Oberösterreich. 1970 erhielt er den Georg-Büchner-Preis. – Weitere wichtige Werke: *Frost*. Roman 1963; *Amras*. Erzählung 1964; *Die Macht der Gewohnheit*. Komödie 1974; *Die Korrektur* Roman 1975; *Minetti* 1977; *Holzfällen* 1984; *Der Theatermacher* 1984; *Auslöschung* 1986; *Heldenplatz* 1988. Zwischen 1975 und 1982 erschien zudem seine fünfbändige Autobiographie: *Die Ursache, Der Keller, Der Atem, Die Kälte, Ein Kind*. © der abgedruckten Bernhard-Texte: Suhrkamp Verlag Frankfurt am Main.

eine neue Beschäftigung, denn die Briefe auf einen Haufen zu werfen und nach und nach auf den Dachboden hinaufzutragen, sei durchaus etwas Neues zum Unterschied von den zwei, drei Dutzend sich jahrelang immer wiederholenden Beschäftigungen, wie zusammenkehren, aufwischen, Nägel aus den Wänden herausziehen, Schuheputzen, Sockenwaschen et cetera, vor welchen ihn im Grunde längst ekele, vor allen diesen grauenhaften Ablenkungsmanövern, und er packt einen Arm voll Briefe, hat Wieser gesagt, und schleppt ihn auf den Dachboden, wobei er sich, wie immer, bei seinem Eintritt in den Dachboden an dem großen Balken den Kopf anstößt, mit einer solchen Wucht, soll Konrad zu Wieser gesagt haben, daß ich glaube, ich habe mir die Schädeldecke gespalten, aber tatsächlich vergeht der Schmerz und die Verletzung ist schließlich die geringfügigste; mehrere Male, sagt Wieser, schleppt er einen Haufen unbeantworteter Briefe und Karten auf den Dachboden, dabei denkend: diese ganze Korrespondenz ist ein großer Irrtum gewesen, wie überhaupt Korrespondieren ein Irrtum ist! Völlig erschöpft sei er schließlich, auch der letzte Brief ist auf den Dachboden geschleppt, er geht in sein Zimmer und legt sich sofort hin und natürlich war er jetzt zu schwach, um auch nur im mindesten an die Studie zu denken, vor Erschöpfung irritierte ihn jetzt angeblich nicht einmal der Umstand, der ihn jahrelang auf das empfindlichste irritiert haben soll, daß nämlich auf seinem Schreibtisch immer alles so hergerichtet ist, daß er jeden Augenblick mit dem Niederschreiben der Studie anfangen kann, und zu Wieser soll er gesagt haben: gerade weil ich immer sehe, du kannst jeden Augenblick mit der Niederschrift anfangen, alles ist auf deinem Schreibtisch für diesen Augenblick hergerichtet, auf diesen Augenblick bezogen, kann ich die Studie nicht niederschreiben. Er stehe in einem solchen Falle, wenn ihm der Gedanke, gerade durch den Anblick seines für die Studie präparierten Schreibtischs, mit der Niederschrift der Studie nicht anfangen zu können, unerträglich sei, auf und trinke ein Glas Wasser. Und ein zweites Glas Wasser in einem Zuge aus, noch während des Austrinkens aber denke er, ob er sich nicht durch zu rasches Austrinken des Glases fürchterlich verkühlt habe, denn tatsächlich verkühle man sich, trinke man ein Glas kalten Wassers zu rasch und also in einem Zuge aus, davor habe er immer in seinem Leben Angst gehabt, sich durch zu rasches Austrinken eines Wasserglases fürchterlich zu verkühlen, andererseits habe er sich dadurch in seinem Leben niemals verkühlt. Eine Woche bevor er seine Frau erschossen hat, habe er sich aber plötzlich tatsächlich eingebildet, sich durch zu rasches Austrinken eines Wasserglases verkühlt zu haben. Wieser sagt: er, Konrad, habe auf einmal nicht mehr sprechen können, er versuchte zu sprechen, konnte aber nicht. Zur Beruhigung sei er, Konrad, aus der Küche, wo er das Wasser getrunken hatte, wieder auf sein Zimmer gegangen, habe sich hingelegt, sei wieder aufgestanden, fortwährend in der Angst, durch diesen augenblicklichen Stimmverlust möglicherweise nicht in der urbantschitschen Methode fortfahren zu können, daß durch den Stimmverlust das Experimentieren auf einmal ein Ende haben könnte. Und dadurch verliere er vielleicht gar nach und nach die Beziehung nicht nur zur urbantschitschen Methode, sondern schließlich auch zur Studie. Mehrere Male soll er zu sprechen versucht haben, vergeblich. Man könne sich das gespielte Entsetzen, die ehrliche Erleichterung, insgeheime Freude seiner Frau über die Tatsache, daß er auf einmal sprachlos sei, vorstellen, soll Konrad zu Wieser gesagt haben, sei sie mit der Tatsache, daß Konrad die Stimme verloren habe, konfrontiert.

Günter Grass nach einer Wahlveranstaltung, sein Plakat signierend

Nicht nur mit ihrer Literatur suchen die Schriftsteller neue Öffentlichkeiten, sie begeben sich auch in die politische Arena. Am spektakulärsten tut dies Günter Grass. Er legt sich auf eine Partei fest: die SPD.

Die Politisierung der Literatur – Die Politisierung der Schriftsteller

Günter Grass
Es steht zur Wahl

(...)

Es war einmal eine Hebamme, die hatte auf der Hebammenschule in Hannover gelernt, daß ihr Beruf schwer und verantwortlich sei, daß eine Hebamme immer mit einem Fuß im Gefängnis stehe. Mit viel Tatkraft arbeitete sie schlechtbezahlt acht Jahre lang in drei verschiedenen städtischen Krankenhäusern mittelgroßer Städte. Die Bedingungen ihrer Arbeit waren dergestalt, daß sie oft befürchten mußte, mit einem Fuß im Gefängnis zu stehen. Da sie eine resolute Frau war, entlud sich ihre Empörung gelegentlich nach zehn Stunden Dienstzeit. Sie forderte intensive Schwangerenberatung und Schwangeren-Gymnastik. Der Chefarzt, obgleich konservativ, zeigte sich zugänglich, aber es fehlte an Krankenschwestern, Säuglingsschwestern, Betten, am Geld und an ausreichenden Mutterschutzbestimmungen. Die Hebamme nahm sich unbezahlten Urlaub und besuchte einen dreiwöchigen Kurs auf einer Hebammenschule in Süddeutschland. Sie wollte sich fortbilden. Dort kamen ihr Zahlen zu Gesicht, die eindeutig belegten, daß die Mütter- und Säuglingssterblichkeit in der Bundesrepublik nicht mehr verharmlost werden darf. Ein Kraftfahrer der Hebammenschule gab ihr den Rat, in die Gewerkschaft einzutreten. Das wollte sie nicht, weil ja ohnehin die meisten Hebammen und Krankenschwestern nicht organisiert seien. Einmal,

als von den Zuständen und der Säuglingssterblichkeitsquote in einem kleineren Kreiskrankenhaus die Rede war, rief sie aus: »Das ist ja Mord!« Obgleich einige ältere Hebammen entsetzt waren, widersprach ihr niemand. Neuerdings erzählt sie jedem, sogar dem Chefarzt und der Oberschwester, daß sie es satt habe: »Bis jetzt hab ich ja immer treu und brav den Alten gewählt, aber nun langt's mir!«
Soweit meine Geschichte.
Es steht zur Wahl: Herr Ludwig Erhard. Seine Lieblingsworte heißen: redlich, ehrlich, volklich, gnädig. Rasch ist er beleidigt. Da er sich als Volkskanzler sieht, ist jede Kritik an seiner Person volksfremd. Wenn ihm die Argumente ausgehen, bittet er um Vertrauen und sagt: »Billigen Sie mir den Glauben zu, daß ich es gut mit Ihnen meine.« Mit wem? Welchen Interessenverbänden ist er am meisten gewogen? Herrn Berg vom Bundesverband der Deutschen Industrie oder Herrn Rehwinkel, der als Vertreter der Bauern meisterlich umgehen kann mit Herrn Erhard. Was ist aus seiner angekündigten »Sozialgesetzgebung aus einem Guß« geworden? Sinnlose Wahlgeschenke verschlingen Summen, die uns morgen fehlen werden. So wurde den Kriegsversehrten verwehrt, was er den Studenten und Oberschülern vor die Füße geworfen hat: ein Taschengeld. Laßt Euch nicht bestechen. Seid nicht käuflich. Lehnt es ab. Nehmt nicht Gelder, die den Einarmigen zustehen. Seid stolz und verliert den Respekt vor wilhelminischem Plüsch und salbadernder Würde. Wen jedes Schamgefühl hindert, heute die Sprache eines Joseph Goebbels zu benutzen, wer sich wie Ludwig Erhard nicht scheut, von »Entartungserscheinungen in der modernen Kunst« zu sprechen, wer also bereit ist, jene niederen Geister zurückzurufen, die wir vor zwanzig Jahren weichen sahen, wer unsere großen Toten, Alfred Döblin und Paul Klee, Max Beckmann und Else Lasker-Schüler, also alle, die deutsche Kultur in die Welt getragen haben, nochmals, und sei es aus Ignoranz, beleidigt, der sollte nicht zur Wahl stehen. Ein Banause als Bundeskanzler ist eine Zumutung.
Wer spricht hier und zu wem? Jemand, der in Berlin wohnt, nicht wählen darf, aber um jeden Preis mitreden wird. Jemand, der in Berlin nach und nach begriffen hat, in welchem Maße und nach welch listigen Gesetzen Adenauer und Ulbricht, zwei aufeinander angewiesene Todfeinde, ein dickes Jahrzehnt lang zusammengearbeitet haben. Jemand, der den 17. Juni 1953 vom Augenschein kennt und erleben mußte, wie dieser große, traurige und verregnete Tag in beiden Teilen Deutschlands verfälscht worden ist.
Willy Brandt hat am 1. Juli 1953, als damals noch relativ un-

---

Im Jahr 1965 werden die Schriftsteller durch eine Äußerung Bundeskanzler Erhards in den Wahlkampf tiefer hineingezogen, als sie dies aus eigener Kraft hätten zu Wege bringen können. Erhard kommentiert einen kritisch-polemischen Artikel Rolf Hochhuths mit den Worten: »Da hört der Dichter auf, da fängt der ganz kleine Pinscher an.« Diese Worte schallen ihm danach von allen Seiten entgegen.

Günter Grass am Rednerpult während einer Wahlveranstaltung der Sozialdemokratischen Wählerinitiative

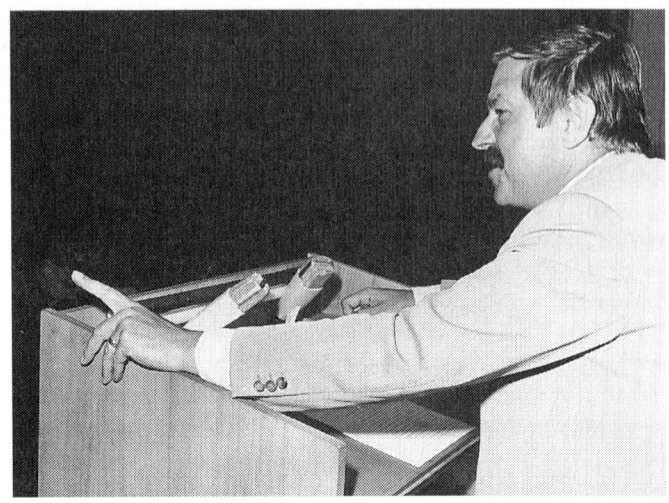

»Ab Mitte der sechziger Jahre hatte uns alle mehr oder weniger die Politik am Wickel. Mich wollte sie lange nicht loslassen. Wahlkämpfe unter eigens entworfenem Signum, dem Es-Pe-De-krähenden Hahn. Gut sieben Jahre lang sollte mich diese Daueranstrengung in Atem halten. Zwar litt nicht das Schreiben darunter, denn die Ausflüge in die Niederungen der politischen Provinz brachten Erfahrungen, Einsichten, neue Grauabstufungen ein, aber das Zeichnen litt unter dem Lärm und Gegenlärm. Es wurde nicht mehr still genug.«
Günter Grass

bekannter Abgeordneter, vor dem Bundestag eine scharfe Rede gehalten. Er hat als erster vor der damals schon beginnenden Verfälschung des Arbeiteraufstandes gewarnt. Wer diese Rede heute liest, wird bestürzt feststellen, daß alle seine Thesen ihre Frische und Dringlichkeit bewahrt haben. Damals hat Willy Brandt in den Wind gesprochen; steht es heute besser um unser Gehör?

Es steht zur Wahl: eine verbrauchte Regierungskoalition, die von Parteien getragen wird, die innerlich zerstritten sind und bewiesen haben, daß sie keiner seriösen Initiative mehr fähig sind. Andererseits bieten die Sozialdemokraten ein reichgefächertes, bis ins letzte Detail belegtes Programm und gleichfalls eine überzeugende personelle Alternative. Es kann nicht meine Aufgabe sein, die SPD und ihr Programm unausgesetzt anzupreisen; Willy Brandt und Professor Schiller, Fritz Erler und Gustav Heinemann, Professor Schellenberg und Helmut Schmidt sind Männer, die ihre Sache zu vertreten wissen.

Meine Aufgabe, heute, heißt anders: Wenn ich jetzt, im Juli, also unzeitgemäß, vom 17. Juni spreche, meine ich, es möge jeder, der heute noch zögert, im September seine Stimme in die Waage zu werfen, bedenken, daß es in Bitterfeld und Magdeburg, in Rostock und Leipzig, in Buna, Leuna und Ostberlin Arbeiter gibt, die vor zwölf Jahren für sich und auch für uns ein Risiko eingegangen sind. Sie würden gerne wählen. Noch behindert Ulbricht ihre Wahl. Wer also zögert, der gebe die passive Haltung auf und wähle für die Arbeiter aus Henningsdorf, für die Optiker aus Jena, für die Bauarbeiter der Stalinallee, damit ihr Aufstand wieder einen Sinn bekommt: Sie rechnen mit uns. Noch rechnen sie mit uns.

Peter Schneider
Wir haben Fehler gemacht

(...)

Wir haben unser Studium fortgesetzt, wir haben die erforderliche Semesterzahl belegt, wir haben die in uns gesetzten Erwartungen nicht enttäuscht. Wir haben die Gesetze des Strafrechts auswendig gelernt, obwohl wir doch nicht an den Sinn der Bestrafung glauben. Wir haben die Gesetze der zweiten Lautverschiebung gelernt, während andere die Notstandsgesetze verabschiedeten. Wir haben uns zur Gotischprüfung gratulieren lassen, während unser Bundespräsident der südafrikanischen Regierung zu ihrer Rassenpolitik gratulierte. Wir haben an die Freiheit der Wissenschaft geglaubt, wie andere an die Freiheit Südvietnams glauben. Wir haben uns ein Doktorthema geben lassen, wir haben ein Doktorthema entgegengenommen, wir haben unsere Doktorarbeit gemacht, wir haben unserem Vater damit eine große Freude gemacht. Wir haben unserem Doktorvater für wertvolle Anregungen gedankt, auch wenn diese Anregungen nicht wertvoll waren. Wir haben unsere Doktorarbeit mit summa cum laude gemacht, obwohl dabei nur unsere Gelehrigkeit gelobt worden ist. Wir haben uns eine sichere Existenzgrundlage geschaffen, obwohl diese Grundlage nichts weiter als sicher war. Natürlich waren wir nicht glücklich dabei, natürlich hatten wir ein schlechtes Gewissen dabei, aber wir haben ja nichts geändert, wir waren ja von unserem Studium lediglich enttäuscht. Haben wir zum Beispiel jemals gesagt, daß wir Heidegger für einen hochbegabten Waldschrat halten? Das haben wir nicht getan. Wie also konnten wir erwarten, durch diesen Mann nicht länger auf Holzwege geführt zu werden. Haben wir jemals klargestellt, daß wir unbedingt erst einmal etwas über Bert Brecht und Peter Weiss erfahren müssen, bevor wir uns mit C. F. Meyer und Theodor Storm abgeben können, und nicht etwa umgekehrt? Das haben wir nicht getan. Was wundern wir uns also, daß unsere Vorlesungen über moderne Literatur von lauter Toten und Greisen handeln. Haben wir in unseren Prüfungen und Seminaren jemals etwas gesagt, was unserem Ärger nahekam? Das haben wir nicht getan. Da mußten wir schon darauf gefaßt sein, daß einer unserer geistreichen Köpfe sich jetzt gegen eine Vorlesungsrezension mit einem Disziplinarverfahren verteidigt. Haben wir gesagt, wie wir uns eine Hauptseminarprüfung, ein Staatsexamen, ein deutsches Lesebuch vorstellen? Was haben wir also dagegen getan, daß wir unsere Universität als Rentner verlassen und

Seit den sechziger Jahren hatten sich Autoren für die SPD ausgesprochen. Aber diese Partei geht nach dem Ende der Kanzlerschaft Erhards zunächst eine Große Koalition mit der CDU/CSU ein. Die Tatsache, daß ausgerechnet diese Regierung sich Notstandsgesetze vornimmt, ist die wichtigste innenpolitische Triebkraft der nun einsetzenden außerparlamentarischen Opposition.

Peter Schneider versucht die Rede des Regierenden Bürgermeisters von Berlin, Klaus Schütz (links), bei der Verleihung der Berliner Kunstpreise am 18. März 1969 zu stören.

daß unsere Kinder schon an ihrem achten Geburtstag zu den Rolling Stones sagen: was für eine undifferenzierte Musik? Wir haben unsere Professoren im Stich gelassen, wir haben unsere Professoren nicht mitgerissen, wir haben mit unseren Professoren nicht halbe-halbe gemacht, nach zehn, nach zwanzig Semestern hatten unsere Professoren immer noch nichts von uns gelernt. So haben wir es zu Verwechslungen kommen lassen, zu denen wir es nicht hätten kommen lassen dürfen. Wir haben es dahin kommen lassen, daß unsere Professoren, statt gemeinsam mit uns den US-Vizepräsidenten Humphrey als Kriegsverbrecher zu denunzieren, uns deswegen als Verbrecher denunzierten. Wir haben es dahin kommen lassen, daß sie uns anläßlich eines Sit-ins, das sich ausdrücklich gegen die unerträgliche Ruhe und Ordnung an dieser Universität richtete, mit einem Hinweis auf Ruhe und Ordnung zu Ruhe und Ordnung zu bringen versuchten. Wir haben es dahin kommen lassen, daß einer unserer seltenen Spezialisten auf dem Gebiet des Marxismus unsere Aktionen mit denen des Faschismus verwechselt hat, was doch wirklich eine wissenschaftliche Fehlleistung ist. Wir haben uns da offenbar nicht klar ausgedrückt, wir wollen uns jetzt klar ausdrücken. Es geht tatsächlich um die Abschaffung von Ruhe und Ordnung, es geht um undemokratisches Verhalten, es geht darum, endlich nicht mehr sachlich zu sein. Wir haben in aller Sachlichkeit über den Krieg in Vietnam informiert, obwohl wir erlebt haben, daß wir die unvorstellbarsten Einzelheiten über die amerikanische Politik in Vietnam zitieren können, ohne daß die Phantasie unserer Nachbarn in Gang gekommen wäre, aber daß wir nur einen Rasen betreten zu brauchen, dessen Betreten verboten ist, um ehrliches, allgemeines und nachhaltiges Grauen zu erregen. Wir haben vollkommen demokratisch gegen die Notstandsgesetze demonstriert, obwohl wir gesehen haben, daß wir sämtliche Ränge des Zivildienstes aufzählen können, ohne irgendeine Erinnerung wachzurufen, aber daß wir nur die polizeilich vorgeschriebene Marschrichtung zu ändern brauchen, um den Oberbürgermeister und die Bevölkerung aus den Betten zu holen. Wir haben ruhig und ordentlich eine Universitätsreform gefordert, obwohl wir herausgefunden haben, daß wir gegen die Universitätsverfassung reden können, soviel und solange wir wollen, ohne daß sich ein Aktendeckel hebt, aber daß wir nur gegen die baupolizeilichen Bestimmungen zu verstoßen brauchen, um den ganzen Universitätsaufbau ins Wanken zu bringen. Da sind wir auf den Gedanken gekommen, daß wir erst den Rasen zerstören müssen, bevor wir die Lügen über Vietnam zerstören können, daß wir erst die Marschrichtung ändern müssen, bevor wir etwas an den Notstandsgesetzen ändern können, daß wir erst die Hausordnung brechen müssen, bevor wir die Universitätsordnung brechen können. Da haben wir den Einfall gehabt, daß das Betretungsverbot des Rasens, das Änderungsverbot der Marschrichtung, das Veranstaltungsverbot der Baupolizei genau die Verbote sind, mit denen die Herrschenden dafür sorgen, daß die Empörung über die Verbrechen in Vietnam, über die vergreiste Universitätsverfassung schön ruhig und wirkungslos bleibt. Da haben wir gemerkt, daß sich in solchen Verboten die kriminelle Gleichgültigkeit einer ganzen Nation austobt. Da haben wir es endlich gefressen, daß wir gegen den Magnifizenzwahn und akademische Sondergerichte, gegen Prüfungen, in denen man nur das Fürchten, gegen Seminare, in denen man nur das Nachschlagen lernt, gegen Ausbildungspläne, die uns systematisch verbilden, gegen Sachlichkeit, die nichts weiter als Müdigkeit bedeutet, gegen die Verketzerung jeder Emotion, aus der die Herrschenden das Recht ableiten, über die Folterungen in Vietnam mit der gleichen Ruhe wie über das Wetter reden zu dürfen, gegen demokratisches Verhalten, das dazu dient, die Demokratie nicht aufkommen zu lassen, gegen Ruhe und Ordnung, in der die Unterdrücker sich ausruhen, gegen verlogene Rationalität und wohlweisliche Gefühlsarmut – daß wir gegen den ganzen alten Plunder am sachlichsten argumentieren, wenn wir aufhören zu argumentieren und uns hier in den Hausflur auf den Fußboden setzen. Das wollen wir jetzt tun.

Erich Fried wurde 1921 in Wien geboren. Er emigrierte 1938 nach England, wo er bis zu seinem Tode lebte. Er starb 1988 in Baden-Baden. Wichtige Werke: *Warngedichte* 1964; *Unter Nebenfeinden* 1970; *Liebesgedichte* 1979; *Gegen das Vergessen* 1987. Im selben Jahr erhielt er den Georg-Büchner-Preis. *Gedicht gegen die APO* und *Justiz der kleinen Schritte* sind dem Band *Die Beine der großen Lügen*, Wagenbach Verlag 1969, entnommen, das Gedicht *Schwächer* dem Band *Anfechtungen*, Wagenbach Verlag 1967.

Erich Fried
Schwächer

Sie werden wieder stärker
Wer denn?
Sie

Wer sollen sie sein?
Sie sollen nicht sein
sie sind nur

Stärker als wer?
Als du
Vielleicht bald als viele

Was wollen sie?
Zunächst
wieder stärker werden

Warum sagst du das alles?
Weil ich es
noch sagen kann

Das kann dir doch schaden?
Gewiß
denn sie werden stärker

Woher weißt du das?
Aus deinen Worten
daß es mir schaden kann

Gedicht gegen die APO

Die Nationalsozialisten
haben uns beigebracht
wie wichtig es war
sich Sozialisten zu nennen

Ganz ähnlich lehren uns heute
die Nationaldemokraten
wie wichtig es ist
zu betonen man sei Demokrat

Die Sozialdemokraten
kämpfen seit eh und je für

demokratischen Sozialismus
das sagt schon ihr Name

Und die Christdemokraten sind demnach
so christlich wie demokratisch
und die FDP
ist auch demokratisch und frei

Wer soviel Demokratie
und Christentum und Sozialismus
und Freiheit nicht würdigen kann
der verdient was ihm blüht

Justiz der kleinen Schritte

1
Vorbeugehaft
ist ein Mittel
das Recht schon im voraus
zu beugen

das man dann in der Verhandlung
und im Urteil
endgültig
bricht

2
In
Vorbeugehaft
gehören
höchstens
jene
von
Rechts
wegen

die
die
Vorbeugehaft
einführen
wollen
von
links
wegen

Ein Autor mit einem literarisch schlüssigen, auch keineswegs unpolitischen, aber durch den Zeitgeist kaum irritierbaren Konzept: Siegfried Lenz. Er hält an seinem Erzählstil, an seinem moralisch kontrollierten Realismus fest.

Deutschstunde

Siegfried Lenz
Deutschstunde

... ich muß die doppelte Deutschstunde nachholen, muß die Arbeit liefern, die ein hagerer, schreckhafter Doktor Korbjuhn und unser Direktor Himpel von mir erwarten. Auf Hahnöfer-Sand, der Nachbarinsel, die ebenfalls elbabwärts liegt Richtung Twielenfleth Wischhafen und auf der, wie bei uns, schwer erziehbare Jugendliche festgehalten und gebessert werden, wäre das nicht möglich: zwar gleichen sich die beiden Inseln sehr, zwar werden sie vom gleichen öltrüben Wasser belagert, von den gleichen Schiffen passiert, von den gleichen Möwen beansprucht, doch auf Hahnöfer-Sand gibt es keinen Doktor Korbjuhn, keine Deutschstunden, keine Aufsatzthemen, unter denen, Ehrenwort, die meisten sogar körperlich leiden. Viele von uns möchten daher lieber auf Hahnöfer-Sand gebessert werden, wo die seegehenden Schiffe zuerst vorbeikommen und wo die knatternde, zerrissene Flamme über der Raffinerie jeden dauerhaft grüßt.

Auf der Schwesterinsel, das ist sicher, hätte ich keine Strafarbeit erhalten, denn dort kann nicht geschehen, was bei uns geschah: hier genügte es, daß ein hagerer, nach Salbe riechender Mensch auf korbjuhnsche Art in den Klassenraum trat, uns höhnisch, aber auch schreckhaft musterte, sich ein »Guten-Morgen-Herr-Doktor« wünschen ließ und ohne Ankündigung, ohne Warnung die Aufsatzhefte verteilte. Er sagte nichts. Er trat vielmehr, und ich meine: genußvoll, an die Tafel, ergriff die Kreide, hob die unansehnliche Hand und schrieb, während ihm der Ärmel bis zum Ellenbogen hinabrutschte, dabei einen trockenen, gelblichen, wenigstens hundertjährigen Arm freigab, das Thema an die Tafel, in seiner geduckten, schrägen Schrift, in der Schräge der Scheinheiligkeit. Es hieß: »Die Freuden der Pflicht«. Ich blickte erschrocken in die Klasse, sah nur gekrümmte Rücken, verstörte Gesichter; da lief ein Zischen von Bank zu Bank, Füße scharrten, Tischplatten wurden mit Seufzern gespickt. Ole Plötz, mein Nebenmann, bewegte seine fleischigen Lippen, las halblaut mit und bereitete seine Krämpfe vor. Charlie Friedländer, der begabt genug ist, nach Belieben blaß, grünlich, jedenfalls alarmierend ungesund zu erscheinen, so daß alle Erzieher ihn spontan von jeder Arbeit befreien – Charlie ließ bereits seine Atemkunst spielen, verfärbte sich zwar noch

Schon in den fünfziger Jahren hatte Siegfried Lenz außergewöhnlich viele Leser erreicht – vor allem mit seinem Erzählungsband *So zärtlich war Suleyken* (1955). In vielen Geschichten aus seiner ostpreußischen Heimat erzählt er die Dinge so, als erzählten sie ihn.

Siegfried Lenz

nicht, machte sich jedoch schon, unter geschickter Mitwirkung der Halsschlagader, Schweißperlen auf Stirn und Oberlippe. Ich zog meinen Taschenspiegel heraus, winkelte ihn in Richtung zum Fenster, fing mir etwas Sonne und warf die Sonne gegen die Tafel, worauf Doktor Korbjuhn sich erschreckt umwandte, mit zwei Schritten die Sicherheit des Katheders gewann und uns von dort herab befahl, anzufangen. Noch einmal flog sein trockener Arm hoch, sein Zeigefinger wies in fordernder Starre auf das Thema: »Die Freuden der Pflicht«, und um allen Fragen auszuweichen, verfügte er: Jeder kann schreiben, was er will; nur muß die Arbeit von den Freuden der Pflicht handeln.

Ich halte meine Strafarbeit – bei gleichzeitiger Einschließung und vorläufigem Besuchsverbot – für unverdient; denn man läßt mich nicht dafür büßen, daß meiner Erinnerung oder meiner Phantasie nichts gelang, vielmehr hat man mir diese Abgeschiedenheit verordnet, weil ich, gehorsam nach den Freuden der Pflicht suchend, plötzlich zuviel zu erzählen hatte, oder doch so viel, daß mir kein Anfang gelang, so sehr ich mich auch anstrengte. Da es nicht beliebige, da es die Freuden der Pflicht sein sollten, die Korbjuhn sich von uns entdeckt, beschrieben, ausgekostet, jedenfalls eindeutig bewiesen wünschte, konnte mir niemand anderes erscheinen als mein Vater Jens Ole Jepsen, seine Uniform, sein Dienstfahrrad, das Fernglas, der Regenumhang, seine in unablässigem Westwind segelnde Silhouette auf dem Kamm des Deiches. Unter Doktor Korbjuhns mahnendem Blick fiel er mir sogleich ein: im Frühjahr, nein, im Herbst, dann also an einem dunklen, windfrischen Tag im Sommer schob er sein Fahrrad wie immer

1968 wird Siegfried Lenz zum Bestsellerautor. Sein Roman *Deutschstunde* erreicht schon im Jahr seines Erscheinens eine Auflage von hunderttausend Exemplaren. Lenz erinnert sich an die hochgezogenen Augenbrauen mancher Kollegen: Frage dich, was du falsch gemacht hast, daß dieses Buch ein Bestseller geworden ist. Lenz dürfte sich nicht gefragt haben. Er schreibt nicht für seine Kollegen, er schreibt für seine Leser.

»In einer von den Wissenschaften erhellten Welt sieht sich die Literatur vor allem auf eine Erscheinung verwiesen: nämlich auf das deformierte und verdunkelte Bild des ratlosen Individuums, dessen Ratlosigkeit und Wehrlosigkeit auch dann nicht aufhört, wenn es im Besitz der letzten glanzvollen Erkenntnisse ist. Da ist mit unparteiischer Wissenschaftstheorie nichts auszurichten. Hier aber, glaube ich, beginnen die Aufgaben einer Literatur von erklärter Parteilichkeit. Die Herkunft einer allgemeinen Trauer zu bestimmen; das Scheitern unserer Entwürfe zu begründen; die Furcht verständlich zu machen und der Hoffnung Namen zu geben: Und ich stelle mir vor, daß auch diese Versuche nicht fehlen dürfen: den Schrecken zu neutralisieren und die Not als veränderbar zu beschreiben; die Chancen der Sprache zu erproben und zu belegen, daß es richtiges und falsches Handeln gibt.«
Siegfried Lenz

zum schmächtigen Ziegelweg hinab, hielt, wie immer, unter dem Schild »Polizeiposten Rugbüll«, brachte die Pedale, indem er das Hinterrad hob, in die erwünschte Ausgangsstellung, verschaffte sich wie immer mit zwei Stößen den nötigen Schwung zum Aufsitzen und fuhr, zunächst schlingernd, stuckernd, vom Westwind aufgebauscht, ein Stück in Richtung zur Husumer Chaussee, die nach Heide und Hamburg weiterführt, bog beim Torfteich ab und fuhr, jetzt mit seitlichem Wind, an den maulwurfsgrauen Gräben entlang zum Deich, wie immer an der flügellosen Mühle vorbei, saß hinter der Holzbrücke ab und schob das Fahrrad schräg den wulstigen Deich hinauf, gewann dort oben, vor der Leere des Horizonts, eine unerwartete, den Raum betreffende Bedeutung, schwang sich abermals in den Sattel und segelte nun, eine einsame Tjalk, mit prallem, geblähtem und fast explodierendem Umhang, auf dem Kamm des Deiches entlang, nach Bleekenwarf, wie immer nach Bleekenwarf. Nie vergaß er seinen Auftrag. Wenn der Herbstwind Korvetten über den Himmel von Schleswig Holstein trieb: mein Vater war unterwegs. Im scheckigen Frühjahr, bei Regen, an trüben Sonntagen, morgens und abends, in Krieg und Frieden schwang er sich auf sein Fahrrad und strampelte in die Sackgasse seiner Mission, die ihn immer nur nach Bleekenwarf führte von Ewigkeit zu Ewigkeit, Amen.

Dies Bild, wie gesagt, diese mühselige Fahrt, zu der der Außenposten der Landpolizei Rugbüll – der nördlichste Polizeiposten Deutschlands – andauernd aufbrach, gelang meiner Erinnerung sofort, und um Korbjuhn zu dienen, dachte ich mich noch näher heran, band mir einen Schal um, ließ mich auf den Gepäckträger des Dienstfahrrades setzen und fuhr einfach mit nach Bleekenwarf wie so oft, hielt mich, wie so oft, mit klammen Fingern am Koppel meines Vaters fest, während der Gepäckträger mir mit seinem harten Gestänge rote Flecken in die Oberschenkel kniff. Ich fuhr mit und sah uns gleichzeitig gegen den Hintergrund unentbehrlicher Abendwolken, gemeinsam auf dem Deich entlangfahren, ich spürte die Windstöße frei und scharf von der Einöde des Watts und sah uns beide von fern schwanken unter denselben Windstößen, und ich hörte meinen Vater stöhnen vor Anstrengung, nicht verzweifelt oder zornig über den Wind, sondern nur ordnungsgemäß stöhnen und, wie mir schien, mit heimlicher Genugtuung. Am Watt, am schwarzen winterlichen Meer entlang, fuhren wir nach Bleekenwarf, das ich kannte wie kein Anwesen außer der zerfallenden Mühle und unserm Haus; ich sah es daliegen auf schmutzigem Erdsockel, von Erlen flankiert, deren Kronen scharf gestriegelt und nach Osten hingebogen waren, ich versetzte mich vor das schwingende Holztor, öffnete es, blickte forschend auf Wohnhaus, Stall, Schuppen und das Atelier, aus dem mir, wie so oft, Max Ludwig Nansen zuwinkte, listig und vorsorglich drohend.

Sie hatten ihm damals verboten zu malen, und mein Vater, der Polizeiposten Rugbüll, hatte die Einhaltung des Malverbots zu überwachen durch alle Tages- und Jahreszeiten; er hatte, um das auch zu erwähnen, jede Erfahrung und Entstehung eines Bildes zu unterbinden, alle unerwünschten Behauptungen des Lichts, überhaupt polizeilich dafür zu sorgen, daß in Bleekenwarf nicht mehr gemalt wurde. Mein Vater und Max Ludwig Nansen kannten sich lange, ich meine: seit ihrer Kindheit, und da sie beide aus Glüserup stammten, wußten sie, was sie voneinander zu erwarten hatten, und vielleicht auch, was ihnen bevorstand und was einer dem anderen bereiten würde bei längerer Dauer der Lage.

Weniges liegt so wohlverwahrt im Tresor meiner Erinnerung wie die Begegnungen zwischen meinem Vater und Max Ludwig Nansen; deshalb schlug ich zuversichtlich mein Heft auf, legte meinen Taschenspiegel daneben und suchte die Fahrten meines Vaters nach Bleekenwarf zu beschreiben, nein, nicht allein die Fahrten, sondern auch all die Finten und Fallen, die er sich ausdachte für Nansen, die schlichten und komplizierten Listen, Pläne, die seinem langsamen Argwohn einfielen, Tricks, Täuschungen und, weil Doktor Korbjuhn es sich gewünscht hatte, schließlich auch die Freuden, die bei der Ausübung der Pflicht wohl abfielen. Es gelang nicht. Es glückte nicht. Immer wieder setzte ich an, schickte meinen Vater den Deich hinab, mit und ohne Umhang, bei Wind und bei Windstille, mittwochs und sonnabends: es half nicht. Da herrschte zuviel Unruhe, zuviel Bewegung und liederliche Fülle; noch bevor er Bleekenwarf erreichte, verlor ich ihn aus den Augen, weil es einen Aufruhr von Möwen gab, weil ein alter Torfkahn mit seiner Fracht kenterte oder ein Fallschirm über dem Watt schwebte.

Vor allem aber lief über den Vordergrund eine kleine, unternehmungslustige Flamme, die alle erinnerten Bilder und Begebenheiten versehrte, sie schmelzen und auflodern ließ, und, wenn die Flamme sie nicht erwischte, krümmte oder verkohlte oder, was auch vorkam, sie unter dem Zittern ihrer Glut verbarg.

So versuchte ich's von der anderen Seite, dachte mich nach Bleekenwarf, um hier meinen Anfang zu finden, und grauäugig, listig bot sich Max Ludwig Nansen an, mir beim Trich-

»Jede Sichtung, jede Überprüfung kann nur darauf hinauslaufen, daß wir mit anderen Augen sehen lernen: mit unseren Augen. Der Befund, der ermittelt wird, entspricht uns allein, verweist zu einem guten Teil auf die Bedingungen und Möglichkeiten unseres Lebens. Literatur erweist sich als ein Prozeß, über dessen Ergebnisse wir uns immer von neuem zu versichern oder zu einigen haben. Was wir erwarten können: definitive Vorläufigkeit.«
Siegfried Lenz

»Das immerhin zeigt die Literatur und mehr noch ihre Geschichte: es gibt keinen gesicherten, keinen endgültigen Besitz. Die Formen schwanken, Konflikte und Themen haben ihre Gezeiten, auf das überlieferte Bild des Autors ist kein Verlaß.«
Siegfried Lenz

Siegfried Lenz wurde 1926 in Lyck/Masuren geboren. – Weitere wichtige Werke: *Es waren Habichte in der Luft.* Roman 1951; *Brot und Spiele.* Roman 1959; *Das Vorbild.* Roman 1973; *Der Geist der Mirabelle.* Erzählungen 1975; *Heimatmuseum* 1978; *Der Verlust.* Roman 1981; *Exerzierplatz.* Roman 1985; *Die Klangprobe* 1990. © der abgedruckten Lenz-Texte: Verlag Hoffmann und Campe, Hamburg.

tern der Erinnerung zu helfen: er lenkte meinen Blick auf sich, trat mir zuliebe aus seinem Atelier, tappte durch den Sommergarten zu den oft gemalten Zinnien, stieg langsam den Deich hinauf, wobei sich ein schweres, beleidigtes Gelb über den Himmel legte, das von dunklem Blau durchzuckt wurde, hob ein Fernglas und blickte nur eine Sekunde in Richtung Rugbüll, das genügte, um plötzlich ins Haus zu stürzen und sich im Innern zu verstecken. Fast hatte ich einen Anfang gefunden, als das Fenster aufgestoßen wurde und Ditte, Max Ludwig Nansens Frau, mir, wie so oft, ein Stück Streuselkuchen herausreichte. Da bot sich einfach zu viel an; ich hörte eine Schulklasse in Bleekenwarf singen; ich sah wieder eine kleine Flamme, ich hörte die Geräusche, die mein Vater bei nächtlichem Aufbruch verursachte. Jutta und Jobst, die fremden Kinder, überraschten mich im Schilf. Jemand warf Farben in den Tümpel, der in dramatischem Orange aufleuchtete. Ein Minister sprach in Bleekenwarf. Mein Vater salutierte. Große Autos mit fremdem Nummernschild hielten in Bleekenwarf. Mein Vater salutierte. Ich träumte in der zerfallenden Mühle, im Versteck, wo die Bilder lagen: mein Vater führte eine Flamme an der Leine, löste das Halsband und befahl der Flamme: »Such!«

Immer mehr verschränkte, überschnitt, verwirrte sich alles, bis mich auf einmal Korbjuhns warnender Blick traf; da reinigte ich, sozusagen, in gesammelter Anstrengung die von Gräben durchschnittene Ebene meiner Erinnerung, schüttelte die Nebenerscheinungen ab, um alles unverdeckt und leicht abbildbar vor mir zu haben, besonders meinen Vater und die Freuden der Pflicht. Ich erreichte es auch, hatte gerade alle entscheidenden Personen zu einer Paradeformation unter dem Deich aufgestellt, wollte sie auch schon vor mir defilieren lassen, als Ole Plötz, mein Nebenmann, aufschrie und sich in erfolgreichen Krämpfen aus der Bank fallen ließ. Der Schrei kappte alle Erinnerung, ein Anfang gelang mir nicht mehr, ich gab auf, und als Doktor Korbjuhn die Hefte einsammelte, gab ich ein leeres Heft ab.

V 1973-1979

Erzähler der DDR

Christa Wolf
Kindheitsmuster

(...)
Heute – wir schreiben den 31. August 1974 –, am fünfunddreißigsten Jahrestag des Führerbefehls, der den zweiten Weltkrieg auslöste, widmen die Zeitungen ihre diesem Datum zukommenden Kommentare. Kein neuer Krieg scheint irgendwo in der Welt begonnen zu haben.
Obwohl die verfeindeten Seiten im Nahen Osten weiter rüsten; Zehntausende von Menschen auf Zypern unter den Folgen eines dieser »begrenzten Kriege« leiden, die in Mode gekommen sind (unter ihnen jene alte Griechin, deren Weinen auf dem Bildschirm dich an das Weinen deiner Großmutter erinnert); obwohl in Vietnam gekämpft, in Chile gefoltert wird: Die größten Unglücke dieses Tages sind das Eisenbahnunglück im Bahnhof der jugoslawischen Stadt Zagreb und die Überschwemmungskatastrophe in Bangladesh.
Der heutige Tag ist, wie jeder Tag, auch die Spitze eines Zeitdreiecks, dessen zwei Seiten zu zwei anderen – zu beliebig vielen anderen – Daten führen: 31. August 1939. Von morgen früh an wird zurückgeschossen. 29. Januar 1945: Ein Mädchen, Nelly, plump und steif in doppelt und dreifach übereinandergezogenen Sachen (geschichtsplump, falls dieses Wort etwas sagt), wird auf den Lastwagen gezerrt, um die in der deutschen Dichtung und im deutschen Gemüt so tief verankerte Kindheitsstätte zu verlassen.
Heute, an diesem heißen Tag, da durch die offene Balkontür das Geraschel der Pappelblätter, fernes Hundegebell und Motorengeräusch eines einzelnen Motorrades hereinkommt. Heute, da dir – ein seltenes Glück – auch das Unbedeutende nur das Gefühl steigern kann, zu leben: das Essen, der Wein am Mittag, die paar Seiten eines Buches, die Katze, das Schlagen der Uhr aus dem Zimmer, in dem H. über seinen Bildern sitzt, die Sonnenreflexe auf dem Schreibtisch. Der Schlaf nach dem Mittagessen und der zwielichtige Traum. Das Gedicht, das du liest, in dem es heißt: Hüte dich vor der Unschuld / deiner Weggenossen. Vor allem anderen aber die fünf Tagesstunden über diesen Seiten, der feste Kern eines jeden Tages, vom wirklichen Leben das Wirklichste. Ohne die sich alles, Essen und Trinken, Liebe, Schlaf und Traum in rasender, angstvoller Eile entwirklichen würde. Das ist richtig und soll so sein.

Die Bevorzugung der Exilautoren und die Pflichtübungen der Produktionsliteratur in der DDR lassen in den sechziger Jahren allmählich nach. So kann erstmals von einer eigenständigen DDR-Literatur gesprochen werden, das heißt von einer Literatur, die das Gewordensein dieses Staates reflektiert.

Christa Wolf gehört zu den bedeutendsten der jetzt auftretenden jungen Autoren, die ihr ganzes Erwachsenenleben in der DDR verbrachten. Große Aufmerksamkeit, Kritik und Anerkennung erringt sie mit ihrem Buch *Der geteilte Himmel* aus dem Jahre 1963, das auch bald verfilmt wird. Es ist die Geschichte eines Paares, das sich trennt, weil sie immer noch im Osten die Chance für ein neuartiges Zusammenleben sieht, während ihm, in Erinnerung an den Nationalsozialismus, jegliches Kollektiv zuwider ist.

Christa Wolf

Christa Wolf ist Kommunistin, Parteimitglied seit Bestehen der DDR, aber sie berauscht sich nicht an Ideen und sogenannten Errungenschaften. Und das Thema der deutschen Teilung spricht sie differenzierter an als je zuvor in der DDR geschehen. Ihr nächster Roman wird von dem Staat, zu dem sie sich bekennt, vorsorglich bei geringer Auflage gehalten. *Nachdenken über Christa T.* (1968) offenbart allzu grüblerische Neigungen.

Heute macht es dir nichts aus, dir jenen bitterkalten Januartag zurückzurufen.

Man will nun also abfahren, macht schnell, beeilt euch, es wird spät. Nelly, schon im Lastauto, streckt den Arm aus, ihrer Mutter noch hereinzuhelfen. Die aber tritt plötzlich zurück, schüttelt den Kopf: Ich kann nicht. Ich bleibe hier. Ich werde doch nicht alles im Stich lassen. Folgte ein Tumult aus dem Wagen heraus, Rufe, Beschwörungen, Schreie sogar – die Großmutter, die Tanten! –, ein Tumult, an dem Nelly sich nicht beteiligte. Es war ja unglaubhaft, was geschah. Folgte ein kurzer Dialog zwischen Tante Lucie und Charlotte, in dessen Verlauf die Obhut über die Kinder besonders Tante Lucie übertragen wurde – eine vernünftige Wahl! – wofür Charlotte versprach, sich um ihren Bruder, Lucies Mann, Onkel Walter, zu kümmern, der in seinem Betrieb, Maschinenfabrik Anschütz & Dreißig, »die Stellung hielt«. Folgte gleich darauf das Anrucken des Wagens: Alfons Radde, mit Recht ungehalten, wartete nun keine Minute länger. Sollte zurückbleiben, wer nicht mitwollte. Ein schrilles Aufheulen aus dem Wageninnern, das abebbte, da Charlotte sich schnell aus dem Blickfeld der Davonfahrenden entfernte. Das Haus sah Nelly noch, die Fenster, hinter denen die überaus vertrauten Räume lagen, über den Schaufenstern die roten Buchstaben: Bruno Jordan, Lebensmittel, Feinkost. Zuletzt die Pappel. Jahre später, als die Betäubung sich aufzulösen begann, hat Nelly sich jede Minute dieses letzten Tages, den ihre Mutter in ihrer Heimatstadt verbrachte, vorzustellen versucht. Der Augenblick,

da der Lastwagen ihren Blicken entschwunden ist, sie wie angenagelt steht.
Nun ist es zu spät. Den Gedanken, daß sie ihre Kinder verloren hat, muß sie sich verbieten. Hastig läuft sie die Treppe hoch, zurück in die verwüstete Wohnung. Ordnung schaffen, für alle Fälle erst mal Ordnung schaffen. In Schränke und Fächer zurücklegen, stellen, schichten, was hierbleiben mußte und herumlag. Das Führerbild von der Wand nehmen (auf den Schreibtisch klettern, um heranzukommen), es im Keller stumm mit dem Beil zerschlagen und es im Heizungsofen verbrennen. Plötzlich, als sie in die Wohnung zurückkommt, wie vom Blitz gerührt stehenbleiben: Sie hatte ja hier nichts mehr zu tun. Sie war ja ganz und gar verrückt, daß sie hiergeblieben war. Sie wußte ja überhaupt nicht, wohin ihre Kinder fuhren und wie sie sie je wiederfinden sollte. Rasend schnell verfielen die Gründe, die sie sich eingeredet hatte: Hüter von Haus und Herd sein, dem Mann für Hab und Gut verantwortlich sein, den Kindern ihr Erbe erhalten. Aber das ist ja Wahnsinn, wird sie vor sich hin gesagt haben. Das ist ja kompletter Wahnsinn.
Ihr wurde klar, daß sie Informationen brauchte. Das Telefon war schon tot, die Lage schien ernst zu sein. Ein Einfall: Leo Siegmann, der Buchhändler, Bruno Jordans Freund, ist in der Materialverwaltung der General-von-Strantz-Kaserne. Wenn einer, kann der ihr sagen, wie es steht. Sie dringt, zum Äußersten entschlossen, zu ihm vor. Siegmann, bleich, vernichtet gerade die letzten wichtigen Papiere, danach wird er unverzüglich das Weite suchen: Und wenn er laufen müßte. Die Garnison hat Abmarschbefehl. Ein Blick auf den Kasernenhof überzeugt Charlotte: Alles ist verloren. Sie weiß nun Bescheid. Aus der Traum, sagt sie zu Leo Siegmann. Und wo bleibt euer Endsieg?
Jetzt flieht auch sie.
Lenka tritt ein. Sie muß noch etwas erzählen. Gestern abend, als sie von ihrer Jugend-Tourist-Reise nach Živohošť' bei Prag zurückkam, hat sie etwas Wichtiges vergessen: nämlich welche Lieder unsere Touristen im sozialistischen Ausland singen. Oder ahnst du, was sie singen, wenn sie sich abends mit Prager Bier vollaufen lassen?
Warum ist es am Rhein so schön, vermutest du.
Nein, diesmal nicht. Diesmal zwei andere Lieder. Das erste: Es gibt kein Bier auf Hawaii, es gibt kein Bier.
Kenn ich, sagst du. Und das zweite?
Lenka sagt: In einem Polenstädtchen. Das kennst du nicht?
Nein.

Christa Wolfs bedeutendes Buch zur Geschichte und zur Vorgeschichte der DDR trägt den Titel *Kindheitsmuster* (1976). Wieder ist es eine Frau, die ihre Existenz in diesem Staat bedenkt, und wieder ist der autobiographische Anteil groß. Es geht der Erzählerin darum, das Kind zu entdecken, das in ihr verborgen ist und das seine Prägung in der Zeit vor 1945 erfuhr. Es geht also darum, diese Geschichte endlich einmal ernst zu nehmen als Vorgeschichte auch der DDR.

Christa Wolf
KINDHEITSMUSTER

Das Vergangene ist nicht tot; es ist nicht einmal vergangen. Wir trennen es von uns ab und stellen uns fremd.
Christa Wolf, Beginn des Romans *Kindheitsmuster*

»Es ist mir öfter passiert, in Gesellschaft zu geraten von Menschen etwa meines Alters, etwas älter auch, die nur ein paar Schnäpse brauchen, ein paar Gläschen Wein, um eine ganz andere Schicht ihrer Person aus sich hervorzukehren und ganz andere Lieder zu singen, als sie eben noch gesungen haben.«
Christa Wolf, 1975

»Wie sind wir so geworden, wie wir sind? Das ist eigentlich eine Frage, der ich etwas näherzukommen suche. Ich denke, daß etwas davon im Laufe des Buches aufdämmern wird. Denn ich glaube, daß so manches, was unsere Generation heute tut oder nicht tut, noch mit der Kindheit zusammenhängt. Wenn die Kindheit wirklich eine wichtige Zeit im Leben eines Menschen ist, dann sollten wir nicht so tun, als ob wir, als wir sechzehn waren, als der Faschismus zu Ende war, nun »neue Menschen« werden konnten. Und daß eine so verbrachte Kindheit ohne Folgen bleiben kann.«
Christa Wolf, 1975

Aber ich. »In einem Polenstädtchen, / da lebte einst ein Mädchen, / die war so schön, so wunderschön, / die war das allerschönste Kind, / das man in Polen findt, / aber nein, aber nein, sprach sie, / ich küsse nie.«
Geht es noch weiter? fragst du. Die Wut und die Lust, in singende Gesichter zu schlagen, die kennst du auch.
Das Lied hat drei Strophen. Von den beiden letzten kannte Lenka nur Bruchstücke. In der zweiten Strophe, wußte sie, passiert »es«. Worauf »das Polenmädchen« sich erhängt, einen Zettel um den Hals, »worauf geschrieben stand: / Ich hab's einmal probiert / und bin krepiert.«
Die waren wirklich von uns, Lenka?
Was denkst du denn!
Wie alt?
Zwischen zwanzig und dreißig. – Aber es kommt noch besser. Weißt du, wie die dritte Strophe ausgeht?
Ja?
»Nimm dir ein deutsches Mädchen bloß, / das nicht beim allerersten Stoß / krepieren muß.«
In diesem Frühherbst wird es abends schnell kühl. Heute geht der meteorologische Sommer zu Ende. Du weißt, daß man es sich nicht wünschen darf, schneller alt zu werden. Im Zeit-Sinn leben! Man muß dem Sinn der Zeit eine Chance lassen, daß er sich einem zeige. Heute vor fünfunddreißig Jahren hat mit der Eroberung von Polenstädtchen durch deutsche Soldaten ein großer Krieg begonnen. Mit einmal ist dir das Interesse dafür abhanden gekommen, zu beschreiben, wie einige Leute – Deutsche – das Ende dieses Krieges erlebt haben. Diese Leute können dir gestohlen bleiben. Ein Lied, in diesem Sommer 74 von Deutschen gesungen, hat dir jede Anteilnahme an ihnen genommen.
Was haben denn die Tschechen dazu gesagt, Lenka? – Die haben nur groß geguckt und gegrinst.
Die Sänger werden keine Zeile dieses Buches lesen. Sie haben nicht hingesehen, als, vor nun schon zwei Jahren, drei polnische Frauen, die im deutschen KZ Ravensbrück »medizinischen Experimenten« unterworfen waren, vor der Fernsehkamera aussagten. Die eine war gegen ihren Willen und ohne Notwendigkeit operiert worden. Der anderen hatte man eine Spritze in die Brust gegeben, die danach hart und schwarz geworden ist und abgenommen werden mußte. (»Ich mußte immer daran denken, daß ich nie einen Mann haben würde, keine Kinder, kein Zuhause. Nichts.«) Die dritte war nach gewaltsam verabreichten Injektionen jahrelang über und über von Geschwüren bedeckt. Sie bekam 1950 ein Kind, Jadwiga.

Das schrecklich entstellte Gesicht dieses jungen Mädchens erschien plötzlich groß auf dem Bildschirm.
Warum haben sie sich ein Kind gewünscht! hat die Geburtshelferin, eine Professorin, nach der Entbindung zu Jadwigas Vater gesagt. Es ist doch vollkommen klar, daß diese Verkrüppelung eine Folge des KZ-Aufenthalts Ihrer Frau ist... Jadwiga sprach selbst. Sie weinte. Die dreiundzwanzig Jahre des Lebens auf dieser Welt seien ihr ein fortwährender Alptraum gewesen. Ihr einziger Trost sei, daß sie lernen könne. Sie studierte Mathematik an der Universität Warschau, gehe aber nicht in die allgemeinen Vorlesungen, das wäre zu schwer für sie. Sie sagte: Ich möchte leben wie alle Menschen und etwas Gutes für die Menschen tun, das ihnen nützt.
Keine Zeile mehr. Abend. Im Fernsehen singt ein Chor schwarzer alter Männer: O when the Saints go marchin' in...
Bach-Musik.
Das Zugunglück in Zagreb ist auf menschliches Versagen zurückzuführen.
In G. (vormals L.), einem Polenstädtchen, habt ihr am Sonntag, dem 11. Juli 1971, früh gegen neun in einer Milchbar am Marktplatz gefrühstückt.
»Ich habe viel aufgeschrieben, um das Gedächtnis zu begründen.« Johann Wolfgang Goethe.

Christa Wolf wurde 1929 in Landsberg/Warthe geboren. – Weitere wichtige Werke: *Kein Ort. Nirgends.* Erzählung 1979; *Gesammelte Erzählungen* 1980; *Kassandra.* Erzählung 1983; *Voraussetzungen einer Erzählung: Kassandra.* Frankfurter Vorlesungen 1983; *Störfall* 1987. © des abgedruckten Wolf-Textes: Hermann Luchterhand Verlag, Darmstadt und Neuwied.

Hermann Kant
Das Impressum

(...)
Sie waren beide abgehetzt und froh, als die wilden Pfingsttage mit der Abschlußkundgebung zu Ende gegangen waren. Sie waren heiser vom hundertfachen Sang des Liedes »Blaue Fahnen nach Berlin«, und am Eingang zum Wedding, kurz hinterm neuen Walter-Ulbricht-Stadion und schon im französischen Sektor von Berlin, waren sie auf heftige Abneigung gegen Lied und blaue Fahnen gestoßen, waren zurückgeknüppelt worden über die Grenze, dorthin zurück, wo Fahnen und Lieder zu Hause waren, und Franziska war es, auch dank der Schläge am Wedding, leicht geworden, einzustimmen in die Lieder und Schwüre, die zum Abschied noch einmal von Jugend und Frieden sprachen. Sie tranken im überfüllten Berolinakeller am Alex einen schlimmen Wein und bummelten Richtung Friedrichstraße durch die Nacht, die immer noch nicht ruhig war. Auf dem Marx-Engels-Platz tanzten noch ein paar hundert Verrückte Laurenzia unter dem riesigen Stalin-

Zur gleichen Generation wie Christa Wolf gehört Hermann Kant: ein scheinbar vergleichbarer, in Wirklichkeit ganz anderer Fall. Auch er ist Parteimitglied, auch er ein in den sechziger Jahren aufsteigender Stern der DDR-Prosa, rasch bekannt werdend und Einfluß gewinnend, vor allem mit seinem Roman *Die Aula* (1965).

> »Ich schrieb ›Die Aula‹, einen Roman, in dem ein überaus wichtiges Teil meines Lebens steckt. Teil meines Lebens nicht nur im Sinne von: Teil meines Erlebens, sondern vielmehr noch im Sinne von: Teil dessen, wofür ich lebe. Erzählt wird von einem revolutionären Vorgang, berichtet wird vom Sozialismus, Bekenntnis ist hier zur sozialistischen Revolution. Aus ihr bin ich gekommen, an ihr hatte ich teil, für sie kämpfe ich.«
> Hermann Kant, 1969

bild, das an einem Fesselballon im Himmel hing. Vier Scheinwerfer beleuchteten von den beiden Spreearmen her den lächelnden Generalissimus.

Franziska und dieser Helmut sahen lachend den Tänzern zu, da schrie einer der Laurenzia-Turner: »Hallo, Jugendfreundin, liebste Fotografin, mach ein Bild von uns; mir hier beim völkerverbindenden Danze, das gibt eine Freude in Schmilka!«

»Geht leider nicht«, sagte Franziska, »mir sind die Blitzer ausgegangen, und das Licht reicht nicht.«

Aber auch den anderen Tänzern schien es nun äußerst dringlich, daß ein Foto von ihren Kniebeugen angefertigt werde, und sie bejubelten den Vorschlag ihres Wortführers: »Mir fragen die Freunde, ob sie manchmal einen Strahl vom teuren Genossen Josef Wissarionowitsch abzweichen möchten, da möcht's doch reichen mi'm Lichte!«

»Das geht doch nicht«, sagte Franziska, aber Helmut legte den Arm um sie und sagte: »Warte hier; ich versuche es.«

Wenn er das schafft, dachte sie und ärgerte sich zugleich über so etwas Kindisches, dann schafft er alles, und von mir aus darf er es auch. Sie machte ihre Kamera fertig und hoffte und wußte dabei nicht, was sie sich erhoffte. Da könnte ich doch gleich Blütenblätter zupfen: Es geschieht, es geschieht nicht, es geschieht, was will ich denn überhaupt, will ich es, will ich es nicht, Väterchen, laß ein bißchen ab von deinem Licht, nein behalt's doch besser, oder nicht, ich weiß schon nicht!

Dann erhob sich ein mächtiges Geschrei, rhythmisches Klatschen schlug bis an die ferne Marstallmauer, ein langes Ooh tönte über den Platz, und der Gesang »Laurenzia, liebe Laurenzia mein« stieg in den Himmel, an dem sich das große Abbild mählich verdunkelte und endlich verschwand, denn alle vier Scheinwerferstrahlen senkten sich herab, und auf der gepflasterten Erde wurde Tag.

Nun ist es entschieden, dachte Franziska, alle vier gleich, dagegen komme ich nicht an, nun ist es entschieden!

Helmut hielt ihr die Jugendfreunde vom Hals, die ihr ihre diversen Adressen in Schmilka und Schkölen und Schlatkow und Geld für Abzüge und fürs Porto dazu aufnötigen wollten; er sagte: »Schreibt ans Magazin für junge Menschen, schreibt: Betrifft nächtliche Laurenzia, dann weiß ich schon. Und wer bei der Gelegenheit abonniert, kriegt die Bilder gratis, Freundschaft!«

Und zu Franziska sagte er: »Immer praktisch denken; wenn du praktisch denkst und nett bist, kriegst du fast alles, und

Hermann Kant

was du nicht kriegst, schimpft doch nicht hinter dir her, wegen der Nettigkeit.«
»Wie hast du das mit den Scheinwerfern gemacht?«
»Praktisch und nett. Ich habe dem Kompanieführer ein Pioniertuch umgebunden, etliche Male Drushba gerufen, und der Rest ging mit Händen und Füßen. Ich hoffe, er kriegt keinen Ärger wegen der Finsternis. – Nun los, nun suchen wir uns ein Stückchen Finsternis, ich möchte nett mit dir sein.«
Das war nicht ganz einfach. Wo immer sie die Linden hinunter bis zum Brandenburger Tor einen dunklen Winkel fanden, erwies sich der als schon besetzt, und Helmut zeigte sich ein weiteres Mal von seiner praktischen und von seiner freundlichen Seite, als er das Lied von Sonne, Mond und Sternen anstimmte, um die zärtlich gelaunten Jugendfreunde und Jugendfreundinnen zu warnen, die bis dahin in einigen Fällen erbarmenswert hastig auseinandergesprungen waren.
Franziska ging mit wie im Schwindel, oder sie versuchte sich doch einzureden, sie ginge ein wenig wie im Schwindel mit. Ich bin etwas von Sinnen, sagte sie zu sich, ich war noch nie in soviel Fröhlichkeit, ich glaube, ich weiß nun, was Freiheit ist, nie hatte ich solche Kraft, ich bin von Sinnen in dieser Nettigkeit, hier ist etwas zu Ende gegangen, hier hat etwas angefangen, ich bin zu Hause hier, wir sind zu Hause hier, jetzt weiß ich, was Jugend ist, und ich bin etwas von Sinnen vor Liebe wohl und auch etwas angesteckt von all der Liebelei hier herum, das liegt einfach in der Luft heute, und es ist nichts dabei. Aber es war doch etwas dabei, es war so nicht ganz geheuer, und dieser Helmut war ihr ein Quentchen zu praktisch, und sie hatte es sich auch etwas anders vorgestellt, sie wußte

Ein Fabuliertalent, ein intelligenter Autor gewiß, aber doch einer, der stets taktiert im Interesse der Partei. Immer wieder in seinen Büchern scheint es, als zucke er vor einem heißen Eisen zurück, das er dann aber doch überlegen anpackt und behaglich in Händen hält, um es mit ironisch-anekdotischen Erzählgirlanden zu umwickeln.

Aber selbst dieser Autor muß erfahren, daß das Erscheinen seines nächsten Romans, *Das Impressum*, um Jahre verzögert wird und erst 1972 erscheint. Man fragt sich, warum?

zwar nicht, wie anders, aber in einem nächtlichen Torbogen hatte es sicher nicht anfangen sollen, und daß es dann zwischen dem Holz auf einem Bauplatz nahe dem Reichstag anfing, war fast schon zuviel.

Doch nur fast, denn Helmut war praktisch und freundlich und machte sie vergessen, wo sie war, nicht gleich, aber dann doch; er war zärtlich und ohne Hast, er baute zuerst ein Versteck und sprach sinnlosen Schnickschnack, er hielt sie ruhig, als wolle er sie beschützen, und sie nahm diesen Schutz, brauchte ihn, brauchte den verrückten Augenblick dieser Nacht gegen die verkehrte Welt der letzten Tage, wußte nun alles und wußte nichts mehr, wußte nicht, ist Glück Vergessen oder ist Begreifen Glück, gewahrte die Versuchung, sich herausfallen zu lassen aus der Welt, und wehrte sich, indem sie Bilder der Welt aufrief, den Pastor, den Bräutigam, das Scheunendach, das Labor, die Untersuchungsorgane, den Vater, den Bruder, die Redaktionen, den Tänzer aus Schmilka, den Platz in der Nacht und das Bild im Himmel, und wußte von dem steinernen Schatten in ihrem rechten Augenwinkel, daß es der Reichstag war, und wollte nicht wissen, daß sie sich die Schulter an einem Zimmermannsbalken zerrieb, und verteilte Verantwortung für den Wahnsinn hier an Lichtkanoniere und Scheinwerferkommandeure und rief wütend: »Druschba!«

»Spinnst du?« sagte dieser Helmut, und sie sagte: »Natürlich spinne ich, was dachtest du? Ich heiße Laurenzia und bin aus Schmilka. Ich habe eben einen Pastor fotografiert, der hat mit einem Scheinwerfer einen Fesselballon abgeschossen, an dem hing ein Illustriertenbild von einem Untersuchungsorgan. Ich bin die Jugendfreundin Johanna und frage dich nunmehr, bist du gewillt, den Reichstag zu abonnieren, so sage denn laut und vernehmlich: Hinlegen!, so singe denn praktisch und freundlich: Franziska, liebe Franziska mein, wann werden wir wieder gefangen sein? Ich heiße Maria und bin jetzt aus Heu und aus Stroh. Freundschaft!«

»Freundschaft«, sagte Helmut automatisch, und dann schimpfte er: »Jag mir doch nicht solchen Schrecken ein; ich dachte wirklich, du bist übergeschnappt, aber du guckst ja ganz normal!«

»Ich bin auch ganz normal«, sagte sie, »ich habe meine Gründe, ganz normal zu sein, denn die Lage ist ganz normal, meine Lage ist völlig normal: Ich liege auf drei künftigen Dachsparren, zwanzig Meter weiter beginnt Westberlin, dort wohnt mein Bruder, über mir steht der Reichstag und ist abgebrannt, in der Börde zu Hause hält sich mein Vater das Herz, ich glaube, ich blute ein bißchen, ich habe Stalins

Scheinwerfer als Blitzlicht benutzt, ich liebe dich wohl, heißt du nicht Helmut? – Und jetzt will ich nach Hause.«
Er brachte sie an die Haustür ihrer Wirtin in Treptow, und am nächsten Abend war sein Zimmer wieder frei, das Treffen der Jugend beendet, blaue Fahnen aus Berlin, und ein Hoch zwar auf alle Bauplätze dieser Welt, aber ein Bett war doch etwas anderes.
Sie ließen sich nun Zeit, und erst am Ende der Woche hatte Franziska ihre Bilder entwickelt und vergrößert und die mit zuviel Helmut darauf beiseite getan, und die Aufnahmen vom nächtlichen Laurenzia-Tanz nahm sie nur spaßeshalber mit zur Besprechung beim Chef des Magazins für junge Menschen, denn sie waren nicht besonders geraten, die Scheinwerfer waren doch mehr für den Himmel gedacht gewesen als für die Erde, und so nahm sich die Fröhlichkeit aus Schmilka und Schkölen mehr wie ein Gespenstertanz aus, aber sie legte dem Chef auch diese Bilder vor und sagte, die Geschichte dazu erzähle Helmut besser.

»Ach«, sagte Helmut, »da ist nicht viel zu erzählen. Da haben noch welche getanzt nach all dem Trubel, und um die Zeit sah es lustig aus. Die Bilder laß nur weg.«

»Nein, warte doch«, sagte der Chef, »vielleicht kann man mit denen noch was machen. Es müßte natürlich ein passender Text dazu: Je später die Nacht, um so fröhlicher die Gäste; Jugend ist Trunkenheit ohne Dingsda; der Enthusiasmus dauert an; Laurenzia im Lustgarten – ich find's ganz lustig. Schade, daß das Bild vom Genossen Stalin nicht mit drauf ist, vielleicht kann man das reinmontieren. Wieso ist denn das nicht drauf, von dem Standpunkt aus hätte es doch eigentlich mit raufkommen müssen, oder hatten die die Scheinwerfer schon ausgemacht?«

»Runter«, sagte Franziska und wunderte sich über Helmuts leises Kopfschütteln, »die haben die Scheinwerfer runtergemacht, runtergedreht wohl, damit ich fotografieren konnte.«

»Ja, die sowjetischen Freunde«, sagte der Chef, »die und Klasse. Das müßte selbstverständlich mit hinein in die Geschichte: Beherzt bat eine junge Jugendfreundin die sowjetischen Freunde, na, zweimal Freunde geht nicht, das muß man noch durchformulieren, also: beherzt bat, wie heißt du gleich, Franziska Grewe die sowjetischen Freunde, ihr ein bißchen von ihrem großen Licht abzugeben, damit ... das wäre doch ein Titel: Das große Licht der Freundschaft!... und schon senkte sich gleißende Helle über das weite Rund! Das beherzte Wort der Jugendfreundin aus, wo bist du her?...«

»Sie ist aus Weißleben, das ist in der Börde«, warf Helmut ein,

»Alles, was ich bisher geschrieben habe, von meiner ersten Erzählung bis zu meinem zweiten Roman, von meinem ersten Artikel bis zu diesem, trägt das Impressum: Herausgegeben vom Selbstverständnis der Bürger der Deutschen Demokratischen Republik, mitgeteilt von einem, der dabeigewesen ist in mehr als zwanzig Jahren.«
Hermann Kant, 1969

Hermann Kant wurde 1926 in Hamburg geboren. Als Nachfolger von Anna Seghers wurde er 1978 Präsident des Schriftstellerverbandes der DDR. – Weitere Werke: *Ein bißchen Südsee*. Erzählungen 1962; *Der Aufenthalt*. Roman 1977; *Bronzezeit*. Erzählungen 1986. © des abgedruckten Kant-Textes: Aufbau Verlag Berlin und Weimar.

»aber der Vollständigkeit halber: Die kleine Verhandlung mit dem Scheinwerferbatterieführer, die habe...«

»Vergiß deine Rede nicht«, sagte der Chef, »ich überlege eben schärfstens: Gleißende Helle, bleiernes Dunkel, sachte, sachte, jetzt mal schärfstens überlegen: Was wolltest du sagen, Helmut?«

»Nichts«, sagte Helmut, »hat sich schon erledigt, wollte was Ähnliches sagen.«

»Primstens«, sagte der Chef, »brauche ich die Sache ja nicht mehr durchformulieren. Kannst du mal sehen, Jugendfreundin, was man hier für eine Verantwortung hat. Schärfste Analyse, ohne die kommst du hier nicht aus. Erscheinungen: schön, Wesen: besser. War ja gut gemeint, dein Bild, feine Initiative, primstens, aber da bist du ganz schön über den Bodensee geschwommen. Nee, Jugendfreundin, die Bilder pack mal wieder ein, und da du dich noch nicht so auskennst, pack noch einen guten Rat von mir dazu: Erscheinung schön, Wesen besser, schärfste Analyse und immer sachte, sachte.«

Er schüttelte ihr die Hand und ermahnte Helmut, sich ein bißchen um die Jugendfreundin zu kümmern, ideologisch und so, und Franziska und dieser Helmut gingen auf der Friedrichstraße auseinander.

Er hatte gesagt: »Das hätte aber schiefgehen können.« Und sie hatte gesagt: »Es ist schiefgegangen.«

Er hatte gesagt: »Dir konnte doch nichts passieren.«

Und sie hatte gesagt: »Mir ist etwas passiert.«

Er hatte gesagt: »Hätte ich vielleicht reden sollen?«

Und sie hatte gesagt: »Du hättest so nicht schweigen sollen.«

»Das verstehst du wohl noch nicht«, hatte er gesagt, und »Ich will es auch niemals lernen«, hatte sie geantwortet, und dann hatte sie »Freundschaft« gerufen, und er hatte automatisch »Freundschaft« erwidert, und da hatte sie gelacht und war gegangen.

Sie heulte erst in Treptow, und zum Glück war ihre Wirtin nicht da, sonst hätte sie ihre Miete gezahlt und wäre abgefahren in die Börde, aber die Wirtin war nicht da, und so blieb Franziska, und bald fand sie auch Arbeit.

Klassenliebe

Günter Wallraff
Im Stahlrohrwerk

(...)

Mein erster Arbeitstag ist deprimierend. Ich finde mich zur Spätschicht kurz vor 14 Uhr beim Pförtner ein. Er überreicht mir einen Werksausweis, darauf ist eine Nummer vermerkt. Einen zufällig vorbeikommenden Arbeiter spricht der Pförtner an: »Der ist neu, kannst ihn in einem mitnehmen, ist derselbe Weg.« Der Arbeiter läßt mich in einer Fabrikhalle stehen, wo ohrenbetäubender Lärm ist. Hier soll irgendwo mein künftiger Arbeitsplatz sein. Der Arbeiter brüllt gegen das Getöse an: »Meld dich beim Meister!«, ehe er weitergeht. Ich spreche jemanden an, der wie ein Meister aussieht. »Nummer?« will er wissen. Ich zeige meinen Ausweis vor. »Nicht zuständig für die Nummer, ab 1600 alles im nächsten Revier.«

Ich frage mich durch. An wen ich gerate, ist mir nicht klar. Ist es ein Meister, Vorarbeiter oder was sonst? Man stellt mich zu einem Ausländer an eine Maschine. Ich soll zusehen, wie's gemacht wird, soviel habe ich begriffen. Der Ausländer – ich glaube, es ist ein Spanier – versteht kein Wort Deutsch. Er bemüht sich rührend, mir die Handgriffe an der Maschine beizubringen. Nach vier Stunden bediene ich bereits selbst eine Maschine, die zuvor nicht in Betrieb war. Ich schneide Rohre. Auf Unfallgefahren hat mich keiner aufmerksam gemacht. Da soll ich nach und nach noch selbst dahinterkommen, manchmal haarscharf an einem Unfall vorbei. Ich gerate gleich am ersten Tag mit einer Hand in die sich mit rasender Geschwindigkeit drehende Patrone, als ich ein klemmendes Rohr nachschieben will. Ich habe Glück, ein paar Kratzer, die nicht die einzigen bleiben, sind alles. Später erfahre ich, daß bei solchen Handgriffen schon Finger gebrochen und sogar abgerissen wurden.

Ich stehe an meiner Maschine, vor mir eine Wand, rechts und links von mir hochaufgetürmte Stapel von Rohren in allen Dicken und Längen. Die nächste Maschine mit dem Spanier in 20 bis 30 Meter Entfernung. In meiner Nähe ist noch eine leerstehende Maschine. Hin und wieder huschen Schatten wie von Riesenvögeln an der Wand vorüber. Dann weiß ich, daß über mir der Kran mit schwebenden Lasten vorbeigleitet. Zweimal am Tag tritt der Anschreiber hinter mich, dann erschrecke ich jedesmal, wenn er plötzlich wie aus dem Boden

---

Die Literatur im Osten sucht sich von den öde gewordenen Arbeiter- und Bauernthemen zu emanzipieren. Teils, um neue literarische Formen und Inhalte zu erproben, teils im Interesse der Partei, die eine neue ökonomische Politik formuliert und der Figur des sozialistischen Planers und Leiters nun größeres Gewicht zubilligt als der des Produzenten. Ironischerweise gibt es im Westen eine Tendenz in entgegengesetzter Richtung. »Literatur der Arbeitswelt« war eine Entwicklung der frühen sechziger Jahre. Preßlufthämmer, Lackpistolen, Fließbänder waren bis dahin nicht vorgekommen in der Literatur: Mit der Politisierung ein paar Jahre später wird man in dieser Hinsicht immer entdeckungsfreudiger.

Werkkreise schreibender Arbeiter begreifen die Literatur als Informations- und Agitationsinstrument, auch als Medium der Selbstverständigung. Literatur also mit praktischem Zweck – ein paar Jahre geht das ganz gut. Aber bald steht fest: von alledem wird kaum etwas übrigbleiben.

Günter Wallraff als Türke Ali Levent Sinirlioglu bei Thyssen

Eine Ausnahme ist das Konzept Günter Wallraffs: Literarischen Ehrgeiz im engeren Sinne hat er nicht. Aber er erfüllt die schönsten Programmsätze kritischer Literatur: Er greift ein, er blickt hinter die Kulissen – und dies nicht sozusagen, sondern tatsächlich.

»Es ist mein Handwerkszeug und Ausdrucksmittel als Schriftsteller und Publizist, nicht aus zweiter Hand, vom Hörensagen her zu berichten, sondern vorrangig das in meinen Veröffentlichungen wiederzugeben, was ich zuvor selbst erlebt habe, was ich bezeugen und wofür ich mich verbürgen kann.«
Günter Wallraff

gewachsen an meinem Ohr steht und »Nummer?« und »Stückzahl?« fragt.
Während der achtstündigen Schicht gibt es eine einzige Pause von einer Viertelstunde, unbezahlt, versteht sich. Dann hockt sich der Spanier auf seine Rohre und ißt in dem Öldunst seine Brote. Zwei wacklige Tische mit vier Bänken, eine ohne Lehne, stehen in unserem Hallenabschnitt. Da sitzen sie dichtgedrängt zusammen, drüben wird weitergearbeitet, und wenn der Kran die Rohre herunterklatschen läßt, verstummt die Unterhaltung abrupt, die von einigen beinah schreiend geführt wird. Wenn die Sirene Punkt 9.15 Uhr wieder losheult, bleibt alles noch einige Sekunden wie gebannt hocken, nur zögernd sucht dann jeder wieder seinen Arbeitsplatz auf.
Es gibt eine Werkskantine. Dort kann man für nur 1 DM reichlich, schmackhaft und auch abwechslungsreich zu Mittag essen. Von dieser Einrichtung erfahre ich jedoch erst nach anderthalb Wochen. Ein Arbeiter, bei dem ich mich danach erkundige, gibt mir zur Antwort: »Ich glaube nicht, daß es hier Kantinenessen gibt. Bin aber nicht sicher, bin erst sechs Wochen hier.«
Zufällig entdecke ich über einem Werkzeugschrank einen vergilbten Aushang der Werksleitung. Sie beklagt darin »die minimale Beteiligung am Kantinenessen« und droht mit der »Auflösung der Werksküche wegen Unrentabilität«. Nach den Gründen für die mangelnde Inanspruchnahme braucht man nicht lange zu suchen, für den »Akkordler« liegen sie offen auf der Hand. Seine Zeit ist Geld. Er geizt sowieso mit jeder Minute. Für den Gang zur Kantine, das Stehen in der

Schlange und schließlich fürs Essen selbst braucht er eine halbe Stunde zusätzliche Zeit. So gerechnet, kostet ihn der Spaß nicht 1 DM, sondern 3 DM und mehr, je nach seiner Akkordleistung. Und die meisten im Werk stehen im Akkord. Darum verzichten sie lieber auf die warme Mahlzeit und stopfen in der kurzen Pause ihre Brotschnitten in sich hinein.
Ein anderer, bereits angeschmutzter Aushang daneben hat das gleiche Thema. Hier hat sich der Betriebsratsvorsitzende F., kraft seines nun schon fünfzehn Jahre währenden Amtes, mit seiner ganzen Autorität »zum wiederholten Male« mit einem »Erlaß und einer ernsten Warnung an alle Betriebsangehörigen« gewandt. Er droht, »in Zukunft bei Ertappung des Täters schärfstens einzuschreiten«. Worum geht's? Es gibt »Akkordler«, die sich den Gang zur Toilette einfach nicht leisten wollen oder können und ihre Notdurft hinter der Maschine oder zwischen den Bergen von Rohren verrichten. Bei diesem »ernstlichen Mißstand« – »es bringt mit der Zeit eine Belästigung der Kollegen durch schlechten Geruch mit sich«, schreibt Herr F. in seinem Erlaß – erwachen bei dem freigestellten Betriebsratsvorsitzenden sogleich seine vornehmlichsten Aufgaben und Pflichten. Er fühlt sich dazu berufen, gegen diese echte »Sauerei schärfstens einzuschreiten«. Wogegen er jedoch nicht einschreitet, was er im Gegenteil bei all dem stillschweigend duldet und mit seiner Unterschrift noch sanktioniert, ist der höher und höher geschraubte Akkord.
Der Akkord ist mit den Jahren – ähnlich wie beim Sport durch sich ständig überbietende Rekorde – hochgetrieben worden. Es hat vereinzelt Arbeiter gegeben – wahre »Hennecke«-Typen –, die holten das Letzte aus sich heraus, »brachten« einen Stundenlohn von 4,50 DM und darüber. Das darf aber nicht sein, denn ein Hilfsarbeiter verdient dann mehr als sein Meister und steckt das Gehalt eines mittleren Angestellten ein. Niemand hält diese Spitzenleistung lange durch, meist geht sie auf Kosten der Gesundheit. Nun müssen die nachfolgenden Arbeiter dafür büßen. Ihr »Soll« wird von der Werksleitung höhergesetzt, ihr Verdienst sinkt. Aber immer wieder gibt es von der Akkordwut Befallene, die ein neues »Übersoll« herausholen. Jetzt scheint an den meisten Maschinen die äußerste Leistungsgrenze erreicht. Man muß schon mehrere Jahre an derselben Maschine stehen, um eine Spitze von 4,20 bis 4,30 DM zu schaffen. Nur die Jüngeren können den Akkord schaffen. Die andern sind vorzeitig ausgebrannt.
Die Arbeiter machen sich nichts vor. Sie sagen: »Akkord ist langsamer Selbstmord!« Ein 38jähriger Arbeiter sagt: »Ich stehe nun schon acht Jahre im Akkord. Viel länger mache ich's

Günter Wallraff wurde 1942 in Burscheid bei Köln geboren. Der Auszug aus *Im Stahlrohrwerk* ist den *Industriereportagen* (1963–1966) entnommen: © Verlag Kiepenheuer & Witsch. – Weitere wichtige Veröffentlichungen: *13 unerwünschte Reportagen*, 1969; *Ihr da oben, wir da unten*, 1973 (mit Bernt Engelmann); *Der Aufmacher*, 1977; *Ganz unten*, 1985.

nicht mehr. Noch ein paar Jährchen, und ich bin reif für die Versehrtenabteilung. Dann bekomme ich als Kontrolleur an die 200 Mark weniger im Monat. Wer hier den Akkord voll ausnutzen will – das wollen alle, der Grundlohn ist entsprechend niedrig angesetzt, wir sind auf die Zulage angewiesen –, ist zehn Jahre früher pensionsreif, ist zehn Jahre früher tot!«

Gegen Klassenliebe aus der Ferne wehrt sich Karin Struck. Aus einer Arbeiterfamilie stammend, macht sie befremdliche Erfahrungen im akademischen Milieu.

Karin Struck
Klassenliebe

(...)

Ich muß es noch aufschreiben, obwohl es spät ist und ich verkrampft bin beim Schreiben aus Angst, es könnte jemand aus dem Haus kommen und sich beschweren über das laute Schreibmaschinengeklapper. Z. liebt mich doch! Das Tonband. Sein Gesicht. Was will ich! Einen Hund an der Kette? Ich muß wieder ich selbst werden. Endlich meine Dissertationspläne durchdenken. Walser sagt, alle schöpferischen Menschen sind aus dem Proletariat, die anderen haben es nicht nötig, schöpferisch zu sein. Ich denke, ist das nicht eine Romantisierung? Bei seinen Lesungen sei immer Proletariat und Kleinbürgertum. Ja aber, dann gäbe es ja keinen Grund, daß die Arbeiterklasse die »qualifizierte Literatur« nicht liest. Wenn doch alles Schöpferische vom Proletariat ist? Ich frage, warum es für den Schriftsteller keine Ausbildung gibt. Man könne einen Schriftsteller nicht mit einem Tänzer oder einem Maler vergleichen. Warum nicht? Wie kann ich mich zum Schriftsteller ausbilden? Schreiben ist eine »Wissenschaft«, Schreiben ist eine archäologische Wissenschaft, »Archäologie«, kann ich etwa etwas Vergangenes, etwas Niedagewesenes, etwas Zukünftiges, etwas Mögliches mit der bloßen, ungeübten Hand ausgraben? Die Sendung im X-Rundfunk vorbereiten. Deine Forschungsarbeit liegt also jetzt seit Monaten »auf Eis«, sagt Mutti, nein sage ich, sie liegt nicht »auf Eis«, denn diese Sendung mit dem Arbeiterschriftsteller Herbert Friedmann ist für mich eine Vorarbeit. Vielleicht versuchen, zum WDR Beziehungen anzuknüpfen über R. Beim WDR arbeiten? Es sind alles flüchtige Möglichkeiten. Keine Möglichkeiten. »*Es gibt Möglichkeiten für mich, gewiß, aber unter welchem Stein liegen sie?*« Die Riesensteine, die mein Vater von seinem Land, von seinen Feldern, hat erst wegschaffen müssen, ehe er Land und Felder bebauen konnte. Stimmt das, oder habe ich diese Erinnerung erst geträumt?

Karin Struck

Wenn Z. nur nicht aus Mitleid anruft, wegen Sarah. Wie er erschrocken ist, daß ich Sarah »mit einem großen Löffel das Essen in den Mund stopfe«. Du bist doch, glaube ich, ganz schön robust und brutal, sagt er. Wie er mir brutal Abtreibung rät: Für Abtreibung Todesstrafe, das Leben ist unantastbar... das hat ja nun für uns eine neue Qualität bekommen leider ist es so und ich stelle es einfach nur als eine Realität fest daß die Tatsache daß du wie du sagst ein Kind von mir erwartest mich dir gegenüber blockiert so daß ich eigentlich gar nicht mehr frei bin für diese Freundschaft dadurch ist für mich ein sehr schwieriges Problem entstanden so daß jedenfalls vorübergehend fast eine Alternative entstanden ist entweder du trägst dieses Kind für dich gegen meine Auffassung sozusagen gegen meinen Willen aus oder wir sind gelassen eine Freundschaft zu haben in Distanz in Nähe im Wechsel zwischen Nähe und Distanz mit allen Möglichkeiten der Distanz und mit allen Möglichkeiten der Nähe als zwei freie Menschen so wie ich das von vornherein gedacht hatte das sieht aus wie eine Erpressung ist keine Erpressung ich achte deine Entscheidungen muß dir nur sagen wie die Realität für mich aussieht bitte achte du auch meine Empfindlichkeiten und meine Not vielleicht können wir trotz dieser ganz starken Meinungsverschiedenheiten in diesem Punkt solidarisch sein und unsere Standpunkte achten die sich vielleicht gerade dadurch daß wir sie achten auch verändern lassen... Warum höre ich immer diese Tonbandbriefe? Erst der Schlag ins Gesicht. Dann der Strohhalm. Standpunkte die sich vielleicht auch verändern lassen. »Möglich ist alles.« Wie Z. immer in der besonderen Betonung sagt. »So wie ich das von vornherein gedacht hatte.« H. und du,

»Ich habe zuerst gedacht, das war eine Befreiung für mich, als ich beim SDS anfing und die Leute – da waren plötzlich Leute, die sagten eben nicht mehr, der Arbeiter ist der letzte Dreck, sondern, da war der Arbeiter plötzlich was. Da konnte ich also plötzlich sagen, mein Vater ist Arbeiter. Da galt das was. Das war dann etwas Besonderes, wenn in einer Versammlung irgend jemand war, der etwas mit Arbeitern zu tun hatte. Ich habe dann hinterher gemerkt, daß das eben keine wirkliche Anerkennung ist. Aber, daß die Intellektuellen sich mit Arbeitern befassen, das kommt mir manchmal so vor: Der Arbeiter liest den Groschenroman, da kommen Grafen vor – und die anderen machen es umgekehrt.«
Karin Struck in einem Interview

»Als Karin Struck ihr erstes Buch schrieb, das im nachhinein *Klassenliebe* genannt wurde, hat sie nicht wissen können, wie sehr man sie anhören würde. *Klassenliebe* (1973) war ein seltener Erfolg; denn es wurde nicht gelesen als ein Kunststück, vor dessen Hersteller man doch immer noch Angst oder wenigstens Fremdheit empfindet, sondern als etwas angstlösend Unhergestelltes, als an einen persönlich gerichteter Brandbrief.«
Peter Handke, 1975

Umschlag der Originalausgabe 1973

und du und ich, das sind zwei verschiedene Sachen? Nein, nein. Bürgertum hin, Bürgertum her, aber ich bin nicht aus dem Bürgertum, lieber Z., und H. und ich, und du und ich, das sind nicht »zwei verschiedene Sachen«, das sind nicht zwei getrennte Sachen, ich bin schizophren, lieber Z., aber nicht so, nicht so, lieber Z. An meine Arbeit denken. Vielleicht ist eine Dissertation nicht die richtige Methode. Vielleicht eine, die mich krank macht, diese abstrakte, diese in Schemata gepreßte Form. Versagen vor dem Anspruch, eine Dissertation als Essay zu schreiben. Assoziativ könnte ich die Einsichten vielleicht viel besser geben? Ja tu es doch, und rede nicht und rede nicht unaufhörlich davon! Erkläre doch, was deine wirklichen Schwierigkeiten mit dieser Dissertation sind. Ja, ich erkläre. Da sind die Bücher der Bürgerlichen, ich nenne sie einfach so, die Bürgerlichen. Sie sind vollgestopft mit Reflexion, aber es fehlt so viel, es fehlt das größte Stück »Realität«, die Realität der arbeitenden Klasse, meine Mutter sagt nicht »Klasse«, ich habe sie gefragt, »die ollen Arbeiter da«, sagt sie, wenn sie die »arbeitende Klasse« meint, die Realität der »ollen Arbeiter da«, die fehlt, die Bürgerlichen schreiben nicht mehr über die einfachsten Dinge, *ihre* einfachsten Dinge haben sie ja längst beschrieben, sie herrschen ja schon so lange. Und da sind dann die Bücher von Max von der Grün und von Richard Limpert. Wenn ich für M. und Jakob Rotbarschfilet aus der Gefriertruhe kaufe, denke ich an Regina Korns »Weihnachtszeit bei Findus«. »Das Band wird schneller und immer schneller gestellt... Wir arbeiten zu dritt an einer Fischsäge. Meine Aufgabe ist es, acht Stunden lang 24 Pfund schwere Fischplatten von der Palette auf den Tisch zu heben, aus dem Papier zu packen. Man bückt sich, reißt die schwere Fischplatte hoch, läßt sie auf den Tisch knallen, zieht das Papier herunter, dreht sich um, bückt sich wieder, reißt die nächste Platte hoch, knallt sie auf den Tisch, zieht das Papier herunter, dreht sich um, reißt wieder eine Platte hoch und so geht das weiter, stundenlang, die Platte zu 24 Pfund.« Nicht etwa, daß ich sage, das ist keine »Kunst«, so wie Professor M. Nein nein, aber es fehlt etwas, und ich weiß nicht genau, was fehlt. Vielleicht einfach nur Phantasie? Vielleicht einfach nur Reflexion? Ich weiß nicht. Ich weiß nicht. Und dann die ungeheuerliche Wut über bestimmte Leute, die glauben, man brauche nur zu nehmen einen Groschenroman, ein »Strickmuster« eines Groschenromans, man nehme dann viel viel Linkes und Progressives usw. und Spannendes und Mitreißendes usw. usw. und mische, und ich frage mich, wer hat schon jemals die Phantasie der Arbeiter untersucht, und zwar so:

man muß die Menschen lieben, Karst sagt, man muß die Kollegen lieben, man muß die Menschen lieben, und du sollst dir kein Bildnis machen von, und du sollst nicht einteilen in klassenbewußt und progressiv und links und nicht klassenbewußt usw. Ich verlange, daß die größte Realität, die Realität der Ausgebeuteten, auf dem höchsten Reflexionsniveau geschrieben wird. Eingeschrieben in die Geschichte. Kennst du diese Familienfotos, mit denen sich »die ollen Arbeiter« in die Geschichte einzuschreiben versuchen, wo doch für das Porträt jedes einzelnen dieser ollen Arbeiter Maler jahrelang arbeiten müßten, ich erinnere mich an H.s Abscheu, Fotos zu machen, H. erinnert sich an die lächerliche Darstellung seiner Klasse auf diesen lächerlichen Familienfotos. Auf dem Werkkreistreffen möchte ich aufstehen und eine Rede über Burkhard halten. Aber ich kann nicht. Ich kann nicht reden. Der Lehrling Burkhard. Mitten in der Nacht, ich bin gerade fertig mit meinen Kaisern und Königen, mit meinem Geschichtsbuch, Burkhard kommt mit seinem Federbett die Treppen hinuntergetaumelt, schlafend, traumwandelnd, alptraumwandelnd, will zur Arbeit, jetzt, mitten in der Nacht, da steht er mit seinem Federbett über der Schulter und will zur Arbeit, in die Lehre, mein kaninchenfuttersuchender Bruder, mein Bruder, alptraumwandelnd, und er hat alle Karl May Bände, und er hat alle gelesen, hat denn überhaupt jemand sich schon einmal die Mühe gemacht, die Phantasie der ollen Arbeiter da zu untersuchen, wie liest denn der alptraumwandelnde Burkhard den »Blauroten Methusalem«?

Karin Struck wurde 1947 in Schlagtow/Mecklenburg geboren. Seit 1953 lebt sie in der Bundesrepublik. – Weitere wichtige Werke: *Die Mutter.* Roman 1975; *Lieben.* Roman 1977; *Kindheits Ende.* Tagebuch 1982; *Glut und Asche.* Roman 1985. © des abgedruckten Struck-Textes: Suhrkamp Verlag Frankfurt am Main.

Nicolas Borns Roman *Die erdabgewandte Seite der Geschichte* aus dem Jahr 1976 ist, wie Peter Handke sagt, »der Roman einer Generation, der vom (bloß fingierten?) Jahr 1968, die zumindest das Gefühl braucht, so was wie eine Generation zu sein und sich jetzt als die ›enttäuschte‹ bezeichnet (enttäuscht von sich selber?); und schließlich ist Borns Roman ein besonders radikales oder (weil man auf der erdzugekehrten Seite der Empfangsbereitschaft Superlative braucht) das bis jetzt radikalste Beispiel des Trends der ›Neuen Subjektivität‹ «.

»Neue Subjektivität«

Nicolas Born
Die erdabgewandte Seite der Geschichte

Es war kurz nach halb acht, als ich klingelte. Die Haustür war offen gewesen, und ich hörte nun ein Rumoren in der Wohnung, ein Rascheln und unterdrückte Ausrufe. Es dauerte eine Weile, bis ich den Türöffner summen hörte und Karin die Tür aufmachte, im Morgenmantel, wie erwartet, und mit oberflächlich gekämmtem Haar. Sie erschrak darüber, daß ich schon oben war oder daß überhaupt ich es war. Die Kinder in ihren Schlafanzügen reckten sich an ihr vorbei. Du? Nein, das ist aber schön, das heißt, ich rede nur so, weil es spät geworden ist und ich noch halb schlafe, verstehst du? Bitte entschuldige, komm herein. Ferdinand schläft noch, aber vielleicht ist er jetzt auch wach geworden. Was rede ich denn? Ich freue mich natürlich, und Ferdinand wird sich auch freuen. Sie machte innen noch einmal einen Schritt auf die Tür zu. Ist Maria auch da? Entschuldige. Wir können gleich frühstücken. Bist du mit dem Flugzeug gekommen, nein warte, mit der Bahn bist du gekommen. Dann bist du sicher müde. Ich rede und rede, ach Gott, als ob ich ganz durcheinander wäre. Bitte, setz dich, ich mache gleich das Frühstück. Ich wecke Ferdinand. Ich will mich nur schnell frisch machen, ach, du willst dich sicher zuerst frisch machen. Hast du überhaupt schlafen können im Zug? Entschuldige, ich rede ja ganz wirr. Sie lächelte ein bißchen verlegen. Du siehst ja, was mit mir los ist. Ein Kind drängte sich an sie, und sie hielt sich schnell mit einer Hand den Morgenmantel zu.
Ich saß im Sessel, und die Kinder näherten sich langsam, ohne mich aus den Augen zu lassen, und legten, um ihren Besitz anzuzeigen, die Hände auf die Sessellehnen. Dann gingen sie wieder weg und holten einen Puppenwagen voller Bauklötze. Neben mir am Boden fingen sie an zu bauen und blickten immer wieder zu mir auf, ob ich sie nicht endlich ansprüche und mitbaute. Mir fiel auf, daß ich sie von oben herab irgendwie mitleidig ansah. Ich dachte, wie groß ihr geworden seid, und war in Gedanken schon weiter, ohne meine Blicke von ihnen abzuwenden. Ferdinand schlich herein, gähnend und gar nicht erstaunt, daß ich da war, die Brille vorn auf der Nase und in jeder Hinsicht entschuldigt. Heh, Alter, sagte er, ich dachte, du wärest tot. Er stützte sich von hinten auf mich. Er ging hin und her durchs Zimmer, strich den Kindern im

Nicolas Born und Peter Handke

Vorbeigehen über das Haar und schaute zum Fenster hinaus. Ich sagte, entschuldige, es ist früh. Aber wieso denn, sagte er, es ist doch nicht früh. Aber er könne erst nach dem Kaffee begreifen, was eigentlich los sei. Du kommst mir ja vor, sagte er, als wärst du gerade aus unserem Keller gekommen, aber das bist du doch nicht. Wo hast du übernachtet, sei ehrlich, wer hat dich so früh rausgeschmissen. Heh, laß dich mal ansehen. Fremd geworden bist du mir, abgenommen hast du. Ich kann mich nicht erinnern, daß wir mal zusammen gewohnt haben. Ich kann mich an Berlin nicht mehr erinnern. Es ist mir sowieso verleidet, weil hier immer noch ein paar Klugscheißer in einem Ton davon reden, als wäre es ein Geheimtip.
Beim Frühstück sagte ich ihnen, sie möchten mich bitte verleugnen, wenn am Telefon nach mir gefragt würde. Egal wer es ist. Ferdinand pfiff eine kurze Erkennungsmelodie.
Was machst du, habe ich ihn gefragt. Oh, sagte Karin, er arbeitet mit Gefangenen, dann macht er Features, teilweise auch mit Gefangenen. Worüber, fragte ich. Über Gefangene, sagte Karin, über den Vollzug. Er aß unbeteiligt weiter oder doch so, als höre er nur beiläufig zu, ob ihre schon soundsooft erzählte Version noch stimme. Ich stellte mir Gefangene vor, wie sie sich beim Rundgang der Vorstellung von Gefangenen angeglichen hatten und wie sie Schlange standen bei der Kaffeeausgabe, während Ferdinand mit einem alten Freund aus der Zeit frühstückte, als Gefangene noch keine Rolle spielten. Er hat durchgesetzt, sagte Karin, daß einzelne auch beurlaubt werden, um mit zu recherchieren; eine andere Gruppe spielt Theater, Rollenspiele, an denen Ferdinand auch mitarbeitet.

»Nicolas Born war oder ist ein von Grund auf unruhiger Dichter, er ist einer der seltenen, bei denen die Unruhe rein und hochherzig eingegangen oder übergegangen ist in das Gedicht, bei denen die Unruhe Form des Gedichts wurde, weltoffene Nervosität statt in sich verschlossene, herzlose Genervtheit. Nervosität als eine Art ratloser Nächstenliebe.«
Peter Handke 1987

»... alles nur noch erfolgreiche Jungunternehmer, Jungarbeiter, Jungsozialisten, Jungkommunisten, Jungchristdemokraten, alle gleich, alle mit den breiten Schlipsen und dem gepflegten langen Haar, da muß irgend etwas noch dagegen stehen, etwas Ungriffiges ... und das, meine ich, ist im weiteren Sinne die Kunst ... da könnte sie wieder so etwas wie subversiv sein, indem sie diese Lebensschemata aushöhlt und jemandem eins vor den Kopf schlägt.«
Nicolas Born in einem Interview

Dürfen, sagte sie, habe ich vorhin »dürfen« gesagt? Das ist auch so ein Wort, das man nicht mehr in den Mund nehmen sollte. Ferdinand fragte mich nach meiner Arbeit, und ich wich der Frage ziemlich undeutlich aus. Ich wollte zuerst sagen, es ginge mir schlecht, aber da fiel mir ein, daß man so einen Satz besser über jemand Dritten sagt, und so sagte ich auch erst, als das Gespräch auf Maria kam, es ginge ihr schlecht. Darf sie auch nicht wissen, daß du hier warst, fragte Karin, ich meine, daß du hier bist? Ich nickte. Vielleicht war es keine gute Idee gewesen, sie zu besuchen. Was hatte ich mit ihnen zu tun? Mir wurde etwas schwindlig, vielleicht vom Kaffee. Ferdinand lachte nach einer Weile etwas hochmütig auf. Er könne derartige Probleme nicht mehr ernst nehmen, seitdem er mit Strafgefangenen arbeite. Unsere Probleme würden von uns auf höchst künstliche Weise zelebriert, überhöht, ja verdichtet, lachte er. Ist das denn eine Not, was unseresgleichen empfindet? Ich war unfähig, betroffen mitzureden, obwohl ich betroffen war, unfähig, die Not gegen eine lächerliche Meinung zu verteidigen. Die eigene, die immer eigene Not hätte ich schon verteidigen mögen. Es war ein Irrsinn, den Hunger abzutun mit dem Hinweis auf den Durst. Ich spürte, daß ich wütend wurde, und dafür war ich ihnen beinahe dankbar. Karin wies auf seine Schwierigkeiten hin. Immer mit einem Bein im Vollzug, sagte sie. Ich lächelte bei der Vorstellung, wie Ferdinand ein Bein in etwas hineinstellte wie in einen Eimer, das war der Vollzug. Ich hatte kaum etwas gesagt, aber Ferdinand hatte gut aufgepaßt. Eine Spur reaktionärer sei ich wohl geworden, warum eigentlich? Ich bestritt das und versuchte, meine Verärgerung verständlich zu machen über den Selbstbetrug, der mit dem Begriff Solidarität getrieben wurde, über das solidarische Genuschel und Gesabbere. Ich sagte, dieser Begriff käme mir wie ein angstvolles Beschwörungswort vor, mit dem die ruchlosen Wünsche der einzelnen gebannt, die unberechenbaren Energien gebunden werden. Jedenfalls mußte ich in solchen Gesprächen diese Rolle spielen und ablehnen, was nur gerecht und nur billig war, zum Beispiel das Prämiieren von Rollenspielen für Gefangene, das solidarische Miteinanderreden und Bewußtmachen. Ich schoß das ganze Magazin auf Maria leer, wurde an Ort und Stelle überwältigt und mit Flaschen über den Kopf zusammengeschlagen. Die Beamten warfen mich im Kreis herum. Meine Mitgefangenen traten mir in die Eier, aber langsam wurde ich dabei solidarisch. Endlich war das Freiwillige heraus, das schöne Wetter, das man im Mantel von draußen hereinbrachte in das dunkle Loch des Vollzugs. Die Suppe war jetzt solidarisch, und die Mägen waren es auch, die Gehirne schön ineinandergeschmiegt, und die Füße trappelten vor lauter Gemeinsamkeit im Hof herum. Das erscheint mir, sagte ich, als ein Aufruhr verhinderter Bürokraten, die um so weniger von einem Gefangenen fühlten und begriffen, je tiefer sie eindrangen in das System der Verlautbarungen. Ich verstehe ja die Bande, sagte ich, aber bevor ich mich einreihe, habe ich sie lieber alle am Hals. Außerdem, sagte ich, und das muß ich euch wirklich noch sagen, ist die Ära der sozialen Karrieren angebrochen, der Selbstbeschwichtigung. Es ist eine Ära des Älterwerdens. Darüber lachten sie mit. Ferdinand wurde wieder so ernst wie möglich. Er habe ja auch jahrelang alles gewollt, aber auf einmal klar gesehen, daß die Institutionen schon alles seien, und da müsse in vielen solidarischen, aber durchaus auch Einzelanstrengungen der Hebel angesetzt werden. Verstecken kann ich keinen, sagte er, Bomben und Ausweise herstellen kann ich auch nicht, abgesehen davon, daß es politisch fragwürdig wäre, falsch wahrscheinlich. Ich sagte, mit der Bande habe ich euch Sozialverzückte gemeint. Du meinst also, sagte Karin, man solle alles lassen, wie es ist? Nein, sagte ich, das meine ich nicht, und ich gebe auch sofort zu, daß ich keine besseren Anstrengungen weiß.

Eine Liebe

In Köln-Knapsack küßte ich eine Frau
unter einer Brücke 1963.
Wie ihr Gesicht war
so mag ich Gesichter.
Dann hieß sie Heidelinde
das sagte sie.
Ich möchte wissen
wie sie mich dabei ansah.
Draußen war es zu kalt.
Wir verabredeten uns auf einen Zufall.
So bald komme ich nicht mehr nach
Köln-Knapsack.

Drei Wünsche

Sind Tatsachen nicht quälend und langweilig?
Ist es nicht besser drei Wünsche zu haben

»1965, in einer großen Stadt des Ruhrgebiets, sagen wir, Essen: Ein junger, dabei schon gestandener Mann, der sein Leben, seine Umwelt, seine Ansprüche an wen? – an sich selber, die andern, die Geschichte (ja), schon seit er Bilder sehen, bedenken, träumen kann, zu prägen gedrängt ist durch das Schreiben, vor allem durch das Schreiben von Gedichten. In diesen Gedichten wird er durch die etwa vierzehn Jahre Daseins, die ihm noch bleiben, zugleich mit den Bildern seines persönlichen Umkreises wie keiner seiner Zeit- und Raumgenossen auch den Verlauf der Epoche fein-

ausgeprägt hinterlassen – in Gedichten seltsamerweise alle entstanden bei Gelegenheit, im Vorübergehen: ›... und mach Liebe wie Gedichte nebenbei.‹«
Peter Handke, 1990

Nicolas Born, geboren 1937 in Duisburg, starb 1979 in Breese bei Dannenberg. – Weitere wichtige Werke: *Der zweite Tag*. Roman 1965; *Marktlage*. Gedichte 1967; *Das Auge des Entdeckers*. Gedichte 1972; *Die Fälschung*. Roman 1979. 1983 erschienen seine *Gesammelten Gedichte*. © der abgedruckten Born-Texte: Rowohlt Verlag Reinbek.

unter der Bedingung daß sie allen erfüllt werden?
Ich wünsche ein Leben ohne große Pausen
in denen die Wände nach Projektilen abgesucht werden
ein Leben das nicht heruntergeblättert wird von Kassierern.
Ich wünsche Briefe zu schreiben in denen ich ganz enthalten
                bin –.
Ich wünsche ein Buch in das ihr alle vorn hineingehen und
        hinten herauskommen könnt.
Und ich möcht nicht vergessen daß es schöner ist
dich zu lieben als dich nicht zu lieben.

Entsorgt

So wird der Schrecken ohne Ende langsam
  normales Leben
Zuschauer blinzeln in den Hof
  im Mittagslicht
Kleinstadt, harte Narbe ziegelrot
Gasthaus, wehende Gardinen
und am Schreibtisch ist jetzt gering
  der persönliche Tod
Ich kann nicht sagen, wie die Panik der Materie
  wirkt, wie ich in meiner Panik
die nicht persönlich ist, nur an die
  falschen Wörter komme.
Das sorgend Schöne fehlt mir an *Krypton* und
  Jod 129. Mir fehlt die Zukunft der Zukunft
mir fehlt sie.
Mir fehlen schon meine Kindeskinder
Erinnerung an die Welten
mir fehlen Folgen, lange Sommer am Wasser
harte Winter, Wolle und Arbeit

Hier entstehen Folgen starker Wörter
die leblos sind, das verruchte Gesindel
  spürt nichts, sie schließen die Kartelle
keine Ahnung was sie in die Erde setzen
Ahnung nicht, nur Wissen
was sie in die Erde setzen in Luft und Wasser
  für immer
kein Gefühl für »immer«. Den Tod
sonderbehandeln sie wie einen Schädling
der gute Tod vergiftet wie die liebe Not.
Was schändet ihr die Gräber meiner Kindeskinder

was plündert ihr den Traum der Materie,
den Traum der Bilder, des Gewebs, der Bücher
  Knochen.

Die Trauer ist jetzt trostlos
die Wut ohne Silbe, all die maskierte Lebendigkeit
all die würgende Zuversicht
Gras stürzt, die Gärten stürzen, niemand
  unterm Geldharnisch fühlt die Wunde
entsorgt zu sein von sich selbst.
Kein Gedicht, höchstens das Ende davon.
  Menschenvorkommen
gefangen in verruchter Vernunft, die sich
  nicht einmal weiß vor Wissenschaft.
Kein Schritt mehr frei, kein Atem
kein Wasser unerfaßt, käufliche Sommerspuren
die Haut der Erde – Fotoabzüge
die betonierte Seele, vorbereitetes Gewimmer
  das dann nicht mehr stattfindet
  vor Stimmgebrochenheit.
Winzige Prozeßrechnungen in der hohlen Hand
  beleben die Erde, alleswissende Mutanten
dafür totaler Schutz vor Erfahrungen.
Lebensstatisten, Abgänger. Am Tropf
  der Systeme.

Gekippte Wiesenböschung, Engel, ungewisse,
warmer Menschenkörper und Verstehn
Gärten hingebreitet, unter Zweigen Bänke...
  ...Schatten...Laub...im Wind gesprochen
  ....Samen

Rolf Dieter Brinkmann
Einen jener klassischen

schwarzen Tangos in Köln, Ende des
Monats August, da der Sommer schon

ganz verstaubt ist, kurz nach Laden
Schluß aus der offenen Tür einer

dunklen Wirtschaft, die einem
Griechen gehört, hören, ist beinahe

»Der Totstell-Reflex, der die deutschsprachige Literaturproduktion weithin kennzeichnet, äußert sich in der praktizierten hemmungslosen Tabuisierung bestimmter ›Wörter‹, anstatt auf Wörter oder Sätze und Begriffe so lange draufzuschlagen, bis das in ihnen eingekapselte Leben (Dasein, einfach nur: Dasein) neu daraus aufspringt in Bildern, Vorstellungen, dem synthetischen Leuchten, in einer sinnlichen Überfülle.«
Rolf Dieter Brinkmann, aus dem Nachwort zu der Anthologie junger amerikanischer Literatur ACID, 1969

Rolf Dieter Brinkmann, geboren 1940 in Vechta, starb 1975 in London. Die abgedruckten Gedichte sind dem Band *Westwärts 1 & 2* entnommen, © Rowohlt Verlag Reinbek 1975. – Weitere wichtige Werke: *Ihr nennt es Sprache.* Gedichte 1962; *Keiner weiß mehr.* Roman 1968; *Rom, Blicke.* Tagebuch 1979.

»Worum es geht, ist: Konzepte zu erfinden, nicht aber Literatur weiter zu treiben, in der es noch immer abstrakt um den menschlichen oder unmenschlichen Menschen geht: Die Unsignifikanz, die sich mir beim Lesen eines deutschsprachigen, heute geschriebenen Buches aufdrängt, liegt in dem engen unterlegten Konzept. Das Konzept des Sozialismus ist viel zu eng. Das Fixiertsein in der Gegenwart, das sich in den dargebotenen Figuren, Handlungsabläufen, geschickt strukturierten Sprachexperimenten zeigt, wird unerträglich. Für Erzeugnisse, die aus dem Bewußtsein von Literatur für die Literatur geschrieben werden, gilt offensichtlich nicht, daß es sich bei Personen um eine komplexe psy-

ein Wunder: für einen Moment eine
Überraschung, für einen Moment

Aufatmen, für einen Moment
eine Pause in dieser Straße,

die niemand liebt und atemlos
macht, beim Hindurchgehen. Ich

schrieb das schnell auf, bevor
der Moment in der verfluchten

dunstigen Abgestorbenheit Kölns
wieder erlosch.

Gedicht

Zerstörte Landschaft mit
Konservendosen, die Hauseingänge
leer, was ist darin? Hier kam ich

mit dem Zug nachmittags an,
zwei Töpfe an der Reisetasche
festgebunden. Jetzt bin ich aus

den Träumen raus, die über eine
Kreuzung wehn. Und Staub,
zerstückelte Pavane, aus totem

Neon, Zeitungen und Schienen
dieser Tag, was krieg ich jetzt,
einen Tag älter, tiefer und tot?

Wer hat gesagt, daß sowas Leben
ist? Ich gehe in ein
anderes Blau.

cho-somatische Maschine handelt, die außerhalb des Sprachbereiches vielfältig agiert, differenziert antwortet auf die Erfordernisse, die eine Umgebung stellt.«
Rolf Dieter Brinkmann

Karin Kiwus
Aufklärungsstunde

Manchmal im Lauf der Geschichte
hat man uns
den kleinen Finger gereicht
und als wir dann
die ganze Hand nehmen wollten
ist es bei Licht und Verstand besehen
doch nur ein Pimmel gewesen

Ach du heiliger Bimbam
das war wohl der falsche Griff
da sind wir doch jedesmal unfreiwillig
an die falsche Spezies geraten
an eine abgelebte Art
die pars pro toto immer noch weiterspukt
an den Appendixband einer überkommenen Philosophie

Ungläubig staunend und voll enzyklopädischer Neugier
betrachten wir jetzt die letzten Exemplare
dieser omnipotenten Eroberer
mit gratis verliehenen Orden unter dem Feigenblatt
dieser lärmenden Greifschwanzäffchen
mit funktionslos leierndem Imponiergehabe

Dieses weltbewegende Zipfelchen
erkennen wir nun
das war immer nur
das dicke Ende einer Schnur
an der man Hampelmänner springen läßt

Und wie sie sich abgestrampelt haben
die Hacken haben sie sich abgerannt
in die Knie sind sie gegangen
und wieder aufgestanden

Man spricht von einer Tendenzwende, auch in der Literatur: Psychologisches wird wichtiger, Beziehungsdialoge, Verständigungstexte. Der Zug zum Alltäglichen hat in dieser Phase nichts Muffiges. Das wird vielmehr als Belebung und Erwärmung erfahren – nach all den strengen »Hinterfragungen« und kalten Systemanalysen.

»In Karin Kiwus' Verneinung liegt eine Qualität *sui generis*, sie macht uns nicht zu Zeugen der Verzweiflung, sondern zu Teilnehmern scheiternder Versuche der Annäherung an eine immer wieder als banal entlarvte Wirklichkeit.«
Wolfgang Hildesheimer

Karin Kiwus wurde 1942 in Berlin geboren. Die abgedruckten Gedichte sind dem Band *Von beiden Seiten der Gegenwart* entnommen, © Suhrkamp Verlag Frankfurt am Main 1976. – Weitere wichtige Werke: *Angenommen später*. Gedichte 1979; *Das chinesische Examen*. Gedichte 1992.

ihre Ellenbogen haben sie benutzt
die Hände aufgehalten
und ab und zu
ihre Finger krummgemacht

Einiges allerdings hat sich
hinter ihrem Rücken abgespielt und
so ein Marionettentheater
ist inzwischen nicht mehr gefragt

weil wir heute alle ja
schon in die Schule gehn

wo wir zum Abschluß der Lektion
alles nochmal überprüfen wollen
sämtliche Jahrgänge der HUMAN REVIEW herbeiholen
und in jeder Nummer lesen können
schwarz auf weiß in der headline:

*Der Pithecanthropus erectus
ist seit längerer Zeit
ausgestorben*

Im ersten Licht

Wenn wir uns gedankenlos getrunken haben
    aus einem langen Sommerabend
        in eine kurze heiße Nacht
wenn die Vögel dann früh
    davonjagen aus gedämpften Färbungen
in den hellen tönenden frischgespannten Himmel

wenn ich dann über mir in den Lüften
weit und feierlich mich dehne
in den mächtigen Armen meiner Toccata

wenn du dann neben mir im Bett
deinen ausladenden Klangkörper bewegst
dich dumpf aufrichtest und zur Tür gehst

und wenn ich dann im ersten Licht
    deinen fetten Arsch sehe
        deinen Arsch
            verstehst du

   deinen trüben verstimmten ausgeleierten Arsch
dann weiß ich wieder
    daß ich dich nicht liebe
            wirklich
   daß ich dich einfach nicht liebe

Satisfaction

Weißt du
     sagt der
  angeschlagene Champion
neben mir an der Jahrmarktsbude
weißt du
     sagt er kauend
  eigentlich
schmeckt so eine Melone erst richtig
  wenn du sie ausschaben kannst
    mit deinen Krücken

Die Rehabilitierung der Mundart in der Poesie deutet auf eine Umorientierung hin. Begonnen hatte diese Entwicklung schon Jahre zuvor in Österreich. Die bekanntesten Musterstücke stammen von H. C. Artmann. Schwarzer Humor unterwandert und aktiviert den Dialekt.

Dialektdichtung und Volksstück

H. C. Artmann
blauboad 1

i bin a ringlgschbüübsizza
und hob scho sim weiwa daschlong
und eanare gebeina
untan schlofzimabon fagrom...

heit lod i ma r ei di ochte
zu einen libesdraum –
daun schdöl i owa s oaschestrion ei
und bek s me n hakal zaum!

so fafoa r e med ole maln
wäu ma d easchte en gschdis hod gem –
das s mii amoe darwischn wean
doss wiad kar mendsch darlem!

i bin a ringlgschbüübsizza
(und schlof en da nocht nua bein liacht
wäu i mi waun s so finzta is
fua de dodn weiwa fiacht..)

»*Was inspiriert:* neue Mädchen, ein heißes Bad, ein kaltes Bad, eine Kopfwäsche, eine Rasur mit Supergillette, Fans, neue Schuhe, neue Hemden, Röcke, Hosen, Mäntel (eigentlich nie Anzüge) von Anna's Mens' Shop, Äppelwoi, gemischte Wurst beim Nutteludwich, Brot vom Bäcker Herdtlein in Frankfurt (›Die Brotgrenze verläuft dem Limes entlang‹), neue Freunde, alte Filme, jüngere Mädchen, der Blick aus unserem Fenster auf lovecraftische Giebel, im Schlafwagen alleine zu reisen indem er für den zweiten Platz mitbezahlt, Jack Daniels, Schmalz aus der Bretagne, Brot aus der Bretagne, Bauhausschlipse, viele Leute, noch jüngere Mädchen, Die Goldene Stadt, Svičková, Männer mit Frack und leck-mi-am-Arsch-Bärtli, Stummfilmuntertitel, ältere gebildete Herren...

es gibt guade und bese geatna:
des is es liad fon an besn

mei gmiad
is ma fadistad
waun da mond zuanema duad
i hoed s daun nima r aus
mi glist s fost noch an bluad
do nim e mei giaskaunlkaunl
und giass de bluman
wia r a reng..

und daun
und daun
daun nim e d sichl draun
und hau r eana r ollan
d kepfaln oo!

H. C. Artmann wurde 1921 in Wien geboren. Die abgedruckten Gedichte sind dem Auswahlband *The Best of H. C. Artmann* entnommen, © Suhrkamp Verlag Frankfurt am Main 1970. – Weitere wichtige Werke: *allerleihrausch.* Gedichte 1965; *Fleiß und Industrie.* Prosa 1967; *ein lilienweißer brief aus lincolnshire.* Gesammelte Gedichte 1969; *How much, schatzi?* Prosa 1971; *Gedichte über die Liebe und über die Lasterhaftigkeit* 1975.

an qadratmeta zeascht
und *zwaa* qadratmetan
und an gaunzn *gatl*
ana *glan* wisn
ana *grossn* wisn
und daun an gaunzn
födfödföd..

do ken e nix
do giw e kan bardaun
do kuman s olle
olle draun!
de gaunze nocht
hadsch i daun duach
des bluad rind mia
fon *omd* en d schuach
i schneid schneid schneid
das des bluad nua so
fon da sichl *schreid*
bis in da frua!

Was deprimiert: kein Alkaselzer d. h. sonntags, Linksradikale, Rechtsradikale, Apo-Mädchen, Wien, auf dem Rücken liegendes Brot, wenn man ihn einen *österreichischen* Dichter nennt, Scheißliberale, in Lokalen die er 10 Jahre nicht besucht hat nicht mehr mit dem Namen begrüßt zu werden ...« Klaus Reichert im Nachwort zu *The Best of H. C. Artmann*, Frankfurt 1970

Diese Art Dialektdichtung hat mit Volkstümlichkeit nichts zu tun. Daß es andererseits Volksstücke geben kann, die sich vom Zünftigen unterscheiden, beweist Franz Xaver Kroetz. Bevor er selbst Stücke zu schreiben beginnt, ist er ein gefragter Schauspieler auf dem bayrischen Bauerntheater.

Franz Xaver Kroetz
Michis Blut

IV PLÄNESCHMIEDEN

MARIE Jetz werst ein Vater, jetz mußt umdenkn.
KARL Mach mich ned kopfscheu.
MARIE Mit eim Ziel vor Augn is alles ned so schlimm.
KARL Weil du was siehst.
MARIE Ich sieh mir genug.
KARL Bist zuversichtlich.
MARIE Genau. *Sie weint.*
KARL Weinen, das kannst.
MARIE Ich sag ja gar nix.
KARL Is auch besser, wennst still bist.
MARIE Ich glaub dirs eh, du bist der Mann und ich die Frau.
KARL Genau. Wennst es nur einsiehst.
MARIE Auf der Sonnseitn müßt man sein, dann wär alles anders. Dann tät alles anders ausschaun. Aber man muß sich abfindn.
KARL Genau. Man muß sich nach der Deckn streckn.
MARIE Ja.
KARL In der Nacht sind alle Katzn grau. Das sind auch Wahrheitn.
MARIE Ja.

V WIEDERHERSTELLUNG DER ORDNUNG

MARIE Spürst was?
KARL Ja.
MARIE Was?
KARL Ein Kind.
MARIE Ebn. Ich spürs auch.
KARL Da sind die Füß, da is der Bauch, da is der Kopf. Langts?
MARIE Willst mich pflanzn? Ich gspürs, wenns strampelt.
KARL Ich spürs auch.
MARIE Das tut weh, aber es is schön.
KARL Ein Schmerz is ein Schmerz.
MARIE Ja.
KARL Dann drucks ab.
MARIE Spinnst? Das tät ich nie, weil ich eine Freud dran hab, verstehst?
KARL Die Freud soll man die Leut lassn.
MARIE Ebn.
KARL Jetz mach auf.
MARIE *tut es.*
KARL Jetz zwickts dann, aber des macht nix.

Franz Xaver Kroetz ist ein Autor, der diejenigen achtet, die nicht viel Worte machen: In seinen charakteristischsten Szenen greift er das Wohlbefinden des Zuschauers direkt an, und zwar ebenso durch das, was gesprochen wird, wie durch das, was geschwiegen wird. In dem Stück Michis Blut geht es um Abtreibung.

MARIE Das halt ich schon aus.
KARL Weilst tapfer bist.
MARIE Das denk ich mir auch. Jetz spritz.
KARL *tut es, Klistier.*
MARIE Auweh.
KARL Ich hab doch gsagt, daß brennt.
MARIE Auweh.
KARL Red ned und halt zam.
MARIE Wie lang?
KARL Bist nimmer kannst.
MARIE Ich kann aber lang.
KARL Umso besser.
MARIE Aber schön is es nicht.
KARL Danach werd ned gfragt.
MARIE Ich weiß schon.
KARL Spürst was?
MARIE Nix mehr.
KARL Dann is die Wirkung vorbei, laß außer.
MARIE *tut es, Nachttopf.*
KARL Gut.
MARIE Em. Das is der Unterschied, daß sich ein Viech ned wehrn kann, bald ihm was nicht paßt.
KARL Mir wehrn uns.
MARIE Genau.
KARL Halt auf, jetz machn mir es wieder. *Tut es, Klistier.* Wenn das nix nutzt, dann weiß ich selber nimmer.
MARIE Probiern geht über studiern.
KARL Ebn. Was spürst?
MARIE Überhaupt kein Schmerz mehr.
KARL Weil das die Gwohnheit is.
MARIE Man kann sich an alles gwöhnen, heißts.
KARL Nachat kannst es außer lassn.
MARIE *tut es, Nachttopf.*
KARL Alle gutn Dinge sind drei. Das halt ein Pferd nicht aus.
MARIE Das denk ich mir auch. Jetz spritz. Ich halt schon still.
KARL *tut es, Klistier.* Spürst gar nix?
MARIE Kitzln tuts.
KARL Wennst es du schon spürst, is eh schon hin.
MARIE Das denk ich mir auch, daß das was bedeut.
KARL Halt zu, trenzt.
MARIE Genau, daß nix voll werd. – Wegn was redstn nix mehr?
KARL Weil ich auf die Wirkung gspannt bin.
MARIE Ich auch.
KARL Aber eine Laugn is sicher.
MARIE Wenns langt, sagst es.

»Die Sprache funktioniert bei meinen Figuren nicht. Sie haben auch keinen guten Willen. Ihre Probleme liegen so weit zurück und sind so weit fortgeschritten, daß sie nicht mehr in der Lage sind, sie wörtlich auszudrücken.
Sie sind introvertiert. Daran ist zum großen Teil die Gesellschaft schuld, die auf sie keine Rücksicht nimmt und sie in ihrem Schweigen verharren läßt.«
Franz Xaver Kroetz

»Die Priorität des Dialoges auf dem Theater ist ein Vorurteil. Der Gang, die Bewegung eines Menschen sind gleich ausdrucksstark. Pausen haben primär den Charakter der Wahrheit. Das ist ihnen immanent. Trotzdem ist die Sprache dieser Menschen präzise, soweit sie sie beherrschen. Ihre Ausdrucksweise bedient sich des Dialektes, der kurz, prägnant und nur bei Heimatschriftstellern entlarvend ist. Tatsächlich ist der Dialekt die introvertierteste, verschlossenste Sprache.«
Franz Xaver Kroetz

Franz Xaver Kroetz wurde 1946 in München geboren. *Michis Blut* wurde 1971 uraufgeführt. – Weitere wichtige Werke: *Heimarbeit.* Drama 1971; *Oberösterreich.* Drama 1974; *Der Mondscheinknecht.* Roman 1981. Seine *Stücke in vier Bänden* erschienen 1989; *Bauerntheater* 1991. © der abgedruckten Kroetz-Texte: Suhrkamp Verlag Frankfurt am Main.

KARL Genau. Laß außer und alles is vorbei und vergessn.
MARIE *tut es, Nachttopf.*

VI ABFINDUNG UND BILANZ
MARIE Mir müssn alle sterbn.
KARL Genau. Wer nicht geborn is, ist der Best, und wer früh stirbt, der zweitbest, sagt Christus.
MARIE Das tät ich aber ned unterschreibn.
KARL Aber heißn tuts so.
MARIE Ja.

VII ZUKUNFT UND VERNUNFT
MARIE Was glaubst, wann ich wieder gsund bin?
KARL Bin kein Hellseher.
MARIE Lang kanns aber nimmer dauern.
KARL Ebn. Wost schon eine Wochn liegst.
MARIE Das is das längste, was es dauern kann.
KARL Dauerts dir zu lang.
MARIE Dumm is es halt. Hast etwas gsehn?
KARL Nix.
MARIE Aber da is nimmer, das spür ich.
KARL Aber zum Sehn war nix. Wennst es nicht glaubst, mußt selber schaun.
MARIE Glaubs eh. Man darf den Mut bloß nicht verliern. Vielleicht hat es sich aufglöst.
KARL Wie?
MARIE In einer Laugn löst sich alles auf.
KARL Bloß in Salzsäure.
MARIE In einer Laugn auch.
KARL Aber etwas müßert man sehn.
MARIE Dann wartn mir, bis es soweit is.
KARL Das Wartn is fad.
MARIE Wennst etwas siehst, sagst es mir. Weil einmal tät ich schon sehn wolln, wies is.
KARL Da brauchst eine Brilln.
MARIE Oder ein Vergrößerungsglas.
KARL Genau.
MARIE Aber neugierig tät ich schon sein.
KARL Du spinnst ja.

VIII WARTEN
KARL Was schaust?
MARIE Ich schau nicht, ich denk nach.
KARL Über nix Gescheits.
MARIE Das wirst du wissn. Hast eine Angst?

Bekannt wurde Franz Xaver Kroetz als Dramatiker vor allem mit seinem Stück »Stallerhof«: Hier ein Szenenfoto aus der Inszenierung des Deutschen Schauspielhauses in Hamburg 1971 mit Bruno Dallansky und Eva Mattes

KARL Stänkern des kannst.
MARIE Bestimmt ned.
KARL Ich bestimmt ned.
MARIE Glaubst.
KARL Weil mir das wurscht is. Aber wennst nicht bald zum Blutn aufhörst, gehst drauf.
MARIE Des wirst du wissn. *Sie lächelt.*
KARL Genau weiß ich das. – Kann nicht ernst sein, der Mensch. Hast keine Ahnung von nix.
MARIE Bist ebn nervös. Mir kommen schon durch.
KARL Das is sicher.
MARIE Und wissn tut man von keim was.
KARL Nix.
MARIE Genau.
KARL Man kann niemand in sein Hirn hineinschaun.
MARIE Nein, da müßt man schon ein Hellseher sein. *Sie lachen.*

Walter Kempowskis Roman *Tadellöser & Wolff* (1971) haben Hunderttausende gelesen, und seit der Verfilmung durch Eberhard Fechner aus dem Jahre 1975 ist er in seinen Grundzügen Millionen bekannt: die Geschichte einer wohlhabenden bürgerlichen Familie im Zweiten Weltkrieg.

Ein bürgerlicher Roman

Walter Kempowski
Tadellöser & Wolff

Eines schönen Tages wurde ein von langer Hand vorbereiteter Ausflug unternommen.
        Seid verwöhnt, raucht Welp-Zigarren!
Mein Vater steckte einen Vorrat schwarzer Stumpen ein. Er nahm auch das Fernglas mit. »Wie sie so sanft ruhn, alle die Toten.« Das hatte ihm schon in Flandern gute Dienste geleistet. Und die Kartentasche.
Seine Haut war Gutmannsdörfer. Keine nässende Stelle, keinerlei Juckreiz.

Der Oberst und Frau von Globig schlossen sich an.
»Gestatten der Herr Leutnant?«
»Ich bitte sogar darum.«
Frau von Globig mit breitkrempigem Hut, der Oberst ganz in Grau.

Vielleicht sei es besser, sie bleibe im Heim, hatte Ulla noch im letzten Augenblick gemeint. Sie leiste dann Elisabeth Gesellschaft, die wegen ihrer Geschichten nicht gut mitkönne.
»KAKFIF«, wurde geantwortet, »kommt auf keinen Fall in Frage.« Die Familie wolle den Ausflug gemeinsam unternehmen, sonst habe man ja bald gar nichts mehr voneinander. Dann hätte man ja auch zu Hause bleiben können. »...daß immer alles so schwirig sein muß...«

Wir stiegen in einen dreiachsigen Omnibus, der hatte einen langen Kühler. Hinten eine Leiter zum Auf's-Dach-Steigen. Ob der Busfahrer gedient habe, fragte mein Vater beim Einsteigen.
»Jawoll! Krankenträger bei Ypern, zwei-achtunddreißig.«
»Nun wird's verrückt! haben der Herr Oberst gehört?«
»Kolossal!« Dann könne ja nichts mehr verfrieren. »In Gottes Namen, ab!« Der Oberst ließ sich ächzend in einen Sitz fallen, nicht weit von meiner Schwester Ulla.

Der Ausflug war so angelegt, daß man auch ein Stück zu Fuß gehen konnte.
Man orientierte sich an Bäumen, die mit weißen oder roten Kreuzen versehen waren.

*Die »Fernseh-Familie«:
Karl Lieffen als Vater,
Edda Seippel als Mutter,
Gabriele Michel als Hila,
Martin Kollewe als Walter und Martin Semmelrogge als Robert.*

»Kinder, hier geht's lang!«
An unwegsamen Stellen gab es sogar Geländer und Stufen.
Es sei zu und zu schön, sagte meine Mutter.
(Ein Mäusebussard und: »O Kinder, Rehe!«)
Ihre Salamander-Schuhe waren herrlich bequem.
»Kann es nicht immer so sein?«

Mein Vater hatte den Spazierstock geschultert und pfiff den Helenenmarsch.
Klare Sache, und damit hopp!
Der Hornkneifer hatte sich hervorragend bewährt.
Keinerlei Druckstellen hinter dem Ohr.
Tadellose Sache das.
Mit gemessenem Schritt begab sich der Oberst in die Nähe meiner Schwester. Ob die Schule Spaß mache, fragte er.
Es gehe so hin, antwortete meine Schwester und strebte davon.
Er hatte seinen Hut mit einer Wäscheklammer am Jackett befestigt und pupte leis und rhythmisch vor sich hin. Robert, der sich ein an allen vier Zipfeln mit Knoten versehenes Taschentuch auf den Kopf gesetzt hatte, ahmte das nach.
»Nun lasses«, sagte meine Mutter, »lasses jetzt.«

In einer breiten Schneise große Hochspannungsmasten. Das sei die neue Zeit, sagte Frau von Globig. – Mit ihren dürren Beinen stakste sie vor mir her. Ob ich die Kirche dort unten sähe? Die sei echt romanisch. Wie Zeigefinger wiesen die beiden Türme zu Gott, Zeigefinger einer Schwurhand, Mahnung und Verpflichtung zugleich.

»Als ich in der Zelle saß, dachte ich über die Nazizeit nach, über das Elternhaus. Tausend Bilder. Ich habe mir anfangs diese Vergangenheit zurecht gemacht wie einen kitschigen Farbfilm. Nachdem ich lange genug geschwindelt hatte, fragte ich weiter und immer spezieller, um endlich durchzustoßen zu dem, was ›dahinterlag‹, unter der Oberfläche also. Ich hab auf meiner Pritsche gelegen, mir Augen und Ohren zugeklemmt und mir zum Beispiel vorgestellt: Was hast du am 1. April 1938 gemacht? Es ist natürlich ausgeschlossen, das völlig zu rekonstruieren, aber man kann einkreisen, sich Gebiete erschließen, an die man zuvor nicht dachte, wie lebten damals die Eltern, welche Freunde hatte man usw. Oder die Wohnungseinrichtung bis auf den Tapeziernagel genau. Im Zuchthaus habe ich viel Zeit damit verbracht, mein Gedächtnis aufzufrischen.«
Walter Kempowski

»Als ich wieder frei war und hier in der Bundesrepublik nicht als politischer Häftling anerkannt wurde – man sagte, das hast du selbst verschuldet, du wolltest ›das Vaterland retten‹, sieh zu, wie du da wieder rauskommst –, in dieser Situation habe ich mich dann wieder in die Erinnerung geflüchtet und den Kreis erweitert. Ich habe meine Mutter vors Tonbandgerät geholt und sie alles erzählen lassen, später auch andere Verwandte, und so meine Erinnerungen ergänzt. Dazu kamen Hunderte von Fotos, die ich mit der Lupe nach Erinnerungspartikeln absuchte.«
Walter Kempowski

Baut, junge Meister,
bauet hell und weit...
jedoch vergeßt die Krypte nicht...

Und als wir unten waren: »Wenn wir da jetzt reingehn, wollen wir mal ganz ehrfürchtig sein.« Und dann versuchte sie, meine Hand zu greifen. »Ich bin 'ne alte Schachtel, nicht?«

»Die Tür ist bestimmt zu«, sagte mein Vater, »so ist es immer.« Aber eine Seitenpforte war offen. Dunkelheit. Geruch nach Xylamon.

Ich sagte, die Pfeiler sähen so aus, als kämen sie von oben herunter.
»Was hat der Junge gesagt?« fragte meine Mutter. Frau von Globig warf ihr einen bedeutsamen Blick zu. Das wolle schon was heißen.
»Denkt mal an die deutschen Kaiser«, sagte mein Vater. »›Fliegen die Raben immer noch um den Turm?‹ und an die Kaiserkrone.« Die komme ja jetzt wieder nach Nürnberg, nach so langer Reise.
Da gehöre sie ja auch hin, sagte der Oberst scharf, so, als ob jemand was anderes behauptet hätte.

Auf der Orgelempore redeten zwei Männer.
»Ich glaube, das ist der Fürst«, sagte meine Mutter, »seid mal eben still...«
Da wurde es oben auch still und die kuckten herunter.

Im Schloßmuseum von Wernigerode wurden wir von einem Kastellan in Landsknechtsuniform empfangen. Der stellte seine Hellebarde beiseite und zeigte uns alte Siegel unter Glas.
»Immerhinque«, sagte da mein Vater.

Vor der Tür wurden Aufnahmen gemacht. »Tretet bitte noch ein Stück zurück.« Meine Mutter in wehendem Pelerinenkleid: »Huhu!« Drei Knöpfe mit Quetschfalten wie Sonnen auf der Brust.
Zur Sicherheit wurde alles zweimal fotografiert. Mein Bruder benutzte die Ikarette meiner Eltern, die war schon in Tegernsee mitgewesen. Sie ließ sich nicht mehr richtig schließen, ein Weckring hielt das Eingeweide notdürftig zusammen. Ullas Box dagegen funktionierte unentwegt.
»Das Einfachste ist immer noch das beste«, sagte mein Vater.
»Ja«, sagte der Oberst, »fabelhaft, wie der Hitler das hingekriegt hat.«

Auf den warmen Steinen lagen Eidechsen.

Wenn es regnete, saß ich mit Lili und Elke in der Liegehalle und ließ die Beine baumeln. Schwarze Schnecken auf dem Weg. Das Wasser schoß aus der defekten Regenrinne, und in den Pfützen schwammen gelbe Blasen.
Mein Vater stand mit seiner Zigarre unter der Tür und sagte: »Typisch.« Kaum zu glauben, was da für Wasser runterkomme. Wenn man das mal ausrechne, das seien gewiß ich weiß nicht wieviel Tons. »Wo kommt bloß all das Wasser her?«
Meine Mutter fand es zum Verzweifeln. Aber es höre gewiß bald auf, es könne ja nicht ewig regnen. Das sei meistens so: eh man sich's versehe komme die Sonne durch und: wie schön, daß man im Juli gefahren sei und nicht im August.
Wenn im August noch ein paar schöne Tage kämen, könne man sie ja auch zu Hause noch genießen.
Was wohl ihre Blumen machten, auf dem Balkon, und die schöne Aussicht.

Mein Bruder saß auf dem Treppenabsatz und spielte Jojo. Ob es heute wieder Schokoladenpudding gebe? wollte mein Vater wissen.
Dafür wolle er nicht die Hand ins Feuer legen.

Er solle doch mal ein bißchen spazierengehen, sagte mein Vater, andere Jungen in seinem Alter ließen sich den Wind ganz anders um die Nase wehen.
Im Regen spazierengehen? Wie stelle er sich das denn vor? Ohne Schirm sei es unerquicklich und mit Schirm im höchsten Grade prekär.

Wenn es in der Liegehalle zu feucht wurde, rannten die beiden Mädchen und ich in den Speisesaal und spielten Mensch-ärgere-dich-nicht. Das Rausschmeißen sollten wir man lassen, sagte Lili, dann ginge es schneller und keiner brauche sich zu ärgern.
So schummelten wir füreinander, und der Verlierer wurde stark bedauert.
Und immer wieder das Zurückwerfen der Zöpfe.
Ob er, Robert, nicht mal mitspielen wolle?
Wir machten uns wohl lächerlich über ihn... Mensch-ärgere-dich-nicht... »was für ein Quatsch.«
Im Aufenthaltsraum versuchte er den Sender Beromünster reinzukriegen, der brachte Tanzmusik.

»Das Wort ›entlarven‹ würde ich nicht benutzen. Die Personen meines Romans sind ja keine Spitzbuben. Sie sollen gekennzeichnet werden: was ist mit denen eigentlich los? Wenn man auf die Sprache achtet, dann sieht man auch dahinter, auf das Leid, auf das Erbärmliche des Individuums. Ich will mich in dem Buch ja nicht über die Menschheit lustig machen. Wenn man das wollte – das könnte man sehr leicht haben. Im Gegenteil: zwar soll das Groteske gezeigt werden, dahinter aber das erbarmungswürdige Menschliche, das uns allen gemeinsam ist. Ich will nicht das Gelächter, sondern mehr Verständnis. Nicht entlarven, sondern die Larven zeigen.«
Walter Kempowski

»...ich finde, diese Harmlosigkeit neben dem Grauenhaften ist ja viel schlimmer, als wenn ich jetzt nur Grauenhaftes beschreibe. Gerade die Idylle bringt den Leser ja dazu, nach dem Grauenhaften zu fragen.«
Walter Kempowski

Walter Kempowski wurde 1929 in Rostock geboren. Seit 1947 lebte er im Westen, wurde aber 1948 bei einem Besuch in seiner Heimat verhaftet und saß von 1948 bis 1956 wegen angeblicher Spionage im Zuchthaus in Bautzen. – Weitere wichtige Werke: *Uns geht's ja noch gold.* Roman 1972; *Ein Kapitel für sich.* Roman 1975; *Herzlich willkommen.* Roman 1984. © der abgedruckten Kempowski-Texte: Carl Hanser Verlag München.

»Stell den Niggerjazz aus«, sagte der Oberst, der sich gerade die Briefe der Lieselotte von der Pfalz holen wollte, ein Buch, das immer wieder so vorzüglich sei.
Er solle lieber mal Nachrichten einschalten, ob der Pole wieder provoziere!
Der Flügel, auf dem Robert mit einem Finger »Harlem« klimperte, war anderntags verschlossen.

Alte und neue Leiden in der DDR

Jurek Becker
Jakob der Lügner

Die Rote Armee steht indessen, laut Radio, unmittelbar vor der Kreisstadt Pry. Pry ist nicht mit Bezanika zu vergleichen, Pry kann sich jeder vorstellen, bei Pry muß man nicht erst fragen, wo liegt das überhaupt. Pry ist exakt hundertsechsundvierzig Kilometer von uns entfernt, die meisten Ortsansässigen kennen das Städtchen von gelegentlichen Besuchen. Wenige haben sogar dort gewohnt und sind nach Kriegsausbruch hierher geschafft worden, denn Pry besitzt auf Grund seiner glücklichen Bevölkerungsstruktur kein eigenes Ghetto.

Die Position der Russen wird zum Gegenstand eines Wortwechsels, Kowalski hat mit einem seiner drei Zimmergenossen, deren Namen mir unbekannt sind, einen Streit. Nun ist es, wie der verträgliche Jakob und ich mit ihm zur Genüge wissen, die leichteste Sache von der Welt, anderer Meinung zu sein als Kowalski, aber in diesem besonderen Fall ist man geneigt, ihm recht zu geben. Es geht um keine Kleinigkeit, es geht darum, daß dieser eine, nennen wir ihn der Einfachheit halber Abraham, daß also Abraham behauptet, die Russen wären schon durch Pry hindurch, auf dem Weg nach Mieloworno. In seiner Fabrik, nehmen wir an der Ziegelbrennerei, hat es einer erzählt, Kowalski dagegen schwört Stein und Bein, sie sind noch nicht einmal in Pry. Aber Abraham sieht absolut keinen Grund, Kowalski mehr zu glauben als seinem Kollegen.

»Wer arbeitet auf dem Bahnhof?« fragt Kowalski erbost. »Du oder ich? Wer hört alles aus erster Hand? Du oder ich?«

Für Abraham ist das kein gültiger Beweis, vor allem wohl nicht, weil seine Version viel angenehmer klingt als die Kowalskis, jeder Mensch kann sich einmal irren, sagt er. Auch den logischen Einwand, daß alles, was dieser mysteriöse Kollege in der Ziegelbrennerei angeblich wissen will, auf irgendeine Art von Jakob stammen muß, läßt er nicht gelten.

»Oder gibt es vielleicht ein zweites Radio?«

»Was weiß ich«, sagt Abraham.

Kowalski könnte es gleich sein, soll Abraham denken, was er will, soll er auf plumpe Gerüchte hereinfallen wie ein gläubiges Kind, aber irgendwie fühlt er sich für die Wahrheit mitverantwortlich. Denn das Radio ist gewissermaßen auch sein Radio, uralte Freundschaft mit Jakob, die bis auf den Tag

Ebenfalls vom Leben in der Zeit des Kriegs erzählt der 1974 verfilmte erste Roman von Jurek Becker: *Jakob der Lügner* (1969). Aber es ist keine Familiensaga. Im Gegenteil. Der 1937 in Polen geborene Autor mußte seine Kindheit im Ghetto von Lodz und in Konzentrationslagern verbringen. Sein Buch ruft jene Zeit herauf.

Jakob behauptet, einen Radioapparat zu besitzen. Das wäre gegen die Vorschriften und also lebensgefährlich. Dieser angebliche Besitz verleiht ihm Ansehen, weil er über die Kriegslage und über die Aussichten der Ghettobewohner informiert zu sein scheint. Jakob beschönigt die Lage, um den Menschen die Hoffnung auf Befreiung zu erhalten.

nicht abgerissen ist, um ein Haar hätte er es sogar in die eigene Wohnung bekommen, bei der Stromsperre damals. Also erklärt er mit geduldiger Zunge den langen Weg, den jede Nachricht von Jakobs Mund bis zu der Fabrik zurücklegen muß, über wie viele Leute, welchen Gefahren sie auf diesem Weg ausgesetzt ist, Gefahren der Verstümmelung und der Beschönigung. Wie jeder eigenes hinzutut, aus dem Guten Besseres macht, und die Nachricht kommt schließlich, wie sich herausstellt, in einem Aufzug an, daß sie ihr eigener Vater nicht wiedererkennt.

»Jedenfalls sind die Russen unterwegs nach Mieloworno«, sagt Abraham beharrlich. »Vielleicht hast du dich verhört, oder er hat sich verhört. Frage ihn morgen lieber noch mal.«

Kowalski fragt Jakob nicht morgen, die Vorwände für ein gemächliches Plauderstündchen mit Jakob sind selten genug, Kowalski geht sofort zu Jakob.

Er findet ihn in denkbar schlechter Verfassung, matt, gleichgültig, wortkarg, vor einer halben Stunde haben sie Elisa Kirschbaum abgeholt.

»Störe ich?« fragt Kowalski und zaubert ein Lächeln, das ihm gleich nach dem ersten forschenden Blick in Jakobs Gesicht verfehlt vorkommt.

»Du bist es«, sagt Jakob. Er schließt hinter Kowalski die Tür und legt sich angezogen auf das Bett, wo er allem Anschein nach schon gelegen hat, bevor es klopfte. Er verschränkt die Hände unter dem Kopf und starrt zur Decke, Kowalski wundert sich, was mit ihm plötzlich los ist, vorhin, als sie vom Bahnhof gekommen sind, hat er noch einen ganz vergnügten

Jurek Becker, 1945

Eindruck gemacht, wenn man in den letzten Jahren überhaupt von vergnügt sprechen darf.

»Ist was passiert?« fragt Kowalski.

Passiert oder nicht passiert, Jakob spürt eine bislang unbekannte Schwäche, erschreckend plötzlich, als er vorhin vom Dachboden herunterkam, wohin er Lina begleitet hatte, mußte er sich am Geländer festhalten. Er hat versucht, sich den neuen Zustand mit dem endlosen Hunger zu erklären, aber damit war nur das Zittern der Knie ergründet, kaum die Herkunft der anderen Schwäche, der ebenso quälenden, der Mutlosigkeit. Ihr forscht er nun nach, zur Decke starrend, und versucht dabei, sie sich auszureden, sie kleiner zu machen als sie tatsächlich ist, so dick und gewichtig. Der Vorfall mit Elisa Kirschbaum war sicher nur ein kleiner Baustein, er hat Jakob ohne Frage mitgenommen, aber es wäre übertrieben zu sagen, er ist das Erlebnis gewesen, das Jakob von einer Minute auf die andere den Mut nahm. Schwerer wog schon der Besuch Rosas, sich anhören zu müssen, wie Lina ihn mit Lügen verteidigt hat, mit seinen eigenen Waffen, wenn man auch diesem Besuch nicht die Hauptschuld an Jakobs schwindenden Kräften geben sollte. Es kommt von überallher ein bißchen zusammen, am meisten wohl, wenn man sich ganz einfach die Lage um einen herum ansieht. Immer öfter nimmt dich einer zur Seite und sagt dir, Jakob, Jakob, ich glaube an kein gutes Ende mehr, und wenn du den einen mit ganz frisch eingetroffenen Meldungen notdürftig getröstet hast, stehen schon sechs andere da und wollen dir dasselbe sagen. Die Russen bedrängen, laut Radio, Pry, Gott allein weiß, wen sie in Wahrheit bedrängen, oder wer sie bedrängt. Laut Radio müßte man bald das erste Geschützfeuer in der Ferne sehen, man sieht Tag für Tag das gleiche Bild, diese widerliche Trostlosigkeit. Allmählich mußt du Rückzugsgefechte ins Auge fassen, denn du hast dich beim Vormarsch zu einem Tempo hinreißen lassen, das der Wirklichkeit leider nicht standhält.

Und Kowalski steht unnütz herum und wartet vergeblich auf einen einladenden Blick.

»Soll ich vielleicht wieder gehen?« fragt er nach angemessener Frist und setzt sich.

Jakob erinnert sich an seinen Gast, er läßt die Decke in Ruhe und sagt: »Entschuldige, ich fühle mich nicht besonders.«

»Ist was gewesen?«

»Ja und nein«, sagt Jakob. »Vorhin haben sie Kirschbaums Schwester geholt. Aber abgesehen davon, man wird langsam alt.«

»Kirschbaums Schwester? Jetzt noch?«

> »Deutsch ist nicht meine Muttersprache, ich komme vom Polnischen her. Erst mit acht, fast neun Jahren fing ich an, Deutsch zu lernen, mein Polnisch war da aber ganz und gar nicht das eines Neunjährigen. Es war im Sprachumfang eines Vierjährigen steckengeblieben, denn in diesem Alter wurde ich Umständen ausgesetzt, in denen Sprache so gut wie überflüssig war. Die ersten deutschen Vokabeln, an die ich mich erinnere, stammen aus jener Zeit: ›Alles alle‹, ›Antreten – Zählappell!‹ und ›Dalli-dalli‹.«
> Jurek Becker

»Stell dir vor.«
Jakob steht auf, in seinen Ohren lärmen verdächtige Signale, kombiniert mit Schwindel und Übelkeit, fehlt bloß noch, daß er ernsthaft krank wird. Er hört aus ziemlicher Ferne, wie Kowalski sagt: »Was ist mit dir?«
Er setzt sich schnell an den Tisch, zum Glück wird es besser, ihm kommt Lina in den Sinn, und was aus ihr werden soll, und daß man lieber gesund bleibt. Und ein kleines Schildchen, als er Kowalski endlich ansieht, kommt ihm in den Sinn, ein weißes Schildchen mit der grünen Aufschrift: »Wegen Krankheit vorübergehend geschlossen«. Er hat es von Lajb Pachman mit übernommen, als er ihm die Diele abgekauft hat, es gehörte neben vielem anderen Zeug zum Inventar. Ein einziges Mal nur hat er es gebraucht, während all der zwanzig Jahre, die über Puffern, Eis und vergleichsweise kleinen Sorgen vergangen sind, hat das Schildchen nur ein einziges Mal in der Ladentür gehangen. Dabei war es nicht einmal eine richtige Krankheit, Jakob besaß eine Konstitution wie ein Pferd, er war, als er die verklemmte Jalousie reparieren wollte, von der Leiter gestürzt und hatte sich ein Bein gebrochen, da nutzt die beste Gesundheit nichts. Lange vor Josefa Litwins Zeit war das, die hätte man gut zur Pflege brauchen können, gepflegt hat ihn eine verschrumpelte alte Hexe aus dem Hinterhaus. Gegen Bezahlung, versteht sich, weil man sonst keinen Menschen hatte. Aber was heißt gepflegt, sie hat den Tisch mit dem Essen so hingeschoben, daß man sich selber was nehmen konnte, von Zeit zu Zeit den Aschenbecher ausgeschüttet und das Zimmer gelüftet, das Bett am Morgen glattgestrichen, ansonsten gesagt: »Und wenn Ihr noch etwas braucht, Reb Heym, dann ruft mich, ich lasse mein Fenster offen.« Ein paarmal hat Jakob es versucht, aber entweder hatte sie ihr Fenster doch geschlossen, oder sie war schwerhörig wie ein altes Maultier. Und jeden zweiten oder dritten Abend ist Kowalski vorbeigekommen, mit einem kleinen Fläschchen, hat einen bedauert, wie man mit dem geschienten Bein vor ihm lag und sich nicht rühren konnte. Hat dagesessen, bis die Flasche leer war, große Unterhalter sind sie beide nicht gewesen, Jakob hat Gott gedankt, daß der Bruch ohne Komplikationen verheilt ist. Ein paar Tage mehr und die Langeweile hätte ihn noch getötet. Und kurze Zeit darauf hat er das unschuldige Schildchen in den Ofen gesteckt, hat seine grimmige Freude daran gehabt, wie es in den Flammen spurlos vergangen ist, die Drohung hat so nachhaltig gewirkt, daß er bis auf den Tag von jeder Bettlägerigkeit verschont blieb.

Titelabbildung der ersten Ausgabe, Berlin und Weimar 1969

Szenenfoto aus der Verfilmung von »Jakob der Lügner« von Frank Beyer 1974; in der Titelrolle: Vlastimil Brodsky (Mitte).

»Soll ich nicht doch lieber gehen?« fragt Kowalski dazwischen, am Ende seiner Geduld.
»Bleib«, sagt Jakob.
Kowalski sieht ihn fragend an, es kommt ihm vor, als hätte Jakob die Absicht, ihm etwas mitzuteilen, und kaum etwas Gutes, wenn man die verflossenen Minuten mit der schleppenden Einleitung bedenkt. Dabei war ein völlig harmloser Besuch geplant, denn unterwegs hatte er beschlossen, sich gar nicht erst wegen Pry zu vergewissern, da war jeder Irrtum ausgeschlossen, dieser Abraham mußte einem Wichtigtuer ins Garn gegangen sein. Er wollte ganz einfach vorbeikommen und guten Abend sagen und ein bißchen von früher und von später reden, mit wem sonst, wenn nicht mit dem einzigen alten Freund, kommt er nicht zu dir, kommst du eben zu ihm.
»Was meinst du, Kowalski, wieviel ein Mensch aushalten kann?« fragte Jakob endlich.
Also philosophieren will er, muß Kowalski denken, er wartet auf Erläuterung der Frage, auf Präzisierung nach irgendeiner Richtung hin, aber Jakob scheint sie ganz allgemein gestellt zu haben. Er sagt: »Na, was meinst du?«
»Wenn du mich so fragst«, sagt Kowalski, »viel. Blödsinnig viel.«
»Aber es gibt Grenzen.«
»Sicher...«
»Es tut mir leid«, sagt Jakob, »bei mir ist die Grenze jetzt erreicht. Vielleicht wäre ein anderer weitergekommen, ich kann nicht mehr.«
»Was kannst du nicht mehr?«

Jurek Becker, geb. 1937, wurde nach Protesten gegen die Biermann-Ausbürgerung 1977 aus dem Schriftstellerverband der DDR ausgeschlossen und lebt seit 1979 im Westen. – Weitere wichtige Werke: *Irreführung der Behörden*. Roman 1973; *Der Boxer*. Roman 1976; *Aller Welt Freund*. Roman 1982. *Bronsteins Kinder*. Roman 1986. *Warnung vor dem Schriftsteller. Frankfurter Vorlesungen 1990; Amanda herzlos*. Roman 1992. © der abgedruckten Becker-Texte: Suhrkamp Verlag Frankfurt am Main.

»Ich kann nicht mehr«, sagt Jakob.
Kowalski läßt ihm Zeit, er weiß nicht, daß Jakob die bedingungslose Kapitulation vorbereitet, das schlimmste aller Eingeständnisse. Er sieht nur sein knochiges Gesicht, auf die Hände gestützt, vielleicht etwas bleicher als sonst, womöglich etwas müder, aber doch das Gesicht desselben Jakob, den man kennt wie keinen zweiten. Beunruhigt ist er, weil solche Anfälle von Trübsinnigkeit bei Jakob vollkommen ungewohnt sind, mürrisch und zänkisch ist er von Zeit zu Zeit, aber das ist ein Unterschied. Wehklagend kennt man ihn nicht, wehklagen alle anderen, Jakob war so etwas Ähnliches wie ein Seelentröster. Man ist, ob bewußt oder unbewußt, nicht selten zu ihm gegangen, um sich die eigenen Schwachheiten austreiben zu lassen. Schon vor der Radiozeit, eigentlich sogar schon vor der Ghettozeit. Wenn ein besonders beschissener Tag vorüber war, wenn man von früh bis spät hinter der Schaufensterscheibe gestanden hat und vergeblich Ausschau nach Kunden gehalten, oder irgendeine Riesenrechnung ist gekommen, und es wollte einem im Traum nicht einfallen, aus welcher Tasche man sie bezahlen sollte, wohin ist man dann am Abend gegangen? In seine Diele, aber nicht, weil bei ihm der Schnaps besonders gut geschmeckt hätte. Es war derselbe wie überall, dazu noch verboten, da ohne Lizenz ausgeschenkt. Man ist hingegangen, weil die Welt nach solchem Besuch ein kleines bißchen rosiger ausgesehen hat, weil er eine Kleinigkeit überzeugender als andere »Kopf hoch« sagen konnte oder »es wird schon wieder werden« oder etwas in der Art. Vielleicht auch deswegen, weil er der einzige im dünn gesäten Bekanntenkreis war, der sich überhaupt die Mühe gegeben hat, einem so etwas zu sagen. Kowalski läßt ihm Zeit.
Da fängt Jakob zu reden an, dem Schein nach zu Kowalski, denn kein anderer ist im Zimmer, den Worten nach zu einem größeren Auditorium, also einfach vor sich hin in die Luft, mit Wehmut in der leisen Stimme und mit dieser nie gehörten Resignation, die letzte einer verschwenderischen Vielzahl von Meldungen an alle. Daß sie ihm, wenn es ihre schwachen Kräfte erlauben, nicht böse sein sollen, er hat nämlich gar kein Radio, er hat nie eins besessen. Er weiß auch nicht, wo die Russen sind, vielleicht kommen sie morgen, vielleicht kommen sie nie, sie stehen in Pry oder in Tobolin oder in Kiew oder in Poltawa oder noch viel weiter entfernt, vielleicht sind sie inzwischen sogar vernichtend geschlagen, nicht einmal das weiß er. Das einzige, was er mit Gewißheit sagen kann, sie haben vor so und so langer Zeit um Bezanika gekämpft, woher die Gewißheit, das ist eine ganze Geschichte für sich,

die interessiert heute keinen Menschen mehr, jedenfalls ist es die Wahrheit. Und daß er sich wohl vorstellen kann, wie bestürzend dieses Geständnis in ihren Ohren klingen muß, darum noch einmal die Bitte um Nachsicht, er wollte nur das Beste, aber seine Pläne haben sich zerschlagen.

Ulrich Plenzdorf
Die neuen Leiden des jungen W.

Natürlich Jeans! Oder kann sich einer ein Leben ohne Jeans vorstellen? Jeans sind die edelsten Hosen der Welt. Dafür verzichte ich doch auf die ganzen synthetischen Lappen aus der Jumo, die ewig tiffig aussehen. Für Jeans konnte ich überhaupt auf alles verzichten, außer der *schönsten Sache* vielleicht. Und außer Musik. Ich meine jetzt nicht irgendeinen Händelsohn Bacholdy, sondern echte Musik, Leute. Ich hatte nichts gegen Bacholdy oder einen, aber sie rissen mich nicht gerade vom Hocker. Ich meine natürlich echte Jeans. Es gibt ja auch einen Haufen Plunder, der bloß so tut wie echte Jeans. Dafür lieber gar keine Hosen. Echte Jeans dürfen zum Beispiel keinen Reißverschluß haben vorn. Es gibt ja überhaupt nur eine Sorte echte Jeans. Wer echter Jeansträger ist, weiß, welche ich meine. Was nicht heißt, daß jeder, der echte Jeans trägt, auch echter Jeansträger ist. Die meisten wissen gar nicht, was sie da auf dem Leib haben. Es tötete mich immer fast gar nicht, wenn ich so einen fünfundzwanzigjährigen Knacker mit Jeans sah, die er sich über seine verfetteten Hüften gezwängt hatte und in der Taille zugeschnürt. Dabei sind Jeans Hüfthosen, das heißt Hosen, die einem von der Hüfte rutschen, wenn sie nicht eng genug sind und einfach durch Reibungswiderstand obenbleiben. Dazu darf man natürlich keine fetten Hüften haben und einen fetten Arsch schon gar nicht, weil sie sonst nicht zugehen im Bund. Das kapiert einer mit fünfundzwanzig schon nicht mehr. Das ist, wie wenn einer dem Abzeichen nach Kommunist ist und zu Hause seine Frau prügelt. Ich meine, Jeans sind eine Einstellung und keine Hosen. Ich hab überhaupt manchmal gedacht, man dürfte nicht älter werden als siebzehn – achtzehn. Danach fängt es mit dem Beruf an oder mit irgendeinem Studium oder mit der Armee, und dann ist mit keinem mehr zu reden. Ich hab jedenfalls keinen gekannt. Vielleicht versteht mich keiner. Dann zieht man eben Jeans an, die einem nicht mehr zustehen. Edel ist wieder, wenn einer auf Rente ist und trägt dann Jeans, mit Bauch und Hosenträgern. Das ist wieder edel. Ich hab aber

Ulrich Plenzdorfs Theaterstück *Die neuen Leiden des jungen W.* wird unmittelbar nach seinem Erscheinen 1972 an mehr als einem Dutzend DDR-Bühnen gespielt: der erste Versuch, Unbehagen, ja Widerspruch mit einer kollektiven Symbolik und einer alternativen Sprache zu verknüpfen. Die Sprache: der Jargon der Jugendlichen. Die Symbole: Kassettenrecorder und Blue Jeans. 1976 erfolgt die Verfilmung des seit 1968 als Szenario vorliegenden Textes.

Edgar, begabter Lehrling, Sohn einer anerkannten Planungs- und Leitungskraft, steigt aus und lebt in einer Gartenlaube. Zufällig findet er ein altes Reclam-Heftchen mit Goethes *Werther*. Edgar entdeckt Gemeinsamkeiten mit »Old Werther«.

Bei der Verfilmung von »Die neuen Leiden des jungen W.«: Autor Ulrich Plenzdorf, Produzent Harald Müller, Edgar-Darsteller Klaus Hoffmann und Regisseur Eberhard Itzenplitz (von links).

keinen gekannt, außer Zaremba. Zaremba war edel. Der hätte welche tragen können, wenn er gewollt hätte, und es hätte keinen angestunken.

»Ed wollte sogar, daß ich dableiben sollte. ›Wir kommen durch!‹ sagte er. Aber das war nicht geplant, und ich konnte es auch nicht. Ed konnte das, ich nicht. Ich wollte schon, aber ich konnte nicht.

Ed sagte dann noch: Zu Hause sag: Ich lebe, und damit gut. Das war das letzte, was ich von ihm hörte. Ich bin dann zurückgefahren.«

Du bist in Ordnung, Willi. Du kannst so bleiben. Du bist ein Steher. Ich bin zufrieden mit dir. Wenn ich ein Testament gemacht hätte, hätte ich dich zu meinem Alleinerben gemacht. Vielleicht hab ich dich immer unterschätzt. Wie du mir die Laube eingeredet hast, war sauber. Aber ich hab es auch nicht ehrlich gemeint, daß du dableiben solltest. Ich meine, ehrlich schon. Wir wären gut gefahren zusammen. Aber wirklich ehrlich nicht. Wenn einer sein Leben lang nie echt allein gewesen ist und er *hat* plötzlich die Chance, dann ist er vielleicht nicht ganz ehrlich. Ich hoffe, du hast es nicht gemerkt. Wenn doch, vergiß es. Als du weg warst, kam ich jedenfalls noch in eine ganz verrückte Stimmung. Erst wollte ich einfach pennen gehen, ganz automatisch. Meine Zeit war ran. Dann fing ich erst an zu begreifen, daß ich ab jetzt machen konnte, wozu ich Lust hatte. Daß mir keiner mehr reinreden konnte. Daß ich mir nicht mal mehr

die Hände zu waschen brauchte vorm Essen, wenn ich nicht wollte. Essen hätte ich eigentlich müssen, aber ich hatte nicht *so* viel Hunger. Ich verstreute also zunächst mal meine sämtlichen Plünnen und Rapeiken möglichst systemlos im Raum. Die Socken auf den Tisch. Das war der Clou. Dann griff ich zum Mikro, warf den Recorder an und fing mit einer meiner Privatsendungen an: Damen und Herren! Kumpels und Kumpelinen! Gerechte und Ungerechte! Entspannt euch! Scheucht eure kleinen Geschwister ins Kino! Sperrt eure Eltern in die Speisekammer! Hier ist wieder euer Eddie, der Unverwüstliche ...
Ich fing meinen Bluejeans-Song an, den ich vor drei Jahren gemacht hatte und der jedes Jahr besser wurde.

Oh, Bluejeans
White Jeans? – No
Black Jeans? – No
Blue Jeans, oh
Oh, Bluejeans, jeah

Oh, Bluejeans
Old Jeans? – No
New Jeans? – No
Blue Jeans, oh
Oh, Bluejeans, jeah

Vielleicht kann sich das einer vorstellen. Das alles in diesem ganz satten Sound, in *seinem* Stil eben. Manche halten *ihn* für tot. Das ist völliger Humbug. Satchmo ist überhaupt nicht totzukriegen, weil der Jazz nicht totzukriegen ist. Ich glaube, ich hatte diesen Song vorher nie so gut draufgehabt. Anschließend fühlte ich mich wie Robinson Crusoe und Satchmo auf einmal. Robinson Satchmo. Ich Idiot pinnte meine gesammelten Werke an die Wand. Immerhin wußte so jeder gleich Bescheid: Hier wohnt das verkannte Genie Edgar Wibeau. Ich war vielleicht ein Idiot, Leute! Aber ich war echt high. Ich wußte nicht, was ich zuerst machen sollte. An sich wollte ich gleich in die Stadt fahren und mir Berlin beschnarchen, das ganze Nachtleben und das und ins Hugenottenmuseum gehen. Ich sagte wohl schon, daß ich väterlicherseits Hugenotte war. Ich nahm stark an, daß ich in Berlin Hinweise auf die Familie Wibeau finden würde. Ich glaube, ich Idiot hatte die Hoffnung, das wären vielleicht Adlige gewesen. Edgar de Wibeau und so. Aber ich sagte mir, daß um die Zeit wohl kein Museum mehr offenhaben würde. Ich wußte auch nicht, wo es war.

»Der von Plenzdorf an zentraler Stelle eingesetzte Werther-Satz ›ich kehr in mich selbst zurück und finde eine Welt‹ zeigt, wohin das Buch führt: die Flucht nach innen. Ein einziges Zitat kommt in der ganzen Collage zweimal vor, ist damit der Hauptsatz:
›Es ist ein einförmiges Ding um das Menschengeschlecht. Die meisten verarbeiten den größten Teil der Zeit, um zu leben, und das bißchen, das ihnen von Freiheit übrigbleibt, ängstigt sie so, daß sie alle Mittel aufsuchen, um es loszuwerden.‹
Die Rede ist also von Entfremdung. Hier liegt der Schock des Buches in der DDR – nicht in ein paar Aufmüpfigkeiten oder ein bißchen Jeans-Ideologie.«
Fritz J. Raddatz

Klaus Hoffmann (vorn sitzend) als Edgar

Ich analysierte mich kurz und stellte fest, daß ich eigentlich lesen wollte, und zwar wenigstens bis gegen Morgen. Dann wollte ich bis Mittag pennen und dann sehen, wie der Hase läuft in Berlin. Überhaupt wollte ich es so machen: bis Mittag schlafen und dann bis Mitternacht leben. Ich wurde sowieso im Leben nie vor Mittag wirklich munter. Mein Problem war bloß: Ich hatte keinen Stoff. – Ich hoffe, es denkt jetzt keiner, ich meine Hasch und das
Opium. Ich hatte nichts gegen Hasch. Ich kannte zwar keinen. Aber ich glaube, ich Idiot wäre so idiotisch gewesen, welchen zu nehmen, wenn ich irgendwo hätte welchen aufreißen können. Aus purer Neugierde. Old Willi und ich hatten seinerzeit ein halbes Jahr Bananenschalen gesammelt und sie getrocknet. Das soll etwa so gut wie Hasch sein. Ich hab nicht die Bohne was gemerkt, außer daß mir die Spucke den ganzen Hals zuklebte. Wir legten uns auf den Teppich, ließen den Recorder laufen und rauchten diese Schalen. Als nichts passierte, fing ich an die Augen zu verdrehen und verzückt zu lächeln und ungeheuer rumzuspinnen, als wenn ich sonstwie high wäre. Als Old Willi das sah, fing er auch an, aber ich bin überzeugt, bei ihm spielte sich genausowenig ab wie bei mir. Ich bin übrigens nie wieder auf den Bananenstoff und solchen Mist zurückgekommen, überhaupt auf keinen Stoff. Was ich also meine, ist: ich hatte keinen Lesestoff. Oder denkt einer, ich hätte vielleicht Bücher mitgeschleppt? Nicht mal meine Lieblingsbücher. Ich dachte, ich wollte nicht Sachen von früher mit rumschleppen. Außerdem kannte ich die zwei Bücher so gut wie auswendig. Meine Meinung zu Büchern

Klaus Hoffmann

war: Alle Bücher kann kein Mensch lesen, nicht mal alle sehr guten. Folglich konzentrierte ich mich auf zwei. Sowieso sind meiner Meinung nach in jedem Buch fast *alle* Bücher. Ich weiß nicht, ob mich einer versteht. Ich meine, um ein Buch zu schreiben, muß einer ein paar tausend Stück andere gelesen haben. Ich kann's mir jedenfalls nicht anders vorstellen. Sagen wir: dreitausend. Und jedes davon hat einer verfaßt, der selber dreitausend gelesen hat. Kein Mensch weiß, wieviel Bücher es gibt. Aber bei dieser einfachen Rechnung kommen schon ... zig Milliarden und das mal zwei raus. Ich fand, das reicht. Meine zwei Lieblingsbücher waren: Robinson Crusoe. Jetzt wird vielleicht einer grinsen. Ich hätte das nie im Leben zugegeben. Das andere war von diesem Salinger. Ich hatte es durch puren Zufall in die Klauen gekriegt. Kein Mensch kannte das. Ich meine: kein Mensch hatte es mir empfohlen oder so. Bloß gut. Ich hätte es dann nie angefaßt. Meine Erfahrungen mit empfohlenen Büchern waren hervorragend mies. Ich Idiot war so verrückt, daß ich ein empfohlenes Buch blöd fand, selbst wenn es gut war. Trotzdem werd ich jetzt noch blaß, wenn ich denke, ich hätte dieses Buch vielleicht nie in die Finger gekriegt. Dieser Salinger ist ein edler Kerl. Wie er da in diesem nassen New York rumkraucht und nicht nach Hause kann, weil er von dieser Schule abgehauen ist, wo sie ihn sowieso exen wollten, das ging mir immer ungeheuer an die Nieren. Wenn ich seine Adresse gewußt hätte, hätte ich ihm geschrieben, er soll zu uns rüberkommen. Er muß genau in meinem Alter gewesen sein. Mittenberg war natürlich ein Nest gegen New York, aber erholt hätte er sich hervorragend bei uns. Vor allem hätten wir seine blöden sexuellen Probleme beseitigt. Das ist vielleicht das einzige, was ich an Salinger nie verstanden habe. Das sagt sich vielleicht leicht für einen, der nie sexuelle Probleme hatte. Ich kann nur jedem sagen, der diese Schwierigkeiten hat, er soll sich eine Freundin anschaffen. Das ist der einzige Weg. Ich meine jetzt nicht, irgendeine. Das nie. Aber wenn man zum Beispiel merkt, eine lacht über dieselben Sachen wie man selbst. Das ist schon immer ein sicheres Zeichen, Leute. Ich hätte Salinger sofort wenigstens zwei in Mittenberg sagen können, die über dieselben Sachen gelacht hätten wie er. Und wenn nicht, dann hätten wir sie dazu gebracht.

Wenn ich gewollt hätte, hätte ich mich hinhauen können und das ganze Buch trocken lesen können oder auch den Crusoe. Ich meine: ich konnte sie im Kopf lesen. Das war meine Methode zu Hause, wenn ich einer gewissen Frau Wibeau mal wieder keinen Ärger machen wollte. Aber darauf war ich

Ulrich Plenzdorf
Die neuen Leiden des jungen W.
Er schmeißt die Lehre, rennt von zu Hause fort und versteckt sich in einer Wohnlaube. Hier fühlt er sich frei, keine Sauberkeit, Ordnung, Pünktlichkeit, ohne Mutter, die das Briefgeheimnis bricht. Hier macht er Musik, „nicht irgendeinen Händelsohn Bacholdy, sondern echte Musik" singt und spielt ein Lied auf Blue Jeans. Schläft, malt und tanzt mit sich allein. Auf dem Nachbargrundstück lernt er Charlie kennen, die zwanzigjährige Kindergärtnerin.

Suhrkamp

Umschlag der westdeutschen Originalausgabe 1972

Ulrich Plenzdorf wurde 1934 in Berlin geboren. – Weitere wichtige Werke: *Die Legende von Paul und Paula*. Drehbuch 1974; *Legende vom Glück ohne Ende*. Roman 1979; *kein runter kein fern*. Erzählung 1984. © der abgedruckten Plenzdorf-Texte: Suhrkamp Verlag Frankfurt am Main.

»Wenn man von der festen Position des Sozialismus ausgeht, kann es meines Erachtens auf dem Gebiet von Kunst und Literatur keine Tabus geben. Das betrifft sowohl die Fragen der inhaltlichen Gestaltung als auch des Stils.«
Erich Honecker (1971)

schließlich nicht mehr angewiesen. Ich fing an, Willis Laube nach was Lesbarem durchzukramen. Du Scheiße! Seine Alten mußten plötzlich zu Wohlstand gekommen sein. Das gesamte alte Möblement einer Vierzimmerwohnung hatten sie hier gestapelt, mit allem Drum und Dran. Aber kein lumpiges Buch, nicht mal ein Stück Zeitung. Überhaupt kein Papier. Auch nicht in dem Loch von Küche. Eine komplette Einrichtung, aber kein Buch. Willis alte Leute mußten ungeheuer an ihren Büchern gehangen haben. In dem Moment fühlte ich mich unwohl. Der Garten war dunkel wie ein Loch. Ich rannte mir fast überhaupt nicht meine olle Birne an der Pumpe und an den Bäumen da ein, bis ich das Plumpsklo fand. An sich wollte ich mich bloß verflüssigen, aber wie immer breitete sich das Gerücht davon in meinen gesamten Därmen aus. Das war ein echtes Leiden von mir. Zeitlebens konnte ich die beiden Geschichten nicht auseinanderhalten. Wenn ich mich verflüssigen mußte, mußte ich auch immer ein Ei legen, da half nichts. Und kein Papier, Leute. Ich fummelte wie ein Irrer in dem ganzen Klo rum. Und dabei kriegte ich dann dieses berühmte Buch oder Heft in die Klauen. Um irgendwas zu erkennen, war es zu dunkel. Ich opferte also zunächst die Deckel, dann die Titelseite und dann die letzten Seiten, wo erfahrungsgemäß das Nachwort steht, das sowieso kein Aas liest. Bei Licht stellte ich fest, daß ich tatsächlich völlig exakt gearbeitet hatte. Vorher legte ich aber noch eine Gedenkminute ein. Immerhin war ich soeben den letzten Rest von Mittenberg losgeworden. Nach zwei Seiten schoß ich den Vogel in die Ecke. Leute, das konnte wirklich kein Schwein lesen. Beim besten Willen nicht. Fünf Minuten später hatte ich den Vogel wieder in der Hand. Entweder ich wollte bis früh lesen oder nicht. Das war meine Art. Drei Stunden später hatte ich es hinter mir.

Ich war fast gar nicht sauer! Der Kerl in dem Buch, dieser Werther, wie er hieß, macht am Schluß Selbstmord. Gibt einfach den Löffel ab. Schießt sich ein Loch in seine olle Birne, weil er die Frau nicht kriegen kann, die er haben will, und tut sich ungeheuer leid dabei. Wenn er nicht völlig verblödet war, mußte er doch sehen, daß sie nur darauf wartete, daß er was *machte*, diese Charlotte. Ich meine, wenn ich mit einer Frau allein im Zimmer bin und wenn ich weiß, vor einer halben Stunde oder so kommt keiner da rein, Leute, dann versuch ich doch *alles*. Kann sein, ich handle mir ein paar Schellen ein, na und? Immer noch besser als eine verpaßte Gelegenheit. Außerdem gibt es höchstens in zwei von zehn Fällen Schellen. Das ist Tatsache. Und dieser Werther war . . . zigmal mit ihr allein.

Schon in diesem Park. Und was macht er? Er sieht ruhig zu, wie sie heiratet. Und dann murkst er sich ab. Dem war nicht zu helfen.
Wirklich leid tat mir bloß die Frau. Jetzt saß sie mit ihrem Mann da, diesem Kissenpuper. Wenigstens daran hätte Werther denken müssen. Und dann: Nehmen wir mal an, an die Frau wäre wirklich kein Rankommen gewesen. Das war noch lange kein Grund, sich zu durchlöchern. Er hatte doch ein Pferd! Da wär ich doch wie nichts in die Wälder. Davon gab's doch damals noch genug. Und Kumpels hätte er eins zu tausend massenweise gefunden. Zum Beispiel Thomas Müntzer oder wen. Das war nichts Reelles. Reiner Mist. Außerdem dieser Stil. Das wimmelte nur so von Herz und Seele und Glück und Tränen. Ich kann mir nicht vorstellen, daß welche so geredet haben sollen, auch nicht vor drei Jahrhunderten. Der ganze Apparat bestand aus lauter Briefen, von diesem unmöglichen Werther an seinen Kumpel zu Hause. Das sollte wahrscheinlich ungeheuer originell wirken oder unausgedacht. Der das geschrieben hat, soll sich mal meinen Salinger durchlesen. *Das* ist echt, Leute!

Reiner Kunze
Der Hochwald erzieht seine Bäume

Der hochwald erzieht seine bäume

Sie des lichtes entwöhnend, zwingt er sie,
all ihr grün in die kronen zu schicken
Die fähigkeit,
mit allen zweigen zu atmen,
das talent,
äste zu haben nur so aus freude,
verkümmern

Den regen sieht er, vorbeugend
der leidenschaft des durstes

Er läßt die bäume größer werden
wipfel an wipfel:
Keiner sieht mehr als der andere,
dem wind sagen alle das gleiche

Plenzdorfs Erfolg erscheint wie eine Verheißung für die Literatur der siebziger Jahre in der DDR. Man verspricht sich viel von der Ära Honecker. Zu unrecht, wie sich zeigen wird. Gerade unter Honecker wird das Überwachungsnetz immer enger geknüpft. Die Stasi kontrolliert nicht nur, sie operiert aktiv wie ein Geheimdienst. Psychische und physische Zerrüttung ist beispielsweise das erklärte Ziel im Falle Reiner Kunze.

Reiner Kunze wurde 1933 in Oelsnitz geboren. 1977 durfte er in die Bundesrepublik ausreisen. Im selben Jahr erhielt er den Georg-Büchner-Preis. Die abgedruckten Gedichte sind den beiden Gedichtbänden *Sensible Wege* (© Rowohlt Verlag 1969) und *zimmerlautstärke* (© S. Fischer Verlag 1972) entnommen. – Weitere wichtige Werke: *Widmungen*. Gedichte 1963; *Die wunderbaren Jahre*. Prosa 1976; *Eines jeden einziges Gespräch*. Gedichte 1986; *Deckname »Lyrik«*, 1990; *Am Sonnenhang*. Tagebuch 1993.

Einst selbst ein staatstreuer Autor, dann in Konflikt mit der Partei geraten und seit dem Einmarsch des Warschauer Pakts in die Tschechoslowakei 1968 vollends in Opposition.

Kurzer Lehrgang

Dialektik

Unwissende damit ihr
unwissend bleibt

werden wir euch
schulen

Aesthetik

Bis zur entmachtung des
imperialismus ist
als verbündet zu betrachten

Picasso

Ethik

Im mittelpunkt steht
der mensch

Nicht
der einzelne

Von der Notwendigkeit der Zensur

Retuschierbar ist
alles

Nur
das negativ nicht
in uns

Meditieren

Was das sei, tochter?

Gegen morgen
noch am schreibtisch sitzen, am hosenbein
einen nachtfalter der
schläft

Und keiner weiß vom anderen

Gegenwart

Was ich verwahre hinter schloß und siegel?

Keine konspiration nicht einmal
pornografie

Vergangenheit, tochter

Sie zu kennen kann
die zukunft kosten

»Für mich gibt es in der Kunst, im Kunstwerk, keine Kompromisse. Wenn also in meinen Gedichten nicht nur von Licht die Rede ist, das die Fenster nachts nicht verschweigen müssen, sondern auch von Finsternis, die nicht verschwiegen werden darf, von Finsternissen in jenem Teil der Welt, der auch mein Teil der Welt ist, so können nur Poesieunkundige annehmen oder Böswillige unterstellen, ich schriebe aus Opposition. Meine Damen und Herren, die es angeht: Diese Gedichte entstehen nicht, weil ich – wie es des öfteren heißt – ein Oppositioneller bin, sondern sie entstehen, weil ich ein Schriftsteller bin oder mich zumindest bemühe, im Rahmen meiner Fähigkeiten und Möglichkeiten das zu tun, was nach meiner Meinung ein Schriftsteller tun sollte.«
Reiner Kunze, 1973

Wolf Biermann
Und als wir ans Ufer kamen

Und als wir ans Ufer kamen
Und saßen noch lang im Kahn
Da war es, daß wir den Himmel
Am schönsten im Wasser sahn
Und durch den Birnbaum flogen
Paar Fischlein. Das Flugzeug schwamm
Quer durch den See und zerschellte

Wolf Biermann während seines Konzerts in Köln am 13. November 1976

Wolf Biermann wurde 1936 in Hamburg geboren. 1991 erhielt er den Georg-Büchner-Preis. Die abgedruckten Gedichte wurden dem Band *Sämtliche Lieder* entnommen: © Verlag Kiepenheuer & Witsch Köln.

Während Wolf Biermann im November 1976 in Köln ein Konzert gibt – sein erstes seit dem Auftrittsverbot 1965 –, entzieht ihm die DDR die Staatsbürgerschaft. Diese Ausbürgerung führt in der DDR zu überraschend zahlreichen und heftigen Protesten: Erich Arendt, Jurek Becker, Volker Braun, Franz Fühmann, Stephan Hermlin, Stefan Heym, Sarah Kirsch, Günter Kunert, Heiner Müller, Rolf Schneider und Christa Wolf erheben sofort Einspruch. Zahlreiche andere werden sich anschließen.

In den folgenden Jahren kommt es zu einem Exodus der Autoren, nach Reiner Kunze geht auch Sarah Kirsch in den Westen.

Sachte am Weidenstamm
   – am Weidenstamm

Was wird bloß aus unsern Träumen
In diesem zerrissnen Land
Die Wunden wollen nicht zugehn
Unter dem Dreckverband
Und was wird mit unsern Freunden
Und was noch aus dir, aus mir –
Ich möchte am liebsten weg sein
Und bleibe am liebsten hier
   – am liebsten hier

Sarah Kirsch
Post

Irgendwo auf der Welt steht mein Baum, denn ich weiß, daß jedem Menschen ein Baum zusteht. Ebenso eine Grasart und ein bestimmter Vogel. So kann mein Vogel schon Körner fressen, auf einen Baum sich niederlassen, ein Ereignis erkennen. Das Ereignis meines Vogels sollte in diesem naßkalten Februar ein erfreuliches sein, kein Riesenregen, eher die Ankunft eines Postwagens mit Briefen von Dick und Doof, Schilderungen von Leben auf dem Land, die Grenzbehörden kleben das Abziehbild einer geschützten Vogel- oder Menschenart auf den Wagen und winken »Rot Front«, die ausgestreckten Daumen zeigen die Weltrichtung an.

Sarah Kirsch auf den gepackten Kisten, kurz vor der Abreise in den Westen

Sarah Kirsch wurde 1935 in Limlingerode/Harz geboren. Die abgedruckten Gedichte wurden den Bänden *Rückenwind* (1977) und *Drachensteigen* (1979) entnommen. Weitere wichtige Werke: *Erdreich* 1982; *Allerlei-Rauh* 1988; *Schneewärme*. Gedichte, 1989. © Verlag Langewiesche-Brandt, Ebenhausen.

Der Rest des Fadens

Drachensteigen. Spiel
Für große Ebnen ohne Baum und Wasser. Im offenen Himmel
Steigt auf
Der Stern aus Papier, unhaltbar
Ins Licht gerissen, höher, aus allen Augen
Und weiter, weiter

Uns gehört der Rest des Fadens, und daß wir dich kannten.

Datum

Der kam am 28. Februar, stellte
Sich mir vors Fenster in einem Bärenfell sagte
O wie mir schwindelt. An diese Höhe
Könnte ich dich gewöhnen, Schöner
Lerne mich tragen und ich
Mache mich leicht. Auch soll dir dafür
Manches Wunder passieren: mein Haar
Wird dir durch die Finger wachsen dein Mund
Der Abdruck des meinen du hörst mich fortan
Wenn ich nicht da bin. Sprichst meinen Namen
Hin in die Winde: alles gelingt.
Herzschöner wollen wir Julia und Romeo sein?
Der Umstand
Ist günstig, wir wohnen

»Sarah Kirschs Gedichte sprechen alle von Freiheit. Sie hat einen heftigen, unideologischen Freiheitsbegriff, der sich gewiß auch an den Grenzen der eigenen Psyche und Physis reibt. Aber es ist wichtig, daß irgendwer heftige Freiheitssehnsüchte ausspricht und aufbewahrt. Die Erinnerung an schon einmal Errungenes oder in Zukunft Mögliches geht so schnell verloren.«
Urs Widmer

> »Um Brecht ist wohl niemand von unserer Generation herumgekommen, außer merkwürdigerweise Sarah Kirsch.«
> Heinz Czechowski

Wohl in der gleichen Stadt, aber die Staaten
Unsere eingetragenen Staaten gebärden sich, meiner
Hält mich und hält mich er hängt so an mir wir
Könnten sehr unglücklich sein ach du sprachest
Eben noch mit mir

Der Milan

Donner; die roten Flammen
Machen viel Schönheit. Die nadligen Bäume
Fliegen am ganzen Körper. Ein wüster Vogel
Ausgebreitet im Wind und noch arglos
Segelt in Lüften. Hat er dich
Im südlichen Auge, im nördlichen mich?
Wie wir zerrissen sind, und ganz
Nur in des Vogels Kopf. *Warum*
Bin ich dein Diener nicht ich könnte
Dann bei dir sein. In diesem elektrischen Sommer
Denkt keiner an sich und die Sonne
In tausend Spiegeln ist ein furchtbarer Anblick allein.

Ausschlüsse

Stefan Heym
Aus: Nachruf

... der neue Mann des Zweiten Deutschen Fernsehens, Van Loyen heißt er, möchte sich seine Sporen verdienen und verlangt dringend ein Interview. S. H. warnt ihn: die Genossen meinen es ernst diesmal. Der junge Hitzkopf läßt sich nicht abweisen: ein persönliches Gespräch nur, sie beide allein, er will den background haben, sonst nichts.
Also, wenn Sie durchaus wollen.
Doch Van Loyen kommt nicht allein; er erscheint, draußen dunkelt es schon, mit Mannschaft und Kameras; Sie müssen verstehen, Herr H., es ist doch wichtig, daß die Öffentlichkeit erfährt; und S. H., der gerade die giftigen Anspielungen auf seine Person und sein Werk in der Zeitschrift Sonntag gelesen, und Fieber hat er und Schmerzen in dem geplagten Kopf und den verstrahlten Füßen, wird plötzlich gepackt von dem Zorn, der sich seit Wochen aufgestaut hat in ihm. Also, sagt er, bauen Sie auf. Und dann sitzt er, geblendet vom grellen Licht der Scheinwerfer, in seinem Wohnzimmer und weiß, wie schlecht er aussieht und wie müde und geschlagen, aber der Moment ist da zu sprechen, und er spricht:
»Ich habe die ganze Zeit geschwiegen.
Ich habe geschwiegen, als die Autos der Sicherheitsbehörde sich hier vor mein Haus gepflanzt haben; ich habe bei anderer Gelegenheit geschwiegen, als sie mir konspirativ, mir und meiner Frau, hinterhergefahren sind, wochenlang. Ich habe sogar noch geschwiegen, als dieses tückische Devisenverfahren gegen mich schon eröffnet war. Aber jetzt hat der Staatsanwalt selber die Nachricht an die Presse gegeben, und so muß ich schon etwas dazu sagen.
Sie reden von Devisen, es geht aber um das Wort. Es geht um die Freiheit der Literatur, auch in diesem Lande, auch im Sozialismus. Man hat eine Verordnung, die eine reine Zensurverordnung ist und verwaltet wird vom Büro für Urheberrechte, mit dem Devisengesetz gekoppelt, und jeder Autor, der ein Buch veröffentlichen will, das hier nicht gebilligt wird, muß automatisch mit dem Devisengesetz in Konflikt kommen und wird dann mit zehntausend Mark Geldstrafe oder gar mit Gefängnis bestraft. So ist die Lage.
Warum man das jetzt gerade macht und mit mir anfängt, das hängt wahrscheinlich mit meinem Roman Collin zusammen.

In der DDR spitzt sich die Lage zu. Einer gibt dazu besonderen Anlaß: Stefan Heym. Er gehört noch zu der Generation der Exilautoren, einst als amerikanischer Armeeangehöriger nach Deutschland gekommen, dann in die USA zurückgekehrt, schließlich in den Osten Deutschlands gegangen, bekennender DDR-Bürger bis zuletzt. Aber auch er bekommt mehr und mehr Schwierigkeiten mit den Zensur-Instanzen seines Staates.

In seinem Roman *Collin* behandelt er das Thema Staatssicherheit. Natürlich wird das Buch in der DDR nicht gedruckt. Heym veröffentlicht den Roman im Westen, womit er gegen die allerneuesten Devisenbestimmungen der DDR verstößt. Es wird ein Verfahren gegen ihn eingeleitet.

Ich bin sehr traurig, daß das geschieht; so ein Verfahren nützt nichts, nützt der Republik nichts, und mich schreckt es auch nicht.

Nun läuft es allerdings zusammen mit einer Kampagne, die jetzt gestartet hat und mit der man versucht, meine Kollegen und mich zu kriminalisieren. Ich würde auf diese Vorwürfe und auf das ganze Verfahren viel lieber in unserer Presse antworten, aber schon seit Jahren steht mir unsere Presse nicht mehr offen, unser Fernsehen nicht mehr, unser Rundfunk nicht mehr. Und so kann ich, wenn ich die Menschen in der DDR erreichen will, leider nur diesen Weg gehen.

Man wird versuchen, das ist auch der Zweck dieses Verfahrens, mich aus dem Lande zu graulen. Ich möchte sagen, daß ich diese Republik nicht freiwillig verlassen werde.«

Achtundvierzig Stunden später muß der junge Van Loyen seine Koffer packen. Noten wechseln zwischen Bonn und Ostberlin; der Fall S. H. wird zum deutsch-deutschen Skandal.

Ein Tribunal

Helmut Küchler:
Wir schlagen vor, daß nach der Diskussion unsere Versammlung folgenden Beschluß faßt:
Beschluß der Mitgliederversammlung des Bezirksverbandes Berlin des Schriftstellerverbandes der DDR vom 7. Juni 1979...
(*Zwischenruf Joachim Seyppel:* Wieso kommt der Beschluß vor der Diskussion, das geht doch nicht! *Günter Görlich:* Kollege Seyppel, das ist ein Beschluß-Entwurf!)
Die Mitgliederversammlung des Bezirksverbandes Berlin des Schriftstellerverbandes der DDR hat sich als höchstes Organ des Schriftstellerverbandes in der Hauptstadt der DDR mit dem Verhalten einer Reihe von Mitgliedern beschäftigt, die gegen ihre Pflichten als Verbandsmitglied verstoßen und das Ansehen des Schriftstellerverbandes geschädigt haben. Die Mitgliederversammlung erfüllte damit den Auftrag des zentralen Vorstandes des Schriftstellerverbandes der DDR vom 30. Mai 1979, mit den von Hermann Kant in seinem Referat genannten Verbandsmitgliedern auf der Grundlage des Statuts eine prinzipielle Auseinandersetzung über ihre Positionen zu führen.

Die im Referat des Präsidenten des Schriftstellerverbandes dargelegten Fakten beweisen, daß diese Verbandsmitglieder

entgegen ihrer im Statut verankerten Verpflichtung, als aktive Mitgestalter der entwickelten sozialistischen Gesellschaft zu wirken, es für richtig und angebracht hielten, vom Ausland her gegen unseren sozialistischen Staat, die DDR, die Kulturpolitik von Partei und Regierung und gegen die sozialistische Rechtsordnung in verleumderischer Weise aufzutreten. Dabei haben sie nicht nur ihre Pflichten aus dem Statut unseres Verbandes mißachtet, sondern sich auch in den Dienst der antikommunistischen Hetze gegen die DDR und den Sozialismus gestellt. Sie verletzen damit eindeutig das Verbandsstatut, besonders die Artikel I.1, II, III.2, IV.2, und erwiesen sich der Mitgliedschaft im Schriftstellerverband der DDR als unwürdig. Die Mitgliederversammlung sieht sich daher gezwungen, die notwendigen Konsequenzen aus einem Verhalten zu ziehen, das mit Verantwortung für die Literatur und für den Sozialismus in der DDR unvereinbar ist. Die Mitgliederversammlung faßt daher den Beschluß, Kurt Bartsch, Adolf Endler, Stefan Heym, Karl-Heinz Jakobs, Klaus Poche, Klaus Schlesinger, Rolf Schneider, Dieter Schubert und Joachim Seyppel aus den Reihen des Schriftstellerverbandes der Deutschen Demokratischen Republik auszuschließen.
(...)

Günter Görlich:
Es spricht Stefan Heym.

Stefan Heym:
(...)
Nicht ich habe die Kollision mit dem Gesetz herbeigerufen, nicht ich habe dieses Devisenverfahren eingeleitet, das haben ganz andere Leute getan, und es fragt sich, zu welchem Zweck. Man braucht schließlich kein politisches Genie zu sein, um sich zu sagen, daß man in einer Zeit, wo die Großmächte Entspannung wünschen, keine Hexenjagd auf Schriftsteller veranstaltet. Nicht ich habe den Konflikt heraufbeschworen, ich habe vielmehr in mehreren Gesprächen davor gewarnt, mit solchen Verfolgungen zu beginnen, denn es war klar, daß die Sache eskalieren würde. Ich hatte sogar eine Verabredung mit Kant zu einer Aussprache deswegen. Aber er ließ mir durch eine Sekretärin absagen und nannte auch keinen anderen Termin. Und statt mich lauthals zu den gegen mich anlaufenden Maßnahmen zu Wort zu melden, habe ich geschwiegen. Erst als die Generalstaatsanwaltschaft selber die westlichen Medien von dem Verfahren gegen den

»Liebe Kollegen,
ich schreibe Euch wegen des Mehrheitsbeschlusses des Berliner Verbandes, neun Kollegen aus dem Schriftstellerverband auszuschließen. Ich möchte den Diskussionsbeitrag von Stephan Hermlin auf der Versammlung unterstützen und Euch bitten, diese Ausschlüsse nicht zu bestätigen.«
Christa Wolf,
10. Juni 1979

Stefan Heym nach seiner Übersiedelung in die DDR, 1955

»In der Berliner Versammlung wurden nicht einmal – selbst auf Antrag nicht – die Gegenstimmen und Stimmenthaltungen bei den Ausschlußanträgen ausgezählt: so wenig gilt eine Stimme. Ich weiß, es gab Genossen, die gegen ihre Überzeugung den Ausschlüssen zustimmten, weil sie an den Beschluß der Parteigruppe gebunden waren, und es gab Kollegen und Genossen, die aus Unbehagen der Versammlung fernblieben. Sagt nicht, dies seien Verleumdungen. Ihr müßt wissen, es stimmt. Ich selbst werde an einer solchen Versammlung nicht wieder teilnehmen.«
Christa Wolf
am 10. Juni 1979

Bürger Heym informierte, habe ich Stellung genommen und in der Öffentlichkeit erklärt, wie sich die Dinge verhalten. Daß darauf der ZDF-Korrespondent ausgewiesen wurde, weil er angeblich ein »konspiratives Treff« mit mir hatte, ist geradezu kafkaesk. Was ist das für ein konspiratives Treff, das durch ein von zuständigen Stellen abgehörtes Telefon verabredet wird und bei dem vor meiner von den zuständigen Stellen überwachten Haustür ein Westwagen mit der auffälligen blauen Journalistennummer steht?
Im übrigen freue ich mich, aus Kants berufenem Munde zu erfahren, daß meine Verurteilung keinen Präzedenzfall darstellen soll. Danach wäre der Zweck der Übung also nicht gewesen, ein andere Schriftsteller abschreckendes Exempel zu statuieren: Gut, daß alle das nun wissen. Ich bin gespannt, was man sich nun ausdenken wird, um zu verhindern, daß Autoren ihre hier unterdrückten Bücher anderswo drucken

lassen. Oder wird man endlich gestatten, daß die Schriftsteller der DDR auch über Themen schreiben, die bisher oder schon wieder als Tabu gelten? Wird man, statt kritischen Autoren Devisenprozesse zu machen, sich lieber mit den kritisierten Zuständen befassen und versuchen, da Abhilfe zu schaffen?
(...)
Ich soll nicht nur als Devisenschieber hingestellt werden, sondern auch als Fragebogen-Fälscher. Mit einem Trick aus dem Arsenal geheimdienstlicher Methoden soll versucht werden, es so darzustellen, als hätte ich meine Gesinnung je nach Gelegenheit gewechselt. Ich brauche mich meiner Vergangenheit nicht zu schämen. *(Beifall)* Ich wurde nämlich nicht nur meiner jüdischen Nase wegen verfolgt. Hier sind die Dokumente, und zwar aus geheimdienstlichen Untersuchungen, in einer Sprache, die Hermann Kant also sehr gut versteht, das eine ist ein Brief der Landeskommandantur Prag der tschechoslowakischen Armee, datiert vom 28. März 1935, in dem sich der Kommandant des Stabes, Brigadegeneral Josef Janicek, bei der Prager Polizeidirektion über neun Personen wegen ihrer verdächtigen Tätigkeit erkundigt. Nummer drei auf dieser Liste ist ein gewisser Stefan Heym, Schriftsteller, Nummer sieben: Walter Ulbricht. Das andere Dokument stammt aus dem Geheimdossier der Armee der USA über den Soldaten Heym und trägt das Datum 13. Mai 1943. Ich übersetze aus dem Bericht des Geheimagenten: »Heym ist der frühere Redakteur einer wahrscheinlich von den Kommunisten kontrollierten Zeitung mit Namen DEUTSCHES VOLKSECHO, die in New York erschien. Unsere Untersuchung zeigt, daß der Mann Kommunist ist und bis 1939 für die Partei aktiv war. Heym hat sich wiederholt zugunsten radikaler Bewegungen ausgesprochen, hat sich in offener Diskussion für den Kommunismus eingesetzt und Bücher und Broschüren zugunsten des kommunistischen Staates geschrieben.« Fragebogen haben ihre Eigenheiten, wie Kant weiß. Vor allem sind sie vertraulich. Und Hermann Kant hätte sich umfassender informieren sollen, bevor er zu plaudern begann. Ich jedenfalls werde mich hüten, in den gleichen Fehler zu verfallen. Aber eins möchte ich doch sagen: Wer in der falschen Uniform, unter dem falschen Abzeichen, in ein falsches Lager geriet, sollte lieber nicht gegen die zu Felde ziehen, die damals in der richtigen Uniform, auf der richtigen Seite, für die richtige Sache kämpften.
Worum geht es? Nicht um Devisen oder ähnliches. Es geht um die Literatur. Der Schriftstellerverband, dafür ist er eigentlich da, müßte sich auf die Seite derer stellen, die sich bemühen,

»Und schon die Eröffnungsfragen des Hauptkommissars Schön bestätigen: er soll sich, indem er den Collin über das Büro für Urheberrechte hinweg und ohne dessen Genehmigung im Westen veröffentlichen ließ, gegen das Devisengesetz der Republik vergangen haben. Lächerlich.
Doch die Genossen vom Zoll, hat man den Eindruck, nehmen den Vorwurf ernst. Und plötzlich erkennt S. H., wie gefährlich das werden könnte für ihn: in einem Land, dessen Bürger bei jedem schwarzen Geschäft, und von der Westverwandtschaft, und im Intershop, und überall zu spüren bekommen, wie minderwertig das eigene, schwer verdiente Geld, in einem solchen Land wird jeder, der, widerrechtlich oder nicht, über harte Währung verfügt, Neid erregen, blanken Neid, und kein Mensch wird sich mit dem Devisenhai solidarisieren. So also ist das gedacht: der Schriftsteller S. H., dessen Bücher, eins wie das andere, moralische Entscheidungen verlangen, soll moralisch vernichtet werden.«
Aus der Autobiographie Stefan Heyms: *Nachruf* (1988)

»S. H. hat ein Gefühl, als blickte ihm der Versicherungsangestellte Franz Kafka aus Prag über die Schulter, während er liest:
Beschluß
Im Strafverfahren gegen Heym, Stefan, geb. am 10. 4. 1913 wegen Devisenvergehens, wird der vom Staatsanwalt am 19. 4. 1979 über das Konto 6752–69–650268 bei der Sparkasse der Stadt Berlin vollzogene Arrestbefehl zur Sicherung zu erwartender Ansprüche gemäß § 121 StPO richterlich bestätigt.
1026 Berlin, dem 20. 4. 1979
Stadtbezirksgericht Berlin-Mitte
– Dr. Oehmke –
Direktor«
Stefan Heym, *Nachruf*

unsere Welt in ihrer Widersprüchlichkeit darzustellen und verständlich zu machen. Statt dessen läßt er Resolutionen drucken, die dem Apparat bescheinigen, wie recht er hat, gerade diesen Teil der Literatur des Landes zu unterdrücken. Nun mögen gewisse Bücher und Filme tatsächlich nicht zu den gerade aktuellen Zielen und Notwendigkeiten der Politiker passen – genau da liegt ja das Problem. Literatur kann man nicht nach momentanen Gegebenheiten machen. Literatur muß auch in zwanzig oder fünfzig Jahren noch Gültiges über unsere Zeit aussagen. Wer das nicht sieht, wer die Kunst irgendwelchen taktischen Bedürfnissen unterwerfen will, vernichtet gerade die Kunst, die der Sozialismus braucht.

Die Mitglieder des Berliner Schriftstellerverbandes, soweit hier anwesend, werden heute abstimmen müssen über den Ausschluß einiger ihrer Kollegen. Sie alle wissen, daß viele von ihnen vor dieser Versammlung zusammengerufen und unter Disziplin genommen wurden. Wir alle wissen, was für den einzelnen von seinem Votum abhängt: Westreisen und Stipendien, Auflagen und Aufführungen, Verfilmungen und Preise aller Art. Ich werde es keinem übelnehmen, wenn er, in Erwägung solcher Vorteile, für meinen und den anderer Kollegen Ausschluß stimmt... (*Zwischenrufe:* Unglaublich!), aber ich gebe Ihnen auch zu bedenken: Außer denen, die dann das Abzählen besorgen werden, sieht noch einer zu, wie Sie heute abstimmen – die Öffentlichkeit. Man mag fragen: Was ist das schon, der Rausschmiß einiger Leute aus einer Organisation? Aber es gibt Momente in der Geschichte, wo auch etwas an sich Geringfügiges wichtig sein kann. Und es wäre ja möglich, daß eines Tages Ihre Söhne und Töchter sich bei Ihnen erkundigen werden, und nicht nur Ihre Söhne und Töchter, auch die Bürger der Republik: Wie habt ihr euch damals verhalten, Meister des Wortes, als es darauf ankam, sich zählen zu lassen?

Hermann Kant:
(...)
Stefan Heym, ich zitiere: »Ich habe diese Kollision nicht herbeigerufen.« Tja, wer hat sie denn herbeigerufen, wenn nicht Sie? Wer hat denn plötzlich, nein, ich möchte nicht sagen aus heiterem Himmel, ich glaube, der Himmel, unter dem wir beide zum Beispiel leben, der war nie so ganz heiterer Art, da hat es immer ein bißchen gemulmt und gekracht, aber plötzlich, unaufgefordert haben Sie sich abgemeldet aus einem Teil der Gesetzlichkeit der DDR. Und zwar aus jenem Teil, der für uns bei unserer Berufsausübung besonders wichtig ist. Also für uns sind, sagen wir, bestimmte Fragen der Vernichtung von

verdorbenen Lebensmitteln, die auch gesetzlich festgelegt sind, sind für uns nicht so wichtig, aber Urheberrechtsregelungen sind für uns schon wichtig. Und aus eben diesem wichtigen Bereich haben Sie sich abgemeldet. Sie haben den Staat, sagen wir es mal so, Sie haben dem Staat DDR eine Herausforderung zugestellt. Das darf man doch wohl bei aller Zurückhaltung sagen. Und der Staat DDR hat gesagt – und ich gehöre nicht zu den Leuten, die sagen: also das hat miteinander nichts zu tun, nein, nein, das hat schon miteinander zu tun –, die haben das gehört und gesagt: Moment mal. Also dann sollen wir doch zumindest in der Frage der Devisenregelung, da wollen wir doch mal Klarheit schaffen. Da kann uns nicht jemand derart eins überbraten und dann daran auch noch 'ne Menge Geld verdienen. Das wollen wir dann doch mal bißchen regeln. Also ich leugne diesen Zusammenhang nicht, man hat sich mit mir nicht beraten, man hat mich davon nicht informiert, aber ich habe ja einige Vorstellungskraft, das haben wir alle, das gehört ja zu unserem Beruf. Also, die Abmeldung wurde von Ihnen vorgenommen! Dann haben sich diese Zoll-Leute, oder wer das war, bei Ihnen gemeldet, und die Sache ist weitergegangen, und von da an haben Sie verallgemeinert. Und jetzt möchte ich ein Zitat von Ihnen bringen, das merkwürdigerweise völlig beiseite gerutscht ist, obwohl es immerhin einige Brisanz hat. Sie haben, nachdem man Ihnen wegen dieser Devisengeschichten Fragen gestellt hatte, haben Sie über BBC, auch nicht gerade das kleinste aller Medien, auch ein recht großes Verbundnetz, das an eine Menge Hörer kommt, Sie haben über BBC verkündet, Sie sähen, ich zitiere, »jetzt das traurige Schauspiel kommen, das traurige Schauspiel...« Zitatende, und jetzt mache ich Pünktchen, weil das sonst den Satz jetzt zerbricht, »...daß weitere Schriftsteller vor Gericht geschleppt, verurteilt und bestraft...« Zitatende, werden, sag ich dazu, Zitatanfang: »...nur weil sie sich weigern, sich freiwillig knebeln zu lassen.« Nun, abgesehen davon, daß Ihnen in der Rage ein »freiwillig« zuviel in den Satz geraten ist – es genügte ja zu sagen: ...nur weil sie sich weigern, sich knebeln zu lassen...: sie müssen sich ja auch noch freiwillig knebeln lassen. Wenn es danach ginge, lieber Kollege Heym, gehörten wir alle vor Gericht. Denn wir alle weigern uns, uns knebeln zu lassen, und freiwillig schon gar nicht! Wir alle! Aber Sie haben damit die Landschaft zu beschreiben versucht, die kulturpolitische Landschaft: Wir werden vor Gericht geschleppt, verurteilt und bestraft, wer sich weigert, sich freiwillig knebeln zu lassen. Wie Sie diese Behauptung mit Ihren Pflichten gegenüber dem

Stefan Heym wurde 1913 in Chemnitz geboren. Wichtige Werke: *Der König David Bericht.* Roman 1972; *5 Tage im Juni.* Roman 1974; *Collin.* Roman 1979; *Ahasver.* Roman 1981; *Schwarzenberg.* Roman 1984. © der abgedruckten Heym-Texte: Bertelsmann-Verlag, München

Verbandsstatut, in dem es heißt, die Mitglieder seien gehalten, das Ansehen des Verbandes zu wahren, vereinbaren wollen, geht mir nicht in den Kopf. Möglicherweise ist er zu eng, aber Sie haben es mir bislang auch nicht erklären können. Und ich sage Ihnen: Solchen Darstellungen ist strikte zu widersprechen! Denn sie dienen nicht der Kultur dieses Landes, nicht der Literatur dieses Landes, nicht den Schriftstellern dieses Landes, nicht diesem Lande! Und wenn Sie, nachdem Sie also dieses etwas melodramatische Stück inszeniert haben per BBC, wenn Sie dann mit einer, mit einem recht deftigen Aufgebot von Vokabeln daherkommen, um nun auch jedermann klarzumachen, worum es sich hier handelt, und auch nicht auslassen, von der Zensur, der Zensur, von dem Maulkorb, der Diffamierung, der Hexenjagd, der Verfolgung, von Willkür und dem Messer an der Kehle zu sprechen, dann ist das nicht mehr sachliche Diskussion, dann ist das nicht ein Beitrag zur Bereinigung der kulturpolitischen Szenerie – dann ist das eine Vergiftung dieser Szene!

Nein, nein, lieber Kollege Heym: angeblicher Verstoß, tatsächlicher Verstoß. Nicht wir haben die Dinge herbeigerufen. Sie waren es. Sie werden uns doch nicht erzählen wollen, daß da ein Double gesessen hat im ARD-Studio, als Sie diese Mitteilung da gemacht haben. Was nun – und damit mach ich nur noch eine Fußnote, bevor ich zum Schluß komme –, was nun den demagogischen Trick, der mit geheimdienstlichen Methoden ausgeführt worden ist, anbelangt, so sei dazu denn auch noch ein Wort gesagt. Auch hier hat niemand gesessen und sich gesagt: Eigentlich müßten wir jetzt mal in dem Fragebogen von dem Heym nachgucken, ob sich da nicht irgendwas findet, das man ihm vorhalten kann. Nein! Herbeigerufen, die Kollision, Ihre eigene Kollision mit dem Fragebogen haben Sie herbeigerufen. Denn unaufgefordert haben Sie die Welt wissen lassen, Sie hätten nie einen Aufnahmeantrag in eine Kommunistische Partei gestellt, dieweil Sie nicht mit den Händen an der Hosennaht solchen Dingen wie dem Hitler-Stalin-Pakt beistimmen wollten. Als Sie das gesagt hatten, hat sich so mancher erinnert, ich auch, mir war so, als hätten Sie, hätten Sie, zu Zeiten, als Ihnen das besser paßte, durchaus von KP der USA gesprochen, und dann haben wir nachgesehen. Da war nichts mit Geheimdienst, das war schlicht ein Gang ins Archiv des Schriftstellerverbandes, da liegen diese Dinge. Die Fragebogen sind ja oft so lästig, man fragt sich manchmal, wozu man die ausfüllt, ich hab's in diesem Moment begriffen: Manchmal füllt man die auch aus, damit man sich später darüber unterhalten kann, wer denn nun redlich mit dem anderen umgeht. Sie haben vorhin in Ihrer Rede ja nicht weiter darauf abgehoben. Wann haben Sie denn nun die Wahrheit gesagt? Als Sie diesen Fragebogen beschrieben? Oder als Sie diesem Brain da was erzählten? Wann haben Sie es getan?

Ich schließe mit folgendem: Stephan Hermlin hat gesagt: Ich bitte, nicht auszuschließen. Er hat dafür Beifall bekommen, den ich überhaupt nicht verkleinern will, den ich verstehe, den ich schon verstehe, denn das ist ja etwas äußerst Unangenehmes, etwas, was niemand gern tut, niemand gern möchte, niemand gern will. Ich ganz gewiß auch nicht. Nur – was soll man denn machen? Was soll man denn machen, wenn sich eine Gruppe von Leuten gegen das Statut eines Verbandes, dem sie angehört, stellt und dieses Statut für sie als für nicht verbindlich erklärt? Was soll man da machen? Selbst im Molkereiverband kann man nicht bleiben, wenn man das Statut nicht anerkennt. Das ist mit Statuten und Verbänden so! Das müßte doch in einem kurzen Lehrgang über Demokratie, über Verbandsdemokratie mitgeteilt worden sein. Das muß man doch hier nicht nachtragen. Ich bitte, nicht auszuschließen – ist eine sehr verständliche Bitte, eine sehr verständliche Bitte. Ich habe auf dem Kongreß gesagt: Ich bitte, dich nicht auszuschließen – aber wer einen anderen Verband will als diesen Verband der Schriftsteller der Deutschen Demokratischen Republik, der schließt *sich* aus, der hat sich ausgeschlossen. Das sind die Tatsachen. Anders kann man sie nicht sehen.

VI 1980-1990

Herz über Kopf

Ulla Hahn

Anständiges Sonett

> *Schreib doch mal*
> *ein anständiges Sonett*
> St. H.

Komm beiß dich fest ich halte nichts
vom Nippen. Dreimal am Anfang küß
mich wo's gut tut. Miß
mich von Mund zu Mund. Mal angesichts

der Augen mir Ringe um
und laß mich springen unter
der Hand in deine. Zeig mir wie's drunter
geht und drüber. Ich schreie ich bin stumm.

Bleib bei mir. Warte. Ich komm wieder
zu mir zu dir dann auch
»ganz wie ein Kehrreim schöner alter Lieder«.

Verreib die Sonnenkringel auf dem Bauch
mir ein und allemal. Die Lider
halt mir offen. Die Lippen auch.

Endlich

Endlich besoffen und ehrlich
und immer noch'n Sonett
Reißt mir den Himmel auf
legt mir die Welt ins Bett:
Ich hab genug
ich steh mir selbst bis oben
und werd dies Leben nicht
vor seinem Tode loben.
Jaja ich weiß ihr habt mir keinen Grund
für dieses Wut- und Wehgeschrei gegeben
Mir geht es gut ich halt ja schon den Mund
nur eine Frage sei noch zugegeben

Der Wechsel von den gesellschaftlichen Analysen zu den psychologischen hatte im Grunde nichts geändert an der Kopflastigkeit der siebziger Jahre. Sie wird nun entschieden zurückgewiesen, von zwei völlig konträren Positionen aus: einem neuen Form- und Traditionsbewußtsein und einer Attitüde, die eher aussieht wie besinnungsloses Um-sich-Schlagen. Beides – so vermuten manche von Anfang an bis heute – ist kalkuliert und auf Wirkung bedacht. Aber: Beides ist – bei aller Gegensätzlichkeit – doch auch symptomatisch für die Zeit: die elegante junge Lyrikerin Ulla Hahn und der Bürgerschreck Rainald Goetz. Im selben Jahr, in dem Ulla Hahns Gedichtband *Spielende* erscheint, also 1983, veröffentlicht Rainald Goetz seinen ersten Roman *Irre*.

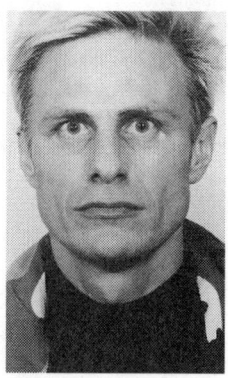

Rainald Goetz

Ulla Hahn wurde 1946 in Brachthausen/Sauerland geboren. 1985 erhielt sie den Friedrich Hölderlin-Preis. Die abgedruckten Gedichte entstammen dem Band *Spielende*. © Deutsche Verlags-Anstalt, Stuttgart. – Weitere wichtige Werke: *Herz über Kopf*. Gedichte 1981; *Freudenfeuer*. Gedichte 1986; *Ein Mann im Haus*. Roman 1991.

Seid ihr ganz sicher daß ihr lebt und
heißt Nichttotsein schon Leben?

Danklied

Ich danke dir daß du mich nicht beschützt
daß du nicht bei mir bist wenn ich dich brauche
kein Firmament bist für den kleinen Bärn
und nicht mein Stab und Stecken der mich stützt.

Ich danke dir für jeden Fußtritt der
mich vorwärts bringt zu mir
auf meinem Weg. Ich muß alleine gehn.
Ich danke dir. Du machst es mir nicht schwer.

Ich dank dir für dein schönes Angesicht
das für mich alles ist und weiter nichts.
Und auch daß ich dir nichts zu danken hab
als dies und manches andere Gedicht.

Arbeit am Zeitbewußtsein

Heiner Müller
Germania Tod in Berlin

NACHTSTÜCK

Auf der Bühne steht ein Mensch. Er ist überlebensgroß, vielleicht eine Puppe. Er ist mit Plakaten bekleidet. Sein Gesicht ist ohne Mund. Er betrachtet seine Hände, bewegt die Arme, probiert seine Beine aus. Ein Fahrrad, von dem Lenkstange oder Pedale oder beides oder Lenkstange, Pedale und Sattel entfernt worden sind, fährt von rechts nach links schnell über die Bühne. Der Mensch, der vielleicht eine Puppe ist, läuft hinter dem Fahrrad her. Eine Schwelle fährt aus dem Bühnenboden. Er stolpert darüber und fällt. Auf dem Bauch liegend sieht er das Fahrrad verschwinden. Die Schwelle verschwindet von ihm ungesehn. Wenn er aufsteht und sich nach der Ursache für seinen Sturz umsieht, ist der Bühnenboden wieder glatt. Sein Verdacht fällt auf seine Beine. Er versucht sie sich im Sitzen auszureißen, in der Rückenlage, aus dem Stand. Die Ferse am Gesäß, den Fuß mit beiden Händen packend, reißt er sich das linke Bein aus, dabei aufs Gesicht gefallen in der Bauchlage das rechte. Er liegt noch auf dem Bauch, wenn das Fahrrad von links nach rechts langsam an ihm vorbei über die Bühne fährt. Er bemerkt es zu spät und kann es kriechend nicht einholen. Sich aufrichtend und seinen schwankenden Rumpf mit den Händen abstützend, macht er die Entdeckung, daß er seine Arme zur Fortbewegung gebrauchen kann, wenn er den Rumpf in Schwung bringt, nach vorn wirft, mit den Händen nachgreift usw. Er übt die neue Gangart. Er wartet auf das Fahrrad, erst am rechten, dann am linken Portal. Das Fahrrad kommt nicht. Der Mensch, der vielleicht eine Puppe ist, reißt sich, den rechten mit der linken und den linken mit der rechten Hand, gleichzeitig beide Arme aus. Hinter ihm fährt bis in Kopfhöhe die Schwelle aus dem Bühnenboden, diesmal, damit er nicht fällt. Vom Schnürboden kommt das Fahrrad und bleibt vor ihm stehen. An die kopfhohe Schwelle gelehnt betrachtet der Mensch, der vielleicht eine Puppe ist, seine Beine und Arme, die weit verstreut auf der Bühne herumliegen und das Fahrrad, das er nicht mehr gebrauchen kann. Er weint mit jedem Auge eine Träne. Zwei Beckett-Stachel in Augenhöhe werden von rechts und links hereingefahren. Sie halten am Gesicht des Menschen, der vielleicht eine Puppe ist, er braucht nur den Kopf zu wenden, einmal nach rechts, ein-

---

Heiner Müller hat im Osten mit Produktionsstücken begonnen – korrekt also in der Wahl des Genres, aber in der Ausführung nie so recht konform: für die DDR ein problematischer Autor von Anfang an. Oft muß er lange warten: zehn, fünfzehn Jahre, bis ein Stück von ihm aufgeführt werden kann. Dabei ist er Sozialist und DDR-Bürger aus Überzeugung.

Hüben wie drüben stand seinem Erfolg zunächst das Berserkerhafte seines Umgangs mit deutscher Vergangenheit im Wege – im Osten nannte man das Geschichtspessimismus, im Westen Mitleidslosigkeit. Eben diese Züge aber scheinen dann gerade seine Faszination auszumachen. Das Stück *Germania Tod in Berlin* – Stationen deutscher Geschichte – wird nicht in der DDR, sondern an den Münchner Kammerspielen uraufgeführt.

Heiner Müller

mal nach links, den Rest besorgt der Stachel. Die Stachel werden hinausgefahren, jeder ein Auge auf der Spitze. Aus den leeren Augenhöhlen des Menschen, der vielleicht eine Puppe ist, kriechen Läuse und verbreiten sich schwarz über sein Gesicht. Er schreit. Der Mund entsteht mit dem Schrei.

TOD IN BERLIN 1
Ein Armenkirchhof ragt, schwarz, Stein an Stein.
Die Toten schaun den roten Untergang
Aus ihrem Loch. Er schmeckt wie starker Wein.
Sie sitzen strickend an der Wand entlang
Mützen aus Ruß dem nackten Schläfenbein
Zur Marseillaise, dem alten Sturmgesang. (Georg Heym)

»Ich würde heute nur sagen, daß mich die Zukunft der DDR mehr interessiert als die Zukunft der Bundesrepublik. Weil mich überhaupt in einer Gesellschaft die Zukunftsstruktur mehr interessiert als das, was im Moment da ist. Ich meine, die Bundesrepublik fotografiert sich besser als die DDR – im Moment. Das sagt aber nichts über die Bundesrepublik und die DDR. Und die Zukunftsstruktur läßt sich nicht fotografieren.«
Heiner Müller, 1984

TOD IN BERLIN 2
Krebsstation. Hilse. Der junge Maurer.

JUNGER MAURER Wie gehts dir, Alter
HILSE   Wenn du mich fragst, mir
  Gehts nicht gut. Aber ich bin bloß die Hälfte
  Von mir, die andre hat der Krebs gefressen.
  Und wenn du meinen Krebs fragst, dem gehts gut.
JUNGER MAURER Das hab ich nicht gewußt. Ich hab gedacht
  Das sind die Steine, die sie auf dem Bau
  Auf deinen Knochen abgeladen haben
  Vor vierzehn Tagen, weil du nicht gestreikt hast.
HILSE Das hab ich auch gedacht. Jetzt weiß ichs besser.
  Wenn du dich erst einläßt mit den Weißkitteln.

Die finden was. Die lassen keinen aus.
JUNGER MAURER Scheiß auf den Krebs. Der hört auch wieder auf.
HILSE Du bist kein Doktor. Du brauchst nicht zu lügen.
Wir sind eine Partei, mein Krebs und ich.
Hier meine Hand greift keine Kelle mehr.
Mein letztes Bier stinkt auf den Rieselfeldern
Soll ich dir sagen, was ich noch mal möchte.
Das ist das einzige auf der Welt, mein Junge
Wovon du nicht genug kriegst. Meine Hand drauf.
Mir kannst dus glauben. Ich hab alles durch.
JUNGER MAURER   Ja.
Was soll ich machen. Sie ist eine Hure.
Ich hab gedacht, sie ist die Heilige Jungfrau.
Und angegeben mit ihr wie ein Idiot
Und keiner hat mir was gesagt und alle
Habt ihrs gewußt, du auch, und krumm gelacht
Habt ihr euch über den Idioten, der
Sich eine Hure aus dem Rinnstein fischt
Und präsentiert sie als die Heilige Jungfrau.
Habt ihr ihn alle dringehabt bei ihr.
Weißt du, was das für ein Gefühl ist, Alter
Wenn du mit einem Engel durch Berlin gehst
Du denkst, sie ist ein Engel, schön wie keine
Die du gehabt hast vor ihr, und ich kann sie
Nicht an den Fingern abzähln, aber so
War keine, wenn du ihre Beine siehst
Zum Beispiel, bist du schon besoffen, und
Jetzt gehst du durch Berlin mit ihr und alles
Was einen Schwanz hat, dreht sich um nach ihr und
Bei jedem, der sich nach ihr umdreht, denkst du
Vielleicht hat er ihn dringehabt bei ihr.
Wenn dir zum Beispiel einer sagt, deine
Partei, für die du dich geschunden hast
Und hast dich schinden lassen, seit du weißt
Wo rechts und links ist, und jetzt sagt dir einer
Daß sie sich selber nicht mehr ähnlich sieht
Deine Partei, vor lauter Dreck am Stecken
Du gehst die Wände hoch und ohne Aufzug.
KOMM ZU MIR AUS DEM RINNSTEIN. Gestern hat sies mir
Gesagt. Alles. Und ich hab nicht gewußt
Bis gestern, wie lang eine Nacht ist. Und jetzt
Kommt das Verrückte: alles ist wie vorher.
Ich bin besoffen, wenn ich sie bloß anseh.

Bei der Charakterisierung dieses Autors ist das Wort »Zynismus« kaum zu vermeiden. Binnen weniger Jahre, in den frühen Achtzigern, avancierte Heiner Müller zum international renommiertesten deutschen Dramatiker, was man in beiden deutschen Staaten fast gleichzeitig durch die Verleihung der bedeutendsten Literaturpreise quittiert: des Nationalpreises erster Klasse und des Georg-Büchner-Preises.

Heiner Müller

Der Vater
1933 am 31. Januar 4 Uhr früh wurde mein Vater, Funktionär der Sozialdemokratischen Partei Deutschlands, aus dem Bett heraus verhaftet. Ich wachte auf, der Himmel vor dem Fenster schwarz, Lärm von Stimmen und Schritten. Nebenan wurden Bücher auf den Boden geworfen. Ich hörte die Stimme meines Vaters, heller als die fremden Stimmen. Ich stieg aus dem Bett und ging zur Tür. Durch den Türspalt sah ich, wie ein Mann meinem Vater ins Gesicht schlug. Frierend, die Decke bis zum Kinn hochgezogen, lag ich im Bett, als die Tür zu meinem Zimmer aufging. In der Tür stand mein Vater, hinter ihm die Fremden, groß, in braunen Uniformen. Sie waren zu dritt. Einer hielt mit der Hand die Tür auf. Mein Vater hatte das Licht im Rücken, ich konnte sein Gesicht nicht sehn. Ich hörte ihn leise meinen Namen rufen. Ich antwortete nicht und lag ganz still. Dann sagte mein Vater: Er schläft. Die Tür wurde geschlossen. Ich hörte, wie sie ihn wegführten, dann den kurzen Schritt meiner Mutter, die allein zurückkam.
Eine Erinnerung Heiner Müllers aus dem Band *Germania Tod in Berlin*, Rotbuch Verlag 1977

KOMM ZU MIR AUS DEM RINNSTEIN. Bloß manchmal wird mir
Ein Messer umgedreht zwischen den Rippen.
KOMM ZU MIR AUS DEM RINNSTEIN. Ich hab sie gefragt
Ob sie schon eine Leitung legen kann
WASSER FÜR CANITOGA Schwanz an Schwanz.
Frag mich warum. Weißt du, was sie gesagt hat.
»Ich hab sie nicht gezählt.« – Was soll ich machen.
Sie kriegt ein Kind. Sie sagt, es ist von mir.
HILSE Hast du sie mitgebracht.
JUNGER MAURER Sie wartet draußen.
Ab. Herzton. Das Sterben beginnt. Der junge Maurer kommt zurück mit dem Mädchen.
HILSE Die rote Rosa. So trifft man sich wieder.
Hat dir die Spree das Blut schon abgewaschen.
Bleich siehst du aus. Haben sie dir zugesetzt
Die Ratten im Landwehrkanal. Die Hunde.
Die feigen Hunde. Die sind schlimmer als
Die Ratten. Und ich wett mit jedem, du
Warst lieber zwischen den Abwässern aus
Den Knochenmühlen wo dich jeder kennt als
Im EDEN. Ja, so sieht ihr Paradies aus.
Das Paradies der Schieber und der Schlächter.
MÄDCHEN Was redet der.
JUNGER MAURER Ich sags dir nachher. Laß ihn.
HILSE Das Wasser hat dich nicht behalten, Rosa.
Und wenn sie aus uns allen Seife machen
Dein Blut wäscht ihnen keine Seife ab.
Wars kalt im Schauhaus. Weißt du auch, Genossin
Daß ich dich aus der Nähe erst gesehn hab
Ich meine so wie jetzt, im Januar
Als deine Augen blind warn, auf der Bahre.
Wir gingen dran vorbei zwölf Stunden lang
Dann hinter euren Särgen durch Berlin
Und kein Wort und der Himmel war aus Blei.
Jetzt siehst du jünger aus. *Verschmitzt:* Ich weiß warum.
Erkennst du mich. Ich bin der ewige Maurer.
Die Pyramiden in Ägypten, eine
Festung gegen die Zeit, sind meine Handschrift.
Rom hab ich auch gebaut, auf sieben Bergen
Nach jedem Brand neu und nach jedem Krieg neu.
Das Kapitol zum Beispiel und die Säule
An der sich Cäsar ausgeblutet hat
Die dreiundzwanzig Messer in den Rippen.

»*Germania Tod in Berlin*«: *Szene aus Uraufführung der Münchner Kammerspiele am 20. April 1978*

Und dann die Wolkenkratzer in New York.
Und immer war es für die Kapitalisten
Zehntausend Jahre lang. Aber in Moskau
War ich zum ersten mal mein eigner Chef:
Die Metro. Hast du sie gesehn. Und jetzt
Hab ich die Kapitalisten eingemauert
Ein Stein ein Kalk. Wenn du noch Augen hättest
Könntst du durch meine Hände scheinen sehn
Die roten Fahnen über Rhein und Ruhr.
JUNGER MAURER Du mußt was sagen. Irgendwas.
   Der stirbt jetzt.
MÄDCHEN Ich kann sie ohne Augen sehn –
   Der junge Maurer souffliert.
MÄDCHEN   Genosse.
   Die roten Fahnen – *Der junge Maurer souffliert.*
   Über Rhein und Ruhr.   *Der sterbende Maurer lächelt.*
HILSE Ists euch zu still draußen in Friedrichsfelde.

MÄDCHEN Nein. Manchmal hören wir die Kinder spielen.
Sie spielen Maurer und Kapitalist.
HILSE *lacht:* Und keiner will der Kapitalist sein.
MÄDCHEN   Ja. *Der Herzton hat aufgehört. Stille.*

Die Hamletmaschine (1977)

HAMLETDARSTELLER
Ich bin nicht Hamlet. Ich spiele keine Rolle mehr. Meine Worte haben mir nichts mehr zu sagen. Meine Gedanken saugen den Bildern das Blut aus. Mein Drama findet nicht mehr statt. Hinter mir wird die Dekoration aufgebaut. Von Leuten, die mein Drama nicht interessiert, für Leute, die es nichts angeht. Mich interessiert es auch nicht mehr. Ich spiele nicht mehr mit. *Bühnenarbeiter stellen, vom Hamletdarsteller unbemerkt, einen Kühlschrank und drei Fernsehgeräte auf. Geräusch der Kühlanlage. Drei Programme ohne Ton.* Die Dekoration ist ein Denkmal. Es stellt in hundertfacher Vergrößerung einen Mann dar, der Geschichte gemacht hat. Die Versteinerung einer Hoffnung. Sein Name ist auswechselbar. Die Hoffnung hat sich nicht erfüllt. Das Denkmal liegt am Boden, geschleift drei Jahre nach dem Staatsbegräbnis des Gehaßten und Verehrten von seinen Nachfolgern in der Macht. Der Stein ist bewohnt. In den geräumigen Nasen- und Ohrlöchern, Haut- und Uniformfalten des zertrümmerten Standbilds haust die ärmere Bevölkerung der Metropole. Auf den Sturz des Denkmals folgt nach einer angemessenen Zeit der Aufstand. Mein Drama, wenn es noch stattfinden würde, fände in der Zeit des Aufstands statt. Der Aufstand beginnt als Spaziergang. Gegen die Verkehrsordnung während der Arbeitszeit. Die Straße gehört den Fußgängern. Hier und da wird ein Auto umgeworfen. Angsttraum eines Messerwerfers: Langsame Fahrt durch eine Einbahnstraße auf einen unwiderruflichen Parkplatz zu, der von bewaffneten Fußgängern umstellt ist. Polizisten, wenn sie im Weg stehn, werden an den Straßenrand gespült. Wenn der Zug sich dem Regierungsviertel nähert, kommt er an einem Polizeikordon zum Stehen. Gruppen bilden sich, aus denen Redner aufsteigen. Auf dem Balkon eines Regierungsgebäudes erscheint ein Mann mit schlecht sitzendem Frack und beginnt ebenfalls zu reden. Wenn ihn der erste Stein trifft, zieht auch er sich hinter die Flügeltür aus Panzerglas zurück. Aus dem Ruf nach mehr Freiheit wird der Schrei nach dem Sturz der Regierung. Man beginnt die Polizisten zu entwaffnen, stürmt zwei drei Ge-

»Erinnerung an die erste Lektüre: HAMLET aus der Schulbibliothek, gegen die Warnung des Lehrers an den Dreizehnjährigen vor der Schwierigkeit des Originals. Ein schwarzer Lederband, auf der Titelseite der Stempel des ehemals großherzoglichen Gymnasiums. Ich ahnte mehr, als ich verstand, aber der Sprung macht die Erfahrung, nicht der Schritt. Das Stück selbst ist der Versuch, eine Erfahrung zu beschreiben, die keine Wirklichkeit hat in der Zeit der Beschreibung. Ein Endspiel in der Morgenröte eines unbekannten Tags. DOCH SEHT DER MORGEN GEHT IM ROTEN MANTEL / ÜBER DEN TAU DES HÜGELS DORT IM OSTEN. Fast vierhundert Jahre später eine andre Lesart: IM ROTEN MANTEL GEHT DER MORGEN DURCH / DEN TAU DER SCHEINT VON SEINEM GANG WIE BLUT. Dazwischen liegt, für meine Generation, der Lange Marsch durch die Höllen der Aufklärung, durch den Blutsumpf der Ideologien.« Heiner Müller

bäude, ein Gefängnis eine Polizeistation ein Büro der Geheimpolizei, hängt ein Dutzend Handlanger der Macht an den Füßen auf, die Regierung setzt Truppen ein, Panzer. Mein Platz, wenn mein Drama noch stattfinden würde, wäre auf beiden Seiten der Front, zwischen den Fronten, darüber. Ich stehe im Schweißgeruch der Menge und werfe Steine auf Polizisten Soldaten Panzer Panzerglas. Ich blicke durch die Flügeltür aus Panzerglas auf die andrängende Menge und rieche meinen Angstschweiß. Ich schüttle, von Brechreiz gewürgt, meine Faust gegen mich, der hinter dem Panzerglas steht. Ich sehe, geschüttelt von Furcht und Verachtung, in der andrängenden Menge mich, Schaum vor meinem Mund, meine Faust gegen mich schütteln. Ich hänge mein uniformiertes Fleisch an den Füßen auf. Ich bin der Soldat im Panzerturm, mein Kopf ist leer unter dem Helm, der erstickte Schrei unter den Ketten. Ich bin die Schreibmaschine. Ich knüpfe die Schlinge, wenn die Rädelsführer aufgehängt werden, ziehe den Schemel weg, breche mein Genick. Ich bin mein Gefangener. Ich füttere mit meinen Daten die Computer. Meine Rollen sind Speichel und Spucknapf Messer und Wunde Zahn und Gurgel Hals und Strick. Ich bin die Datenbank. Blutend in der Menge. Aufatmend hinter der Flügeltür. Wortschleim absondernd in meiner schalldichten Sprechblase über der Schlacht. Mein Drama hat nicht stattgefunden. Das Textbuch ist verlorengegangen. Die Schauspieler haben ihre Gesichter an den Nagel in der Garderobe gehängt. In seinem Kasten verfault der Souffleur. Die ausgestopften Pestleichen im Zuschauerraum bewegen keine Hand. Ich gehe nach Hause und schlage die Zeit tot, einig / Mit meinem ungeteilten Selbst.

Heiner Müller wurde 1929 in Eppendorf/Sachsen geboren. – Weitere wichtige Werke: *Der Lohndrücker*. Drama 1959; *Die Umsiedlerin*. Drama 1961; *Der Bau*. Drama 1965; *Zement*. Drama 1974. *Geschichten aus der Produktion* 1974; *Verkommenes Ufer, Medeamaterial, Landschaft mit Argonauten* 1983; *Wolokolansker Chaussee I, II* 1985. 1992 erschien ein autobiographisches Buch mit dem Titel *Krieg ohne Schlacht. Leben in zwei Diktaturen*.

Botho Strauß
Paare Passanten

Wir entdecken in einem von sehr gemischtem Publikum besuchten Lokal einen Mann von Anfang vierzig, einen dem Anschein nach besonders braven, in seiner Zeit eher verlegen dastehenden Menschen, einen Büroarbeiter auf stillem Posten, der sich am Samstagabend nur ein bißchen umsehn will, und neben ihm seine etwas füllige, kleine Frau mit einem Entenschnuten-Mund. Sie hocken beide angespannt oder wie sie vielmehr glauben: lässig hingegeben an der Bar, wo sie von Tunten, Dealern, Flippis, Totalverfärbten eng umgeben sind. Sie machen jeden Samstag einen Ausflug in die scene und spüren dabei nicht ohne innere Erregung, wie alles was an

»Botho Strauß ist ein Fotograf. Er fotografiert die Bundesrepublik, das ist in Ordnung. Mehr sehe ich da nicht. Man kann sich darüber streiten, ob das Dramatik ist. Sehr gute Fotografien der Bundesrepublik. Ich bezweifle nicht, daß das eine Literatur von Rang ist, aber sie ist für mich regional. Mich interessiert nicht die Bewußtseinslage dieser Schicht in der Bundesrepublik, die er beschreibt. Es geht

mich nichts an. Ich kann es also nur als Literatur, nur ästhetisch aufnehmen, und das reicht nicht als Anreiz.«
Heiner Müller

ihnen Mitte, Mehrheit, Durchschnitt ist, hier auf einmal, im anderen Milieu, die Außenseiterrolle spielt. Ihre Fahrt vom Außenbezirk ins Zentrum der Stadt ist in Wahrheit eine von der Mitte an den Rand, die Spießer werden zu Exoten. Die Frau behält in der heißen Kneipenluft dennoch die Pelzmütze auf dem Kopf, es ist Winter draußen. Auf die freigewordenen Hocker neben sie setzt sich ein Schwulenpaar mit seinen Täschchen, seinem eau sauvage, seinen Seidenhemden. Da sehen sich der Harmlose und seine Gattin an – sie würden es wohl ›vielsagend‹ nennen – und müssen ein Kichern unterdrücken. Etwas eigentümlich Zurückgebliebenes, Unentwickeltes, etwas Backfischhaftes geht von ihnen aus, und zwar von beiden, ohne Unterschied. Dabei sind sie doch gut miteinander, verbergen nichts Unfreundliches, nichts Aggressives in ihren Gesichtern. Keusch wie ein rotchinesisches Liebespaar, sind sie andererseits diesem ganz perversen Schnüffeln an Bewegungen verfallen, ohne das sie nicht mehr auskommen und dessentwegen es sie immer wieder an diese Orte einer müden, längst entzauberten Verworfenheit zieht. Man betrachtet dieses sonderliche Paar und möchte wissen, auf welchem sexuellen Exterritorium leben die in dieser allgemeinen, gottverdammten Fick- und Ex-Gesellschaft? Man sieht ihre Umarmungen stets das gleiche Ende nehmen: die kleine Frau hebt fragend ihre Augenbrauen und lächelt ein mildes, doch nicht ganz freies Lächeln, wenn ihr Mann die zittrigen Lider aufschlägt und keiner von beiden recht bemerkte, wann es eigentlich geschah. Dann halten sie sich aber fest. Sie ist es wohl, die immer häufiger drängt, in die Innenstadt zu fahren, die Bewegungen zu spüren in diesen Treffpunktkneipen mit ihren verrückt-verrührten Schichten, die ganz andere Reize bieten als die billigen Vergnügungsstätten, wo das Magere der schieren Entblößung nichts Weiteres zu vermuten, zu belauschen, zu entdecken übrig läßt. So ist die Schlafstadtfrau auf bestem Wege, eine zielbewußte Träumerin zu werden, ohne sich dabei von ihrem Mann zu entfernen, jedoch in diesem Wandel ihm eher voranschreitend als ihm folgend. Sie beide waren immer bereit, über die Unvollkommenheit der Liebe *gemeinsam* zu kichern.
(...)
Herkunftsort. Ich ging in meiner Landschaft, daheim, hoch und runter an den Hängen und über die Höhenfelder des Westerwalds, oberhalb des engen Tals der Lahn, an deren anderem Ufer der Taunus beginnt. Hinter dem Elternhaus führt jetzt steil aufwärts eine Schneise, ein gräßlich gelichteter Streifen durch den Kindswald; darin verkehrt eine computerge-

Botho Strauß

lenkte Bergbahn, die unsere Kurgäste aus dem Städtchen schnell hinauf in die Höhenluft und zu einem neuen großen Krankenhaus-*Komplex* befördert.
Oh, und ich kam vorbei an unserem verwilderten Hanggrundstück, der Zaun war niedergerissen, das eiserne Gartentor war aufgebrochen und das Steinhäuschen auch, und halb niedergebrannt. Das Häuschen! Der einzige immer wiederkehrende Ort und die Schildwache meiner tieferen Träume, das Versteck der frühen Verbote. Verwahrlost, angesengt, ausgeräumt, bestohlen steht da der Anfang halboffen, aber ich mag nicht hineinsehen. Über die Höhen geht es ins Nachbardorf hinab. Nebel und Wolken, die den Schnee verhalten, und ein blutleeres Blau der Sonne. In der einstigen »Reichsstadt« neben der Tausendjährigen Eiche lange am Fluß der Lahn gestanden, diesem kleinen ruhigen, fast umarmbaren Gewässer mit seiner eigensinnigen Strömung, und die Spannungsränder der kleinen Flächenstrudel räkelten sich wie lange Wasserwürmer und lösten sich auf. Später am Wehr, an der Schleuse, von deren Brücke die Mutigen von uns heruntersprangen, und mindestens zwei während meiner Schulzeit sind tot geblieben in diesem Flüßchen, dem sanften, und dann an der Badeanstalt innegehalten – inne? Ach, unmöglich erscheint mir das Erinnern. Der Ort verwandelt, überwachsen, abgebröckelt – doch die *Szene*, die dort entdeckt wurde, ist es nicht: die Begierde, das Zappeln, das Nicht-Dösen, das Dahinterkommen-Wollen, das gleiche wie ein Vierteljahrhundert zuvor. In dieser Szene sagte ich eben noch zu meinem Schulfreund, als wir

Umschlag der Originalausgabe 1981

nach den Hausaufgaben am freien, warmen Nachmittag in den Badehosen lagen und Ausschau hielten, ich wolle doch einmal philosophieren und ein unaufhörliches Buch (»über Alles«) zu schreiben beginnen, und so ist heute mein geringster Schrieb um keinen Deut bescheidener und weniger verlangend, als am unaufhörlichen Geweb ein Fädlein weiterhin zuzusetzen. Die Szene hält an, der Ort ist abgebröckelt. Hier *entstand* nichts. Hier ward etwas als wesentlich erwischt, das mich nicht müde werden ließ, es wieder und wieder zu erwischen. Mein einziges wahres Erlebnis von Zeit ist das einer schwanken Synchronität. Ohne den unausweichlichen Ausblick auf den Fluß (aus jedem Fenster der elterlichen Wohnung), ohne vom Fluß einen unausweichlichen Begriff zu gewinnen, wär ich nicht in die Nähe des Denkens gekommen und hätte auch nie die andere Seite des Flusses zu denken gewagt, welche die des Nicht-Vergehens und der Stille ist.

Der »Beziehungs-Knatsch« der späten siebziger und frühen achtziger Jahre wirkt auf Botho Strauß wie eine kollektive Inszenierung, wie die hilflose Fiktion einer besseren Welt inmitten alles durchdringender Eiseskälte. Seine Theaterstücke sind geprägt durch einen gnadenlosen dramaturgischen Blick – *Groß und klein* setzt die Analyse szenisch um.

Groß und klein

10

Das Zimmer mit dem verschmutzten Gummimantel auf dem Boden. Die Tür steht weit offen. Lotte (mit Mantel, Portable und Zeichenmappe) und Inge kommen herein.

INGE So. Sie haben das Fenster zur Straße.
Im Sommer wächst die Hecke zu.
Zufrieden?
LOTTE Danke.
Inge nimmt den Gummimantel, schleift ihn hinter sich her. Sie geht hinaus, schließt die Tür. Lotte öffnet das Fenster, sieht hinaus. Sie setzt sich auf den Boden, den Rücken an die Wand gelehnt. Rechts neben ihr läuft der Fernsehapparat ohne Ton. Nach einer Weile öffnet sich die Tür. Die dicke Frau, die sich Morphium spritzte, kommt herein, bleibt an der Wand stehen.

LOTTE Was ist?
DICKE FRAU Angst vorm Sonntag.
LOTTE Setzen Sie sich.
Die dicke Frau läßt sich mit einem Stöhnen neben Lotte nieder. Sie beginnt zu zittern. Lotte nimmt sie in den Arm. In der Ferne hört man ein Tennisspiel.

LOTTE Hören Sie?
Tennis!
Plopp. Plopp. Plopp. Plopp. Ruhige Partie. Klasse!
Können Sie Tennis?
DICKE FRAU Es ist zum sich im Spülstein ertränken.
In die Tür tritt zögernd der Gitarrenspieler mit seinem Instrument. Er grüßt linkisch.
LOTTE Ja. Herein!
Würden Sie bitte das Fenster schließen?
GITARRENSPIELER *tut es.* Du brauchst nicht Sie zu mir zu sagen.
LOTTE Ich wohne jetzt hier.
Und du spielst wohl den ganzen Tag auf der Gitarre, wie?
GITARRENSPIELER Nein. Ich gehe jeden Morgen ins Institut. Stört es dich ...?
LOTTE Nein.
Was machst du im Institut?
GITARRENSPIELER Ich bin Kristallograph.
LOTTE Kristallograph? Na!
GITARRENSPIELER Kristallograph, ja. Klar. Physiker.
LOTTE Erklär mal.
GITARRENSPIELER Grobgesprochen, wir bestimmen den atomaren Aufbau von Festkörpern, wir machen die feinsten Messungen, weißt du.
LOTTE Ah!
GITARRENSPIELER Also Mineralien und auch künstliche Kristalle, die untersuchen wir unter den verschiedenen Druck- und Temperaturverhältnissen.
LOTTE Ein Beispiel!
GITARRENSPIELER *zieht sich zurück.* Der Laie kommt heute am ehesten mit der Kristallphysik in Berührung, wenn er sich mal klarmacht, wie zum Beispiel seine Quarzuhr funktioniert.
LOTTE Gehst du schon wieder?
GITARRENSPIELER Ja. Muß.
LOTTE Komm wieder!
Er geht hinaus.
DICKE FRAU *steht auf.* Ich muß auch.
Verpasserkanone wie ich eine.
Bin ich irgendwo auf Besuch, verpasse ich garantiert Besuch bei mir nebenan. Ich hab schon 'ne Menge verpaßt.
Sie geht hinaus. Lotte allein. Sie rückt sich den Fernseher zurecht, beginnt mit einem Bleistift, der an der Mappe befestigt ist, zu zeichnen. Sie zeichnet etwas vom Fernsehschirm ab. Von oben, aus seinem Zimmer, hört man den Gitarrenspieler.

»Was die Arbeit am Drama erschwert, das uns doch in die großen Konflikte und Fallhöhen hineinreißen soll, die wir sonst nirgends zu spüren bekommen: solche Konflikte und Antithesen lassen sich heute nicht einmal mehr im Gedanklichen auseinandersetzen. Unsere Erlebniswelt ist voll von Ambivalenz und Doppelbindung, voll auch von sinnlicher ›Meinungsvielfalt‹ und von einem ungeheuerlichen medialen Quidproquo. Das läßt ein schieres Gegenüber zweier widersprüchlicher Positionen auf dem Theater zu einer extrem künstlichen und wirklichkeitsfremden Herausforderung werden. Und doch wäre gerade hierin, wenn es gelänge, dem uralten Paradigma des Theaters Genüge getan; denn es kommt immer darauf an zu beweisen, daß die Modelle des Theaters älter, stärker und überlebensfähiger sind als alles, was wir ihnen aus unserer Gegenwart zutragen können.«
Botho Strauß, *Paare Passanten*

> »Man schreibt einzig im Auftrag der Literatur. Man schreibt unter Aufsicht alles bisher Geschriebenen. Man schreibt aber doch auch, um sich nach und nach eine geistige Heimat zu schaffen, wo man eine natürliche nicht mehr besitzt.«
> Botho Strauß, *Paare Passanten*

Nach einer Weile.
LOTTE *zum Portable.* Soll ich gehen?
Wie?
Soll ich gehen?
Sie legt die Mappe ab, verläßt das Zimmer.

Dunkel

11

Das Zimmer, fast im Dunkeln. In der linken Ecke liegen Inge, die Frau im hochgeschlossenen Kleid, und Paul, der Alte, in einer Umarmung nebeneinander. Es klopft. Lotte tritt ein.

LOTTE Ich kann nicht schlafen.
INGE Jetzt nicht. Lotte.
Ein andermal. Später.
Es ist jemand bei mir.
Lotte weicht zurück, schließt die Tür.

Dunkel

12

Das Zimmer. Der Gitarrenspieler bei der Assistentin und dem Assistenten.

> Diese strengen literarischen Vorsätze hindern Botho Strauß nicht daran, seine gesellschaftliche Umwelt scharf ins Auge zu fassen. Er treibt Milieustudien am Zeitbewußtsein.

ASSISTENTIN So, Jürgen, das war es also. Das war also alles. Die Kindeskinder. Beiträge zur Sozialgeschichte der Enkelgeneration in oberdeutschen Kaufmannsgeschlechtern des 14. Jahrhunderts. Quellenlage. Forschungsstand. Dokumente. Herausgegeben von Jürgen Binder unter Mitarbeit von Gudrun Lebede... Das war also alles, drei Jahre lang! Was war es eigentlich, weißt du noch? Köln und Opladen 1976. Ca. 250 Seiten. 30 Faksimiles. Broschiert 44 Mark 80. Aber das war doch unser Ein und Alles in den letzten drei Jahren, oder?
Gott zum Teufel, was haben wir bloß gemacht!?
ASSISTENT So. Ja. Es läßt sich kein furchtbarer – kein furchtbarerer Gedanke denken. Das war er.
Nach einer Weile.
GITARRENSPIELER Die Nasa hat uns seinerzeit einen kleinen Packen Mondgestein geschickt, und wir haben uns darüber

hergemacht wie die Piraten über den Schatz von Käpt'n Flint. Aber nichts da. Nichts Neues. Keine Spur. Die alte Optik, die alten Strukturen, alles bekannt im Mondgestein. Anfangs aber diese Gier, diese fliegenden Hände...!
Ihr wart ja nicht dabei, ihr wißt nicht, wie es war.
ASSISTENTIN Warum haben wir das Buch gemacht, warum?
ASSISTENT Das Buch sollte gemacht werden.
Da haben wir das Buch gemacht.
ASSISTENTIN Du, ich finde dich sowas von bekloppt! Warum haben wir beide ein Buch zusammen gemacht: ich frage dich!
ASSISTENT Gudrun, das ist doch keine vernünftige Frage.
ASSISTENTIN Ja, merkst du denn überhaupt nicht, was zwischen uns los ist?!
ASSISTENT Und du meinst, das liegt am Buch?
ASSISTENTIN Ach, Buch, Scheiß Buch.
Das Buch bedeutet überhaupt nichts.
Das ist es ja gerade, daß man das Gefühl hat, das Buch haben zwei Leute gemacht, Mann und Frau, zwei Leute, die auch zusammen passen!
ASSISTENT Ich glaube, ich sehe das etwas anders.
ASSISTENTIN Wie? – Wie? – Wie?!
ASSISTENT Ich glaube, wir stehen erst ganz am Anfang einer langen, gemeinsamen Arbeit, eine lange wissenschaftliche Reise, die sich vielleicht über Jahrzehnte erstreckt.
Gegenwärtig, in einer etwas kritischeren Phase –
ASSISTENTIN Und wie soll diese Liebe wohl aussehen, hm?!
ASSISTENT Gudrun – *Er verstummt.*
ASSISTENTIN *nickt, als wisse sie Bescheid.* Hmhm... Hmhm.
Schweigen.
GITARRENSPIELER Braucht ihr mich noch?
ASSISTENTIN Sören, bitte, bleib.
Spiel was. Warum spielst du nicht längst etwas?
Der Gitarrenspieler spielt. Alle drei singen augenblicklich gemeinsam ein, zwei Strophen Countrymusic. Mittendrin bricht das Mädchen aus und wendet sich wieder dem Streit zu.
ASSISTENTIN Eins will ich dir sagen, Jürgen: du bist und bleibst das Mustersöhnchen der Familie. Ein Mensch aus Hannover-Vahrenheide. Eine menschliche Einöde. Ein Markenerzeugnis aus der mittleren Mitte der Mittelklasse...
ASSISTENT Wie einfallsreich.
ASSISTENTIN Einfallsreich? Na, du, ich mein, das muß man sich mal vorstellen: du frisierst dich –! Du kämmst dir buchstäblich die Haare, bevor du mit deiner Mutter telefo-

nierst am Samstagnachmittag. Das mußt du dir mal vorstellen! Soweit geht der Schaden.

ASSISTENT Idiotie.

ASSISTENTIN Jawohl, tust du. Unbewußt. Unbewußt tust du das.

Du traust dich nicht, ungekämmt, so wie du bist, mit deiner Mutter zu sprechen. Ich schwör's dir! Klar, du weißt davon nichts. Ganz klar. Da liegt ja gerade der Schaden. Unbewußt.

ASSISTENT Jetzt hältst du aber mal die Klappe, ja?!
Nach einer Weile.

GITARRENSPIELER Okay? Fertig?

ASSISTENT Warte noch einen Augenblick, Sören.

GITARRENSPIELER Die wirklichen Asse in der Physik, die Kerle mit dem großen Durchblick, das sind ganz wenige Leute, verschwindend wenige, nach wie vor, vielleicht nur so ein kleiner Gefängnishof voll, wo sie ruhelos herumlaufen und gegen die dunklen Mauern des Schweigens der Massen stoßen. Du kannst natürlich auch Pech haben und kriegst einen Institutsleiter vorgesetzt wie wir, einen Japaner, der seit fünfundzwanzig Jahren einsam in die falsche Richtung forscht. Und wir alle im Institut müssen mit ihm, unter seiner Fuchtel, mit in die falsche Richtung, während neunzig Prozent seiner Kollegen die Theorie des Japaners ablehnen und ihm oft genug bewiesen haben, daß er in die falsche Richtung forscht und sich, seit Jahrzehnten, im Irrtum um und um wälzt...

Das Yakische Überstrukturmodell... auch so ein verlassener Brennpunkt der Weltgeschichte.

ASSISTENTIN Du, Sören, was du tust, das ist halt ein Job!

Nur ein Job! Aber ich, ich bin eine ganze Existenz!... Ich bin der 24-Stunden-Kopf... Ich bin das Buch.. Ich bin unser Ein und Alles.. Ich bin Jürgen und ich!

Sie wird ruhiger.

Ich möchte bloß wissen, warum ihr dauernd so schmunzeln müßt? Ich möchte wissen, aus welchem kühlen Grunde, ihr Arschlöcher...

Sie steht an die Wand gelehnt, atmet erschöpft.

ASSISTENT Wenn du dich jetzt ein bißchen hinlegen möchtest... Weil wir dann auch bald ins Seminar müssen.

Er gibt ihr die Brille, führt sie zur Tür.

ASSISTENTIN *dreht sich um ins Zimmer.* Es war der Teufel... diesmal war es der Teufel.

Er kam und ging und kam wieder und ging wieder und kam wieder und ging wieder.

ASSISTENT Ach, normal, ganz normal, mein Herz.
Jeder muß mal aus sich heraus.
Wir haben es gut in den Griff bekommen.
ASSISTENTIN Nein. Der Teufel.
Weißt du denn, was der Teufel überhaupt für ein mächtiger Kerl ist?
Sie gehen alle drei hinaus.

Dunkel

13

Das Zimmer. Lotte allein. Sie lehnt im Türrahmen, geht hinaus auf den Flur. Sie kommt zurück, sieht auf ihre Armbanduhr, blättert in ihrer Zeichenmappe, öffnet das Fenster, schließt es wieder. Sie übt für eine bevorstehende Unterhaltung.

LOTTE Es gibt keinen Grund zu spaßen...
Sie brauchen über Ihre Verspätung keinen Scherz zu machen... zu verlieren?
Wir wollen nicht spaßen, nein?
Machen Sie jetzt bloß keinen Scherz!
Soll das ein Witz sein?

Ach, Flötentöne. Er macht keine Witze.
Ich glaube doch, er wird keine Witze machen.

Woher stammen Sie?
Stammen? Iiii.
Wo sind Sie geboren, wenn ich fragen darf?
Nein, andersrum. Er fragt zuerst.
Wo ich geboren bin?
Ich komme vom Rheinland... aus dem Rheinischen.
Lennep. Und Sie?
Remscheid-Lennep. Und Sie?
Sie spielen die Gitarre und ich zeichne eben gern.
Gefällt es Ihnen?
Es gefällt Ihnen wohl nicht?
Nein: Vielleicht gefällt Ihnen ein Blatt...?
Ich kann stundenlang nichts tun.
Nichtstun will gelernt sein.
Die Freizeit ist d a s Problem in der Heutzeit...
in unserer Gesellschaft. D a s Problem der Stunde... der Zukunft?

»Groß und klein«: Szene der Uraufführung in der Schaubühne am Halleschen Ufer am 6. Dezember 1978: Edith Clever als Lotte, Willem Menne

Au, das geht daneben.
Aber ›Nichtstun will gelernt sein‹ merk ich mir.
Sie geht zum Fenster, sieht einen Augenblick hinaus, wendet sich dann mit Allüre um, als stünde jemand vor ihr.
Also ich bin fast gestorben vor... vor...
Vor was? Hm?
Vor Angst. Vor ›banger Erwartung‹?
Mumpitz.
Sie dreht sich wieder zum Fenster und gleich wieder zurück.
Nein. Ich lebe in Scheidung.
Also ich bin fast gestorben vor... vor...
Scheiße.
Der Gitarrenspieler ist eingetreten, ohne sein Instrument.
GITARRENSPIELER Mit wem redest du?
LOTTE Nur so.
Sie stehen sich gegenüber.
Wie heißt du?
GITARRENSPIELER Sören. Sören wie Kierkegaard.
LOTTE Sie brauchen darüber nicht scherzen.
Du brauchst...
GITARRENSPIELER Du, ich wollte dir nur sagen,
ich glaube, du machst hier manchmal noch so'n paar typische Fehler.
LOTTE Ja?
GITARRENSPIELER Offenbar meinst du, es muß immer jemand für dich da sein, wenn es dir gerade mal nicht besonders gut geht, wenn du nicht schlafen kannst oder so.
LOTTE *nickt den Kopf nach unten; unruhig verständig.* Hm, hm.

GITARRENSPIELER Andererseits bist du selbst ungeheuer schnell auf dem Dreh und kümmerst dich vielleicht ein bißchen zuviel um die anderen.
LOTTE Hm, hm.
GITARRENSPIELER Also zum Beispiel das Zelt im ersten Stock. Da hast du bestimmt einen Fehler gemacht.
LOTTE Hm, hm.
GITARRENSPIELER Weißt du, das Zelt, da kümmert sich jeder von uns drum. Ich meine, es ist wahrscheinlich nicht gut, wenn du mehr tust als die anderen.
Du solltest wahrscheinlich nicht öfter hingehen als die anderen.
LOTTE Hm, hm.
GITARRENSPIELER Im Prinzip kommt hier jedes Zimmer alleine zurecht. Das ist so 'ne Art stillschweigende Hausordnung.
LOTTE Klar, du, klar.
GITARRENSPIELER Ich will mal sagen, es gibt natürlich den Fall, wenn irgendwas also überhaupt nicht klappt, daß du dann jemanden um Hilfe rufst.
Nur: nicht soviel Getue. Kein Getue.
LOTTE Nein, nein.
GITARRENSPIELER Verstehst du, ich muß dir das sagen, sonst –
LOTTE Klar, Sören. Gut, daß du's mir gesagt hast.
GITARRENSPIELER Du malst?
LOTTE Zeichne.
Er sieht sich die Mappe an.
GITARRENSPIELER Malst sogar vom Fernsehen ab, was?
LOTTE Du spielst die Gitarre und ich zeichne eben gern.
GITARRENSPIELER Ich wollte dir das nur sagen. Aber sonst – ich find's prima, daß du hier bist.
LOTTE Ja?
Er nickt mehrmals und geht hinaus.

Botho Strauß wurde 1944 in Naumburg geboren. 1989 wurde er mit dem Georg-Büchner-Preis ausgezeichnet. – Weitere wichtige Werke: *Die Hypochonder. Bekannte Gesichter, gemischte Gefühle.* Theaterstücke 1979; *Rumor.* Roman 1980; *Kalldeway, Farce.* Theaterstück 1981; *Der junge Mann.* Roman 1984; *Niemand anders,* Geschichten 1987; *Kongreß. Kette der Demütigungen.* Prosa 1989; *Schlußchor.* Drama 1991. © der abgedruckten Strauß-Texte: Carl Hanser Verlag, München.

Wer sich in Botho Strauß' Szenen nicht wiedererkennt, dem ist wohl nicht zu helfen. Quälende Suche nach dem treffenden Ausdruck, lachhafte Tagträume der Selbst-Inszenierung, und immer wieder das Versacken im Sumpf der sprachlichen Floskeln. Dabei ist festzuhalten: die Schriftsteller sind nicht besser dran. Im Gegenteil: Autoren, die unser Vertrauen verdienen, sind nicht solche, denen die Sprache zu Gefallen ist. Es sind eher solche, die sich schwer tun mit dem Wort. – Einige von ihnen mißtrauen der geläufigen Rede so sehr, daß sie sich eine eigenartig abseitige Sprache erschaffen.

Oskar Pastior ist ein solcher literarischer Solitär. Er kam 1968 aus dem siebenbürgischen Hermannstadt in die Bundesrepublik. Seine ersten Gedichtbände waren zuvor noch in Rumänien erschienen. Pastiors Texte vereinen skurrile Weltsicht und kalauernden Sprachwitz zum gemeinsamen Widerstand gegen die »Sprach-Fertigbau-Teile«. Besonders bekannt wurde *Höricht* (1975).

Höricht und Hexerei

Oskar Pastior
Autobiographischer Text

Obwohl mein Vater nicht nur Zeichenlehrer war, sondern auch später einmal starb, hat meine Mutter mich zwar sowohl in Siebenbürgen als auch in jenem Jahr, das für mein weiteres Leben ausschlaggebend werden sollte, aber doch geboren.

Ähnlich komplexe Sachverhalte sind seither in zunehmendem Maße daran schuld, daß ich nicht nur Gedichte schreibe, sondern auch andere nicht.

Vielleicht hängt alles auch damit zusammen, daß ich in der Schule – Platons Schule natürlich; wo gesprochen wird, wann immer, dem blüht sie – nicht genau aufgepaßt habe, wie Schuld und Sühne sich zu Krieg und Frieden verhalten (wie Romane nämlich, einerseits, doch andererseits biographisch, jeweils wie reziprok), und zwar weil ich grad damals unter den Dampfkesseln Nachtschicht hatte, um gegen Ursache und Wirkung ein bissel historisch und ein bissel immun zu werden.

Später war ich Kistennagler, Betonmixer, Wohnbaukostenvoranschlagkalkulator, in einer kraus waldigen und ondulatorischen Landschaft, die mit Musik zu tun hat; kurzum, was ich so über mich erzählen kann, ist nachher (d. h. bedeutsam betrachtet) auch wieder künstlich, also komponiert; freilich hab ich dann studiert, in Bukarest, und sogar beim Rundfunk gearbeitet; als Reporter war ich aber schwach.

Trotzdem, auch nach ein paar geographisch weiteren Hupfern und Einsichten, krieg ich noch immer eine komische, das heißt freiberufliche Gänse- und Vagantenhaut, wenn ich so sag: »Ich bin Poet« – oder gar »Ergo sum«. Suspekt, suspekt. Denn von all den Erkenntnisgeschäften, über die ich dann Buch führe, sind zwar auch manche abwesend, doch selbst die Vordrucke entbehren fahrlässig der Vollständigkeit.

Ansonsten erkläre ich hiermit, daß ich im Nageln von Butterkisten weniger gut bin als im Nageln von Auberginenkisten, bei denen ich es einmal auf 800 Nägel die Stunde gebracht habe. Es lebe die Auberginenkiste, sie ist eine Naturschönheit.

»Unterschiedenes ist gut.«

Höricht

Das nicht einzuordnende Höricht hatte sich so grundlegend von der Akustik gelöst, daß es durch und durch einem Original-Rettich mit eingebauter Kritik geähnelt hätte, hätten wir es überhaupt vernommen. Diese Behauptung ist nicht aus der Luft gegriffen, denn wir hörten da von Leuten, die davon läuten hörten, daß auch aus dem Agrarbereich ein Novum ruchbar wurde, und zwar ein nicht einzuordnender Rettich, der sich so grundlegend vom Sozialprodukt gelöst hatte, daß er durch und durch einem Original-Höricht mit eingebauter Kritik geähnelt hätte, hätten wir ihn überhaupt gekriegt.

Das HiFi-Höricht ist äußerst fein gesponnen. Der Hörer vernimmt das Geräusch, das sein Ohr beim Hören von Geräuschen macht, die sein Rundfunkempfänger beim Hervorbringen von Geräuschen macht, die der das HiFi-Höricht sendende Sender beim Senden von Geräuschen macht, die das zu diesem Zwecke abgespielte Tonband beim Abspielen von Geräuschen macht, die das Mikrophon beim Aufnehmen von Geräuschen macht, die das Ohr der aufgenommenen Person beim Hören von Geräuschen macht, die eine große Windstille beim Verschlucken kleiner Windstillen macht.

Sein Postulat kam wie der weiße Regenschirm aus dem Gedächtnis einer Parodie, ich würde sagen auf eine leicht optische Weise, so künstlich hat es den Konjunktiv eines Teehauses in einem fliegenden Muskel deponiert, man könnte meinen, ein feuerroter Wurliwurm sei überm Dach der vierundvierzig Tode erschienen, wie dem auch sei, ein Genitiv fuhr wie der grüne Kaiserschmarrn in eine Sezession, und das, würdest du sagen, nagelt es fester an rollende Köpfe als das gefiederte Herz eines Rentners, denn wie ein fünffeiiger Kelch ging das Sprechzimmer des Auges auf und wie der Ätna ins Knie eines Erdrutschs, nun nun, könnte Herodias jenes behaupten, das wie ein Nord-Süd den Luftbaum entblättert und aus der Weiterwahl den Sammelruf wie ein teppetes Wunder verglüht, würdest du sagen, wie ein Biziklist, würde ich sagen, und dann fiel sie ins Gras, die kein Einfall war, das kein Gras war, und dann flog der Wurliwurm wie eine weiß-rote Glanzzeit ins Terrakottascherbel wie ein Gedächtnis, man könnte meinen, eine leicht technische Gewohnheit sei wie ein Regenschirm erschienen, würde sie sagen, wie ein Katapult, würde sie sagen, wie eine lilafarbene Guillotine in einer Distanz vom Gras, das kein Knie ist, vom Weiß, das kein Weiß ist, von einem leicht komischen Knödel im Hals.

Oskar Pastior ist in sich versponnen, aber nicht hermetisch abgeschottet, er ist ganz fremd, und trotzdem fühlt man sich von ihm warm und freundlich angesprochen.

»Ich weiß also wahrscheinlich gar nicht, was eine Metapher an und für sich ist. Angenommen, ich wüßte es: dann könnte ich es erst recht nicht sagen, ohne es metaphorisch zu sagen. Umgekehrt könnte ich nie zu diesem Wissen gelangt sein, da alle Überlegungen, die mich dazu geführt hätten, wissenschaftlich unrein d. h. metaphorisch gewesen wären, was ich ja aber nicht wüßte. Es wird einem tatsächlich zugemutet, über etwas, das sonst nicht wäre, mit etwas nachzudenken, das sonst nicht wäre.«
Oskar Pastior

Oskar Pastior wurde 1927 in Hermannstadt/ Rumänien geboren. 1968 siedelte er in die Bundesrepublik über. – *Der autobiographische Text* ist dem Band *Ingwer und Jedoch* entnommen. *Abendlied* wurde veröffentlicht in dem Band *Wechselbalg* (1980). Weitere wichtige Werke: *Offene Worte*. Gedichte 1964; *Höricht*. Gedichte 1975; *Francesco Petrarca, 33 Sonette* 1983; *Der krimgotische Fächer* 1985; *Anagrammgedichte*. 1985; *Jalousien aufgemacht*. Auswahl 1987. © der abgedruckten Pastior-Texte: Oskar Pastior.

Abendlied

Der Tag legt sein Verhalten an den Flauschhund.
Ein Kleeblatt bringt den Stadtverkehr zum Schäumen. Kein Schlußkapitel fällt vom Baum der Energie. Fast langsam wird die Schleife sanft magnetisch – die Induktion schließt Daten ein, nicht
aus. Verhalten knickt der Nachbar ins Papierbett.

Kein Lüftchen legt sich an, es geht mit Dingen
zu. Leicht unhygienisch liegt ein Arm im Schließfach. Auch das Paniermehl schlingert aktenkundig: Sachzwänge bringen etliches zum Tragen, ach
wann? Die Gurkenblüte schließt ihr Machtverhältnis aus. Es kehrt das heiße Fett sich nicht an

Kind und Kragen – den Phänomenen wächst die Spule an den Kern. Postalisch wird ein schlankes
Haar gebogen: auf kleinem Fuße köchelt die Verbene. Schon naht, was sich ins Stil-Empfinden
schickt, auf leisen Katalogen. Am Kühlturm geht
Dianas Schwester außen in die Knie. Verhalten

steigt die Induktion in Scheuerleisten – kein Irrtum legt den Mund ans Ohr. Der Tag schließt seine
Gurken an den Drehstrom. Steinzeit – gute Nacht.

Irmtraud Morgner
Brockenmythologie

Am Anfang war Mutter Erde. Und sie wählte sich die Luft zum Gefährten und belebte den Planeten mit Pflanzen, Tieren und Menschen.
Später wünschte sie sich Wesen, die Mutter und Vater ähnlich sahen, und gebar Töchter und Söhne.
Da Luft unsichtbar ist, bezweifelte der Vater die Ähnlichkeit seiner Kinder mit ihm. Und er stritt mit seiner Frau.
Um ihn zu besänftigen, zeigte ihm Mutter Erde ihren Zaubertopf und verriet die Kunst des Wünschens.
»Laß mich probieren«, bat der Gatte, nahm den Topf und wünschte der Gattin einen Kerker, der aus ihr selbst gebildet war.

Seitdem sitzt Mutter Erde eingesperrt.
Und ihr Mann ist seiner Vaterschaft gewiß.
Die Kinder aber vermißten die Mutter und suchten nach ihr.
Der Vater mußte fürchten, daß sie seine Tat entdecken würden.
Aus Angst vor Strafe strafte er. Indem er auch seine Kinder einkerkerte.
Danach nannte er sich »Vater Erde«.
Die Kinder waren in Grotten gesperrt.
Vater Erde lebte ruhig hin.
Zu ruhig, fand er bald. Und er schaffte Abwechslung, indem er seinen Namen wechselte. Ab und zu.
Erinnerungen an seine Frau ließ er nicht aufkommen; doch der Streite mit ihr gedachte er sehnsuchtsvoll.
Als ihn die Einsamkeit mehr als genug gelangweilt hatte, riß er sich in zwei Stücke und nannte die eine Hälfte Gott und die andere Teufel.
Gleich stritten die Hälften derart, daß dem Ganzen die Lebenslust zurückkehrte. Am kurzweiligsten geriet die Unterhaltung, wenn eine Hälfte behauptete und die andere widersprach. Solche Erfahrung brachte die Hälften zu der Erkenntnis, daß Lust Arbeit macht und umgekehrt.
Die Arbeit der Arbeitsteilung wurde durch Knobeln geschafft.
Vor jedem Disput wurden die Rollen gerecht, das heißt durch Zufall verteilt.
Und Gott übte Behauptung und Widerspruch, und der Teufel war auch so tüchtig. Lange.
Bis eines Tages Trägheit aufkam.
Auch Gewöhnung machte zur Spezialisierung reif. Die beiden Hälften knobelten also ein letztes Mal, und der Zufall berief Gott zum Fachmann für Rechthaberei und den Teufel zum Fachmann für Widerspruchsgeist.
Oh Luft, oh Zeit, die Fachmänner argumentierten, daß der Zaubertopf und die Kerkerwände von Mutter Erde wackelten.
Die Steigerung der Unterhaltungslust wurde hauptsächlich durch Steigerung des Argumentiertempos erzeugt.
Als der Temporausch verflogen war, fühlte der Rechthaber Langeweile. Als er die Herkunft der Langeweile erkannte und das Fach wechseln wollte, war es zu spät.
Weil der Widerspruchsgeist da nämlich bereits ermessen konnte, was für ein kurzweiliges Fach ihm zugefallen war. Er verteidigte die Gunst des Zufalls gegen Bitten, Forderungen, Befehle, Drohungen und Erpressungen.
Da sah Gott, was angerichtet war. Und er entschied sich für die Flucht nach vorn, wo der Fortschritt wohnt und die Spe-

In der DDR etabliert sich endgültig eine Autorin, die ebenfalls auf ihre Weise – in ihrem Kontext – einzigartig ist: Irmtraud Morgner. Mit *Amanda* (1983), ihrem Hexenroman, sieht sie das aktuelle Geschehen gebrochen, verfremdet durch die Prismen des Mythos und der Magie. Eine Sirene – halb Frau, halb Vogel – hält der Menschen- und Männerwelt das jahrtausendealte Gegenbild der anderen, der unterdrückten Hälfte vor.

»Da Politik Experimente ausschließt, ausschließen muß – nach Fehlversuchen in der Politik kann man nicht wie davor neu anfangen –, lassen sich die für die Weltgeschichte nicht länger entbehrlichen weiblichen Erfahrungswerte nur auf dem Brocken schnell experimentell in nutzbare Form bringen. Der Brocken als alte Heimat der Seher – er könnt' zur neuen Heimat im Alltag werden, das heißt zur Heimat der Lebensfreudigen.«
Irmtraud Morgner

zialisierung noch verbessert werden konnte. Dergestalt, daß dem Rechthaber außerdem die Verwaltung des »Guten« anheimfiel und dem Widerspruchsgeist die Verwaltung des »Bösen«.
Beide Parteien zögerten nicht, aus diesen Nöten unverzüglich Tugenden zu machen.
Indem sie sich moralisch bekämpften. Stellungskrieg. Eine Kriegsart, die gern von Festungen aus geführt wird. Die beiden Parteien verschanzten sich also. Gott über der Erde. Der Teufel unter der Erde.
In den Kriegen zwischen Gott und Teufel ging der Zaubertopf zu Bruch.
Jede Partei raffte davon, was noch greifbar war, und sammelte die Reste in goldene Töpfe.
Gott nahm in seinen goldenen Topf Scherben in Verwahrung. Der Teufel sicherte sich in seinem goldenen Topf zwei Steine, einen roten und einen weißen.
Die Pflanzen, Tiere und Menschen des Planeten bemerkten die Parteien nicht. Weil die Parteien unsichtbar waren.
Das ärgerte die Ein-Mann-Parteien. Und sie verbreiteten die Legende, daß wirkliche Wirklichkeit unsichtbar wäre und wirkliches Leben mithin erst nach dem Tode begänne. Die Legende stattete die Ein-Mann-Parteien mit gestorbener Gefolgschaft aus. Fleißige Menschen wurden, gestorben, von der Legende zu guten Toten erklärt und Gott zugesprochen. Die bösen Toten sprach die Legende dem Teufel zu.
Die unsichtbaren Sprecher fanden Gehör.
Zuerst bei Mutter Erde und ihren Kindern. Dann bei den Menschen.
Den Menschen gefiel die Kunde vom Fortleben nach dem Sterben, die tröstete und die Todesangst milderte. Und sie glaubten gern.
Mutter Erde und ihre Kinder lachten und höhnten.
So laut, daß Gott und Teufel fürchten mußten, die Menschen könnten ihren neugewonnenen Glauben wieder verlieren.
Gott und Teufel befahlen den Eingekerkerten Stillschweigen. Vergebens. Sie erbaten Ruhe. Vergebens. Schließlich beggneten sie der Gefahr, indem sie ihre Kinder beteiligten.
Die Söhne wurden gelobt, befreit, geteilt und als Statthalter Gottes beziehungsweise des Teufels eingesetzt. Die Töchter wurden getadelt und ganz und eingesperrt gelassen.
Als Residenzen wurden Berge verteilt.
Die Statthalter Gottes, Oberengel genannt, residierten über den Bergen, die Statthalter des Teufels, Oberteufel genannt, residierten drunter.

Alle Statthalter waren verpflichtet, die Legende von der unsichtbaren Gefolgschaft Gottes beziehungsweise des Teufels zu propagieren. Zum Lohn erhielten sie das Recht, Legenden über sich zu verbreiten, und die Ehre, als Kerkermeister der Schwestern zu wirken.
Gott beschenkte die Oberengel außerdem mit einem kleinen goldenen Topf, darin ein Stück Scherben lag. Der Teufel überreichte seinen Oberteufeln goldene Töpfe mit Steinsplittern.
Alle Statthalter eiferten ihren Vorgesetzten nach, spezialisierten sich und bekämpften sich.
Kein Wunder, daß viele Oberengel als Fachmänner für das Gute bald nichts mehr mit den getadelten Schwestern zu tun haben wollten und viele Oberteufel als Fachmänner für das Böse das Kerkermeisteramt schließlich allein versahen.
Der Oberteufel Kolbuk vom Brocken jedenfalls bewachte seine Schwester Arke schon bald allein.
Zur Zufriedenheit von Oberengel Zacharias vom Brocken. Und gemeinsam taten Zacharias und Kolbuk ihre Pflicht und verbreiteten die Legende von der unsichtbaren Gefolgschaft Gottes und des Teufels.
Und die Menschen glaubten.
Später eiferten sie den unsichtbaren Mächten nach. Den Frauen, mit Ackerbau und Kindern beschäftigt und so im Umgang stets mit Ganzheiten, fiel teilen schwer. Die Männer spezialisierten sich zuerst.
Zu Fachmännern für das Gute. Weil die Legende von der unsichtbaren Gefolgschaft den Spezialisten für das Böse nach dem Sterben ein Weiterleben im glühenden Bauch des Planeten versprach. Den Spezialisten für das Gute dagegen war ein Weiterleben auf Wolken in Aussicht gestellt.
Als die Frauen erkannten, was für sie übriggeblieben war, lehnten sie ab.
Gutes aber kann sich nur im Kontrast zu Bösem als gut erweisen.
Und da sich die Frauen nicht freiwillig spezialisieren wollten, mußten sie von den Männern schließlich in den Kerker des Tadels gesperrt werden.
So wurde nach dem Vorbild der unsichtbaren Mächte Ordnung in die Menschheit gebracht.
Und diese Ordnung heckte fort und spezialisierte die sichtbaren Fachmänner des Guten weiter. Zu sichtbaren Führern und sichtbaren Gefolgschaften.
Führer und Gefolgschaften des Guten bekämpften einander unter Fahnen, die Besseres und Bestes versprachen.
Frauen, die diese Ordnung anerkannten, wurde von ihr als

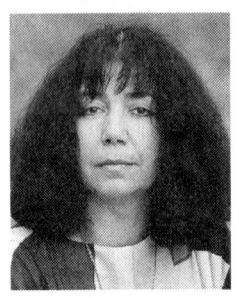

Irmtraud Morgner wurde 1933 in Chemnitz geboren; sie starb 1990 in Ost-Berlin. 1975 erhielt sie den Heinrich-Mann-Preis der Akademie der Künste der DDR. – Weitere wichtige Werke: *Ein Haus am Rande der Stadt.* Roman 1962; *Leben und Abenteuer der Trobadora Beatriz nach Zeugnissen ihrer Spielfrau Laura.* Roman 1974. © der abgedruckten Morgner-Texte: Hermann Luchterhand Verlag Darmstadt und Neuwied.

Lohn ein Weiterleben auf Wolken in Aussicht gestellt.
Männer, die diese Ordnung nicht anerkannten, wurde von ihr als Strafe ein Weiterleben im glühenden Bauch des Planeten in Aussicht gestellt.
Lohn und Strafe verhalfen den Menschenköpfen zu Einsicht.
Nur den Querköpfen nicht. Weil Querköpfe nicht an die unsichtbaren Gefolgschaften glaubten und ahnten, daß Gott und Teufel Ein-Mann-Parteien sind und ihre Oberengel und Oberteufel allein auf den Bergen residieren.
Da die weiblichen Querköpfe vor dem Tod weniger zu verlieren hatten als die männlichen, probierten die weiblichen zuerst, ob die Ahnungen sich als wahr erwiesen.
Die Frauen stiegen also auf die Berge und harrten der Heerscharen, die laut Legende die Residenzen bewachten und jeden Eindringling vernichten würden.
Die Frauen harrten vergebens. Nur zwei Stimmen schimpften auf sie ein. Von oben eine und von unten eine. Gewöhnt an Beschimpfungen ließen sich die Frauen auf den Bergen nieder, genossen die Aussicht und erwählten die Gegend zum außerordentlichen Versammlungsort.
Ordentliche Versammlungen in den Gegenden der Ordnung waren für weibliche Querköpfe verboten und für männliche gefährlich. Deshalb trafen sich auch die männlichen bald lieber heimlich auf den Bergen als ordentlich.
In Ordnung ist das Mögliche von heute und morgen denkbar. Unmögliches, das heißt, das Mögliche von übermorgen, wird ordentlich als Unordnung empfunden und ist nur auf Bergen denkbar.
Deshalb heißen diese Berge Zauberberge.
Und die Besucher solcher Berge werden heute und morgen als Ketzer und Hexen bezeichnet und übermorgen als Weise.
Alle Länder der Erde haben solche Zauberberge.
Alle Sprachen haben für diese Berge schöne Namen.
In deutsch heißt der Zauberberg Brocken oder Blocksberg.
Gewisse Frauen pflegen dort Geselligkeit, sammelten Kräuter und Mineralien, kochten Arzeneien und versuchten etwas zu brauen, das die Ordnung verwünschen konnte.

Antipornographie

Elfriede Jelinek
Lust

Der riskanteste und radikalste literarische Versuch, die Beziehung der Geschlechter als Unterdrückungsverhältnis darzustellen, stammt von Elfriede Jelinek: Lust (1989)

Neben der Frau fallen Kleidungshaufen zusammen wie tote Tiere. Der Mann, immer noch im Mantel, steht mit seinem starken Glied zwischen den Falten seiner Kleidung, als fiele Licht auf einen Stein. Strumpfhose und Unterhose bilden einen feuchten Ring um die Hausschuhe der Frau, aus denen sie steigt. Das Glück scheint die Frau schlaff zu machen, sie kann es nicht fassen. Der schwere Schädel des Direktors wühlt sich beißend in ihr Schamhaar, allzeit bereit ist sein Verlangen, etwas von ihr zu verlangen. Er neigt sein Haupt ins Freie und drückt statt dessen das ihrige an seinen Flaschenhals, wo es ihr schmecken soll. Ihre Beine sind gefesselt, sie selbst wird befühlt. Er spaltet ihr den Schädel über seinem Schwanz, verschwindet in ihr und zwickt sie als Hilfslieferung noch fest in den Hintern. Er drückt ihre Stirn nach hinten, daß ihr Genick ungeschickt knackt, und schlürft an ihren Schamlippen, alles zusammengenommen und gebündelt, damit still aus seinen Augen das Leben auf sie schauen kann. Das Obst wird schon noch reifen. Das kommt heraus, wenn man viele menschl. Gewohnheiten aufeinanderstapelt, damit man im Wipfel was abpflücken kann, das einem dann doch nicht schmeckt. Es ist alles durch Verbote, die Vorboten der Gelüste, begrenzt. Auch auf einem kleinen Hügel wächst nicht endlos viel, und unsre Grenzen sind auch nicht weiter, als wir es fassen können, und wir fassen nicht viel mit unsren harten kleinen Blutgefäßen.

Der Mann geht ganz allein weiter. Lange tut es der Frau aber nicht gut, in dieser Stellung auszuharren, die sie bei ihm im Haus hat. Sie zappelt, muß die Beine ein bißchen öffnen, achtlos wird ihr mit seinen Zähnen etwas von ihrem Bauch gerupft. Der Mann lebt in seiner eigenen Lebenshölle, aber manchmal muß er herauskommen und einen Ausflug auf die Weide machen. Die Frau wehrt sich, doch gewiß nur zum Schein, sie kann noch mehr Ohrfeigen bekommen, wenn sie die Seele des Mannes leugnen will, die sich hell erleuchten möcht. Ziemlich viel ist getrunken worden. Fast entleert sich der Direktor in seine kostspielige Umgebung, in deren Dämmer er über die Diät wütet, die die Frau ihm kocht. Sie will ihn nicht einlassen. Dabei fühlt er sich so groß, als wäre er jeder. Nur sich ein wenig abladen zwischen den Stehlampen, das

»Um es auf den Punkt zu bringen – es geht in meinem Roman nicht mehr um Pornographie, sondern um Antipornographie. Ich zeige, daß die Sexualität, wie sie sich im konventionellen Rahmen eines ehelichen Besitzverhältnisses abspielt, selbst Gewaltausübung ist, und zwar Gewalt des Mannes gegen die Frau.«
Elfriede Jelinek

Elfriede Jelinek
»Sie späht unter Zuhilfenahme des Sehgeräts nach Paaren aus, vor denen andere Menschen zurückscheuen würden.« Elfriede Jelinek, *Die Klavierspielerin*

würde ihn entlasten, muß er doch die Last von vielen tragen, die einfach nur dumm an den Ufern wachsen wie Gras und nicht an den Morgen denken, da sie aufstehen müssen. Hermann. Jetzt breitet er seine Frau, nachdem er sie unten aus ihren Schuhen gehoben hat, über den Tisch im Wohnzimmer. Überall kann jeder hereinschauen und neidisch sein, wieviel Schönes von den Reichen verborgengehalten wird. Sie wird auf den Tisch gepreßt, ihre Brüste große warme Fladen Dung, sie fallen auseinander. Der Mann hebt das Bein in seinem eigenen Garten, dann geht er hinaus und hebt es an jeder weiteren Ecke. Die dämmrigsten Gründe bleiben nicht verschont von ihm. Das ist so normal wie Eros, der die beiden noch nie zu entfachen vermochte aus den dünnen Hölzern, die sie, geboren wie sie nun einmal sind, aber nicht geborgen, partout nicht bleiben wollen. Nein, der Direktor wird doch auf Inserate antworten, um seinen Ford Imperium gegen ein neueres, kräftigeres Modell einzutauschen. Wenn nur nicht die Angst vor der neuesten Krankheit wäre, die Werkstätte des Herrn würde nimmermehr schweigen. Und auch in der Wohnung klebten die Anschläge auf dem schwarzen Brett: Lust, der weiße Abgeordnete; mächtige Wellen laufen durch die Zeit, und mächtig wollen die Männer immerdar etwas. Lieb ist ihnen die Ferne, aber was naheliegt, das benützen sie auch. Die Frau will fort, entkommen dieser stinkenden Fessel, in der das Holz vor ihrer Hütte schmachtet. Die Frau ist dem Nichts entwendet worden und wird mit dem Stempel des Mannes jeden Tag aufs neue entwertet. Sie ist verloren. Er kippt die Baggerschaufeln ihrer Beine über sich. Vom Tisch fallen mehrere Gegenstände, die dem Kind gehören, und prallen weich auf den Teppich. Der Mann ist derjenige, der klassische Musik noch zu schätzen weiß. Mit einem Arm greift er vor sich hin und eröffnet eine Anlage. Es klingt, die Frau läßt sich viel gefallen, und es leben die Sterblichen von Lohn und Arbeit, aber, nicht wahr, Musik gehört halt einfach dazu. Der Direktor hält die Frau mit seinem Gewicht nieder. Um die freudig von der Mühe zur Ruh wechselnden Arbeiter niederzuhalten, genügt seine Unterschrift, er muß sich nicht mit seinem Körper drauflegen. Und sein Stachel schläft nie an seinen Hoden. Aber in der Brust schlafen die Freunde, mit denen er einst ins Bordell ging. Der Frau wird ein neues Kleid versprochen, während der Mann sich den Mantel und das Jackett wegreißt. Er kämpft mit dem Alkohol, seine Krawatte ist ihm zum Strick gedreht. Ich möchte das jetzt an dieser Stelle neu in Worte kleiden! Mit einem Untergriff ist vorhin die Stereoanlage in Brand gesetzt worden, jetzt rast die Musik vom Teller und bewegt den Direktor etwas schneller. Tonärmel springen nach vorn, um einzugreifen, ein Direktor muß seinen Schwanz auf die Welt bringen! Sein Vergnügen soll überdauern, bis der Boden zu sehen ist und die Armen, aus denen die Liebe geleert worden ist, aus ihren Gleisen gerissen werden und ins Arbeitsamt fahren müssen. Alles soll ewig sein und noch dazu oft wiederholt werden können, so sprechen die Männer und zerren an den Zügeln, die einst liebevoll ihre Mama gehalten hat. Ja, das geht wohl. Und jetzt fährt dieser Mann wie geschmiert in seine Frau hinein und wieder heraus. Auf diesem Feld kann sich die Natur nicht geirrt haben, denn wir wollten doch nie etwas andres wachsen lassen. Sie befinden sich hier in einer Fleischgemeinde, und die Nebenerwerbsbauern, die leicht weinen, wenn sie nicht eingestellt werden, ja, die werden zornig, wenn ihre Frauen sanft über das überraschte Schlachtvieh streicheln. Mit dem Tod befreunden die Herren sich gern, aber der Betrieb soll weitergehn. Und auch den Ärmsten wird das Vergnügen gerne gegönnt von den weiblichen Armen, in denen sie täglich ab 22 Uhr groß werden dürfen. Für diesen Direktor gilt aber nicht die Zeit, denn er erzeugt sie ja selbst in seiner Fabrik, und die Uhren werden gestochen, bis sie schrein.

Elfriede Jelinek wurde 1946 in Mürzzuschlag/Steiermark geboren. – Weitere wichtige Werke: *wir sind lockvögel, baby!* Roman 1970; *Die Liebhaberinnen.* Roman 1975; *Die Klavierspielerin.* Roman 1983. 1987 erschienen ihre gesammelten *Theaterstücke.* © der abgedruckten Jelinek-Texte: Rowohlt Verlag Reinbek.

Mit Diabelli (1979), der Erzählung von der Krise eines Zauberers, ist der Schweizer Hermann Burger bekannt geworden.

Magie und Therapie

Hermann Burger
Diabelli

Seine Exzellenz, Baron Harry Kesselring, langjähriges Gönnermitglied des Magischen Zirkels, der deutschen Vereinigung zur Förderung der Zauberkunst, hatten unlängst die Güte, sich brieflich nach meinem Ergehen als Künstler und Mensch zu erkundigen, nach meinen Plänen und dem Verlauf meiner Karriere, von der Herr Baron anzunehmen geruhten, sie könne sich nur noch, einem Hyperbelast gleich, der Asymptote der Unikalität nähern, weshalb mir der Titel eines Maître de Magie gebühre, eines Roy des Prestidigitateurs. Dank, Dank, Dank, wenngleich Ihre Elogerie in eine Zeit fällt, da sich Grazio Diabelli in Schwierigkeiten verstrickt hat, aus denen ihm keine Entfesselungsakrobatik hilft. Herr Baron schlossen mit dem Wunsch, unsere Wenigkeit möchten zur Feier des sechzigsten Geburtstags Ihrer Exzellenz auf der Wacholderhöhe vor versammeltem Adel, Adel des Geistes, versteht sich, eine Kostprobe unseres Könnens liefern, ein Allegro von Bravourstücken mit dem Qualitätssiegel Diabellis als artistischen Höhepunkt einer rauschenden Ballnacht, als Schlußbukett des Feuerwerks der zu Ehren Eurer Exzellenz abgehaltenen Festlichkeiten. Das Ansinnen ehrt mich. Leider wird Grazio Diabelli dieser Einladung nicht folgen können, verehrter Herr Baron, denn als Prestidigitateur und Großillusionist bin ich aller Wahrscheinlichkeit nach restlos vernichtet; nichts deutet darauf hin, daß ich diese meine letzte Hokuspokuskrise noch einmal überwinden werde, wie ich schon so oft einem Springteufel gleich aus einer Virtuositätsdepression wieder hochgeschnellt bin, laufend Depressionen komprimiert und in Verblüffungseffekte transformiert habe – und lediglich aus Anlaß Ihres Jubelfestes meine Melancholie abzustreifen respektive in eine vollbengalische umzuwandeln, liegt, so paradox dies aus dem Mund eines Zauberers klingen mag, außerhalb meiner Macht –; nein, ich stehe, wenn die Diagnose nicht täuscht, vor dem Bankrott meines Innersten, und zwar hat mich nicht das werte Publikum, das mir an der letzten Kaltmagiergala in Stockholm, einer Benefizvorstellung für Querschnittgelähmte, zujubelte, abgeschrieben, nicht die Schaumenge, von der der Künstler immer meint, das Schlimmste befürchten zu müssen, eine Bloßstellung, Skalpierung, ein Abbalgen der Haut auf offener Bühne, wie es tatsächlich Pi-

*Alle Texte Hermann Burgers kann man als Zauberkunststücke sehen, in denen der Autor abseitiges Sachwissen und verwundete Fiktion artistisch balanciert.
Zugleich aber spricht er immer von sich, von seinen Leiden.*

Hermann Burger zaubert

netti widerfuhr, dem Professor für amüsante Physik, der bekanntlich in Leipzig, statt das Karo-As an die Tapetenwand zu schießen, blind ins Parkett feuerte; nicht von vorne kam die Attacke, ich selbst, der unsterbliche Diabelli – in Wirklichkeit geisterte ich schon längst nur noch als scheintoter Artist durch die Varietés Europas – habe den Blick hinter die eigenen Kulissen nicht mehr ertragen, ich habe meine Agentur, eine Dauerohnmacht des Managers Affentranger in Kauf nehmend, angewiesen, Paris, Lyon, Marseille unverzüglich abzusagen, nach Salzburg zu telegraphieren, der wegen der Hintergrundadaption ohnehin umstrittene Auftritt in der Felsenreitschule finde nicht statt, Chur zu schockieren mit der Nachricht, Diabelli im Koma seines Künstlertums, auf die Gefahr hin, daß Chur prozessiere, und auch auf der Wacholderhöhe wird es, unerachtet Ihres huldreichen Mäzenatentums, Ihrer jahrzehntelangen Verdienste um die Förderung der Zauberei im allgemeinen und meiner Täuschungskunst im besonderen, keine Salonmagie mehr geben für die Nobilität, dem Jubilar stünde an Ihrem Fest – und es jubiliert ja die ganze Baronie – der Prestidigitateur und Juxbaron als Konkursit gegenüber. Mein Fallissement ist total. Ausgezaubert, dies ist mein letztes Wort, wenn auch ein ausführliches, denn zuvörderst bin ich Ihnen, dem Bewunderer meines Talents und Kapitalgeber für meine Ausrüstung, eine Erklärung schuldig, wie es zur großen Desillusionierung gekommen ist, weshalb Herr Baron Kesselring, derweil Herr Baron glaubten, er investiere in ein Genie, in einen Kretin investierten. Und zwar werde ich versuchen, diese Erklärung einzubetten in einen interdisziplinären Tour d'horizon über die Zauberkunst, zum einen, weil mir die Rechenschaft schwerer fällt, als Sie vielleicht denken, bin ich doch in der Tarnrede geübt und nicht im Enthüllen, Bekennen, Beichten; zum andern, weil Herr Baron schon seit geraumer Zeit ein solches Elaborat aus Diabellis Feder wünschten zwecks allfälliger Verwendung in der Zeitschrift Abracadabra, dem Fachorgan für Laien und Liebhaber der weißen Magie. Meine Devise kann jedoch nur heißen: perire et delectare.

Depressionen, Lebensangst sind Hermann Burgers Themen, sein Stil ist gekennzeichnet durch Forcierung und Überartikulation. Der Autor erhält 1984 den Ingeborg-Bachmann-Preis für seine Prosa-Komposition über eine Naturkatastrophe: *Die Wasserfallfinsternis von Badgstein*.

Aus: Die Wasserfallfinsternis von Badgastein

Bis zur Wasserfallkatastrophe am 31. August, welche Sie, sehr geehrter Herr Kurdirektor, administrativ zunächst betrifft, sammelte ich als Kustos im Gasteiner Hof in etwa folgende Erfahrungen, fein säuberlich, sütterlinhaft, in eine Annex-Kladde zum Nacht- und Weckjournal gekritzelt, zuvörderst, daß an Schlaf überhaupt nicht zu denken war, Bechterew, Wladimir, hatte den Namen gestiftet, Von Strümpell, Adolf, entdeckte den aufsteigenden Morbus, beginnend bei den Iliosakralgelenken, Marie, Pierre, Neurologe in Paris, die absteigende Spondylitis ankylosans, welche bei den Kopfgelenken ansetzt, ich schien die Skandinavische Sonderform zu verkörpern, sogar als Patient noch ein Bastard, so oder so wälzte ich mich auf dem Begradigungsnotbett im Gepäckungemach neben der Reception, unter der Sonnerie ständig hin und her, und wenn mir die Schwerarbeit des Entschlummerns zu gelingen schien, klingelte prompt der erste Nachtstörzer;
aufgerappelt im zerknitterten Kellnerfrack, dem Erbstück Walberers, die Sauerteigmiene des Beleidigten abgelegt, in die Gummikothurne gestiegen, welche die Schläge auf die Wirbelsäule dämpfen, die Mütze in die Stirn gedrückt, so hinkte ich in die Loge, deblockierte die Schwingtür, ließ die Alkoholfahne oder Radonwindhose in die Halle säuseln, harkte mit dem Krückstock den auswendig gewußten Zimmerschlüssel vom Postwabenfächer, küß die Hand, Frau Medizinalrat, keine besonderen Vorkommnisse, wünschen Frau Medizinalrat geweckt zu werden für ein Dreiviertelbad vor dem Frühstück, bitte sehr, ich entwickelte mich rasch zum perfekten Habe-die-Ehre-Kakadu, unter dem Käppi und den hexenschußartigen Schmerzen zum Gast empor-, doch nach Beendigung der Zeremonie um so befreiter an ihm herabblickend bis auf die Fußspitzen, die alles verraten, ist man etwa der Schuhputzer, der Ausreibfetzen dieser Herrschaften;
und wenn der zum erblindeten Spiegelkabinett verkommene kakanische Scherengitterfahrstuhl außer Betrieb war, für

einen hydraulischen Elevator die Regel, welche die Ausnahme bestätigt, begleitete ich das gähnende Treppenfleisch, das die Unverschämtheit hatte, mir buona notte zuzuhauchen, bis zum ersten Podest, bemüht um Konversation, o ja, ich wußte mich mit Redensarten zu revanchieren, es mag wohl eine Dame die Treppe hinauffallen, wenn ein Narr darunter liegt, man fange oben an zu scheuern, wenn sich der Glanz der Stiege soll erneuern, wünsche wohl geruht zu haben, ich kassierte den Zungenschilling, der Bechterew – ist ja zugleich der gebrochene Almosenblick, um in der meinem Morbus angemessenen Halbbauchlage auf die Frühschmerzen, mein Kreuz, und den nächsten Kunden zu warten;

Schlag sieben endlich, ja, ich lernte wieder zählen in Badgastein, wenn ich vom rosig rasierten Pfaffenbichler in der vieuxpruneroten Livree mit den goldenen Reversstromlinien abgelöst wurde, schloß ich mich in der Anrichte der Kaffeeküche dem Personalfrühstück an, altbackene Semmeln, zu hart geratene Gipseier, während im Speisesaal das Frühstückspersonal um die Tischchen scharwenzelte, spülte mit der Maikäferbrühe und verkroch mich in die aufgelassene Lingerie in der Dependance, um meine Gymnastik zu absolvieren, die Klappschen Kriechübungen aus dem Vierfüßlerstand, mit den Fingern wandaufwärts klettern bis zur Bleistiftmarke, das Wichtigste waren die Lungenetüden, denn, wie Sie wissen, Herr Kurdirektor, wird der Brustkorb durch den Sklerisierungsprozeß mehr und mehr zusammengedrückt, ein gürtelförmiger Schmerzpanzer, ein Organ bedrängt das andere, weil der Resonanzraum schrumpft, letztlich kommt es zu Panikausbrüchen von Herz, Leber und Niere, die Galle, mit der ich dieses Testament aufzeichne, wird schwärzer und schwärzer, im Endstadium gleicht der Bechterewtorso einem blank genagten Krummsaurierskelett und erinnert an ein paläolithisches Picknick, denn die Eingeweide haben sich selbst verzehrt;

dann aber, wenn es mir gelungen war, die Etagenkellner, Casserolenputzer und Bagagisten abzuschmettern, die mich alle für ihre Zwecke einspannen wollten, stand mir der ganze Kurort zur Verfügung, Carte blanche, so glaubte ich, ein bißchen dösen, ein bißchen schwadern, leider gab es, und Sie werden mein Präteritum noch fürchten lernen, einen widerhäkischen Paragrafen in der Kurverordnung, wonach es allen Bediensteten während der Hochsaison untersagt war, sich am thermischen Glücksspiel, so Kranewitter, zu beteiligen, der Bechterew-Zug im Heilstollen war für Wochen ausgebucht, im Dunstbad riß man sich um die kopffreien Kästen, die Solitär-

»Der Mann, der nur aus Wörtern besteht, ist so schwer zu beschreiben wie Wörter, und alles, was schwer zu beschreiben ist, macht uns Angst.«
Hermann Burger

Hermann Burger mit seinem Ferrari

wannen im Souterrain blieben für die Gäste reserviert, das Militärhospiz befand sich im Umbau, die Fledermaus-, die Doktor-, die Chirurgenquelle, alles in allem 4,6 Millionen Liter 43 Grad warmes Radonwasser pro Tag, aber nicht für den Nachtportier Carlo, und dies, daß ich wie ein Schiffbrüchiger auf offener See verdursten sollte, raubte mir vollends den Schlaf, den man jeder Ratte am Tag gönnt, ich strolchte als Wahrzeichen der schlimmsten Rückenkrankheit durch Badgastein, von keinem bemitleidet, denn wer mich einherhinken sah als Diable boiteux, wähnte mich in Therapie, was mir noch blieb, war der Trinkbrunnen im Wasserfall-Lesesaal des Austria-Hauses, wo Grillparzers Gedicht »Abschied von Gastein« an der Wand zu tönen schien, war, zum Glück, der Wasserfall selbst, Ende des zweiten Satzes, Notturno grave.

Was, mit Verlaub, Herr Kurdirektor, sind alle Hydroganten der Welt, an der Spitze der Angel in Venezuela mit 978 Metern Sturzhöhe, was die Sutherland-, die Viktoria-, die Niagara-Fälle, der Gavarnie und der Staubbach bei Lauterbrunnen gegen diese unsere, ich sage meine Ache, denn es war Liebe auf den ersten Blick, die in drei Kaskaden von der Pyrker-Höhe durch die tief ausgefräste Schlucht unter der Straubinger Brücke hinweg nach Badbruck hinunterdonnerte, vom Wasserboden oberhalb der Franzmeierschen Säge schäumten die Garben über den Bärentritt und um den Christuskopf ins erste Gletschermilchbecken, die naßglänzenden Klammwände verengen sich zur Port, gepreßt schoß der Stieber hervor und sprühte als tanzende Schleierhose über den senkrechten Felsabbruch, umtoste das Straubinger, dann wechselte man das Geländer und ließ sich mit den glitzernden Gischtbärten und Geisirwolken in den Abgrund und den Strudelkolk von Grabenstätt spülen;

als wirbelsäulenverkrüppelter Ochsenschlepp kommt man ja nur schwer an solche Naturschauspiele heran, aber hier auf der bequemen Kommandobrücke mit dem Messingschild von Rotary International – Luftionisierung durch die Zerstäubung des Gießbaches – spannte ich meinen Thorax zum Bersten und kämpfte um jeden Zentimeter Horizont, himmelwärts verneigte sich der absteigende Typus, hier bewunderte ich, unerachtet meiner Iritis, die Regenbogensegmente über dem Schaum, ließ ich mich begishten und inhalierte das potenzierte Radonozon, die Sophienquelle entsprang ja mitten in der Schleierstufe, und um die Ecke am Hotel Straubinger verkündet die Gedenktafel des Wiener Musikvereins, daß Schubert hier die durch ein Mißgeschick verschollene Gasteiner

Symphonie komponiert habe im Sommer 1825, zuerst die Unvollendete, dann die Verschollene, dachte ich, wenn sie sich nicht im dritten Satz der Großen verbirgt, doch mit C-Dur, der Czernyhottentottentonart, kam man dem ohnrenbetäubend tumultuösen Wassertornado nicht bei, eigentlich bot sich nur E-Dur an, vier Kreuze, hart wie Zentralgneis;
und wenn ich bei Kräften war, mir ein Geselchtes in der Prälatur geleistet hatte, erklomm ich den Wasserfallsteig hinter dem kaisergelben Badeschloß, auch so eine Balneopathenruine, hielt inne beim Mittereck-Wehr, später auf der Schreckbrücke, wo ich dem Gesang der Geister in den Wassern lauschte, dann stieg ich von der Pyrker-Höhe zum sogenannten Echofelsen hinunter, unweit von Waggerls Geburtshaus Bergfriede, hier wurde das Rauschen des Bärenriegels an den konkaven Findling geworfen, und wenn man sich, etwa zwei Schritte vom Kandelaber entfernt, in den Brennpunkt des akustischen Spiegels stellte, hörte man das Tosen im Stein drin, auf dem in Antiqua-Lettern stand: »Gastuna tantum una«, es gibt nur ein Gastein, immer war ich von der Idee besessen, wenn es gelänge, Herr Kurdirektor, das verkorkste Kreuzrippengewölbe meines Bechterewbuckels in dieses Echo der Natur zu schmiegen, quasi in ihr Urgeräusch, müßte der Versteifungsprozeß zu stoppen sein, wirksamer als oben im Heilstollen, sollte das Thema der Verschollenen mitklingen;
das Rückentosen im Stein war meine Gasteiner Naturheilebenso wie meine Schubertforschungsmethode und kostete keinen Groschen, so daß ich mir ab sechzehn Uhr das Kurkonzert des Funeralienoperettenoktetts im Hufeisen des Kongreßhauses bei einem kleinen Braunen und einem krummen Hund zu Gemüte führen konnte, Wien bleibt Wien, tröstlich, dies hier oben schrammelselig versichert zu bekommen in dieser einmaligen Mischung aus Sinfoniettenramschkolportage und Provinzstehgeigervirtuosität, ein achtstimmiger Ohrenkaiserschmarren und Kontrapunktschmäh, der aber von den Bresthaften aus aller Herren Ländern ohne Nebenwirkungen verdaut zu werden schien, so bunt wie das Arrangement »Von Meister Lehar persönlich« waren die schlagobersdressierten, mit Nougat gespickten und von Sonnenschirmchen gekrönten Eisbecher;
Zeit genug, die Leute zu studieren, hatte ich traun fürwahr, und ich sage Ihnen, Herr Kurdirektor, habe die Ehre, daß Dominicus de Gravina, Seneca, Thukydides und Konsorten – der Laie borgt, das Genie stiehlt, Krankheit macht erfinderisch – gewaltig irrten mit der letztlich von Spinoza zum Sprichwort erhobenen Ansicht: »Solamen miseris socios habuisse ma-

lorum«, Trost für jeden im Leid ist es, Leidensgefährten zu haben, eher müßte es heißen, Solamen miserum ... ein elender Trost ist es, denn es gibt keinen schlimmeren Konkurrenzkampf als die Naturheilrangelei von halbwissenschaftlichen und dennoch pflanzlich geschützten Patienten, die, in Wirklichkeit kerngesund, vom Wahn angesteckt sind, einer möglichen Spondylarthritis vorbeugen zu müssen, Gastein ist, vielmehr war ein Sammelbecken von Profil-Prophylaxis-Profit-Profi-Neurotikern, jeder versuchte, dem andern das Radonwasser abzugraben, dabei wäre genug dagewesen, selbst für die Leibeigenen der Hotelerie, hundert Sekundenliter, man höre und staune, doch die Angst, von Gastuna stiefmütterlich behandelt zu werden, verwandelte die Touristen in eine beschwipste Thermalmeute rücksichtsloser Genesungsgewinnler, alle hatten das Goldflackern im Blick wie früher die Knappen am Radhausberg, Ende des dritten Satzes, Allegro assai tumultuoso.

So etwa ab zweiundzwanzig Uhr, wenn unten im Casino über dem Kesselfall das Roulette begann, wo der Heilsmachiavellismus im Glücksspiel seine Potenzierung fand, corriger la fortune, hielt ich mich in der Kalten Küche des Gasteiner Hofs für meinen Einsatz bereit, schnappte mir einen Tafelspitz, ergötzte mich an Podgorskys Improvisationen, hörte die Champagnerpfropfen knallen und das Gelächter in der Bar des Steirischen Engels, diese Aprèsradonkreuzfidelität als Geselligkeitskitsch, und freute mich schon auf die Stunde des Wolfs, wenn das Hotel so ausgestorben sein würde, daß ich mich in den Speisesaal mit den glastoten Pendeloques-Lüstern und den specklasurierten Wasserfallschinken schleichen und im Vestibülschein am Blüthner Schuberts Verschollener nachspüren konnte, als Bechterew über die Tasten gekrümmt, mit dem Dämpfpedal natürlich und immer gefaßt auf das Schellen der Nachtglocke oder das Summen der Sonnerie, es mußten, nach dem Versiegen der Unvollendeten, drei Sätze gewesen sein, drei Kaskadensprünge, in der Mitte vielleicht ein schmissiges Scherzo mit einem larghettösen Trio, aber das Eröffnungsthema, Herr Kurdirektor, die dem Klopfmotiv von Beethovens Fünfter entsprechenden Wasserfalltakte;
item, als Bewegungstherapie gegen die Frühschmerzen hatte ich mir angewöhnt, gegen vier Uhr, wenn mit keinem Ruhestörer mehr zu rechnen war, einen – wenn auch illegalen – Rundgang durch die Hotelschlucht zu machen, schläft der Schillerhof, schläft das Kurhaus Jedermann, und an diesem besagten 31. August stieg ich zunächst zum Echofelsen hinauf, um den Ton im Stein abzunehmen für meine notturnale

Rekonstruktion, doch mir fiel auf, als erstes, daß es für den Hochsommer zu dunkel war, Dämmerungsverspätung, würde ich notieren und melden müssen, zweitens vermißte ich zunehmend das Wasserfallrauschen, in der Hochsaison wurde die Ache nie gestaut, nachts sogar als Attraktion Nummer eins beleuchtet, dieses wunderbar gleichförmig traumlösende Crescendo des Wildpads, ja, man meinte, wenn man lange genug hinhörte, es schwelle an, jetzt verstummt, zumindest der Widerhall im erratischen Block aus der Würmeiszeit, ich schlug mit dem Krückstock dreimal an die Wölbung, Gastuna tantum una, das Urgeräusch blieb aus, aber die Messinglettern des Werbespruchs fielen wie schlecht befestigte Beileidsbuchstaben auf Kranzschleifen zu Boden, ein Haufen Zwiebelfische, eine zerstörte These;

Hermann Burger, geboren 1942 in Burg, starb 1989 in Zürich. Weitere wichtige Werke: *Schilten*. Roman 1976; *Die künstliche Mutter*. Roman 1982; *Ein Mann aus Wörtern*. Essays 1983; *Blankenburg*. Erzählungen 1986; *Brenner*. Roman 1989. © der abgedruckten Burger-Texte: S. Fischer Verlag.

so daß ich, unerachtet der Fersenstiche, hinüber hinkte zur Stiebenden Brücke in der Schreck, wo der Badberg und der Gamskarkogel zu jener Klammsteilstufe zusammenrücken, die der Gießbach in Jahrtausenden ausgeschliffen hat, nachzusehen, was los sei, mißrät die Kur, verkommt man zu einem Kuriosum, einem Ausbund an Neugierde, dieses opake Dämmerdunkel, kein Stern am Himmel, und da, nein, hatte man Worte, horribile dictu, sollte ich doch auf den Buckel fallen, er war versiegt, naßglänzend wie die Finsternis zur sechsten Stunde starrte mir die Maske der zerschundenen Natur entgegen, ein Georiß mitten durch Gastein, als hätte sich die Erde aufgetan, dieses Fremdengezücht zu verschlingen, ich sah nackt wie nie zuvor die Strudeltöpfe, Schmirgelkolke und Felsenschliffe im Zentralgneis, der hier besonders schroffzackig hervortritt, sah den blanken Christuskopf als schwarzgoldbleckenden Pyritschädel, spätige Sturzrinnen und zinkblendende Fräswunden, hier, wo die letzte Gletscherzunge über die Mittereck-Kante gelappt hatte, klaffte paläolithisch vorsintflutlich eine Selbstmordschrunde, das Uranpechherz mit einem Stich ins Violette, kein Zweifel, der Wasserfall hatte sich umgebracht, zurückgenommen die Bären-, die Schleier-, die Kesselkaskade, mir, Carlo Schusterfleck, eröffnete sich die Kluft eines Nottestaments, eigenhändige Schriftlichkeit genügt, also die Signatur der reziproken Überflutung, Missingwater, woher ich wußte, werfen Sie ein, Herr Kurdirektor, daß es ein Suizid als Staatsstreich der Natur war, nun, für Orohydrographie hatte ich schon immer ein Sensorium, als Bechterew für entzündliche Revolutionen des Skeletts dazu, wer ein solches Kreuz trägt, wird hellhörig für Umweltkatastrophen, Ökopleiten, sehnt sie, offen gestanden, förmlich herbei, jedes Ding, so Jakob Böhme, hat seinen Mund – »De rerum signatura« – zur Offenbarung, die Schälle urständen aus der Essenz, hier in dieser Kehle, Gargar, Cañon, Caille war sie verdorrt, und ich hörte, wie sich unten in der Entrischen Kirche, die Tropfsteinhöhle oberhalb der Gasteiner Klamm, ein Earthquarkgrollen löste, wie erdrutschartig ein Felsriegel zugeschoben wurde, um dieses Zufallsgeschlecht von Balneonausen in die Talwanne einzusperren und an den Ort des Verbrechens zu bannen, dem Zirbensterben konnte man ausweichen, weil man vor lauter kranken Bäumen den Wald nicht zu sehen brauchte, der Wasserfalleiche nicht, die Flüsse gehen den Völkern voran, die Wüsten folgen ihnen...

> Als Hermann Burger seinem Leben ein Ende setzt, widmet ihm sein Kollege Adolf Muschg folgenden Nachruf:

Adolf Muschg

Jetzt hat Burger gezeigt, daß er wieder einmal so gut war wie sein Wort. In seiner Zauberersprache gesprochen: er hat den Tod immer forciert. Ich hatte geglaubt, um des lieben Lebens willen. Seine Sprache, seine Kunst ist eine Form der Werbung um versäumte, nicht verschmerzte Liebe, das glaube ich immer noch. Ich glaube, daß ihm zu helfen gewesen wäre. Aber in der Kunst, wie übrigens auch im Leben, ist das Gegenteil eines wahren Satzes genauso wahr. Wer das Leben so sehr durch Kunst ersetzt, dem ist nicht zu helfen, der erwartet im Grunde keine Hilfe mehr. Er spottet des Lebens in seiner Kunst. Er hat die Hoffnung auf Hilfe ersetzt durch den besseren Ausdruck von Hilflosigkeit.

> Auch bei dieser traurigen Gelegenheit erweist sich Adolf Muschg als Meister der psychologischen Dialektik. Dieser besonderen Fähigkeit verdankt er es wohl auch, daß man ihn zu den bedeutendsten Schweizer Autoren nach der Epoche Frischs und Dürrenmatts zählen darf. Ein Beispiel für seine subtile, lyrisch-allegorische Charakterisierungskunst – die Schlußpassage der Erzählung *Noch ein Wunsch*.

Adolf Muschg
Noch ein Wunsch

Angenommen – diese Annahme kostet noch nicht das Leben –, ich führe immer so weiter. Der Straßenzustand spräche nicht dagegen. Eis auf der Fahrbahn würde man spüren: am Schwimmen des Steuers, am Gekräusel im Rückenmark.
Ein Kinderspiel. So haben wir mal gewettet, das Grauen und ich. Ich sage: ich mach jetzt die Augen zu und geh auf dem Bordstein immer so weiter. – Da wirst du aber nicht weit kommen, sagt das Grauen. Bis zur Straßenlampe, sag ich. Längst nicht, sagt das Grauen. Ich schwöre, sag ich. Geh schon, sagt das Grauen, ich häng mich an deine Füße, damit dir nichts passiert.
Zehn Schritte, dann wurde der Widerstand unüberwindlich. Worauf du wohl zugehen magst, sagt das Grauen. Blinzeln gilt

nicht, sagt das Grauen. Du hast schon aufgegeben, sagt das Grauen. Und da steh ich zwanzig Schritt vom Lampenpfosten entfernt, nicht mal sein Schatten hat mich gestreift, ich bin allein auf weiter Flur, und die Augen stehen mir offen vor Scham.
Wenn du groß bist, werde ich noch größer sein, sagt das Grauen. Ich werde dich halten wie eine Mutter, denn was auf dich zukommt, wird noch viel grauenhafter sein als ich. Öffne die Augen, wir sind eins, du und ich, du hast verloren, aber ich habe nicht erlaubt, daß du verlorengehst.
Nein, sage ich am Steuer.
Ich müßte nicht einmal die Augen schließen. Bei 120 Stundenkilometern genügt es, wenn ich den Fuß auf dem Gas lasse und das Blatt betrachte, das im toten Winkel der Wischer haften geblieben ist. Ich könnte auch einem Baum nachsehen. Die Straße ist leer, und im Schutz der Pappelflucht, die sie begleitet, würde der Wagen die Spur noch eine Weile halten. Nur etwas vergessen muß ich mich. Einem Baum nachsehen, als stände er für alle meine Versäumnisse da. Ihm so lange nachsehen, bis er aufhört, ein Bild zu sein und zusammenstürzt mit mir selber, mit Fleisch und Blut. Wo er steht, werde ich gewesen sein; werde, für das Zuschlagen eines Augenblicks, *ich* gewesen sein. Ein Sprung über alles dagewesene Grauen hinaus hinter Wittgensteins Tür. Ich werde mich identifiziert haben. Für die andern genügt dann wohl ein Nummernschild.
Da fährt ein Mann immer so weiter. Plötzlich hat er einen Wunsch: einmal im Leben möchte er etwas nicht selber tun. Er braucht dazu kein Versprechen zu halten, nur das Steuer. Vielleicht ist ihm nicht mehr zu helfen; vielleicht ist ihm nur nichts geschehen. So weit, daß das einen Unterschied macht, fährt er heute nicht mehr. Er denkt an Bäume, während er Pappel um Pappel überholt. Es muß nicht immer er sein. Ich könnte so fortfahren.
Ich denke an Bäume. Sie wechseln ihre Blätter nicht zum Spaß, oder damit wir von einem schönen Herbst reden. Sondern damit sie nicht verdursten. Grünes Laub: zu viel Verdunstungsoberfläche bei zu wenig Feuchtigkeit. Der Winter ist die Trockenzeit der Bäume, nicht überall, aber hier.

Ihr Herr Bruder

Da nun in dem Schädel des Hundes, den ich nach den Regeln meiner Kunst zerlegt, keine Spur des entsetzlichen Giftes, von dem Ihr Herr Bruder sich befallen gewähnt, zu finden gewe-

Ein Mann in mittleren Jahren, auf der Heimfahrt zur Familie, zurückkehrend vom Besuch bei einer jüngeren Frau – ein Abenteuer hätte es werden sollen und wurde es nicht. Der Mann im Auto denkt daran, sein Leben aufs Spiel zu setzen.

Umschlag der Originalausgabe 1989, Suhrkamp Verlag Frankfurt

»Schreiben ist immer deutlicher dieses geworden: mir die Befangenheit des sprachlich gebrannten Ich gegenüber den Dingen abzugewöhnen; sie so zu fassen, daß sie einer eigenen Erfahrung entsprechen. Dazu ist viel mehr nötig, als man zu Anfang wissen konnte. Denn wer ›sich‹ in der Sprache finden will, täuscht sich über ihre Eigenschaften. Sie ist nicht als Spiegel zu benützen. Wer sich gleichsam mit heißem Atem darüberbeugt, macht sie sofort undurchsichtig.«
Adolf Muschg

sen, bleibt dem Mediziner nur der freudlose Schluß zu ziehen übrig: daß der Tod Ihres Herrn Bruders, mit dem er einem entsetzlichen Absterben glaubte zuvorkommen zu müssen, auf einem Mißverständnis beruhte; einem gründlichen Mißverständnis der Natur, das mich, bei aller Trauer, empört und mir sogar die Bezeugung meines Beileids, auf das Sie, geschätztes Fräulein, doch Anspruch haben, verbittert. Ein Gast betritt das Speiselokal Justi an der Kaiserstraße; Nero, der irische Setter, dessen Gutmütigkeit jedem Kind bekannt ist, eilt hin, einen Mann zu begrüßen, in dem er nicht den berühmten Komödiendichter zu erkennen braucht, um ihm aufrichtig die Hand zu lecken. Ihr Herr Bruder, abwesenden Geistes, scheint die Vertraulichkeit zu dulden, ja, ihr spielend immer neue Nahrung zu geben. Kein Mensch begreift das Gebrüll, mit dem Ihr Herr Bruder aufspringt, den Tisch umreißt, Bestie! schreit und mit dem Fuß nach dem Tiere tritt, das jetzt allerdings, mehr erschrocken als bösartig knurrend, seine Zähne entblößt und das Fell gesträubt hat. Es hat mich! schreit Ihr Herr Bruder, das Vieh ist toll! schreit er, weiß wie die Wand, und hat die Hand, von der nicht einmal Blut tropft, mit Gewalt an die Brust gerissen. Ich war zugegen, gnädiges Fräulein. Ich habe die Angst Ihres Herrn Bruders zu zerstreuen gesucht, umsonst. Gerade die Unauffälligkeit der Wunde schien ihn zu verstören. Er beschwor mich allen Ernstes, ihm »die Haut aufzureißen, damit das Gift abfließt« – das waren seine Worte, ich habe Zeugen. Es war ihm nicht zu helfen; Sie, seine unermüdliche Pflegerin, wissen es so gut wie ich. Er brachte innert weniger Tage sämtliche Symptome hervor, die für die Tollwut beim Menschen so charakteristisch sind, Kopfschmerzen, Unruhe, Reizbarkeit bei niedergeschlagener Stimmung, sogar Schlingkrämpfe beim Anblick von Wasser. Suchte ich ihn aber zu überzeugen, daß solche Erscheinungen im Ernstfalle erst nach einer gewissen Inkubationszeit, wenigstens zwei Wochen, eintreten, und, wenn sie eher einzutreten scheinen, nur für eine gereizte Einbildungskraft sprechen, geriet Ihr Herr Bruder in eine Raserei, als hätte ich ihn verhöhnt und als müsse er mir auf der Stelle vor Augen führen, wie Tollwut recht zu verstehen sei. Mit plötzlicher wissenschaftlicher Kälte deutete er auf den Schaum, der ihm wirklich in den Mundwinkeln stand: was ich in meinem Beschönigungswahn aus diesem Zeichen mache? wie ich seinen Speichelfluß mit meiner unerschütterlichen Harmlosigkeit zu vereinbaren gedenke? welche Fristen er denn einhalten müsse, um in der gebührenden Umständlichkeit verrecken zu dürfen, die meine Buchweisheit vorschreibe? Worauf er in ein tödliches Schweigen, einen Stupor versank, mit dem er meinem medizinischen Verstand noch stärker zuzusetzen verstand als durch seine Unruhe. – Ich wußte mir keinen Rat, als seine Einbildung zum Schein zu akzeptieren. Sie würde sich, wie ich hoffte, durch das Ausbleiben der Katastrophe, durch den täglichen Widerspruch seiner gesunden Natur von selbst entkräften. Wir haben darauf verzichtet, einen so verdienten Mann in die geschlossene Anstalt einzuführen, und vielleicht durch diesen Respekt die Chance des Arztes verscherzt. Heute ist es ja am Tage, daß seine Angst sich nicht wollte belehren lassen. Er verwendete seine ganze Lebenskraft nurmehr darauf, besonnene Deutungen seines Zustandes ins Unrecht zu setzen. Und am Ende schien ihm das Pistol, welches er sorgsam in seinem Unterkleid gehütet hatte, das einzige Mittel, einer Marter zuvorzukommen, von deren Grenzenlosigkeit er ganz durchdrungen war.

Bei einer geringeren Person wäre ich von der Pflicht wohl entbunden gewesen, die Richtigkeit meiner Diagnose, will sagen: die Selbsttäuschung des Kranken, durch eine Gegenprobe am Körper des Hundes klarzustellen, zumal der treue Nero sich an den folgenden Tagen nicht anders als immer benahm. Da es sich aber um den bekannten Ferdinand Raimund, und damit um meinen öffentlichen Ruf, handelte, mußte ich die Sektion des Tieres verlangen und dem eingebildeten Kranken einen, wie sich zeigen sollte, durchaus gesunden Hund nachsterben lassen. Es hat sich in Neros System auch nicht die Spur jener gefürchteten Krankheit finden lassen, deren Erreger nun leider mit aller Eindeutigkeit im Hirn Ihres Herrn Bruders angenommen werden muß. Und wie soll ich mich enthalten, aus dieser Tatsache für die Wahrheitsliebe der Dichter schmerzhafte Folgerungen zu ziehen; schmerzhaft für das geistige Leben der Nation, schmerzhaft auch für mich.

Ja, ich will es einen elenden Tod heißen, wenn ein Mensch von den Gaben Ihres Herrn Bruders sich sträubt, bis zur Einfalt, bis zum Selbstmord sträubt, der Wahrheit ins Gesicht zu sehen: daß er zum Leben verurteilt ist. Sich daran aufzurichten, hätte er auch nach dem vermeintlich tödlichen Biß mehrfach Gelegenheit gefunden. Wir unterhalten uns im Goebenschen Salon, wohin ich ihn gebracht, um ihn zu zerstreuen; die Gesellschaft scheint ihn zu beleben, er vergißt sich, er deklamiert, auf Ersuchen der liebenswürdigen Gastgeberin, einen Monolog aus »Alpenkönig und Menschenfeind«; er singt eines seiner Couplets. Plötzlich unterbricht er sich, wird fahl, wendet sich flüsternd an mich: er bedürfe auf der Stelle einer Konsultation unter vier Augen. Frau von Goeben wird ver-

»Wir werden in eine Sprachwelt hineingeboren, die uns nicht nur zeitlich vorangeht, die uns auch psychologisch vor den Erfahrungen steht. Wer Schriftsteller sein will, erlebt, daß er diese Ordnung umkehren muß. Er muß die Wortlosigkeit der Erfahrung wieder herstellen, ›sich vergessen‹ lernen.«
Adolf Muschg

»Das Kunstwerk befremdet, weil es ins Zentrum unseres Heimwehs trifft. Es hat, jenseits aller Worte, einen Komplizen in unserem Schuldgefühl. Damit ist nicht jenes Organ gemeint, das uns schuldig sprechen will, sondern eines, das uns spüren läßt, was wir u n s und einander schuldig bleiben. Dieser Sprache kann man sich nicht einmal mit Gewalt verschließen, denn sie braucht selbst keine Gewalt und hat keine nötig. Wer nicht hören will, muß in der Kunst immer noch fühlen; das Kunstwerk sagt: du *darfst* fühlen. Und damit steht es gegen eine Welt der Entfremdung für eine eigene Welt. Seine Autonomie unterhält sich mit uns in der Sprache der Freiheit. Das Kunstwerk hat in die F o r m seines symbolischen Handelns gerettet, was der Inhalt unseres Lebens sein könnte.«
Adolf Muschg

ständigt, sie weist uns, erstaunt aber unauffällig, in ihre inneren Gemächer, wo Herr Raimund sich ohne Worte seiner Kleider entledigt. Der Leuchter brennt und genügt nicht, ich lasse weitere Lichter herbeischaffen, um die Veränderungen an Leisten und Achselhöhlen, die er plötzlich gespürt haben will, wenigstens zu sehen, da ich sie schon nicht zu tasten vermag. Das Boudoir ist hell wie der Tag, aber es gelingt nicht, auch nur eine der Erscheinungen zu objektivieren, die ihm den Atem verschlagen haben; und wie er zuvor die Empfindung seines Menschenfeindes skandiert hatte, sucht er mich jetzt mit der Schilderung seiner Tollwut zu bewegen. Ich habe wirklich das Gefühl, im Theater zu sein, und die Hilflosigkeit verschließt mir den Mund. Die Spiegel des Boudoirs, die die Gesten des Kranken vervielfachen, zeigen mir von ungefähr dessen Gestalt von hinten. Ich erkenne, wie er sein Zittern zu beherrschen sucht, indem er die Knie versteift und seine Gesäßmuskulatur zusammenzieht, sehe seine Schultern wie unter einer schweren Last sich beugen. Da kommt mir ein Einfall, den ich nicht geradezu künstlerisch nennen mag, der aber diesen Auftritt so oder so zu beenden verspricht. Euer Wohlgeboren, adressiere ich Ihren Herrn Bruder, mögen doch, was Sie mir unter vier Augen mitteilen wollen, sich selbst ins Gesicht sagen! Sie brauchen sich dazu nur umzudrehen, ich beschwöre Sie, reden Sie mit sich selbst, wie Gott Sie geschaffen hat, dann wird Ihnen seine Hilfe nicht fehlen, und, füge ich mit plötzlicher Eingebung hinzu, wenn ich Ihnen raten darf, erlauben Sie Ihren Gliedern die Erleichterung des Zitterns, lassen Sie Ihre Schwäche ruhig walten, bis Sie Ihre Stärke empfinden. – Ich verließ einen Entgeisterten, mein Fräulein, entfernte mich aber nicht weiter als bis in die Antichambre, wo ich, selbst erschrocken, verweile. Jenseits der Portiere herrscht eine Stille, die gleichsam die Wände zusammenzieht. Das unverminderte Menschengeräusch aus dem Salon klingt mir wie Schellengeläut in die Ohren, ich denke, ich weiß nicht warum, an eine Schlittenpartie im Schnee, und höre wirklich ein schwaches Heulen, als nähere sich eine Wolfsmeute aus der Tiefe des Waldes; winterliche Gefühle fahren mir, mitten im Juni, durchs Mark, bis dieses plötzlich unter einem gleichsam überirdischen Schrei gefriert, der mit den Mauern des Goebenschen Palais auch meine Besinnung zu sprengen droht. Ich ermanne mich, stürze durch die Portiere, ich sehe den Verewigten auf allen Vieren, mit einer Verrenkung des Leibes, als wäre ihm die Hinterhand gelähmt, halb kniend vor dem Spiegel hingegossen. Er scheint sein Bild im Glas mit den Zähnen fassen zu wollen, der Spiegel beschlägt sich von seinem Atem;

ja er scheint, immerfort heulend, sein Antlitz mit diesem fortströmenden Hauch austilgen zu wollen. Sieh nur, sagt er mit einer erschreckenden Wendung zu mir, sieh nur recht an, was du angestellt hast, wie lange willst du meinem Leiden denn noch zusehen? Dies gesagt, zeichnet er mit dem Finger etwas Unaussprechliches auf die beschlagene Stelle, führt, als sie sich rasch wieder klären will, sein Gesicht dahin und beginnt mit hingegebenen Mienen das Glas zu lecken; das Haar fällt ihm in die Stirn, er scheint wirklich in das Geschlecht der Hunde übergetreten zu sein. Euer Wohlgeboren! rufe ich, ja, sagt er, in seinem Geschäft innehaltend, sieh nur, was du angerichtet hast, es geht alles zur Neige, zur Neige. – Ich kann leider nicht mehr zweifeln, mein Fräulein, daß der arme Mensch nicht mehr in die Zuständigkeit eines Medizinalrats gehört, und daß sich nur noch der Schöpfer seiner erbarmen kann. – Sei mir doch wenigstens beim Ankleiden behülflich, sagt der Unglückliche, sich erhebend, nicht ohne Großartigkeit. Sie haben, entgegne ich, das vorgeschlagene Experiment nicht nützlich gefunden? Ach, erwidert er leichthin, dir mag es wohl zu was nütze gewesen sein. – Er will nicht in seinen Gasthof gebracht werden, er schlägt meine dringende Empfehlung, daß er der Ruhe bedürfe, in den Wind, er begibt sich in die Gesellschaft zurück, als wäre nichts gewesen, scheint sich zu unterhalten und verläßt uns später gänzlich unbemerkt. Ja, gnädiges Fräulein, das ist das letzte, was wir von ihm gesehen haben, am frühen Morgen findet ihn der Wirt, von einem dumpfen Schlag aufgestört, in seinem Blut.
Ich bin traurig, verehrtes Fräulein, und der Ingrimm packt mich aufs neue. Da ist ein Mensch, vor andern durch sein Genie begünstigt, berühmt in seiner Kunst der Menschenbetrachtung, befreiend durch die Gnade des Humors, und gänzlich außerstande, den ruhigen Anblick seines Gesichts zu ertragen; wenigstens so lange zu ertragen, bis ihm die Tränen kommen, bis das Erbarmen mit seinem eigenen Fleisch und Blut ein sachtes Übergewicht gewinnt. Er sieht sich im Spiegel und will sich nicht sehen; er will nicht wissen, was er doch weiß: daß er sich die falsche Wunde verbunden hat; er nimmt seine Blöße wahr und wirft sich in eine Pose; er macht Theater. Es gefällt ihm, vor seinem Leben, das in Gottes Hand steht wie jedes andere, in einen ungenauen, eigensüchtigen und überflüssigen Tod zu flüchten. Wie, ich frage Sie, soll unsereiner der höheren Weisheit trauen, die aus der Feder solcher Männer geflossen ist? Was denken von dem Lachen, das Ihr Herr Bruder auf die Miene ernsthafter Zeitgenossen zu zaubern wußte? Muß ich jetzt nicht auch den Zweifel, den ein

Adolf Muschg wurde 1934 in Zollikon bei Zürich geboren. *Ihr Herr Bruder* ist dem Band *Leib und Leben* entnommen. – Weitere wichtige Werke: *Im Sommer des Hasen.* Roman 1965; *Liebesgeschichten.* Erzählungen 1972; *Albissers Grund.* Roman 1974; *Baiyun.* Roman 1980; *Literatur als Therapie?* Frankfurter Vorlesungen 1981; *Der Turmhahn.* Erzählungen 1987; *Der Rote Ritter.* Roman 1993. © der abgedruckten Muschg-Texte: Suhrkamp Verlag Frankfurt am Main.

Auch in anderer Sprache hat sich Adolf Muschg versucht. Es wollte ihm nicht recht gelingen – im Wahlkampf um einen Sitz im Ständerat der Schweiz.
»Es ist eigentlich die Grundgeste im Wahlkampf, die mir Schwierigkeiten gemacht hat, die Grundgeste des Anbiederns. Ein Politiker empfindet das nicht als Anbiedern. Das ist sein Umgangston. Aber wenn Sie eigentlich mehr problem-orientiert sind und eigentlich die Nuancen einer Sache retten möchten, und darauf sind Sie als Schriftsteller dressiert, dann ist der Wahlkampf ein ganz schlechtes Übungsfeld für Sprache. Und man darf auch eben keine persönlichen Probleme haben; das hat für mich schwerer gewogen. Die literarische Sprache – vielleicht in zehn Jahren Politik würde man sie entschieden einbüßen. Aber, daß man eigentlich immer ›munter‹ spielen muß, das fällt mir viel schwerer.«

Ferdinand Raimund über unsere öffentlichen Einrichtungen ausgoß, indem er uns darüber zu lachen zwang, für unsauberen Zauber halten? Mein Lachen kann ich nicht zurücknehmen, gnädiges Fräulein, und doch schäme ich mich seiner; denn der Mann, der dieses Lachen zu seinem Beruf gemacht hatte, täuschte nicht nur uns, er täuschte auch sich selbst damit. Er ist sich zu nahe getreten, ohne sich näher zu kommen; er hat, den Heiteren spielend, gegen seine eigene Seele gehandelt. Seine Tollwut war eine Farce; muß ich sie deswegen für gelungen halten, weil er sie bis zum bittern Ende gespielt hat? So weit will ich doch den Hohn über die Menschheit nicht treiben. Es war, wenn ich mich so ausdrücken darf, ein durchaus *angenommenes* Schicksal, nicht sein eigenes, womit er seine Phantasie beschäftigte und die unsere in Atem hielt; sie hat ihn, diese Phantasie, am Ende zu Tode gequält, und er starb, der Bekannte, gänzlich unbekannt mit sich selbst. Soll ich eine Kunst der Täuschung feiern, darf ich sie loben, die dahin führt, daß der Künstler, wenn ihn der Hund beißt, Ernst und Unernst am eignen Leib nicht mehr unterscheiden kann? Ich bin nur Arzt, mein gnädiges Fräulein; in meinem Beruf kommt es nicht vor, daß einer den andern den Star sticht, ohne über das Auge Bescheid zu wissen; daß er nicht sehen gelernt hat, was er sieht. Ich schreibe diese Worte mit Schmerzen hin, denn ich verliere den Verewigten auf diese Weise gleichsam zum zweiten Mal. Aber ich frage Sie selbst: Wie kann ein Mensch, der von seiner Gesundheit, für die ich mich verbürgt habe, nichts wissen will, über die allgemeine Krankheit des Menschengeschlechts, oder was er dafür hält, gegründete Aussagen machen? Soll ich mich täuschen lassen wie er, nur weil ihre glänzende Form mich blendet? Das wäre doch ein seltsames und grausames Kompliment; der Ehre zu viel für das Theater, und der Ehre zu wenig für die Kreatur, deren Leid am Ende nicht gespielt, sondern geheilt sein will! Vor mir, mein gnädiges Fräulein, liegt das Gehirn eines unschuldigen Hundes im Spiritus; ich habe ihn töten müssen, um die Wahrheit, die Vernunft zu retten, und werde seine Freundlichkeit entbehren, wenn ich morgen bei Justi zum Mittagstisch gehe. Er war ein Geschöpf Gottes nicht weniger als Shakespeare, ebenso sinnreich eingerichtet und mit Gewißheit wohlwollender gesinnt gegen unsereins, die wir uns die Krone der Schöpfung nennen. Es ist mir leid, daß dieses Tier hat sterben müssen, nur weil ein Mensch, ein vielleicht begnadeter, aber unseliger Mensch, nicht zu leben wußte; weil er nicht die Geduld aufbrachte, sich selber und andern gnädig zu sein.

Flucht aus der Enge: Paul Nizon

und jetzt denke ich in meinem Zimmer an Dorothée, so nennt sich die Kleine in Madame Julies *maison de rendez-vous*, ich hatte sie aus dem raschen Reigen der vortrabenden Mädchen in Madame Julies grandiosem Salon ausgewählt, und ich hatte gut gewählt, es ist nämlich nicht leicht, sich so schnell zu entscheiden, wenn so viele, eine hinter der anderen, zu dir an die Bar treten und dich anlächeln, während sie dir die Hand reichen und Madame Julie dazu ihren Namen nennt, und während du einen Eindruck zu gewinnen suchst und dir den Namen merken willst, der ja ein Deckname ist, kommt schon die nächste – aber ich hatte mich ohne Zögern entschlossen, obwohl noch zwei drei andere für mich in Fragen gekommen wären

diese besah ich mir dann oben näher, weil ich nicht ganz sich er war, ob sie es ist, die ich gemeint hatte, aber hübsch, sehr hübsch sah sie auch oben noch aus, in unserem feudalen Schlafgemach, sie hatte blondgefärbtes, kurzes schmiegsames Haar um ein keckes Französinnengesicht, in dem zwei braune Augen wunderbar schimmerten, nette lachende von Anfang an freundliche Kameradschaft anbietende Augen, und der Mund war verführerisch, voll, nicht zu groß, geworfen, *wie von einem Bienenstich leicht geschwollen*, las ich einmal und fand das wunderbar gesagt, und ich merkte gleich, daß das Haar blondiert war, eine Dunkle ist sie in Wirklichkeit, mein Gott, ist sie schön, wenn sie nun nackt dasteht, das enge schwarze Abendkleid über den Kopf abstreift und darunter aber auch gar nichts trägt, schön ist sie, denke ich, die wunderbare Glätte, Weichheit und Rundung im Schlanksein, herrlich wie Bauch und Popo und Schenkel sich wölben, nicht zu viel, aber in der Wirkung betörend, trinken möchte man einen solchen Leib, *einen leichten Leib haben Sie*, sagt Der Räuber in Robert Walsers Roman zu einer Zimmerwirtin, das ist so verdammt nett ungeschickt und deserotisierend gesagt, während *dieser* Leib bei aller Schlankheit Weib aussagt, was seltsam ist als Vorstellung bei einem ganz jungen Mädchen, und die Brüste waren dermaßen aufreizend gebogen, fest und prall und leicht nach oben gekurvt, aber so eine möchte man trinken, austrinken wie eine Muschel, und dabei wäscht sie sich nun ganz ungeniert auf dem Bidet, und ich stehe im Türrahmen und plaudere mit ihr, und wenn wir dann im großen breiten französischen Bett sind, gehört alles zu mir, alle unsere Glieder sind nun zusammengelegt in diesem wunderbaren

»Als Leser bleibe ich vor vielen Büchern mit großem Aufklärungsgehalt und Kunstverstand unbeteiligt. Ich stelle sie ins Regal und denke, getane Arbeit, du wirst möglicherweise wieder hineinschauen, wenn du die oder jene Information brauchst. Und es gibt Bücher, die mich beim Lesen dermaßen packen, daß ich immer wieder einhalten muß, weil aus den Sätzen und Sprachgängen, der Sprache, so viele Bilder und Gedanken aufsteigen, nein, in mir explodieren. Ich fühle mich vervielfacht, überlebendig (oder ich erwache erst jetzt in die Lebendigkeit hinein), alles hat auf einmal so viel Substanz und Facetten und Fasern und – nie geschautes *Leben*.«
Paul Nizon

Den Rhythmus des Lebens fängt der aus der Schweizer Enge nach Paris Ausgewanderte Paul Nizon in seinen Romanen ein. Nach dem vielbeachteten Debut *Canto* aus dem Jahre 1963 findet er endgültige Anerkennung mit dem im Jahre 1981 erschienenen Roman *Im Jahr der Liebe*.

Paul Nizon, geb. 1929 in Bern, studierte, um sehen zu lernen, Kunstgeschichte. Er lebt in Paris. 1992 erhielt er den Literaturpreis der Stadt Zürich. Weitere wichtige Werke: *Im Hause enden die Geschichten,* 1971; *Untertauchen,* 1972; *Stolz,* 1975; *Im Bauch des Wals,* 1989. © der abgedruckten Nizon-Texte: Suhrkamp Verlag.

»Die in der Sprache zustande kommende Wirklichkeit ist die einzige, die ich kenne und anerkenne.«
Paul Nizon

Vertrauensbeweis, den es nur in der Liebe gibt, das siehst du am Schamhaar, daß ich keine echte Blonde bin, sagt sie, und überhaupt hat sie mir freimütig – ob das das richtige Wort ist – allerlei von sich erzählt

Dorothée arbeitete in einem Modegeschäft, im Verkauf war sie, aber auch um den Einkauf hat sie sich gekümmert, sagt sie, und als man vergrößerte und eine obere Etage hinzukam und sie oben ganz allein zuständig wurde und darum meinte, jetzt komme eine Gehaltsaufbesserung in Frage, sie verdiente keine zweitausend, eher um die tausend, sagt sie, und der Chef ablehnte, habe sie aus einem zornigen Impuls gekündigt, kein Jahr hat sie dort gearbeitet, und nun ist sie bei Madame Julie, sie hat einen Freund, achtundzwanzig ist er und schreibt Musik für Chansonniers, habe sogar für Sardou geschrieben, kenne ich nicht, sage ich. Was, aber du hörst doch Radio und schaust Tele, Sardou, den müßtest du kennen

und dann im Bett dieses ganze Sich-aneinander-Reiben und Streicheln und Küssen und immer mehr und dieses ganze Mädchen, diese Frau im Mädchen namens Dorothée, wenn sie nachher so daliegt, legt sie die Hände über Brust und Bauch, eine oben über die Brust, eine unten über den Bauch, aber nicht eigentlich als Geste des Sich-Schützens, weil sie ja unten frei und gelöst und mit entspannt gespreizten Beinen daliegt, frei und gelöst, was machst du denn mit deinen Händen, das ist hübsch, sage ich, aber warum das. Das, sagt sie, so liege ich immer, wenn ich schlafe oder besser, wenn ich aufwache, sehe ich mich so liegen. Es ist fast ein bißchen eine kleinkindliche Selbstkosungshaltung, möglicherweise, aber davon verstehe ich nichts

das *ist* doch Liebe, sage ich mir, einfach darum, weil alles da ist, was in der richtigen Liebe dazugehört, das Küssen bis zum Nichtmehraufhörenkönnen und jede Form des Umschlingens und dann das von vielen Japsern und Seufzern und kleinen Schreien und von beider Schnaufen begleitete richtige Stück Lieben, und dabei *hat* man sich lieb, wenn man sich mag und die Glieder und beider Haut einander mögen, denn sonst würde man sich doch nicht gehen lassen und

Ein Verführer

Patrick Süskind
Das Parfum

Es war ein seltsames Parfum, das Grenouille an diesem Tag kreierte. Ein seltsameres hatte es bis dahin auf der Welt noch nicht gegeben. Es roch nicht wie ein Duft, sondern wie *ein Mensch, der duftet*. Wenn man dieses Parfum in einem dunklen Raum gerochen hätte, so hätte man geglaubt, es stehe da ein zweiter Mensch. Und wenn ein Mensch, der selber wie ein Mensch roch, es verwendet hätte, so wäre dieser uns geruchlich vorgekommen wie zwei Menschen oder, schlimmer noch, wie ein monströses Doppelwesen, wie eine Gestalt, die man nicht mehr eindeutig fixieren kann, weil sie sich verschwimmend unscharf darstellt wie ein Bild vom Grunde eines Sees, auf dem die Wellen zittern.

Um diesen Menschenduft zu imitieren – recht ungenügend, wie er selber wußte, aber doch geschickt genug, um andere zu täuschen –, suchte sich Grenouille die ausgefallensten Ingredienzen in Runels Werkstatt zusammen.

Da war ein Häufchen Katzendreck hinter der Schwelle der Tür, die zum Hof führte, noch ziemlich frisch. Davon nahm er ein halbes Löffelchen und gab es zusammen mit einigen Tropfen Essig und zerstoßenem Salz in die Mischflasche. Unter dem Werktisch fand er ein daumennagelgroßes Stückchen Käse, das offenbar von einer Mahlzeit Runels stammte. Es war schon ziemlich alt, begann, sich zu zersetzen, und strömte einen beißend scharfen Geruch aus. Vom Deckel der Sardinentonne, die im hinteren Teil des Ladens stand, kratzte er ein fischig-ranzig-riechendes Etwas ab, vermischte es mit faulem Ei und Castoreum, Ammoniak, Muskat, gefeiltem Horn und angesengter Schweineschwarte, fein gebröselt. Dazu gab er ein relativ hohes Quantum Zibet, mischte diese entsetzlichen Zutaten mit Alkohol, ließ digerieren und filtrierte ab in eine zweite Flasche. Die Brühe roch verheerend. Sie stank kloakenhaft, verwesend, und wenn man ihre Ausdünstung mit einem Fächerschlag von reiner Luft vermischte, so war's, als stünde man an einem heißen Sommertag in der Rue aux Fers in Paris, Ecke Rue de la Lingerie, wo sich die Düfte von den Hallen, vom Cimetière des Innocents und von den überfüllten Häusern trafen.

Über diese grauenvolle Basis, die an und für sich eher kadaverhaft als menschenähnlich roch, legte Grenouille nun eine

Unter all denen, die in den achtziger Jahren Bücher mit literarischem Anspruch veröffentlichten, ist Patrick Süskind der Erfolgreichste, der Bekannteste und zugleich der Unbekannteste. Er schreibt das meistgespielte Theaterstück dieser Jahre – *Der Kontrabaß* (1981), ein Monolog für einen Schauspieler.

Patrick Süskinds Roman *Das Parfum* wird schon im Erscheinungsjahr 1985 hunderttausendfach verkauft und hält sich jahrelang auf den Bestsellerlisten. Aber seinem zahlreichen Publikum zeigt der Autor sich nicht. Er scheut die Öffentlichkeit.

Das Parfum ist eine raffinierte Mixtur aus Kriminalstory und kulturgeschichtlichem Panorama. Frankreich im achtzehnten Jahrhundert: Der Romanheld Jean-Baptiste Grenouille, begabt mit dem feinsten Geruchssinn, leidet unter dem Gestank seines Zeitalters.

Schicht von ölig-frischen Düften: Pfefferminz, Lavendel, Terpentin, Limone, Eukalyptus, die er durch ein Bouquet von feinen Blütenölen wie Geranium, Rose, Orangenblüte und Jasmin zugleich zügelte und angenehm kaschierte. Nach weiterer Verdünnung mit Alkohol und etwas Essig war von dem Fundament, auf dem die ganze Mischung ruhte, nichts Ekelhaftes mehr zu riechen. Der latente Gestank hatte sich durch die frischen Ingredienzen bis ins Unmerkliche verloren, das Ekelhafte war vom Duft der Blumen geschönt, ja beinahe interessant geworden, und, sonderbar, von Verwesung war nichts mehr zu riechen, nicht das geringste mehr. Es schien im Gegenteil ein heftiger beschwingter Duft von Leben von dem Parfum auszugehen.

Grenouille füllte es auf zwei Flakons, die er verstöpselte und zu sich steckte. Dann wusch er die Flaschen, Mörser, Trichter und Löffel sorgfältig mit Wasser, rieb sie mit Bittermandelöl ab, um alle geruchlichen Spuren zu verwischen, und nahm eine zweite Mischflasche. In ihr komponierte er rasch ein anderes Parfum, eine Art Kopie des ersten, das ebenfalls aus frischen und aus blumigen Elementen bestand, bei dem jedoch die Basis nichts mehr von dem Hexensud enthielt, sondern ganz konventionell etwas Moschus, Amber, ein klein wenig Zibet und Öl von Zedernholz. Für sich genommen roch es völlig anders als das erste – flacher, unbescholtener, unvirulenter –, denn es fehlte ihm die Komponente des imitierten Menschendufts. Doch wenn ein gewöhnlicher Mensch es applizierte und es sich mit seinem eigenen Geruch vermählte, so würde es von dem, das Grenouille ausschließlich für sich geschaffen hatte, nicht mehr zu unterscheiden sein.

Nachdem er auch das zweite Parfum auf Flakons gefüllt hatte, zog er sich nackt aus und besprengte seine Kleider mit jenem ersten. Dann betupfte er sich selbst damit unter den Achseln, zwischen den Zehen, am Geschlecht, auf der Brust, an Hals, Ohren und Haaren, zog sich wieder an und verließ die Werkstatt.

Als er die Straße betrat, bekam er plötzlich Angst, denn er wußte, daß er zum ersten Mal in seinem Leben einen menschlichen Geruch verbreitete. Er selbst aber fand, daß er stinke, ganz widerwärtig stinke. Und er konnte sich nicht vorstellen, daß andere Menschen seinen Duft nicht ebenfalls als stinkend empfänden, und wagte es nicht, direkt in die Schenke zu gehen, wo Runel und der Haushofmeister des Marquis auf ihn warteten. Es schien ihm weniger riskant, die neue Aura erst in anonymer Umgebung zu erproben.

Durch die engsten und dunkelsten Gassen schlich er zum Fluß hinunter, wo die Gerber und die Stoffärber ihre Ateliers besaßen und ihr stinkendes Geschäft betrieben. Wenn ihm jemand begegnete, oder wenn er an einem Hauseingang vorüberkam, wo Kinder spielten oder alte Frauen saßen, zwang er sich, langsamer zu gehen und seinen Duft in einer großen geschloßnen Wolke um sich her zu tragen.

Er war von Jugend an gewohnt, daß Menschen, die an ihm vorübergingen, keinerlei Notiz von ihm nahmen, nicht aus Verachtung – wie er einmal geglaubt hatte –, sondern weil sie nichts von seiner Existenz bemerkten. Es war kein Raum um ihn gewesen, kein Wellenschlag, den er, wie andre Leute, in der Atmosphäre schlug, kein Schatten, sozusagen, den er über das Gesicht der andern Menschen hätte werfen können. Nur wenn er direkt mit jemandem zusammengestoßen war, im Gedränge oder urplötzlich an einer Straßenecke, dann hatte es einen kurzen Augenblick der Wahrnehmung gegeben; und mit Entsetzen meistens prallte der Getroffene zurück, starrte ihn, Grenouille, für ein paar Sekunden an, als sehe er ein Wesen, das es eigentlich nicht geben dürfte, ein Wesen, das, wiewohl unleugbar *da*, auf irgendeine Weise nicht präsent war – und suchte dann das Weite und hatte seiner augenblicks wieder vergessen...

Jetzt aber, in den Gassen Montpelliers, spürte und sah Grenouille deutlich – und jedesmal, wenn er es wieder sah, durchrieselte ihn ein heftiges Gefühl von Stolz –, daß er eine Wirkung auf die Menschen ausübte. Als er an einer Frau vorüberging, die über einen Brunnenrand gebeugt stand, bemerkte er, wie sie für einen Augenblick den Kopf hob, um zu sehen, wer da sei, und sich dann, offenbar beruhigt, wieder ihrem Eimer zuwandte. Ein Mann, der mit dem Rücken zu ihm stand, drehte sich um und schaute ihm eine ganze Weile lang neugierig nach. Kinder, denen er begegnete, wichen aus – nicht ängstlich, sondern um ihm Platz zu machen; und selbst wenn sie seitlich aus den Hauseingängen gelaufen kamen und unvermittelt auf ihn stießen, erschraken sie nicht, sondern schlüpften wie selbstverständlich an ihm vorbei, als hätten sie eine Vorahnung von seiner sich nähernden Person gehabt.

Durch mehrere solche Begegnungen lernte er, die Kraft und Wirkungsart seiner neuen Aura präziser einzuschätzen, und wurde selbstsicherer und kecker. Er ging rascher auf die Menschen zu, strich dichter an ihnen vorbei, spreizte gar einen Arm ein wenig weiter ab und streifte wie zufällig den Arm eines Passanten. Einmal rempelte er, scheinbar aus Versehen, einen Mann an, den er überholen wollte. Er blieb stehen, ent-

Grenouille, aus dem finstersten und stinkendsten Winkel der Gesellschaft stammend, obendrein durch Häßlichkeit gekennzeichnet, ist entschlossen, zum größten Parfumeur der Welt zu werden: das menschenverachtende Programm eines Verführers.

Umschlag der Originalausgabe 1985

schuldigte sich, und der Mann, der noch gestern von Grenouilles plötzlicher Erscheinung wie vom Donner gerührt gewesen wäre, tat, als sei nichts geschehen, nahm die Entschuldigung an, lächelte sogar kurz und klopfte Grenouille auf die Schulter.
Er verließ die Gassen und trat auf den Platz vor dem Dom Saint-Pierre. Die Glocken läuteten. Zu beiden Seiten des Portals drängten sich Menschen. Eine Trauung war eben zuende. Man wollte die Braut sehen. Grenouille lief hin und mischte sich unter die Menge. Er drängte, bohrte sich in sie hinein, dorthin wollte er, wo die Menschen am dichtesten standen, hautnah sollten sie um ihn sein, direkt unter die Nasen wollte er ihnen seinen eigenen Duft reiben. Und er spreizte die Arme mitten in der drangvollen Enge und spreizte die Beine und riß sich den Kragen auf, damit der Duft ungehindert von seinem Körper abströmen könne... und seine Freude war grenzenlos, als er merkte, daß die andern nichts merkten, rein gar nichts, daß all diese Männer und Frauen und Kinder, die ringsum an ihn gepreßt standen, sich so leicht betrügen ließen und seinen aus Katzenscheiße, Käse und Essig zusammengepantschten Gestank als den Geruch von ihresgleichen inhalierten und ihn, Grenouille, die Kuckucksbrut in ihrer Mitte, als einen Menschen unter Menschen akzeptierten.
An seinen Knien spürte er ein Kind, ein kleines Mädchen, das zwischen den Erwachsenen verkeilt stand. Er hob es hoch, in heuchlerischer Fürsorge, und nahm es auf den Arm, damit es besser sehen könne. Die Mutter duldete es nicht nur, sie dankte es ihm, und die Kleine jauchzte vor Vergnügen.
So stand Grenouille wohl eine Viertelstunde im Schoß der Menge, ein fremdes Kind gegen die scheinheilige Brust gedrückt. Und während die Hochzeitsgesellschaft vorbeizog, begleitet vom dröhnenden Glockengeläut und vom Jubel der Menschen, über die ein Regen von Münzen herabprasselte, brach in Grenouille ein anderer Jubel los, ein schwarzer Jubel, ein böses Triumphgefühl, das ihn zittern machte und berauschte wie ein Anfall von Geilheit, und er hatte Mühe, es nicht wie Gift und Galle über all diese Menschen herspritzen zu lassen und ihnen jubelnd ins Gesicht zu schreien: daß er keine Angst vor ihnen habe; ja kaum noch sie hasse; sondern daß er sie mit ganzer Inbrunst verachte, weil sie stinkend dumm waren; weil sie sich von ihm belügen und betrügen ließen; weil sie nichts waren, und er war alles! Und wie zum Hohn preßte er das Kind enger an sich, machte sich Luft und schrie mit den andern im Chor: »Hoch die Braut! Es lebe die Braut! Es lebe das herrliche Paar!«

Als die Hochzeitsgesellschaft sich entfernt hatte und die Menge sich aufzulösen begann, gab er das Kind seiner Mutter zurück und ging in die Kirche, um sich von seiner Erregung zu erholen und auszuruhen. Im Innern des Domes stand die Luft voll Weihrauch, der in kalten Schwaden aus zwei Räucherpfannen zu beiden Seiten des Altars hervorquoll und sich wie eine erstickende Decke über die zarteren Gerüche der Menschen legte, die eben noch hier gesessen hatten. Grenouille hockte sich auf eine Bank unter dem Chor.

Mit einem Mal kam eine große Zufriedenheit über ihn. Keine trunkene, wie er sie damals im Schoße des Berges bei seinen einsamen Orgien empfunden hatte, sondern eine sehr kalte und nüchterne Zufriedenheit, wie sie das Bewußtsein der eigenen Macht gebiert. Er wußte jetzt, wozu er fähig war. Mit geringsten Hilfsmitteln hatte er, dank seinem eigenen Genie, den Duft des Menschen nachgeschaffen und ihn auf Anhieb gleich so gut getroffen, daß selbst ein Kind sich von ihm hatte täuschen lassen. Er wußte jetzt, daß er noch mehr vermochte. Er wußte, daß er diesen Duft verbessern konnte. Er würde einen Duft kreieren können, der nicht nur menschlich, sondern übermenschlich war, einen Engelsduft, so unbeschreiblich gut und lebenskräftig, daß, wer ihn roch, bezaubert war und ihn, Grenouille, den Träger dieses Dufts, von ganzem Herzen lieben mußte.

Ja, lieben sollten sie ihn, wenn sie im Banne seines Duftes standen, nicht nur ihn als ihresgleichen akzeptieren, ihn lieben bis zum Wahnsinn, bis zur Selbstaufgabe, zittern vor Entzücken sollten sie, schreien, weinen vor Wonne, ohne zu wissen, warum, auf die Knie sollten sie sinken wie unter Gottes kaltem Weihrauch, wenn sie nur *ihn*, Grenouille, zu riechen bekamen! Er wollte der omnipotente Gott des Duftes sein, so wie er es in seinen Phantasien gewesen war, aber nun in der wirklichen Welt und über wirkliche Menschen. Und er wußte, daß dies in seiner Macht stand. Denn die Menschen konnten die Augen zumachen vor der Größe, vor dem Schrecklichen, vor der Schönheit und die Ohren verschließen vor Melodien oder betörenden Worten. Aber sie konnten sich nicht dem Duft entziehen. Denn der Duft war ein Bruder des Atems. Mit ihm ging er in die Menschen ein, sie konnten sich seiner nicht erwehren, wenn sie leben wollten. Und mitten in sie hinein ging der Duft, direkt ans Herz, und unterschied dort kategorisch über Zuneigung und Verachtung, Ekel und Lust, Liebe und Haß. Wer die Gerüche beherrschte, der beherrschte die Herzen der Menschen.

Ganz gelöst saß Grenouille auf der Bank im Dom von Saint-Pierre und lächelte. Er war nicht euphorischer Stimmung, als

Patrick Süskind wurde 1949 in Ambach am Starnberger See geboren. Auch als Drehbuchautor ist er sehr erfolgreich: Für *Monaco Franze* und *Kir Royal* schrieb er die Drehbücher. – Weitere wichtige Werke: *Die Taube* 1987; *Die Geschichte von Herrn Sommer* 1991. © des Süskind-Textes: Diogenes Verlag.

er den Plan faßte, Menschen zu beherrschen. Es war kein wahnsinniges Flackern in seinen Augen, und keine verrückte Grimasse überzog sein Gesicht. Er war nicht von Sinnen. So klaren und heiteren Geistes war er, daß er sich fragte, warum überhaupt er es wollte. Und er sagte sich, daß er es wolle, weil er durch und durch böse sei. Und er lächelte dabei und war sehr zufrieden. Er sah ganz unschuldig aus, wie irgendein Mensch, der glücklich ist.

Eine Weile lang blieb er so sitzen, in andächtiger Ruhe, und atmete die weihrauchsatte Luft in tiefen Zügen ein. Und wieder ging ein heiteres Schmunzeln über sein Gesicht: Wie miserabel dieser Gott doch roch! Wie lächerlich schlecht doch der Duft gemacht war, den dieser Gott von sich verströmen ließ. Nicht einmal echter Weihrauchduft war es, was aus den Pfannen qualmte. Schlechtes Surrogat war es, verfälscht mit Lindenholz und Zimtstaub und Salpeter. Gott stank. Gott war ein kleiner armer Stinker. Er war betrogen, dieser Gott, oder er war selbst ein Betrüger, nicht anders als Grenouille – nur ein um so viel schlechterer!

Übergang

Volker Braun
Hinze-Kunze-Roman

Es ging zwar um neue gesellschaftliche Anstrengungen aufgrund der besonderen Situation, die hier aber nicht beschrieben wird. Auch Kunze ließ nichts verlauten. Er behandelte die Schwierigkeiten sofort im großen Kontext, wo sie verschwanden. Das funktionierte in ihrem Zwei-Mann-Betrieb vorbildlich, ich möchte sagen: modellhaft. Die Sitzungen fanden während der Fahrt statt: in der Arbeitszeit, um Zeitverluste zu vermeiden.
KUNZE Also, Kollege, nimm Stellung. Bist du einverstanden?
HINZE Immer... Was fragst du.
KUNZE Du stehst dahinter?
HINZE Völlig, ich komm fast nicht mehr vor.
KUNZE Hör zu, das ist eine entscheidende Frage. Allein können wir nichts, es muß jeder mitmachen.
HINZE Ja, das ist entschieden so.
KUNZE Wir tun nur was, indem es alle tun... sonst wär es nichts.
HINZE (überzeugt:) Das ist doch was.
Er fuhr nicht schlecht, mit diesem Freund: das hatte sich gezeigt. Der arbeitete nicht in die eigne Tasche; der lebte sozusagen nicht für sich. (Ein Selbständiger, ein Privater wäre für Hinze unannehmbar gewesen, an die Kette ließ er sich nicht mehr legen. Das Thema zog nicht mehr.) Kunze lebte für alle, auch für Hinze, er nahm ihm ein Stückchen Leben ab. Hinze merkte nicht, daß ihm etwas fehlte; es kam ja dazu, daß das Leben immer besser wurde. Er mochte Kunze, zweifellos, der hatte ein hohes Bewußtsein. Hinze konnte sich in ihn hineinversetzen, vor allem wenn er mit ihm sprach – er hatte ein doppeltes Bewußtsein. Kunze aber, mit seiner einheitlichen Weltanschauung, duldete die des Freundes nicht, er verlangte sein Einverständnis. Seine Zustimmung, er war darauf angewiesen. Prinzipielle Differenzen hätten ihn zerrissen. Er brauchte die Bestätigung seines Tuns, er lechzte danach. Es war ihm ein körperliches Bedürfnis. Daß sein Kopf immer von oben nach unten nach oben ruckte, die Pole greifend, wie beschrieben, war nur ein Reflex dieser eingefleischten Haltung, sein politisches Augenmerk sprang ebenso zwischen Basis und Spitze. Er war ja hoch gestellt auf der Leiter, nun streckte er den Blick hinab/hinauf, um den Unterschied auszugleichen. Das war

Der Übergang in die neunziger Jahre beschließt die Epoche der DDR-Literatur.
Zu den Schriftstellern der DDR, denen dieser Staat trotz allem Heimat und Hoffnung ist, zählt Volker Braun. Der vielfach begabte Lyriker, Erzähler und Dramatiker ist zu denen zu rechnen, die über lange Zeit mit großem Geschick das positive Bekenntnis und die Kritik an den Verhältnissen zu mischen wissen.

Sein *Hinze-Kunze-Roman* erschien 1985 fast gleichzeitig in der Bundesrepublik und in der DDR, dort wurde die Auslieferung des Buchs am 10. September gestoppt.

Umschlag der westdeutschen Originalausgabe 1985

natürlich viel verlorne Mühe. Denn Hinze, weniger veranlagt, hielt sich stur an seiner Sprosse fest, nicht bereit, seinen Eindruck zu verwischen. Er hielt sich an die Ordnung (die darum nicht besser war). Er blieb unten sitzen, in der Karre, und ließ sich lenken.

300 km, in die grünste Provinz. Ein Katzensprung an sich. Hinze kannte die Karte genau. Aber Kunze, einmal beim Sagen, lenkte ihn auf eine neue Strecke, die allerdings, wie sich erwies, in Planverzug geraten war. Umwege über den Acker, der Tatra lehmverschalt, Riesenschildkröte. Reifenwechsel, Kunze machte sich nützlich mit gutem Rat und schwarzen Fingerkuppen, die er stolz von sich streckte. Der Zeitverlust war nicht mehr aufzuholen, man mußte den Plan korrigieren. Er sah/hörte sich nicht erst um im Werk (ein Blick über die spitzen grauen Halden, auf das Kopfsteinpflaster; Backsteinförderturm, alte Kaue, neuer Verwaltungsblock), steuerte sofort das Kulturhaus an. Am Eingang ein kleiner aufgeregter Pulk, der aufatmend auseinanderfiel. Der Direktor und der Parteisekretär schüttelten Kunze die Hand. Glückauf, ob er sich erst erholen wolle? Kunze verneinte barsch, die Leiter nickten verständnisvoll und führten ihn erleichtert in den geschmückten Speisesaal. Alle, die darin gewartet hatten, erhoben sich und klatschten hart im Takt. Kunze lief, ein stämmiges Zirkuspferd, an einer unsichtbaren Leine gezogen, nach vorn an den rot gedeckten Präsidiumstisch. Er genoß den rauschenden Klang, der hatte die richtige Stärke, die gehörige Länge. Er ließ sich an den mittleren Stuhl drängen, faßte die Lehne, um ihn zu sichern, setzte sich sofort gleichmütig und entspannt wie auf eine Parkbank, während die Leiter noch standen und die Hände rührten. Kunze sah jetzt in die Versammlung und nahm für ein paar Sekunden bewußt den Beifall entgegen, für alle Kunzes der Welt, denen er galt. Er vertrat sie hier, er wußte, was ihnen gebührte, er klatschte energisch mit. Als er spürte, daß der Saal nachließ, zu erlahmen drohte (hinten hingen einige schon halb auf den Stühlen), hob er lächelnd die Hände und gab das Signal, doch endlich zur Sache zu kommen. Zog den Direktor, durch ein Winken aus dem Handgelenk, auf den Sitz, sah ermunternd an den Tischgenossen entlang. Der erste Redner begrüßte ihn noch einmal und bestätigte ihn in seinem guten Gefühl. Nun suchte Kunze die Blicke unten, hundert Bergarbeiter, manche in Arbeitskluft; musterte sie mit seiner ungenierten, wie wir jetzt verstehn: sich als selbstverständliches Recht gebenden Sicherheit. Natürlich kannte ihn keiner, natürlich konnte er sich nicht vermengen. Aber das allgemeine Schauen von unten tat

Volker Braun

ihm wohl. Er schlug die (schwarzen) Fingerkuppen sachte aufeinander, in einem bescheidnen, inneren Applaus. Wiegte den festen Nacken wie ein Zugtier, vor den Betrieb gespannt. Lauschte auf das Schurren, das Geraune, er war in seinem Element. Er strotzte vor Gesundheit. Blähte vergnügt die Backen, streckte die Fäuste auf das rote Tuch. Hatte er sich je krank gefühlt, unwohl in seinem Amt? Er lachte stumm auf. Unterstellungen, Gerüchte in seinem dummen Kopf! Er mußte nur hinhören, er wurde eines besseren belehrt. Die vorbereiteten Redner, am schräggestellten Pult, sprachen alle zu ihm her. (Das war berechtigt, er war der einzige Ahnungslose hier und hatte ein Wort zu sagen.) Man gab ihm Rechenschaft, jubelte sie vor, dem ernsten Mann, und hob seine Stimmung weiter. Es war ein gesunder Staat. Man konnte sich etwas vornehmen, man konnte Sprünge machen. Es ging um hohe Beträge, es ging (man lese die Tageszeitungen nach) – es ging. Aber es ging um mehr! Kunze schritt wuchtig ans Pult. Liebe Kolleginnen und Kolleginnen. (Seine Zunge war schwer, zu groß, fuhr aus dem Mund.) Wir müssen uns höhere Ziele stecken. Wir müssen mehr erreichen miteinander. Mit weniger Aufwand mehr und Besseres schaffen. Die ständig wachsenden Bedürfnisse befriedigen. Wir haben ein Recht darauf. Auf Geborgenheit, auf Sicherheit, auf Glück. Es geht um unser Glück. Darauf alle Anstrengungen richten. Denn der Klassenfeind schläft nicht bei. (Es wurde unruhig im Saal. Man sah den Redner aufmerksamer an.) Wir dürfen die Hände nicht untätig im Schoß. Wir müssen Leistungen zeigen, auf die wir stolz. Wir müssen den Wettbewerb orgasimieren, von Haus zu Haus. Die Nachtschicht, um die Nachtschicht kommen wir nicht herum. Wir müssen die Betten auslasten. (Einige Kollegen wurden ungebührlich laut, andere zischten Ruhe. Die Leiter sahen verdutzt aus ihren Notizen auf.) In die Betten, erkennt die Laken! Jeder jeden Tag mit guter Bilanz. Was wir nicht in unsere Hände nehmen. Wetzt die Scharte aus. Gebt euch hin! Proletarier, vereinigt euch! (Was ist los? rief jetzt der Parteisekretär und hielt sich blöderweise die Ohren zu, Wer ist das! schrie es im Saal, und ein Gelächter gluckste in den vorderen Reihen, und die hinteren erhoben sich aus der Reserve.) Es lebe der Frieden, es lebe der Orgasmus in der Welt! (Man entzog ihm das Wort, besonders dies eine, geleitete den Gast engagiert hinaus, durch die vollzählig mobilisierte Menge.) Hinze war zur Stelle, übernahm den Alten in die schwarze Ambulanz. Hörte die besten Wünsche an. Dachte sich sein unbestimmtes Teil. Fuhr langsam mit der teuren Fracht zurück. Kunze, still, mit fast geschlossenen Augen im glatten nachtweißen Gesicht, sah auf die dämmrige Fahrbahn, vor der die Bäume auseinanderflogen, schwarz und wirr, ein lebloses Spalier.

Volker Brauns Komödie *Die Übergangsgesellschaft* – gemeint ist die DDR im Übergang zur vollendeten sozialistischen Gesellschaft – macht auf der Bühne Furore, als in der DDR eine überraschend andere Art von Übergang bevorsteht.

Die Übergangsgesellschaft

DER FLUG

Lang anhaltendes, immer lauteres Flugzeugdröhnen. Stille.
Wilhelm sitzt, als sähe er fern auf die Szene.
IRINA *tonlos*: Sind wir jetzt da.
METTE Dort wo du sein willst.
WALTER Ich sage nicht, wo ich bin.
BOBANZ Wo denn, unter uns gesagt.
IRINA Ich glaube ihm nicht, daß er tot ist. Ich will es nicht glauben. Ich will fort sein.
Läuft auf Mascha zu, die sieht nichts.
METTE Komm hierher, Irina. Lehn dich an. Ich sage dir, was die Liebe ist. Mehr ist es nicht.
Irina schlingt die Arme um sie.
Wie häßlich du bist. Ah, wie häßlich. Du hast ihm nichts gegeben. Du hast es nicht gebracht. Du hast kein Gesicht. Man sieht dich nicht. Zeige dich doch, zeige doch dein Gesicht! Da ist nichts.
Irina steht fassungslos.
MASCHA Mette, halt –
METTE *verwirrt*: Ich bin angekommen... *Atmet durch.* Immer rede ich nett. Zu allen nett, in der Kantine, auf der Probe, immer EIN NETTES WORT FÜR DIE KOLLEGEN, ich

kann mich nicht mehr hören, es ekelt mich an. Ich will nicht an mich halten. Ich will alles herauslassen. *Breitet die Arme* Was der Körper kann und der Kopf denkt. Ich will mich verschwenden. In jeder Arbeit. Ich will auf nichts verzichten. Ausleben dieses Fleisch verbrauchen spüren. Das Land braucht keinen Namen. Ich bin dort. Wohin läufst du, Irina. *Lacht glücklich. Irina schluchzt, geht zu Walter, der sich Anton zuwendet.*

WALTER Soll ich es sagen. Soll ich dir sagen, Anton, wo ich bin. Ich stehe auf der Schwelle meines Betriebes, liebe Kolleginnen und Kollegen, wir haben wieder eine Schlacht geschlagen und den Plan erfüllt, fragt mich nicht wie: ich rede die Sprache der Dokumente, die es besser wissen als es ist, ich sage nichts von Stillstandszeiten Sonderschichten vom Loch in der Planung, die Hauruckaktion ist mein Lebensstil, meine Qualifikation die Selbstkritik, wir holen die Reserven aus dem Anzug, wir werfen das Bewußtsein in die Debatte als das letzte Argument vor der Prämie, der obligatorischen Bestechung, die Arbeiterklasse sitzt am längeren Hebel, aber ich kann zaubern, ich schüttle die Prozente aus dem Ärmel, bleich vor Scham und Beschiß, Hans Wurst als Leiter, der gewählte Arsch, und jetzt: ich sehe die Gelegenheit, sie kommt nicht überraschend, es ist nur ein Schritt und ich bin draußen, siehst du – ich verlasse den Betrieb VEB STOLZES BANNER und stehe unter den Antipoden. Plötzlich rollt das Material, liegt das Ersatzteil auf der Palette, rauscht die verbindliche Mitteilung durch die Rohrpost, plötzlich geht alles leicht – siehst du, ich schwebe, ich bewege mich vom Fleck. Kannst du mir folgen, Anton. Es muß gelebt und gearbeitet werden. Hier kriege ich was ich brauche. *Spreizt sich aufs Sofa.* Hier laß ich mich verwöhnen. Nicht wahr, meine Damen.

OLGA *kichert*: Walter... Was macht er dort? Was macht er dort?

METTE *fröhlich*: Walter in der Klarsichtfolie.

WALTER Ich bin entführt worden.

OLGA Ich komme nur hier entlang – und treffe dich. *Kichert*: Was macht er hier? *Beginnt sich zu entkleiden.*

WALTER Warum soll es mir schlechter gehen als dem Feind. Wenn ich die Wahl habe. Wir schlagen ihn mit seinen Waffen. Das BESSERE LEBEN ist unsre Domäne, wir haben ein Anrecht darauf. Wir haben dafür gerackst.

BOBANZ Seht euch Olga an.

WALTER Wenn das Verheißene Land aus einer andern Richtung schimmert – mach was, Genosse, der Globus dreht

Die Übergangsgesellschaft – eine zeitkritische Replik auf Tschechovs *Drei Schwestern* – ist im Jahr 1989 das meistgespielte Stück in der DDR.

Volker Braun glaubt noch 1989 an das Bestehende und seine Veränderbarkeit. In einem Interview äußert er: »Ich glaube, zunächst ist klar, daß wir nicht ein Gefühl in uns haben oder in uns mobilisieren, daß es irgendwann sein wird, daß es irgendwann passiert. Sondern: entweder jetzt geschieht etwas mit uns oder es wird für uns nicht erlebbar.«

sich. Wir können uns den Kapitalismus nicht abschneiden, vor er verfault ist.

METTE DIE DEUTSCHE POST BITTET, STETS RICHTIG FREIZUMACHEN.

WALTER Eine Revolution, die nicht überzeugen kann, ist keine Bewußtseinsfrage. Sie soll sich in aller Bescheidenheit an die Lokomotive hängen, die das Kapital auf die Reise schickt. Die Herrschaft der Armut ist nur eine universalere Unterdrückung und eine unnötige Grausamkeit der Geschichte, die die Gäule wechselt: statt eines blinden einen lahmen Gaul. Aber privat geht vor Katastrophe. Wenn das Neue nicht fliegen kann, muß das Alte seine Krücke leihn und so weiter und so weiter gehe ich einen Schritt aus dem Werktor, der große Chef, der wertvolle Kader, der Kandidat aller Ehren, und frage mich, warum ich meine Kraft hergebe meinen Namen für das Neue, das nicht das Bessere ist, jedenfalls nicht solange ich lebe, das mich das Leben kostet den Schlaf die Hoffnung, die ich einatme röchelnd aus der Zeitung, Olga, was ist das für ein Sack der zur Stange hält, der seine Pflicht erfüllt, für ein höheres Wesen, für ein Idiot, für ein Neuer Mensch.

Weint. Olga umarmt ihn. Irina läuft zu Anton, er hält sie an einer Hand, an der andern Mascha.

ANTON Ich habe immer die Wahl. *Lacht laut auf.* Ich steige auf dem Aeroporto Leonardo da Vinci aus dem Flugzeug und atme den Himmel Italiens. O WIE FÜHL ICH IN ROM MICH SO FROH! GEDENK ICH DER ZEITEN, / DA MICH EIN GRAULICHER TAG HINTEN IM NORDEN UMFING, / TRÜBE DER HIMMEL UND SCHWER AUF MEINE SCHEITEL SICH SENKTE, / FARB- UND GESTALTLOS DIE WELT UM DEN ERMATTETEN LAG

BOBANZ Sie ist nackt, offen gestanden. *Hält die Aktentasche vor die Augen, nimmt sie wieder weg.* Nur eine Minute. Peepshow, demgemäß... Ich sehe nichts –

ANTON Aber, Irina, Mascha, meine privilegierten Schuhsohlen tragen einen unfrohen Wanderer. Dieser Mann, dieser trostlose Paddler, ist der Mann meiner Frau, aber davon abgesehn – der Bürger meines Staates. Dieser Mann ist mein Unglück. Ich entkomme ihm keinen Fußbreit, er schmeichelt mich in den Schleim zurück, aus dem ich gekrochen bin. Ich befinde mich, meinen Anlagen zum Trotz, im embryonalen Zustand, ich nähre mich aus der Mutter, die mich unter dem Herzen trägt. Paul Anton, DDR. Ich sehe nicht aus ihrem Loch, meine Augendeckel sind zugeklebt,

Szene aus »Die Übergangsgesellschaft« in der Inszenierung von Irmgard Lange in Dresden 1989

ich komme mit den Signalen aus, die sie mir sendet. Es reicht für die Nationalliteratur. Meine Frau übrigens ist eine Liebe, mit langen weichen Armen, die sie um dich wickelt, und einer eingebauten Langspielplatte DIE LIEBE HÖRET NIMMER AUF. Mein Leichenspruch. Dabei begreife ich nicht, was sie an diesem erlegten Insekt reizt, das sie aufgespießt aufbewahrt. Wenn es an den Spitzen ihrer Brüste wäre. Sie liebt mich in der Öffentlichkeit. Wir vögeln nur, wenn es jemand sieht, und wenn es die Kinder sind. Darin wieder wie der Staat – es zählt, was eine Meldung wert ist. Das Leben ein Bericht. WIR WOLLEN WIRKEN IN DIESER ZEIT, jedenfalls sind wir auf Wirkung aus. Ich stehe auf der Plaza Navona, auf der Fifth Avenue und spüre einen stolzen harten Blick auf mir – mein eignes Auge, das meine Regungen registriert meine abweichenden Gefühle.

METTE ICH BIN EHRLICH DU MIR OFFEN / WAS WOLLN WIR NOCH HOFFEN

ANTON Kann man sich selber gesund machen. Ich gehe zum Arzt, statt in meinem Körper zu leben: ich höre auf die Rezensenten. Ich hänge an diesem graulichen Himmel, um seine Farbe anzunehmen. Ich esse das Blei der Zeit. Ich laufe in das Messer der Verhältnisse, um den Schmerz zu fühlen. Ich begebe mich in den Clinch, soll es mich zerreißen und ich will ihre Klauen zeigen, ihre Tyrannenfresse, ihre fürchterliche Macht.

MASCHA Sie sind nicht weit gekommen. Paul Anton – mit Ihrem Flug. Reden Sie weiter, reden Sie weiter!

ANTON *läßt beide los*: Ja wohin? Wir haben etwas vergessen,

wir müssen zurück... Es mag vorwärtsgehn, aber da ist kein Land für uns. Es ist besetzt, hier *schlägt sich an den Kopf* eine Kolonie. Wir zahlen Tribut, an die tote Zukunft. Ja, einmal war es richtig, es war alles richtig. Wir haben die Morgenröte entrollt, um in der Dämmerung zu wohnen.
Irina läuft zu Wilhelm, er wehrt sie ab und starrt auf das Bild.

MASCHA Weiter, reden Sie! Versuchen Sie es. O ich sehe ein Land, ein warmes Land... *Erstaunt*: Ich sehe wirklich, ich sehe Sie, Paul. Ich sehe Eberhard, Dr. Eberhard Bobanz, meinen nichts sagenden Gatten: weil er schweigt, ist er Philosoph geblieben. Ich habe einen Jungen, der weiß mehr von mir als er. Er ist acht Jahre. Manchmal sieht er mich schon an wie ein Mann. Er betrachtet mich mit großen Augen und sagt: du bist schön. Er spürt, wenn etwas anders ist an mir. Er weiß schon, daß ich eine Frau bin. Eberhard liefert seine Erkenntnisse in den Panzerschrank, vorfristig, um die Sache hinter sich zu bringen. Liebend schnell, weil er seine Arbeit haßt, die getan wird, um nicht gedacht zu werden. Die Zweckleuchte, König der Einsichtigen: ich sehe ihn über den Fakten, er kennt mehr Dinge zwischen Himmel und Erden als wir ahnungsvollen Engel, er redet mit zwei Zungen, ohne die eigene zu brauchen. Mit seiner ehrlichen Haut kann er sich sehen lassen. Aber ich kann ihn nicht ansehn, er merkt es nicht... Er ist verrückt. Wenn ich mit ihm zum Arzt ginge, sie würden ihn dortbehalten. Sie würden ihn nicht wieder laufenlassen.

IRINA Mascha... Ich halte es nicht aus!
Läuft erregt umher. Bobanz brüllt dumpf auf.

METTE Ja, jetzt bist du da, Mascha.

MASCHA Ich sehe... Ich sehe einen heilen Menschen. Ich sehe ein warmes Land. Es duftet nach Pinien. Die Zikaden lärmen. Ein Land ohne Soldaten. O WIE BIN ICH IN ROM SO FROH. Die Welt war düster... *Geht auf Anton zu.* Jetzt sehe ich.

OLGA Wissen Sie, Anton, wem dieses Haus gehörte. Einem Rüstungsfabrikanten. Sie sehen noch die Safes in den Wänden – da lagerte er Wein. Es war sein Landhaus, eine Absteige, Sie können auch Bordell dazu sagen. Die wußten zu leben. Als er enteignet war, zog hier Ordnung ein. Wir fanden noch die Spuren seiner Vergnügungen, sie wurden unter Führung unserer Mutter in den Müll befördert. Kein Gedanke an eigene Verwendung. Das Himmelbett ein Raub des Gärtners, mit aufatmender Duldung unserer Erzeuger.

Sie hatten auch nur eins im Kopf, aber etwas anderes. DEUTSCHE AN EINEN TISCH aber nicht in ein Bett. Entsagung hieß die große Losung. LASST UNS PFLÜGEN LASST UNS BAUEN LERNT UND SCHAFFT WIE NIE ZUVOR. Warum singst du nicht, Wilhelm. UND DER EIGNEN KRAFT VERTRAUEND STEIGT EIN NEU GESCHLECHT EMPOR. Die Hymnen des Anfangs die Pornographie der Nachwelt. Wollen wir das Haus seinem ursprünglichen Zweck zuführen, Anton. Es wurde nur geringfügig umgebaut. Die Vergangenheit überholt die Zukunft – kannst du das Spiel noch, Walter: der Gezogene schnellt am Ziehenden vorbei und zieht ihn. Wer ist jetzt vorn. Wenn man das wüßte. Sind wir hier oder dort. Die Toten hatten eine Position. Fest wie das Grab. Sie hatten eine Zukunft. Sie gingen in den Tod. Sie haben Blut an den Händen, aber sie konnten handeln. Sie haben noch immer Möglichkeiten, von denen die Lebenden nur träumen können. Den Toten öffnen sich jetzt noch die Türen, wir rennen uns den Schädel ein. Die Toten haben einen Namen, wir brauchen Stempel und Papier. Vor den Toten steht man stramm... Wir müssen ihnen das Glück aus den Zähnen reißen und wenn es zu Asche geworden ist, wir wollen es schmecken.
Kampf mit Walter.
Du bist stark, wie Vater. Schlag mich doch.
WALTER Bist du von Sinnen.
OLGA Schlag mich, schlag mich. Wir wollen zu unserem Glück gezwungen sein.
MASCHA Sehn Sie mich, Paul. Ich stehe vor Ihnen auf einem hellen Platz, Rom oder Potschappel... er liegt in der Sonne. Dieses gnadenlose Licht. Alles wird zugrunde gehn. Alles bleibt nicht mehr das Gleiche. Ein anderes Land, ein Land in dem wir sind. Alles ist möglich. Wollen wir unsere Uhren vergleichen, es sind so viele Zeiten. Wir wollen uns nicht verfehlen. Wenn die Uhren der Welt eine Stunde schlügen, das sollte ein Hochzeitsläuten sein, daß die Welt in die Wochen kommt. Wenn wir die Zeichen lesen könnten an ihrem zerrissenen Leib. Wir wagen sie nicht anzusehn nach unsrer blinden Umarmung. Wollen wir uns im Blick halten, damit uns Wiesen unter der Stirn lodern. Wo sind Sie, Paul. Lassen Sie doch Ihre Jacke los. Sehn Sie mich nicht. Warum sagen Sie nichts. *Greift sich ins Gesicht.* Sie wagen nicht zu denken, was sie wissen. Sie sind vollauf beschäftigt zu vergessen, um nicht handeln zu müssen. Sie wissen sogar schon die Tat, die nötig wäre, aber sie *wankt*

5. Februar 1988, Berlin: Fürbitt-Gottesdienst in der überfüllten Ostberliner Gethsemane-Kirche.

Anders als Volker Braun hofft, verändert sich die DDR nicht, sondern geht auf ihr Ende zu. Die Sprechchöre bei den Demonstrationen, die die Wende einleiten, lauten zunächst noch »Wir sind das Volk«, »Wir bleiben hier«, dann aber: »Deutschland einig Vaterland« – eine Zeile von Johannes R. Becher, ein Vers aus der DDR-Hymne, der seit Jahren nicht mehr öffentlich verwendet werden durfte.

sie sehn... *lacht wirr*... sehen Sie – *umklammert Anton plötzlich. Wilhelm steht auf.*
WALTER Wo sitzt du, Doktor. Was gräbst du dort. Wo bist du gelandet.
BOBANZ Nirgends.
WALTER Hast du dir nichts vorgestellt.
BOBANZ Das schon. Mallorka. Die Alpen, offen gestanden. Aber ich bin abgestürzt. Immer wenn die Maschine zur Landung ansetzte, ist sie heruntergeknallt. Hahaha. Bruchlandung. Auf den Teppich, demgemäß.
METTE *lächelt*: Das ist ein Ausflug. Wie klein diese Punkte sind, zwischen denen wir unsere Linien ziehn jeden Tag mit dem Lineal, wie die Schulkinder, diese Wahrheiten, und nicht darüber hinaus. Punkt Punkt Komma Strich fertig ist das Mondgesicht. Die Strichmännchen der Planung. Ja, Maria, wir sind diese Hülsen nicht. *Umarmt sich* Mein Mann, dein Bruder, ist ein Chef, mit Amt und Kragen. Er ist wild nach mir. Ich liebe ihn, aber ich brauche ihn nicht. Ich brauche ihn nicht! Ich bin nur bei ihm, weil ich ihn liebe. Das erträgt er nicht. Er möchte, daß ich ohne ihn nicht atmen kann. Daß ich seine starken Arme brauch. Er will die Macht. Es macht ihn rasend, daß mich sonst nichts hält. Er vergewaltigt mich, er kann es gar nicht anders... Vergewohltätigt sollte ich wohl sagen. Aber ich bin frei. Ich bin an mir selber froh. Ich stehe offen da. Greift doch in mich hinein! Ich will alles aus mir holen, meine Angst meine Lust meine Scheiße mein Blut. Ich will Tag und Nacht sein. Ich will über die Grenze gehn. Nehmt doch diese Gesichter weg. Wir wollen unsre Haut abreißen. Ich will nackt sein.

WILHELM *es hält ihn nicht länger*: Frauen. Frauen. Jetzt erzähl ich euch. *Umarmt Mette*. Jetzt sag ich dir meinen Traum. Mein Leben. Wo habe ich ihn. *Rauft sein Hemd auf*. Jetzt sag ich es.
WALTER *mit verzerrtem Gesicht* Ruhe. Keiner rührt sich von der Stelle.
Stößt Wilhelm in den Sessel. Stille.
Es geht auch anders. Es geht los.
Nimmt eine »Waffe«. Olga lacht verblüfft.
Maul halten. Eine andere Sprache. Versteht ihr das.
Mascha tastet nach dem Tisch. Er wirft ihn um.
Du kannst stehn. *Setzt sich auf die Tischkante*. Aufgrund der Situation, ich brauche euch nicht zu erklären, es ist jetzt nicht die Zeit danach, ihr habt das so entgegenzunehmen, stellen wir den Betrieb um. Jetzt wird auf Weisung gehandelt. Die Bestimmungen des Kriegsrechts sind für alle bindend.
WILHELM Ist das Walter.
WALTER *zu Mette*: Was willst du aufführen hier. Eine Revolte. Soll das eine Kommune werden. Du hast nicht das Wort. Du kennst die Unterstellungsverhältnisse nicht. Jeder mit jedem und eine mit allen, wie. Du Hure. Hast du mit dem Regisseur geschlafen. *Zieht die Gardine zu, die Stangen lösen sich und reißen die Tapeten mit herab*. Der reine Zunder. Ein Leichtsinn. *Läßt die Rolläden herunterrasseln*. Wir haben Maßnahmen getroffen.
Olga lacht wieder. Panzerketten. Irina hält sich die Ohren zu. Walter kippt den Sessel um, so daß Wilhelm darunterliegt. Sofort zu Irina: Wohin willst du. Zu dem toten Schwein. Dem Deserteur. Distanzier dich, Mädchen.
Irina schüttelt den Kopf.
Der ist hinüber. Abgehaun, der Scheeks. Willst du ausreisen, wie. Das erfahren wir. Du hast einen Antrag gestellt. Gib deinen Ausweis ab.
METTE Hör doch auf – Mann!
WALTER *zu Mascha*: Seid ihr denn blind?
BOBANZ Laß sie in Ruh – Mascha ist, offen gestanden, krank.
WALTER Ach krank?
BOBANZ Sie ist... wenn es erlaubt ist, wir haben... Es ist eine –
WALTER Was hat sie denn. *Packt ihn*. Los, was weißt du.
BOBANZ *lächelt*. Sie ist nicht normal.
WALTER Das wird ja immer schöner. Eine Idiotin. Wie ihr euch entpuppt. *Zu Olga*: Isoliere sie.
OLGA An allem ist Mette *lacht*: schuld. Sie hat uns *lacht*: ver-

Volker Braun wurde 1939 in Dresden geboren. 1980 erhielt er den Heinrich-Mann-Preis der Berliner Akademie der Künste, 1989 den Berliner Literaturpreis. – Weitere wichtige Werke: *Die Kipper.* Drama 1972; *Gegen die symmetrische Welt.* Gedichte 1974; *Unvollendete Geschichte* 1977; *Langsamer knirschender Morgen* 1987. © der abgedruckten Braun-Texte: Suhrkamp Verlag Frankfurt.

führt. Die Verführerin. *Lacht. Streng:* Ein unmögliches Verhalten.
Walter schiebt das Bett als Barriere vor Mette, Mascha und Irina. Olga faßt mit an. Anton weicht aus, sieht zu.
WALTER Es ist alles lösbar. Es kommt nur auf die Menschen an. Die meisten meinen, es sei nur eine Spielerei, aber in Europa wird es gleich ein Krieg mit allen Mitteln.
WILHELM *unter dem Stuhl* Wie Walter, wie sein Vater, er ist... Sein Vater. Walter Höchst. So haben sie es gemacht. So hat er die Feinde... seine Genossen –
OLGA Einer muß es doch tun.
WALTER Sträfling. Anarchist. Du bist rehabilitiert, mein Guter. Du kriegst deine Rente. Du putzt mir die Schuhe dafür. Kanake. Zurückgebliebener Neger. Nimm Schuhcreme, ordentlich schwarze Creme.
ANTON *läßt seine Jacke fallen* Genug.
WALTER Was willst denn du. Wolltest du einem Fabrikanten die Villa abkaufen. Einem Kriegsverbrecher. Schweig. Willst du kaufen.
ANTON Ja.
WILHELM Neger. Ein Neger, hat er gesagt. Schuhwichse.
WALTER Dann sei ganz still. Willst du hier dichten, in der Festung. Unter der Zensur, willst du hier bleiben. *Gibt ihm ein Bier.*
WILHELM Ich bin ein Neger, ein Rentner. Unterentwickelt.
WALTER Da mußt du mehr zeigen, Tschechow. Prost. Häng den Feigling auf.
ANTON Wen.
WALTER Der meine Schwester verraten hat. Häng ihn auf wegen Feigheit vor dem Feind. Du hast die Wahl, Anton.
BOBANZ Schwager, erlaube, wenn ich fortfahren darf, es reicht mir.
WALTER »Unter uns gesagt«, Doktor, du bist eine Null. *Brüllt:* Leg den Juden um.
Anton grinst, drückt Bobanz den Hals zu. Mascha und Mette schreien. Irina starrt Anton an.
Jetzt ist es dein Haus. Jetzt schreibe hier. Jetzt hast du Stoff, Meister.
Panzerketten lauter.
Hier hält die deutsche Spitze. Artillerie!
Reißt Mette an sich. Wilhelm erhebt sich, mit schwarzem Gesicht. Geht langsam, die Fäuste erhoben, auf die Gruppe zu.
ES WAR AN EINEM NOVEMBERABEND. WIR VERSAMMELTEN UNS UM EIN FEUER. / MEIN NAME:

BELEIDIGT. MEIN VORNAME: ERNIEDRIGT. MEINE HAUT: DES NEGERS. MEIN ALTER: DIE QUAL. O DAS NEIN, DAS WIR NICHT SAGEN DÜRFEN. / PLÖTZLICH DURCHFUHR LÄRM DIE STILLE. DAS HERRENHAUS BRANNTE. / ICH TRÄUME, DASS ICH SPRINGE. ICH SCHWIMME. ICH ERKLIMME DIE MAUER. ICH BERSTE VOR LACHEN. ICH ÜBERSPRINGE DIE SPREE (THEMSE, TIBER). / WIR KROCHEN IM FELD, IN DER FAUST DAS MESSER. / ICH TÖTE DEN MENSCHEN: DEN KOMPLIZEN. / DAS ZUCKERROHR ZERSCHNITT UNS DAS GESICHT MIT BÜSCHELN GRÜNER KLINGEN. / JA: DAS IST EIN FRUCHTBARER UND ÜPPIGER TOD. / WIR WAREN AUFGESPRUNGEN, WIR: DER MIST, WIR: DIE TIERE MIT DEN GEDULDIGEN HUFEN. / DIE LETZTEN WERDEN DIE ERSTEN SEIN. / DER SCHWEISS UND DAS BLUT ERFRISCHTEN UNS, UND DIE FLAMME BERÜHRTE UNSERE WANGEN. / MANGELS ANDERER WAFFEN MUSS DIE GEDULD DES MESSERS GENÜGEN. / WIR TRATEN DIE TÜREN EIN. DU BIST ES, SAGTE DER HERR GANZ RUHIG. ICH BIN ES, SAGTE ICH, DEIN SKLAVE. PLÖTZLICH WAREN SEINE AUGEN ZWEI FURCHTSAME SCHABEN IN DER REGENZEIT. ICH SCHLUG ZU. DAS BLUT SPRITZTE: DAS IST DIE EINZIGE TAUFE, AN DIE ICH MICH HEUTE ERINNERN KANN.

Das Eigentum

Da bin ich noch: mein Land geht in den Westen.
KRIEG DEN HÜTTEN FRIEDE DEN PALÄSTEN.
Ich selber habe ihm den Tritt versetzt.
Es wirft sich weg und seine magre Zierde.
Dem Winter folgt der Sommer der Begierde.
Und ich kann *bleiben wo der Pfeffer wächst*.
Und unverständlich wird mein ganzer Text.
Was ich niemals besaß, wird mir entrissen.
Was ich nicht lebte, werd ich ewig missen.
Die Hoffnung lag im Weg wie eine Falle.
Mein Eigentum, jetzt habt ihrs auf der Kralle.
Wann sag ich wieder *mein* und meine alle.
(1990)

Weiterführende Literatur

1. Lexika und Nachschlagewerke

Arnold, H. L. (Hg.), *Kritisches Lexikon zur deutschsprachigen Gegenwartsliteratur (KLG)*, München 1978 ff.

Brauneck, M. (Hg.), *Autorenlexikon deutschsprachiger Literatur des 20. Jahrhunderts*, Reinbek 1984.

Durzak, M. (Hg.), *Der deutsche Roman der Gegenwart. Entwicklungsvoraussetzungen und Tendenzen*, 3. erw. u. veränd. Aufl., Stuttgart, Berlin, Köln, Mainz 1979.

Endres, E., *Autorenlexikon der deutschen Gegenwartsliteratur. 1945-1974*, Frankfurt a. M. 1975.

Frenzel, H. A. / Frenzel, E., *Daten deutscher Dichtung*, 2 Bde., München [22]1985.

Glaser, H. A., *Literatur des 20. Jahrhunderts in Motiven*, 2 Bde., München 1978-79.

Gregor-Dellin, M. / Endres, E. (Hg.) *P.E.N.-Schriftstellerlexikon Bundesrepublik Deutschland*, München 1982.

Guntermann, G. u. a. (Hg.), *Deutsche Gegenwartsdramatik*, 2 Bde., Göttingen 1987.

Hage, V. - ab 1987 Görtz, F. J. / Hage, V. / Wittstock, U. (Hg.), *Deutsche Literatur. Ein Jahresüberblick*, Stuttgart 1981ff.

Hink, W. (Hg.), *Handbuch des deutschen Dramas*, Düsseldorf 1980.

Killy, W. (Hg.), *Literatur Lexikon. Autoren und Werke deutscher Sprache*, 15. Bde., München 1989-1992.

Kindlers Literatur Lexikon, 7. Bde. und 1 Erg.-Bd., München 1965-74.

Kindlers Neues Literatur Lexikon, hg. von Walter Jens, 20 Bände, München 1988-1992.

Lennartz, F., *Deutsche Dichter und Schriftsteller unserer Zeit*, Stuttgart [11]1978.

Moser, D.-R. (Hg.), *Neues Handbuch der deutschsprachigen Gegenwartsliteratur*, begründet v. Kunisch, Hermann, München 1993.

Oberhauser, F. / Oberhauser, G. (Hg.), *Literarischer Führer durch die Bundesrepublik Deutschland*, Frankfurt a. M. 1974.

Rothmann, K.: *Deutschsprachige Schriftsteller seit 1945 in Einzeldarstellungen*, Stuttgart 1985.

Ruiss, G. / Vyoral, J. A., *Literarisches Leben in Österreich. Ein Handbuch*, Wien 1985.

Schnell, R., *Die Literatur der Bundesrepublik. Autoren, Geschichte, Literaturbetrieb*, Stuttgart 1986.

2. Literaturgeschichten

Autorenkollektiv (unter Leitung von H. J. Bernhard), *Literatur in der BRD*, Berlin-Ost 1983 (= *Geschichte der deutschen Literatur von den Anfängen bis zur Gegenwart Bd. 12*).

Berg, J. u. a., *Sozialgeschichte der deutschen Literatur von 1918 bis zur Gegenwart*, Frankfurt a. M. 1981.

Briegleb, K. / Weigel, S. (Hg.), *Gegenwartsliteratur*, München 1992 (= *Hansers Sozialgeschichte der Literatur*, hg. v. R. Grimminger, Bd. 12, 12.1: 1945-1968, 12.2: Seit 1968).

Brinker-Gabler, G. (Hg.), *Deutsche Literatur von Frauen*, Bd. 2: 19. und 20. Jahrhundert, München 1988.

Buddecke, W. u. H. Fuhrmann, *Das deutschsprachige Drama seit 1945. Schweiz, Bundesrepublik, Österreich, DDR*, München 1981.

Emmerich, W., *Kleine Literaturgeschichte der DDR 1945-1988*, 5., erw. und bearb. Aufl., Frankfurt a. M. 1989.

Franke, K., *Die Literatur der Deutschen Demokratischen Republik*. Neubearbeitete Ausgabe mit drei einführenden Essays von Heinrich Vormweg, Zürich und München 1974 (= *Kindlers Literaturgeschichte der Gegenwart, Autoren, Werke, Themen, Tendenzen seit 1945*).

Gsteiger, M. (Hg.), *Die zeitgenössischen Literaturen der Schweiz*, Zürich und München 1974 (= *Kindlers Literaturgeschichte der Gegenwart, Autoren, Werke, Themen, Tendenzen seit 1945*).

Hermand, J. (Hg.), *Literatur nach 1945. I: Politische und regionale Aspekte, II: Themen und Genres*, Wiesbaden 1979 (= *Neues Handbuch der Literaturwissenschaft Bd. 21 u. Bd. 22*).

Jens, W., *Deutsche Literatur der Gegenwart. Themen, Stile, Tendenzen*, München 1961.

Kaiser, G., *Geschichte der deutschen Lyrik von Heine bis zur Gegenwart. Ein Grundriß in Interpretationen*, 3 Bde., Frankfurt a. M. 1991.

Kaiser, G. R. (Hg.), *Gegenwart*, Stuttgart 1983 (= *Die deutsche Literatur. Ein Abriß in Text und Darstellung*, hg. v. O. F. Best / H.-J. Schmitt, Bd. 16).
King, J. K., *Literarische Zeitschriften 1945–1970*, Stuttgart 1974.
Koebner, Th. (Hg.), *Tendenzen der deutschen Gegenwartsliteratur*, 2., neuverfaßte Aufl., Stuttgart 1984.
Lattmann, D. (Hg.), *Die Literatur der Bundesrepublik Deutschland*, Frankfurt a. M. 1980 (= *Kindlers Literaturgeschichte der Gegenwart, Autoren, Werke, Themen, Tendenzen seit 1945*, 1 u 2; aktualisierte Taschenbuchausgabe).
Schütz, E. / Vogt, J., *Einführung in die deutsche Literatur des 20. Jahrhunderts*, Bd. 3: *Bundesrepublik und DDR*, Obladen 1980.
Spiel, H. (Hg.), *Die zeitgenössische Literatur Österreichs*, Zürich und München 1976 (= *Kindlers Literaturgeschichte der Gegenwart, Autoren, Werke, Themen, Tendenzen seit 1945*).
Žmegač, Victor (Hg.), *Geschichte der deutschen Literatur vom 18. Jahrhundert bis zur Gegenwart*, Bd. III/2: 1945–1980, Königstein/Ts. 1984.

3. Anthologien, Dokumentationen und Sammelwerke

Arnold, H. L. (Hg.), *Bestandsaufnahme Gegenwartsliteratur. Bundesrepublik Deutschland – Deutsche Demokratische Republik – Österreich – Schweiz*, München 1988 (= *Sonderband Text + Kritik*).
Arnold, H. L. (Hg.), *Die Gruppe 47. Ein kritischer Grundriß*. 2., gründl. überarb. u. erw. Aufl., München 1987 (= *Sonderband Text + Kritik*).
Arnold, H. L. (Hg.), *Literaturbetrieb in der Bundesrepublik Deutschland*, München 1981.
Arnold, H. L. / Meyer-Gosau, F. (Hg.), *Literatur in der DDR. Rückblicke*, München 1991 (= *Text + Kritik-Sonderband*).
Bender, H. (Hg.), *In diesem Lande leben wir. Deutsche Gedichte der Gegenwart*, München 1978.
Bender, H. (Hg.), *Mein Gedicht ist mein Messer. Lyriker zu ihren Gedichten*, München 1962.
Bingel, H. (Hg.), *Deutsche Prosa. Erzählungen seit 1945*, Stuttgart 1963.
Born, N. / Manthey, J. (Hg.), *Nachkriegsliteratur. Literaturmagazin 7*, Reinbek 1977.
Breuer, D. (Hg.), *Deutsche Lyrik nach 1945*, Frankfurt a. M. 1988.
Demetz, P., *Die süße Anarchie. Skizzen zur deutschen Literatur seit 1945*, Frankfurt a. M. – Berlin – Wien 1970.
Durzak, M. (Hg.), *Deutsche Gegenwartsliteratur. Ausgangspositionen und aktuelle Entwicklungen*, Stuttgart 1981.
Es muß sein. Autoren schreiben über das Schreiben, Köln 1989.
Fetscher, I. / Lämmert, E. / Schutte, J. (Hg.), *Die Gruppe 47 in der Geschichte der Bundesrepublik*, Würzburg 1991.
Glaser, H. (Hg.), *Bundesrepublikanisches Lesebuch. Drei Jahrzehnte geistiger Auseinandersetzung*, München, Wien 1978.
Gomringer, E. (Hg.), *konkrete poesie. deutschsprachige autoren*, Stuttgart 1972.

Gregor-Dellin, M. (Hg.), *Deutsche Erzählungen aus vier Jahrzehnten. Deutschsprachige Prosa seit 1945*, Tübingen, 4. erw. u. rev. Aufl., 1982.
Hage, V. (Hg.), *Lyrik für Leser. Deutsche Gedichte der siebziger Jahre*, Stuttgart 1980.
Hans, J. / Herms, U. / Thenior, R. (Hg.), *Lyrik-Katalog Bundesrepublik. Gedichte, Biographien, Statements*, München 1978.
Hartung, H., *Deutsche Lyrik seit 1965. Tendenzen, Beispiele, Portraits*, München 1985.
Heym, St. (Hg.), *Auskunft. Neue Prosa aus der DDR*, Hamburg 1979.
Heym, St. (Hg.), *Auskunft 2. Neueste Prosa aus der DDR*, Königstein/Ts. 1978.
Horst, K. A., *Kritischer Führer durch die deutsche Literatur der Gegenwart. Roman, Lyrik, Essay*, München 1962.
Lettau, R. (Hg.), *Die Gruppe 47. Bericht, Kritik, Polemik. Ein Handbuch*, Darmstadt u. Neuwied 1967.
Lützeler, P. / Schwarz, E. (Hg.), *Deutsche Literatur in der Bundesrepublik seit 1965. Untersuchungen und Berichte*. Königstein/Ts. 1980.
Mayer, H., *Die umerzogene Literatur. Deutsche Schriftsteller und Bücher 1945–1967*, Berlin 1988.
Modick, K. (Hg.), *Traumtanz. Ein berauschendes Lesebuch*, Reinbek 1986.
Reich-Ranicki, M. (Hg.), *Erfundene Wahrheit. Deutsche Geschichten 1945–1960*, München, 2., erw. Aufl. 1980.
Reich-Ranicki, M. (Hg.), *Verteidigung der Zukunft. Deutsche Geschichten seit 1960*, München 1972.
Richter, H. W. (Hg.), *Almanach der Gruppe 47*, Reinbek 1962.
Schmidt, B. / Schwenger, H. (Hg.), *Die Stunde Eins. Erzählungen, Reportagen, Essays aus der Nachkriegszeit*, München 1982.

Schmitt, H. J. (Hg.), *Geschichten aus der DDR*, Hamburg 1979.
Schutte, J. (Hg.), *Dichter und Richter. Die Gruppe 47 und die deutsche Nachkriegsliteratur*, Berlin 1988.
Theobaldy, J. (Hg.), *Lesebuch. Deutsche Literatur zwischen 1945 und 1959*, Berlin 1980.
Tintenfisch. Jahrbuch für Literatur, Berlin 1968ff.
Wagenbach, K. (Hg.), *Lesebuch. Deutsche Literatur der sechziger Jahre*, Berlin 1968.
Wagenbach, K. (Hg.), *Lesebuch. Deutsche Literatur zwischen 1945 und 1959*, Berlin 1980.
Wagenbach, K. / Stephan, W. / Krüger, M. (Hg.), *Vaterland, Muttersprache. Deutsche Schriftsteller und ihr Staat seit 1945*, Berlin 1979.
Walther, J. M. (Hg.), *Diese Alltage überleben. Lesebuch 1945–1984*, Münster 1982.
Wandrey, U. (Hg.), *Kein schöner Land? Deutschsprachige Autoren zur Lage der Nation*, Reinbek 1979.
Zeller, B. (Hg.), *»Als der Krieg zu Ende war«. Literarisch-politische Publizistik 1945–1950*, Stuttgart 1973.

Fotonachweis

Alexander Beck: 251
Nikolaus Becker: 352
Werner Bern: 217, 404
Bildarchiv Engelmeier: 351, 354, 356
Yvonne Böhler: 407, 420
Hans-Ludwig Böhme: 381, 435
Gisela Brandenstein: 337
Ilse Buhs: 238, 240, 243, 266 u., 268, 394
Rosemarie Clausen/Theatersammlung der Hansestadt Hamburg: 44, 45, 47, 341
Comet/Stiftung für Fotografie: 147
Claude Doblin: 81
Deutsche Presseagentur: 19, 22, 89, 142, 171, 178 o., 189, 196, 199 o., 249, 296, 298, 303, 320, 362, 368, 437
Deutsches Institut für Filmkunde: 35
Deutsches Literaturarchiv Marbach: 64, 65, 66, 67, 68
Diogenes Verlag: 71
Fritz Eschen: 82, 106
Brigitte Friedrich: 181, 199, 206, 215, 221, 258, 300, 332, 398
Ludger Grunwald: 334
Sepp Jäger/Historisches Archiv des Hessischen Rundfunks: 62
Hugo Jehle: 192, 194, 278
Irmeli Jung: 422
Philipp Keel: 427
Keystone Pressedienst: 16, 20, 25, 28 u., 36, 41, 48, 69, 79 o. li., 80, 88, 96, 98, 129, 139, 156, 166, 204, 343
Kiepenheuer & Witsch Verlag: 140
Landesarchiv Berlin: 29
Renate von Mangoldt: 124, 178 li., 254, 260, 272
Roger Melis: 79 M. re., 210, 358, 363, 380, 431, 440
Heinz Naumann: 73
Isolde Ohlbaum: 79 u. li., 79 u. re., 95, 207, 229, 233, 250, 280, 282, 310, 313, 315, 318, 321, 323, 325, 327, 340, 346, 360, 372, 378, 385, 387, 395, 402, 405, 410
Wolfgang Oschatz: 146
Rainer-Götz Otto: 266 o.
Percy Pauktscha: 105
Abraham Pisarek: 39
Andreas Pohlmann: 413
Bernd Rauschenbach: 228
Toni Richter: 247, 248, 252, 256 o., 261
Rowohlt Verlag: 61, 62
Alice Schmidt/S. Fischer Verlag: 224, 230
Erika Schmied: 290
Ursula Seitz: 164
Stadtarchiv Zürich: 31, 33, 152, 154, 160, 162
Hildegard Steinmetz/Deutsches Theatermuseum: 383
Süddeutscher Verlag: 118
Erika Sulzer-Kleinemeier: 284
Horst Tappe: 99, 100, 149, 244, 274, 275
Ullstein Bilderdienst: 26, 84, 115, 116, 135, 155, 175, 200
Yad Vashem, New York: 348 o.
Hilde Zemann: 28 o., 126
Peter Zollna: 79 o. re., 170

Umschlagabbildungen:
Jerry Bauer (Peter Handke), Deutsche Presseagentur (Günter Grass), Brigitte Friedrich (Siegfried Lenz), Gerda Goedhart (Bertolt Brecht), Keystone Pressedienst (Heinrich Böll), Renate von Mangoldt (Ingeborg Bachmann, Uwe Johnson), Isolde Ohlbaum (Christa Wolf, Hans Magnus Enzensberger), Wolfgang Oschatz (Paul Celan), Dirk Reinartz (Martin Walser), Andrej Reiser (Max Frisch), Erika Schmied (Thomas Bernhard), Horst Tappe (Friedrich Dürrenmatt)

Inhaltsverzeichnis

Vorwort 7

I 1945-1949

Bertolt Brecht
Kriegsfibel 13
Thomas Mann
Deutsche Hörer! 15
Der Untergang
Hans Erich Nossack
Der Untergang 17
Unterm Fallbeil der Freiheit
Wolfdietrich Schnurre
Unterm Fallbeil der Freiheit 23
Kahlschlag
Wolfgang Weyrauch
Tausend Gramm 27
Neues Leben auf den Bühnen
Friedrich Luft
Radio-Kritik 29
Des Teufels General
Carl Zuckmayer
Als wär's ein Stück von mir 30
Des Teufels General 33
Die Illegalen
Günther Weisenborn
Die Illegalen 38
Draußen vor der Tür
Wolfgang Borchert
Draußen vor der Tür 42
Mutter Courage und ihre Kinder
Bertolt Brecht
Mutter Courage und ihre Kinder 49
Die Situation des Buches
Peter Suhrkamp
Verleger und Leserschaft 1947 59
Gesprächsrunde im Radio Frankfurt 1949 61
Zeitschriften
Die Wandlung 64
Die Sammlung 65
Die Gegenwart 66
Aufbau 67
Ost und West
Alfred Kontorowicz 68
Der »Ruf« und die Gruppe 47
Hans Werner Richter
Wie entstand und was war die »Gruppe 47« 70
Wolfdietrich Schnurre
Das Begräbnis 74

Das Exil und die Heimat
Johannes R. Becher, Ernst Bloch, Bertolt Brecht, Stephan Hermlin, Stefan Heym, Hans Mayer, Theodor Plivier, Ludwig Renn, Anna Seghers, Erich Weinert, Friedrich Wolf, Arnold Zweig 79
Alfred Döblin
An Theodor Heuss 81
Alfred Polgar
Der Emigrant und die Heimat 82
Thomas Mann und die Deutschen
Walter von Molo
An Thomas Mann 83
Frank Thiess
Innere Emigration 84
Thomas Mann
Offener Brief für Deutschland 85
Frank Thiess
Abschied von Thomas Mann 88
Thomas Mann
Ansprache zum Goethe-Jahr 1949 90

II 1950-1956

Vom Nachkrieg geschlagen
Horst Bienek
Der Blinde in der Bibliothek 95
Wolfgang Koeppen
Das Treibhaus 95
Der Streit um Brecht
Bertolt Brecht
Die Mutter lernt lesen 102
Friedrich Torberg
Der gute Mensch von Sezuan (München, 1955) 105
Mutter Courage (1963) 106
Bertolt Brecht
An Peter Suhrkamp 106
Kuba
Wie ich mich schäme! 109
Bertolt Brecht
Die Lösung 111
Lyrische Antipoden
Bertolt Brecht
Böser Morgen 112
Der Rauch 112
Der Radwechsel 113
Gottfried Benn
Wer allein ist – 113
Gedichte 114
Menschen getroffen 114
Probleme der Lyrik 115

Träume
Günter Eich
Der Mann mit der blauen Jacke 118
Ende eines Sommers 119
Träume 119
... daß uns die Augen aufgehen
Ingeborg Bachmann
*Die Wahrheit ist dem Menschen
zumutbar* 128
Der gute Gott von Manhattan 131
Die gestundete Zeit 136
Früher Mittag 136
Alle Tage 138
Heinrich Böll
Frankfurter Vorlesungen 138
Bekenntnis zur Trümmerliteratur 140
Siegfried Lenz
Sein Personal 143
Paul Celan
*Ansprache anläßlich der Entgegennahme
des Literaturpreises der Freien Hanse-
stadt Bremen* 143
Todesfuge 145
Friedrich Dürrenmatt und Max Frisch
Friedrich Dürrenmatt
Theaterprobleme 147
Der Besuch der alten Dame 151
Max Frisch
Der Autor und das Theater 158
Biedermann und die Brandstifter 159
Absurdes Theater
Wolfgang Hildesheimer
Über das absurde Theater 168
Die Verspätung 170

III   1957-1965

Ein trauriges Land, aber ohne Trauer
Heinrich Böll
Frankfurter Vorlesungen 175
Hans Magnus Enzensberger
an alle fernsprechteilnehmer 176
Gedicht für die Gedichte nicht lesen 177
Poesie und Politik 177
Peter Rühmkorf
Variation auf »Abendlied« 179
Anti-Ikarus 180
Gemeines Liebeslied 181
Auf dem Höhepunkt des Selbstbewußtseins
Günter Grass
Die Blechtrommel 182
Uwe Johnson
Mutmassungen über Jakob 190

Der Bitterfelder Weg
Kurt Hager
*Parteilichkeit und Volksverbundenheit
unserer Literatur und Kunst* 195
Peter Hacks
Die Sorgen und die Macht 201
Peter Huchel
Der Garten des Theophrast 205
An taube Ohren der Geschlechter 205
Traum im Tellereisen 206
Günter Kunert
Unterschiede 206
Film – verkehrt eingespannt 207
Als unnötigen Luxus 207
Den Fischen das Fliegen 207
Sarmatische Zeit
Johannes Bobrowski
Die sarmatische Ebene 208
Der Ilmensee 1941 209
An Klopstock 211
Sprache 211
Warte nicht auf beßre Zeiten
Wolf Biermann
Ermutigung 212
*Was verboten ist, das macht uns grade
scharf* 212
Konkrete Poesie
Helmut Heißenbüttel
Möven 214
das neue Zeitalter 214
Frankfurter Vorlesungen 215
Ernst Jandl
wien: heldenplatz 216
ottos mops 217
zweierlei handzeichen 217
lichtung 217
die tassen 218
Gerhard Rühm
zwian zwadl 219
Oswald Wiener
Die Verbesserung von Mitteleuropa 219
Der Solipsist in der Heide
Arno Schmidt
Das steinerne Herz 223
Der Einzelne und die Masse
Elias Canetti
Der Ausbruch 231
Der Unsichtbare 233
Das Theater als moralische Anstalt
Rolf Hochhuth
Der Stellvertreter 236

IV 1966-1972

Die »Gruppe 47«
Hans Werner Richter
Der Weg in die Öffentlichkeit 247
Martin Walser
Brief an einen ganz jungen Autor 247
Helmut Heißenbüttel
Gruppenkritik 253
Eine Tagung der »Gruppe 47« in
  Princeton 1966
Peter Handke
Ein Diskussionsbeitrag 255
Peter Weiss
I Come out of My Hiding Place 257
Das Gasthaus Pulvermühle 1967
Jürgen Becker
Ränder 260
Der Dramatiker Peter Weiss
*Die Verfolgung und Ermordung Jean Paul
  Marats* 263
Die Ermittlung 267
Meine Ortschaft 271
Der Kleinbürger als Held: Martin Walsers
  kritisch-realistische Romane
Martin Walser
Das Einhorn 273
Kontrapunkte: Ein Schweizer und zwei
  Österreicher
Peter Bichsel
Der Milchmann 279
Das Kartenspiel 280
Das Messer 281
Peter Handke
Publikumsbeschimpfung 282
Thomas Bernhard
Das Kalkwerk 287
Die Politisierung der Literatur –
  Die Politisierung der Schriftsteller
Günter Grass
Es steht zur Wahl 294
Peter Schneider
Wir haben Fehler gemacht 297
Erich Fried
Schwächer 300
Justiz der kleinen Schritte 301
Deutschstunde
Siegfried Lenz
Deutschstunde 302

V 1973-1979

Erzähler der DDR
Christa Wolf
Kindheitsmuster 309
Hermann Kant
Das Impressum 313
Klassenliebe
Günter Wallraff
Im Stahlrohrwerk 319
Karin Struck
Klassenliebe 322
»Neue Subjektivität«
Nicolas Born
Die erdabgewandte Seite der Geschichte... 326
Eine Liebe 329
Drei Wünsche 329
Entsorgt 330
Rolf Dieter Brinkmann
Einen jener klassischen 331
Gedicht 332
Karin Kiwus
Aufklärungsstunde 333
Im ersten Licht 334
Dialektdichtung und Volksstück
H. C. Artmann
blauboad I 336
es gibt guade und bese geatna 336
Franz Xaver Kroetz
Michis Blut 338
Ein bürgerlicher Roman
Walter Kempowski
Tadellöser & Wolff 342
Alte und neue Leiden in der DDR
Jurek Becker
Jakob der Lügner 347
Ulrich Plenzdorf
Die neuen Leiden des jungen W. 353
Reiner Kunze
Der Hochwald erzieht seine Bäume 359
Kurzer Lehrgang 360
Von der Notwendigkeit der Zensur 361
Meditieren 361
Gegenwart 361
Wolf Biermann
Und als wir ans Ufer kamen 361
Sarah Kirsch
Post 362
Der Rest des Fadens 363
Datum 363
Der Milan 364
Ausschlüsse
Stefan Heym
Nachruf 365
Ein Tribunal 366

VI 1980-1990

Herz über Kopf
Ulla Hahn
Anständiges Sonett 377
Endlich 377
Danklied 378
Arbeit am Zeitbewußtsein
Heiner Müller
Germania Tod in Berlin 379
Die Hamletmaschine 384
Botho Strauß
Paare Passanten 385
Groß und klein 388
Höricht und Hexerei
Oskar Pastior
Autobiographischer Text 396
Höricht 397
Abendlied 398
Irmtraud Morgner
Brockenmythologie 398
Antipornographie
Elfriede Jelinek
Lust 403

Magie und Therapie
Hermann Burger
Diabelli 406
Die Wasserfallfinsternis von Badgastein . . . 408
Adolf Muschg
Noch ein Wunsch 414
Ihr Herr Bruder 415
Flucht aus der Enge: Paul Nizon
Paul Nizon
Im Jahr der Liebe 421
Der Verführer
Patrick Süskind
Das Parfum 423
Übergang
Volker Braun
Hinze-Kunze-Roman 429
Die Übergangsgesellschaft 432
Das Eigentum 441

Weiterführende Literatur
Lexika und Nachschlagewerke 442
Literaturgeschichten 442
Anthologien, Dokumentationen und
  Sammelwerke 443